Ihre komfortable Datenbank zu diesem Buch
www.schwedhelm-unternehmensumwandlung.de

Persönliche Zugangsdaten

Benutzername   stre401715

Passwort   pkeetACG

Schwedhelm
Die Unternehmensumwandlung

Beratungsbücher für Berater

Rechtsschutz und Gestaltung
im Unternehmensrecht, Steuerrecht
und Steuerstrafrecht

herausgegeben von

Rechtsanwalt
Dr. Michael Streck

4

Die Unternehmens-umwandlung

*Verschmelzung, Spaltung
Formwechsel, Einbringung*

von

Dr. Rolf Schwedhelm
Rechtsanwalt
und Fachanwalt für Steuerrecht

7. neu bearbeitete Auflage

2012

Verlag
Dr. Otto Schmidt
Köln

*Bibliografische Information
der Deutschen Nationalbibliothek*

Die Deutsche Nationalbibliothek verzeichnet diese Publikation in der Deutschen Nationalbibliografie; detaillierte bibliografische Daten sind im Internet über http://dnb.d-nb.de abrufbar.

Verlag Dr. Otto Schmidt KG
Gustav-Heinemann-Ufer 58, 50968 Köln
Tel. 02 21/9 37 38-01, Fax 02 21/9 37 38-943
info@otto-schmidt.de
www.otto-schmidt.de

ISBN 978-3-504-62314-2

©2012 by Verlag Dr. Otto Schmidt KG, Köln

Das Werk einschließlich aller seiner Teile ist urheberrechtlich geschützt. Jede Verwertung, die nicht ausdrücklich vom Urheberrechtsgesetz zugelassen ist, bedarf der vorherigen Zustimmung des Verlages. Das gilt insbesondere für Vervielfältigungen, Bearbeitungen, Übersetzungen, Mikroverfilmungen und die Einspeicherung und Verarbeitung in elektronischen Systemen.

Das verwendete Papier ist aus chlorfrei gebleichten Rohstoffen hergestellt, holz- und säurefrei, alterungsbeständig und umweltfreundlich.

Einbandgestaltung nach einem Entwurf von:
Jan P. Lichtenford
Satz: WMTP, Birkenau
Druck: Kösel, Krugzell
Printed in Germany

Vorwort

Rechtsschutz und Gestaltung im Unternehmensrecht, Steuerrecht und Steuerstrafrecht

Die Beratungsbücher dieser Reihe wenden sich an die steuerberatenden Berufe, vornehmlich also an Steuerberater, Rechtsanwälte und Wirtschaftsprüfer. Sie bezwecken einmal die Stärkung des Rechtsschutzes im Steuerrecht und Steuerstrafrecht angesichts einer zunehmenden Macht und Effizienz der Finanzverwaltung, zum anderen wollen sie konkrete Beratungs- und Gestaltungshilfen zur Unternehmensberatung geben.

Die Bücher sind aus der Sicht der Steuerbürger und ihrer Berater geschrieben. Diese Einseitigkeit steht dem sorgfältigen Bemühen um Objektivität nicht entgegen. Einseitig heißt, dass die Blickrichtung die des Bürgers, seines Rechtsschutzes und seiner Interessen ist. Dies umschließt die Notwendigkeit, auch nachteilige Positionen zu kennzeichnen, Verteidigungsansätze realistisch einzuschätzen, unausgewogene Fiskalansichten aufzudecken und auf Beratungs- und Gestaltungsrisiken einzugehen.

Liegen die Maßstäbe der systematischen Vollständigkeit und Geschlossenheit einerseits und des Praxisbezugs andererseits im Streit, geben wir dem praktischen Beratungsbezug, gekennzeichnet durch das Rechteck des Schreibtischs, den Vorzug.

Die Auswahl der Rechtsprechung, Anweisungen und Literatur verfolgt zwei Zwecke: Sie hat Belegcharakter, insoweit wird eine klassische Funktion erfüllt. Darüber hinaus werden gerade solche Urteile und Ansichten vorgestellt und analysiert, die zu den juristischen Instrumenten des Rechtsschutzes und der Gestaltung zu zählen oder zu formen sind.

Die Beratungsbücher sollen in sich eigenständig sein. Dies führt zu Überschneidungen, die, auf das Notwendige beschränkt, Querverweisungen dort ersparen, wo sie in der Beratung lästig und zeitraubend wären.

Die Bücher vermitteln Wissen und versuchen, Beratungserfahrungen weiterzugeben. Sie sind auf Kritik, Anregung und Erfahrungsbereicherungen angewiesen. Für jede Zuschrift danken wir. Anschrift ist die des Verlags Dr. Otto Schmidt, Gustav-Heinemann-Ufer 58, 50968 Köln.

Michael Streck

Die Unternehmensumwandlung

„Ein Unternehmen ist kein statisches Gebilde, sondern ein dynamischer Prozess, der eingebunden ist in sich verändernde wirtschaftliche, rechtliche und steuerliche Rahmenbedingungen. Dieser Dynamik dient das Umwandlungsrecht." (Einleitung S. 1). Und – so ergänze ich – dieses Umwandlungsbuch.

Das Umwandlungsrecht verwöhnt den Berater nicht eben mit benutzerfreundlichen Instrumenten. Das handelsrechtliche UmwG ist durch seine systematische Strenge wenig „komfortabel". Das UmwStG ist von schlechter Qualität. Mit ihrem Anspruch auf Vollständigkeit und Reichtum im Detail sind Kommentare, allen voran der *Widmann/Mayer*, an der Seite jener Gesetze auch nicht gerade von helfender Freundlichkeit, sondern eine geniale Last, an der allerdings in der Problembewältigung kein Weg vorbeiführt. Gesetze und Großkommentar bedürfen in der Alltagsarbeit eines Führers, sie im Einzelfall zu erschließen oder – je nach der Beratungsaufgabe – sie in ihrer Problem- und Detaillast zu umgehen. Das sind die Aufgaben dieses Beratungsbuchs. Es soll – auch unterstützt durch den Zugang zur Datenbank des Verlags – der unmittelbaren benutzerfreundlichen Information über Umwandlungsvorgänge dienen.

Der Berater will prüfend wissen, ob und wie das Unternehmen „jetzt" zum Unternehmen „Zukunft" werden soll. Dieser Regel folgt das Buch von SCHWEDHELM. Aus dem derzeitigen Unternehmen – aufzuschlagen im ABC – entfalten sich die – ebenfalls im ABC – gegebenen Möglichkeiten der zukünftigen Unternehmensformen.

Die Informations-, Gestaltungs- und Problemhinweise sind auf den Zugriff durch den in der Tagesarbeit stehenden Steuerberater, Rechtsanwalt, Wirtschaftsprüfer und Notar zugeschnitten. Der große Zuspruch, den die Vorauflagen gefunden haben, zeigt uns, dass wir auf dem richtigen Weg sind, der mit dieser Auflage fortgesetzt wird. Dabei war es für diese Auflage eine besondere Herausforderung, den „neuen Umwandlungssteuererlass" kurzfristig und präzise zu verarbeiten. Weitere Hinweise zur 7. Auflage finden Sie in der Einleitung (S. 1).

Köln, im Januar 2012   Michael Streck

Wegweiser

	Seite
Vorwort	V
Inhaltsverzeichnis	IX
Abkürzungsverzeichnis	XXIII
Literaturverzeichnis	XXXI
Einleitung	1
Begriffe: Umwandlung – Verschmelzung – Spaltung – Vermögensübertragung – Formwechsel – Einbringung – Realteilung	7

ABC der Umwandlung

	Tz.	Seite
Aktiengesellschaft (AG)	1	9
Einzelunternehmen (EU)	136	42
Europäische Kapitalgesellschaft (EU-Kap)	476.1	116
Europäische Wirtschaftliche Interessenvereinigung (EWIV)	477	120
Gesellschaft des bürgerlichen Rechts (GbR)	493	122
Genossenschaft (Gen.)	541	130
Gesellschaft mit beschränkter Haftung (GmbH)	603	140
GmbH & Co KG	1540	335
Kommanditgesellschaft (KG)	1581	344
Kommanditgesellschaft auf Aktien (KGaA)	2043	428
Körperschaft des öffentlichen Rechts (KöR)	2068	432
Offene Handelsgesellschaft (OHG)	2088	436
Partnerschaft	2105.1	439
Societas Europaea (Europäische Gesellschaft – SE)	2105.23	443
Stiftung	2106	446
Stille Gesellschaft (StG)	2146	453
Unternehmergesellschaft (haftungsbeschränkt)	2180.1	458
Verein	2181	463
Versicherungsverein auf Gegenseitigkeit (VVaG)	2216	469

Wegweiser

Seite

Anhang: Liste der Gesellschaften i.S.v. Art. 2 Nr. 1 der
Richtlinie 2005/56/EG (§ 122b Abs. 1 UmwG,
§ 1 Abs. 1 UmwStG).......................... 473

Stichwortverzeichnis............................... 477

Datenbank

Als Käufer dieses Buches kommen Sie zudem in den Genuss einer komfortablen Datenbank mit dem Text des Buches sowie den hinterlegten Texten des UmwG, des UmwStG, der beiden Umwandlungssteuererlasse und der wichtigsten Rechtsprechung zum Umwandlungsrecht. Ihre persönlichen Zugangsdaten finden Sie im vorderen Einband dieses Buches.

Inhaltsverzeichnis

	Seite
Einleitung	1
Begriffe	7

ABC der Umwandlung

Aktiengesellschaft (AG)	Tz.	Seite
AG → AG, Spaltung	1	9
AG ↔ AG, Verschmelzung	30	13
AG ↔ Einzelunternehmen (EU), Verschmelzung	49	17
AG → Europäische Kapitalgesellschaft (EU-Kap), Verschmelzung	54.1	18
AG → EWIV	55	18
AG → GbR, Formwechsel, Spaltung, Verschmelzung	56	18
AG → Genossenschaft, Formwechsel, Spaltung, Verschmelzung	61	19
AG → GmbH, Formwechsel, Spaltung, Verschmelzung	64	19
AG → GmbH & Co KG, Formwechsel, Spaltung, Verschmelzung	94	24
AG → KG, Formwechsel, Spaltung, Verschmelzung	95	24
AG → KGaA, Formwechsel, Spaltung, Verschmelzung	100	25
AG → Körperschaft des öffentlichen Rechts (KöR), Vermögensübertragung	110	27
AG → OHG, Formwechsel, Spaltung, Verschmelzung	128	30
AG → Partnerschaft	129	30
AG → SE, Umwandlung, Spaltung, Verschmelzung	129.1	30
AG → Stiftung	130	39
AG → Stille Gesellschaft	131	40
AG → UG (haftungsbeschränkt)	131.1	40
AG → Verein	132	40
AG → VVaG, Vermögensübertragung	133	40

Inhaltsverzeichnis

Einzelunternehmen (EU)

	Tz.	Seite
EU → AG, Ausgliederung, Einbringung	136	42
EU → Einzelunternehmen (EU), Spaltung, Verschmelzung	144	44
EU → Europäische Kapitalgesellschaft (EU-Kap), Einbringung	146.1	44
EU → EWIV, Ausgliederung, Einbringung	147	47
EU → GbR, Einbringung	148	47
EU → Genossenschaft, Ausgliederung	171	53
EU → GmbH, Ausgliederung, Einbringung	174	54
EU → GmbH & Co KG, Ausgliederung, Einbringung	367	93
EU → KG, Ausgliederung, Einbringung	369	94
EU → KGaA, Ausgliederung, Einbringung	447	110
EU → Körperschaft des öffentlichen Rechts (KöR)	451	111
EU → OHG, Ausgliederung, Einbringung	452	111
EU → Partnerschaft, Einbringung	453	111
EU → SE	453.1	111
EU → Stiftung, Übertragung	454	112
EU → Stille Gesellschaft	470	114
EU → UG (haftungsbeschränkt)	474.1	115
EU → Verein	475	115
EU → VVaG	476	115

Europäische Kapitalgesellschaft (EU-Kap)

EU-Kap → AG	476.1	116
EU-Kap → EU	476.2	116
EU-Kap → EWIV	476.3	116
EU-Kap → GbR	476.4	116
EU-Kap → Genossenschaft	476.5	116
EU-Kap → GmbH, Verschmelzung	476.6	116
EU-Kap → GmbH & Co KG	476.11	117
EU-Kap → KG	476.12	117

Inhaltsverzeichnis

	Tz.	Seite
EU-Kap → KGaA	476.13	118
EU-Kap → KöR	476.14	118
EU-Kap → OHG	476.15	118
EU-Kap → Partnerschaft	476.16	118
EU-Kap → SE	476.17	118
EU-Kap → Stiftung	476.18	118
EU-Kap → Stille Gesellschaft	476.19	118
EU-Kap → UG (haftungsbeschränkt)	476.20	118
EU-Kap → Verein	476.21	119
EU-Kap → VVaG	476.22	119

Europäische Wirtschaftliche Interessenvereinigung (EWIV)

EWIV → AG, Umwandlung	477	120
EWIV → EU	478	120
EWIV → Europäische Kapitalgesellschaft (EU-Kap)	478.1	120
EWIV → EWIV, Spaltung, Verschmelzung	479	120
EWIV → GbR	480	120
EWIV → Genossenschaft	481	120
EWIV → GmbH	482	120
EWIV → GmbH & Co KG	483	120
EWIV → KG	484	120
EWIV → KGaA	485	121
EWIV → KöR	486	121
EWIV → OHG	487	121
EWIV → Partnerschaft	488	121
EWIV → SE	488.1	121
EWIV → Stiftung	489	121
EWIV → Stille Gesellschaft	490	121
EWIV → UG (haftungsbeschränkt)	490.1	121
EWIV → Verein	491	121
EWIV → VVaG	492	121

Inhaltsverzeichnis

	Tz.	Seite
Gesellschaft des bürgerlichen Rechts (GbR)		
GbR → AG, Einbringung	493	122
GbR → Einzelunternehmen (EU)	496	122
GbR → Europäische Kapitalgesellschaft (EU-Kap), Einbringung	498.1	123
GbR → EWIV, Einbringung	499	123
GbR → GbR, Realteilung	500	123
GbR ↔ GbR, Verschmelzung	503	124
GbR → Genossenschaft	504	124
GbR → GmbH, Einbringung	508	124
GbR → GmbH & Co KG, Einbringung	523	126
GbR → KG, Einbringung	524	126
GbR → KGaA, Einbringung	527	127
GbR → Körperschaft des öffentlichen Rechts (KöR)	528	127
GbR → OHG, Einbringung	529	127
GbR → Partnerschaft, Einbringung	531	128
GbR → Stiftung	535	128
GbR → Stille Gesellschaft	536	128
GbR → UG (haftungsbeschränkt)	538.1	129
GbR → Verein	539	129
GbR → VVaG	540	129
Genossenschaft (Gen.)		
Gen. → AG, Formwechsel, Spaltung, Verschmelzung	541	130
Gen. → Einzelunternehmen (EU)	564	133
Gen. → Europäische Kapitalgesellschaft (EU-Kap)	565.1	133
Gen. → EWIV	566	133
Gen. → GbR	567	133
Gen. → Genossenschaft, Spaltung	568	133
Gen. ↔ Genossenschaft, Verschmelzung	572	134
Gen. → GmbH, Formwechsel, Spaltung, Verschmelzung	589	137

Inhaltsverzeichnis

	Tz.	Seite
Gen. → GmbH & Co KG, Formwechsel, Spaltung, Verschmelzung	590	137
Gen. → KG, Formwechsel, Spaltung, Verschmelzung	592	137
Gen. → KGaA, Formwechsel, Spaltung, Verschmelzung	595	138
Gen. → Körperschaft des öffentlichen Rechts (KöR)	596	138
Gen. → OHG, Formwechsel, Spaltung, Verschmelzung	597	138
Gen. → Partnerschaft	598	138
Gen. → Stiftung	599	138
Gen. → Stille Gesellschaft	600	139
Gen. → UG (haftungsbeschränkt)	600.1	139
Gen. → Verein	601	139
Gen. → VVaG	602	139

Gesellschaft mit beschränkter Haftung (GmbH)

	Tz.	Seite
GmbH → AG, Formwechsel, Spaltung, Verschmelzung	603	140
GmbH ↔ Einzelunternehmen (EU), Verschmelzung	665	149
GmbH → Europäische Kapitalgesellschaft (EU-Kap), Verschmelzung	688.1	153
GmbH → EWIV, Formwechsel, Spaltung, Verschmelzung	689	160
GmbH → GbR, Formwechsel	690	161
GmbH → Genossenschaft, Formwechsel, Spaltung, Verschmelzung	694	162
GmbH → GmbH, Spaltung	726	166
GmbH ↔ GmbH, Verschmelzung	972	214
GmbH → GmbH & Co KG, Formwechsel, Spaltung, Verschmelzung	1192	263
GmbH → KG, Formwechsel, Spaltung, Verschmelzung	1199	265
GmbH → KGaA, Formwechsel, Spaltung, Verschmelzung	1517	329
GmbH → Körperschaft des öffentlichen Rechts (KöR), Vermögensübertragung	1518	329

Inhaltsverzeichnis

	Tz.	Seite
GmbH → OHG, Formwechsel, Spaltung, Verschmelzung	1519	329
GmbH → Partnerschaft	1521	329
GmbH → Stiftung	1522	330
GmbH → Stille Gesellschaft	1529	331
GmbH → UG (haftungsbeschränkt)	1537.1	333
GmbH → Verein	1538	334
GmbH → VVaG	1539	334

GmbH & Co KG

	Tz.	Seite
GmbH & Co KG → AG, Formwechsel, Spaltung, Verschmelzung	1540	335
GmbH & Co KG ↔ Einzelunternehmen (EU), Verschmelzung	1541	335
GmbH & Co KG → Europäische Kapitalgesellschaft (EU-Kap)	1543.1	336
GmbH & Co KG → EWIV	1544	336
GmbH & Co KG → GbR	1545	336
GmbH & Co KG → Genossenschaft, Formwechsel, Spaltung, Verschmelzung	1549	336
GmbH & Co KG → GmbH, Formwechsel, Spaltung, Verschmelzung	1550	336
GmbH & Co KG → GmbH & Co KG, Spaltung	1567	341
GmbH & Co KG ↔ GmbH & Co KG, Verschmelzung	1568	341
GmbH & Co KG → KG, Spaltung, Verschmelzung	1569	341
GmbH & Co KG → KGaA, Formwechsel, Spaltung, Verschmelzung	1572	342
GmbH & Co KG → Körperschaft des öffentlichen Rechts (KöR)	1573	342
GmbH & Co KG → OHG, Umwandlung	1574	342
GmbH & Co KG → Partnerschaft	1576	342
GmbH & Co KG → Stiftung	1577	342
GmbH & Co KG → Stille Gesellschaft	1578	343

Inhaltsverzeichnis

	Tz.	Seite
GmbH & Co KG → UG (haftungsbeschränkt)	1578.1	343
GmbH & Co KG → Verein	1579	343
GmbH & Co KG → VVaG	1580	343

Kommanditgesellschaft (KG)

	Tz.	Seite
KG → AG, Formwechsel, Spaltung, Verschmelzung	1581	344
KG → Einzelunternehmen (EU)	1600	347
KG → Europäische Kapitalgesellschaft (EU-Kap)	1600.1	347
KG → EWIV	1601	348
KG → GbR	1602	348
KG → Genossenschaft, Formwechsel, Spaltung, Verschmelzung	1608	349
KG → GmbH, Formwechsel, Spaltung, Verschmelzung	1622	351
KG → GmbH & Co KG, Formwechsel, Spaltung, Verschmelzung	1849	390
KG → KG, Spaltung, Realteilung	1856	391
KG ↔ KG, Verschmelzung	1938	408
KG → KGaA, Formwechsel, Spaltung, Verschmelzung	2025	424
KG → Körperschaft des öffentlichen Rechts (KöR)	2033	425
KG → OHG, Spaltung, Verschmelzung	2034	426
KG → Partnerschaft, Spaltung, Verschmelzung	2037	426
KG → Stiftung	2038	426
KG → Stille Gesellschaft	2039	426
KG → UG (haftungsbeschränkt)	2039.1	426
KG → Verein	2040	427
KG → VVaG	2041	427

Kommanditgesellschaft auf Aktien (KGaA)

	Tz.	Seite
KGaA → AG, Formwechsel, Spaltung, Verschmelzung	2043	428
KGaA ↔ Einzelunternehmen (EU), Verschmelzung	2047	429
KGaA → Europäische Kapitalgesellschaft (EU-Kap), Verschmelzung	2047.1	429

XV

Inhaltsverzeichnis

	Tz.	Seite
KGaA → EWIV	2048	429
KGaA → GbR, Formwechsel, Spaltung, Verschmelzung	2049	429
KGaA → Genossenschaft, Formwechsel, Spaltung, Verschmelzung	2050	429
KGaA → GmbH, Formwechsel, Spaltung, Verschmelzung	2053	430
KGaA → GmbH & Co KG, Formwechsel, Spaltung, Verschmelzung	2054	430
KGaA → KG, Formwechsel, Spaltung, Verschmelzung	2055	430
KGaA → KGaA, Spaltung	2059	430
KGaA ↔ KGaA, Verschmelzung	2060	430
KGaA → Körperschaft des öffentlichen Rechts (KöR), Vermögensübertragung	2061	431
KGaA → OHG, Formwechsel, Spaltung, Verschmelzung	2062	431
KGaA → Partnerschaft	2063	431
KGaA → Stiftung	2064	431
KGaA → Stille Gesellschaft	2065	431
KGaA → UG (haftungsbeschränkt)	2065.1	431
KGaA → Verein	2066	431
KGaA → VVaG, Vermögensübergang	2067	431

Körperschaft des öffentlichen Rechts (KöR)

	Tz.	Seite
KöR → AG, Formwechsel, Ausgliederung	2068	432
KöR → EU, Umwandlung	2072	432
KöR → Europäische Kapitalgesellschaft (EU-Kap)	2072.1	433
KöR → EWIV	2073	433
KöR → GbR, Umwandlung	2074	433
KöR → Genossenschaft, Ausgliederung	2075	433
KöR → GmbH, Formwechsel, Ausgliederung	2077	433
KöR → GmbH & Co KG, Ausgliederung	2078	434
KöR → KG, Ausgliederung	2079	434
KöR → KGaA, Formwechsel, Ausgliederung	2081	434

Inhaltsverzeichnis

	Tz.	Seite
KöR → KöR, Spaltung, Verschmelzung	2082	434
KöR → OHG, Ausgliederung	2083	434
KöR → Partnerschaft	2084	434
KöR → Stiftung	2085	435
KöR → UG (haftungsbeschränkt)	2085.1	435
KöR → Verein	2086	435
KöR → VVaG, Vermögensübertragung	2087	435

Offene Handelsgesellschaft (OHG)

	Tz.	Seite
OHG → AG, Formwechsel, Spaltung, Verschmelzung	2088	436
OHG → Einzelunternehmen (EU)	2089	436
OHG → Europäische Kapitalgesellschaft (EU-Kap)	2089.1	436
OHG → EWIV	2090	436
OHG → GbR	2091	436
OHG → Genossenschaft, Formwechsel, Spaltung, Verschmelzung	2092	436
OHG → GmbH, Formwechsel, Spaltung, Verschmelzung	2093	436
OHG → GmbH & Co KG, Formwechsel, Spaltung, Verschmelzung	2094	437
OHG → KG, Formwechsel, Spaltung, Verschmelzung	2096	437
OHG → KGaA, Formwechsel, Spaltung, Verschmelzung	2097	437
OHG → Körperschaft des öffentlichen Rechts (KöR)	2098	437
OHG → OHG, Spaltung	2099	437
OHG ↔ OHG, Verschmelzung	2100	437
OHG → Partnerschaft	2101	437
OHG → Stiftung	2102	437
OHG → Stille Gesellschaft	2103	438
OHG → UG (haftungsbeschränkt)	2103.1	438
OHG → Verein	2104	438
OHG → VVaG	2105	438

XVII

Inhaltsverzeichnis

Partnerschaft

	Tz.	Seite
Partnerschaft → AG, Formwechsel, Spaltung, Verschmelzung..................	2105.1	439
Partnerschaft → Einzelunternehmen (EU)...........	2105.2	439
Partnerschaft → Europäische Kapitalgesellschaft (EU-Kap)......................	2105.2a	439
Partnerschaft → EWIV.........................	2105.3	439
Partnerschaft → GbR..........................	2105.4	439
Partnerschaft → Genossenschaft, Formwechsel, Spaltung, Verschmelzung..........	2105.5	440
Partnerschaft → GmbH, Formwechsel, Spaltung, Verschmelzung..................	2105.6	440
Partnerschaft → GmbH & Co KG	2105.10	441
Partnerschaft → KG, Spaltung, Verschmelzung.......	2105.11	441
Partnerschaft → KGaA.........................	2105.14	441
Partnerschaft → Körperschaft des öffentlichen Rechts (KöR).........................	2105.15	441
Partnerschaft → OHG	2105.16	441
Partnerschaft → Partnerschaft, Spaltung............	2105.17	441
Partnerschaft ↔ Partnerschaft, Verschmelzung.......	2105.18	441
Partnerschaft → Stiftung	2105.19	442
Partnerschaft → Stille Gesellschaft................	2105.20	442
Partnerschaft → UG (haftungsbeschränkt)	2105.20a	442
Partnerschaft → Verein	2105.21	442
Partnerschaft → VVaG.........................	2105.22	442

Societas Europaea (Europäische Gesellschaft – SE)

SE → AG, Formwechsel, Spaltung, Verschmelzung....	2105.23	443
SE ↔ Einzelunternehmen (EU), Verschmelzung	2105.26	443
SE → Europäische Kapitalgesellschaft (EU-Kap)......	2105.26a	443
SE → EWIV..................................	2105.27	444
SE → GbR...................................	2105.28	444

Inhaltsverzeichnis

	Tz.	Seite
SE → Genossenschaft	2105.29	444
SE → GmbH	2105.30	444
SE → GmbH & Co KG	2105.31	444
SE → KG	2105.32	444
SE → KGaA	2105.33	444
SE → Körperschaft des öffentlichen Rechts (KöR)	2105.34	444
SE → OHG	2105.35	444
SE → Partnerschaft	2105.36	444
SE → SE, Spaltung	2105.37	445
SE ↔ SE, Verschmelzung	2105.38	445
SE → Stiftung	2105.39	445
SE → Stille Gesellschaft	2105.40	445
SE → UG (haftungsbeschränkt)	2105.40a	445
SE → Verein	2105.41	445
SE → VVaG	2105.42	445

Stiftung

Stiftung → AG, Ausgliederung	2106	446
Stiftung → Einzelunternehmen (EU)	2107	446
Stiftung → Europäische Kapitalgesellschaft (EU-Kap)	2114.1	447
Stiftung → EWIV	2115	448
Stiftung → GbR	2116	448
Stiftung → Genossenschaft	2117	448
Stiftung → GmbH, Ausgliederung	2118	448
Stiftung → GmbH & Co KG, Ausgliederung	2121	448
Stiftung → KG, Ausgliederung	2122	448
Stiftung → KGaA, Ausgliederung	2125	449
Stiftung → Körperschaft des öffentlichen Rechts (KöR)	2126	449
Stiftung → OHG, Ausgliederung	2129	449
Stiftung → Partnerschaft	2130	449
Stiftung → Stiftung	2131	449

Inhaltsverzeichnis

	Tz.	Seite
Stiftung → Stiftung, Zweckumwandlung, Zusammenschluss....................	2132	449
Stiftung → Stille Gesellschaft.....................	2143	452
Stiftung → UG (haftungsbeschränkt)	2143.1	452
Stiftung → Verein	2144	452
Stiftung → VVaG.............................	2145	452

Stille Gesellschaft (StG)

	Tz.	Seite
StG → AG..................................	2146	453
StG → Einzelunternehmen (EU)..................	2147	453
StG → Europäische Kapitalgesellschaft (EU-Kap)	2152.1	453
StG → EWIV................................	2153	454
StG → GbR.................................	2154	454
StG → Genossenschaft.........................	2155	454
StG → GmbH	2156	454
StG → GmbH & Co KG	2159	454
StG → KG..................................	2160	454
StG → KGaA................................	2161	454
StG → Körperschaft des öffentlichen Rechts (KöR).....	2162	455
StG → OHG	2163	455
StG → Partnerschaft	2172	456
StG → Stiftung	2173	456
StG (typische) → StG (atypische)	2174	456
StG → UG (haftungsbeschränkt)	2178.1	457
StG → Verein	2179	457
StG → VVaG................................	2180	457

Unternehmergesellschaft (haftungsbeschränkt)

	Tz.	Seite
UG → AG, Formwechsel, Spaltung, Verschmelzung ...	2180.1	458
UG → Einzelunternehmen (EU), Verschmelzung......	2180.4	458
UG → Europäische Kapitalgesellschaft (EU-Kap)......	2180.5	459
UG → EWIV	2180.6	459

Inhaltsverzeichnis

	Tz.	Seite
UG → GbR, Formwechsel	2180.7	459
UG → Genossenschaft, Formwechsel, Spaltung, Verschmelzung	2180.8	459
UG → GmbH	2180.9	459
UG → GmbH & Co KG, Formwechsel, Spaltung, Verschmelzung	2180.12	460
UG → KG, Formwechsel, Spaltung, Verschmelzung	2180.13	460
UG → KGaA, Formwechsel, Spaltung, Verschmelzung	2180.17	461
UG → Körperschaft des öffentlichen Rechts (KöR)	2180.18	461
UG → OHG, Formwechsel, Spaltung, Verschmelzung	2180.19	461
UG → Partnerschaft	2180.20	461
UG → Stiftung	2180.21	461
UG → Stille Gesellschaft	2180.22	462
UG → UG, Spaltung, Verschmelzung	2180.23	462
UG → Verein	2180.25	462
UG → VVaG	2180.26	462

Verein

Verein → AG, Formwechsel, Spaltung, Verschmelzung	2181	463
Verein → Einzelunternehmen (EU)	2182	463
Verein → Europäische Kapitalgesellschaft (EU-Kap)	2182.1	463
Verein → EWIV	2183	463
Verein → GbR	2184	463
Verein → Genossenschaft, Formwechsel, Spaltung, Verschmelzung	2185	463
Verein → GmbH, Formwechsel, Spaltung, Verschmelzung	2186	463
Verein → GmbH & Co KG, Spaltung, Verschmelzung	2203	466
Verein → KG, Spaltung, Verschmelzung	2204	466
Verein → KGaA, Formwechsel, Spaltung, Verschmelzung	2207	466
Verein → Körperschaft des öffentlichen Rechts (KöR)	2208	467
Verein → OHG, Spaltung, Verschmelzung	2209	467

Inhaltsverzeichnis

	Tz.	Seite
Verein → Partnerschaft	2210	467
Verein → Stiftung	2211	467
Verein → Stille Gesellschaft	2212	467
Verein → UG (haftungsbeschränkt)	2212.1	467
Verein → Verein, Spaltung	2213	467
Verein ↔ Verein, Verschmelzung	2214	468
Verein → VVaG	2215	468

Versicherungsverein auf Gegenseitigkeit (VVaG)

	Tz.	Seite
VVaG → AG, Formwechsel, Spaltung, Verschmelzung, Vermögensübertragung	2216	469
VVaG → GmbH, Ausgliederung	2230	471
VVaG → Öffentlich-rechtliches Versicherungsunternehmen	2231	471
VVaG → Partnerschaft	2232	471
VVaG → UG (haftungsbeschränkt)	2233	471
VVaG → VVaG, Spaltung	2234	472
VVaG ↔ VVaG, Verschmelzung	2235	472
Anhang: Liste der Gesellschaften i.S.v. Art. 2 Nr. 1 der Richtlinie 2005/56/EG (§ 122b Abs. 1 UmwG, § 1 Abs. 1 UmwStG)		473

Stichwortverzeichnis 477

Datenbank

Als Käufer dieses Buches kommen Sie zudem in den Genuss einer komfortablen Datenbank mit dem Text des Buches sowie den hinterlegten Texten des UmwG, des UmwStG, der beiden Umwandlungssteuererlasse und der wichtigsten Rechtsprechung zum Umwandlungsrecht. Ihre persönlichen Zugangsdaten finden Sie im vorderen Einband dieses Buches.

Abkürzungsverzeichnis

ABl. EG	Amtsblatt der Europäischen Gemeinschaften
Abschn.	Abschnitt
aF	alte Fassung
AfA	Absetzungen für Abnutzung
AG	Aktiengesellschaft; auch Die Aktiengesellschaft; auch Amtsgericht
AgrarR	Agrarrecht
AktG	Aktiengesetz
Anh.	Anhang
Anm.	Anmerkung(en)
AnwBl.	Anwaltsblatt
AO	Abgabenordnung
Art.	Artikel
AStG	Außensteuergesetz
BAG	Bundesarbeitsgericht
BauGB	Baugesetzbuch
BaWürt.	Baden-Württemberg
BayObLG	Bayerisches Oberstes Landgericht
BB	Betriebs-Berater
BdF	Bundesminister der Finanzen
BeitrRLUmsG	Beitreibungsrichtlinie-Umsetzungsgesetz
BetrVG	Betriebsverfassungsgesetz
BeurkG	Beurkundungsgesetz
BewG	Bewertungsgesetz
BezG	Bezirksgericht
BFH	Bundesfinanzhof
BFHE	Entscheidungen des Bundesfinanzhofes
BFH/NV	Sammlung amtlich nicht veröffentlichter Entscheidungen des Bundesfinanzhofes
BGB	Bürgerliches Gesetzbuch
BGBl.	Bundesgesetzblatt
BGH	Bundesgerichtshof
BGHZ	Entscheidungen des Bundesgerichtshofes in Zivilsachen
BMF	Bundesminister der Finanzen
BNotO	Bundesnotarordnung
Bp.	Betriebsprüfung
BRAGO	Bundesgebührenordnung für Rechtsanwälte

Abkürzungsverzeichnis

BR-Drucks.	Bundesrats-Drucksache
BStBl.	Bundessteuerblatt
BT-Drucks.	Bundestags-Drucksache
BVerfG	Bundesverfassungsgericht
BVerfGE	Entscheidungen des Bundesverfassungsgerichts
BWNotZ	Baden-Württembergische Notar-Zeitschrift
DB	Der Betrieb
DBA	Doppelbesteuerungsabkommen
DDR	Deutsche Demokratische Republik
DMBilG	D-Mark-Bilanzgesetz
DNotI	Deutsches Notarinstitut
DNotZ	Deutsche Notar-Zeitschrift
DStPr.	Deutsche Steuer-Praxis
DStR	Deutsches Steuerrecht
DStRE	Deutsches Steuerrecht Entscheidungsdienst
DStV	Deutscher Steuerberaterverband
DStZ	Deutsche Steuer-Zeitung
DtZ	Deutsch-Deutsche Rechts-Zeitschrift
EFG	Entscheidungen der Finanzgerichte
EG	Europäische Gemeinschaft
Einf.	Einführung
Einl.	Einleitung
ErbStG	Erbschaftsteuer- und Schenkungsteuergesetz
Erl.	Erlass
ESt.	Einkommensteuer
EStB	Der Ertrag-Steuer-Berater
EStDV	Einkommensteuer-Durchführungsverordnung
EStG	Einkommensteuergesetz
EStR	Einkommensteuer-Richtlinien
EU	Einzelunternehmen
EuGH	Europäischer Gerichtshof
EU-Kap	Europäische Kapitalgesellschaft
EWIV	Europäische Wirtschaftliche Interessenvereinigung
EWIVG	EWIV-Ausführungsgesetz
f.	folgende(r)
FA	Finanzamt
ff.	fortfolgende
FG	Finanzgericht

Abkürzungsverzeichnis

FGG	Gesetz über die Angelegenheiten der freiwilligen Gerichtsbarkeit
FGO	Finanzgerichtsordnung
FinMin.	Finanzminister
FinVerw.	Finanzverwaltung
FM	Finanzminister
Fn.	Fußnote
FR	Finanz-Rundschau
FS	Festschrift
GBl.	Gesetzblatt der Deutschen Demokratischen Republik
GbR	Gesellschaft des bürgerlichen Rechts
Gen.	Genossenschaft
GenG	Genossenschaftsgesetz
GewArch.	Gewerbearchiv
GewO	Gewerbeordnung
GewSt.	Gewerbesteuer
GewStG	Gewerbesteuergesetz
GewStR	Gewerbesteuer-Richtlinien
GG	Grundgesetz
glA	gleicher Ansicht
GmbH	Gesellschaft mit beschränkter Haftung
GmbHG	Gesetz betreffend die Gesellschaft mit beschränkter Haftung
GmbHR	GmbH-Rundschau
GmbH-StB	Der GmbH-Steuer-Berater
GrdstVerKG	Grundstücksverkehrsgesetz
GrdstVKO	Grundstücksverkehrsordnung
GrESt.	Grunderwerbsteuer
GrEStG	Grunderwerbsteuergesetz
GStB	Gestaltende Steuerberatung
GWR	Gesellschafts- und Wirtschaftsrecht
HFR	Höchstrichterliche Finanzrechtsprechung
HGB	Handelsgesetzbuch
hM	herrschende Meinung
HRefG	Gesetz zur Neuregelung des Kaufmanns- und Firmenrechts und zur änderung anderer handels- und gesellschaftsrechtlicher Vorschriften (Handelsrechtsreformgesetz)

XXV

Abkürzungsverzeichnis

HRegGebV	Handelsregistergebührenverordnung vom 30.9.2004
HWO	Handwerksordnung
idR	in der Regel
IDW	Institut der Wirtschaftsprüfer
INF	Die Information über Steuer und Wirtschaft
InvZulG	Investitionszulagengesetz
IStR	Internationales Steuerrecht
i.S.d.	im Sinne des/der
IStR	Internationales Steuerrecht
i.V.m.	in Verbindung mit
IWB	Internationale Wirtschaftsbriefe
JbFSt.	Jahrbuch der Fachanwälte für Steuerrecht
JurBüro	Das juristische Büro
JW	Juristische Wochenschrift
JZ	Juristenzeitung
KapErhStG	Gesetz über steuerliche Maßnahmen bei Erhöhung des Nennkapitals aus Gesellschaftsmitteln
KapESt	Kapitalertragsteuer
KFR	Kommentierte Finanzrechtsprechung
KG	Kammergericht; auch Kommanditgesellschaft
KGaA	Kommanditgesellschaft auf Aktien
KO	Konkursordnung
KöR	Körperschaft des öffentlichen Rechts
KöSDI	Kölner Steuerdialog
KostO	Kostenordnung
KSt.	Körperschaftsteuer
KStG	Körperschaftsteuergesetz
KStR	Körperschaftsteuer-Richtlinien
LAG	Gesetz über die strukturelle Anpassung der Landwirtschaft an die soziale und ökologische Marktwirtschaft in der Deutschen Demokratischen Republik – Landwirtschaftsanpassungsgesetz
LöschG	Gesetz über die Auflösung und Löschung von Gesellschaften und Genossenschaften – Löschungsgesetz
LPG	Landwirtschaftliche Produktionsgenossenschaft
LG	Landgericht

Abkürzungsverzeichnis

LSt.	Lohnsteuer
LStDV	Lohnsteuer-Durchführungsverordnung
MDR	Monatsschrift für Deutsches Recht
Mio.	Million(en)
MitbestG	Mitbestimmungsgesetz
MittBayNot	Mitteilungen des Bayerischen Notarvereins, der Notarkasse und der Landesnotarkasse Bayern
MoMiG	Gesetz zur Modernisierung des GmbH-Rechts und zur Bekämpfung von Missbräuchen
MontanMitbestG	Montan-Mitbestimmungsgesetz
mwN	mit weiteren Nachweisen
Nds.	Niedersachsen
nF	neue Fassung
NJ	Neue Justiz
NJW	Neue Juristische Wochenschrift
Nr.	Nummer(n)
nrkr.	nicht rechtskräftig
NRW	Nordrhein-Westfalen
NStZ	Neue Zeitschrift für Strafrecht
NWB	Neue Wirtschafts-Briefe
NZA	Neue Zeitschrift für Arbeitsrecht
OFD	Oberfinanzdirektion
OHG	offene Handelsgesellschaft
OLG	Oberlandesgericht
p.a.	per anno
PartGG	Partnerschaftsgesellschaftsgesetz
PGH	Produktionsgenossenschaft des Handwerks
PGHVO	Verordnung über die Gründung, Tätigkeit und Umwandlung von Produktionsgenossenschaften des Handwerks
PIStB	Praxis Internationale Steuerberatung
RAO	Reichsabgabenordnung
RdA	Recht der Arbeit
Rev.	Revision
RFH	Reichsfinanzhof
RFHE	Entscheidungen und Gutachten des Reichsfinanzhofes

Abkürzungsverzeichnis

RG	Reichsgericht
RGBl.	Reichsgesetzblatt
RGZ	Entscheidungen des Reichsgerichts in Zivilsachen
RHeimStG	Reichsheimstättengesetz
rhpfl. StiftG	rheinland-pfälzisches Stiftungsgesetz
RIW	Recht der Internationalen Wirtschaft
rkr.	rechtskräftig
Rpfl.	Der Deutsche Rechtspfleger
RStBl.	Reichssteuerblatt
RVSt.	Verordnung über die Rechnungsführung und Statistik vom 11.7.1985 (DDR)
RWP	Rechts- und Wirtschaftspraxis
SE	Societas Europaea (Europäische Gesellschaft)
SEStEG	Gesetz über steuerliche Begleitmaßnahmen zur Einführung der Europäischen Gesellschaft und zur Änderung weiterer steuerrechtlicher Vorschriften vom 7.12.2006
SpruchG	Gesetz über das gesellschaftsrechtliche Spruchverfahren (Spruchverfahrensgesetz)
SpTrUG	Gesetz über die Spaltung der von der Treuhandanstalt verwalteten Unternehmen
StändG	Steueränderungsgesetz
StB	Der Steuerberater
StBerG	Steuerberatungsgesetz
Stbg.	Die Steuerberatung
StBGebV	Steuerberatergebührenverordnung
StbJb.	Steuerberater-Jahrbuch
StbKongrRep.	Steuerberaterkongress-Report (ab 1977)
StBp.	Die steuerliche Betriebsprüfung
StEK/StEK-Anm.	Steuererlasse in Karteiform bzw. Anmerkungen dazu
StKongrRep.	Steuerkongress-Report (bis 1976)
StMBG	Steuermissbrauchsbekämpfungsgesetz
StPO	Strafprozessordnung
StRK/StRK-Anm.	Steuerrechtsprechung in Karteiform bzw. Anmerkungen dazu
StuW	Steuer und Wirtschaft
StVj	Steuerliche Vierteljahresschrift
StWa.	Die Steuerwarte

Abkürzungsverzeichnis

TreuhG	Treundhandgesetz
Tz.	Textziffer(n)
Ubg	Die Unternehmensbesteuerung
UG	Unternehmergesellschaft
UmwBerG	Umwandlungsbereinigungsgesetz
UmwE	BMF-Schreiben vom 25.3.1998, BStBl. 1998 I, 268 = GmbHR 1998, 444
UmwE 2011	BMF Schreiben vom 11.11.2011, BStBl. 2011 I, 1314
UmwG	Umwandlungsgesetz
UmwG 1969	Umwandlungsgesetz vom 6.11.1969
UmwGÄndG	Gesetz zur Änderung des Umwandlungsgesetzes
UmwStG	Umwandlungs-Steuergesetz
UmwVO	Verordnung zur Umwandlung von volkseigenen Kombinaten, Betrieben und Einrichtungen in Kapitalgesellschaften
UR	Umsatzsteuer-Rundschau (ab 1985)
USt.	Umsatzsteuer
UStG	Umsatzsteuergesetz
UStR	Umsatzsteuer-Rundschau (bis 1984); auch Umsatzsteuer-Richtlinien
UVR	Umsatzsteuer- und Verkehrsteuer-Recht
VAG	Versicherungsaufsichtsgesetz
VEB	Volkseigener Betrieb
VEK	Volkseigenes Kombinat
VerschmG	Gesetz zur Durchführung der Dritten Richtlinie des Rates der Europäischen Gemeinschaften zur Koordinierung des Gesellschaftsrechts – Verschmelzungsrichtlinie-Gesetz
Vfg.	Verfügung
vGA	verdeckte Gewinnausschüttung
VIZ	Zeitschrift für Vermögens- und Investitionsrecht
VSt.	Vermögensteuer
VStG	Vermögensteuergesetz
VStR	Vermögensteuer-Richtlinien
VVaG	Versicherungsverein auf Gegenseitigkeit
WM	Wertpapier-Mitteilungen
Wpg.	Die Wirtschaftsprüfung
WPK-Mitt.	Wirtschaftsprüferkammer-Mitteilungen

Abkürzungsverzeichnis

ZEV	Zeitschrift für Erbrecht und Vermögensnachfolge
ZfG	Zeitschrift für das gesamte Genossenschaftswesen
ZG	Zeitschrift für Gesetzgebung
ZGR	Zeitschrift für Unternehmens- und Gesellschaftsrecht
ZHR	Zeitschrift für das gesamte Handels- und Wirtschaftsrecht
ZIP	Zeitschrift für Wirtschaftsrecht
ZKF	Zeitschrift für Kommunalfinanzen
ZPO	Zivilprozessordnung

Literaturverzeichnis

Das Verzeichnis enthält die abgekürzt zitierten Kommentare und Lehrbücher. Spezialschrifttum ist in den Fußnoten angegeben. Aufsätze sind mit Namen und Fundstellen zitiert.

BAUMBACH/HOPT, Handelsgesetzbuch, 35. Aufl. 2012
BAUMBACH/HUECK, GmbH-Gesetz, 19. Aufl. 2010
Beck'scher Bilanz-Kommentar, 8. Aufl. 2012
BERNDT/GÖTZ, Stiftung und Unternehmen, 8. Aufl. 2009
BEUTHIEN, Genossenschaftsgesetz mit Umwandlungs- und Kartellrecht sowie Statut der Europäischen Genossenschaft, 15. Aufl. 2011
BINZ/SORG, Die GmbH & Co. KG, 11. Aufl. 2010
BLAUROCK, Handbuch Stille Gesellschaft, 7. Aufl. 2010
BLÜMICH, EStG/KStG/GewStG (Loseblatt)
BRANDMÜLLER/LINDNER, Gewerbliche Stiftungen, 3. Aufl. 2005
BRÖNNER, Die Besteuerung der Gesellschaften, 18. Aufl. 2007

CARLÉ/KORN/STAHL/STRAHL, Umwandlungen, 2007

DÖTSCH/JOST/PUNG/WITT, Die Körperschaftsteuer – Kommentar zum KStG (Loseblatt)

ENGL, Formularbuch Umwandlungen, 2. Aufl. 2008
ERMAN, BGB Handkommentar, 13. Aufl. 2011

Formularbuch Recht und Steuern, 7. Aufl. 2011
FROTSCHER/MAAS, KStG/UmwStG (Loseblatt)

GLANEGGER/GÜROFF, GewStG, 7. Aufl. 2009
GmbH-Handbuch (Loseblatt)

HARITZ/MENNER, Umwandlungssteuergesetz, 3. Aufl. 2010
HESSELMANN/TILLMANN/MUELLER-THUNS, Handbuch GmbH & Co. KG, 20. Aufl. 2009

JANNOTT/FRODERMANN, Handbuch der Europäischen Aktiengesellschaft, 2005

KALIGIN, Die Betriebsaufspaltung, 7. Aufl. 2010
KALLMEYER, Umwandlungsgesetz, 4. Aufl. 2010

Literaturverzeichnis

KIRCHHOF/SÖHN, Einkommensteuergesetz (Loseblatt)
Kölner Kommentar zum Aktiengesetz, 2. Aufl. 1988 ff., 3. Aufl. 2004 ff.
Kölner Kommentar zum UmwG, 2009

LANG/WEIDMÜLLER, Genossenschaftsgesetz, 37. Aufl. 2011
LANGENFELD, GmbH-Vertragspraxis, 6. Aufl. 2009
LIMMER, Handbuch der Unternehmensumwandlung, 3. Aufl. 2007
LUTTER, Kommentar zum Umwandlungsgesetz, 4. Aufl. 2009
LUTTER/HOMMELHOFF, GmbH-Gesetz, 17. Aufl. 2009
LUTTER/HOMMELHOFF, SE-Kommentar, 2008

MAULBETSCH/KLUMPP/ROSE, Heidelberger Kommentar Umwandlungsgesetz, 2008
MICHALSKI, Kommentar zum Gesetz betreffend die Gesellschaften mit beschränkter Haftung, 2. Aufl. 2010
MOENCH/WEINMANN, Erbschaft- und Schenkungsteuergesetz (Loseblatt)
Münchener Handbuch des Gesellschaftsrechts, Band 1, 3. Aufl. 2009; Band 2, 3. Aufl. 2009; Band 3, 3. Aufl. 2009; Band 4, 3. Aufl. 2007
Münchener Kommentar zum Aktiengesetz, 2. Aufl. 2000 ff., 3. Aufl. 2008 ff.
Münchener Kommentar zum Bürgerlichen Gesetzbuch, 4. Aufl. 2000 ff.; 5. Aufl. 2006 ff.
Münchener Kommentar zum Handelsgesetzbuch, 2. Aufl. 2005 ff., 3. Aufl. 2010 ff.
Münchener Vertragshandbuch, Band 1, 7. Aufl. 2011; Band 2, 6. Aufl. 2009; Band 3, 6. Aufl. 2009; Band 4, 6. Aufl. 2007; Band 5, 6. Aufl. 2008; Band 6, 6. Aufl. 2010

NIRK/ZIEMONS/BINNEWIES, Handbuch der Aktiengesellschaft (Loseblatt)

PALANDT, Bürgerliches Gesetzbuch, 70. Aufl. 2011
PAHLKE/FRANZ, GrEStG, 4. Aufl. 2010
POST/HOFFMANN, Die stille Beteiligung am Unternehmen der Kapitalgesellschaft, 3. Aufl. 1997

RÖDDER/HERLINGHAUS/VAN LISHAUT, Umwandlungssteuergesetz, 2008
ROWEDDER/SCHMIDT-LEITHOFF, GmbHG, 4. Aufl. 2002

SAGASSER/BULA/BRÜNGER, Umwandlungen, 4. Aufl. 2011
SCHMIDT L., EStG, 30. Aufl. 2011
SCHMIDT K., Gesellschaftsrecht, 4. Aufl. 2002

Literaturverzeichnis

SCHMITT/HÖRTNAGL/STRATZ, Umwandlungsgesetz, Umwandlungssteuergesetz, 5. Aufl. 2009
SCHOLZ, GmbH-Gesetz, 11. Aufl. 2006/2007/2010
SCHOOR/NATSCHKE, Die GmbH & Still im Steuerrecht, 4. Aufl. 2005
SCHULZE ZUR WIESCHE, Die GmbH & Still, 5. Aufl. 2009
SCHWEDHELM, Die GmbH & Still als Mitunternehmerschaft, 1987
SEIFART/v. Campenhausen, Stiftungsrechts-Handbuch, 3. Aufl. 2009
SEMLER/STENGEL, Umwandlungsgesetz, 3. Aufl. 2012
SOERGEL, BGB, 12. Aufl. 1990 ff.; 13. Aufl. 2000 ff.
SÖFFING/MICKLER, Die Betriebsaufspaltung, 4. Aufl. 2010
STAUB, HGB, Großkommentar, 5. Aufl. 2008 ff.
STAUDINGER, Kommentar zum Bürgerlichen Gesetzbuch
STEINACKER, Die GmbH & atypisch Still im Steuerrecht, 1993
STRECK, KStG, 8. Aufl. 2012
SUDHOFF, Die GmbH & Co. KG, 6. Aufl. 2005

THOMAS/PUTZO, ZPO, 32. Aufl. 2011
TROLL/GEBEL/JÜLICHER, Erbschaftsteuer- und Schenkungsteuergesetz (Loseblatt)

ULMER/HABERSACK/WINTER, GmbHG, Großkommentar, 2005 ff.

WACHTER, Stiftungen, 2001
WAGNER/RUX, Die GmbH & Co. KG, 11. Aufl. 2009
WIDMANN/MAYER, Umwandlungsrecht (Loseblatt)

Einleitung

Ein Unternehmen ist kein statisches Gebilde, sondern ein dynamischer Prozess, der eingebunden ist in sich verändernde wirtschaftliche, rechtliche und steuerliche Rahmenbedingungen[1]. Dieser Dynamik dient das Umwandlungsrecht. Ein Rechtskleid, das gestern noch passte, kann morgen zu groß, zu klein sein oder nicht mehr ausreichend schützen. Die Gründe und Anlässe für Umstruckturierungen sind vielfältig. Das Steuerrecht war schon immer und ist noch heute treibende Kraft. So häufig wie Steuergesetze geändert wurden und werden, sind Berater aufgerufen, die Rechtsform des beratenden Unternehmens auf den Prüfstand zu stellen und ggf. eine Anpassung anzuraten. Das Umwandlungsrecht ist Instrument der Steuerplanung im Konzern[2] und der Streitvermeidungsstrategie im Mittelstand. Die nach wie vor ausufernde Rechtsprechung zur verdeckten Gewinnausschüttung (Angemessenheit von Geschäftsführerbezügen, hoher Formalismus bei beherrschenden Gesellschaftern und ihnen Nahestehenden), die zur Umwandlung aus der Kapitalgesellschaft veranlasst, mag hier als Beispiel dienen.

Die Anpassung der Rechtsform an veränderte steuerliche Verhältnisse ist jedoch nicht der alleinige Anwendungsbereich des Umwandlungsrechts. Die Umwandlung ist ein vielfältiges Gestaltungsinstrument. Klassischer Anwendungsfall ist die Nachfolgeplanung[3]. Sanierung und Vermeidung des bei Kapitalgesellschaften schärferen Insolvenz- und Insolvenzstrafrechts, die Vermeidung der unternehmerischen Mitbestimmung (im Aufsichtsrat) nach dem BetrVG sowie die Entschärfung derjenigen nach dem Mitbestimmungsgesetz bis hin zu Bilanzierungsgestaltungen[4] sind weitere Beispiele individueller Motive für einen Wechsel der Rechtsform.

Die Umstrukturierung von Unternehmen ist keine Frage der Unternehmensgröße. Der Zusammenschluss zweier Freiberufler unterfällt eben-

---

1 ROSE, Betriebswirtschaftliche Überlegungen und Unternehmensrechtsformwahl, in FS Heinz Meilicke, 1985, S. 111 ff.
2 Siehe zB KRATZ/SIEBERT, DStR 2008, 417, zur Umwandlung, um Zugang zum Eigenkapitalkonto zu erhalten.
3 Einzelunternehmen sind beispielsweise als „Erbmasse" ungeeignet, K. SCHMIDT, NJW 1985, 2485. Mit einer GmbH oder GmbH & Co KG kann die zukünftige Unternehmensstruktur hingegen weitgehend vorgegeben werden (Beteiligungsverhältnisse, Mehrheitsregeln etc.); siehe zB SPIEGELBERGER, Stbg. 2002, 245; AMANDI, GmbH-StB 2002, 323; v. ELSNER/GECK, Stbg. 2002, 197.
4 SCHMIDT-NASCHKE/HEMPELMANN, DStR 2010, 301.

Einleitung

so dem Umwandlungsrecht wie die Verschmelzung von Großunternehmen. Eine personenbezogene GmbH, in der sich zwei Familienstämme streiten, hat ebenso Bedarf nach einer Spaltung wie Konzerne bei der Umstrukturierung.

Bei Einzelunternehmen und Personengesellschaften ist es vornehmlich der Wunsch nach Haftungsbegrenzung, die steuerliche Berücksichtigung von Pensionszusagen an Gesellschafter-Geschäftsführer und die geringere Steuerbelastung bei thesaurierten Gewinnen, der den Weg in die Kapitalgesellschaft veranlasst[1].

Die Verbesserung der Eigenkapitalquote in der Handelsbilanz[2] oder die Beschaffung von Finanzierungsmitteln durch den Weg an die Börse (Going Public) spielen ebenso eine Rolle wie die „Reprivatisierung" von börsennotierten Unternehmen[3].

Durch das Gesetz zur Bereinigung des Umwandlungsrechts vom 28.10.1994[4] wurden die bis dahin in unterschiedlichen Gesetzen verstreuten zivilrechtlichen Vorschriften in einem Gesetz zusammengefasst[5] und grundlegend reformiert. Wichtige Änderungen bzw. Ergänzungen sind durch das Gesetz zur Änderung des Umwandlungsgesetzes vom 22.7.1998[6] und das Handelsrechtsreformgesetz vom 22.6.1998[7] eingefügt worden. So wurde die Partnerschaft in die umwandlungsfähigen Rechtsträger einbezogen und verschiedene Auslegungsfragen geklärt (siehe zB Tz. 678 *GmbH → EU*). Die durch das Euro-Einführungsgesetz vom 9.6.1998[8] eingefügte Regelung des § 318 Abs. 2 UmwG bestimmt, ab wann in Umwandlungsfällen die neuen Nennbetragseinteilungen anzuwenden sind[9]. Mit dem Gesetz zur Neuordnung des gesellschaftsrechtlichen Spruchverfahrens[10] sind die früher im UmwG dazu enthaltenen Regeln in ein gesondertes Gesetz überführt worden.

---

1 WEBER, NWB 2008, Fach 2, 3075 (11.8.2008).
2 Siehe Tz. 249 ff.
3 Siehe HOFMANN/KROLOP, AG 2005, 866; ferner zur Sachauskehrung durch Spaltung HEINE/LECHNER, AG 2005, 669.
4 BGBl. 1994 I, 3210; zum Gesetzgebungsverfahren NEYE, DB 1994, 2069; SCHWARZ, DStR 1994, 1694.
5 Ausnahme bleibt das SpTrUG.
6 BGBl. 1998 I, 1878.
7 BGBl. 1998 I, 1474; siehe hierzu SCHAEFER, DB 1998, 1269; SCHÖN, DB 1998, 1169.
8 BGBl. 1998 I, 1242.
9 Hierzu SEIBERT, ZGR 1998, 1, 14.
10 Spruchverfahrensgesetz vom 12.6.2003, BGBl. 2003 I, 838.

Einleitung

Durch das Zweite Gesetz zur Änderung des Umwandlungsgesetzes vom 19.4.2007[1] wurden die gesetzlichen Grundlagen für die grenzüberschreitende Verschmelzung von Kapitalgesellschaften geschaffen. Das Dritte Gesetz zur Änderung des Umwandlungsgesetzes vom 11.7.2011 setzt die Anforderungen der EU-Richtlinie 2009/109/EG vom 16.9.2009 zur Änderung der Richtlinien 77/91/EWG, 78/855/EWG, 82/891/EWG und 2005/56/EG hinsichtlich der Berichts- und Dokumentationspflicht bei Verschmelzungen und Spaltungen in nationales Recht um[2] und erlaubt den Ausschluss von Minderheitsaktionären (Squeeze-Out) bei der Verschmelzung von Aktiengesellschaften[3].

Bedauerlich, ja ärgerlich ist, dass der Gesetzgeber nicht die gleiche Sorgfalt und Mühe auf die Regelungen des Steuerrechts verwendet[4]. Schon das UmwStG vom 28.10.1994[5] stimmte weder begrifflich noch systematisch mit dem UmwG überein. An dieser Situation hat sich durch die Neufassung des Umwandlungssteuergesetzes durch das SEStEG vom 7.12.2006[6] nichts geändert. Die durch vorausgegangene Gesetzesänderungen, insbesondere durch das Gesetz zur Fortsetzung der Unternehmenssteuerreform vom 29.10.1997[7], das Steuersenkungsgesetz vom 23.10.2000[8] und das Unternehmensteuerfortentwicklungsgesetz vom 20.12.2001[9] bereits eingeleiteten Einschränkungen der Umwandlungsmöglichkeiten wurden nicht beseitigt, sondern nur noch verschärft. Das Steuerrecht ist nicht nur ein „Spaltungshindernis" (sie-

---

1 BGBl. 2007 I, 542; siehe hierzu HECKSCHEN, DNotZ 2007, 444; zu den Auswirkungen der Änderungen auf nationale Umwandlungen MAYER/WEILER, DB 2007, 1235, 1281; WÄLZHOLZ, GmbH-StB 2007, 148.
2 BGBl. 2011 I, 1338; eingehend NEYE/JÄCKEL, AG 2010, 237; ULRICH, GmbHR (GmbHReport) 2010, R 149; SIMON/MERKELBACH, DB 2011, 1317; FREYTAG, BB 2010, 2839; WAGNER, DStR 2010, 1629.
3 Eingehend BUNGERT/WETTICH, DB 2010, 2545; FREYTAG, BB 2010, 1611; WAGNER, DStR 2010, 1629; KLIE/WIND/RÖDTER, DStR 2011, 1668; KLIE/RÖDTER, DStR 2011, 1668; HECKSCHEN, NJW 2011, 2390; KIEFNER/BRÜGEL, AG 2011, 525; GÖTHEL, ZIP 2011, 1541.
4 Zur Kritik hinsichtlich der strukturellen Mängel des UmwStG JACOBSEN, FR 2011, 973.
5 BGBl. 1994 I, 3267.
6 BGBl. 2006 I, 2782; siehe hierzu den Überblick bei DÖTSCH/PUNG, DB 2006, 2704.
7 BGBl. 1997 I, 2590; hierzu DÖTSCH, DB 1997, 2090, 2144; KORN/STRAHL, KÖSDI 1997, 11282; FÜGER/RIEGER, DStR 1997, 1427; zur zeitlichen Anwendung OLBING, Stbg. 1998, 111.
8 BGBl. 2000 I, 1433.
9 BGBl. 2001 I, 3858.

Einleitung

he Tz. 845 ff. *GmbH* → *GmbH*), sondern auch eine „Umwandlungs- und Verschmelzungsbremse" (siehe Tz. 1347 ff. *GmbH* → *KG* und Tz. 1152 ff. *GmbH* ↔ *GmbH*). Auch die Erlasse der Finanzverwaltung enthalten mehr Ausführungen zu angeblichen Missbrauchsfällen als Hinweise zu streitigen Rechtsfragen. Dies galt für den Umwandlungssteuererlass vom 25.3.1998[1] und gilt ebenso für den an seine Stelle getretenen Umwandlungssteuererlass vom 11.11.2011[2].

Ziel der 1. Auflage dieses Buches war es, Rechts- und Steuerberatern, auch soweit sie nicht täglich mit Umwandlungen befasst waren, den Weg durch den bis zur Reform bestehenden Gesetzes- und Literaturdschungel zu weisen. Diese Aufgabe stellt sich bis heute und keineswegs einfacher. An der ABC-Form, ausgehend von einer bestehenden im Hinblick auf eine gewünschte Rechtsform, habe ich – bestärkt durch die positive Resonanz der bisherigen Auflagen – festgehalten.

Die zitierte Literatur und Rechtsprechung hat nicht nur Belegfunktion, sondern weist zumeist auf vertiefende oder ergänzende Darstellungen hin.

Gesetzesänderungen bis zum 31.12.2011 sind berücksichtigt.

Die Umwandlungsmöglichkeiten über die Grenze sind auf Basis nationaler Rechtsvorschriften dargestellt. Umfasst sind Kapitalgesellschaften, die nach dem Recht der siebenundzwanzig Mitgliedstaaten der EU[3] sowie Norwegen, Island und Liechtenstein (EWR-Staaten) gegründet wurden und dort ihren Sitz haben (s. § 122b Abs. 1 UmwG, § 1 Abs. 2 UmwStG[4]). Diese Gesellschaften, die im Anhang zum ABC (S. 473) aufgeführt sind, werden im nachfolgenden ABC einheitlich als „Europäische Kapitalgesellschaften" oder „EU-Kap" bezeichnet. Erläutert wird jeweils das Zivil- und Steuerrecht der Bundesrepublik Deutschland. Die Rechtsfolgen des ausländischen Staates mussten zwangsläufig ausgeklammert werden und sind gesondert zu prüfen.

---

1 BStBl. 1998 I, 268.
2 BStBl. 2011 I, 1314.
3 Dies sind 1. Belgien, 2. Bulgarien, 3. Dänemark, 4. Deutschland, 5. Estland, 6. Finnland, 7. Frankreich, 8. Griechenland, 9. Irland, 10. Italien, 11. Lettland, 12. Litauen, 13. Luxemburg, 14. Malta, 15. Niederlande, 16. Österreich, 17. Polen, 18. Portugal, 19. Rumänien, 20. Schweden, 21. Slowakei, 22. Slowenien, 23. Spanien, 24. Tschechische Republik, 25. Ungarn, 26. Vereinigtes Königreich, 27. Zypern.
4 SCHAUMBURG, GmbHR 2010, 1341 zu steuerlichen Restriktionen bei internationalen Umwandlungen.

Einleitung

Neu aufgenommen wurde die Unternehmergesellschaft (haftungsbeschränkt) – UG –, die inzwischen praktische Bedeutung erlangt hat.

Als Käufer dieses Buches kommen Sie zudem in den Genuss einer komfortablen Datenbank mit dem Text des Buches sowie den hinterlegten Texten des UmwG, des UmwStG, der beiden Umwandlungssteuererlasse und der wichtigsten Rechtsprechung zum Umwandlungsrecht. Ihre persönlichen Zugangsdaten finden Sie im vorderen Einband dieses Buches.

Begriffe

Umwandlung	Verschmelzung, Spaltung, Vermögensübertragung, Formwechsel
Verschmelzung	Übertragung des gesamten Vermögens eines Rechtsträgers auf einen anderen, schon bestehenden (Verschmelzung durch Aufnahme) oder neugegründeten (Verschmelzung durch Neugründung) Rechtsträger im Wege der Gesamtrechtsnachfolge unter Auflösung ohne Abwicklung gegen Gewährung von Anteilen oder Mitgliedschaften des übernehmenden oder neuen Rechtsträgers an die Anteilsinhaber der übertragenden Rechtsträger.
Spaltung	
– Aufspaltung	Ein Rechtsträger teilt sein Vermögen unter Auflösung ohne Abwicklung auf und überträgt die Teile jeweils als Gesamtheit im Wege der Sonderrechtsnachfolge (teilweise Gesamtrechtsnachfolge) auf mindestens zwei andere schon bestehende (Aufspaltung zur Aufnahme) oder neugegründete (Aufspaltung zur Neugründung) Rechtsträger gegen Gewährung von Anteilen oder Mitgliedschaften an den übernehmenden oder neuen Rechtsträgern an die Anteilsinhaber des sich aufspaltenden Rechtsträgers.
– Abspaltung	Der übertragende Rechtsträger überträgt im Wege der Sonderrechtsnachfolge einen Teil oder mehrere Teile seines Vermögens jeweils als Gesamtheit auf einen oder mehrere andere, bereits bestehende oder neugegründete Rechtsträger. Die Anteilsinhaber des sich spaltenden Rechtsträgers erhalten eine Beteiligung an dem übernehmenden oder neuen Rechtsträger.
– Ausgliederung	Übertragung eines Teils oder mehrerer Teile des Vermögens im Wege der Sonderrechtsnachfolge eines Rechtsträgers auf einen oder mehrere andere, bereits bestehende oder neugegründete

Begriffe

                      Rechtsträger gegen Gewährung von Anteilen oder Mitgliedschaften dieser Rechtsträger an den übertragenden Rechtsträger.

Vermögensübertragung

– Vollübertragung   Übertragung des gesamten Vermögens eines Rechtsträgers auf einen anderen bestehenden Rechtsträger im Wege der Gesamtrechtsnachfolge unter Auflösung ohne Abwicklung gegen Gewährung einer Gegenleistung an die Anteilsinhaber des übertragenden Rechtsträgers, die nicht in Anteilen oder Mitgliedschaften bestehen.

– Teilübertragung   Aufspaltung eines Rechtsträgers durch gleichzeitige Übertragung von Vermögensteilen im Wege der Sonderrechtsnachfolge auf andere bestehende Rechtsträger

                      oder

                      Abspaltung eines Teils oder mehrerer Teile des Vermögens eines Rechtsträgers im Wege der Sonderrechtsnachfolge auf einen oder mehrere bestehende Rechtsträger

                      oder

                      Ausgliederung eines Teils oder mehrerer Teile des Vermögens eines Rechtsträgers im Wege der Sonderrechtsnachfolge auf einen oder mehrere bestehende Rechtsträger

                      jeweils gegen Gewährung einer Gegenleistung, die nicht in Anteilen oder Mitgliedschaften besteht.

Formwechsel   Änderung der Rechtsform unter Wahrung der rechtlichen Identität des Rechtsträgers.

Einbringung   Übertragung von Vermögen gegen Gewährung von Gesellschaftsrechten.

Realteilung   Verteilung des Vermögens einer Personengesellschaft auf die Gesellschafter unter Ausschluss der Liquidation.

ABC der Umwandlung

Aktiengesellschaft (AG)

AG → AG, Spaltung

A. Übersicht	1	D. Abspaltung	
B. Aufspaltung zur Aufnahme		I. Zivilrecht	26
I. Zivilrecht	3	II. Steuerrecht	27
II. Steuerrecht	17	E. Ausgliederung	
C. Aufspaltung zur Neugründung		I. Zivilrecht	28
		II. Steuerrecht	29
I. Zivilrecht	19		
II. Steuerrecht	25		

A. Übersicht

Eine Spaltung innerhalb der ersten zwei Jahre nach Eintragung der AG im Handelsregister (sog. **Nachgründungsperiode**, § 52 AktG) ist außer durch Ausgliederung zur Neugründung (Tz. 28) ausgeschlossen (§ 141 UmwG). Siehe ferner Tz. 726–744 *GmbH* → *GmbH*. 1

Einstweilen frei. 2

B. Aufspaltung zur Aufnahme

I. Zivilrecht

Es gelten die Tz. 745–840 *GmbH* → *GmbH* mit folgenden **Besonderheiten**[1]: 3

Der Spaltungs- und Übernahmevertrag bzw. sein Entwurf ist für jede der an der Spaltung beteiligten AG **prüfungspflichtig** (§ 125 i.V.m. § 60 UmwG). Für jede AG sind vom Gericht Verschmelzungsprüfer zu bestellen (§ 125 i.V.m. §§ 60, 10 UmwG). Auf Antrag der Vorstände kann durch das zuständige Registergericht für mehrere AGs ein Prüfer bestellt werden (§ 125 i.V.m. §§ 60, 10 Abs. 1 UmwG). Die Prüfung ist auch dann erforderlich, wenn sich alle Aktien der übertragenden AG in der 4

---

1 Zur Rechtsstellung von Vorzugsaktionären KIEM, ZIP 1997, 1627.

AG → AG

Hand der übernehmenden AGs befinden (§ 125 UmwG schließt § 9 Abs. 2 UmwG aus). Allerdings können die Aktionäre durch notarielle Erklärung auf die Prüfung verzichten (§ 125 i.V.m. §§ 9 Abs. 3, 8 Abs. 3 UmwG).

5 Der Spaltungs- und Übernahmevertrag bzw. sein Entwurf ist vor der Einberufung zur Hauptversammlung zum **Register** einzureichen und bekannt zu machen (§ 125 i.V.m. § 61 UmwG).

6 Befinden sich mindestens neun Zehntel des Grundkapitals der übertragenden AG in der Hand der übernehmenden AG, so kann bei ihr auf den **Zustimmungsbeschluss verzichtet** werden, soweit nicht 20 % oder ein nach der Satzung bestimmter geringerer Teil des Grundkapitals eine Hauptversammlung verlangen (§ 125 i.V.m. § 62 Abs. 1 und 2 UmwG). Befindet sich das gesamte Grundkapital der übertragenden Kapitalgesellschaft in der Hand der übernehmenden Aktiengesellschaft ist der Zustimmungsbeschluss entbehrlich (§ 62 Abs. 4 UmwG)[1]. Die Sonderregelungen zu Squeeze Out in § 62 Abs. 5 UmwG gelten für die Spaltung nicht (§ 125 S. 1 UmwG).

7 Zur **Vorbereitung der Hauptversammlung** siehe § 125 i.V.m. §§ 62 Abs. 3, 63 UmwG, zur **Durchführung** § 125 i.V.m. § 64 UmwG und zu den Mehrheitserfordernissen bei der Beschlussfassung § 65 UmwG.

8 Über wesentliche **Veränderungen des Vermögens**[2] zwischen Abschluss des Vertrags oder Aufstellung des Entwurfs und Beschlussfassung hat der Vorstand die Aktionäre und die Vertretungsorgane der anderen beteiligten Rechtsträger zu informieren (§ 125 i.V.m. § 64 Abs. 1 S. 2 und 3 UmwG).

9 Erhöht die übernehmende Gesellschaft zur Durchführung der Spaltung ihr Grundkapital, so darf die Verschmelzung erst eingetragen werden, nachdem die Durchführung der **Erhöhung des Grundkapitals** im Register eingetragen worden ist (§ 125 i.V.m. § 66 UmwG).

10 Die **Kapitalerhöhungsvorschriften**, §§ 182 Abs. 4, 184 Abs. 1 S. 2, 185, 186, 187 Abs. 1, 188 Abs. 2 und 3 Nr. 1 AktG, sind nicht anzuwenden (§ 125 i.V.m. § 69 UmwG), wohl aber § 183 Abs. 3 AktG (Prüfung der Sacheinlage, § 142 UmwG). Auf die Prüfung der Sacheinlage ist im Spaltungsbericht hinzuweisen (§ 142 Abs. 2 UmwG).

---

1 Zur zeitlichen Anwendung siehe § 321 Abs. 3 UmwG.
2 Was „wesentlich" ist, bestimmt das Gesetz nicht; siehe hierzu HÖRTNAGL in Schmitt/Hörtnagl/Stratz, § 143 UmwG Rz. 6 ff.; SCHWAB in Lutter, § 143 UmwG Rz. 10 ff.; DIEKMANN in Semler/Stengel, § 64 UmwG Rz. 11.

Ausgeschlossen ist eine Kapitalerhöhung bei der übernehmenden Gesellschaft, soweit sie Anteile eines übertragenden Rechtsträgers innehat, ein übertragender Rechtsträger eigene Anteile innehat oder ein übertragender Rechtsträger Aktien dieser Gesellschaft besitzt, auf die der Ausgabebetrag nicht voll geleistet ist (§ 125 i.V.m. § 68 Abs. 1 S. 1 UmwG). 11

Die übernehmende Gesellschaft braucht ihr Grundkapital nicht zu erhöhen, soweit sie **eigene Aktien** besitzt oder ein übertragender Rechtsträger Aktien dieser Gesellschaft besitzt, auf die der Ausgabebetrag bereits voll geleistet ist (§ 125 i.V.m. § 68 Abs. 1 S. 2 UmwG). Dies gilt entsprechend, wenn Anteile **treuhänderisch** gehalten werden (§ 125 i.V.m. § 68 Abs. 2 UmwG). 12

Auf eine Kapitalerhöhung kann ferner verzichtet werden, wenn alle Anteilsinhaber der zu spaltenden AG auf die Gewährung von Aktien als Gegenleistung für die Vermögensübertragung in notariell beurkundeter Form verzichten (§ 125 i.V.m. § 68 Abs. 1 S. 3 UmwG). 13

Zur **Anmeldung** siehe § 125 i.V.m. § 69 Abs. 2 UmwG. 14

Wird der Spaltungs- und Übernahmevertrag in den ersten zwei Jahren seit Eintragung der übernehmenden Gesellschaft in das Register geschlossen, so sind ggf. die Nachgründungsvorschriften des § 52 Abs. 3, 4, 6 bis 9 AktG zu beachten (siehe § 125 i.V.m. § 67 UmwG). 15

Zur Geltendmachung von **Schadensersatzansprüchen** siehe § 125 i.V.m. § 70 UmwG, zur **Bestellung eines Treuhänders** für den Empfang der Aktien § 125 i.V.m. §§ 71, 72 UmwG[1]. 16

II. Steuerrecht

Es gelten die Tz. 841–899 *GmbH* → *GmbH*. Wegen der **Missbrauchsregel** des § 15 Abs. 2 S. 2–4 UmwStG dürfte die Aufspaltung oder Abspaltung bei börsennotierten AGs praktisch ausgeschlossen sein[2]. 17

Einstweilen frei. 18

---

1 Dazu BANDEHZADEH, DB 2007, 1514.
2 Zu Ausweichgestaltungen bei der Spaltung börsennotierter Aktiengesellschaften BLUMERS, DB 2000, 589.

AG → AG

C. Aufspaltung zur Neugründung

I. Zivilrecht

19 Es gelten die Tz. 900–910 *GmbH → GmbH* mit folgenden **Besonderheiten**[1]:

20 Hinsichtlich der **Prüfungspflicht** gilt Tz. 4, zur Bekanntmachung des Spaltungsplans Tz. 5.

21 Für die **Vorbereitung** und **Durchführung** der **Hauptversammlung** gelten die §§ 63–65 UmwG (§ 125 i.V.m. § 73 UmwG).

22 In die **Satzung** der neu zu gründenden AG sind Festsetzungen über Sondervorteile, Gründungsaufwand, Sacheinlagen und Sachübernahmen, die in den Gesellschaftsverträgen, Satzungen oder Statuten übertragender Rechtsträger enthalten waren, zu übernehmen. § 26 Abs. 4 und 5 des AktG bleibt unberührt (§ 125 i.V.m. § 74 UmwG).

23 Außer bei der verhältniswahrenden Spaltung zur Neugründung (§ 143 UmwG)[2] sind ein **Gründungsbericht** (§ 32 AktG) und eine **Gründungsprüfung** (§ 33 Abs. 2 AktG) erforderlich (§ 144 UmwG). In dem Gründungsbericht (§ 32 AktG) sind auch der Geschäftsverlauf und die Lage der übertragenden Rechtsträger darzustellen (§ 125 i.V.m. § 75 Abs. 1 S. 1 UmwG).

24 Zur **Bekanntmachung** der Eintragung siehe § 125 i.V.m. § 19 Abs. 3 UmwG.

II. Steuerrecht

25 Es gelten die Tz. 841–899 *GmbH → GmbH*.

D. Abspaltung

I. Zivilrecht

26 Es gelten die Tz. 912–922 *GmbH → GmbH* mit den Besonderheiten gemäß vorstehender Tz. 4–16. Zur **Herabsetzung des Grundkapitals** siehe

---

1 Eingehend Bruski, AG 1997, 17; zum sog. „Kalten Delisting" einer börsennotierten AG: OLG Düsseldorf I-19 W 3/04 AktE vom 30.12.2004, DB 2005, 252.
2 Siehe Leitzen, DNotZ 2011, 526; zur zeitlichen Anwendung § 321 Abs. 3 UmwG.

AG ↔ AG

§ 145 UmwG[1], zur Anmeldung § 146 UmwG. Zur Kapitalerhöhung und dem Rückkauf eigener Aktien siehe Tz. 33. Zur Nachteilsausgleichspflicht bei Abspaltung von einer beherrschten Tochtergesellschaft siehe § 311 AktG[2].

II. Steuerrecht

Siehe Tz. 923–928 *GmbH* → *GmbH*.   27

E. Ausgliederung

I. Zivilrecht

Es gelten die Tz. 929–939 *GmbH* → *GmbH* mit den **Besonderheiten** gemäß Tz. 4–16 entsprechend[3].   28

II. Steuerrecht

Siehe Tz. 940–946 *GmbH* → *GmbH*.   29

AG ↔ AG, Verschmelzung

A. Übersicht 30
B. Verschmelzung durch Aufnahme
  I. Zivilrecht 31
  II. Steuerrecht 44
C. Verschmelzung durch Neugründung
  I. Zivilrecht 45
  II. Steuerrecht 48

A. Übersicht

Siehe Tz. 972–982 *GmbH* ↔ *GmbH*.   30

---

1 Sowie Zeidler, Wpg. 2004, 324, zur Frage, aus welchen Rücklagen ein Spaltungsversuch gedeckt werden darf.
2 Zur Nachteilsausgleichspflicht im faktischen Konzern Tillmann/Rieckhoff, AG 2008, 486.
3 Speziell zum Vergleich Ausgliederung – Einzelrechtsnachfolge bei einer AG Engelmeyer, AG 1999, 263.

AG ↔ AG

B. Verschmelzung durch Aufnahme
I. Zivilrecht

31 Es gelten grundsätzlich die Tz. 983–1101 *GmbH* ↔ *GmbH*[1], jedoch mit folgenden **Besonderheiten**[2]:

32 Wird der Verschmelzungsvertrag in den ersten zwei Jahren nach Eintragung der übernehmenden AG im Handelsregister abgeschlossen, so sind die **Nachgründungsvorschriften** des § 52 Abs. 3, 4, 6–9 AktG zu beachten (§ 67 UmwG).

32.1 Zur Notwendigkeit, im Verschmelzungsvertrag ein Abfindungsangebot zu unterbreiten, s. § 29 Abs. 1 UmwG[3].

33 Anstelle des § 54 UmwG gilt für die **Kapitalerhöhung** (siehe Tz. 1012 *GmbH* ↔ *GmbH*) der inhaltsgleiche § 68 UmwG. Soweit eine Kapitalerhöhung zulässig ist, erleichtert § 69 UmwG die Durchführung. Die Aktionäre trifft keine Differenzhaftung[4]. So sind die §§ 182 Abs. 4, 184 Abs. 1 S. 2, 185, 186, 187 Abs. 1, 188 Abs. 2 und 3 Nr. 1 AktG nicht anzuwenden. Problematisch ist der gleichzeitige Rückkauf eigener Aktien (§ 71 AktG)[5].

34 Der Verschmelzungsvertrag ist **prüfungspflichtig** (§ 60 UmwG), es sei denn, alle Aktionäre verzichten in notarieller Form oder alle Aktien der übertragenden Gesellschaft befinden sich in der Hand der übernehmenden AG (§ 9 Abs. 2 UmwG).

35 Der Verschmelzungsvertrag ist vor Einberufung der Hauptversammlung, die über die Zustimmung beschließt, zum **Handelsregister** einzureichen und die Einreichung vom Register bekannt zu machen (§ 61 UmwG).

36 Befinden sich mindestens 90 % des Grundkapitals der übertragenden AG in der Hand der übernehmenden AG, so braucht auf der Ebene der übernehmenden AG kein **Zustimmungsbeschluss** gefasst zu werden

---

1 Vertragsmuster: RIEGER in Widmann/Mayer, Anh. 4, M 49 ff. (November 2010).
2 Zur Streitfrage, ob eine Verschmelzung zu einem Pflichtangebot nach dem WpÜG führen kann, J. VETTER, WM 2002, 1999; zu den Rechten und Pflichten der Beteiligten im Vorfeld einer Verschmelzung AUSTMANN/FROST, ZHR 169 (2005), 431.
3 Ferner BURG/BRAUN, AG 2009, 22.
4 BGH II ZR 302/05 vom 12.3.2007, AG 2007, 487; KALLMEYER, GmbHR 2007, 1121.
5 Eingehend BUNGERT/HENTZEN, DB 1999, 2501.

AG ↔ AG

(§ 62 Abs. 1 UmwG)[1], es sei denn, 20 % oder ein nach der Satzung bestimmter geringerer Teil des Grundkapitals verlangen dies (§ 62 Abs. 2 UmwG)[2].

Auf Ebene der übertragenden Kapitalgesellschaft ist ein Zustimmungsbeschluss entbehrlich, wenn diese zu 100 % von der übernehmenden Aktiengesellschaft gehalten wird, oder die Vermelzung mit einem Ausschluss von Minderheitsaktionären gemäß § 327a AktG innerhalb von drei Monaten nach Abschluss des Verschmelzungsvertrags (Squeeze Out) nach § 62 Abs. 5 UmwG einhergeht (§ 62 Abs. 4 UmwG)[3]. 36.1

Zur Information der Aktionäre siehe § 62 Abs. 3 UmwG. 36.2

Falls sich der letzte Jahresabschluss auf ein Geschäftsjahr bezieht, das mehr als sechs Monate vor dem Abschluss des Verschmelzungsvertrags oder der Aufstellung des Entwurfs abgelaufen ist, so ist eine Bilanz auf einen Stichtag, der nicht vor dem ersten Tag des dritten Monats liegt, der dem Abschluss oder der Aufstellung vorausgeht, aufzustellen **(Zwischenbilanz)**, es sei denn, alle Aktionäre verzichten (§ 63 Abs. 2 S. 5 UmwG) oder die Gesellschaft hat einen Halbjahresfinanzbericht nach § 37w WpHG veröffentlicht (§ 63 Abs. 2 S. 6 UmwG)[4]. 36.3

Findet – wie regelmäßig – eine Hauptversammlung statt, dh. muss ein Verschmelzungsbeschluss gefasst werden, müssen zuvor und bis zur Hauptversammlung die in § 63 UmwG genannten **Unterlagen** ausgelegt werden. Auf Verlangen ist außerdem jedem Aktionär von der Einberufung der Hauptversammlung an unverzüglich und kostenlos eine Abschrift dieser Unterlagen zu erteilen (§ 63 Abs. 3 UmwG), sofern diese nicht auf der Internetseite der Gesellschaft zugänglich gemacht worden sind (§ 63 Abs. 4 UmwG). 37

Die auszulegenden und ggf. zu übersendenden Unterlagen sind: 38

- der **Verschmelzungsvertrag** oder sein Entwurf,
- die **Jahresabschlüsse** und die **Lageberichte** der an der Verschmelzung beteiligten AGs für die letzten drei Geschäftsjahre,
- ggf. die **Zwischenbilanz** bzw. der **Halbjahresfinanzbericht** (Tz. 36.3),

---

1 Zur Berechnung der Quote Diekmann in Semler/Stengel, § 62 UmwG Rz. 9 ff.
2 Zur Berechnung Diekmann in Semler/Stengel, § 62 UmwG Rz. 26 ff.
3 Eingehend Bungert/Wettich, DB 2010, 2545; Freytag, BB 2010, 1611; Wagner, DStR 2010, 1629; Klie/Wind/Rödter, DStR 2011, 1668; Heckschen, NJW 2011, 2390; Kiefner/Brügel, AG 2011, 525; Göthel, ZIP 2011, 1541.
4 Simon/Merkelbach, DB 2011, 1317.

AG ↔ AG

- die **Verschmelzungsberichte** nach § 8 UmwG sowie
- die **Prüfungsberichte** (§ 60 i.V.m. § 12 UmwG).

39 In der Hauptversammlung hat der Vorstand die Verschmelzung zu erläutern und Auskunft über wesentliche Veränderungen des Vermögens seit Abschluss des Verschmelzungsvertrags oder Aufstellung des Entwurfs zu geben (§ 64 Abs. 1 UmwG)[1]. Jedem Aktionär ist auf Verlangen **Auskunft** über die anderen an der Verschmelzung beteiligten Rechtsträger zu erteilen (§ 64 Abs. 2 UmwG).

40 Bezüglich der **Mehrheitserfordernisse** gilt: Der Verschmelzungsbeschluss der Hauptversammlung bedarf einer Mehrheit, die mindestens drei Viertel des bei der Beschlussfassung vertretenen Grundkapitals umfasst (§ 65 Abs. 1 UmwG). Soweit gegenseitige Beteiligungen bestehen, schließt dies das Stimmrecht nicht aus[2]. Die Satzung kann eine größere Kapitalmehrheit und weitere Erfordernisse bestimmen (§ 65 Abs. 1 S. 2 UmwG).

41 Sind **mehrere Gattungen von Aktien** vorhanden, ist der Beschluss der Hauptversammlung über die Drei-Viertel-Mehrheit hinaus nur wirksam, wenn alle stimmberechtigten Aktionäre jeder Gattung zugestimmt haben (§ 65 Abs. 2 UmwG)[3].

42 Erhöht die übernehmende Gesellschaft zur Durchführung der Verschmelzung ihr Grundkapital, darf die Verschmelzung erst eingetragen werden, nachdem die Durchführung der **Erhöhung des Grundkapitals** im Register eingetragen worden ist (§ 66 UmwG).

43 Jeder übertragende Rechtsträger hat für den Empfang der zu gewährenden Aktien (und evtl. barer Zuzahlungen) einen Treuhänder zu bestellen. Erst wenn der **Treuhänder** dem Gericht angezeigt hat, dass er im Besitz der Aktien und der im Verschmelzungsvertrag festgesetzten baren Zuzahlungen ist, darf die Verschmelzung eingetragen werden (§ 71 UmwG).

---

1 Zur zeitlichen Anwendung § 321 Abs. 3 UmwG.
2 Anders als bei der Verschmelzung unter Beteiligung einer GmbH unstreitig, siehe DIEKMANN in Semler/Stengel, § 65 UmwG Rz. 21; RIEGER in Widmann/Mayer, § 65 UmwG Rz. 12 (September 2006); zur Zustimmung im Konzern siehe auch OLG Köln 22 U 72/92 vom 24.11.1992, ZIP 1993, 110, mit Anm. TIMM.
3 Inhaber stimmrechtsloser Vorzugsaktion sind nur in den Fällen der §§ 140, 141 AktG stimmberechtigt, OLG Schleswig 5 W 50/07 vom 15.10.2007, AG 2008, 39; s. auch BGH II ZR 270/08 vom 18.10.2010, AG 2010, 910 zum inkongruenten Tausch von Aktien.

AG ↔ EU

Zu den Rechtsfolgen der Verschmelzung s. Tz. 1072–1097[1]. 43.1

II. Steuerrecht

Es gelten die Tz. 1102–1185 *GmbH* ↔ *GmbH*. 44

C. Verschmelzung durch Neugründung

I. Zivilrecht

Es gelten die Tz. 1186–1190 *GmbH* ↔ *GmbH*[2]. Zum **Inhalt** der Satzung siehe § 74 UmwG. 45

Erforderlich ist ein **Gründungsbericht** und eine **Gründungsprüfung** gemäß § 32 AktG (§ 75 UmwG). Der Verschmelzungsprüfer kann zum Gründungsprüfer bestellt werden (§ 75 Abs. 1 S. 2 UmwG[3]). 46

Zur **Bekanntmachung** der Eintragung siehe § 125 i.V.m. § 19 Abs. 3 UmwG[4]. 47

II. Steuerrecht

Es gelten die Tz. 1102–1185 *GmbH* ↔ *GmbH* entsprechend. 48

AG ↔ Einzelunternehmen (EU), Verschmelzung

A. Übersicht

Eine AG kann auf eine natürliche Person verschmolzen werden, wenn sie **alleiniger Aktionär** ist (§ 120 UmwG). 49

Eine **Spaltung** oder ein **Formwechsel** kommen nicht in Betracht. Soll eine AG in der Weise gespalten werden, dass ein Teil des Vermögens auf eine natürliche Person übergeht, so muss zunächst in eine Einzelpersonen-Kapitalgesellschaft gespalten und diese dann auf den alleinigen Gesellschafter verschmolzen werden. 50

---

1 Zum Übergang von Einlageforderungen ROSNER, AG 2011, 5.
2 Vertragsmuster: KRAUS in Engl, Formularbuch Umwandlungen, S. 145.
3 In der Fassung Drittes UmwGÄndG vom 11.7.2011, BGBl. 2011 I, 1338.
4 Zur Rechtslage bis zum 1.1.2007 § 77 UmwG aF, aufgehoben mWv 1.1.2007 durch Art. 8 EHUG vom 10.11.2006, BGBl. 2006 I, 2553.

AG → EU-Kap

B. Verschmelzung

51 Es gelten die Tz. 666–679 *GmbH* → *EU* entsprechend. Soweit § 121 UmwG auf die Vorschriften der §§ 60–72 UmwG verweist (siehe dazu Tz. 4–16 *AG* ↔ *AG*), gilt Folgendes:

52 Eine **Prüfung** ist nicht erforderlich (§ 9 Abs. 2 UmwG).

53 Die §§ 61 **(Bekanntgabe des Verschmelzungsvertrags)** und 63 **(Vorbereitung der Hauptversammlung)** UmwG finden mE keine Anwendung. Die Vorschrift dient der Information der Aktionäre[1], die hier selbstverständlich gegeben ist. Ebenso hat § 64 UmwG keine praktische Bedeutung. Die §§ 66–72 UmwG finden bei der Verschmelzung auf den Alleinaktionär keine Anwendung.

54 **Steuerlich** gelten die Tz. 680–688 *GmbH* ↔ *EU*.

AG → Europäische Kapitalgesellschaft (EU-Kap)[2], Verschmelzung

54.1 Siehe Tz. 688.1 *GmbH* → *EU-Kap*.

AG → EWIV

55 Siehe Tz. 689 *GmbH* → *EWIV*.

AG → GbR, Formwechsel, Spaltung, Verschmelzung

56 Eine AG kann durch **Formwechsel** in eine GbR umgewandelt werden (§ 226 UmwG). Es gelten die Tz. 690–691 *GmbH* → *GbR* entsprechend.

57 Die **Spaltung** – gleich in welcher Form – auf eine GbR ist ausgeschlossen (siehe § 124 UmwG).

58 Möglich ist die **Spaltung** in Kapitalgesellschaften **mit anschließendem Formwechsel** der Kapitalgesellschaften in eine GbR.

59 Die Rechtsfolgen einer Ausgliederung können erreicht werden, indem Wirtschaftsgüter im Wege der **Einzelrechtsnachfolge** auf eine GbR ge-

---

1 ZIMMERMANN in Kallmeyer, § 122 UmwG Rz. 3; aA HECKSCHEN in Widmann/Mayer, § 121 UmwG Rz. 15 f. (Mai 2011).
2 Zum Begriff siehe Einleitung S. 4.

AG → GmbH

gen Gewährung einer Beteiligung an die AG übertragen werden (zum Steuerrecht Tz. 1304 *GmbH → KG*).

Die **Verschmelzung** einer AG auf eine bestehende GbR oder die Verschmelzung einer AG mit einem anderen Rechtsträger zu einer GbR ist ausgeschlossen (siehe § 3 UmwG). Denkbar ist nur der Formwechsel einer AG zu einer GbR mit anschließender „Verschmelzung" dieser GbR durch Einbringung in eine andere bestehende oder zu gründende GbR. 60

AG → Genossenschaft, Formwechsel, Spaltung, Verschmelzung

Der **Formwechsel** einer AG in eine eingetragene Genossenschaft ist möglich (§§ 191, 226 UmwG). Es gelten die Tz. 695–700 *GmbH → Genossenschaft* entsprechend. 61

Die **Spaltung** einer AG in eingetragene Genossenschaften ist zulässig (§ 124 UmwG). Es gelten die Tz. 702–714 *GmbH → Genossenschaft* entsprechend. 62

Eine AG kann mit einer eingetragenen Genossenschaft verschmolzen werden. Es gelten grundsätzlich die Tz. 715–725 *GmbH → Genossenschaft*, für die AG zudem die Tz. 31–43 *AG ↔ AG*. 63

AG → GmbH, Formwechsel, Spaltung, Verschmelzung

A. Übersicht	64	III. Abspaltung	86
B. Formwechsel		IV. Ausgliederung	89
I. Zivilrecht	68	D. Verschmelzung	
II. Steuerrecht	78	I. Zivilrecht	90
C. Spaltung		II. Steuerrecht	93
I. Aufspaltung zur Aufnahme	79		
II. Aufspaltung zur Neugründung	84		

A. Übersicht

Eine AG kann durch **Formwechsel** in eine GmbH umgewandelt werden (§§ 191, 226 UmwG). Steuerlich ist der Vorgang ohne Relevanz. 64

AG → GmbH

65 Eine AG kann in eine GmbH gespalten werden. Zu den Möglichkeiten der **Spaltung** siehe Tz. 1 *AG → AG* und Tz. 726–744 *GmbH → GmbH*. Steuerlich ist eine Buchwertfortführung möglich, wenn eine Spaltung in Teilbetriebe i.S.d. § 15 Abs. 1 UmwStG erfolgt.

66 Eine AG kann auf eine bestehende GmbH **(Verschmelzung durch Aufnahme)** oder mit einem anderen Rechtsträger zu einer neuen GmbH **(Verschmelzung durch Neugründung)** verschmolzen werden. Steuerlich ist idR eine Buchwertfortführung möglich.

67 Siehe ferner Tz. 606–608 *GmbH → AG*.

B. Formwechsel

I. Zivilrecht

1. Voraussetzung

68 Notwendig sind
– ein **Umwandlungsbericht** (§ 192 UmwG),
– ein **Umwandlungsbeschluss** (§ 193 UmwG)
– und die **Anmeldung** zum Handelsregister (§ 198 UmwG).

Der Formwechsel einer AG in eine GmbH ist auch bei einer buchmäßigen **Unterbilanz** möglich[1].

2. Umwandlungsbericht

69 Siehe Tz. 611 *GmbH → AG*.

70 Ein **Sachgründungsbericht** ist nicht erforderlich (§ 245 Abs. 4 UmwG).

3. Umwandlungsbeschluss

71 Der Formwechsel bedarf eines **Umwandlungsbeschlusses** (§ 193 Abs. 1 UmwG)[2].

72 In dem Umwandlungsbeschluss muss bestimmt werden,
– dass die AG durch den Formwechsel die **Rechtsform** einer GmbH erhält (§ 194 Abs. 1 Nr. 1 UmwG),

---

[1] RIEGER in Widmann/Mayer, § 245 UmwG Rz. 46 f. (August 2008); DIRKSEN in Kallmeyer, § 245 UmwG Rz. 5; HAPP/GÖTHEL in Lutter, § 245 UmwG Rz. 12 ff.
[2] Vertragsmuster: FUHRMANN in GmbH-Handbuch, M 346 (Februar 2011); VOSSIUS in Widmann/Mayer, Anh. 4, M 188 ff. (April 2011).

AG → GmbH

- die **Firma** der GmbH, wobei die bisherige Firma beibehalten werden kann (§§ 194 Abs. 1 Nr. 2, 200 Abs. 1 und 2 UmwG),
- in welchem Umfang den Gesellschaftern an Stelle der Aktien GmbH-Anteile gewährt werden (§ 194 Abs. 1 Nr. 3 und 4 UmwG). Dabei kann der **Nennbetrag der Anteile** abweichend vom anteiligen Betrag des Grundkapitals festgesetzt werden (§ 243 Abs. 3 UmwG). **Beispiel**: Bei einem Formwechsel werden für zweihundert Aktien à 50,– Euro zwei Geschäftsanteile von je 2500,– Euro gewährt. Der Nennbetrag muss auf volle Euro lauten (§ 243 Abs. 3 S. 2 UmwG)[1],
- die **Feststellung** der Satzung der GmbH (§ 243 Abs. 1 i.V.m. § 218 Abs. 1 UmwG), erforderlich ist insoweit die Abfassung eines vollständigen Gesellschaftsvertrags, die Aufnahme bloßer Textänderungen genügt nicht[2]. Festsetzungen über Sondervorteile, Gründungsaufwand, Sacheinlagen und Sachübernahmen, die im Gesellschaftsvertrag der AG enthalten sind, müssen in den Gesellschaftsvertrag der GmbH übernommen werden (§ 243 Abs. 1 S. 2 UmwG),
- die Fortgeltung, Änderung oder Aufhebung etwaiger **Sonderrechte** (§ 194 Abs. 1 Nr. 5 UmwG),
- ggf. die **Änderung** des Grundkapitals (§ 243 Abs. 2 UmwG),
- ein **Abfindungsangebot** nach § 207 UmwG (§ 194 Abs. 1 Nr. 6 UmwG); hierzu Tz. 1242–1251 *GmbH → KG*,
- die **Folgen** des Formwechsels **für die Arbeitnehmer** sowie die insoweit vorgesehenen Maßnahmen (§ 194 Abs. 1 Nr. 7 UmwG); siehe hierzu Tz. 799–803 *GmbH → GmbH*),
- zur Bezeichnung **unbekannter Aktionäre** siehe § 213 i.V.m. § 35 UmwG.

Weiter gehende Regelungen sind nicht erforderlich. Insbesondere findet **keine Vermögensübertragung** statt[3]. 73

Für die **Vorbereitung der Beschlussfassung** gilt Tz. 616–618 *GmbH → AG*, zur **Mehrheit** und **Form** der Beschlussfassung siehe Tz. 619–626 *GmbH → AG*. Dem Zustimmungserfordernis nach § 241 Abs. 1 UmwG (siehe Tz. 620 *GmbH → AG*) entspricht hier die Regelung des § 242 UmwG. Zur **Barabfindung** und **Anfechtung** siehe Tz. 1242–1253 *GmbH → KG*[4]. Der Regelung in § 71 AktG entspricht § 33 Abs. 3 GmbHG. 74

---

1 Zur Rechtslage bis zur Änderung durch das MoMiG (1.11.2008) s. 6. Aufl.
2 So die Gesetzesbegründung zu § 243 UmwG, BT-Drucks. 12/6694.
3 Gesetzesbegründung zu § 194 UmwG, BT-Drucks. 12/6699.
4 Zur Sicherung von Betriebsrenten siehe BAG 3 AZR 397/95 vom 30.7.1996, DB 1997, 531.

AG → GmbH

4. Handelsregisteranmeldung

75 Siehe Tz. 640–641 *GmbH* → *AG*.

5. Rechtsfolgen der Handelsregistereintragung

76 Es gelten die Tz. 642–646 *GmbH* → *AG*, mit Ausnahme Tz. 644[1]. **Aufsichtsräte** verlieren mit der Eintragung grundsätzlich ihr Mandat[2].

6. Kosten

77 Siehe Tz. 1268–1270 *GmbH* → *KG*.

II. Steuerrecht

78 Steuerrechtlich ist der Vorgang **ohne Relevanz**.

C. Spaltung

I. Aufspaltung zur Aufnahme

1. Zivilrecht

79 Es gelten die Tz. 726–840 *GmbH* → *GmbH* mit folgenden **Besonderheiten**:

80 Eine Spaltung innerhalb der ersten zwei Jahre nach Eintragung der AG im Handelsregister (sog. **Nachgründungsperiode**, § 52 AktG) ist ausgeschlossen (§ 141 UmwG).

81 Der Spaltungs- und Übernahmevertrag ist für die AG **prüfungspflichtig** und zum Handelsregister einzureichen (§ 125 i.V.m. §§ 60, 61 UmwG). Die Prüfung ist nicht erforderlich, wenn alle Aktionäre in notarieller Form verzichten (§ 125 i.V.m. §§ 9 Abs. 3, 8 Abs. 3 UmwG). Werden alle Anteile der übertragenden Gesellschaft von einer der übernehmenden Gesellschaften gehalten, befreit dies nicht von der Prüfungspflicht (siehe § 125 UmwG, der § 9 Abs. 2 UmwG ausnimmt).

---

1 Zur Problematik der formfreien Veräußerung der Aktien vor Umwandlung und der Formvorschrift des § 15 GmbHG siehe EUSANI/SCHAUDINN, GmbHR 2009, 1125.
2 Zu Ausnahmen und dem Erfordernis eines Statusverfahrens gemäß § 97 AktG, PARMENTIER, AG 2006, 476; KRAUSE-ABLASS/LINK, GmbHR 2005, 731.

AG → GmbH

Zur **Vorbereitung der Hauptversammlung** siehe § 125 i.V.m. §§ 62 Abs. 3, 63 UmwG, zur **Durchführung** § 125 i.V.m. §§ 64, 143 UmwG, zur **Beschlussfassung** § 125 i.V.m. § 65 UmwG.	82

2. Steuerrecht

Die Tz. 841–899 *GmbH → GmbH* gelten entsprechend.	83

II. Aufspaltung zur Neugründung

1. Zivilrecht

Es gelten die Tz. 900–910 *GmbH → GmbH* sowie die **Besonderheiten** gemäß vorstehenden Tz. 79–82.	84

2. Steuerrecht

Es gelten die Tz. 841–899 *GmbH → GmbH* entsprechend.	85

III. Abspaltung

Es gelten die Tz. 912–922 *GmbH → GmbH* entsprechend.	86
Soweit zur Abspaltung eine **Herabsetzung des Grundkapitals** erforderlich ist, kann dies in vereinfachter Form vorgenommen werden (§ 145 UmwG).	87
Bei der **Anmeldung** ist § 146 UmwG zu beachten.	88

IV. Ausgliederung

Es gelten die Tz. 929–946 *GmbH → GmbH* entsprechend sowie vorstehende Tz. 87–88[1].	89

D. Verschmelzung

I. Zivilrecht

Es gelten die Tz. 972–1101 und 1186–1190 *GmbH → GmbH* entsprechend mit folgenden **Besonderheiten**[2]:	90

---

[1] Vertragsmuster: MAYER in Widmann/Mayer, Anh. 4, M 133 ff. (Januar 2011).
[2] Vertragsmuster: RIEGER in Widmann/Mayer, Anh. 4, M 60 ff. (November 2010); zur Auslegung des Verschmelzungsvertrages GRUNEWALD, ZGR 2009, 647.

AG → GmbH & Co KG

91 Der **Verschmelzungsvertrag** ist grundsätzlich **prüfungspflichtig** (§ 60 UmwG, Ausnahme: notarieller Verzicht aller Aktionäre oder alle Aktien befinden sich in der Hand der GmbH, § 9 Abs. 2 UmwG) und vor der Beschlussfassung zum Handelsregister einzureichen (§ 61 UmwG).

92 Zur **Vorbereitung der Hauptversammlung** siehe §§ 62 Abs. 3, 63 UmwG. Die bei der Einberufung der Hauptversammlung bekannt zu machende Tagesordnung muss den wesentlichen Inhalt des Verschmelzungsvertrags enthalten (§ 124 Abs. 2 S. 2 AktG). Zur Durchführung der Hauptversammlung siehe § 64 UmwG, zur **Beschlussfassung** § 65 UmwG.

II. Steuerrecht

93 Es gelten die Tz. 1102–1185 *GmbH ↔ GmbH*.

AG → GmbH & Co KG, Formwechsel, Spaltung, Verschmelzung

94 Die unmittelbare Umwandlung einer AG in eine GmbH & Co KG ist möglich[1], siehe Tz. 1192–1198 *GmbH → GmbH & Co KG*. Es gelten die Tz. 95–99 *AG → KG*.

AG → KG, Formwechsel, Spaltung, Verschmelzung

A. Übersicht

95 Siehe Tz. 1199–1211 *GmbH → KG*.

B. Formwechsel

96 Es gelten die Tz. 1212–1273 *GmbH → KG* entsprechend[2].

97 Der Umwandlungsbericht ist in dem Geschäftsraum der Gesellschaft vor der Einberufung der Hauptversammlung auszulegen (§ 230 Abs. 2 S. 1 UmwG). Die Aktionäre können eine Abschrift verlangen, die bei Einwilligung des Aktionärs auch auf elektronischem Weg übermittelt

---

1 BGH II ZR 29/03 vom 9.5.2005, AG 2005, 613, mit Anm. BASSLER, GmbHR 2007, 1252; Vertragsmuster: TRASSL in Engl, Formularbuch Umwandlungen, S. 300 ff.; RIEGER in Widmann/Mayer, Anh. 4, M 70 ff. (November 2010).
2 Zur Missbrauchskontrolle OLG Düsseldorf 6 U 60/02 vom 16.1.2003, ZIP 2003, 1749.

AG → KGaA

werden kann (§ 230 Abs. 2 S. 2 und 3 UmwG)[1]. Diese Verpflichtungen entfallen, wenn der Bericht über die Internetseite der Gesellschaft zugänglich ist (§ 230 Abs. 2 S. 4 UmwG). In der **Hauptversammlung** ist der Umwandlungsbericht auszulegen oder auf andere Weise zugänglich zu machen (§ 232 Abs. 1 UmwG) und der Umwandlungsbeschluss von dem Vorstand zu erläutern (§ 232 Abs. 2 UmwG).

C. Spaltung

Es gelten die Tz. 1274–1304 *GmbH* → *KG* sowie die Tz. 3–16 *AG* → *AG* entsprechend. 98

D. Verschmelzung

Es gelten die Tz. 1305–1516 *GmbH* → *KG* sowie die Tz. 32–43 *AG* ↔ *AG* entsprechend. 99

AG → KGaA, Formwechsel, Spaltung, Verschmelzung

A. Übersicht 100
B. Formwechsel
  I. Zivilrecht 101
  II. Steuerrecht 105

C. Spaltung 106
D. Verschmelzung
  I. Zivilrecht 107
  II. Steuerrecht 109

A. Übersicht

Siehe Tz. 64–67 *AG* → *GmbH*. 100

B. Formwechsel

I. Zivilrecht

Erforderlich ist 101
– ein **Umwandlungsbericht** (§ 192 UmwG),
– ein **Umwandlungsbeschluss** (§ 193 UmwG),
– ein **Gründungsbericht** (§ 245 Abs. 2 i.V.m. §§ 220 Abs. 2, 197 UmwG),
– eine **Gründungsprüfung** (§ 245 Abs. 2 i.V.m. § 220 Abs. 3 UmwG).

---

1 Anwendbar seit 14.7.2011, siehe BGBl. 2011 I, 1338.

AG → KGaA

102 Das vorhandene Kapital der AG muss das **Grundkapital** der KGaA decken (§ 245 Abs. 2 i.V.m. § 220 Abs. 1 UmwG).

103 Abweichend von den sonstigen Fällen des Formwechsels ist der **Beitritt eines persönlich haftenden Gesellschafters** mit einem Formwechsel zulässig (§§ 221, 240 Abs. 2 UmwG)[1]. Soweit Aktionäre zu persönlich haftenden Gesellschaftern werden, müssen diese zustimmen (§ 240 Abs. 2 UmwG).

104 Im Übrigen gelten die Tz. 609–647 *GmbH → AG* entsprechend.

II. Steuerrecht

105 Steuerrechtlich ist der Formwechsel ohne Belang.

C. Spaltung

106 Es gelten die Tz. 1–29 *AG → AG* entsprechend.

D. Verschmelzung

I. Zivilrecht

107 Es gelten die Tz. 30–48 *AG ↔ AG* entsprechend (siehe § 78 S. 1 UmwG).

108 Der **Verschmelzungsbeschluss** bedarf der Zustimmung der persönlich haftenden Gesellschafter. AG und KGaA gelten zueinander nicht als Rechtsträger anderer Rechtsform i.S.d. §§ 29 und 34 UmwG.

II. Steuerrecht

109 Es gelten die Tz. 1102–1185 *GmbH ↔ GmbH*.

---

1 Zur GmbH als persönlich haftende Gesellschafterin BGH II ZB 11/96 vom 24.2.1997, GmbHR 1997, 595; siehe ferner die Nachweise zu Tz. 1517.

AG → Körperschaft des öffentlichen Rechts (KöR), Vermögensübertragung

A. Übersicht 110
B. Vollübertragung
  I. Zivilrecht 114
  II. Steuerrecht 122
C. Teilübertragung
  I. Zivilrecht 124
  II. Steuerrecht 126

A. Übersicht

Eine AG kann ihr Vermögen als Ganzes (**Vollübertragung**) oder teilweise (**Teilübertragung**) auf den Bund, ein Land, eine Gebietskörperschaft oder einen Zusammenschluss von Gebietskörperschaften übertragen (§§ 174, 175 UmwG). 110

Bei der Vollübertragung (§ 174 Abs. 1 UmwG) wird das gesamte Vermögen in Form der **Sonderrechtsnachfolge** übertragen. Die AG erlischt ohne Abwicklung. Die Vollübertragung ähnelt insoweit der Verschmelzung. Entscheidender Unterschied ist jedoch, dass die Aktionäre eine Gegenleistung von der übernehmenden KöR erhalten, die nicht in Anteilen oder Mitgliedschaften, sondern idR in einer Geldzahlung besteht. 111

Die Teilübertragung ist als Rechtsfigur neu und ähnelt der **Spaltung**. Auch hier ist der entscheidende Unterschied, dass die Anteilsinhaber des übertragenden Rechtsträgers keine Anteile an dem übernehmenden Rechtsträger erhalten, sondern „bezahlt" werden. Die Teilübertragung ist insbesondere für private Versorgungsunternehmen von Interesse, die verschiedenen Gemeinden Teile ihres Unternehmens übertragen wollen. 112

Drei **Arten** der Teilübertragung sind zugelassen (§ 174 Abs. 2 UmwG): 113
- Ein Rechtsträger kann unter Auflösung ohne Abwicklung sein Vermögen **aufspalten**. Gleichzeitig überträgt er diese Vermögensteile jeweils als Gesamtheit auf andere bestehende Rechtsträger. Die Anteilsinhaber des übertragenden Rechtsträgers erhalten die Gegenleistung (Parallele zur Aufspaltung).
- Ein Rechtsträger kann von seinem Vermögen einen Teil oder mehrere Teile **abspalten**. Dieser Vermögensteil bzw. diese Vermögensteile werden jeweils als Gesamtheit auf einen oder mehrere bestehende Rechtsträger übertragen. Der übertragende Rechtsträger bleibt mit dem Restvermögen bestehen. Die Anteilsinhaber des übertragenden Rechtsträgers erhalten die Gegenleistung (Parallele zur Abspaltung).

AG → KöR

– Wie beim letzten Fall, nur wird die Gegenleistung nicht den Anteilsinhabern des übertragenden Rechtsträgers, sondern dem übertragenden Rechtsträger selbst gewährt (Parallele zur **Ausgliederung**). Insoweit besteht auch eine Ähnlichkeit zum Unternehmensverkauf, der weiterhin neben der Teilübertragung zulässig ist. Vorteil der Teilübertragung ist, dass die Vermögensgegenstände nicht einzeln übertragen werden müssen.

B. Vollübertragung

I. Zivilrecht

114 Nach § 176 Abs. 1 UmwG sind auf die übertragende Kapitalgesellschaft grundsätzlich die Regelungen zur **Verschmelzung** durch Aufnahme anzuwenden (siehe Tz. 983–1101 *GmbH* ↔ *GmbH*). Erforderlich ist:

- Abschluss eines **Übertragungsvertrags**;
- ggf. Erstellung eines **Berichts** und **Prüfung** der Vermögensübertragung;
- **Zustimmungsbeschluss** der Gesellschafter;
- **Anmeldung**.

115 Nach § 176 Abs. 2–4 UmwG sind folgende **Besonderheiten** zu beachten:

116 Es sind im **Übertragungsvertrag** keine Angaben nach § 5 Abs. 1 Nr. 4, 5 und 7 UmwG zu machen.

117 An die Stelle des Registers des Sitzes des übernehmenden Rechtsträgers tritt das **Register** der übertragenden Kapitalgesellschaft.

118 An die Stelle des Umtauschverhältnisses der Anteile treten Art und Höhe der **Gegenleistung**.

119 An die Stelle des Anspruchs nach § 23 UmwG tritt ein **Anspruch auf Barabfindung**.

120 Mit der **Eintragung** der Vermögensübertragung in das Handelsregister geht das Vermögen der übertragenden Gesellschaft einschließlich der Verbindlichkeiten auf den übernehmenden Rechtsträger über. Die übertragende Gesellschaft erlischt; einer besonderen Löschung bedarf es nicht.

121 Welche Vorschriften bei dem **übernehmenden Rechtsträger** – dh. der öffentlichen Hand – zu beachten sind, richtet sich nach den für diesen geltenden Vorschriften.

AG → KöR

II. Steuerrecht

Die Vollübertragung wird besteuert wie die **Verschmelzung** von Kapitalgesellschaften (§ 1 Abs. 1 Nr. 1 UmwStG). Es gelten daher die Tz. 1102–1185 *GmbH* ↔ *GmbH*. Zu beachten ist, dass die Gegenleistung für die Vermögensübertragung nicht in Gesellschaftsrechten besteht und juristische Personen des öffentlichen Rechts grundsätzlich nicht der Körperschaftsteuer unterliegen. Damit führt der Vermögensübergang idR zur **Besteuerung der stillen Reserven**. Eine Ausnahme gilt nur dort, wo durch die Übertragung des Vermögens ein **Betrieb gewerblicher Art** i.S.d. § 1 Abs. 1 Nr. 6 KStG entsteht und keine Gegenleistung gewährt wird. Hier ist eine Buchwertfortführung möglich[1]. 122

Zur Auswirkung auf Körperschaftsteuerguthaben i.S.d. § 37 KStG und etwaige Altbestände aus EK 02 bei Steuerfreiheit der übernehmenden KöR siehe Tz. 1151.1 *GmbH* ↔ *GmbH*. Die im Rahmen der Übertragung als ausgeschüttet geltenden Gewinnrücklagen unterliegen bei der KöR als Bezüge i.s.d. § 20 Abs. 1 Nr. 1 EStG der Besteuerung (§ 12 Abs. 5 S. 1 UmwStG)[2]. 123

C. Teilübertragung

I. Zivilrecht

Nach § 177 Abs. 1 UmwG sind grundsätzlich für die übertragende Kapitalgesellschaft die Vorschriften für die **Spaltung** maßgeblich (siehe Tz. 726–840 *GmbH* → *GmbH*). 124

Die **Besonderheiten** des § 176 Abs. 2–4 UmwG (Tz. 115–121) sind zu beachten (§ 177 Abs. 2 UmwG). 125

II. Steuerrecht

Für die Teilübertragung gilt der zweite bis fünfte Teil des UmwStG und damit die §§ 15 und 19 UmwStG[3]. Steuerneutral ist nur eine Teilüber- 126

---

1 MÜNCH, DB 1995, 550; BÄRWALDT in Haritz/Menner, § 11 UmwStG Rz. 38 f.
2 Zur zeitlichen Anwendung § 27 Abs. 8 S. 2 UmwStG.
3 Und zwar auch für den Fall, dass eine Gegenleistung an den übertragenden Rechtsträger gewährt wird (§ 174 Abs. 2 Nr. 3 UmwG). § 1 Abs. 1 S. 2 UmwStG schließt die Anwendung des zweiten bis fünften Teils nur für die Ausgliederung nach § 123 Abs. 3 UmwG aus. Zur Rechtslage vor dem SEStEG s. die 5. Aufl. Tz. 126.

AG → OHG

tragung von Teilbetrieben (§ 15 UmwStG) ohne Gegenleistung (siehe § 15 i.V.m. § 11 Abs. 2 Nr. 3 UmwStG) auf Betriebe gewerblicher Art i.S.d. § 1 Abs. 1 Nr. 6 KStG (§ 15 i.V.m. § 11 Abs. 2 Nr. 1 UmwStG).

127 Im Übrigen gelten die Tz. 841–899, 923 *GmbH → GmbH*.

AG → OHG, Formwechsel, Spaltung, Verschmelzung

128 Es gelten die Tz. 95–99 *AG → KG* entsprechend.

AG → Partnerschaft

129 Siehe Tz. 1521 *GmbH → Partnerschaft*.

AG → SE, Umwandlung, Spaltung, Verschmelzung

A. Übersicht 129.1	4. Beschlussfassung 129.34
B. Umwandlung	5. Anmeldung und Eintragung 129.35
I. Zivilrecht 129.7	6. Rechtsfolgen 129.36
II. Steuerrecht 129.25	7. Kosten 129.37
C. Verschmelzung durch Aufnahme	II. Steuerrecht
	1. Hinausverschmelzung 129.38
I. Zivilrecht	2. Hineinverschmelzung . 129.39
1. Verschmelzungsplan . . 129.26	**D. Verschmelzung durch Neugründung**
2. Verschmelzungsbericht, Prüfung und Bekanntmachung 129.32	I. Zivilrecht 129.40
	II. Steuerrecht 129.41
3. Beteiligung der Arbeitnehmer 129.33	

A. Übersicht

129.1 Am 8.10.2004 ist die Verordnung über das Statut der europäischen Gesellschaft (SE = **Societas Europaea**)[1] in Kraft getreten (SE-VO)[2]. Zeitgleich endete die Umsetzungsfrist für die begleitende Mitbestim-

---

1 Literatur: LUKE, NWB Fach 18, 4047 (1.3.2004); BRANDES, AG 2005, 177; HIRTE, DStR 2005, 653; SEIBT/SAAME, AnwBl. 2005, 227; BRANDT, BB 2005, 1; HORN, DB 2005, 147; VOSSIUS, ZIP 2005, 741; zum Arbeitsrecht WOLLBURG/BANERJEA, ZIP 2005, 277.

2 Verordnung (EG) Nr. 2157/2001 vom 8.10.2001, ABl. EG Nr. L 294 vom 10.11.2001.

AG → SE

mungsrichtlinie[1]. Die Umsetzung in Deutschland erfolgte über das SE-Ausführungsgesetz (SEAG) und das Gesetz über die Beteiligung der Arbeitnehmer in einer europäischen Gesellschaft (SEBG), die zum 29.12.2004 in Kraft traten durch das Gesetz zur Einführung der europäischen Gesellschaft (SEEG)[2].

Eine AG kann in eine SE **umgewandelt** werden, wenn sie seit mindestens zwei Jahren eine dem Recht eines anderen Mitgliedstaats der EU unterliegende Tochtergesellschaft hat (Art. 2 Abs. 4 SE-VO). Diese Umwandlung entspricht dem Formwechsel.   129.2

Ob eine bestehende inländische SE als übernehmender Rechtsträger bei der Spaltung oder Verschmelzung einer AG in Betracht kommt, ist umstritten[3]. Wenn dies der Fall sein sollte, gelten die Ausführungen zur AG.   129.3

Eine AG kann mit einer oder mehreren anderen EU-Aktiengesellschaften i.S.d. Anhangs I zur SE-VO[4] zu einer SE **verschmolzen** werden (Art. 2 Abs. 1, 17 ff. SE-VO). Voraussetzung ist, dass mindestens zwei der an der Verschmelzung beteiligten Gesellschaften dem Recht verschiedener EU-Mitgliedstaaten unterliegen (Art. 2 Abs. 1 SE-VO). Die Verschmelzung kann erfolgen, indem auf eine der beteiligten Aktiengesellschaften verschmolzen wird und diese die Rechtsform der SE annimmt (Verschmelzung zur Aufnahme, Art. 17 Abs. 2a SE-VO) oder indem die Gesellschaften zu einer neuen Gesellschaft in der Rechtsform der SE verschmolzen werden (Verschmelzung zur Neugründung, Art. 17 Abs. 2b SE-VO)[5].   129.4

---

1 SE-RL, Richtlinie 2001/86/EG vom 8.10.2001, ABl. EG Nr. L 294 vom 19.11.2001.
2 BGBl. 2004 I, 3675.
3 Dafür Vossius, ZIP 2005, 741; aA Veil in Jannott/Frodermann, S. 334 ff.
4 Dies sind: Belgien: la société anonyme/de naamloze vennootschap, Dänemark: aktieselskaber, Deutschland: die Aktiengesellschaft, Griechenland: awd)wi/is/xoiipia, Spanien: la sociedad anónima, Frankreich: la société anonyme, Irland: public companies limited by shares, public companies limited by guarantee having a share capital, Italien: società per azioni, Luxemburg: la société anonyme, Niederlande: de naamloze vennootschap, Österreich: die Aktiengesellschaft, Portugal: a sociedade anonima de responsabilidade limitada, Finnland: julkinen osakeyhtiö/publikt aktiebolag, Schweden: publikt aktiebolag, Vereinigtes Königreich: public companies limited by shares, public companies limited by guarantee having a share capital.
5 Thiergart/Olbertz, BB 2010, 1547 zur Gründung von Special Purpose Acquisition Companies (SPACs) in der Rechtsform der SE.

AG → SE

129.5 Zulässig ist die **Verschmelzung** einer AG **auf eine bestehende SE** mit Sitz in Deutschland[1]. Da die SE einer AG gleichsteht (Art. 3 Abs. 1 SE-VO), soll insoweit das für die AG geltende nationale Recht Anwendung finden. Es gelten somit die Tz. 31–44 *AG → AG*.

129.6 Die Gründung einer **Holding-SE** (Art. 2 Abs. 2 SE-VO) oder einer **Tochter-SE** (Art. 2 Abs. 3 SE-VO) führt nicht zur Umwandlung der beteiligten Rechtsträger[2]. In beiden Fällen bleiben die Gründungsgesellschaften bestehen.

B. Umwandlung

I. Zivilrecht

129.7 Die Umwandlung einer AG in eine SE nach Art. 2 Abs. 4 SE-VO entspricht dem **Formwechsel** nach §§ 190 ff. UmwG. Sie führt weder zu einer Auflösung der bestehenden Gesellschaft noch zur Gründung einer neuen juristischen Person (Art. 37 Abs. 2 SE-VO). Die umzuwandelnde Gesellschaft behält ihre rechtliche Identität. Ein Rechtsübergang findet nicht statt.

129.8 **Voraussetzung** für die Umwandlung ist, dass die AG seit mindestens zwei Jahren eine dem Recht eines anderen Mitgliedstaats[3] unterliegende Tochtergesellschaft hat[4]. Eine Zweigniederlassung reicht nicht aus. Zwischen der Errichtung der Tochtergesellschaft und der Anmeldung der Umwandlung zum Handelsregister müssen mindestens zwei Jahre liegen[5]. Der Begriff der Tochtergesellschaft ist gemeinschaftsrechtlich zu verstehen und setzt beherrschenden Einfluss voraus[6].

129.9 Der Vorstand der AG hat einen **Umwandlungsplan** aufzustellen (Art. 37 Abs. 4 SE-VO)[7]. Die SE-VO enthält keine Regelungen zum Inhalt des Umwandlungsplans. Es empfiehlt sich eine Orientierung an § 194 Abs. 1 UmwG (siehe Tz. 72 *AG → GmbH*)[8]. Umstritten ist, ob der Um-

---

1 VEIL in Jannott/Frodermann, S. 337; VOSSIUS in Widmann/Mayer, § 20 UmwG Rz. 402 (September 2010).
2 Eingehend FUNKE, NWB 2008, Fach 18, 4787 (3.11.2008).
3 Den Mitgliedstaaten der Gemeinschaft sind die EWA-Staaten Island, Liechtenstein und Norwegen gleichgestellt.
4 Eingehend KOWALSKI, DB 2007, 2243.
5 JANNOTT in Jannott/Frodermann, S. 39.
6 SEIBT in Lutter/Hommelhoff, Art. 37 SE-VO Rz. 15; JANNOTT in Jannott/Frodermann, S. 39, mwN.
7 Eingehend KOWALSKI, DB 2007, 2243.
8 Muster einer Satzung KOLSTER in Jannott/Frodermann, S. 1067 ff.

AG → SE

wandlungsplan notarieller Beurkundung bedarf[1]. ME braucht der Umwandlungsplan nicht dem Betriebsrat zugeleitet werden[2], da die § 4 Abs. 2, § 2 Abs. 5 SEBG die Informationspflichten der Arbeitnehmer gesondert regeln.

Der **Sitz** der Gesellschaft kann anlässlich der Umwandlung nicht in einen anderen Mitgliedstaat verlegt werden (Art. 37 Abs. 3 SE-VO). Eine solche Sitzverlegung ist erst nach Vollzug der Umwandlung möglich[3].   129.10

Der Vorstand der AG muss einen schriftlichen[4] **Umwandlungsbericht** erstatten (Art. 37 Abs. 4 SE-VO). Zum Inhalt kann auf § 192 UmwG zurückgegriffen werden. ME kann auf den Bericht entsprechend § 192 Abs. 2 UmwG verzichtet werden, wenn die AG nur einen Aktionär hat[5].   129.11

Durch einen oder mehrere **Umwandlungsprüfer** ist eine Werthaltigkeitsprüfung vorzunehmen. Da kein Tausch von Anteilen erfolgt, ist nur zu prüfen, ob die Vermögenswerte der AG das Kapital der SE decken. Umstritten ist, ob auf diese Prüfung verzichtet werden kann[6]. Als Umwandlungsprüfer kommen nur solche Sachverständige in Betracht, die auch Verschmelzungsprüfer sein können, also nur Wirtschaftsprüfer und Wirtschaftsprüfungsgesellschaften. Der Umwandlungsprüfer muss einen schriftlichen Bericht erstellen (Art. 37 Abs. 6 SE-VO).   129.12

Der Umwandlungsplan ist mindestens einen Monat vor dem Umwandlungsbeschluss **offen zu legen** (Art. 37 Abs. 5 SE-VO). Er ist hierzu dem Handelsregister einzureichen. Das Registergericht macht in dem Bundesanzeiger[7] und mindestens einem weiteren Blatt bekannt, dass der Umwandlungsplan eingereicht worden ist[8].   129.13

---

1 Dagegen SEIBT in Lutter/Hommelhoff, Art. 37 SE-VO Rz. 36; JANNOTT in Jannott/Frodermann, S. 92; aA HECKSCHEN, DNotZ 2003, 251.
2 AA wohl JANNOTT in Jannott/Frodermann, S. 93.
3 Zum Steuerrecht BLUMERS/KINZL, AG 2005, 196.
4 Eine Unterschrift ist mE nicht erforderlich, siehe Tz. 1018 *GmbH* ↔ *GmbH*; aA JANNOTT in Jannott/Frodermann, S. 94: Unterschrift aller Vorstände erforderlich; VOSSIUS, ZIP 2005, 741: in vertretungsberechtigter Zahl.
5 Ablehnend JANNOTT in Jannott/Frodermann, S. 94, mwN; aA VOSSIUS, ZIP 2005, 741: generell verzichtbar.
6 So VOSSIUS, ZIP 2005, 741 (dort Fn. 80); aA JANNOTT in Jannott/Frodermann, S. 94.
7 Seit dem Inkrafttreten des Gesetzes zur Änderung von Vorschriften über Verkündung und Bekanntmachungen vom 22.12.2011, BGBl. 2011 I, 3044, gibt es den Bundesanzeiger nur noch in elektronischer Form.
8 TEICHMANN, ZGR 2002, 383.

AG → SE

129.14 Der Vorstand der AG hat unverzüglich nach Offenlegung des Umwandlungsplans die **Arbeitnehmervertreter** über das Umwandlungsvorhaben zu **informieren** (§ 4 Abs. 2 und § 2 Abs. 5 und Abs. 6 SEBG)[1]. Besteht keine Arbeitnehmervertretung, sind die Arbeitnehmer direkt zu informieren. Zu informieren ist über die Identität und Struktur der AG, ihre Tochtergesellschaften und Betriebe sowie deren Verteilung auf die Mitgliedstaaten, die in diesen Gesellschaften und Betrieben bestehenden Arbeitnehmervertretungen, die Zahl der in diesen Gesellschaften und Betrieben jeweils beschäftigten Arbeitnehmer sowie die daraus zu errechnende Gesamtzahl der in einem Mitgliedstaat beschäftigten Arbeitnehmer und die Zahl der Arbeitnehmer, denen Mitbestimmungsrechte in den Organen dieser Gesellschaft zustehen (§ 4 Abs. 3 SEBG).

Gleichzeitig sind die Arbeitnehmervertreter bzw. Arbeitnehmer schriftlich aufzufordern, das besondere Verhandlungsgremium nach den §§ 5 ff. SEBG zu bilden (§ 4 S. 1 SEBG), mit dem die Verhandlungen zur Arbeitnehmerbeteiligung zu führen sind (§§ 11 ff. SEBG)[2].

129.15 Für die **Einberufung der Hauptversammlung** der AG gilt Aktienrecht.

129.16 Der Umwandlungsbeschluss bedarf einer **Mehrheit** von mindestens Dreiviertel des in der Hauptversammlung vertretenen Grundkapitals, soweit die Satzung keine höhere Mehrheit verlangt (Art. 37 Abs. 7 SE-VO i.V.m. § 65 UmwG). Der Umwandlungsbeschluss muss die Zustimmung zum Umwandlungsplan und die Genehmigung der Satzung beinhalten (Art. 37 Abs. 7 S. 1 SE-VO). Er ist notariell zu beurkunden[3].

---

[1] Eingehend Habersack, ZHR 171 (2007), 613; Ege/Grzimek/Schwarzfischer, DB 2011, 1205; Kowalski, DB 2007, 2243; Brandes, ZIP 2008, 2193.

[2] Das SEBG regelt für die Beteiligung der Arbeitnehmer als Oberbegriff die **Unterrichtung und Anhörung** auf Betriebsebene über den SE-Betriebsrat und die **Unternehmensmitbestimmung** durch Arbeitnehmervertreter im Aufsichts- oder Verwaltungsorgan (§ 2 Abs. 9–12 SEBG). In Bezug auf beide Aspekte wird der Möglichkeit einer **freiwilligen Verhandlungslösung** mit den Arbeitnehmern der Vorrang vor einer gesetzlichen Regelung eingeräumt (ausf. Müller-Bonanni/Melot de Beauregard, GmbHR 2005, 195; Oetker, BB-Special 1/2005, S. 2). Im Ergebnis kann durch die Verhandlungslösung zwischen den Gründungsgesellschaften und den Mitarbeitern die vollständige Mitbestimmungsfreiheit einer sonst nach nationalem Recht zwingend mitbestimmten Gesellschaft vereinbart werden. Wird keine Einigung erzielt, gelten die gesetzlichen Regelungen der §§ 22 ff. SEBG. Eingehend hierzu Oetker in Lutter/Hommelhoff, Komm. zu §§ 11 ff. SEBG; Kienast in Jannott/Frodermann, S. 392 ff.

[3] Jannott in Jannott/Frodermann, S. 97; Heckschen, DNotZ 2003, 251.

AG → SE

Ein Beschluss des Aufsichtsrats der AG ist nicht erforderlich, selbst wenn es sich um einen mitbestimmten Aufsichtsrat handelt[1].

Ist der **Aufsichtsrat** in der SE in gleicher Weise zu bilden wie bisher in der AG, so ist die Bestellung von Aufsichtsratsmitgliedern iRd. Umwandlung entbehrlich[2]. Ansonsten sind die ersten Aufsichtsratsmitglieder im Umwandlungsbeschluss zu bestellen[3]. 129.17

Mit Wirksamwerden der Umwandlung verlieren die **Vorstandsmitglieder** ihre Organstellung. Ist die SE dualistisch strukturiert, sind die neuen Mitglieder des Vorstands durch den Aufsichtsrat zu bestellen (Art. 39 Abs. 2 SE-VO). Bei einer monistischen Struktur beruft der Verwaltungsrat die ersten geschäftsführenden Direktoren (§ 40 Abs. 1 SEAG). 129.18

Der erste **Abschlussprüfer** ist von den Aktionären, die der Umwandlung zugestimmt haben, zu bestellen (Art. 15 Abs. 1 SE-VO i.V.m. § 30 Abs. 1 AktG). Die Bestellung kann in den Umwandlungsbeschluss aufgenommen werden. 129.19

Zweifelhaft ist, ob die Regelungen des Aktiengesetzes zu **Gründungsbericht**, **Gründungsprüfung** und **Gründungsprüfungsbericht** (§§ 32 ff. AktG) Anwendung finden[4]. 129.20

Die **Anmeldung** der Umwandlung erfolgt analog § 246 Abs. 1 UmwG durch den Vorstand der umzuwandelnden AG[5]. Gleichzeitig sind die neuen Vorstandsmitglieder bzw. geschäftsführenden Direktoren zur Eintragung in das Handelsregister anzumelden. Diese haben die Versicherung nach § 37 Abs. 2 AktG abzugeben. Anzumelden sind die jeweiligen Vertretungsbefugnisse (§ 37 Abs. 3, 5 AktG, § 21 Abs. 2 SE-AG). Der Anmeldung sind die in § 37 Abs. 4 AktG bzw. § 21 Abs. 2 SEAG genannten Anlagen beizufügen. Dies sind der Umwandlungsplan, die Satzung, der Umwandlungsbericht, der Umwandlungsprüfungsbericht, ein Nachweis über die rechtzeitige Zuleitung des Umwandlungsplans an den Betriebsrat, die Niederschrift über den Umwandlungsbeschluss, die Urkunde über die Bestellung der Organ- 129.21

---

1 Der deutsche Gesetzgeber hat von der Möglichkeit des Art. 37 Abs. 8 SE-VO keinen Gebrauch gemacht, siehe Teichmann, ZIP 2002, 1109; Teichmann, ZGR 2002, 383.
2 Jannott in Jannott/Frodermann, S. 97.
3 Zu den Auswirkungen der Arbeitnehmerbeteiligung auf die Zusammensetzung des Aufsichtsrats siehe Jannott in Jannott/Frodermann, S. 98.
4 Eingehend dazu Jannott in Jannott/Frodermann, S. 98 ff., der einen Gründungsbericht und eine externe Gründungsprüfung gemäß § 33 Abs. 2 AktG für entbehrlich hält; aA Vossius, ZIP 2005, 741 (dort Fn. 80).
5 Jannott in Jannott/Frodermann, S. 100.

mitglieder, der Gründungsprüfungsbericht sowie etwaige erforderliche staatliche Genehmigungsurkunden. Ferner hat der Vorstand der Anmeldung ein Negativtestat gemäß §§ 16 Abs. 2 S. 1, 198 Abs. 3 UmwG beizufügen, es sei denn, die widersprechenden Aktionäre haben eine notariell beurkundete Verzichtserklärung (§ 16 Abs. 2 S. 2 UmwG) abgegeben.

129.22 Sind sämtliche Voraussetzungen erfüllt, wird die Umwandlung im Handelsregister eingetragen. Die **Eintragung** ist bekannt zu machen (Art. 13 SE-VO i.V.m. § 10 HGB). Anschließend ist eine **Bekanntmachung** im Amtsblatt der Europäischen Union erforderlich (Art. 14 Abs. 1 SE-VO).

129.23 **Rechtsfolgen**: Mit der Eintragung der SE besteht die AG in der Rechtsform der SE weiter. Durch die Umwandlung wird das Grundkapital der AG zum Grundkapital der SE. Einen Schutz der Minderheitsaktionäre oder Gläubiger sieht die SE-VO nicht vor. Insbesondere haben widersprechende Aktionäre keinen Anspruch auf Ausscheiden aus der Gesellschaft oder Zahlung einer Barabfindung. Gläubiger haben keinen Anspruch auf Sicherheitsleistung.

129.24 Zu den **Kosten** siehe Tz. 1268–1270 *GmbH → KG*[1].

II. Steuerrecht

129.25 Da sich die formwechselnde Umwandlung einer inländischen AG in eine SE identitätswahrend vollzieht (Art. 37 Abs. 2 SE-VO), löst die Umwandlung keine Besteuerungsfolgen aus[2]. Auch an der laufenden Besteuerung ändert sich nichts. SE und AG sind Kapitalgesellschaften und werden daher gleich besteuert.

C. Verschmelzung durch Aufnahme
I. Zivilrecht
1. Verschmelzungsplan

129.26 Grundlage der Verschmelzung ist ein notariell zu beurkundender[3] Verschmelzungsplan, der von den Leitungs- oder Verwaltungsorganen der

---

1 Vossius, ZIP 2005, 741.
2 Schindler in Lutter/Hommelhoff, Die SE im Steuerrecht, 2008, Rz. 417 f.; Blumers/Kinzl, AG 2005, 196.
3 Umstritten, wie hier Vossius, ZIP 2005, 741; Heckschen, DNotZ 2003, 251; aA Brandes, AG 2005, 177.

AG → SE

an der Verschmelzung beteiligten Rechtsträger gemeinsam aufzustellen ist (Art. 20 Abs. 1 SE-VO). Der Verschmelzungsplan muss die Firma, den Sitz der zu verschmelzenden Gesellschaften, die für die SE vorgesehene Firma und ihren geplanten Sitz (Art. 20 Abs. 1 S. 2a SE-VO) sowie die Satzung der neuen SE (Art. 20 Abs. 1 S. 2h SE-VO) enthalten. Eine in Deutschland zu errichtende SE muss ihren Satzungssitz und ihren Hauptverwaltungssitz an demselben Ort in Deutschland haben (Art. 7 S. 1 SE-VO).

Anzugeben ist das **Umtauschverhältnis** der Aktien und ggf. die Höhe der Ausgleichsleistung (Art. 20 Abs. 1 S. 2b SE-VO). Wird die SE in Deutschland errichtet, sind Ausgleichsleistungen durch bare Zuzahlungen bis zur Höhe von 10 % des auf die gewährten Aktien der SE entfallenen anteiligen Betrags des Grundkapitals zulässig (Art. 15 Abs. 1 SE-VO i.V.m. § 68 Abs. 3, 73 UmwG). Soweit alle Aktien der übertragenden AG von der übernehmenden AG gehalten werden, entfallen die Angaben zum Umtauschverhältnis (Art. 31 Abs. 1 SE-VO). Zur Verbesserung des Umtauschverhältnisses und Überprüfung der Barabfindung gilt das Spruchverfahren (§ 6 SEAG), wenn die übrigen beteiligten Gesellschaften in ihrem Sitzstaat ein vergleichbares Verfahren haben oder diese der Anwendung des Spruchverfahrens zustimmen (Art. 25 Abs. 3 SE-VO). Sind diese Voraussetzungen nicht gegeben, so kann der Aktionär gegen die Verschmelzung klagen[1]. 129.27

Der Verschmelzungsplan hat Einzelheiten hinsichtlich der **Übertragung der Aktien** der SE zu enthalten (Art. 20 Abs. 1 S. 2c SE-VO), siehe Tz. 998 *GmbH ↔ GmbH*. Anzugeben ist die Gewährung von **Sonderrechten** (Art. 20 Abs. 1 S. 2f SE-VO) oder **Sondervorteilen** (Art. 20 Abs. 1 S. 2g SE-VO), siehe dazu Tz. 991 *GmbH ↔ GmbH*. 129.28

Festzulegen ist der **Verschmelzungsstichtag** (Art. 20 Abs. 1 S. 2e SE-VO, siehe Tz. 992 *GmbH ↔ GmbH*), sowie der Tag, ab dem die Aktionäre der übertragenden AG gewinnbezugsberechtigt sind (Art. 20 Abs. 1 S. 2d SE-VO) 129.29

Soll die SE ihren Sitz im Ausland haben, ist Aktionären, die dem Verschmelzungsplan widersprechen, eine angemessene **Barabfindung** anzubieten (§ 7 SEAG, vgl. Tz. 1014 *GmbH ↔ GmbH*)[2]. 129.30

---

1 Jannott in Jannott/Frodermann, S. 63, mwN.
2 Zur möglichen Europarechtswidrigkeit Vossius, ZIP 2005, 741 (dort Fn. 34); Brandes, AG 2005, 177.

AG → SE

129.31 Letztlich muss der Verschmelzungsplan Angaben zu dem Verfahren enthalten, nach dem die Vereinbarungen über die **Beteiligung der Arbeitnehmer**[1] geschlossen werden sollen (Art. 20 Abs. 1 S. 2i SE-VO).

2. Verschmelzungsbericht, Prüfung und Bekanntmachung[2]

129.32 Es gelten die Tz. 1018–1029 *GmbH* ↔ *GmbH* mit den **Besonderheiten** aus den Tz. 32–35 *AG* ↔ *AG* entsprechend (Art. 8 SE-AO i.V.m. §§ 8, 60 UmwG).

3. Beteiligung der Arbeitnehmer

129.33 Es gilt Tz. 129.14 entsprechend[3]. Daher ist mE eine Information des Betriebsrats nach § 5 Abs. 3 UmwG nicht erforderlich.

4. Beschlussfassung

129.34 Die Hauptversammlung jeder der an der Verschmelzung beteiligten Gesellschaften muss dem Verschmelzungsplan zustimmen (Art. 23 Abs. 1 SE-VO). Im Übrigen gilt nationales Recht, siehe dazu Tz. 36–43 *AG* ↔ *AG*.

5. Anmeldung und Eintragung

129.35 Für deutsche Rechtsträger gilt das UmwG (Art. 18 SE-VO). Damit gelten die Tz. 1059–1071 *GmbH* ↔ *GmbH*.

6. Rechtsfolgen

129.36 Mit Wirksamwerden der Verschmelzung geht das gesamte Vermögen der übertragenden AG im Wege der Gesamtrechtsnachfolge auf die übernehmende Gesellschaft über. Die Aktionäre der übertragenden Gesellschaft werden Aktionäre der übernehmenden Gesellschaft, die übertragende AG erlischt und die übernehmende Gesellschaft nimmt die Rechtsform der SE an (Art. 29 Abs. 1 SE-VO). Grundsätzlich gelten damit die Tz. 1072–1093 *GmbH* ↔ *GmbH*, jedoch sind hinsichtlich der Übertragbarkeit ausländischen Vermögens die nationalen Besonderheiten zu beachten (Art. 29 Abs. 3 und zu Arbeitsverhältnissen Abs. 4 SE-

---

1 Dazu eingehend Kienast in Jannott/Frodermann, S. 377 ff.
2 Eingehend Jannott in Jannott/Frodermann, S. 48 ff.
3 Siehe auch Grambow, BB 2010, 977.

AG → Stiftung

VO). Für die Gläubiger gilt der Schutz des jeweiligen nationalen Rechts (Art. 24 Abs. 1 SE-VO) und somit Tz. 1094 *GmbH ↔ GmbH*.

7. Kosten

Es gelten die Tz. 1098–1101 *GmbH ↔ GmbH* entsprechend[1]. 129.37

II. Steuerrecht

1. Hinausverschmelzung

Eine Hinausverschmelzung liegt vor, wenn die übertragende AG ihren Sitz in Deutschland hat, während die übernehmende SE im Ausland ansässig ist[2]. Es gelten die Tz. 688.13–688.22 *GmbH ↔ EU-Kap*. 129.38

2. Hineinverschmelzung

Eine Hineinverschmelzung liegt vor, wenn die übertragende AG ihren Sitz im Ausland und die übernehmende SE ihren Sitz in Deutschland hat. Es gelten die Tz. 476.9–476.10 *EU-Kap → GmbH*. 129.39

D. Verschmelzung durch Neugründung

I. Zivilrecht

Es gelten die Tz. 129.7 bis 129.24 entsprechend[3]. Nur geht das Vermögen auf die neue SE über und die übertragenden Gesellschaften erlöschen. 129.40

II. Steuerrecht

Siehe Tz. 129.38 und 129.39. 129.41

AG → Stiftung

Die Tz. 1522–1528 *GmbH → Stiftung* gelten entsprechend. 130

---

1 Siehe auch Vossius, ZIP 2005, 741.
2 Eingehend Funke, NWB 2008, Fach 18, 4789 (3.11.2008).
3 Siehe auch Grambow, BB 2010, 978.

AG → Stille Gesellschaft

131 Es gelten die Tz. 1529–1537 *GmbH → Stille Gesellschaft*. Der Vertrag über eine AG & Still bedarf der Schriftform, der Zustimmung der Hauptversammlung und der Eintragung in das Handelsregister, da es sich um einen Teilgewinnabführungsvertrag i.S.d. § 292 Abs. 1 Nr. 2 AktG handelt[1].

AG → UG (haftungsbeschränkt)

131.1 Da die UG eine Form der GmbH ist, ist der **Formwechsel** einer AG in eine UG grundsätzlich zulässig (§§ 191, 226 UmwG)[2]. Zweifelhaft ist nur, ob das Sachgründungsverbot des § 5a Abs. 2 S. 2 GmbHG i.V.m. § 197 UmwG der Zulässigkeit entgegensteht[3]. ME ist dies nicht der Fall[4]. Sofern die AG noch über ihr Haftkapital verfügt, entsteht automatisch eine GmbH[5]. Eine UG entsteht nur in den Fällen, in denen das Grundkapital soweit aufgebraucht ist, dass es 25 000,– Euro unterschreitet. Ansonsten gelten die Tz. 68–78 *AG → GmbH*.

131.2 Hinsichtlich **Verschmelzung** und **Spaltung** gelten die Tz. 1537.1–1537.7 *GmbH → UG*.

AG → Verein

132 Eine Umwandlung ist **nicht möglich**.

AG → VVaG, Vermögensübertragung

133 Eine AG, die den Betrieb von Versicherungsgeschäften zum Gegenstand hat, kann ihr Vermögen ganz (Vollübertragung) oder teilweise

---

1 BGH II ZR 6/03 vom 29.11.2004, AG 2005, 201.
2 Decher in Lutter, § 191 UmwG Rz. 4; Stengel in Semler/Stengel, § 191 UmwG Rz. 4.
3 So Meister/Klöcker in Kallmeyer, § 191 UmwG Rz. 8; Petersen in Kölner Kommentar zum UmwG, § 191 Rz. 18; Heckschen in Widmann/Mayer, § 1 UmwG Rz. 48.6 (November 2010); Heckschen in FS Spiegelberger, 2009, S. 683; Berninger, GmbHR 2010, 63.
4 Ebenso Lutter/Drygala in Lutter, § 3 UmwG Rz. 8.
5 Heckschen in Widmann/Mayer, § 1 UmwG Rz. 48.5 (November 2010); Petersen in Kölner Kommentar zum UmwG, § 191 Rz. 5; Heckschen in FS Spiegelberger, 2009, S. 683; Berninger, GmbHR 2010, 63.

AG → VVaG

(Teilübertragung) auf einen VVaG übertragen (§§ 178, 179 UmwG)[1]. Für die **Vermögensübertragung** gelten die Tz. 110–125 AG → KöR entsprechend.

Steuerlich ist § 12 Abs. 5 UmwStG zu beachten. Ansonsten gelten auch hier Tz. 126–127 AG → KöR entsprechend.   134

Andere Formen der Umwandlung sind ausgeschlossen.   135

---

1 Generell zur Umstrukturierung von Versicherungskonzernen DAGEFÖRDE, NJW 1994, 2528, mwN.

Einzelunternehmen (EU)

Einzelunternehmen (EU) → AG, Ausgliederung, Einbringung

A. Übersicht 136
B. Ausgliederung
   I. Zivilrecht 139
   II. Steuerrecht 141
C. Einbringung 142
D. Verkauf 143

A. Übersicht

136 Ein Einzelunternehmen kann sein Unternehmen ganz oder teilweise im Wege der Ausgliederung auf eine bestehende oder mit der **Ausgliederung** zu gründende AG umwandeln (§ 152 UmwG, siehe Tz. 174–189 *EU → GmbH*).

137 Ferner kann der Einzelunternehmer sein Unternehmen oder Teile seines Unternehmens in eine AG im Wege der **Sachgründung** oder – bei einer bestehenden AG – im Wege der **Sachkapitalerhöhung** bzw. **Nachgründung** einbringen (siehe Tz. 190–195 *EU → GmbH*).

138 Zum **Verkauf** und zur **verdeckten Einlage** siehe Tz. 196 *EU → GmbH*.

B. Ausgliederung

I. Zivilrecht

139 Es gelten grundsätzlich die Tz. 197–228 *EU → GmbH* entsprechend[1].

140 Zu beachten sind die besonderen **Sachgründungsvorschriften** des AktG (§§ 27 ff., 183 AktG)[2]. Die Prüfung durch die Mitglieder des Vorstands und des Aufsichtsrats (§ 33 Abs. 1 AktG) sowie die **Prüfung** gemäß § 33 Abs. 2 AktG haben auch festzustellen, ob die Verbindlichkeiten des Einzelkaufmanns sein Vermögen übersteigen (§ 159 Abs. 2 UmwG). Hierzu hat der Einzelkaufmann den Prüfern eine Aufstellung vorzulegen, in der sein Vermögen seinen Verbindlichkeiten gegenüber-

---

[1] Ausführlich zu *EU → AG* MAYER in Widmann/Mayer, § 152 UmwG Rz. 151 ff. (November 1999).
[2] Eingehend dazu HOFFMANN-BECKING in Münchener Handbuch des Gesellschaftsrechts, Band 4, § 4 Rz. 1 ff., und KRIEGER, ebenda, § 56 Rz. 37 ff.

gestellt ist. Die Aufstellung ist zu gliedern, soweit das für die Prüfung notwendig ist. § 320 Abs. 1 S. 2 und Abs. 2 S. 1 HGB gilt entsprechend, wenn Anlass für die Annahme besteht, dass in der Aufstellung aufgeführte Vermögensgegenstände überbewertet oder Verbindlichkeiten nicht oder nicht vollständig aufgeführt worden sind (§ 159 Abs. 3 UmwG).

II. Steuerrecht

Es gelten die Tz. 229–289 *EU → GmbH*. 141

C. Einbringung

Sach- und Rechtsgesamtheiten, wie ein Handelsgeschäft, können Gegenstand einer Sacheinlage sein[1]. Damit kann ein Einzelunternehmen im Rahmen einer **Sachgründung** (§ 27 AktG)[2], **Nachgründung** (§ 52 AktG)[3] oder **Kapitalerhöhung** (§§ 181 ff. AktG)[4] auf eine AG übertragen werden. Der wesentliche Unterschied zur Ausgliederung besteht in der fehlenden Gesamtrechtsnachfolge (siehe Tz. 305–346 *EU → GmbH*). 142

D. Verkauf

Zum Verkauf und zur unentgeltlichen Übertragung eines Einzelunternehmens an die AG siehe Tz. 347–354 *EU → GmbH*, die entsprechend gelten. 143

---

1 Arnold in Kölner Kommentar zum AktG, § 27 Rz. 65; Pentz in Münchener Kommentar zum AktG, § 27 Rz. 32.
2 Zur Sachgründung einer AG vgl. Hölters/Favoccia in Münchener Vertragshandbuch, Band 1, V. 10; Hoffmann-Becking in Münchener Handbuch des Gesellschaftsrechts, Band 4, § 4 Rz. 1 ff.; Ziemons in Nirk/Ziemons/Binnewies, Handbuch der Aktiengesellschaft, Teil I Rz. 2.190 ff. (Mai 2007); Binnewies in Formularbuch Recht und Steuern, S. 37 ff.
3 Zur Nachgründung vgl. Hölters/Favoccia in Münchener Vertragshandbuch, Band 1, V. 17; Hoffmann-Becking in Münchener Handbuch des Gesellschaftsrechts, Band 4, S. 33 ff.; Ziemons in Nirk/Ziemons/Binnewies, Handbuch der Aktiengesellschaft, Teil I Rz. 2.450 ff. (Januar 2011).
4 Zur Kapitalerhöhung gegen Sacheinlage vgl. Hölters/Favoccia in Münchener Vertragshandbuch, Band 1, V. 115; Krieger in Münchener Handbuch des Gesellschaftsrechts, Band 4, § 56 Rz. 37 ff.; Ziemons/Herchen in Nirk/Ziemons/Binnewies, Handbuch der Aktiengesellschaft, Teil I Rz. 5.963 ff. (Mai 2006).

EU → EU

Einzelunternehmen (EU) → Einzelunternehmen (EU), Spaltung, Verschmelzung

144 Die Zusammenführung oder Trennung von Einzelunternehmen, die im Eigentum einer Person stehen, ist **zivilrechtlich irrelevant**, da die Vermögenssphäre rechtlich nicht zu trennen ist.

145 **Steuerrechtlich** hat die Existenz zweier Unternehmen in der Hand eines Unternehmers nur für die Gewerbesteuer Bedeutung[1]. Hier ist die „Verschmelzung" oder „Spaltung" zweier Gewerbebetriebe denkbar.

146 Zur **„Verschmelzung"** von zwei Einzelunternehmen unterschiedlicher Eigentümer siehe Tz. 149–154 EU → GbR[2].

Einzelunternehmen (EU) → Europäische Kapitalgesellschaft (EU-Kap)[3], Einbringung

A. Übersicht 146.1
B. Einbringung 146.6

I. Zivilrecht 146.6
II. Steuerrecht 146.7

A. Übersicht

146.1 Die Ausgliederung eines inländischen Einzelunternehmens auf eine ausländische Kapitalgesellschaft nach dem **UmwG** scheidet aus (siehe § 124 UmwG).

146.2 Ein Einzelunternehmen kann im Wege der Einzelrechtsübertragung gegen Gewährung von Gesellschaftsrechten (**Einbringung**) auf eine ausländische Kapitalgesellschaft übertragen werden.

146.3 Erfolgt die Übertragung auf eine in einem EU/EWR-Staat ansässige Kapitalgesellschaft[4] durch eine in einem EU/EWR-Staat ansässige natürliche Person, gelten steuerlich die §§ 20 ff. UmwStG (§ 1 Abs. 3 Nr. 4, Abs. 4 UmwStG).

146.4 Die **entgeltliche oder unentgeltliche Übertragung** des Einzelunternehmens auf eine ausländische Kapitalgesellschaft zwingt wie bei der Übertragung auf eine inländische Kapitalgesellschaft zur Aufdeckung der stillen Reserven (siehe Tz. 350–355 EU → GmbH).

---

1 Vgl. GLANEGGER/GÜROFF, § 2 GewStG Rz. 10 ff.
2 Ferner FELIX, BB 1995, 1509.
3 Zum Begriff siehe Einleitung S. 4.
4 Siehe Anhang S. 473.

EU → EU-Kap

Gleiches gilt im Fall der Einbringung in eine Kapitalgesellschaft, die in einem Drittstaat ansässig ist. 146.5

B. Einbringung

I. Zivilrecht

Es gelten grundsätzlich die Tz. 305–341 *EU* → *GmbH*, jedoch mit der Besonderheit, dass an Stelle des GmbH-Rechts das jeweilige ausländische Gesellschaftsrecht tritt. 146.6

II. Steuerrecht

Es gelten grundsätzlich die Tz. 229–289 *EU* → *GmbH*. 146.7

Einbringender kann jede in Deutschland oder einem anderen EU/EWR-Staat steuerlich ansässige (Wohnsitz oder gewöhnlicher Aufenthalt, §§ 8, 9 AO) **natürliche Person** sein. 146.8

Ist der Einbringende im **Drittstaat** ansässig, sind die §§ 20 ff. UmwStG nur anwendbar, wenn das inländische Besteuerungsrecht hinsichtlich der iRd. Einbringung gewährten Anteile besteht (siehe § 1 Abs. 4b UmwStG). Dies ist regelmäßig nicht der Fall. **Beispiel:** Ein in Monaco ansässiger Steuerpflichtiger bringt sein in Deutschland belegenes Einzelunternehmen in eine französische Kapitalgesellschaft gegen Gewährung von Gesellschaftsrechten ein. Da weder nach § 17 EStG noch nach § 49 Abs. 1 Nr. 2e EStG ein inländisches Besteuerungsrecht bezüglich einer etwaigen Veräußerung der iRd. Einbringung erlangten Anteile an der französischen Kapitalgesellschaft besteht, ist § 20 UmwStG nicht anwendbar. 146.9

Aufnehmender Rechtsträger kann jede Kapitalgesellschaft mit Sitz in einem EU/EWR-Staat sein. Bezüglich des Sitzes kommt es auf den Verwaltungssitz und damit steuerlich auf den Ort der Geschäftsleitung an. 146.10

Zur Bewertung des eingebrachten Vermögens siehe zunächst Tz. 246–264 *EU* → *GmbH*. 146.11

Bei der Einbringung eines Einzelunternehmens in eine ausländische Kapitalgesellschaft ist insbesondere zu prüfen, ob das Recht der Bundesrepublik Deutschland hinsichtlich der Besteuerung des Gewinns aus der Veräußerung des eingebrachten Betriebsvermögens bei der übernehmenden Gesellschaft nicht beschränkt wird (§ 20 Abs. 2 S. 2 UmwStG). 146.12

EU → EU-Kap

146.13 Erfüllt das eingebrachte Vermögen die Voraussetzungen einer **inländischen Betriebstätte**, unterliegt es zukünftig der deutschen Körperschaftsteuer und das Besteuerungsrecht der Bundesrepublik bleibt gewahrt, so dass eine Buchwertfortführung unter den sonstigen Voraussetzungen des § 20 UmwStG möglich ist.

146.14 Gehört das eingebrachte Vermögen zu einer **ausländischen Betriebstätte**, die von der deutschen Besteuerung freigestellt war, wird das Besteuerungsrecht der Bundesrepublik nicht beschränkt. Die Buchwerte können für dieses Vermögen fortgeführt werden. Ist mit dem ausländischen Staat, in dem sich das Betriebstättenvermögen befindet, hingegen das Anrechnungsverfahren vereinbart oder besteht kein DBA, ist das Vermögen zwingend mit dem gemeinen Wert anzusetzen.

146.15 **Hinweis**: Ein Buch- oder Zwischenwertansatz ist – sofern der Einbringende in einem EU/EWR-Staat ansässig ist (Tz. 146.9) – nicht davon abhängig, dass das Besteuerungsrecht der Bundesrepublik Deutschland hinsichtlich des Gewinns aus der Veräußerung der dem Einbringenden für die Einbringung gewährten Gesellschaftsanteile nicht eingeschränkt ist.

146.16 **Beispiel**: Der in Frankreich ansässige A bringt seine deutsche Betriebstätte in eine irische Kapitalgesellschaft ein. Das Besteuerungsrecht an den für die Einbringung gewährten Gesellschaftsrechten an der irischen Kapitalgesellschaft steht entweder Frankreich oder Irland, keinesfalls aber der Bundesrepublik zu. Dennoch können die Buchwerte fortgeführt werden, da die Betriebstätte (das eingebrachte Betriebsvermögen) zukünftig der deutschen Körperschaftsteuer unterliegt.

146.17 Das gemäß § 20 Abs. 2 UmwStG mit dem gemeinen Wert anzusetzende ausländische Vermögen gilt für den einbringenden Einzelunternehmer als mit diesem Wert veräußert (§ 20 Abs. 3 S. 1 UmwStG). Befindet sich das ausländische Betriebstättenvermögen in einem Staat, mit dem die **Freistellungsmethode** vereinbart ist, ist diese Veräußerung für die deutsche Besteuerung unerheblich. Allenfalls kann sich eine Auswirkung auf den Progressionsvorbehalt ergeben.

146.18 Wird ausländisches EU/EWR-Betriebstättenvermögen, für das das **Anrechnungsverfahren** gilt, eingebracht, ist beim Einbringenden der Veräußerungsgewinn unter einer fiktiven Anrechnung der ausländischen Steuer zu erfassen (§ 20 Abs. 7 UmwStG i.V.m. § 3 Abs. 3 UmwStG)[1].

---

1 Eingehend Mutscher, IStR 2010, 820; siehe auch Tz. 20.36 UmwE 2011.

EU → GbR

Beispiel: Der in Deutschland ansässige A unterhält eine Betriebstätte in Tschechien, für die das Anrechnungsverfahren gilt. Die tschechische Betriebstätte wird in eine österreichische Kapitalgesellschaft eingebracht. Deutschland verliert das Besteuerungsrecht für den Gewinn aus der Veräußerung des Betriebstättenvermögens. Die Bundesrepublik Deutschland darf eine Schlussbesteuerung bei der Betriebstätte durchführen. Auf Grund der Fusionsrichtlinie löst die Einbringung in Tschechien keine Steuer aus. Daher wird fiktiv tschechische Steuer angerechnet, die ggf. später im Fall der Veräußerung des Betriebstättenvermögens entstehen würde. Damit wird eine der Veräußerung des Betriebstättenvermögens vergleichbare Besteuerung herbeigeführt. 146.19

Der Wert, mit dem die übernehmende Kapitalgesellschaft das eingebrachte Betriebsvermögen ansetzt, gilt für den Einbringenden als **Anschaffungskosten**. Selbst wenn weder vor noch nach der Einbringung ein deutsches Besteuerungsrecht an dem Gewinn aus der Veräußerung des ausländischen Betriebstättenvermögens besteht, erhöhen sich die Anschaffungskosten auf den gemeinen Wert des eingebrachten Betriebsvermögens (§ 20 Abs. 3 S. 2 UmwStG). Zur fiktiven Steueranrechnung bei Einbringung durch eine in einem anderen EU-Staat ansässige transparente Gesellschaft siehe § 20 Abs. 8 UmwStG[1]. 146.20

Einzelunternehmen (EU) → EWIV, Ausgliederung, Einbringung

Auf eine EWIV mit **Sitz in Deutschland** sind die Vorschriften für eine OHG anzuwenden (§ 1 EWIVG). Damit gilt die Tz. 452 *EU → OHG*. 147

Einzelunternehmen (EU) → GbR, Einbringung

A. Übersicht 148	I. Zivilrecht 167
B. Die Aufnahme eines Gesellschafters	II. Steuerrecht 168
I. Zivilrecht 156	D. Zusammenschluss von Einzelunternehmen
II. Steuerrecht 160	I. Zivilrecht 169
C. Übertragung des Einzelunternehmens auf eine bestehende GbR	II. Steuerrecht 170

---

1 Und Tz. 20.37 UmwE 2011; SCHMITT in Schmitt/Hörtnagl/Stratz, § 20 UmwStG Rz. 415, mwN.

EU → GbR

A. Übersicht

148 Die **Ausgliederung** aus dem Vermögen eines Einzelkaufmanns auf eine GbR nach § 152 UmwG ist nicht möglich. § 152 UmwG lässt nur die Ausgliederung auf eine Personenhandelsgesellschaft und damit nicht auf eine GbR zu.

149 Der Einzelkaufmann kann aber eine weitere Person an seinem Unternehmen beteiligen bzw. sich mit einem anderen Einzelunternehmer zusammenschließen oder seinen Betrieb in eine bestehende GbR **einbringen**, der er anlässlich der Übertragung beitritt oder an der er bereits beteiligt ist.

150 Ist das Einzelunternehmen ein Handelsgewerbe, so entsteht mit der Aufnahme eines Gesellschafters oder der Übertragung auf eine GbR eine Personenhandelsgesellschaft (OHG/KG, dazu Tz. 412–426 *EU → KG*), es sei denn, das Unternehmen erfordert keinen in kaufmännischer Weise eingerichteten Geschäftsbetrieb oder ist nicht gewerblich **tätig** (§ 1 Abs. 2 HGB).

151 Gleiches gilt für einen **land- oder forstwirtschaftlichen Betrieb**, es sei denn, der Land- oder Forstwirt ist Kaufmann kraft Eintragung im Handelsregister (§ 3 Abs. 2 HGB).

152 Letztendlich kann jemand, der lediglich **vermögensverwaltend** tätig ist, unter Einbringung seines Vermögens (oder Vermögensteiles) mit einem anderen eine GbR gründen oder einer GbR beitreten.

153 Zivilrechtlich liegt in allen vorgenannten Fällen entweder die Gründung einer GbR **(Aufnahme)** oder die Änderung eines bestehenden Gesellschaftsverhältnisses **(Beitritt)** vor.

154 **Steuerlich** ist zu differenzieren:

Kaufleute, Freiberufler sowie Land- oder Forstwirte können ihren **Betrieb** gemäß § 24 UmwStG zum Buchwert oder zu einem höheren Wert bis zum Teilwert in eine Personengesellschaft, bei der der Gesellschafter steuerlich Mitunternehmer wird, einbringen. Werden nur einzelne Wirtschaftsgüter und nicht ein Betrieb eingebracht, gilt § 6 Abs. 5 oder 6 EStG (siehe Tz. 383 *EU → KG*).

Wer vermögensverwaltend tätig ist, hat **Privatvermögen**, das bei der GbR mit dem Teilwert bzw. den Anschaffungs- oder Herstellungskosten anzusetzen ist (§ 6 Abs. 1 EStG) und bei dem einbringenden Gesellschafter ggf. zur steuerpflichtigen Veräußerung führen kann (siehe Tz. 383.1 *EU → KG*).

EU → GbR

Eine **GmbH & Co GbR** kommt als gewerblich geprägte Personengesellschaft nicht in Betracht[1]. Zur Umwandlung einer GmbH & Co GbR in eine GmbH & Co KG siehe Tz. 525 *GbR → KG*.

Zum **Kauf** des Einzelunternehmens durch eine zuvor gegründete GbR siehe Tz. 441–444 *EU → KG*. 155

B. Die Aufnahme eines Gesellschafters

I. Zivilrecht

Zivilrechtlich ist die Aufnahme eines Gesellschafters – sofern keine Personenhandelsgesellschaft entsteht (siehe Tz. 150) – die Gründung einer GbR. Voraussetzung ist der Abschluss eines **Gesellschaftsvertrags** mit der Verpflichtung, einen gemeinsamen Zweck zu fördern. Der Gesellschaftsvertrag bedarf keiner besonderen Form. Schriftform ist aber empfehlenswert. 156

Als **Beitrag** werden bisherige Einzelunternehmer regelmäßig ihre Unternehmen einbringen, während Eintretende durch Einlage oder in sonstiger Weise einen Ausgleich für den ihnen zuwachsenden Anteil am Wert des Unternehmens erbringen müssen. Zivilrechtlich besteht ein weiter Gestaltungsspielraum: Der Eintretende kann dem Inhaber **außerhalb der Gesellschaft** einen **Ausgleich** zahlen. Der Eintretende kann eine seiner Beteiligung entsprechende **Bareinlage** in die Gesellschaft erbringen, die ihm als Kapitaleinlage weiter zusteht. Der Ausgleich kann durch einen **Vorabgewinn** des bisherigen Inhabers erfolgen. Zulässig ist es, den Eintretenden zunächst nicht am **Gesellschaftsvermögen** zu beteiligen oder ihn nur gegen Erbringung seiner Arbeitsleistung aufzunehmen. 157

Vorstehende Ausgleichsmöglichkeiten können **kombiniert** werden. Ausschlaggebend für die **Auswahl** sind die steuerlichen Folgen. 158

Der Eintretende **haftet** nicht persönlich für Altschulden des Einzelunternehmers, es sei denn, Schulden werden bei Einbringen des Unternehmens übernommen (Schuldbeitritt) oder Firma des Einzelunternehmens wird fortgeführt (§ 25 HGB). Allerdings kann ein Gläubiger des Einzelunternehmers in das Gesamthandsvermögen vollstrecken. 159

---

1 FG Köln 11 K 5230/95 vom 14.3.2001, EFG 2001, 1213; BMF vom 18.7.2000, BStBl. 2000 I, 1198 und vom 28.8.2001, GmbHR 2001, 882; demgegenüber ist eine GbR, an der nur Kapitalgesellschaften und GmbH & Co KGs beteiligt sind, gewerblich geprägt, siehe BFH IV R 37/99 vom 8.6.2000, GmbHR 2001, 157.

EU → GbR

II. Steuerrecht

160 Es ist zu **differenzieren**:
Unterhält der aufnehmende Einzelunternehmer einen gewerblichen, freiberuflichen oder land- oder forstwirtschaftlichen Betrieb und zahlt der eintretende Gesellschafter für seinen Anteil ein **Entgelt in das** steuerliche **Privatvermögen** des Einzelunternehmers, ist dies ein nicht steuerbegünstigter Veräußerungsgewinn (§§ 16, 18 Abs. 3 EStG), da weder ein Betrieb noch ein Mitunternehmeranteil, sondern Miteigentumsanteile an den einzelnen Wirtschaftsgütern des Betriebs veräußert werden[1]. Ein Ausgleich durch negative Ergänzungsbilanz ist nicht möglich[2]. Bei einem gewerblich tätigen Einzelunternehmer unterliegt der Gewinn zudem der Gewerbesteuer[3]. Der Zahlende hat entsprechende Anschaffungskosten[4].

161 Werden bei einer Entgeltzahlung in das Privatvermögen die **stillen Reserven** in der Einzelpraxis hingegen **insgesamt aufgedeckt**[5], so ist die Einbringung einschließlich Zuzahlung gemäß § 24 Abs. 3 S. 2 UmwStG i.V.m. §§ 18 Abs. 3, 16 Abs. 4, 34 EStG begünstigt[6]. Ausgenommen ist der Teil des Gewinns, der der Beteiligung des einbringenden Einzelunternehmers an der Personengesellschaft entspricht (§ 24 Abs. 3 S. 3 UmwStG; siehe Tz. 402 *EU → KG*)[7].

161.1 Werden bei einer Aufdeckung der stillen Reserven Wirtschaftsgüter nicht in das Gesamthandsvermögen eingebracht, sondern der Gesellschaft nur zur Nutzung überlassen (**Sonderbetriebsvermögen**), so sind die in diesen Wirtschaftsgütern ruhenden stillen Reserven Teil des laufenden, nicht begünstigten Gewinns. Zur Gewerbesteuer siehe Tz. 408 *EU → KG*.

---

1 BFH GrS 2/98 vom 18.10.1999, GmbHR 2000, 144; BFH IV R 54/99 vom 21.9.2000, GmbHR 2001, 79; Tz. 24.08–24.10 UmwE 2011; zum Schuldzinsenabzug beim bisherigen Einzelunternehmer BFH XI R 26/98 vom 10.3.1999, BFH/NV 2000, 11.
2 BFH GrS 2/98 vom 18.10.1999, GmbHR 2000, 144.
3 WENDT, FR 2002, 127.
4 BFH VIII R 13/07 vom 24.6.2009, BStBl. 2009 II, 993.
5 Dies ist nicht der Fall, wenn bei einer Zahnarztpraxis ein dazugehöriges Dentallabor nicht mit eingebracht wird, BFH IV R 3/03 vom 16.12.2004, DStR 2005, 554.
6 Tz. 24.12 UmwE 2011.
7 BFH IV R 54/99 vom 21.9.2000, GmbHR 2001, 79; Tz. 24.16 UmwE 2011.

EU → GbR

Bei einer Aufdeckung der stillen Reserven muss grds. für den Einbringungszeitpunkt zur **Bilanzierung** übergegangen werden[1]. Nach der Einbringung ist eine Rückkehr zur Gewinnermittlung nach § 4 Abs. 3 EStG möglich[2]. Entgegen der Ansicht der Finanzverwaltung[3] kann bei einer Buchwertfortführung auf die Bilanzierung verzichtet werden[4]. 161.2

Erfolgt die **Zahlung** des eintretenden Gesellschafters nicht an den Einzelunternehmer, sondern **in das Betriebsvermögen**, so kommt es mE zu keiner Gewinnrealisierung, sofern die Buchwerte des Einzelunternehmens dem Einlagenkonto des Einzelunternehmers und die Bareinzahlung dem Einlagenkonto des Eintretenden gutgeschrieben werden. Unschädlich ist mE auch, wenn der Einzelunternehmer in der Folgezeit Entnahmen aus dem Barbestand vornimmt, sofern diese seinem Einlagenkonto belastet werden[5]. 161.3

Gründen der Einzelunternehmer und der neue Gesellschafter eine Gesellschaft, indem der eine sein Unternehmen (zB eine freiberufliche Einzelpraxis) und seine Arbeitskraft, der andere nur seine **Arbeitskraft einbringen** und wird der Gewinn und Verlust entsprechend verteilt, so handelt es sich für den Einzelunternehmer um einen Fall des § 24 UmwStG: Der Einzelunternehmer kann die Buchwerte fortführen oder seinen Betrieb zum Teilwert einbringen und durch Ergänzungsbilanzen einen Gewinn vermeiden. Ein Teilwertansatz ohne Ausgleich durch Ergänzungsbilanzen dürfte wenig sinnvoll sein, da der Einzelunternehmer den seiner Beteiligung entsprechenden Teil seines Gewinns als laufenden Gewinn zu versteuern hätte (§ 24 Abs. 3 S. 2 UmwStG). 161.4

---

1 BFH IV R 18/00 vom 9.11.2000, BStBl. 2001 II, 102; BFH XI R 32/06 vom 14.11.2007, BFH/NV 2008, 385; Anm. KÖSDI 2008, Report (4), 15969 hinsichtlich zurückbehaltener Forderungen ist weiterhin Gewinnermittlung nach § 4 Abs. 3 EStG möglich; siehe auch FG Münster 1 K 4263/06 F vom 23.6.2009, Rev. VIII R 41/09; bei Buchwerteinbringung besteht kein Anspruch auf Billigkeitsverteilung eines Übergangsgewinns, BFH IV R 13/01 vom 13.9.2001, BStBl. 2002 II, 287, zur Behandlung des Übergangsgewinns bei anschließender Einbringung in eine GmbH FG Münster 11 K 1500/99 vom 16.3.2001, EFG 2001, 764.
2 BFH IV R 18/00 vom 9.11.2000, BStBl. 2001 II, 102.
3 OFD Hannover vom 25.1.2007, DB 2007, 772; OFD Frankfurt/M. vom 9.5.2001, DStR 2001, 1435.
4 BFH IV R 13/01 vom 13.9.2001, BStBl. 2002 II, 287; Niders. FG XII 686/93 vom 10.12.1998, EFG 1999, 340; BFH XI R 32/06 vom 14.11.2007, BFH/NV 2008, 385; KORN, FR 2005, 1236.
5 Siehe hierzu aber Tz. 24.11 UmwE 2011, wonach tendenziell eine Veräußerung angenommen wird.

EU → GbR

161.5 Verkauft der frühere Einzelunternehmer später einen Anteil an der Gesellschaft an den eingetretenen Gesellschafter (**„2-Stufen-Modell"**)[1], so handelt es sich um den Verkauf eines Teils eines Mitunternehmeranteils, der nach § 16 Abs. 1 S. 2 EStG nicht begünstigt ist. Etwas anderes gilt, wenn der frühere Einzelunternehmer seinen gesamten Anteil an den eingetretenen Gesellschafter veräußert (§ 16 Abs. 1 S. 1 Nr. 2 EStG).

162 Nimmt der Einzelunternehmer einen Gesellschafter **unentgeltlich** auf, so besteht das Wahlrecht des § 24 UmwStG, soweit die Gutschrift des eingebrachten Vermögens auf dem Kapitalkonto des Einzelunternehmers erfolgt. Soweit die Einbringung für Rechnung des Eintretenden erfolgt, sind die Buchwerte zwingend fortzuführen (§ 6 Abs. 3 S. 1 EStG)[2]. Dies gilt auch, wenn vom Einzelunternehmer wesentliche Betriebsgrundlagen in seinem Sonderbetriebsvermögen zurückbehalten werden[3].

163 Bei Einbringung eines **land- oder forstwirtschaftlichen Betriebs** geht das Recht auf Durchschnittssatz-Gewinnermittlung nach § 13a EStG nicht automatisch auf die GbR über[4].

164 Wird bei der Einbringung ein **Praxiswert** aufgedeckt, kann dieser anschließend abgeschrieben werden. Die betriebsgewöhnliche Nutzungsdauer beträgt sechs bis zehn Jahre[5].

165 Umsatzsteuerrechtlich beinhaltet die Einbringung des Einzelunternehmens in die neu entstehende GbR eine Geschäftsveräußerung, die nach § 1 Abs. 1a UStG nicht der **Umsatzsteuer** unterliegt.

166 Die Unternehmereigenschaft des Einbringenden endet. **Unternehmer** ist regelmäßig nur noch die Sozietät[6].

---

1 BFH VIII B 54/08 vom 26.3.2009, BFH/NV 2009, 1117 kein Missbrauch rechtlicher Gestaltungsmöglichkeiten, wenn zwischen Aufnahme und Verkauf mindestens ein Jahr liegt.
2 Streitig; BFH X R 35/04 vom 12.10.2005, BFH/NV 2006, 521; aA Tz. 01.47 UmwE 2011: § 24 UmwStG ist für beide nicht anwendbar; ebenso Rasche in Rödder/Herlinghaus/van Lishaut, § 24 UmwStG Rz. 15, mwN.
3 Eingehend BMF vom 3.3.2005, BStBl. 2005 I, 458; BMF vom 7.12.2006, BStBl. 2006 I, 766; Hoffmann, GmbHR 2002, 236; Bode, DStR 2002, 114.
4 BFH IV R 34/92 vom 26.5.1994, BStBl. 1994 II, 891; Förster/Heyeres, DStR 1995, 1693.
5 BFH IV R 33/93 vom 24.2.1994, BStBl. 1994 II, 590; BFH IV R 38/94 vom 22.9.1994, BFH/NV 1995, 385; BMF vom 15.1.1995, BStBl. 1995 I, 14.
6 Siehe Streck/Schwedhelm, AnwBl. 1987, 262; BFH V B 113/91 vom 29.8.1991, DB 1991, 2471; BFH V R 1/88 vom 23.5.1991, BFH/NV 1991, 846.

EU → Genossenschaft

C. Übertragung des Einzelunternehmens auf eine bestehende GbR

I. Zivilrecht

Es gilt Tz. 439 *EU → KG* mit der Ausnahme, dass keine **Handelsregisteranmeldung** erforderlich ist. Der Eintretende haftet für Altverbindlichkeiten der Gesellschaft[1]. 167

II. Steuerrecht

Soweit die GbR Betriebsvermögen hat, also gewerblich, freiberuflich oder land- oder forstwirtschaftlich tätig ist, gelten die Tz. 427–438 *EU → KG*. Zur vermögensverwaltenden GbR siehe Tz. 154. 168

D. Zusammenschluss von Einzelunternehmen

I. Zivilrecht

Zivilrechtlich entsteht mit dem Zusammenschluss von Einzelunternehmen eine GbR, wenn kein Handelsgewerbe betrieben wird bzw. das Handelsgewerbe keinen in kaufmännischer Weise eingerichteten Geschäftsbetrieb erfordert. Die Tz. 156–159 gelten entsprechend. 169

II. Steuerrecht

Es gelten die Tz. 160–166. 170

Einzelunternehmen (EU) → Genossenschaft, Ausgliederung

Ein Einzelkaufmann kann sein Unternehmen oder Teile seines Unternehmens auf eine bestehende Genossenschaft **ausgliedern** (§ 152 UmwG). Es gelten die Tz. 197–228 *EU → GmbH*. 171

Eine **Einbringung** kommt nur als sonstige Sacheinlage in Betracht, da die Pflichteinzahlung in bar erbracht werden muss[2]. 172

Steuerlich gelten die Tz. 229–290 *EU → GmbH*. 173

---

1 BGH II ZR 56/02 vom 7.4.2003, NJW 2003, 1803.
2 AA Beuthien, § 7 GenG Rz. 6, 9.

EU → GmbH

Einzelunternehmen (EU) → GmbH, Ausgliederung, Einbringung

A. Übersicht 174
B. Ausgliederung zur Neugründung
  I. Zivilrecht
    1. Ausgliederungserklärung 197
    2. Ausgliederungsbericht und Prüfung 213
    3. Bilanz 214
    4. Anmeldung und Eintragung 216
    5. Rechtsfolgen der Ausgliederung 218
    6. Kosten 223
  II. Steuerrecht
    1. Einbringung 229
    2. Gewährung neuer Anteile 236
    3. Einbringungszeitpunkt ... 241
    4. Bewertung des eingebrachten Betriebs 246
    5. Steuerfolgen bei dem Einzelunternehmen 265
    6. Steuerfolgen für die GmbH 279
    7. Sonstige Steuern 287
C. Ausgliederung zur Aufnahme

  I. Zivilrecht
    1. Ausgliederungsvertrag ... 290
    2. Ausgliederungsbericht und Prüfung 292
    3. Zustimmung 295
    4. Bilanz 297
    5. Anmeldung und Eintragung 298
  II. Steuerrecht 304
D. Einbringung
  I. Zivilrecht
    1. Sachgründung 305
    2. Kapitalerhöhung 332
  II. Steuerrecht 342
E. Verkauf und unentgeltliche Übertragung
  I. Zivilrecht 347
  II. Steuerrecht 350
F. Umwandlung einer freiberuflichen Einzelpraxis in eine Freiberufler-GmbH
  I. Zivilrecht 355
  II. Steuerrecht 362

A. Übersicht

174 Ein Einzelkaufmann kann sein Unternehmen auf einen anderen Rechtsträger **ausgliedern** (§ 152 UmwG).

175 Zulässig ist
– die Ausgliederung eines Einzelunternehmens zur **Neugründung** einer **Kapitalgesellschaft** (AG, GmbH oder KGaA);
– die Ausgliederung eines Einzelunternehmens durch **Aufnahme** in eine bestehende **Kapitalgesellschaft** (AG, GmbH oder KGaA);
– die Ausgliederung eines Einzelunternehmens durch **Aufnahme** in eine bestehende **Personenhandelsgesellschaft** (OHG, KG, GmbH & Co KG);

EU → GmbH

- die Ausgliederung eines Einzelunternehmens durch **Aufnahme** in eine bestehende **Genossenschaft**.

Hinweis: Der Eintritt einer weiteren Person unmittelbar im Zusammenhang mit der Ausgliederung ist nicht möglich[1]. Soll mit einem Dritten eine GmbH gegründet werden, so muss der Einzelunternehmer entweder zuvor mit dieser Person eine Personenhandelsgesellschaft gründen und diese dann durch Formwechsel umwandeln oder nach Ausgliederung durch Anteilsabtretung oder Kapitalerhöhung an der GmbH beteiligen. Möglich wäre auch, dass die zweite Person eine GmbH gründet und der Einzelunternehmer sodann sein Unternehmen durch Ausgliederung auf diese GmbH überträgt. 176

Es ist nicht erforderlich, dass der Einzelunternehmer sein gesamtes Unternehmen ausgliedert. Vielmehr ist der Einzelkaufmann frei, einen beliebigen **Teil seines Vermögens**, sei es Betriebs- oder Privatvermögen, auf die GmbH zu übertragen. Grenzen ergeben sich allein bei Ausgliederung auf eine GmbH aus der Notwendigkeit der Kapitalaufbringung. 177

Möglich ist damit 178

- die **Ausgliederung** eines Einzelunternehmens **auf mehrere neue Kapitalgesellschaften**;
- die **Ausgliederung** eines Einzelunternehmens **auf mehrere bestehende Kapitalgesellschaften** und/oder **Personengesellschaften** und/oder **Genossenschaften**;
- die **Ausgliederung von Teilen des Einzelunternehmens zur Neugründung** von Kapitalgesellschaften;
- die **Ausgliederung von Teilen des Einzelunternehmens zur Aufnahme** in eine bestehende Kapitalgesellschaft, Personenhandelsgesellschaft oder Genossenschaft.

Die Ausgliederung ist nur möglich, wenn die Firma des Einzelkaufmanns im Handelsregister eingetragen ist (§ 152 UmwG). Voraussetzung ist damit lediglich, dass ein **gewerbliches Unternehmen** besteht (§ 2 HGB)[2]. Es genügt, wenn die Eintragung spätestens bei Eintragung 179

---

1 Streitig, siehe BAYER, ZIP 1997, 1613 mwN; KAROLLUS in Lutter, § 152 UmwG Rz. 12.
2 Ein vollkaufmännisches Handelsgewerbe ist auf Grund der Änderung des § 2 HGB durch das HRefG, BGBl. 1998 I, 1474 nicht erforderlich. Ein freiberufliches Einzelunternehmen kann hingegen nach wie vor nicht eingetragen werden; BYDLINSKI, ZIP 1998, 1169.

EU → GmbH

der Ausgliederung vorliegt[1]. Trägt das Registergericht die Ausgliederung ein, obwohl die Firmeneintragung fehlt, ist die Ausgliederung wirksam.

180 Die Ausgliederung ist ausgeschlossen (**"Ausgliederungsverbot"**), wenn die Verbindlichkeiten des Einzelkaufmanns sein Vermögen übersteigen (§ 152 S. 2 UmwG). Für die Ermittlung der Überschuldung sind mE die zu § 64 GmbHG entwickelten Grundsätze anzuwenden. Aktiva und Passiva sind mit den tatsächlichen Werten anzusetzen. Zu berücksichtigen ist sowohl das Betriebs- wie das Privatvermögen.

181 Nur der Einzelkaufmann kann sein Unternehmen nach § 152 UmwG durch Ausgliederung in eine GmbH umwandeln. Eine (analoge) Anwendung auf die **Erben- oder Gütergemeinschaft**, die das Handelsgeschäft (weiter) betreibt, ist ausgeschlossen[2].

182 Der **Nießbraucher** kann das Unternehmen nur mit Zustimmung des Bestellers umwandeln[3].

183 Der **Testamentsvollstrecker**, der das zum Nachlass gehörende Handelsunternehmen im eigenen Namen, aber auf Rechnung der Erben führt, ist grundsätzlich zur Umwandlung befugt[4].

184 Der **Treuhänder** kann das für den Treugeber betriebene Unternehmen umwandeln; denn nur er ist handelsrechtlich Kaufmann. Zustimmungserfordernisse haben nur interne Wirkung.

185 Der **Pächter** eines Unternehmens soll mit Zustimmung des Verpächters die Umwandlung beschließen können[5]. ME kann der Pächter, wenn er Kaufmann ist, auch ohne Zustimmung des Verpächters die Umwandlung beschließen. Allerdings gehen nicht die gepachteten Vermögensgegenstände auf die GmbH über, sondern nur der Pachtvertrag. Wie bisher der Pächter, so ist nunmehr die GmbH Unternehmenspächter.

---

1 KAROLLUS in Lutter, § 152 UmwG Rz. 24; MAYER in Widmann/Mayer, § 152 UmwG Rz. 25 (November 1999).
2 Die Erbengemeinschaft muss sich auseinander setzen; die Gütergemeinschaft ist durch Ehevertrag zu beenden. Sodann kann eine Einbringung im Wege der Sachgründung erfolgen; vgl. MAYER in Widmann/Mayer, § 152 UmwG Rz. 30 ff. (November 1999); aA KAROLLUS in Lutter, § 152 UmwG Rz. 14 f.
3 MAYER in Widmann/Mayer, § 152 UmwG Rz. 38 ff. (November 1999); KAROLLUS in Lutter, § 152 UmwG Rz. 18.
4 MAYER in Widmann/Mayer, § 152 UmwG Rz. 44 ff. (November 1999); KAROLLUS in Lutter, § 152 UmwG Rz. 20; DÖRRIE, GmbHR 1996, 245.
5 MAYER in Widmann/Mayer, § 152 UmwG Rz. 43 (November 1999); KAROLLUS in Lutter, § 152 UmwG Rz. 20.

EU → GmbH

Eine **stille Beteiligung** an einzelkaufmännischen Unternehmen hindert die Umwandlung nicht. An die Stelle des Einzelunternehmens tritt die GmbH (GmbH & Still)[1].   186

Ein Einzelkaufmann kann unter verschiedenen Firmen **mehrere Unternehmen** betreiben. Jedes einzelne kann durch Ausgliederung in eine GmbH umgewandelt werden. Umstritten ist, ob mehrere oder alle Unternehmen sofort in eine GmbH umgewandelt werden können[2]. In der Praxis lässt sich die Streitfrage umgehen, indem man die Unternehmen zunächst unter einer Firma zusammenfasst. Dies kann sich insbesondere empfehlen, wenn eines der Unternehmen ein negatives Kapital hat[3].   187

Auch eine **Zweigniederlassung** oder ein Teilbetrieb kann ausgegliedert werden[4].   188

Ein Einzelkaufmann mit Hauptniederlassung **im Ausland** kann sein Unternehmen umwandeln, wenn die Firma in einem deutschen Handelsregister (etwa nach § 13d HGB) eingetragen ist und auf eine GmbH deutschen Rechts umgewandelt wird[5].   189

Alternativ kann ein Einzelunternehmen im Wege der **Sachgründung** oder – nach Bargründung einer GmbH – im Wege der **Kapitalerhöhung** in eine GmbH eingebracht werden. Dies bietet sich inbesondere dann an, wenn eine Umwandlung ausscheidet, da ein freiberufliches Unternehmen umgewandelt werden soll[6].   190

Zulässig ist es auch, einen Betrieb bei einer Bargründung als **Aufgeld** (Agio) in die GmbH einzubringen[7]. Zum Steuerrecht siehe Tz. 342.   190.1

Bei der Ausgliederung tritt im Gegensatz zur Einbringung **Gesamtrechtsnachfolge** ein. Verbindlichkeiten gehen auf die GmbH über, ohne dass es der Zustimmung des Gläubigers bedarf. Ferner verjähren grundsätzlich alle Ansprüche gegen den Unternehmer spätestens fünf Jahre nach Bekanntgabe der Eintragung der Ausgliederung im Han-   191

---

1 Zu den Rechtsfolgen im Einzelnen MAYER in Widmann/Mayer, § 152 UmwG Rz. 47 ff. (November 1999).
2 Siehe MAYER in Widmann/Mayer, § 152 UmwG Rz. 64 ff. (November 1999).
3 Siehe Tz. 256 und die dortige Fn.
4 So schon zu § 56a UmwG 1969 LG Lübeck 13 T 4/92 vom 14.12.1992, GmbHR 1993, 229.
5 KAROLLUS in Lutter, § 152 UmwG Rz. 28.
6 Zu den Grenzen im Hinblick auf die Verschwiegenheitspflicht bei Ärzten, Rechtsanwälten, Steuerberatern etc. HÜLSMANN, INF 1998, 727; BGH VIII R 176/00 vom 13.6.2001, NJW 2001, 2462.
7 HUECK/FASTRICH in Baumbch/Hueck, § 3 GmbHG Rz. 40.

EU → GmbH

delsregister (§ 158 i.V.m. § 157 UmwG), während der Unternehmer bei einer Einbringung uU länger haftet[1].

192 Sowohl für die Ausgliederung als auch für eine Sachgründung durch Einbringung ist handelsrechtlich erforderlich, dass das **Stammkapital durch das Vermögen** des eingebrachten Unternehmens (Aktivvermögen abzüglich Verbindlichkeiten und Rückstellungen) **gedeckt** ist. Maßgeblich ist dabei der tatsächliche wirtschaftliche Wert des Aktivvermögens, also die Vermögenswerte unter Berücksichtigung stiller Reserven. Anderenfalls müssen zusätzliche Bar- oder Sacheinlagen erbracht werden. Im Falle einer Einbringung im Wege der Kapitalerhöhung nach Bargründung gilt Entsprechendes für den Erhöhungsbetrag.

193 Grundsätzlich ermöglichen Ausgliederung und Einbringung steuerlich eine **Buchwertfortführung**. Eine steuerliche Aufdeckung stiller Reserven ist stets möglich, in Ausnahmefällen zwingend (vgl. Tz. 232, 256–259).

194 Ausgliederung und Einbringung ermöglichen idR eine steuerliche **Rückbeziehung** von bis zu acht Monaten.

195 Eine allgemeine **Empfehlung**, welche Umwandlungsform zu wählen ist, lässt sich nicht geben. Wegen der kürzeren Verjährung und den Vorteilen der Gesamtrechtsnachfolge ist die Ausgliederung der Einbringung jedoch idR vorzuziehen.

196 Gelegentlich wird aus Scheu vor den bei der Ausgliederung oder Einbringung zu beachtenden Sachgründungsvorschriften ein anderer Weg gewählt: Der Unternehmer gründet eine GmbH bar. Sodann überträgt er den Betrieb seines Einzelunternehmens entgeltlich **(Verkauf)** oder unentgeltlich **(verdeckte Einlage)** auf die GmbH. Beide Gestaltungen zwingen zur Aufdeckung aller stillen Reserven (einschließlich Firmenwert) und führen damit zur vollen **Gewinnrealisierung**[2]. Gesellschaftsrechtlich drohen bei einem Verkauf die Haftungsfolgen einer **verschleierten Sachgründung** (siehe Tz. 347 EU → GmbH). Bei diesen Gestaltungen ist also äußerste Vorsicht geboten.

---

[1] Der Beginn der Regelverjährung (3 Jahre, § 195 BGB) hängt von der Kenntnis des Gläubigers ab (§ 199 BGB). Zudem gibt es längere Verjährungsfristen, siehe zB §§ 196, 197 BGB.
[2] FG Baden-Württemberg 11 K 4386/08 vom 19.4.2011, GmbHR 2011, 776, mit Anm. WACHTER; zur Betriebsaufspaltung siehe Tz. 1934–1937 KG → KG.

EU → GmbH

B. Ausgliederung zur Neugründung

I. Zivilrecht

1. Ausgliederungserklärung

Da bei der Ausgliederung zur Neugründung nur eine Person beteiligt ist, erübrigt sich die Aufstellung eines Ausgliederungsplans mit anschließendem Zustimmungsbeschluss. Vielmehr gibt der Einzelkaufmann eine **Ausgliederungserklärung** ab[1].   197

Die Ausgliederungserklärung bedarf der **notariellen Beurkundung** (§ 125 i.V.m. § 6 UmwG). Sie kann vor oder nach dem der Ausgliederung zugrunde gelegten Stichtag (Tz. 210) abgegeben werden. Die Abgabe der Erklärung durch einen **Vertreter** ist bei notariell beurkundeter oder beglaubigter Vollmacht zulässig (§ 53 Abs. 2 i.V.m. § 2 Abs. 2 GmbHG). Bei einem **minderjährigen Einzelkaufmann** (§ 112 BGB) ist die Einwilligung des gesetzlichen Vertreters erforderlich, die der Genehmigung des Vormundschaftsgerichts bedarf (§§ 111, 1822 Nr. 3 BGB)[2]. Lebt der Einzelkaufmann im Güterstand der **Zugewinngemeinschaft**, ist ggf. die Zustimmung des Ehegatten gemäß § 1365 BGB erforderlich[3].   198

Existiert ein **Betriebsrat**, so muss der Entwurf der Erklärung einen Monat vor Beurkundung dem Betriebsrat zugeleitet werden (§ 126 Abs. 3 UmwG; siehe Tz. 792 *GmbH → GmbH*).   199

Die **Erklärung** muss die Errichtung einer GmbH und die Übertragung des Vermögens beinhalten.   200

Für die Errichtung gilt GmbH-Recht (§§ 1–12 GmbHG). Der Gesellschaftsvertrag ist in die Erklärung aufzunehmen oder – was der Praxis entspricht – der Erklärung beizufügen. Der Mindestinhalt einer **Satzung** ergibt sich aus § 3 GmbHG (Firma, Sitz, Unternehmensgegenstand, Stammkapital, Nennbetrag der Geschäftsanteile).   201

Eine **Firmenfortführung** nach § 18 UmwG ist bei der Ausgliederung nach dem Gesetzeswortlaut ausgeschlossen (siehe § 125 UmwG). Dies ist berechtigt, wenn – was bei einer Ausgliederung die Regel ist – der   202

---

1 Vertragsmuster: Langenfeld, GmbH-Vertragspraxis, Rz. 882; Friedl/Krämer in Formularbuch Recht und Steuern, S. 907 ff.; Mayer in Widmann/Mayer, Anh. 4, M 85 ff. (Januar 2011); Greve in Engl, Formularbuch Umwandlungen, S. 712 ff.
2 Karollus in Lutter, § 152 UmwG Rz. 17; Mayer in Widmann/Mayer, § 152 UmwG Rz. 84 ff. (November 1999).
3 Karollus in Lutter, § 152 UmwG Rz. 16; aA Mayer in Widmann/Mayer, § 152 UmwG Rz. 87 (November 1999).

EU → GmbH

firmenführende Rechtsträger fortbesteht. Erfasst die Ausgliederung jedoch das gesamte Unternehmen des Einzelkaufmanns, so führt dies zum Erlöschen der Firma, sodass mE eine Firmenfortführung durch die GmbH zulässig ist[1].

203 Der **Sitz der Gesellschaft** ist unter Berücksichtigung von § 4a GmbHG festzulegen. Der **Gegenstand des Unternehmens** muss nicht mit dem des Einzelunternehmens übereinstimmen. Das **Stammkapital** muss mindestens 25 000,– Euro betragen.

204 Da die Ausgliederung zur Neugründung eine **Sachgründung** ist, muss der Gesellschaftsvertrag den Gegenstand der Sacheinlage (das ausgegliederte Vermögen) und den Nennbetrag des Geschäftsanteils, auf den sich die Sacheinlage bezieht, nennen (§ 5 Abs. 4 GmbHG). Eine zusätzliche Bareinlage ist möglich[2].

205 Im Übrigen empfiehlt es sich, eine **vollständige** und den besonderen Bedürfnissen der Einpersonen-GmbH entsprechende **Satzung** zu formulieren[3]. Dies gilt insbesondere zur Vermeidung verdeckter Gewinnausschüttungen.

206 Zum **Umwandlungsaufwand** siehe Tz. 223–228.

207 Das Stammkapital wird – soweit keine Bareinlage erfolgt – durch Übertragung des ausgegliederten Vermögens erbracht. Es ist jedoch nicht erforderlich, das gesamte **übergehende Vermögen** als Stammkapital einzusetzen. Übersteigt das übertragene Reinvermögen das vorgesehene Stammkapital, ist der Mehrbetrag grundsätzlich in die Rücklagen einzustellen. **Beispiel:** Stammkapital der GmbH 25 000,– Euro; Buchwert des eingebrachten Betriebs 100 000,– Euro. 75 000,– Euro sind in die Kapitalrücklagen einzustellen.

Zulässig ist es jedoch auch, dem Gesellschafter diesen Mehrbetrag als Darlehen gutzuschreiben oder an ihn auszuzahlen, ihm Sachwerte zu gewähren oder private Schulden des Kaufmanns zu übernehmen. Da § 54 UmwG im Falle der Ausgliederung nicht gilt (siehe § 125 UmwG), ist eine solche „Zuzahlung" zulässig. Voraussetzung ist allerdings, dass diese **Verwendung des Mehrbetrags** ausdrücklich in die Ausglie-

---

1 Ebenso LG Hagen 22 T 3/95 vom 1.12.1995, GmbHR 1996, 127; KÖGEL, GmbHR 1996, 168; generell für die Möglichkeit der Firmenfortführung KALLMEYER/SICKINGER in Kallmeyer, § 125 UmwG Rz. 29.
2 OLG Oldenburg 5 W 158/93 vom 29.10.1993, GmbHR 1994, 64; MAYER in Widmann/Mayer, § 152 UmwG Rz. 112 (November 1999).
3 Im Einzelnen zur Satzung einer Einpersonen-GmbH STRECK/SCHWEDHELM in Formularbuch Recht und Steuern, S. 275 ff.

EU → GmbH

derungserklärung aufgenommen wird (siehe Tz. 318; zum Steuerrecht Tz. 237–240).

Die Ausgliederungserklärung muss die Vermögensteile, die auf die GmbH übergehen sollen, genau bestimmen (siehe hierzu Tz. 751 GmbH → GmbH)[1]. In der **Auswahl des Vermögens** ist der Einzelkaufmann frei. Allerdings muss der Wert des übertragenen Vermögens zumindest das Stammkapital decken[2]. Zum Steuerrecht siehe Tz. 231–234. 208

Die Erklärung kann den **Wertansatz** für das zu übernehmende Vermögen festlegen (Buchwert, Zwischenwert, Teilwert), auch wenn dies steuerrechtlich nicht bindend ist (vgl. Tz. 264). 209

Festzulegen ist der **Spaltungsstichtag** (siehe hierzu Tz. 754 GmbH → GmbH). 210

Zwingend sind ferner die Angaben zu den **Rechtsfolgen** der Spaltung **für die Arbeitnehmer** (§ 126 Abs. 1 Nr. 11 UmwG; hierzu Tz. 787–803 GmbH → GmbH). 211

Mit der Gründung der GmbH müssen ein oder mehrere **Geschäftsführer** bestellt werden. Dies geschieht üblicherweise in der Ausgliederungserklärung. Geschäftsführer kann der Kaufmann selbst oder ein Dritter sein. 212

2. Ausgliederungsbericht und Prüfung

Ein Ausgliederungsbericht ist für den Einzelkaufmann nicht erforderlich (§ 158 i.V.m. § 153 UmwG). Zu erstellen ist ein **Sachgründungsbericht**, in dem auch der Geschäftsverlauf und die Lage des Einzelunternehmens darzulegen sind (§ 159 Abs. 1 i.V.m. § 58 Abs. 1 UmwG). Eine Prüfung ist nicht erforderlich (§ 125 UmwG). 213

3. Bilanz

Der Einzelkaufmann hat für den Spaltungsstichtag eine **Schlussbilanz** zu erstellen (§ 125 i.V.m. § 17 Abs. 2 UmwG). Für die Bewertung gelten die Vorschriften über die Jahresbilanz (siehe Tz. 1052 GmbH ↔ GmbH). Stille Reserven und ein Firmenwert sind daher nicht aufzudecken. Zum Ansatz bei der GmbH siehe Tz. 1055–1057 GmbH ↔ GmbH. 214

---

[1] MAYER, DStR 1994, 432.
[2] Zu Wertveränderungen zwischen Bilanzstichtag, Anmeldung und Eintragung sowie einer etwaigen Differenzhaftung siehe MAYER, DStR 1994, 432.

EU → GmbH

215 **Hinweis:** Reicht der Buchwert des übertragenen Vermögens nicht zur Deckung des übernommenen Stammkapitals, ist eine Aufstockung der Werte nicht zulässig. Daraus lässt sich mE jedoch nicht ableiten, dass hinsichtlich der Kapitalaufbringung nur der Buchwert des Vermögens zu berücksichtigen ist. Dies ergibt sich nicht zuletzt daraus, dass die aufnehmende GmbH das Vermögen handelsrechtlich mit den Anschaffungskosten ansetzen darf (§ 125 i.V.m. § 24 UmwG)[1].

4. Anmeldung und Eintragung

216 Die Ausgliederung ist von dem Einzelkaufmann und den Geschäftsführern der GmbH bei den für den Einzelkaufmann und die GmbH zuständigen Handelsregistern anzumelden (§ 160 i.V.m. § 137 Abs. 1 UmwG). Der Anmeldung sind **beizufügen** (§ 125 i.V.m. § 17 UmwG)
– die **Ausgliederungserklärung**,
– der **Sachgründungsbericht**,
– ein **Nachweis über** die rechtzeitige **Zuleitung** des Entwurfes **an den Betriebsrat**,
– soweit die Ausgliederung staatlicher Genehmigung bedarf, die **Genehmigungsurkunde**,
– die **Schlussbilanz** des Einzelkaufmanns[2].

217 Zur **Prüfung** durch das Registergericht siehe Tz. 1067–1069 *GmbH ↔ GmbH*. Die **Eintragung** darf nicht erfolgen, wenn die Verbindlichkeiten des Einzelkaufmanns sein Vermögen übersteigen. Für die Reihenfolge der Eintragung gilt § 137 Abs. 3 UmwG.

5. Rechtsfolgen der Ausgliederung

218 Entsprechend der Ausgliederungserklärung geht das Vermögen des Einzelkaufmanns mit der Eintragung der Ausgliederung im Handelsregister im Wege der **partiellen Gesamtrechtsnachfolge** auf die GmbH über[3].

---

1 Ebenso MAYER in Widmann/Mayer, § 152 UmwG Rz. 128 (Juni 2001).
2 Die Vorlage einer testierten Bilanz kann bei einer kleinen GmbH nicht verlangt werden, OLG Düsseldorf 3 Wx 568/94 vom 29.3.1995, GmbHR 1995, 592; nach BayObLG 3 ZBR 237/98 vom 10.12.1998, GmbHR 1999, 295, ist die Vorlage beim Register der GmbH nicht erforderlich.
3 OLG Karlsruhe 1 U 108/08 vom 19.8.2008, GmbHR 2008, 1219 zum Übergang eines Mietvertrages vom Einzelkaufmann auf die GmbH.

EU → GmbH

Überträgt der Einzelkaufmann sein gesamtes Unternehmen, so erlischt seine **Firma** (§ 158 i.V.m. § 155 UmwG). 219

Der Einzelkaufmann haftet weiterhin für die Verbindlichkeiten, die auf die GmbH übergehen (§ 158 i.V.m. § 156 UmwG). Sicherungsrechte erlöschen nicht. Allerdings ist die **Haftung** auf fünf Jahre begrenzt (§ 158 i.V.m. § 157 UmwG)[1]. Umgekehrt haftet die GmbH – wiederum begrenzt auf fünf Jahre, bei Versorgungsverpflichtungen auf Grund des Betriebsrentengesetzes begrenzt auf zehn Jahre (§ 133 Abs. 3 UmwG) – als Gesamtschuldner für alle vor dem Wirksamwerden der Spaltung (siehe § 133 Abs. 4 UmwG) begründeten Verbindlichkeiten des Einzelunternehmers, gleichgültig, ob es sich dabei um private oder betriebliche Schulden handelt (§ 133 Abs. 1 UmwG)[2]. § 133 UmwG enthält ein erhebliches Haftungsrisiko für den Erwerber von GmbH-Anteilen. Die Haftung nach § 133 UmwG wird vermieden, wenn das Unternehmen an Stelle der Ausgliederung durch Einzelrechtsübertragung (Tz. 190) eingebracht wird. 220

Mit der Eintragung werden etwaige **Mängel der Ausgliederung** geheilt (§ 131 Abs. 1 Nr. 4 UmwG). 221

Werden nach der Ausgliederungserklärung aber vor Eintragung Geschäfte im Namen der GmbH abgeschlossen, so kommt für den Handelnden eine **unbeschränkte persönliche Haftung** gemäß § 11 GmbHG in Betracht. 222

6. Kosten

Für die Beurkundung der **Ausgliederungserklärung** erhält der Notar eine volle Gebühr gemäß § 36 Abs. 1 KostO[3]. Geschäftswert ist der Wert des übergehenden Aktivvermögens ohne Abzug der Verbindlichkeiten (§ 41c Abs. 2 S. 2 KostO)[4], mit der Höchstgrenze 5 Mio. Euro (§ 39 Abs. 5 KostO). 223

Entwirft der Notar die **Anmeldung**, löst dies eine Fünf-Zehntel-Gebühr aus (§ 145 Abs. 1 S. 1 i.V.m. § 38 Abs. 2 Nr. 7 KostO). Der Geschäftswert beträgt 50 000,– Euro (§ 41a Abs. 3 Nr. 3 KostO). Die erste Beglaubi- 224

---

1 Zum Haftungsumfang für einen Kredit siehe OLG Köln 13 U 244/00 vom 18.7.2001, GmbHR 2002, 118.
2 Vossius in Widmann/Mayer, § 157 UmwG Rz. 8 ff. (Mai 2009).
3 Mayer in Widmann/Mayer, § 136 UmwG Rz. 35 (Mai 2008).
4 BayObLG 3 ZBR 145/96 vom 23.10.1996, ZIP 1997, 74.

EU → GmbH

gung ist dann gebührenfrei (§ 145 Abs. 1 S. 4 KostO). Ansonsten fällt für die Beglaubigung eine Ein-Viertel-Gebühr, höchstens 130,– Euro an (§ 45 Abs. 1 S. 1 KostO).

225 **Hinweis**: In der Praxis fallen erhebliche **weitere Kosten** an, da die Ausgliederungserklärung nicht ohne steuerliche und rechtliche Beratung auskommt. Zudem wird der Kaufmann die erforderlichen Unterlagen (Ausgliederungserklärung, Bilanz, Sachgründungsbericht) nicht selbst erstellen. In der Regel kann man von Kosten in Höhe von 1 %–5 % der Bilanzsumme ausgehen.

226 Wie bei der GmbH-Gründung, so ist auch für die Ausgliederungserklärung davon auszugehen, dass die Gesellschafter – hier also der Einzelunternehmer – die **Kosten** der Umwandlung **zu tragen** haben. Das gilt selbst hinsichtlich der Kosten, die nach außen von der GmbH geschuldet werden (zB Kosten der Anmeldung)[1].

227 Soll die **GmbH** die Kosten der Einbringung tragen, muss dies in der Satzung der GmbH betragsmäßig festgesetzt werden[2]. Ansonsten droht eine verdeckte Gewinnausschüttung[3].

228 Einstweilen frei.

II. Steuerrecht

1. Einbringung

229 Die Ausgliederung nach § 152 UmwG gilt steuerlich als Einbringung i.S.d. **§§ 20–23 UmwStG**[4].

230 **Einbringender** ist der Inhaber des Einzelunternehmens. Eingebracht wird der Betrieb des Unternehmens in dem in der Ausgliederungserklärung festgelegten Rahmen.

231 **Voraussetzung** für die Anwendung des § 20 UmwStG ist, dass das übertragene Vermögen einen „Betrieb" oder „Teilbetrieb"[5] im steuerlichen Sinne darstellt. Der Einzelunternehmer muss also alle wesentlichen Be-

---

1 Vgl. BGH II ZB 10/88 vom 20.2.1989, GmbHR 1989, 250.
2 Vgl. BGH II ZB 10/88 vom 20.2.1989, GmbHR 1989, 250.
3 Vgl. BFH I R 12/87 vom 11.10.1989, BStBl. 1990 II, 89; BFH I R 42/96 vom 11.2.1997, BFH/NV 1997, 711.
4 Tz. 01.44 UmwE 2011.
5 Zum Teilbetrieb siehe Tz. 15.02 UmwE 2011 sowie Tz. 846 f. *GmbH → GmbH*; nach NÖCKER, INF 2002, 291, ist ein Liebhabereibetrieb kein Betrieb i.S.d. § 20 UmwStG.

EU → GmbH

triebsgrundlagen einbringen. Zu den wesentlichen Betriebsgrundlagen gehören insbesondere betrieblich genutzte Immobilien[1], aber auch Geschäftsbeziehungen[2] oder Markenrechte[3]. Unschädlich ist es, wenn unwesentliche Teile zurückgehalten werden. Entgegen der Abgrenzung bei der Betriebsveräußerung oder -aufgabe gilt hier eine funktionale Betrachtung[4]. Die Voraussetzungen müssen nach – allerdings unzutreffender (siehe Tz. 847 *GmbH → GmbH*) – Ansicht der Finanzverwaltung bereits zum steuerlichen Übertragungsstichtag (Tz. 241 f.) vorliegen[5].

Eingebracht in die GmbH sind die wesentlichen Betriebsgrundlagen nur dann, wenn das wirtschaftliche Eigentum übergeht[6]. Sie müssen daher in der Ausgliederungserklärung (Tz. 208)[7] erfasst sein, damit durch die Eintragung der Ausgliederung im Handelsregister das zivilrechtliche Eigentum an den wesentlichen Betriebsgrundlagen auf die GmbH übergeht. Dabei ist darauf zu achten, dass in oder neben der Ausgliederungserklärung keine Regelungen getroffen werden, durch die das wirtschaftliche Eigentum beim Einbringenden verbleibt. Die Verschaffung des zivilrechtlichen Eigentums ohne Übergang des wirtschaftlichen Eigentums reicht mE zur Erfüllung der Voraussetzungen des § 20 UmwStG nicht aus[8]. Zur Frage, ob die Verschaffung des wirtschaftlichen Eigentums unter Zurückbehaltung des zivilrechtlichen Eigentums ausreichend ist, siehe Tz. 1722 *KG → GmbH*. 231.1

Werden **wesentliche Betriebsgrundlagen** zurückbehalten, sind mangels Anwendung des § 20 UmwStG insgesamt die stillen Reserven aufzudecken. Dies gilt auch, wenn die Voraussetzungen einer **Betriebsaufspaltung** vorliegen (§ 6 Abs. 6 EStG)[9]. Zur Übertragung oder Veräußerung vor Einbringung siehe Tz. 1721 *KG → GmbH*. 232

---

1 Siehe zB FG Köln 10 K 1833/00 vom 19.5.2005, DStRE 2006, 516; ferner WACKER in L. Schmidt, § 15 EStG Rz. 811 ff.
2 BFH I R 92/84 vom 25.5.1988, BFH/NV 1989, 258.
3 BFH I R 97/08 vom 16.12.2009, BStBl. 2010 II, 808; FG Düsseldorf 15 K 1414/10E vom 16.2.2011, GmbHR 2011, 1229.
4 Tz. 20.06 UmwE 2011; BMF vom 16.8.2000, BStBl. 2000 I, 1253; dazu PATT/RASCHE, FR 2000, 1328; ferner Tz. 1719 *KG → GmbH*; FG Münster 9 K 3143/09 KG vom 9.7.2010, GmbHR 2011, 102.
5 Tz 20.06, 15.03 UmwE 2011.
6 Tz. 20.06, 15.07 UmwE 2011; zu Gestaltungen siehe SISTERMANN/BEUTEL, DStR 2011, 1162.
7 Bei der Ausgliederung zur Aufnahme im Ausgliederungsvertrag, siehe Tz. 290.
8 Ebenso SCHUMACHER/NEUMANN, DStR 2008, 325.
9 WACKER in L. Schmidt, § 15 EStG Rz. 877.

EU → GmbH

233 **Zurückbehaltene Wirtschaftsgüter**, die nicht als wesentliche Betriebsgrundlagen zu qualifizieren sind, gehen grundsätzlich zum Einbringungszeitpunkt (Tz. 241 f.) in das Privatvermögen des Einzelunternehmers über[1], es sei denn, sie werden weiterhin betrieblich genutzt, es bestehen Anhaltspunkte für eine spätere geschäftliche Verwertung, oder das Wirtschaftsgut kann nur betrieblich genutzt werden (zB Umlaufvermögen)[2].

234 Soweit Wirtschaftsgüter in das **Privatvermögen** übergehen, sind die darin enthaltenen stillen Reserven zu realisieren. Zur Besteuerung siehe Tz. 267.

235 **Gewerbesteuer** fällt nicht an[3].

2. Gewährung neuer Anteile

236 Weitere Voraussetzung für die Anwendung des § 20 UmwStG ist die Gewährung neuer Anteile. Dies ist bei der Ausgliederung nach § 125 UmwG **selbstverständlich**.

237 Auch steuerrechtlich (zum Zivilrecht Tz. 207) ist es nicht erforderlich, dass die Einbringung ausschließlich gegen Gewährung neuer Anteile erfolgt. Übersteigt der Wert des eingebrachten Vermögens den Nominalwert der Anteile, führt dies zu einem Zugang beim steuerlichen Einlagenkonto (§ 27 KStG, siehe Tz. 283)[4].

238 Wird der **Mehrbetrag** stattdessen dem Gesellschafter als Darlehen zugewiesen oder an den Gesellschafter ausgezahlt (siehe Tz. 207) handelt es sich um die Gewährung eines anderen Wirtschaftsguts i.S.d. § 20 Abs. 2 S. 4 UmwStG, was die Möglichkeit zur Buchwertfortführung grundsätzlich nicht einschränkt (Ausnahme: siehe Tz. 260). Zur Auswirkung auf die Anschaffungskosten der GmbH-Anteile siehe Tz. 274).

239–240 Einstweilen frei.

---

1 BFH IV R 52/87 vom 28.4.1988, BStBl. 1988 II, 829.
2 WIDMANN in Widmann/Mayer, § 20 UmwStG Rz. 22 (Januar 1992), mwN.
3 WIDMANN in Widmann/Mayer, § 20 UmwStG Rz. 1139 (November 1995), Rz. 1077 (September 2007); siehe auch BFH III R 23/89 vom 3.2.1994, FR 1994, 546; zu den Auswirkungen auf Gewerbeverluste gemäß § 10a GewStG PATT, EStB 2010, 146.
4 BMF vom 4.6.2003, BStBl. 2003 I, 366; BMF vom 16.12.2003, GmbHR 2004, 200.

EU → GmbH

3. Einbringungszeitpunkt

Das Eigentum an dem eingebrachten Vermögen (der Betrieb) geht mit **Eintragung** der aufnehmenden GmbH im Handelsregister auf diese über. Grundsätzlich ist dies auch der steuerlich maßgebliche Einbringungszeitpunkt. 241

Auf **Antrag** kann die Ausgliederung auf den handelsrechtlichen Spaltungsstichtag bezogen werden, wenn dieser nicht mehr als **acht Monate** vor der Anmeldung liegt (§ 20 Abs. 5 und 6 UmwStG). Zum Antrag sowie zur Fristüberschreitung siehe Tz. 1726–1727 *KG → GmbH*. Auf den **Umwandlungsstichtag** ist die Umwandlungsbilanz aufzustellen. 242

Die Rückbeziehung gilt für die **Ertragsteuern**[1], nicht für die Umsatzsteuer[2]. Bei der Ermittlung des Einkommens und des Vermögens wird das Unternehmen ab dem Einbringungsstichtag als GmbH behandelt. Dies hat zur Folge, dass zwischen Umwandlungsstichtag und Eintragung die für Kapitalgesellschaften geltenden Vorschriften, wie etwa das Rückwirkungsverbot, anzuwenden sind[3]. Rückwirkende Vereinbarungen zwischen dem einbringenden Einzelunternehmer und der GmbH für den Rückbeziehungszeitraum sind somit nicht möglich. Da der Einzelkaufmann mit sich selbst keine Geschäfte abschließen kann, können steuerlich wirksame Verträge erst ab dem Tag der Gründung (notarielle Umwandlungserklärung) für die Zukunft abgeschlossen werden. Zahlungen im Rückwirkungszeitraum sind grundsätzlich Entnahmen (§ 20 Abs. 5 S. 2 UmwStG)[4]. Zahlungen nach Eintragung der Ausgliederung im Handelsregister sind verdeckte Gewinnausschüttungen[5]. 243

Zur Vermeidung eines **Vertragsabschlusses mit sich selbst** ist vorgeschlagen worden, eine GmbH bar zu gründen und mit dieser zu kontrahieren. In die GmbH kann der Betrieb später eingebracht werden[6]. ME ist dies zweckmäßig, wenn es unmöglich oder zu teuer ist, sofort eine Umwandlungsbilanz zu erstellen. Allerdings besteht bei einer sol- 244

---

1 Nach FG Nürnberg IV 218/96 vom 12.2.1998, EFG 1998, 922 und OFD Magdeburg vom 25.11.1998, GmbHR 1999, 311 gilt die Rückwirkung auch für die Grundsteuer.
2 Ausführlich zur Umsatzsteuer OFD Frankfurt/M. vom 11.2.1994, GmbHR 1994, 649.
3 BFH I R 192/82 vom 29.4.1987, BStBl. 1987 II, 797.
4 Vgl. im Einzelnen STRECK/SCHWEDHELM, BB 1988, 1639; PATT/RASCHE, DStR 1995, 1529; siehe auch Tz. 20.16 UmwE 2011.
5 FG Hamburg VII 314/04 vom 10.3.2006, EFG 2006, 1364.
6 KORN, Harzburger Protokoll 1978, 231.

EU → GmbH

chen Gestaltung die Gefahr verdeckter Gewinnausschüttungen für den Zeitraum bis zur steuerlichen Einbringung, wenn Zahlungen der GmbH erfolgen, aber bis zur Einbringung noch keine Leistungen des Gesellschafters vorliegen.

245 Bei der **Wahl des Einbringungszeitpunkts** wird in erster Linie zu berücksichtigen sein, ob ein regulärer Bilanzierungsstichtag in Betracht kommt, um die Kosten zu minimieren.

4. Bewertung des eingebrachten Betriebs

246 Das eingebrachte Betriebsvermögen ist grundsätzlich mit dem **gemeinen Wert** anzusetzen; für die Bewertung von Pensionsrückstellungen gilt § 6a EStG (§ 20 Abs. 2 S. 1 UmwStG)[1].

247 Auf Antrag[2] kann das übernommene Betriebsvermögen mit dem **Buchwert** oder einem höheren Zwischenwert angesetzt werden, soweit
- sichergestellt ist, dass das übergehende Betriebsvermögen später bei der übernehmenden GmbH der Besteuerung mit Körperschaftsteuer unterliegt[3],
- die Passiva ohne Eigenkapital die Aktiva nicht übersteigen,
- das Besteuerungsrecht der Bundesrepublik hinsichtlich des Gewinns aus der Veräußerung des eingebrachten Betriebsvermögens nicht ausgeschlossen oder beschränkt wird (§ 20 Abs. 2 S. 2 UmwStG)[4].

Buchwert i.S.v. § 20 UmwStG ist der Wert, der sich nach den steuerlichen Vorschriften über die Gewinnermittlung in einer für den steuerlichen Übertragungsstichtag aufzustellenden Steuerbilanz ergibt oder ergäbe (§ 1 Abs. 5 Nr. 4 UmwStG).

247.1 **Hinweis**: Nach Ansicht der Finanzverwaltung soll ein Ansatz mit dem Buchwert ausgeschlossen sein, wenn der gemeine Wert des Unternehmens („Sachgesamtheit") geringer ist als die Summe der Buchwerte der übergehenden Wirtschaftsgüter[5]. Eine Rechtsgrundlage hierfür ist nicht erkennbar.

---

1 Siehe hierzu Tz. 20.17 UmwE 2011 und Tz. 1347–1347.2 *GmbH → KG*.
2 Siehe dazu Tz. 263.
3 Siehe Tz. 20.18, 03.17 UmwE 2011.
4 Siehe Tz. 20.19, 03.18–03.20 UmwE 2011, zum doppelten Buchwerterfordernis bei grenzüberschreitender Einbringung EuGH C-285/07 vom 11.12.2008, DStR 2009, 101 und Beiser, DB 2009, 645.
5 Tz. 20.18, 03.12 UmwE 2011.

EU → GmbH

Ein Ansatz des gesamten eingebrachten Vermögens mit dem gemeinen Wert ist zwingend, wenn der **Einbringende** in einem **Drittstaat ansässig** ist und das Besteuerungsrecht der Bundesrepublik hinsichtlich des Gewinns aus einer Veräußerung der dem Einzelunternehmer gewährten Anteile im Zeitpunkt der Umwandlung ausgeschlossen ist, da in diesem Fall § 20 UmwStG keine Anwendung findet (§ 1 Abs. 4 UmwStG). **Beispiel**: Der in den USA ansässige A bringt seine deutsche Betriebstätte in eine GmbH ein. Hier ist der Ansatz mit dem gemeinen Wert zwingend, da A nicht in einem EU/EWR-Staat ansässig ist und das Besteuerungsrecht für einen Veräußerungsgewinn aus den GmbH-Anteilen nach dem DBA USA-Deutschland nicht in Deutschland liegt. 248

Es besteht keine **Maßgeblichkeit** der Handelsbilanz für die Steuerbilanz. Daher kann eine Buchwertfortführung auch dann erfolgen, wenn handelsrechtlich eine Aufdeckung stiller Reserven erfolgt[1]. 249

Beispiel: Buchwert des Betriebs 25 000,– Euro. Teilwert 100 000,– Euro. Stammkapital der GmbH 25 000,– Euro. Handelsrechtlich können die stillen Reserven aufgedeckt werden, so dass in der Handelsbilanz eine Kapitalrücklage von 75 000,– Euro[2] ausgewiesen werden kann (§ 125 i.V.m. § 24 UmwG). Steuerlich dürfen die Buchwerte fortgeführt werden. 250

Hinweis: Die stillen Reserven können auch zur Deckung eines höheren Stammkapitals genutzt werden. Würde im Beispielsfall das Stammkapital 100 000,– Euro betragen, wäre handelsrechtlich der Teilwert von 100 000,– Euro anzusetzen. Steuerlich können die Buchwerte fortgeführt werden. Die Differenz auf der Aktivseite (75 000,– Euro) ist durch einen Ausgleichsposten in der Bilanz aufzufüllen („Luftposten")[3]. 251

Zwischen Buchwert und gemeinem Wert ist jeder Wertansatz möglich (**Zwischenwert**). Die stillen Reserven sind grundsätzlich um einen gleichmäßigen Prozentsatz aufzulösen[4]. 252

---

1 Tz. 20.20 UmwE 2011; zu den Auswirkungen bei Bestehen eines Organschaftsverhältnisses der aufnehmenden GmbH zu einem Organträger siehe SCHWETLIK, GmbHR 2009, 1307.
2 Ggf gemindert um zu passivierende latente Steuern, §§ 274, 306 HGB; ZWIRNER, DB 2010, 737.
3 Zur weiteren bilanziellen Behandlung des „Luftposten" Tz. 20.20 UmwE 2011; MÜLLER/MAITERTH, BB 2001, 1768; MAYER, StB 2005, 412.
4 WIDMANN in Widmann/Mayer, § 20 UmwStG Rz. 413 (August 2007), Rz. 671 (November 1991).

EU → GmbH

253 Einzubeziehen sind auch selbsterstellte **immaterielle Anlagegüter** einschließlich des selbstgeschaffenen **Firmenwerts**[1]. Der Teilwert der einzelnen Wirtschaftsgüter bildet die **Wertobergrenze**. Steuerfrei gebildete **Rücklagen** brauchen nicht aufgelöst zu werden[2].

254 Soll oder muss (dazu Tz. 255 ff.) der gemeine Wert des Betriebsvermögens angesetzt werden, sind alle **stillen Reserven** (inkl. Firmenwert und steuerfreier Rücklagen) aufzulösen (siehe Tz. 1347 *GmbH → KG*).

255 Wird **ausländisches Vermögen** in die Gesellschaft eingebracht, so ist zu prüfen, ob hierdurch das Besteuerungsrecht der Bundesrepublik hinsichtlich des Gewinns aus der Veräußerung dieses Vermögens nicht ausgeschlossen oder beschränkt wird (§ 20 Abs. 2 S. 2 UmwStG). Dies ist denkbar, wenn ein eingebrachtes Wirtschaftsgut, das bisher nicht zu einer ausländischen Betriebsstätte gehörte, im Rahmen der GmbH einer solchen ausländischen Betriebsstätte zugeordnet wird.

256 Eine Aufstockung der Buchwerte ist ferner zwingend, wenn die **Passiva** des eingebrachten Betriebsvermögens **die Aktiva übersteigen**[3], wobei das Eigenkapital unberücksichtigt bleibt (§ 20 Abs. 2 S. 2 Nr. 2 UmwStG). Der gemeine Wert der einzelnen Wirtschaftsgüter darf bei dieser Aufstockung jedoch nicht überschritten werden.

257 **Beispiel**: Buchwert der Aktiva in der Bilanz des Einzelunternehmers 80 000,– Euro, Passiva (ohne Eigenkapital) 100 000,– Euro. Teilwert der Aktiva 125 000,– Euro. Stammkapital der GmbH 25 000,– Euro. Die Buchwerte des Aktivvermögens sind steuerlich mindestens um 20 000,– Euro aufzustocken. Handelsrechtlich muss der volle Wert aufgedeckt werden.

258 Würde der Teilwert der Aktiva im vorstehenden Beispiel nicht 125 000,– Euro erreichen, müsste der Einzelunternehmer die **Differenz in bar** erbringen. Erreicht der Teilwert der Aktiva nicht mindestens 100 000,– Euro, scheidet die Ausgliederung aus (§ 152 UmwG). Zur Möglichkeit,

---

1 Tz. 20.18, 03.28 UmwE 2011.
2 Widmann in Widmann/Mayer, § 20 UmwStG Rz. 527 (August 2007), Rz. 804 (November 1991).
3 Hierzu kann es auch durch Entnahmen während des Rückwirkungszeitraums kommen, Patt/Rasche, DStR 1995, 1529; Tz. 20.19 UmwE 2011; siehe auch Sächsisches FG 2 K 322/10 vom 28.7.2010, EFG 2011, 2027, bei der Einbringung von zwei Einzelunternehmen durch den gleichen Gesellschafter kann das negative Kapital des einen Unternehmens durch das positive des anderen ausgeglichen werden.

EU → GmbH

Verbindlichkeiten von der Ausgliederung auszunehmen, siehe Tz. 1723 *KG → GmbH.*

Steuerlich droht bei Einbringung **negativen Vermögens** eine verdeckte Gewinnausschüttung[1]. In Betracht kommt allenfalls eine Einbringung im Wege der gemischten Bar- und Sachgründung. 259

Erhält der Einzelkaufmann neben den GmbH-Anteilen **andere Wirtschaftsgüter** (zB Darlehen, Übernahme einer privaten Verbindlichkeit), so muss das eingebrachte Vermögen von der GmbH mindestens mit dem Wert des anderen Wirtschaftsguts angesetzt werden (§ 20 Abs. 2 S. 4 UmwStG). 260

Beispiel: Buchwert des Betriebsvermögens 25 000,– Euro, Teilwert 200 000,– Euro; Stammkapital 25 000,– Euro, Schuldübernahme 100 000,– Euro. Das eingebrachte Vermögen muss steuerlich mindestens mit 100 000,– Euro angesetzt werden. 261

Zur **Bewertung** einzelner Bilanzpositionen vgl. Tz. 1735–1755 *KG → GmbH.* 262

Der **Antrag** auf Buchwertfortführung oder Ansatz eines Zwischenwerts ist von der übernehmenden Gesellschaft spätestens bis zur erstmaligen Abgabe ihrer steuerlichen Schlussbilanz für das Jahr der Einbringung bei dem für sie zuständigen Finanzamt zu stellen (§ 20 Abs. 2 S. 3 UmwStG)[2]. 263

Das Gesetz kennt keine besondere Form der Antragstellung, so dass mE eine **konkludente Antragstellung** durch Einreichung entsprechender Bilanzen und Steuererklärungen ausreicht (siehe Tz. 1348.3 *GmbH → KG).* 264

5. Steuerfolgen bei dem Einzelunternehmen

a) Einbringungsgewinn

Der Einbringungsgewinn ergibt sich aus der **Differenz** zwischen dem Wertansatz des **eingebrachten Vermögens** in der Steuerbilanz der GmbH und dem steuerlichen **Buchwert** bei dem einbringenden Unternehmer im Zeitpunkt der Einbringung. Demzufolge entsteht ein Einbringungsgewinn nur, wenn die aufnehmende GmbH die eingebrach- 265

---

[1] FG Baden-Württemberg 3 K 157/88 vom 18.2.1992, GmbHR 1993, 50; SCHULZE ZUR WIESCHE, BB 1992, 1686; STRECK/SCHWEDHELM, BB 1988, 1639.
[2] Tz. 20.21 UmwE 2011; SCHMITT/SCHLOSSMACHER, DB 2010, 522.

EU → GmbH

ten Wirtschaftsgüter in ihrer Steuerbilanz mit Werten über den Buchwerten, die die Wirtschaftsgüter in der Steuerbilanz des Einzelunternehmers hatten, ansetzt.

266 Der Einbringungsgewinn ist bei dem Einzelunternehmer Teil der **Einkünfte aus Gewerbebetrieb**. Trifft er mit negativen gewerblichen Einkünften zusammen, sind die laufenden Verluste zunächst mit anderen positiven Einkünften zu verrechnen. Die Freibeträge nach § 16 Abs. 4 und § 17 Abs. 3 EStG und die ermäßigten Steuersätze nach § 34 Abs. 1 bzw. Abs. 3 EStG werden nur gewährt, wenn Einbringender eine natürliche Person ist und die Einbringung zum gemeinen Wert erfolgt (§ 20 Abs. 4 UmwStG)[1]. Dies gilt auch, wenn der Ansatz mit dem gemeinen Wert zwingend ist.

267 Gewinne aus der **Zurückbehaltung einzelner Wirtschaftsgüter** sind – sofern hierdurch die Anwendung des § 20 UmwStG nicht tangiert ist (Tz. 231) – Teil des ggf. begünstigten Einbringungsgewinns[2]. Werden Verbindlichkeiten zurückgehalten, sind die Schuldzinsen hierfür idR Werbungskosten bei den Einkünften aus Kapitalvermögen[3]. Nur soweit der Wert der Beteiligung den Wert der zurückbehaltenen Betriebsschulden unterschreitet, liegen anteilig nachträgliche Betriebsausgaben vor[4].

268 § 6b EStG ist anzuwenden, soweit der Einbringungsgewinn auf **begünstigte Wirtschaftsgüter** entfällt[5]. Der begünstigte Steuersatz kommt dann allerdings nicht zur Anwendung (§ 34 Abs. 1 S. 4 EStG). Eine Nachversteuerung nicht entnommener Gewinne nach § 34a EStG erfogt nicht (§ 34a Abs 6 EStG)[6].

269 Der Einbringungsgewinn unterliegt nicht der **Gewerbeertragsteuer** (H 7.1 (1), R 7.1 (3) GewStR 2010)[7].

---

1 Zur zeitlichen Anwendung § 27 Abs. 4c UmwStG.
2 Tz. 20.27 UmwE 2011; BFH I R 184/87 vom 25.9.1991, GmbHR 1992, 545.
3 BFH IX R 15/90 vom 11.9.1991, GmbHR 1992, 547, mit Anm. PAUS, DStZ 1993, 216.
4 BFH VIII R 5/96 vom 7.7.1998, GmbHR 1999, 140.
5 Tz. 20.26 UmwE 2011.
6 BINDL, DB 2008, 949; CREZELIUS, FR 2011, 401; DÖRFLER/FELLINGER/REICHL, DStR 2009 Beihefter zu Heft 29, 69.
7 BEHRENDT/GAFFRON/KROHN, DB 2011, 1072; anders für den Gewinn aus zum Umlaufvermögen gehörende Grundstücken eines gewerblichen Grundstückshändlers BFH X R 36/06 vom 24.6.2009, BStBl. 2010 II, 171; BFH I R 21/10 vom 25.8.2010, BFH/NV 2011, 258.

Einbringungskosten, die der Einzelkaufmann trägt, mindern die Einkünfte. Insoweit kann also auch ein Einbringungsverlust entstehen[1]. 270

Einstweilen frei. 271

b) Anschaffungskosten der GmbH-Anteile

Für den ausgliedernden Unternehmer gilt der Wert, mit dem die GmbH das Betriebsvermögen ansetzt, als **Anschaffungskosten der GmbH-Anteile** (§ 20 Abs. 3 S. 1 UmwStG). Maßgeblich ist die Differenz zwischen Aktiva und Passiva des übernommenen Vermögens in der Steuerbilanz der GmbH. Der ausgliedernde Unternehmer ist selbst dann an den Ansatz gebunden, wenn dieser fehlerhaft ist[2]. 272

Im Fall der steuerlichen Rückbeziehung sind die Anschaffungskosten um die im Rückbeziehungszeitraum vorgenommenen **Einlagen** und **Entnahmen** zu korrigieren (§ 20 Abs. 5 S. 3 UmwStG). 273

Die Anschaffungskosten sind ferner um den **Wert anderer Wirtschaftsgüter**, die der Gesellschafter für die Einbringung erhält, zu mindern (zB Darlehen, Schuldübernahme, § 20 Abs. 3 S. 3 UmwStG)[3]. 274

c) Einbringungsgeborene Anteile

Beim Ansatz von Buchwerten oder Zwischenwerten erlangen die einbringungsgeborenen Anteile einen **Sonderstatus**. Hinsichtlich der **Rechtsfolgen** ist danach zu unterscheiden, ob die Anteile durch eine Einbringung bis zum 12.12.2006 (alt-einbringungsgeborene Anteile) oder eine solche nach dem 12.12.2006 entstanden sind[4]. Maßgebend ist die Anmeldung zum Handelsregister, wenn die Anmeldung zur Wirksamkeit der Umwandlung oder Einbringung erforderlich ist (§ 27 Abs. 1 S. 1 UmwStG). In den Fällen der Einzelrechtsnachfolge (Sachgrün- 275

---

1 Streitig, wie hier Schmitt in Schmitt/Hörtnagl/Stratz, § 20 UmwStG Rz. 337, 377; Menner in Haritz/Menner, § 20 UmwStG Rz. 367. Teilweise wird angenommen, die Kosten erhöhten die Anschaffungskosten der GmbH-Anteile, so Widmann in Widmann/Mayer, § 20 UmwStG Rz. 509 (August 2007).
2 BFH I R 111/00 vom 17.10.2001, GmbHR 2002, 390; BFH I R 111/05 vom 19.12.2007, BStBl. 2008 II, 536; BFH I R 97/10 vom 20.4.2011, BStBl. 2011 II, 815; zu nachträglichen Anschaffungskosten bei einbringungsgeborenen Anteilen BFH I R 22/99 vom 17.5.2000, BB 2000, 1716.
3 BFH I S 3/95 vom 17.5.1995, BFH/NV 1995, 1205.
4 Walzer, DB 2009, 2341 zum Zusammentreffen alter und neuer Steuerverhaftungsregeln, ferner Schmitt/Schlossmacher, DStR 2008, 2247.

EU → GmbH

dung/Sachkapitalerhöhung) ist der Übergang des wirtschaftlichen Eigentums maßgeblich (§ 27 Abs. 1 S. 2 UmwStG).

aa) Alt-einbringungsgeborene Anteile (bis 12.12.2006)

276 Für **alt-einbringungsgeborene Anteile** ist der Gewinn aus einer Veräußerung[1] unabhängig von der Höhe der Beteiligung zeitlich unbegrenzt steuerpflichtig (§ 21 UmwStG aF i.V.m. § 27 Abs. 3 Nr. 3 UmwStG nF)[2]. Dies gilt auch für die Ersatztatbestände des § 21 UmwStG aF. Zur Gewinnrealisierung kann es danach kommen[3],

- wenn der Gesellschafter die Besteuerung der stillen Reserven in den alt-einbringungsgeborenen Anteilen beantragt (§ 21 Abs. 2 Nr. 1 UmwStG aF)[4];

- wenn das Besteuerungsrecht der Bundesrepublik hinsichtlich des Gewinns aus der Veräußerung der alt-einbringungsgeborenen Anteile ausgeschlossen wird (§ 21 Abs. 2 Nr. 2 UmwStG aF);

- im Fall der Auflösung oder Kapitalherabsetzung (§ 21 Abs. 2 Nr. 3 UmwStG aF);

- wenn alt-einbringungsgeborene Anteile verdeckt in eine Kapitalgesellschaft eingelegt werden (§ 21 Abs. 2 Nr. 4 UmwStG aF).

276.1 Bei einer **natürlichen Person** entfällt die Anwendung des **Halbeinkünfteverfahrens** (§ 3 Nr. 40 EStG), wenn die alt-einbringungsgeborenen Anteile innerhalb der siebenjährigen Sperrfrist nach § 3 Nr. 40 S. 3 und 4 EStG veräußert werden[5].

276.2 **Hinweis**: Eine Veräußerung innerhalb der Sperrfrist ist auch dann voll steuerpflichtig, wenn zwischenzeitlich eine Antragsbesteuerung gemäß

---

1 Keine Veräußerung und damit nicht steuerpflichtig ist die Schenkung der Anteile, selbst wenn sie aus einem Betriebsvermögen entnommen werden, BFH I R 33/10 vom 12.10.2011, DStR 2011, 2456.
2 Tz 20.38–20. 41 UmwE 2011; BFH I B 159/07 vom 29.2.2008, BFH/NV 2008, 1203 bei Veräußerung durch Stiftung; FG Baden-Württemberg 7 K 74/04 vom 2.4.2008, DStR 2008, 1380 zur Steuerverhaftung nach Verschmelzung; FG Düsseldorf 12 K 1083/04 E vom 28.8.2008, EFG 2010, 311 zur Feststellungslast der Finanzbehörde hinsichtlich des Merkmals „einbringungsgeboren".
3 Siehe hierzu Tz. 21.06 ff. UmwE 1998.
4 Der Antrag auf Entstrickung kann idR nicht widerrufen oder zurückgenommen werden, BFH I R 28/04 vom 31.5.2005, BStBl. 2005 I, 643.
5 Dazu Kroschewski, GmbHR 2001, 1089; Beinert/van Lishaut, FR 2001, 1037; Desens, FR 2002, 247; Heinz, GmbHR 2003, 1474; Rogall, Wpg. 2005, 152.

EU → GmbH

§ 21 Abs. 2 UmwStG aF erfolgt ist[1]. Gewinn ist die Differenz zwischen dem Wert der Anteile, der gemäß § 21 Abs. 2 UmwStG besteuert wurde, und dem Veräußerungserlös.

Bei einer Veräußerung von alt-einbringungsgeborenen Anteilen durch eine **Kapitalgesellschaft** innerhalb der siebenjährigen Sperrfrist gelten die bisherigen **Sonderregelungen** des § 8b Abs. 4 KStG aF i.V.m. § 27 Abs. 3 Nr. 3 UmwStG nF[2]. 276.3

Hinweis: § 8b KStG aF enthält keine dem § 3 Nr. 40 EStG aF entsprechende Regelung zur Besteuerung eines Veräußerungsgewinns innerhalb der Sperrfrist, wenn zuvor eine Antragsbesteuerung gemäß § 21 Abs. 2 UmwStG aF erfolgte. Demnach ist bei Kapitalgesellschaften der Veräußerungsgewinn nach einer Antragsbesteuerung auch vor Ablauf der Sperrfrist steuerfrei, da die Anteile nach einer Besteuerung gemäß § 21 Abs. 2 UmwStG aF ihre Eigenschaft als „einbringungsgeboren" verlieren. 276.4

Achtung: Werden alt-einbringungsgeborene Anteile nach dem 12.12.2006 in eine Kapitalgesellschaft eingebracht, so erwerben auch die neu gewährten Anteile (anteilig) den Status alt-einbringungsgeborener Anteile (§ 20 Abs. 3 S. 4 und § 21 Abs. 2 S. 6 UmwStG nF). 277

bb) Neuregelung (ab 13.12.2006)[3]

Bei **einer Veräußerung** von neu-einbringungsgeborenen Anteilen innerhalb der ersten sieben Jahre nach dem Einbringungszeitpunkt erfolgt eine nachträgliche Besteuerung der im Zeitpunkt der Einbringung vorhandenen stillen Reserven, gemindert um $1/7$ für jedes seit dem Einbringungszeitpunkt abgelaufene Zeitjahr (Einbringungsgewinn I, § 22 Abs. 1 UmwStG)[4]. 277.1

---

1 Siehe die Gesetzesbegründung BR-Drucks. 638/01, zur berechtigten Kritik an dieser Regelung LINKLATERS OPPENHOFF & RÄDLER, DB 2002, Beilage 1, 16; ferner BFH IX R 58/05 vom 24.6.2008, BStBl. 2008 II, 872; WEBER-GRELLET, DB 2009, 304.
2 Im Einzelnen zur Anwendung des § 8b Abs. 4 KStG bei der Einbringung von Anteilen an einer Kapitalgesellschaft iRd. Einbringung eines Betriebes nach § 20 Abs. 1 S. 1 UmwStG durch eine Kapitalgesellschaft BMF vom 5.1.2004, BStBl. 2004 I, 44; SCHUMACHER, DStR 2004, 589; BFH I R 37/08 vom 18.3.2009, BFH/NV 2009, 1712 zur Rückausnahme des § 8b Abs. 4 S. 2 Nr. 2 KStG; WALZER, DB 2009, 2341 zur Folgeeinbringung.
3 Eingehend Tz. 22.01 ff. UmwE 2011.
4 Zur Anwendung von § 6b EStG ORTH, DStR 2011, 1541.

EU → GmbH

277.2 In Höhe des Einbringungsgewinns I erfolgt eine **Umqualifizierung** des nach § 3 Nr. 40 EStG oder § 8b Abs. 2 KStG begünstigten Veräußerungsgewinns in einen nicht begünstigten Gewinn gemäß § 16 EStG[1].

277.3 **Beispiel**: Buchwert des eingebrachten Einzelunternehmens 100. Gemeiner Wert zum Zeitpunkt der Einbringung 500. Verkauf der Anteile im 6. Jahr nach dem Einbringungszeitpunkt für 1000, Gewinn somit 900. $2/7$ der stillen Reserven von 400 = 114,29 sind als laufender Gewinn, der verbleibende Gewinn von 785,71 begünstigt zu versteuern.

277.4 Die Besteuerung erfolgt im **Veranlagungszeitraum** der Einbringung der Anteile. Die Veräußerung gilt als rückwirkendes Ereignis i.S.d. § 175 Abs. 1 S. 1 Nr. 2 AO (§ 22 Abs. 1 S. 2 UmwStG).

277.5 In Höhe des der Besteuerung zugrunde gelegten Einbringungsgewinns liegen **nachträgliche Anschaffungskosten** hinsichtlich der durch die Einbringung erworbenen Anteile vor.

277.6 Auf **Antrag** kann auch die übernehmende Kapitalgesellschaft ihre Buchwerte um die nachversteuerten Beträge erhöhen, soweit der Einbringende die auf den Einbringungsgewinn I oder II entfallende Steuer entrichtet hat und dies durch Vorlage einer Bescheinigung des zuständigen Finanzamts nach § 22 Abs. 5 UmwStG[2] nachweist (§ 23 Abs. 2 UmwStG)[3].

277.7 § 22 Abs. 1 S. 6 UmwStG enthält **Ersatztatbestände**[4]. Dem Verkauf der Anteile steht gleich, wenn

– der Einbringende die erhaltenen Anteile unmittelbar oder mittelbar unentgeltlich auf eine Kapitalgesellschaft oder eine Genossenschaft überträgt,

– der Einbringende die erhaltenen Anteile entgeltlich überträgt, es sei denn, er weist nach, dass die Übertragung durch eine Einbringung nach §§ 20, 21 UmwStG erfolgte,

– die GmbH liquidiert oder das Kapital herabgesetzt und an die Anteilseigner ausgeschüttet wird oder Beträge aus dem Einlagekonto (§ 27 KStG) ausgeschüttet oder zurückgezahlt werden[5],

---

1 Nach Tz. 22.07 UmwE 2011 sollen § 16 Abs. 4 und § 34 EStG nicht anwendbar sein.
2 Dazu Tz. 22.38–22.40 UmwE 2011.
3 Tz. 23.07–23.13 UmwE 2011.
4 Eingehend Haritz, GmbHR 2009, 1251; Körner, DStR 2010, 879; Kutt/Jehke, BB 2010, 474; Goebel, DStZ 2011, 426; Tz. 20.18–20.27 UmwE 2011.
5 Siehe dazu Schumacher/Neumann, DStR 2008, 325; zur Problematik dieser Regelung bei der Organschaft Rödder/Stangl, Ubg 2008, 39; Hans, BB 2008, 26; Osterwinter/Pellmann, BB 2008, 2769.

EU → GmbH

- die Anteile in eine andere Kapitalgesellschaft oder Genossenschaft eingebracht werden und von dort aus unmittelbar und mittelbar veräußert oder weiter eingebracht werden und diese Weitereinbringung nicht auch zu Buchwerten erfolgt,
- der Einbringende die Anteile in eine Kapitalgesellschaft oder Genossenschaft einbringt und er die Anteile an der aufnehmenden Gesellschaft veräußert oder nicht zu Buchwerten weiter einbringt,
- der Einbringende oder die übernehmende Gesellschaft nicht mehr die Voraussetzung des § 1 Abs. 4 UmwStG erfüllt.

Ferner hat der Einbringende während der siebenjährigen Sperrfrist nachzuweisen, wem die Anteile zuzurechnen sind (§ 22 Abs. 3 UmwStG nF)[1]. Der **Nachweis** ist spätestens bis zum 31. 5. zu erbringen, ansonsten gelten die Anteile als veräußert[2]. Eine Fristverlängerung ist nicht möglich. Der Nachweis kann bis zur Bestandskraft der Bescheide geführt werden[3]. Der Nachweis soll – so die Gesetzesbegründung – durch Vorlage eines Registerauszugs oder Bescheinigung der übernehmenden oder erwerbenden Gesellschaft erbracht werden[4]. 277.8

Die vorstehenden Regelungen gelten entsprechend, wenn einbringungsgeborene Anteile mit in die GmbH eingebracht wurden (Beispiel: Zum Betriebsvermögen des EU gehören Anteile an einer Vertriebs-GmbH, die durch Sacheinlage zu Buchwerten erworben wurden). Hier führt die Veräußerung der eingebrachten Anteile oder die Verwirklichung eines der Ersatztatbestände durch die übernehmende Gesellschaft innerhalb des 7-Jahres-Zeitraums zur rückwirkenden Besteuerung beim einbringenden Gesellschafter (Einbringungsgewinn II, § 20 Abs. 2 UmwStG)[5]. 277.9

Im Fall der unentgeltlichen Rechtsnachfolge tritt der Rechtsnachfolger an die Stelle des Einbringenden bzw. der übernehmenden Gesellschaft (§ 22 Abs. 6 UmwStG)[6]. 277.10

---

1 Tz. 22.28 UmwE 2011; BMF vom 4.9.2007, BStBl. 2007 I, 698; OFD Koblenz vom 5.11.2007, DStR 2008, 408; Söffing/Lange, DStR 2007, 1607; Schell, DStR 2010, 2222.
2 BMF vom 4.9.2007, BStBl. 2007 I, 698; OFD Frankfurt vom 9.1.2008, BB 2008, 375.
3 BMF vom 4.9.2007, GmbHR 2007, 1119.
4 Siehe auch BMF vom 4.9.2007, GmbHR 2007, 1119.
5 Dazu Tz. 20.12–20.17 UmwE 2011.
6 Siehe dazu Tz. 22.41–22.42 UmwE 2011.

EU → GmbH

cc) Kapitalerhöhung und einbringungsgeborene Anteile

278 Bei einem Übergang stiller Reserven von einbringungsgeborenen Anteilen auf nicht einbringungsgeborene Anteile im Rahmen einer **Kapitalerhöhung** oder Gründung werden die neuen Anteile anteilig zu einbringungsgeborenen Anteilen (§ 22 Abs. 7 UmwStG)[1]. Die Vermögensverschiebung auf der Gesellschafterebene führte nach der Rechtsprechung des BFH nicht zur **Schenkung** zwischen den Gesellschaftern[2]. Durch § 7 Abs. 8 ErbStG[3] ist für Zuwendungen ab dem 13.12.2011 (§ 37 Abs. 7 ErbStG) eine neue Rechtsgrundlage für die Besteuerung als Schenkung geschaffen worden. Ferner kann es zu verdeckten Gewinnausschüttungen kommen, wenn auf der Gesellschafterebene Kapitalgesellschaften beteiligt sind[4].

6. Steuerfolgen für die GmbH

279 Für die entstehende GmbH hat der Umwandlungsvorgang keine unmittelbaren ertragsteuerlichen Auswirkungen[5]. Die Aufnahmebilanz ist die **Eröffnungsbilanz**. Erst mit dem Umwandlungsstichtag beginnt die steuerliche Existenz der GmbH.

280 **Mittelbare Besteuerungsfolgen** ergeben sich durch die Bewertung des eingebrachten Vermögens (§ 23 UmwStG)[6].

280.1 Bewertet die GmbH das eingebrachte Betriebsvermögen zu **Buchwerten**, so tritt sie hinsichtlich der **AfA**, erhöhten Absetzungen, Sonderabschreibungen[7], Inanspruchnahme von Bewertungsfreiheiten oder eines Bewertungsabschlages sowie gewinnmindernder Rücklagen[8] in die Rechtsstellung des Einzelunternehmens ein (§ 23 Abs. 1 i.V.m. § 12 Abs. 3 S. 1 UmwStG).

---

1 Tz. 22.43–22.46 UmwE 2011; WIDMANN in Widmann/Mayer, § 22 UmwStG Rz. 461 ff. (Mai 2011); KNIEF/BIRNBAUM, DB 2010, 2527; SCHMITT/SCHLOSSMACHER, DStR 2009, 828.
2 BFH II R 28/08 vom 9.12.2009, BStBl. 2010 II, 566; BMF vom 20.10.2010, BStBl. 2010 I, 1207.
3 IdF des BeitrRLUmsG vom 7.12.2011, BGBl. 2011 I, 2592.
4 Siehe SCHULZE ZUR WIESCHE, BB 1992, 1686; STRECK/SCHWEDHELM, BB 1988, 1639.
5 Zum Ansatz des eingebrachten Vermögens siehe Tz. 237–240.
6 Klagebefugt ist hinsichtlich der Wertansatzes nur der einbringende Gesellschafter, nicht die Gesellschaft, BFH I R 79/10 vom 8.6.2011, DStR 2011, 2248.
7 BFH I R 70/09 vom 19.5.2010, BFH/NV 2010, 2072, zu § 7g EStG.
8 Zu § 6b EStG siehe BFH IV R 22/07 vom 9.9.2010, BFH/NV 2011, 31.

EU → GmbH

Beim Ansatz von **Zwischenwerten** erfolgt eine Korrektur der Bemessungsgrundlage der AfA (§ 23 Abs. 3 UmwStG)[1]. 281

Gleiches gilt beim Ansatz des gemeinen Werts (§ 23 Abs. 4 UmwStG nF). 282

Bei der aufnehmenden GmbH ist der sich durch die Einbringung ergebende **Eigenkapitalzugang** einschließlich in diesem Zusammenhang geleisteter Bareinlagen, soweit er den dem Anteilseigner im Zuge der Einbringung gewährten Teil des Nennkapitals übersteigt, dem steuerlichen Einlagekonto zuzuordnen[2]. 283

Ein einkommensteuerlicher **Verlustabzug** gemäß § 10d EStG verbleibt bei dem einbringenden Unternehmer. 284

Ein vortragsfähiger **Gewerbeverlust** (§ 10a GewStG) geht nicht auf die GmbH über[3]. Dies gilt entsprechend für einen Zinsvortrag oder einen EBITDA-Vortrag nach § 4h EStG (§ 20 Abs. 9 UmwStG). 285

Unabhängig vom Wertansatz des eingebrachten Vermögens bei der aufnehmenden Kapitalgesellschaft wird die Verbleibfrist im **Investitionszulagenrecht** durch die Einbringung idR nicht berührt[4], folglich keine Verpflichtung zur Rückzahlung einer Investitionszulage begründet. Die Bemessungsvoraussetzungen nach dem Fördergebietsgesetz entfallen hingegen bei einem Teilwertansatz[5]. 286

7. Sonstige Steuern

a) Umsatzsteuer

Die Einbringung **unterliegt** nach § 1 Abs. 1a UStG **nicht der Umsatzsteuer**[6]. 287

---

1 Eingehend mit Beispielen Schmitt in Schmitt/Hörtnagl/Stratz, § 22 UmwStG Rz. 41 ff.; Ritzer in Rödder/Herlinghaus/van Lishaut, § 23 UmwStG Rz. 196 ff.; zu Sonderabschreibungen nach dem Fördergebietsgesetz siehe BMF vom 14.7.1995, BStBl. 1995 I, 374.
2 BMF vom 16.12.2003, BStBl. 2003 I, 786, Tz. 20. Zur Anwendung der §§ 27 und 28 KStG vgl. BMF vom 4.6.2003, BStBl. 2003 I, 366.
3 Eine Verweisung auf § 19 UmwStG fehlt in § 22 UmwStG.
4 Siehe BMF vom 8.5.2008, BStBl. 2008 I, 590.
5 BMF vom 14.7.1995, BStBl. 1995 I, 374.
6 Husmann, UR 1994, 333; Sikorski, NWB Fach 7, 5279 (11.12.2000).

EU → GmbH

b) Grunderwerbsteuer

288 Sind in dem ausgegliederten Vermögen **Grundstücke** enthalten, fällt vorbehaltlich § 6a GrEStG Grunderwerbsteuer an.

289 **Bemessungsgrundlage** ist der Wert gemäß § 138 Abs. 2 bis 4 BewG (§ 8 Abs. 2 Nr. 2 GrEStG). Die Grunderwerbsteuer ist als zusätzliche Anschaffungskosten zu aktivieren[1].

C. Ausgliederung zur Aufnahme

I. Zivilrecht

1. Ausgliederungsvertrag

290 Erfolgt die Ausgliederung zur Aufnahme in eine bestehende GmbH, so ist ein Ausgliederungs- und Übernahmevertrag zwischen dem Einzelkaufmann und der bzw. den übernehmenden Gesellschaften abzuschließen. Es gelten die Tz. 746–803 *GmbH → GmbH* entsprechend.

291 Soweit der Einzelkaufmann gleichzeitig Geschäftsführer der GmbH ist, muss eine zivilrechtlich wirksame **Befreiung von § 181 BGB** erfolgen[2].

2. Ausgliederungsbericht und Prüfung

292 Ein Ausgliederungsbericht für den **Einzelkaufmann** ist nicht erforderlich (§ 153 UmwG).

293 Für die **GmbH** ist ein Bericht erforderlich, es sei denn, die Anteilsinhaber verzichten durch notarielle Erklärung (§ 127 i.V.m. § 8 Abs. 3 UmwG).

294 Eine **Prüfungspflicht** besteht nicht (§ 125 UmwG).

3. Zustimmung

295 Die Zustimmung des Einzelkaufmanns erfolgt durch **einseitige Erklärung**, die notariell zu beurkunden ist (§ 125 i.V.m. § 6 UmwG).

296 Bei der übernehmenden Gesellschaft sind die Gesellschafter und ggf. der Betriebsrat zu unterrichten (siehe Tz. 810 *GmbH → GmbH*). Sodann bedarf der Vertrag eines **Zustimmungsbeschlusses** der Gesellschafterversammlung (siehe hierzu Tz. 807–817 *GmbH → GmbH*).

---

1 Tz. 23.01 UmwE 2011.
2 Zumindest bei einem Alleingesellschafter-Geschäftsführer ist eine Satzungsgrundlage erforderlich, BayObLG 3 Z 163/83 vom 7.5.1984, DB 1984, 1517.

EU → GmbH

4. Bilanz

Es gilt Tz. 818–820 *GmbH → GmbH*. 297

5. Anmeldung und Eintragung

Der Einzelkaufmann und die Geschäftsführer der beteiligten GmbH 298 haben die Ausgliederung zum jeweiligen **Handelsregister** anzumelden. Für den Einzelkaufmann können auch die Geschäftsführer der übernehmenden Gesellschaft die Anmeldung vornehmen (§ 129 UmwG).

Der Anmeldung sind **beizufügen** (§ 125 i.V.m. § 17 UmwG): 299
- der Ausgliederungsvertrag,
- die Niederschrift der Zustimmungserklärung und -beschlüsse,
- ggf. der Ausgliederungsbericht,
- ggf. der Prüfungsbericht,
- der Nachweis über die rechtzeitige Zuleitung des Ausgliederungsvertrags an den Betriebsrat,
- ggf. die Urkunde einer staatlichen Genehmigung,
- die Schlussbilanz des Einzelkaufmanns.

Bei der Anmeldung durch die Gesellschaften sind die **Erklärungen** gemäß Tz. 1064–1065 *GmbH ↔ GmbH* abzugeben. Bei Aufnahme durch eine GmbH ist eine berichtigte **Gesellschafterliste** einzureichen. 300

Für die **Eintragung** gilt Tz. 824 *GmbH → GmbH*. 301

Zu den **Rechtsfolgen** siehe Tz. 825–834 *GmbH → GmbH*. 302

Bei den Gesellschaften haften die Organe für einen durch die Ausgliederung entstehenden **Schaden** gemäß § 125 i.V.m. §§ 25–27 UmwG (Tz. 1095–1096 *GmbH ↔ GmbH*). 303

II. Steuerrecht

Es gelten die Tz. 229–289 entsprechend. Der Wert des eingebrachten 304 Vermögens ist nur den Anschaffungskosten der hierfür gewährten Anteile zuzurechnen[1].

---

1 BFH I R 53/08 vom 27.5.2009, GmbHR 2010, 156.

EU → GmbH

D. Einbringung

I. Zivilrecht

1. Sachgründung

a) Unterschiede zur Ausgliederung

305 Sach- und Rechtsgesamtheiten, wie etwa ein Handelsgeschäft, können **Gegenstand einer Sacheinlage** sein[1]. Ein Einzelkaufmann kann damit sein Unternehmen in eine GmbH „umwandeln", indem er eine GmbH gründet und den Nennbetrag der Geschäftsanteile durch Einbringung seines Unternehmens erbringt (Sachgründung)[2].

306 Der Unterschied zur Ausgliederung nach § 152 UmwG besteht im Wesentlichen darin, dass **keine** (partielle) **Gesamtrechtsnachfolge** eintritt. Der Übergang von Verbindlichkeiten bedarf daher der Zustimmung der Gläubiger (§§ 414, 415 Abs. 1 BGB). Wird diese nicht erteilt oder – was die Regel ist – gar nicht erst eingeholt, so haftet der Kaufmann weiterhin unbeschränkt persönlich. Auch die Verjährungsvorschrift des § 157 UmwG gilt nicht. Lediglich im Innenverhältnis besteht gegenüber der GmbH ein Freistellungsanspruch.

307 Andererseits ist die Sachgründung auch dann möglich, wenn das einzubringende Unternehmen nicht im Handelsregister eingetragen ist (etwa bei einem **Freiberufler**). Ferner können **Dritte** unmittelbar an der Gründung der GmbH beteiligt werden.

308 Vollzogen wird die Sachgründung durch Einbringung eines Unternehmens nicht anders als jede **GmbH-Gründung**. Erforderlich ist der Abschluss des Gesellschaftsvertrags als der erste von fünf notwendigen Schritten zur Gründung einer GmbH. Es folgen die Bestellung der Geschäftsführer (§ 6 GmbHG), die Leistung auf den Geschäftsanteil (§ 7 Abs. 2 und 3 GmbHG), die Anmeldung zum Handelsregister (§ 7 Abs. 1 GmbHG) und die registergerichtliche Prüfung, Eintragung und Bekanntmachung. Besonderes Formerfordernis bei der Sachgründung ist die Erstellung eines Sachgründungsberichts (§ 5 Abs. 4 GmbHG).

---

[1] RGZ 155, 211; BGH II ZR 219/63 vom 2.5.1966, BGHZ 45, 338; H. Winter/H. P. Westermann in Scholz, § 5 GmbHG Rz. 54; Ulmer in Ulmer/Habersack/Winter, § 5 GmbHG Rz. 50 ff.; Hueck/Fastrich in Baumbach/Hueck, § 5 GmbHG Rz. 29.

[2] Vertragsmuster: Mayer in Widmann/Mayer, Anh. 4, M 192 ff. (Juli 2010); Fox in Engl, Formularbuch Umwandlungen, S. 780 ff.

EU → GmbH

b) Gesellschaftsvertrag

Der Abschluss des Gesellschaftsvertrags ist **notariell zu beurkunden**. 309

Der **Gegenstand der Sacheinlage** und die Nennbeträge der Geschäfts- 310
anteile, auf die sich die Sacheinlage bezieht (Anrechnungsbetrag), sind
im Gesellschaftsvertrag festzusetzen (§ 5 Abs. 4 GmbHG). Der Name
der **Person, die den Geschäftsanteil übernimmt**, muss genannt werden[1].

Zur **Kennzeichnung der Sacheinlage** genügt bei der Unternehmensein- 311
bringung die verkehrsübliche Bezeichnung (Firma, Handelsregisternummer)[2]. Im Zweifel ist davon auszugehen, dass alle dem Unternehmen zuzurechnenden Aktiva und Passiva übergehen. Besser ist es, dies ausdrücklich klarzustellen[3]. Auf eine der Einbringung zugrunde gelegte Bilanz oder ein Vermögensverzeichnis kann Bezug genommen werden.

Sollen einzelne Vermögensgegenstände **ausgenommen** werden, sind 312
diese genau zu bezeichnen[4].

Der **Anrechnungsbetrag** muss durch den Wert des Unternehmens am 313
Tag der Anmeldung der GmbH gedeckt sein. Die Wertprüfung des Registergerichts erfolgt unter Zugrundelegung des Substanzwerts. Erforderlich ist eine Einzelbewertung[5]. Höchstzulässiger Ansatz für Gegenstände des Anlagevermögens ist der Wiederbeschaffungswert[6], für Gegenstände des Umlaufvermögens der Veräußerungswert. Ein selbstgeschaffener Firmenwert sowie sonstige immaterielle Wirtschaftsgüter können mit dem Ertragswert angesetzt werden[7]. Für Forderungen gilt der – ggf. wertberichtigte – Nennwert.

---

1 Hueck/Fastrich in Baumbach/Hueck, § 3 GmbHG Rz. 16.
2 Ulmer in Ulmer/Habersack/Winter, § 5 GmbHG Rz. 140; H. Winter/H. P. Westermann in Scholz, § 5 GmbHG Rz. 88.
3 Siehe OLG Bremen 1 U 120/98 vom 31.3.1999, GmbHR 1999, 822.
4 OLG Düsseldorf 3 Wx 274/95 vom 10.1.1996, DB 1996, 368.
5 Siehe im Einzelnen H. Winter/H. P. Westermann in Scholz, § 5 GmbHG Rz. 57.
6 OLG Düsseldorf 6 U 234/90 vom 28.3.1991, WM 1991, 1669.
7 Streitig, wie hier H. Winter/H. P. Westermann in Scholz, § 5 GmbHG Rz. 57; aA Ulmer in Ulmer/Habersack/Winter, § 5 GmbHG Rz. 82; Martens/Röttger, DB 1990, 1097; vgl. auch LG Köln 24 T 6/58 vom 26.2.1959, BB 1959, 1081, zum Firmenwert; BGH II ZR 170/57 vom 16.2.1959, NJW 1959, 934.

EU → GmbH

314 Ist der Anrechnungsbetrag durch den Wert des Unternehmens nicht gedeckt, hat der Gesellschafter die **Wertdifferenz** durch eine Bareinlage auszugleichen (§ 9 Abs. 1 GmbHG)[1].

315 Nicht erforderlich ist, dass der Anrechnungsbetrag dem Geschäftsanteil entspricht. Eine **gemischte Bar- und Sachgründung** ist zulässig. Deckt der Unternehmenswert nur einen Teil der Einlageverpflichtung, kann die Differenz durch eine Bareinlage erbracht werden. Der Gesellschaftsvertrag muss die entsprechenden Teilbeträge nennen[2].

316 Ebenso wenig muss das Stammkapital bzw. der Anrechnungsbetrag den Unternehmenswert ausschöpfen. Das eingebrachte Unternehmen kann mit jedem beliebigen Wert **unterhalb des Zeitwerts** (Buchwert, Zwischenwert) auf die Geschäftsanteilsverpflichtung angerechnet werden.

317 Zulässig ist auch eine Vereinbarung, wonach zwar das gesamte Unternehmen eingebracht, aber nur **ein Teil** seines Werts auf den Nennbetrag des Geschäftsanteils **angerechnet** wird. Der überschießende Teil ist in Geld oder anderen Vermögenswerten zu vergüten (sog. gemischte Sacheinlage)[3]. Die Vergütung erfolgt zumeist in Form eines Darlehens. Ebenso zulässig ist eine Auszahlung oder Verrechnung auf eine stille Beteiligung[4].

318 Ein **Vergütungsanspruch** besteht nur, wenn er sich aus dem Gesellschaftsvertrag ergibt, was ggf. durch Auslegung zu ermitteln ist[5]. In der Praxis empfiehlt es sich, sowohl den Wertansatz für das eingebrachte Unternehmen als auch die Frage der Vergütung einer Wertdifferenz ausdrücklich zu regeln. Der Vertrag selbst braucht dazu keine Beträge festzulegen. Es ist zulässig, auf eine bereits vorliegende oder noch zu erstellende Einbringungsbilanz Bezug zu nehmen[6].

---

1 H. Winter/H. P. Westermann in Scholz, § 5 GmbHG Rz. 60.
2 Hueck/Fastrich in Baumbach/Hueck, § 5 GmbHG Rz. 46.
3 Vgl. H. Winter/H. P. Westermann in Scholz, § 5 GmbHG Rz. 81.
4 Widmann in Widmann/Mayer, § 20 UmwStG Rz. 606 (August 2007), Rz. 880 (November 1991).
5 Ulmer in Ulmer/Habersack/Winter, § 5 GmbHG Rz. 121; H. Winter/H. P. Westermann in Scholz, § 5 GmbHG Rz. 83.
6 Priester, BB 1980, 22; Priester, GmbHR 1982, 112; Mayer in Widmann/Mayer, Anh. 5 Rz. 91 (Mai 2010); Ulmer in Ulmer/Habersack/Winter, § 5 GmbHG Rz. 140; H. Winter/H. P. Westermann in Scholz, § 5 GmbHG Rz. 83; Hueck/Fastrich in Baumbach/Hueck, § 5 GmbHG Rz. 20; OLG Zweibrücken 3 W 169/80 vom 26.11.1980, GmbHR 1981, 214; LG Kiel 16 T 5/88 vom 8.11.1988, GmbHR 1989, 341; aA Günther, NJW 1975, 524; Sudhoff, NJW 1982, 132; OLG Stuttgart 8 W 295/81 vom 19.1.1981, GmbHR 1982, 109.

EU → GmbH

Ferner empfiehlt sich, in der Satzung den **Zeitpunkt der Sacheinlage** festzulegen. Denkbar ist, die Einbringung auf den letzten Bilanzstichtag des Einzelunternehmens zu beziehen[1], wenn dieser nicht länger als acht Monate zurückliegt (siehe Tz. 345). Das Unternehmen gilt dann schuldrechtlich ab diesem Tag als für Rechnung der GmbH geführt. Wird ein anderer Stichtag gewählt, so ist auf diesen Stichtag eine Einbringungsbilanz zu erstellen[2]. 319

Formulierungsbeispiel: „Herr A erbringt seinen Geschäftsanteil, indem er die Einzelfirma „X" (HR-Nr. ...) mit allen Aktiva und Passiva zu den in der Bilanz auf den 31. 12. 10 ausgewiesenen Buchwerten in die Gesellschaft einbringt. Die Einbringung erfolgt auf den 1. 1. 11. Ab diesem Tag gilt das Unternehmen für Rechnung der GmbH geführt. Soweit das Eigenkapital in der Bilanz auf den 31. 12. 10 den Nennbetrag des Geschäftsanteils überschreitet, wird der überschießende Betrag dem Gesellschafter als Darlehen gutgeschrieben. Einen Minderbetrag hat A bar auszugleichen."[3] 320

c) Sachgründungsbericht

Die für die Bewertung des eingebrachten Unternehmens **wesentlichen Umstände** – einschließlich des Jahresergebnisses der letzten beiden Geschäftsjahre – sind in einem Sachgründungsbericht darzulegen (§ 5 Abs. 4 S. 2 GmbHG)[4]. 321

d) Leistung auf den Geschäftsanteil

Die Leistung auf den Geschäftsanteil erfolgt **durch** die **Einbringung** des Unternehmens. Die Einlageverpflichtung ist bis zur Anmeldung der GmbH zur Eintragung in das Handelsregister zu erfüllen (§ 7 Abs. 3 GmbHG)[5]. Das Unternehmen muss somit zu einem vor der Anmeldung liegenden Stichtag übertragen werden. Dies kann im Gründungspro- 322

---

1 Vgl. ULMER in Ulmer/Habersack/Winter, § 5 GmbHG Rz. 88.
2 ULMER in Ulmer/Habersack/Winter, § 5 GmbHG Rz. 87; PRIESTER, BB 1980, 21.
3 Abzuraten ist von der Festlegung des Darlehensbetrages, da dann bei fehlender Werthaltigkeit des eingebrachten Vermögens das Darlehen nicht zu Gunsten des Einlageanteils gekürzt werden kann, OLG Düsseldorf 3 Wx 274/95 vom 10.1.1996, DB 1996, 368. Ein höherer Wert der Einlage ist hingegen unschädlich, AG Augsburg 3 HKT 3651/95 vom 8.1.1996, DB 1996, 467.
4 Zu Inhalt und Form eines Sachgründungsberichtes vgl. auch HEIDENHAIN/HASSELMANN in Münchener Vertragshandbuch, Band 1, IV. 8.
5 H. WINTER/VEIL in Scholz, § 7 GmbHG Rz. 21; ULMER in Ulmer/Habersack/Winter, § 7 GmbHG Rz. 49.

EU → GmbH

tokoll oder einem gesonderten Vertrag geschehen. Die Vereinbarung ist zwischen dem Gesellschafter und der Gesellschaft (Vor-GmbH) zu treffen.

323 **Formulierungsbeispiel**: „Zur Erbringung der geschuldeten Sacheinlage überträgt A hiermit sämtliche in der Bilanz seines Unternehmens auf den 31. 12. ... ausgewiesenen Aktiva und Passiva. Die Gesellschaft nimmt die Übertragung hiermit an."

e) Handelsregisteranmeldung, Prüfung und Eintragung

324 Wie jede GmbH-Gründung, ist die Sachgründung durch Unternehmenseinbringung **durch** alle **Geschäftsführer** elektronisch in öffentlich beglaubigter Form zum Handelsregister anzumelden (§§ 7 Abs. 1, 78 Abs. 1 GmbHG, § 12 Abs. 1 HGB)[1].

325 Der **Anmeldung** sind **beizufügen** (§ 8 GmbHG):
– Gründungsprotokoll nebst Gesellschaftsvertrag;
– Beschluss über die Geschäftsführerbestellung;
– Gesellschafterliste;
– Sachgründungsbericht sowie die sonstigen auf die Sacheinlage bezogenen Verträge und Unterlagen gemäß § 8 Abs. 1 Nr. 4 und 5 GmbHG;
– ggf. Genehmigungsurkunde bei genehmigungspflichtigem Unternehmensgegenstand (zB Eintragung in die Handwerksrolle).

326 Das **Registergericht** hat die für das eingebrachte Unternehmen angegebenen Werte zu prüfen. Es darf nur eintragen, wenn es überzeugt ist, dass der Unternehmenswert den dafür übernommenen Kapitalbetrag deckt. Maßgeblich ist der Zeitpunkt der Eintragung[2].

327 Erst mit der Eintragung **entsteht** die GmbH (§ 11 Abs. 1 GmbHG).

f) Kosten

328 **Notargebühren**: Für die Gründung zehn Zehntel Gebühr gemäß § 36 Abs. 1 KostO; Geschäftswert ist die Höhe des Stammkapitals (§ 39 Abs. 1 KostO), höchstens 5 Mio. Euro (§ 39 Abs. 5 KostO).

---

[1] Zum Inhalt einer Anmeldung vgl. STRECK/SCHWEDHELM in Formularbuch Recht und Steuern, S. 271 f.
[2] BGH II ZR 54/80 vom 9.3.1981, BGHZ 80, 129, 136; streitig, vgl. den Nachweis bei H. WINTER/VEIL in Scholz, § 9c GmbHG Rz. 33.

EU → GmbH

Für die **Registeranmeldung** fällt – je nachdem, ob die Anmeldung mit entworfen wird – eine zweieinhalb Zehntel oder fünf Zehntel Gebühr an (§§ 45, 145, 38 KostO); der Geschäftswert beträgt 50 000,– Euro (§ 41a Abs. 3 Nr. 3 KostO). 329

Die Kosten der Registereintragung betragen 240,– Euro (Gebühr 2101, siehe § 1 HRegGebV). 330

Hinzukommen die **Kosten der Bekanntmachung** (100,– Euro bis 250,– Euro) sowie ggf. Kosten für den **Vertragsentwurf** und die **konzeptionelle Beratung**. 331

2. Kapitalerhöhung

Der Einzelkaufmann kann sein Unternehmen in eine GmbH „umwandeln", indem er eine GmbH bar gründet und sein Unternehmen sodann im Wege einer Kapitalerhöhung in die GmbH **einbringt**. 332

Für die **Bargründung der GmbH** gelten keine Besonderheiten[1]. 333

Die **Kapitalerhöhung** kann sich der GmbH-Gründung (Abschluss des Gesellschaftsvertrags) unmittelbar anschließen[2]. Der **Mindestbetrag** einer Kapitalerhöhung beträgt sowohl im Regelfall der Bildung neuer Geschäftsanteile (§ 55 Abs. 3 GmbHG) als auch im Sonderfall der Erhöhung bestehender Anteile theoretisch 1,– Euro (§ 55 Abs. 4 i.V.m. § 5 Abs. 2 GmbHG)[3]. Da auch die Aufstockung bestehender Anteile von § 20 UmwStG erfasst wird[4], genügt es im Extremfall, wenn der Wert des eingebrachten Unternehmens 1,– Euro beträgt. 334

Die Kapitalerhöhung durch Sacheinlage kann mit einer **Kapitalerhöhung aus Gesellschaftsmitteln** kombiniert werden[5]. 335

Die Kapitalerhöhung ist **Satzungsänderung**. Sie bedarf eines notariell beurkundeten Gesellschafterbeschlusses. Die vollständige Einzahlung des bestehenden Stammkapitals ist nicht Voraussetzung. 336

---

1 Vgl. hierzu STRECK/SCHWEDHELM in Formularbuch Recht und Steuern, S. 240 ff.
2 ZÖLLNER in Baumbach/Hueck, § 55 GmbHG Rz. 5.
3 Vgl. dazu PRIESTER in Scholz, § 55 GmbHG Rz. 20; BGH II ZB 1/74 vom 24.10.1974, BGHZ 63, 116.
4 WIDMANN in Widmann/Mayer, § 20 UmwStG Rz. 134 (August 2007), Rz. 456 (November 1995); aA SCHULZE ZUR WIESCHE, GmbHR 1981, 60, 61.
5 Im Einzelnen streitig, siehe ZÖLLNER in Baumbach/Hueck, § 57c GmbHG Rz. 8, mwN.

EU → GmbH

337 Der **Kapitalerhöhungsbeschluss** muss den Betrag der Erhöhung, den Gegenstand der Sacheinlage und den Nennbetrag des Geschäftsanteils, der durch Leistung der Sacheinlage erbracht wird, nennen. Zweckmäßigerweise nennt der Beschluss auch den Einbringenden als die zur Übernahme der neuen Anteile berechtigte Person (§ 55 Abs. 2 GmbHG)[1].

338 Der Beschluss beinhaltet eine Änderung des Gesellschaftsvertrags und muss den geänderten Wortlaut hinsichtlich der **Summe des Stammkapitals** festlegen (vgl. § 54 Abs. 1 S. 2 GmbHG).

339 Der Einbringende muss die **Übernahme** jedes Geschäftsanteils **erklären** (§ 55 Abs. 1 GmbHG). Diese ist notariell zu beurkunden oder zu beglaubigen. Die Übernahmeerklärung kann vor, nach oder getrennt von dem Kapitalerhöhungsbeschluss abgegeben werden. Eine getrennte notariell beglaubigte Erklärung ist kostengünstiger (§ 45 Abs. 1 statt § 36 Abs. 1 KostO). Ob die Übernahme eines neuen Geschäftsanteils durch einen **Minderjährigen** der vormundschaftsgerichtlichen Genehmigung bedarf, ist streitig (§ 1822 Nr. 3 und 10 BGB)[2]. Die Erklärung muss den Nennbetrag des Geschäftsanteils und den Gegenstand der Sacheinlage enthalten (§ 56 Abs. 1 S. 1 GmbHG).

340 Der Beschluss über die Kapitalerhöhung ist durch sämtliche Geschäftsführer (§ 78 GmbHG) in öffentlich beglaubigter Form (§ 12 HGB) zur Eintragung im Handelsregister **anzumelden.** Die Sacheinlage ist vorher zu erbringen (§§ 56a, 7 Abs. 3 GmbHG). Zur Bewertung der Sacheinlage vgl. Tz. 313. Zum Inhalt der Anmeldung und den beizufügenden Unterlagen vgl. § 57 GmbHG[3].

341 Erst mit der Eintragung im Handelsregister wird die Kapitalerhöhung **wirksam** (§ 54 Abs. 3 GmbHG).

II. Steuerrecht

342 Steuerrechtlich unterfällt die Einbringung eines Einzelunternehmens im Wege der Sachgründung oder Kapitalerhöhung **§ 20 UmwStG.** Es gelten die Tz. 229–289 entsprechend. § 20 UmwStG ist auch anwend-

---

1 Ansonsten ist ein gesonderter Beschluss der Gesellschafterversammlung erforderlich.
2 Vgl. PRIESTER in Scholz, § 55 GmbHG Rz. 106 f.
3 Dazu auch STRECK/SCHWEDHELM in Formularbuch Recht und Steuern, S. 271 f.

EU → GmbH

bar, wenn der Betrieb in Form einer Sacheinlage neben einer Bareinlage als Aufgeld (Agio) eingebracht wird[1].

Wählt die GmbH den **Teilwertansatz**, so gelten die Wirtschaftsgüter als mit dem Teilwert angeschafft (§ 23 Abs. 4 1. HS UmwStG)[2]. Anschaffungszeitpunkt ist der Einbringungszeitpunkt. Die GmbH kann steuerfrei gebildete Rücklagen nicht fortführen. Die Auflösung einer Ansparrücklage ist begünstigt[3]. Soweit steuerliche Begünstigungen an den Herstellungsvorgang anknüpfen, kommen diese für die GmbH nicht in Betracht, da die übernommenen Wirtschaftsgüter erworben wurden.   343

Zur Behandlung von **Anteilen der GmbH**, in die eingebracht wird, wenn diese zum Vermögen des Einzelunternehmers gehören, vgl. Tz. 1566 *GmbH & Co KG → GmbH*.   344

Die **steuerliche Rückbeziehung** darf auf einen Tag erfolgen, der höchstens acht Monate vor dem Tag des Abschlusses des Einbringungsvertrags (= notarielle Gründung) bzw. Kapitalerhöhung liegt und höchstens acht Monate vor dem Zeitpunkt liegt, an dem das eingebrachte Betriebsvermögen auf die GmbH übergeht (§ 20 Abs. 6 S. 3 UmwStG).   345

Hinweis: Die Rückbeziehung im Fall der Sachgründung oder Sachkapitalerhöhung ist damit nicht an die Anmeldung zum Handelsregister gebunden. Es empfiehlt sich, die Übereignung des Vermögens als Erbringung der Einlage in das Gründungsprotokoll bzw. den Erhöhungsbeschluss aufzunehmen.   346

E. Verkauf und unentgeltliche Übertragung

I. Zivilrecht

Gründet der Einzelunternehmer eine GmbH bar und veräußert er sodann sein Einzelunternehmen an die GmbH, kann eine **verdeckte Sacheinlage** vorliegen, wenn die Zahlung des Kaufpreises aus dem Stammkapital erfolgt oder Kaufpreisforderung und Einlageverpflichtung miteinander verrechnet werden. Zivilrechtlich wird die Einlagepflicht nicht erfüllt. Der Wert des eingebrachten Einzelunterneh-   347

---

1 BFH I R 55/09 vom 7.4.2010, BStBl. 2010 II, 1094; WACHTER, DB 2010, 2137; FG Baden-Württemberg 11 K 4386/08 vom 19.4.2011, EFG 2011, 1933, NZB I B 127/11.
2 Es entfällt die Anspruchsberechtigung hinsichtlich Investitionszulage, BMF vom 8.5.2008, BStBl. 2008 I, 590, Tz. 10.
3 BFH XI R 69/03 vom 10.11.2004, GmbHR 2005, 308 gegen FG Düsseldorf 11 K 2035/01 vom 25.9.2003, EFG 2003, 1768.

EU → GmbH

mens wird auf die Einlagepflicht angerechnet. Soweit der Wert der Einlagepflicht nicht erreicht wird, bleibt der Gesellschafter weiterhin zur Bareinlage verpflichtet (§ 19 Abs. 4 GmbHG)[1].

348 Gleiches gilt bei einer **Kapitalerhöhung** aus Barmitteln mit anschließendem Erwerb des Einzelunternehmens (§ 56 GmbHG).

349 Wird das Einzelunternehmen nach Bargründung der GmbH **unentgeltlich** übertragen, hat dies handelsrechtlich grundsätzlich keine nachteiligen Folgen.

II. Steuerrecht

350 Verkauf und unentgeltliche Übertragung des Betriebs unterfallen nicht § 20 UmwStG, da die Gegenleistung für das eingebrachte Vermögen nicht in Gesellschaftsrechten besteht[2]. Folglich hat der „Einbringende" auch kein Wahlrecht hinsichtlich des Bewertungsansatzes.

350.1
Erfolgt die Veräußerung unter dem Teilwert (einschließlich Geschäftswert) des Einzelunternehmens, liegt insoweit eine **verdeckte Einlage** vor. Die Differenz zwischen Kaufpreis und Teilwert ist als Entnahme Bestandteil des nach §§ 16, 34 EStG begünstigten Veräußerungsgewinnes. Dies gilt auch, wenn eine Betriebsaufspaltung entsteht (dazu Tz. 1934–1937 *KG → KG*). Die Anschaffungskosten der GmbH-Anteile sind entsprechend zu erhöhen. Die GmbH hat die Wirtschaftsgüter mit dem Teilwert anzusetzen[3]. Der Wert des Unternehmens ist in der Regel nach dem Ertragswertverfahren zu ermitteln[4].

351 Erfolgt der Verkauf des Einzelunternehmens über dem Teilwert, liegt eine **verdeckte Gewinnausschüttung** vor.

352 Auch die **unentgeltliche Übertragung** des Unternehmens auf die GmbH ist verdeckte Einlage, die zur Betriebsaufgabe und damit zur

---

1 Im Einzelnen Pentz in Rowedder/Schmidt-Leithoff, § 19 GmbHG Rz. 110 ff.; Bayer in Lutter/Hommelhoff, § 19 GmbHG Rz. 49 ff., jeweils mwN; zur verdeckten gemischten Sacheinlage Koch, ZHR 175 (2011), 55.
2 Herlinghaus in Rödder/Herlinghaus/van Lishaut, § 20 UmwStG Rz. 132; Widmann in Widmann/Mayer, § 20 UmwStG Rz. R 151 und 210 (April 2007); Mutscher in Frotscher/Maas, § 20 UmwStG Rz. 157 f. (November 2010); Fuhrmann/Demuth, KÖSDI 2009, 16562.
3 Dies gilt unabhängig davon, ob die Einlage beim Gesellschafter steuerlich erfasst wurde; siehe BFH I R 104/94 vom 25.10.1995, DStR 1996, 617; BFH I R 113/95 vom 24.7.1996, GmbHR 1997, 222.
4 Rödder in Rödder/Herlinghaus/van Lishaut, § 11 UmwStG Rz. 76.

EU → GmbH

Besteuerung nach §§ 16, 34 EStG führt[1]. Wird ein überschuldetes Unternehmen unentgeltlich übertragen, besteht die Gefahr einer verdeckten Gewinnausschüttung[2].

Gestaltungshinweis: Die Realisierung stiller Reserven wird vermieden, 353 wenn nur das Umlaufvermögen veräußert und das Anlagevermögen verpachtet wird, vorausgesetzt, die Bedingungen einer Betriebsaufspaltung oder Betriebsverpachtung sind gegeben[3].

Weiterer Hinweis: Die verdeckte Einlage kann ein bewusstes Gestal- 354 tungsmittel sein, wenn die Aufdeckung der stillen Reserven gewollt ist. Kosten und Zeit für eine Sachgründung bzw. Sachkapitalerhöhung werden erspart. Die Begünstigung des Veräußerungsgewinns und die Erhöhung des Abschreibungsvolumens bestehen. Nachteilig ist, dass die verdeckte Einlage in voller Höhe dem steuerlichen Einlagenkonto (§ 27 KStG) zuzurechnen ist. Eine Rückführung an den Gesellschafter ist somit nur über eine Ausschüttung möglich. Wird hingegen offen im Rahmen der Gründung oder Kapitalerhöhung eingelegt, kann die Einlage teilweise als Gesellschafterdarlehen verwendet und damit jederzeit zurückgeführt werden.

F. Umwandlung einer freiberuflichen Einzelpraxis in eine Freiberufler-GmbH

I. Zivilrecht

Eine Ausgliederung gemäß § 152 UmwG einer freiberuflichen Einzel- 355 praxis in eine Freiberufler-GmbH[4] ist **unzulässig**. Voraussetzung einer Ausgliederung ist die Eintragung des Einzelunternehmens im Handelsregister (§ 152 S. 1 UmwG).

---

1 BFH IV R 121/91 vom 14.1.1993, BFH/NV 1993, 525; BFH VIII R 17/85 vom 18.12.1990, GmbHR 1991, 219; differenzierend WACKER in L. Schmidt, § 16 EStG Rz. 201; zweifelnd BFH X B 51/89 vom 24.1.1990, BFH/NV 1990, 537; zu § 17 EStG BFH I R 147/83 vom 27.7.1988, GmbHR 1989, 136; zur Umsatzsteuer siehe FG Saarland 2 K 7/87 vom 22.8.1991, EFG 1991, 762.
2 FG Baden-Württemberg 3 K 157/88 vom 18.2.1992, GmbHR 1993, 50.
3 OFD Düsseldorf vom 19.3.1990, DB 1990, 764 = GmbHR 1990, 240; zur Betriebsaufspaltung im Allgemeinen WACKER in L. Schmidt, § 15 EStG Rz. 800 ff.; ALVERMANN in Streck, ABC Betriebsaufspaltung, jeweils mwN.
4 Zulässig sind StB- und WP-Gesellschaften (§ 49 StBerG, § 27 WPO), RA-GmbH (§§ 59c-59m BRAO), Zahnarzt-GmbH (BGH I ZR 281/91 vom 25.11.1993, DB 1994, 468), siehe auch HENSSLER, ZIP 1994, 844; KUPFER, KÖSDI 1995, 10130; SOMMER, GmbHR 1995, 249; DAUNER-LIEB, GmbHR 1995, 259; DAV, AnwBl. 1995, 251; MEYER/KREFT, GmbHR 1997, 193, zur Arzt-GmbH; zur RA-AG BGH Anwz (B) 27, 28/03 vom 10.1.2005, ZIP 2005, 944.

EU → GmbH

356 Eine Einzelpraxis kann an eine zuvor bar gegründete GmbH **veräußert** oder ohne Gewährung neuer Anteile **(verdeckt)** eingebracht werden. Bei einem Verkauf an die GmbH kann handelsrechtlich eine **verdeckte Sacheinlage** vorliegen, ggf. mit der Folge einer fortbestehenden Haftung (§ 19 Abs. 4 GmbHG) bis zur Höhe des Geschäftsanteils. Beide Gestaltungen zwingen steuerlich zur Aufdeckung aller stillen Reserven – einschließlich des Praxiswertes – und führen damit zur vollen Gewinnrealisierung (siehe Tz. 350).

357 Eine Einzelpraxis kann im Wege der **Sachgründung** oder – nach Bargründung einer GmbH – im Wege der **Kapitalerhöhung** sowie als Agio (siehe Tz. 190.1) in eine GmbH eingebracht werden. Sach- und Rechtsgesamtheiten, wie etwa eine freiberufliche Praxis, können Gegenstand einer **Sacheinlage** sein[1].

358 Im Rahmen einer Sachgründung können **mehrere Praxen** eingebracht werden (A und B bringen jeweils ihre Einzelpraxis in eine gemeinsame GmbH ein). Eine **gemischte Bar- und Sachgründung** ist zulässig (A bringt seine Praxis, B einen Barbetrag ein).

359 Im Unterschied zur Ausgliederung nach § 152 UmwG tritt bei der Einbringung **keine Gesamtrechtsnachfolge** ein. Entsprechend gehen Mandatsverhältnisse nicht automatisch, sondern nur mit Zustimmung des **Mandanten** auf die GmbH über. In der Praxis empfiehlt es sich daher, den Mandanten die Einbringung der Praxis in eine GmbH zumindest mitzuteilen. Wird das Mandat sodann für den Mandanten erkennbar von der GmbH weitergeführt und widerspricht der Mandant nicht, dürfte dies als konkludente Genehmigung angesehen werden[2].

360 Im Übrigen gilt für die Sachgründung durch **Einbringung** Tz. 305–341.

361 Für eine Einbringung im Wege der **Kapitalerhöhung** gelten die Regelungen entsprechend.

II. Steuerrecht

362 Verkauft der bisherige Praxisinhaber seine Praxis zum Buchwert an die eigene GmbH, geht – mit der Person des Inhabers – der Praxiswert tatsächlich auf die GmbH über, wenn bzw. weil der (bisherige) Praxisinhaber als Geschäftsführer der GmbH für diese tätig ist[3]. Der Praxiswert ist

---

1 Vgl. Ulmer in Ulmer/Habersack/Winter, § 5 GmbHG Rz. 65.
2 Siehe auch BGH VIII ZR 296/90 vom 10.7.1991, NJW 1991, 2955; BGH VIII ZR 4/91 vom 11.12.1991, NJW 1992, 737; Taupitz, MDR 1992, 421.
3 BFH I R 144/87 vom 28.2.1990, BStBl. 1990 II, 595.

EU → GmbH & Co KG

damit (in Bezug auf die Einzelpraxis) betriebsfremden Zwecken zugeführt worden. Infolgedessen unterliegen sämtliche stillen Reserven, dh. auch der **Praxiswert** gemäß § 18 Abs. 3 EStG, der Besteuerung[1]. Zur AfA auf den Praxiswert siehe Tz. 164 *EU → GbR*.

Wird bei der Bemessung des Kaufpreises der Praxiswert berücksichtigt, droht eine **verdeckte Gewinnausschüttung**, wenn der frühere Praxisinhaber Geschäftsführer der GmbH wird[2]. 363

Die aufgezeigte Problematik wird vermieden bei einer **Einbringung** im Wege der **Sachgründung** oder **Sachkapitalerhöhung**. 364

Die Einbringung unterfällt **§ 20 UmwStG** mit den dort bestehenden Wahlmöglichkeiten (vgl. auch zu den Rechtsfolgen Tz. 342–346). 365

Die Einbringung der freiberuflichen Praxis zwingt zum Übergang zur **Gewinnermittlung** nach §§ 4 Abs. 1 und 5 EStG. Wurde der Gewinn bisher nach § 4 Abs. 3 EStG ermittelt, führt die Einbringung somit zur Korrektur bislang unerfasster Geschäftsvorfälle (vgl. R 4.6 EStR 2005). Die sofortige Versteuerung kann vermieden werden, wenn diese Forderung nicht mit eingebracht wird. § 20 UmwStG bleibt unberührt[3]. 366

Einzelunternehmen (EU) → GmbH & Co KG, Ausgliederung, Einbringung

Ein Einzelunternehmer kann sein Unternehmen auf eine bestehende GmbH & Co KG ausgliedern (siehe Tz. 369 *EU → KG*). Die **Ausgliederung** zur Neugründung einer Personengesellschaft ist hingegen ausgeschlossen. Der Einzelunternehmer kann aber mit einer GmbH eine KG gründen und dazu sein Einzelunternehmen im Wege der **Einzelrechtsübertragung**[4] in die KG einbringen (siehe Tz. 372 *EU → KG*). 367

Zum **Verkauf** und zur **unentgeltlichen Übertragung** siehe Tz. 375 und 376 *EU → KG*. 368

---

1 Vgl. BFH I R 202/83 vom 24.3.1987, BStBl. 1987 II, 705.
2 BFH I R 144/87 vom 28.2.1990, BStBl. 1990 II, 595; LS BFH DStR 1990, 422; BFH I R 52/93 vom 30.3.1994, BStBl. 1994 II, 903; BFH I R 128–129/95 vom 18.12.1996, DStR 1997, 917.
3 Vgl. KORN, Harzburger Protokoll 1978, 225, 269.
4 Vertragsmuster: FOX in Engl, Formularbuch Umwandlungen, S. 919 ff.; MAYER in Widmann/Mayer, Anh. 4, M 219 f. (Juli 2010).

EU → KG

Einzelunternehmen (EU) → KG, Ausgliederung, Einbringung

A. Übersicht 369
B. Ausgliederung auf eine bestehende KG
  I. Zivilrecht 378
  II. Steuerrecht
    1. Einbringung 380
    2. Einräumung einer Mitunternehmerstellung 384
    3. Einbringungszeitpunkt. .. 386
    4. Bewertung 392
    5. Steuerfolgen für den Einzelunternehmer 401
    6. Steuerfolgen für die KG .. 407
    7. Sonstige Steuern 408
C. Aufnahme eines Gesellschafters
  I. Zivilrecht
    1. Allgemeines 412
    2. Firma 421
    3. Haftung 422
    4. Handelsregisteranmeldung 426
  II. Steuerrecht
    1. Steuerfolgen für den Einzelunternehmer 427
    2. Steuerfolgen für den eintretenden Gesellschafter. . 438
D. Übertragung des Unternehmens auf eine bestehende KG
  I. Zivilrecht 439
  II. Steuerrecht 440
E. Verkauf
  I. Zivilrecht 441
  II. Steuerrecht 443
F. Unentgeltliche Übertragung. 445

A. Übersicht

369 Nach § 152 UmwG kann ein Einzelkaufmann sein Unternehmen oder Teile seines Unternehmens **auf eine bestehende KG** im Wege der (partiellen) Gesamtrechtsnachfolge ausgliedern. Zu den generellen Voraussetzungen siehe Tz. 175–191 *EU → GmbH*.

370 Ausgeschlossen ist die **Ausgliederung zur Neugründung** einer Personengesellschaft. Die Gesetzesbegründung[1] verweist hierzu auf die Tatsache, dass die Gründung einer Einpersonen-Gesellschaft ausgeschlossen ist.

371 **Hinweis**: Nach dem UmwG fehlt die Möglichkeit, Personengesellschaften durch Verschmelzung oder gleichzeitige Ausgliederung von Einzelunternehmen zu gründen. Die fehlende Möglichkeit der Ausgliederung zur Neugründung einer Personengesellschaft lässt sich in der Praxis allerdings leicht umgehen, indem zunächst eine Personengesellschaft ohne oder mit geringer Einlageverpflichtung gegründet wird. Nach

---

1 BT-Drucks. 12/6699.

EU → KG

Gründung und Eintragung der Personenhandelsgesellschaft im Handelsregister erfolgt die Ausgliederung[1].

Daneben besteht die Möglichkeit zur Einbringung eines Einzelunternehmens in eine Personengesellschaft im Wege der Einzelrechtsnachfolge. Diese „Umwandlung" vollzieht sich idR wie folgt: 372

– Der **Inhaber** des Unternehmens **nimmt** mindestens einen weiteren **Gesellschafter** in sein Handelsgeschäft **auf** und gründet mit diesem eine KG.

– Der **Einzelunternehmer überträgt** sein Unternehmen **auf** eine bereits **bestehende KG**, der er anlässlich der Übertragung beitritt oder an der er bereits beteiligt war.

Sowohl die Aufnahme eines Gesellschafters wie die Übertragung des Unternehmens auf die KG beinhaltet die **Einlage** des Einzelunternehmens in die KG.   373

Steuerrechtlich handelt es sich sowohl bei der Ausgliederung wie auch bei der Einlage im Wege der Einzelrechtsnachfolge um eine **Einbringung i.S.d. § 24 UmwStG**, wenn die Übertragung des Einzelunternehmens (Betrieb, Teilbetrieb) gegen Gewährung oder Erweiterung von Gesellschaftsrechten erfolgt[2].   374

Denkbar ist ferner der **Verkauf** des Unternehmens an die zuvor gegründete KG. Erfolgt der Verkauf unter zwischen Fremden üblichen Bedingungen, liegt eine entgeltliche Veräußerung vor[3].   375

Umstritten ist die steuerliche Behandlung der **unentgeltlichen** oder **teilentgeltlichen** (Verkauf unter Preis) **Übertragung** (verdeckte Einlage) und die Übertragung gegen **Gewährung von Gesellschaftsrechten und Entgelt** (dazu Tz. 444, 446).   376

Der **Verkauf über Wert** ist hinsichtlich des den Wert übersteigenden Betrags eine Entnahme[4].   377

B. Ausgliederung auf eine bestehende KG

I. Zivilrecht

Es gelten die Tz. 290–303 *EU → GmbH*.   378

---

1 FELIX, BB 1995, 1509.
2 Tz. 01.47 UmwE 2011.
3 WACKER in L. Schmidt, § 6 EStG Rz. 696.
4 WACKER in L. Schmidt, § 6 EStG Rz. 696.

EU → KG

379 Ein **Ausgliederungsbericht** ist außer bei Verzicht der Gesellschafter auch dann entbehrlich, wenn alle Gesellschafter der KG zur Geschäftsführung berechtigt sind (§ 125 i.V.m. § 41 UmwG).

II. Steuerrecht

1. Einbringung

380 Die Ausgliederung eines Einzelunternehmens auf eine bestehende KG ist eine Einbringung i.S.d. **§ 24 UmwStG**[1]. Einbringender ist einerseits der Inhaber des Einzelunternehmens. Eingebracht wird der Betrieb des Einzelunternehmers. Andererseits bringen die bisherigen Gesellschafter der KG ihre Mitunternehmeranteile an der bisherigen Gesellschaft in die neue, um den Einzelunternehmer erweiterte KG ein. Insoweit gilt Tz. 1977–2005 *KG* ↔ *KG*.

381 Die Anwendung des § 24 UmwStG ist hinsichtlich der Einbringung durch den Einzelunternehmer unstreitig, wenn das eingebrachte Vermögen einen Betrieb oder Teilbetrieb[2] im steuerlichen Sinn darstellt. Bei der Beurteilung des Betriebs oder Teilbetriebs ist mE – entgegen der Ansicht der Finanzverwaltung[3] – auf den **Zeitpunkt** abzustellen, in dem das wirtschaftliche Eigentum übertragen wird.

381.1 Ein Übertragung **wesentlicher Betriebsgrundlagen** in ein anderes Betriebsvermögen (§ 6 Abs. 5 EStG) oder eine Veräußerung vor Einbringung ist unschädlich, selbst wenn sie im zeitlichen Zusammenhang mit der Ausgliederung erfolgt[4].

381.2 Unschädlich ist ferner die Entnahme von Wirtschaftsgütern, die **keine wesentlichen Betriebsgrundlagen** darstellen. Sie werden – soweit keine Zuführung zu einem anderen Betriebsvermögen stattfindet – Privat-

---

1 Tz. 01.47 UmwE 2011; OFD Karlsruhe vom 8.10.2007, DStR 2007, 2327; Niehus, FR 2010, 1.
2 Siehe dazu Tz. 845 ff. *GmbH → GmbH*; auch ein verpachteter (Teil-) Betrieb kann eingebracht werden, BFH VIII R 100/86 vom 26.6.1989, BFH/NV 1990, 102; BFH IV B 84/09 vom 1.4.2010, BFH/NV 2010, 1450; ein Dentallabor ist wesentliche Betriebsgrundlage bei Zahnarztpraxis, BFH IV R 3/03 vom 16.12.2004, BFH/NV 2005, 879; die 100 %-ige Beteiligung an Kapitalgesellschaft stellt nach Auffassung des BFH keinen Teilbetrieb iS. des § 24 UmwStG dar, siehe BFH I R 77/06 vom 17.7.2008, BStBl. 2009 II, 464; aA Tz 24.02 UmwE 2011 und BMF vom 20.5.2009, BStBl. 2009 I, 671; Koch, BB 2008, 2450.
3 Tz. 24.03, 20.06, 15.03 UmwE 2011.
4 FG Münster 14 K 2938/06 E vom 30.10.2009, DStRE 2011, 20, Rev. X R 60/09; aA Tz. 24.03, 20.07 UmwE 2011; siehe zur gleichen Problematik bei § 20 UmwStG Tz. 1721 *KG – GmbH*.

vermögen[1]. Der entstehende Gewinn ist gemäß §§ 16, 34 EStG begünstigt, wenn die Einbringung zum gemeinen Wert (Vollaufdeckung aller stillen Reserven) erfolgt (§ 24 Abs. 3 S. 2 UmwStG)[2]. Eine Umqualifizierung dieses Entnahmegewinns in laufenden Gewinn (§ 24 Abs. 3 S. 3 UmwStG i.V.m. § 16 Abs. 2 S. 3 EStG) kommt nicht in Betracht, da keine Veräußerung vorliegt[3].

Nicht erforderlich ist, dass alle wesentlichen Betriebsgrundlagen Gesamthandsvermögen werden. Es genügt, die Wirtschaftsgüter zur **Nutzung zu überlassen**. Sie werden damit (Sonder-)Betriebsvermögen und gelten steuerlich als eingebracht[4]. Nicht ausreichend ist es, den Betrieb ausschließlich in das Sonderbetriebsvermögen einzubringen[5] oder wesentliche Betriebsgrundlagen (zB Grundstücke) auf eine neben der KG bestehende GbR zu übertragen und von dieser an die KG zu vermieten, da hierdurch eine mitunternehmerische Betriebsaufspaltung entsteht. Die GbR wird gewerblich, die Grundstücke Betriebsvermögen der GbR[6]. 382

Erfolgt weder eine Übertragung noch eine Zurverfügungstellung aller wesentlichen Betriebsgrundlagen, fehlt es ggf. an der Einbringung eines Betriebs oder Teilbetriebs[7]. Eingebracht sind dann lediglich **einzelne Wirtschaftsgüter** aus dem Betriebsvermögen des Einzelunternehmers. Soweit einzelne Wirtschaftsgüter ausschließlich gegen Gewährung von Gesellschaftsrechten in das Gesamthandsvermögen der gewerblichen Personengesellschaft übertragen werden, sind die Buchwerte zwingend fortzuführen (§ 6 Abs. 5 EStG)[8]. Erfolgt die Übertragung gegen Gewährung von Gesellschaftsrechten und gegen sonstiges Entgelt (Übernahme 383

---

1 Tz. 24.03, 20.08 UmwE 2011.
2 Siehe NIEHUS, FR 2010, 1.
3 WACKER in L. Schmidt, § 16 EStG Rz. 3; SCHIFFERS, BB 1994, 1469; SCHULZE ZUR WIESCHE, DB 1994, 344.
4 Vgl. BFH IV R 27/89 vom 17.5.1990, BStBl. 1991 II, 216; BFH VIII R 32/77 vom 25.11.1980, BStBl. 1981 II, 419; Tz. 24.05 UmwE 2011; WIDMANN in Widmann/Mayer, § 24 UmwStG Rz. 6 (September 2006), mwN; KOCH/HÜRGING, BB 2009, 710; ETTINGER/SCHMITZ, DStR 2009, 1248; teilweise aA NIEHUS, FR 2010, 1.
5 FG Düsseldorf 16 K 2934/01 vom 30.4.2003, EFG 2003, 1180.
6 BFH VIII R 61/97 vom 24.11.1998, GmbHR 1999, 368; WACKER in L. Schmidt, § 15 EStG Rz. 533.
7 Siehe BFH IV R 3/03 vom 16.12.2004, nv; FG Köln 11 K 1111/96 vom 11.10.2002, DStRE 2003, 351.
8 Eingehend KORN, KÖSDI 2002 (13), 272; HOFFMANN, GmbHR 2002, 125; CREZELIUS, DB 2004, 397; LEY, KÖSDI 2009, 16678; Vertragsmuster: MAYER in Widmann/Mayer, Anh. 4, M 228 (September 2003); KÖRNER, DB 2010, 1315, zur Problematik der Haltefristen bei nachfolgender Umstrukturierung.

EU → KG

von Verbindlichkeiten, Gewährung eines Darlehens), so ist der Vorgang aufzuspalten in eine Einbringung gegen Gewährung von Gesellschaftsrechten und eine entgeltliche Veräußerung. Aufteilungsmaßstab ist das Verhältnis des Verkehrswerts der eingebrachten Wirtschaftsgüter zum sonstigen Entgelt[1]. Soweit Gesellschaftsrechte gewährt werden, sind zwingend die Buchwerte fortzuführen. Soweit ein Entgelt gezahlt wurde, realisiert sich ein laufender Gewinn in Höhe der Differenz zwischen Entgelt und anteiligem Buchwert[2]. Werden weder Entgeld noch Gesellschaftsrechte gewährt, liegt eine Veräußerung vor[3]. Zur Abgrenzung „Gewährung von Gesellschaftsrechten" und „Darlehensforderung" siehe Tz. 385.

383.1 Werden von der Ausgliederung auch **Gegenstände des Privatvermögens** erfasst, so handelt es sich steuerlich um einen tauschähnlichen Vorgang, der beim Gesellschafter zu einer gegebenenfalls steuerpflichtigen (zB § 17 EStG, § 23 EStG) entgeltlichen Veräußerung und bei der Gesellschaft zu einem Anschaffungsgeschäft führt[4].

2. Einräumung einer Mitunternehmerstellung

384 Weitere Voraussetzung für die Anwendung des § 24 UmwStG ist die Einräumung einer **Mitunternehmerstellung**. Zwar sind Komplementär und Kommanditist typischerweise Mitunternehmer[5]. Werden die Rechte des Gesellschafters vertraglich jedoch soweit eingeschränkt, dass Mitunternehmerrisiko und/oder Mitunternehmerinitiative fehlen, entfällt die Anwendung des § 24 UmwStG.

385 Erhält der Einbringende von der Gesellschaft für das eingebrachte Vermögen neben der Mitunternehmerstellung **sonstige Gegenleistungen** wie zB eine Darlehensforderung, sind insoweit die stillen Reserven zu realisieren[6]. Maßgebend ist, ob die Einlage auf einem Kapitalkonto

---

1 WACKER in L. Schmidt, § 6 EStG Rz. 698.
2 BFH VIII R 58/98 vom 11.12.2001, GmbHR 2002, 284, mit Anm. KEMPERMANN, FR 2002, 521; FG Düsseldorf 15 K 931/09 F vom 24.10.2010, EFG 2011, 491, Rev. X R 42/10, Anm. WÜLLENKEMPER.
3 BFH I R 77/06 vom 17.7.2008, BStBl. 2009 II, 464; die Entscheidung ist noch insoweit relevant für Fälle, in denen § 6 Abs. 5 EStG nicht greift.
4 BFH VIII R 69/95 vom 19.10.1998, GmbHR 1999, 430; BFH IV R 37/06 vom 24.1.2008, BStBl. 2011 II, 617; BMF vom 29.3.2000, BStBl. 2000 I, 462; BMF vom 11.7.2011, DStR 2011, 1319; SIEGMUND/UNGEMACH, NWB 2011, 2859; KRÄMER, EStB 2011, 307.
5 WACKER in L. Schmidt, § 15 EStG Rz. 322 ff.
6 Tz. 24.07 UmwE 2011.

EU → KG

oder einem Darlehenskonto verbucht wird[1]. Ein Ausgleich durch negative Ergänzungsbilanzen soll nicht zulässig sein[2]. Zur Zuzahlung durch einen Mitgesellschafter siehe Tz. 434.

3. Einbringungszeitpunkt

Da die Ausgliederung ein Fall der Gesamtrechtsnachfolge ist, gilt § 20 Abs. 5 und 6 UmwStG entsprechend (§ 24 Abs. 4 UmwStG, siehe Tz. 242–245 *EU → GmbH*)[3]. 386

Einstweilen frei. 387–391

4. Bewertung

Sind die Voraussetzungen des § 24 UmwStG erfüllt (siehe Tz. 380–385), hat die KG die eingebrachten Wirtschaftsgüter des Einzelunternehmens grundsätzlich mit dem **gemeinen Wert** anzusetzen (§ 24 Abs. 2 S. 1 UmwstG). Für Pensionszusagen gilt § 6a EStG. 392

Auf **Antrag** kann das übernommene Betriebsvermögen mit dem **Buchwert** oder einem höheren Wert, maximal jedoch dem gemeinen Wert angesetzt werden, soweit das Recht der Bundesrepublik Deutschland hinsichtlich der Besteuerung des eingebrachten Vermögens nicht ausgeschlossen oder beschränkt wird (§ 24 Abs. 2 S. 3 UmwStG). Das Antragsrecht steht der KG, nicht dem Einzelunternehmer zu[4]. Für die Antragstellung gilt § 20 Abs. 2 S. 3 UmwStG entsprechend (siehe Tz. 263 *EU → GmbH*). 393

Diese Bewertungsmöglichkeit besteht auch hinsichtlich der **Wirtschaftsgüter**, die nicht auf die KG übertragen, sondern ihr lediglich **zur Nutzung** überlassen werden (vgl. Tz. 382)[5]. Umstritten ist, ob das **Bewertungswahlrecht** nur einheitlich ausgeübt werden kann[6]. Die Fi- 394

---

1 Tz. 24.07 UmwE 2011; zur Abgrenzung siehe BMF vom 30.5.1997, BStBl. 1997 I, 627; BFH I R 81/00 vom 5.6.2002, BStBl. 2004 II, 344; BFH X B 113/10 vom 7.9.2011, BFH/NV 2011, 2102; Rödel, INF 2007, 456.
2 Tz. 24.09 UmwE 2011; streitig, zum Meinungsstand Schmitt in Schmitt/Hörtnagl/Stratz, § 24 UmwStG Rz. 210 ff.
3 Tz. 24.06 UmwE 2011.
4 BFH VIII B 151/09 vom 9.12.2010, BFH/NV 2011, 437; BFH VIII R 12/08 vom 12.10.2011, DStR 2012, 31.
5 Widmann in Widmann/Mayer, § 24 UmwStG Rz. 130 (August 2001); Schlösser in Haritz/Menner, § 24 UmwStG Rz. 108.
6 So Widmann in Widmann/Mayer, § 24 UmwStG Rz. 140 (August 2001); Schlösser in Haritz/Menner, § 24 UmwStG Rz. 117; aA Littmann, DStR 1969, 521 (560).

EU → KG

nanzverwaltung wendet die zu § 20 UmwStG entwickelten Regeln entsprechend an (vgl. Tz. 252–254 *EU → GmbH*)[1]. Ein gleicher Wertansatz von Betriebsvermögen und Sonderbetriebsvermögen ist mE nicht erforderlich[2].

395 Anders als bei der Einbringung in eine Kapitalgesellschaft gibt es für die Einbringung in eine Personengesellschaft **keine Mindestansatzvorschriften**. Eingebracht werden kann damit auch ein Einzelunternehmen mit negativem Kapital[3].

396 Liegt der Teilwert der Wirtschaftsgüter unter dem Buchwert, muss noch bei dem Einzelunternehmen die **Teilwertabschreibung** vorgenommen werden[4].

397 Der Ansatz des gemeinen Werts erfordert die Bilanzierung des selbstgeschaffenen **Firmenwerts**[5]. Damit gewinnen die Probleme der Berechnung des Firmenwerts[6] erhebliche praktische Bedeutung, da nur der Teilwertansatz eine – idR nur anteilige (siehe Tz. 401) – Begünstigung des Einbringungsgewinns nach §§ 16, 34 EStG gewährt.

398 Wird der einbringende Einzelunternehmer **Kommanditist**, ist zu berücksichtigen, dass der Wertansatz den nach § 15a EStG ausgleichsfähigen Verlust bestimmt.

399 Werden **Wirtschaftsgüter des Privatvermögens** mit eingebracht, gilt § 6 Abs. 1 Nr. 5 EStG[7]. Zur eventuellen Gewinnrealisierung beim Gesellschafter siehe Tz. 383.1.

400 Im Übrigen zur **Bewertung** Tz. 1735–1755 *KG → GmbH*.

---

1 Tz. 24.03 UmwE 2011.
2 AA Widmann in Widmann/Mayer, § 24 UmwStG Rz. 140 (August 2001); Schlösser in Haritz/Menner, § 24 UmwStG Rz. 117; Rasch in Rödder/Herlinghaus/van Lishaut, § 24 UmwStG Rz. 71.
3 FG Rheinland-Pfalz 2 K 2326/89 vom 10.11.1992, EFG 1993, 482; Schlösser in Haritz/Menner, § 24 UmwStG Rz. 109; Tz. 24.04 UmwE 2011.
4 Schlösser in Haritz/Menner, § 24 UmwStG Rz. 120; Widmann in Widmann/Mayer, § 24 UmwStG Rz. 133 (August 2001).
5 BFH X R 52/90 vom 16.12.1992, DB 1993, 1552; BFH VIII 13/65 vom 11.8.1971, BStBl. 1972 II, 270; Schlösser in Haritz/Menner, § 24 UmwStG Rz. 129, mwN.
6 Dazu Weber-Grellet in L. Schmidt, § 5 EStG Rz. 221 ff., mwN; zum Nutzungsrecht an einem Grundstück BFH XI R 22/98 vom 10.3.1999, BStBl. 1999 II, 523.
7 Schlösser in Haritz/Menner, § 24 UmwStG Rz. 12, mwN; zum Wertansatz einer wesentlichen Beteiligung siehe BFH VIII R 25/94 vom 25.7.1995, BStBl. 1996 II, 684; mit Nichtanwendungserlass vom 5.12.1996, BStBl. 1996 I, 1500.

EU → KG

5. Steuerfolgen für den Einzelunternehmer

Soweit die Wirtschaftsgüter des Einzelunternehmens in der Bilanz der aufnehmenden KG über den Buchwerten angesetzt werden, entsteht in Höhe der Differenz zwischen den Buchwerten und dem Ansatz in der Eröffnungsbilanz ein **Einbringungsgewinn** (§ 24 Abs. 3 UmwStG). Eine Nachversteuerung nach § 34a EStG entfällt (§ 34a Abs. 7 S. 2 EStG)[1]. Begünstigt (§§ 16, 34 EStG) ist der Gewinn nur, wenn das eingebrachte Betriebsvermögen (einschließlich Sonderbetriebsvermögen) mit dem Teilwert angesetzt wird[2] und nur, soweit der Einbringende nicht selbst an der KG beteiligt ist (§ 24 Abs. 3 S. 3 UmwStG i.V.m. § 16 Abs. 2 S. 3 EStG)[3]. Zur Einbringung nur in das Sonderbetriebsvermögen siehe Tz. 161.1 *EU → GbR*. 401

Beispiel: A erhält für die Einbringung seines Einzelunternehmens eine Beteiligung an der KG in Höhe von 50 %. Erfolgt die Einbringung zum Teilwert, sind 50 % des Einbringungsgewinns begünstigt, 50 % sind „laufender Gewinn" (dazu Tz. 408). 402

Ein Einbringungsgewinn kann vermieden werden, indem die Wertaufstockung in der Bilanz der KG in einer **Ergänzungsbilanz** für den Einbringenden rückgängig gemacht wird[4]. ME kann dies auf den nicht begünstigten Teil des Einbringungsgewinns beschränkt werden[5]. Zum Nachteil von Ergänzungsbilanzen siehe Tz. 1997 *KG ↔ KG*. 403

Ein **Verlustvortrag** des Einbringenden nach § 10d EStG verbleibt bei dem Einbringenden, da auf der Ebene der Personengesellschaft kein Verlustausgleich nach § 10d EStG stattfindet[6]. Ein Zinsvortrag oder EBITDA-Vortrag nach § 4h EStG geht nicht auf die KG über (§ 24 Abs. 6 i.V.m. § 20 Abs. 9 UmwStG). 404

---

1 BINDL, DB 2008, 949.
2 BFH III R 39/91 vom 26.1.1994, BStBl. 1994 II, 458; BFH X R 52/90 vom 16.12.1992, DB 1993, 1552.
3 Eingehend hierzu STRECK/SCHWEDHELM, BB 1993, 2420; BREIDENBACH, DB 1995, 296; BREIDENBACH, DB 1994, 1212; Tz. 24.16 UmwE 2011; zur Berechnung des Freibetrags nach § 16 Abs. 4 EStG PFALZGRAF/MEYER, DStR 1994, 1329.
4 BFH VIII R 17/95 vom 6.7.1999, DStRE 1999, 911; Tz. 24.14 UmwE 2011; PATT in Dötsch/Jost/Pung/Witt, § 24 UmwStG Rz. 125 (November 2011); LEY, KÖSDI 2001, 12982.
5 STRECK/SCHWEDHELM, BB 1993, 2420; BREIDENBACH, DB 1995, 296; aA PFALZGRAF/ MEYER, DStR 1994, 1329; siehe auch WACKER in L. Schmidt, § 16 EStG Rz. 562.
6 Tz. 24.03, 23.02 UmwE 2011.

EU → KG

405 Für die **Einbringungskosten**, die der Einzelkaufmann trägt, gilt Tz. 271 *EU → GmbH*. Soweit die Kosten von der KG getragen werden, handelt es sich um laufende Betriebsausgaben[1].

406 Zum **Wertausgleich** siehe Tz. 428–437.

6. Steuerfolgen für die KG

407 § 24 Abs. 4 UmwStG verweist auf **§ 23 UmwStG**. Es gelten damit Tz. 279–286 *EU → GmbH* entsprechend[2].

7. Sonstige Steuern

a) Gewerbesteuer

408 Der Einbringungsgewinn unterliegt nicht der **Gewerbeertragsteuer**[3]. Dies gilt auch für den „laufenden Gewinn" gemäß § 24 Abs. 3 S. 3 UmwStG (Tz. 401)[4].

409 Mit der Einbringung endet die **persönliche Gewerbesteuerpflicht** des Einzelunternehmers[5], ohne dass ein Unternehmerwechsel vorliegt[6]. Ein **Verlustvortrag** nach § 10a GewStG kann von dem anteiligen Gewerbeertrag der Personengesellschaft abgezogen werden[7].

b) Verkehrsteuern

410 Die Einbringung des Einzelunternehmens unterliegt als Geschäftsveräußerung nicht der **Umsatzsteuer** (§ 1 Abs. 1a UStG)[8].

---

1 WIDMANN in Widmann/Mayer, § 24 UmwStG Rz. 244 (August 2001).
2 Zum Schuldzinsenabzug nach § 4 Abs. 4a EStG siehe RÜPING, DStR 2010, 1561 und OFD Rheinland vom 29.6.2011, DB 2011, 1548; zu § 6b EStG BFH IV R 22/07 vom 9.9.2010, BFH/NV 2011, 31.
3 BFH IV R 93/85 vom 29.10.1987, BStBl. 1988 II, 374.
4 Ebenso SCHMITT in Schmitt/Hörtnagl/Stratz, § 24 UmwStG Rz. 253, mwN; SCHULTZ, DStR 1994, 521; SCHIFFERS, BB 1994, 1469; siehe auch BFH XI B 216/02 vom 27.10.2004, BFH/NV 2005, 353, mwN; aA die Finanzverwaltung, siehe Tz. 24.17 UmwE 2011; WOCHINGER/DÖTSCH, DB 1994, Beilage Nr. 14, S. 35.
5 BFH III R 36/85 vom 17.2.1989, BB 1989, 1537; zu den Besonderheiten bei Einbringung durch eine Kapitalgesellschaft siehe HILD, DB 1991, 1904.
6 BFH IV R 133/90 vom 26.8.1993, BFH/NV 1994, 285; FG Düsseldorf 15 V 79/89 A(G) vom 18.5.1989, EFG 1989, 473; Ländererlass vom 25.10.1995, DB 1995, 2567.
7 BFH IV R 133/90 vom 26.8.1993, DB 1994, 2326; PATT in Dötsch/Jost/Pung/Witt, § 24 UmwStG Rz. 208 ff. (November 2011).
8 Zu den Besonderheiten bei Einbringung eines land- und forstwirtschaftlichen Betriebes BFH IV R 7/93 vom 20.4.1995, BStBl. 1995 II, 708; OFD München

EU → KG

Soweit bei der Einbringung ein Grundstück des Einbringenden in das Gesamthandsvermögen übergeht, fällt – begrenzt nach § 5 Abs. 2 GrEStG[1] und vorbehaltlich § 6a GrEStG – **Grunderwerbsteuer** an. Vermieden wird die Grunderwerbsteuerbelastung, wenn das Grundstück nicht in das Eigentum der KG übergeht, sondern nur zur Nutzung überlassen wird. Das Grundstück darf dann in der Ausgliederungserklärung nicht enthalten sein. Zur Bemessungsgrundlage und Aktivierung siehe Tz. 289 *EU → GmbH*. 411

C. Aufnahme eines Gesellschafters

I. Zivilrecht

1. Allgemeines

Die Errichtung einer KG durch Aufnahme eines Gesellschafters in das Geschäft eines Einzelkaufmanns beinhaltet die **Gründung einer KG**, bei der das bisherige Einzelunternehmen als Sacheinlage eingebracht wird[2]. 412

Notwendig ist der Abschluss eines **KG-Vertrags**[3], wobei einer (entweder der neue Gesellschafter oder der bisherige Inhaber) die Stellung des unbeschränkt haftenden Komplementärs, der andere die Stellung des beschränkt haftenden Kommanditisten übernehmen muss. 413

Der bisherige Einzelunternehmer erbringt seine gesellschaftsrechtliche **Einlageverpflichtung** im Wege der Sacheinlage aller Wirtschaftsgüter seines bisherigen Einzelunternehmens. Erforderlich ist eine Einzelrechtsübertragung (keine Gesamtrechtsnachfolge). Sämtliche Aktiva und Passiva müssen also einzeln der KG übereignet bzw. an sie abge- 414

---

vom 1.12.1995, DB 1996, 304; zur Umsatzsteuer bei Einbringung einzelner Wirtschaftsgüter BFH XI R 63/94 vom 8.11.1995, BStBl. 1996 II, 114; eingehend auch REISS, UR 1996, 357; GOSCH, DStZ 1996, 228.

1 Nach § 5 Abs. 3 GrEStG entfällt die Steuerbegünstigung, wenn sich der Anteil des Veräußerers am Vermögen der Gesamthand innerhalb von fünf Jahren nach dem Übergang des Grundstücks auf die Gesamthand vermindert. Zu einer solchen Veränderung führt auch die Umwandlung der KG in eine Kapitalgesellschaft, siehe FRANZ in Pahlke/Franz, § 5 GrEStG Rz. 23; BFH II R 58/08 vom 7.10.2009, BStBl. 2010 II, 302 – die Begünstigung entfällt nicht, wenn aufgrund einer Anteilsschenkung eine Steuerumgehung objektiv ausscheidet; siehe auch FinBeh. Hamburg vom 27.1.2010, DB 2010, 816.

2 BURGARD in Staub, § 24 HGB Rz. 20.

3 Vertragsmuster: WEIGELL in Formularbuch Recht und Steuern, S. 396 ff.; speziell zur Einbringung KRÄMER/FRIEDL in Formularbuch Recht und Steuern, S. 70 ff.

EU → KG

treten werden[1]. Verbindlichkeiten gehen nur mit Zustimmung der Gläubiger über. In gegenseitige Verträge (zB Mietverträge, Lieferverträge) kann die KG nur mit Einwilligung des Vertragspartners eintreten. Arbeitsverträge gehen hingegen nach § 613a BGB auf die KG über.

415 Der Umfang des einzubringenden **Vermögens** ist genau zu umschreiben. Es empfiehlt sich, eine Vermögensübersicht zu erstellen. Zu beachten ist, dass auch eine Zustimmungspflicht des Ehegatten nach § 1365 BGB in Betracht kommt.

416 Festgelegt werden sollte der **Wertansatz** für das eingebrachte Vermögen. Steuerlich bindend ist zwar nur der Bilanzansatz, nicht die vertragliche Vereinbarung (Tz. 392). Der Einbringende hat damit aber zumindest einen schuldrechtlichen Anspruch (und damit ggf. einen Schadensersatzanspruch) auf Zustimmung seiner Mitgesellschafter zu dem festgelegten Ansatz.

417 Neben dem Unternehmen kann der Kaufmann weitere **Bar- oder Sacheinlagen** erbringen.

418 Als **neuer Gesellschafter** kommt jede natürliche oder juristische Person sowie eine GbR[2], OHG oder KG, eine Vor-GmbH[3], uU sogar eine ausländische Kapitalgesellschaft[4] in Betracht. Möglich sind Bar- und/oder Sacheinlagen.

419 Der Abschluss des Gesellschaftsvertrags ist grundsätzlich **formfrei**. Ausnahmen gelten, wenn ein Gesellschafter in dem Vertrag eine Verpflichtung übernimmt, die einer bestimmten Form bedarf (Beispiel: Einbringung eines Grundstücks, § 313 BGB).

420 Bei der Aufnahme eines **Minderjährigen** ist eine vormundschaftsgerichtliche Genehmigung (§§ 1822 Nr. 3, 1643 Abs. 1 BGB) und für den Fall, dass der gesetzliche Vertreter selbst Mitgesellschafter ist, ist die Bestellung eines Pflegers (§ 1909 BGB) erforderlich.

---

1 OLG München 27 U 473/91 vom 8.1.1992, DB 1992, 518.
2 BayObLG 3 ZBR 164/00 vom 18.10.2000, ZIP 2000, 2165; BGH II ZB 23/00 vom 16.7.2001, NJW 2001, 3121.
3 BGH II ZR 54/80 vom 9.3.1981, BGHZ 80, 129.
4 BayObLG BReg. 3 Z 148/85 vom 21.3.1986, NJW 1986, 3029; OLG Saarbrücken 5 W 60/88 vom 21.4.1989, NJW 1990, 647; streitig, vgl. BAUMBACH/HOPT, § 105 HGB Rz. 28.

2. Firma

Die KG kann die bisherige Firma des Einzelunternehmens **fortführen** (§ 24 HGB). Dies gilt sowohl für den Fall, dass der bisherige Einzelkaufmann die Komplementärstellung einnimmt, als auch im Fall des Zurücktretens in die Kommanditistenrolle[1]. Notwendig ist die Beifügung eines Gesellschaftszusatzes (§ 19 Abs. 1 HGB).

421

3. Haftung

Tritt jemand als persönlich haftender Gesellschafter oder als Kommanditist in das Geschäft eines Einzelkaufmanns ein, so haftet die **Gesellschaft** für alle im Betrieb des Geschäftes entstandenen Verbindlichkeiten des früheren Geschäftsinhabers (§ 28 Abs. 1 HGB). Dies gilt unabhängig davon, ob die Firma des Einzelunternehmens fortgeführt wird[2].

422

Für die Verbindlichkeiten der Gesellschaft haften die Gesellschafter beschränkt (Kommanditist) oder unbeschränkt (**Komplementär**, §§ 171 ff. HGB).

423

Wird der frühere **Geschäftsinhaber** Kommanditist, so ist seine Haftung für die bis zur Eintragung der KG entstandenen Verbindlichkeiten auf fünf Jahre begrenzt (§ 28 Abs. 3 i.V.m. § 26 HGB).

424

Im Innenverhältnis kann der Umfang der auf die Gesellschaft übergehenden Alt-Verbindlichkeiten vertraglich bestimmt werden. Gegenüber Dritten sind solche **Haftungsbeschränkungen** jedoch nur wirksam, wenn sie im Handelsregister eingetragen und bekannt gemacht oder von einem Gesellschafter dem Dritten mitgeteilt worden sind (§ 28 HGB). Nicht erfasst von einer Haftungsbeschränkung nach § 28 Abs. 2 HGB wird eine Haftung nach § 613a BGB **(Arbeitsverhältnisse)** und § 75 AO **(betriebliche Steuerschulden)**.

425

4. Handelsregisteranmeldung

Der Eintritt eines Gesellschafters und die Entstehung der KG ist von allen Gesellschaftern zum Handelsregister anzumelden. **Zuständig** ist das Gericht, in dessen Bezirk die Gesellschaft ihren Sitz hat[3].

426

---

1 Burgard in Staub, § 24 HGB Rz. 20; Baumbach/Hopt, § 24 HGB Rz. 10.
2 Zum Umfang der Haftung siehe die Kommentierung zu § 28 HGB; zur Haftung für Versorgungsbezüge von Arbeitnehmern BAG 3 AZR 593/89 vom 29.1.1991, NJW 1991, 1972; zur steuerlichen Haftung Mösbauer, DStZ 1996, 257.
3 Zur Formulierung vgl. Krämer/Friedl in Formularbuch Recht und Steuern, S. 61 ff.

EU → KG

II. Steuerrecht

1. Steuerfolgen für den Einzelunternehmer

427 Die Aufnahme eines Gesellschafters in das Einzelunternehmen ist eine Einbringung i.S.d. § 24 UmwStG[1]. Eingebracht wird der Betrieb des Einzelunternehmers. Es gelten die Tz. 380–411 jedoch mit Ausnahme Tz. 386, da mangels Gesamtrechtsnachfolge eine Rückbeziehung nicht möglich ist (§ 24 Abs. 4 UmwStG).

428 Kernproblem der Aufnahme eines Gesellschafters ist der **Ausgleich unterschiedlicher Werte oder Bewertungen** der jeweiligen **Einlagen** des Einzelunternehmers und des neuen Gesellschafters[2]. Dies gilt sowohl, wenn der neue Gesellschafter einen Beitrag in Geld erbringen soll, als auch für den Fall, dass der neue Gesellschafter Sacheinlagen einbringt. Werden beiderseits **Sacheinlagen** erbracht, gelten die Tz. 1995–2002 *KG ↔ KG*.

429 Leistet der neue Gesellschafter eine **Bareinlage**, während das Einzelunternehmen zum Buchwert eingebracht wird, entsteht für den Einzelunternehmer zwar kein Veräußerungsgewinn; die Anfangsbilanz der KG gibt jedoch weder die gewinnmäßige noch die kapitalmäßige Beteiligung richtig wieder.

430 **Beispiel**: Einzelunternehmer E will den Gesellschafter G aufnehmen. Das Einzelunternehmen hat einen Buchwert von 100 000,– Euro, einen Teilwert von 500 000,– Euro. Erfolgt die Einbringung zum Buchwert und erbringt G eine Bareinlage von 100 000,– Euro, so weisen die Kapitalkonten der Gesellschafter jeweils 100 000,– Euro aus, was nicht dem tatsächlichen Beteiligungsverhältnis von fünf Sechsteln zu einem Sechstel entspricht. Die Gesellschafter werden folglich nach einem Ausgleich suchen.

431 **Hinweis**: Unterlassen die Gesellschafter einen Ausgleich, führt dies zur **Verschiebung stiller Reserven** von E auf G, was zu einer Veräußerung oder Schenkung führen könnte[3].

---

[1] Eingehend Söffing, StVj 1991, 32; Pfalzgraf/Mayer, DStR 1995, 1289; BFH IV R 70/05 vom 20.9.2007, BStBl. 2008 II, 265.

[2] Siehe zB BFH III R 38/00 vom 16.12.2004, BStBl. 2005 II, 554: Werden Kinder zur Abgeltung von Pflichtteilsansprüchen über Wert beteiligt, liegt eine Veräußerung vor.

[3] Siehe BFH III R 38/00 vom 16.12.2004, BStBl. 2005 II, 554; FG Rheinland-Pfalz 2 K 2326/89 vom 10.11.1992, EFG 1993, 482; Gebel, DStR 1998, 269; Münch, DStR 2002, 1025.

Lösung 1: Die **Einbringung** des Einzelunternehmens erfolgt **zum Teil-** 432 **wert**. Die Bilanz ergibt ein korrektes Bild der Beteiligungen. E kann den Einbringungsgewinn entweder – teils begünstigt, teils nicht begünstigt – versteuern (§§ 16, 34 EStG i.V.m. § 24 Abs. 3 UmwStG) oder den Gewinn durch eine Ergänzungsbilanz neutralisieren[1].

Lösung 2: Die **Einbringung** erfolgt **zum Buchwert**. Korrekte Betei- 433 ligungsverhältnisse werden durch Anpassung der Kapitalkonten hergestellt. Zum Ausgleich werden positive und negative **Ergänzungsbilanzen** für die Gesellschafter aufgestellt[2].

Lösung 3: Die **Einbringung** des Einzelunternehmens erfolgt **zum Buch-** 434 **wert**. Die Wertdifferenz (im Beispiel Tz. 430 waren es 200 000,– Euro) gleicht G durch unmittelbare oder mittelbare **Zahlung**, die auch in dem Verzicht auf eine Verbindlichkeit bestehen kann[3], an E aus. Der BFH[4] und die Finanzverwaltung[5] sehen in dem Vorgang den Verkauf von Miteigentumsanteilen an den Wirtschaftsgütern des Einzelunternehmens. Der Gewinn ist – mangels einer Betriebsveräußerung – nicht nach §§ 16, 34 EStG begünstigt. Eine Neutralisierung durch Ergänzungsbilanzen ist ausgeschlossen[6].

Etwas anderes gilt, wenn die **stillen Reserven** in dem Einzelunterneh- 435 men insgesamt **aufgedeckt** werden. Hierbei ist die Einbringung einschließlich Zuzahlung gemäß § 24 Abs. 3 S. 2 UmwStG i.V.m. §§ 16 Abs. 4, 34 EStG begünstigt. Ausgenommen ist der Teil des Gewinns, der der Beteiligung des einbringenden Einzelunternehmers an der Personengesellschaft entspricht (§ 24 Abs. 3 S. 3 UmwStG)[7]. Dies gilt auch für Wirtschaftsgüter, die nicht in das Gesamthandsvermögen eingebracht, sondern der Gesellschaft nur zur Nutzung überlassen (Sonderbetriebsvermögen) werden. Die in diesen Wirtschaftsgütern ruhenden stillen Reserven sind ebenfalls Teil des laufenden, nicht begünstigten Gewinns. Zur Bilanzierungspflicht siehe Tz. 161.3 *EU → GbR*.

Hinweis: Eine begünstigte Realisierung stiller Reserven durch eine 436 „zweistufige" Gesellschaftsgründung (1. Der Gesellschafter wird ohne

---

1 Eingehend LEY, KÖSDI 2001, 12982; NIEHUS, StuW 2002, 116, MAYER, DStR 2003, 1553; VON CAMPENHAUSEN, DB 2004, 1282.
2 Tz. 24.14. UmwE 2011.
3 BFH III R 38/00 vom 16.12.2004, GmbHR 2005, 638.
4 BFH GrS 2/98 vom 18.10.1999, GmbHR 2000, 144; BFH IV R 54/99 vom 21.9.2000, BStBl. 2001 II, 178 = GmbHR 2001, 79.
5 Tz. 24.08–24.10 UmwE 2011.
6 BFH GrS 2/98 vom 18.10.1999, GmbHR 2000, 144.
7 BFH IV R 54/99 vom 21.9.2000, BStBl. 2001 II, 178 = GmbHR 2001, 79.

EU → KG

oder nur mit geringer Beteiligung am Vermögen aufgenommen. Die Einbringung des Einzelunternehmens erfolgt zu Buchwerten. 2. Der frühere Einzelunternehmer veräußert einen Teil seines Mitunternehmeranteils an den eingetretenen Gesellschafter)[1] ist nicht mehr möglich, sofern nur der Teil eines Mitunternehmeranteils veräußert wird (§ 16 Abs. 1 S. 2 EStG, siehe auch Tz. 161.6 *EU → GbR*).

437 Zu **weiteren Lösungen** siehe Tz. 1995–2002 *KG ↔ KG*; zur unentgeltlichen Aufnahme siehe Tz. 162 *EU → GbR*.

2. Steuerfolgen für den eintretenden Gesellschafter

438 Bei Einbringung eines **Betriebs, Teilbetriebs oder Mitunternehmeranteils** gilt § 24 UmwStG. Zur Einbringung **einzelner Wirtschaftsgüter** siehe Tz. 383–383.1. Zur Einbringung einer **Bareinlage** und zur Zahlung unmittelbar an den aufnehmenden Einzelunternehmer Tz. 434–436. Soweit eine Zahlung außerhalb der Gesellschaft erfolgt, die über dem Buchwert der Beteiligung liegt, hat der Eintretende die Buchwerte der Wirtschaftsgüter in einer Ergänzungsbilanz aufzustocken und ggf. einen Firmenwert zu aktivieren[2]. Von diesen Werten ist in der Zukunft nach allgemeinen Regeln die Abschreibung vorzunehmen.

D. Übertragung des Unternehmens auf eine bestehende KG

I. Zivilrecht

439 Ein Einzelunternehmen kann im Wege der **Sacheinlage** in eine KG eingebracht werden. Ist der Unternehmer bereits an der KG beteiligt, erfolgt dies gegen Erhöhung seiner Beteiligung (nicht notwendig der Haftsumme), ansonsten gegen Gewährung einer Beteiligung. In beiden Fällen handelt es sich um die **Änderung des Gesellschaftsvertrags** der KG[3]. Damit ist die Zustimmung aller Gesellschafter erforderlich, soweit der Gesellschaftsvertrag nichts anderes vorsieht. Die Vereinbarung ist grundsätzlich **formlos gültig**. Es gelten die Ausnahmen wie in Tz. 419. Die Änderung ist von allen Gesellschaftern zum **Handelsregister** anzumelden.

---

1 BFH IV R 11/03 vom 16.9.2004, DB 2004, 2455.
2 WACKER in L. Schmidt, § 16 EStG Rz. 480 ff.
3 Zur Formulierung vgl. GÖTZE in Münchener Vertragshandbuch, Band 1, III. 13 und III. 15.

II. Steuerrecht

Es gilt **§ 24 UmwStG** und damit die Tz. 427–438 entsprechend; jedoch mit der Besonderheit, dass es mangels Gesamtrechtsnachfolge keine Rückwirkung gibt (§ 20 Abs. 4 UmwStG). Steuerlich treten die Rechtsfolgen der Einbringung mit Übergang des wirtschaftlichen Eigentums ein[1]. 440

Aus Haftungsgründen wird man idR für den Eigentumsübergang keinen **Zeitpunkt** wählen, der vor Eintragung der KG im Handelsregister liegt, da der Kommanditist bis zur Eintragung unbeschränkt haftet (§§ 176, 130 HGB). Soll zudem aus Praktikabilitätsgründen zu einem regulären Bilanzstichtag eingebracht werden, muss die Gründung der KG so rechtzeitig vor dem Bilanzstichtag erfolgen, dass die Eintragung bis zum Bilanzstichtag erfolgen kann. **Formulierung**[2]: „Die Gesellschaft beginnt mit Eintragung im Handelsregister, jedoch nicht vor dem 1. 1. 01. Ab diesem Tag gilt das Einzelunternehmen für Rechnung der Gesellschaft geführt." 440.1

Bei **Einbringung zum Jahreswechsel** muss klar festgelegt werden, in welchem Jahr die Einbringung erfolgt. Anderenfalls ist der Veranlagungszeitraum, dem ein etwaiger Einbringungsgewinn zuzuordnen ist, durch Auslegung zu ermitteln[3]. 440.2

Erfolgt die Einbringung nicht zum Ablauf des Wirtschaftsjahrs, endet das **Wirtschaftsjahr** des bisherigen Einzelunternehmers mit der Einbringung[4]. 440.3

E. Verkauf

I. Zivilrecht

Zivilrechtlich ist der Verkauf des Einzelunternehmens an die KG **zulässig**. Neben dem Abschluss des schuldrechtlichen Verpflichtungsgeschäfts ist die dingliche Übertragung der einzelnen Vermögensgegenstände erforderlich. 441

Verbindlichkeiten und **Verpflichtungen** aus gegenseitigen Verträgen gehen nur mit Zustimmung des jeweiligen Gläubigers bzw. Vertragspartners auf die KG über. Soweit keine befreiende Schuldübernahme 442

---

1 Tz. 24.04, 20.13 UmwE 2011.
2 Krämer/Friedl in Formularbuch Recht und Steuern, S. 60 ff.
3 BFH IV R 47/73 vom 2.5.1974, BStBl. 1974 II, 707.
4 Widmann in Widmann/Mayer, § 24 UmwStG Rz. 123 (August 2001).

EU → KGaA

erfolgt, haftet weiterhin der bisherige Unternehmensinhaber. Für **Arbeitsverhältnisse** gilt § 613a BGB. Die KG **haftet** unter den Voraussetzungen der § 25 HGB **(Firmenfortführung)**, § 75 AO **(Betriebsübernahme)** für Altschulden.

II. Steuerrecht

443 Erfolgt der Verkauf unter zwischen Fremden üblichen Bedingungen, liegt eine **entgeltliche Veräußerung** vor[1]. Der Einzelunternehmer erzielt einen Veräußerungsgewinn nach §§ 16, 34 EStG; die KG hat entsprechende Anschaffungskosten.

444 Der Verkauf über Wert ist hinsichtlich des den Wert übersteigenden Betrags eine **Entnahme** bei der KG[2], der Verkauf unter Wert teilweise **verdeckte Einlage** (dazu Tz. 446).

F. Unentgeltliche Übertragung

445 **Zivilrechtlich** setzt die dingliche Eigentumsübertragung keinen Schuldgrund voraus. Überträgt der Einzelunternehmer die Wirtschaftsgüter seines Betriebs auf die KG, wird diese Eigentümerin, auch wenn der Einzelunternehmer hierfür weder (neue) Gesellschaftsrechte noch eine sonstige Gegenleistung erhält.

446 **Steuerrechtlich** ist die unentgeltliche und ohne Gewährung von Gesellschaftsrechten erfolgte Übertragung von materiellen oder immateriellen Wirtschaftsgütern **verdeckte Einlage**. Grundsätzlich sind die Buchwerte fortzuführen, auch soweit eine Schenkung an Mitgesellschafter vorliegt[3].

Einzelunternehmen (EU) → KGaA, Ausgliederung, Einbringung

447 Ein Einzelunternehmen kann durch Ausgliederung in eine KGaA umgewandelt werden (§ 152 UmwG). Der **Einzelkaufmann** wird persönlich haftender Gesellschafter und gleichzeitig einziger Kommanditist. Das **Eigenkapital** des Einzelkaufmanns muss in Höhe von mindestens 50 000,- Euro auf das Kommanditaktienkapital erbracht werden. Darü-

---
1 WACKER in L. Schmidt, § 6 EStG Rz. 696.
2 WACKER in L. Schmidt, § 6 EStG Rz. 696.
3 Eingehend WACKER in L. Schmidt, § 6 EStG Rz. 695; zur Schenkungsteuer siehe BFH II B 15/00 vom 1.2.2001, BFH/NV 2001, 1265.

EU → SE

ber hinaus kann das Vermögen auf das Kommanditaktienkapital oder eine Komplementäreinlage verteilt werden[1].

Ein Einzelunternehmen kann als **Sacheinlage** im Rahmen einer Sachgründung (§§ 278 Abs. 3, 27 AktG), Nachgründung (§§ 278 Abs. 3, 52 AktG) oder Kapitalerhöhung (§§ 278 Abs. 3, 182 ff. AktG) auf eine KGaA übertragen werden. Der wesentliche Unterschied zur Umwandlung besteht in der fehlenden Gesamtrechtsnachfolge. 448

Zur **verdeckten Einlage** Tz. 347–354 EU → GmbH. 449

Steuerrechtlich handelt es sich jeweils um eine Einbringung gemäß §§ 20–23 UmwStG[2]. Hierzu Tz. 229–289 EU → GmbH. 450

Einzelunternehmen (EU) → Körperschaft des öffentlichen Rechts (KöR)

Die Umwandlung ist ausgeschlossen. Denkbar ist die **Umwandlung** des Einzelunternehmens **in eine AG** mit anschließender **Übertragung des Vermögens auf die öffentliche Hand.** 451

Einzelunternehmen (EU) → OHG, Ausgliederung, Einbringung

Es gelten die Tz. 369–446 EU → KG entsprechend. 452

Einzelunternehmen (EU) → Partnerschaft, Einbringung

Die Ausgliederung eines freiberuflichen Einzelunternehmens auf eine Partnerschaft ist ausgeschlossen (§ 152 UmwG). Zulässig ist die Einbringung. Es gelten die Tz. 148–170 EU → GbR. Zu den Besonderheiten der Partnerschaft siehe Tz. 531–534 GbR → Partnerschaft. 453

Einzelunternehmen (EU) → SE

Siehe Tz. 2105.26 SE → EU. 453.1

---

1 Mayer in Widmann/Mayer, § 152 UmwG Rz. 216 (November 1999).
2 Eingehend Schütz/Dümischen, DB 2000, 2446.

EU → Stiftung

Einzelunternehmen (EU) → Stiftung, Übertragung

A. Übersicht 454
B. Übertragung eines Einzelunternehmens auf eine
rechtsfähige Stiftung 460

I. Zivilrecht 460
II. Steuerrecht 465

A. Übersicht

454 Eine direkte Umwandlung eines Einzelunternehmens in eine Stiftung ist **nicht möglich** (siehe § 152 UmwG).

455 In Betracht kommt die Übertragung eines Einzelunternehmens im Rahmen eines **Stiftungsgeschäfts**.

456 Eine Stiftung ist dadurch gekennzeichnet, dass der Stifter durch einseitige Willenserklärung ein bestimmtes Vermögen auf Dauer einem von ihm gesetzten Zweck widmet. Die Stiftung ist damit in erster Linie ein Instrument der **Nachfolgegestaltung**. Sie wird insbesondere dort in Betracht kommen, wo ein geeigneter Nachfolger aus dem Familienkreis nicht vorhanden ist oder die Erträge Dritten (zB Firmenangehörigen, Bedürftigen) zugute kommen sollen.

457 Aus **steuerlicher Sicht** ist zu beachten, dass die Stiftung dem vollen Körperschaftsteuersatz unterliegt (§ 23 Abs. 1 KStG), wenn nicht eine Steuerbefreiung wegen Verfolgung steuerbegünstiger Zwecke (§ 5 Abs. 1 Nr. 9 KStG) eingreift. Ausschüttungen der Stiftung an die Destinatäre unterliegen als Einkünfte aus Kapitalvermögen[1] der Abgeltungsteuer (§ 32d EStG)[2]. Ferner sind bei der Gestaltung die ggf. unterschiedlichen Folgen bei der Erbschaft- oder Schenkungsteuer zu berücksichtigen[3].

458 Zu entscheiden ist, ob die Stiftung bereits zu **Lebzeiten** oder erst **von Todes wegen** errichtet wird. Sinnvoll kann es sein, zu Lebzeiten lediglich einen Teil des Vermögens in eine Stiftung einzubringen und den Rest mit dem Tod zu übertragen. Bei einem Einzelunternehmen kann dies die Umwandlung des Einzelunternehmens in eine Kapitalgesell-

---

1 BMF vom 27.6.2006, BStBl. 2006 I, 417; WEBER-GRELLET in L. Schmidt, § 20 EStG Rz. 115; kritisch WASSERMEYER, DStR 2006, 1733.
2 Zur zeitlichen Anwendung § 52a Abs. 15 EStG.
3 Siehe im Einzelnen zur Besteuerung von Stiftungen GEBEL, BB 2001, 2554; LEX, DStR 2000, 1939; MAIER, BB 2001, 494; SCHÄFERS/WALZ, FR 2002, 499; WACHTER, Stiftungen, 2001, S. 76 ff.

EU → Stiftung

schaft voraussetzen, um so zunächst nur einen Teil der Anteile zu übertragen.

Bei der Übertragung können **Pflichtteils-** bzw. **Pflichtteilsergänzungsansprüche** entstehen (§§ 2303, 2325 BGB)[1].   459

B. Übertragung eines Einzelunternehmens auf eine rechtsfähige Stiftung

I. Zivilrecht

Zur Entstehung einer rechtsfähigen Stiftung privaten Rechts ist ein **Stiftungsgeschäft** und die **Anerkennung** der nach Landesrecht zuständigen Behörde erforderlich (§ 80 BGB).   460

Das Stiftungsgeschäft[2] unter Lebenden bedarf lediglich der **Schriftform** (§§ 81 Abs. 1, 126 BGB). Es gilt auch, wenn das Stiftungsgeschäft die Übertragung von Grundstücken oder GmbH-Anteilen vorsieht. Im Stiftungsgeschäft ist der **Stiftungszweck** eindeutig zu regeln. Der Stifter muss **unbeschränkt geschäftsfähig** sein.   461

Nach Anerkennung der Stiftung ist das zugesicherte **Vermögen zu übertragen** (§ 82 BGB). Erforderlich ist Einzelübertragung. Es gibt also keine Geamtrechtsnachfolge.   462

Beim **Stiftungsgeschäft von Todes** wegen sind die **Formvorschriften des Erbrechts** zu beachten. Die Vermögenszuwendung erfolgt durch Erbeinsetzung, Vermächtnis oder Auflage. Wird die Stiftung als Alleinerbe eingesetzt, so erwirbt sie das Vermögen des Stifters als Gesamtrechtsnachfolger (§§ 1922, 84 BGB).   463

Die rechtsfähige Stiftung bedarf der **Anerkennung** durch die nach dem jeweiligen Landesrecht zuständige Genehmigungsbehörde[3]. Antragsberechtigt sind der Stifter, seine Erben oder besondere Bevollmächtigte. Geprüft wird die Erfüllung der gesetzlichen Anforderungen an eine selbständige Stiftung.   464

---

1 RAWERT/KATSCHINSKI, ZEV 1996, 161.
2 Zur Verfassung einer Stiftung HOF in Münchener Vertragshandbuch, Band 1, VIII.1; WACHTER, Stiftungen, 2001, S. 50 ff.
3 Übersicht bei HEINRICHS in Palandt, Vorb. v. § 80 BGB Rz. 13.

EU → Stille Gesellschaft

II. Steuerrecht

465 Überträgt der Einzelunternehmer seinen Betrieb unentgeltlich an eine **steuerpflichtige Stiftung**, ergibt sich **keine Gewinnrealisierung** (§ 6 Abs. 3 EStG). Die Buchwerte sind fortzuführen[1].

466 Dies gilt auch bei einer Übertragung an eine **steuerbefreite inländische Stiftung** (§ 6 Abs. 1 Nr. 4 S. 4 EStG). Ein Spendenabzug ist nur in Höhe des Entnahmewerts möglich (§ 10b Abs. 3 S. 2 EStG, § 9 Abs. 2 S. 3 KStG).

467 Die Übertragung unterfällt nicht der **Umsatzsteuer** (§ 1 Abs. 1a UStG). **Grunderwerbsteuer** fällt nicht an (§ 3 Nr. 2 GrEStG).

468 Die Einbringung in eine **steuerpflichtige Stiftung** unterliegt der **Schenkungsteuer** (§ 7 Abs. 1 Nr. 8 ErbStG). Der Vorgang unterfällt der Steuerklasse III, sofern keine Familienstiftung errichtet wird (§ 15 Abs. 2 S. 1 ErbStG). Die Familienstiftung wird alle 30 Jahre erneut zur Erbschaftsteuer herangezogen (§ 1 Abs. 1 Nr. 4 i.V.m. § 9 Abs. 1 Nr. 4 ErbStG).

469 Die Einbringung in eine **steuerfreie Stiftung** ist von der Schenkungsteuer befreit (§ 13 Abs. 1 Nr. 16b ErbStG).

Einzelunternehmen (EU) → Stille Gesellschaft

470 **Zivilrechtlich** wird aus dem Einzelunternehmen eine stille Gesellschaft, wenn ein Dritter sich am Handelsgewerbe des Inhabers mit einer in das Vermögen des Inhabers übergehenden Einlage beteiligt und dafür am Gewinn, nicht notwendig am Verlust, beteiligt wird (§§ 230, 231 HGB)[2].

471 Die stille Gesellschaft ist damit **Innengesellschaft**. Anders als bei der Gründung einer Personenhandelsgesellschaft durch Aufnahme eines Gesellschafters entsteht kein Gesamthandsvermögen, sodass sich an den Eigentumsverhältnissen des Geschäftsinhabers nichts ändert.

472 Die **steuerlichen Folgen** der Gründung einer stillen Gesellschaft bestimmen sich nach dem Umfang der dem Stillen eingeräumten Rechte.

473 Die **typische stille Gesellschaft** wird besteuert wie ein Darlehen. Der Stille bezieht Einkünfte aus Kapitalvermögen (§ 20 Abs. 1 Nr. 4 EStG).

---

1 Widmann in Widmann/Mayer, Anh. 8 Rz. 3 (Oktober 1981).
2 Im Einzelnen zum Wesen der stillen Gesellschaft Blaurock, Handbuch Stille Gesellschaft, S. 10 ff.

Für den Geschäftsinhaber ist die stille Beteiligung Verbindlichkeit, die Gewinnanteile des Stillen Betriebsausgaben[1].

Werden dem stillen Gesellschafter Rechte eingeräumt, die ihn zum **Mitunternehmer** machen (atypische stille Gesellschaft)[2], entspricht der Vorgang steuerlich der Gründung einer Personengesellschaft. Obwohl seitens des Geschäftsinhabers keine Einbringung in ein Gesamthandsvermögen erfolgt, ist § 24 UmwStG anwendbar[3]. 474

Einzelunternehmen (EU) → UG (haftungsbeschränkt)

Die **Ausgliederung zur Neugründung** ist wegen des Sacheinlageverbots des § 5a Abs. 2 S. 2 GmbHG ausgeschlossen[4]. 474.1

Ein Einzelunternehmen kann **zur Aufnahme** auf eine bestehende UG **ausgegliedert** werden, wenn durch die Umwandlung das Mindeststammkapital iHv. 25 000 Euro erreicht wird[5]. Es gelten die Tz. 290–304 *EU → GmbH*. 474.2

Dasselbe gilt für die **Einbringung**.

Einzelunternehmen (EU) → Verein

Eine Umwandlung ist **ausgeschlossen**. 475

Einzelunternehmen (EU) → VVaG

Eine Umwandlung oder Einbringung ist **ausgeschlossen**. 476

---

1 Im Einzelnen BLAUROCK, Handbuch Stille Gesellschaft, S. 617 ff.
2 Dazu BLAUROCK, Handbuch Stille Gesellschaft, S. 566 ff.
3 WIDMANN in Widmann/Mayer, § 24 UmwStG Rz. 87 (August 2001); SCHLÖSSER in Haritz/Menner, § 24 UmwStG Rz. 53.
4 BGH II ZB 9/10 vom 11.4.2011, GmbHR 2011, 701.
5 BGH II ZB 25/10 vom 19.4.2011, GmbHR 2011, 699; Anm. HECKSCHEN, BRAO 2011, 232; WACHTER, NJW 2011, 2620.

Europäische Kapitalgesellschaft (EU-Kap)[1]

Europäische Kapitalgesellschaft (EU-Kap) → AG

476.1 Siehe Tz. 476.6 *EU-Kap → GmbH*.

Europäische Kapitalgesellschaft (EU-Kap) → EU

476.2 Eine Verschmelzung auf den Alleingesellschafter ist nach § 120 UmwG nur für inländische Kapitalgesellschaften vorgesehen[2].

Europäische Kapitalgesellschaft (EU-Kap) → EWIV

476.3 Siehe Tz. 476.12 *EU-Kap → KG*.

Europäische Kapitalgesellschaft (EU-Kap) → GbR

476.4 Siehe Tz. 476.12 *EU-Kap → KG*.

Europäische Kapitalgesellschaft (EU-Kap) → Genossenschaft

476.5 Eine Verschmelzung nach dem UmwG ist **ausgeschlossen** (§ 122b Abs. 2 Nr. 1 UmwG).

Europäische Kapitalgesellschaft (EU-Kap) → GmbH, Verschmelzung

476.6 Es gelten die Tz. 688.1–688.23 *GmbH → EU-Kap* mit folgenden Besonderheiten:

476.7 Im Fall der **Verschmelzung durch Aufnahme** haben die Geschäftsführer der übernehmenden GmbH die Verschmelzung zur Eintragung in das Register des Sitzes ihrer Gesellschaft anzumelden. Der Anmeldung sind die Verschmelzungsbescheinigungen der übertragenden europäischen Kapitalgesellschaft, der gemeinsame Verschmelzungsplan und, soweit erforderlich, die Vereinbarung über die Beteiligung der Arbeit-

---

1 Zum Begriff siehe Einleitung S. 4.
2 MAIER-REIMER in Semler/Stengel, § 120 UmwG Rz. 9.

EU-Kap → KG

nehmer beizufügen (§ 122 l Abs. 1 S. 2 UmwG). Die Verschmelzungsbescheinigungen dürfen nicht älter als sechs Monate sein. Die Nachweise nach §§ 16 Abs. 2 und 3 sowie 17 UmwG sind nicht beizufügen, weil diese nur von der übertragenden Gesellschaft einzureichen sind (§ 122k Abs. 1 S. 2 UmwG).

Im Fall der **Verschmelzung zur Neugründung** hat die Anmeldung zum Handelsregister durch die Vertretungsorgane der übertragenden Gesellschaften zu erfolgen (§ 122l Abs. 1 S. 1 UmwG). 476.8

Stellt die übertragende EU-Kap keinen **Antrag nach § 11 Abs. 2 UmwStG**, kommt es zur Besteuerung der stillen Reserven, soweit diese Gesellschaft über Vermögen verfügt, das der deutschen Besteuerung unterliegt[1]. Soweit die übrigen Voraussetzungen des § 11 Abs. 2 S. 1 UmwStG gegeben sind (dazu Tz. 688.16 *GmbH → EU-Kap*), kann hinsichtlich dieses Vermögens auf Antrag auch ein niedriger Wert angesetzt werden. 476.9

Nach § 12 Abs. 1 UmwStG hat die übernehmende GmbH die übernommenen Wirtschaftsgüter mit den Werten aus der Schlussbilanz der übertragenden EU-Kap anzusetzen. Kommt es im Fall der Hineinverschmelzung zur **Verstrickung von stillen Reserven**, wird also das deutsche Besteuerungsrecht begründet, sind mE § 4 Abs. 1 S. 7 EStG, § 8 KStG anwendbar. Insoweit ist eine Bindung an den Buch- oder Zwischenwert aus der Schlussbilanz der übertragenden Körperschaft nicht gegeben. Dies gilt mE auch, wenn die übertragende ausländische EU-Kap sowohl Auslandsvermögen als auch Inlandsvermögen hat und einen Antrag auf Bewertung zum Buchwert stellt. 476.10

Europäische Kapitalgesellschaft (EU-Kap) → GmbH & Co KG

Siehe Tz. 476.12 *EU-Kap → KG*. 476.11

Europäische Kapitalgesellschaft (EU-Kap) → KG

Eine Umwandlung nach dem UmwG ist **ausgeschlossen**. Inwieweit eine Umwandlung dennoch zulässig ist, ist umstritten[2]. 476.12

---

1 Eingehend BENECKE/BEINERT, FR 2010, 1120.
2 Siehe KALLMEYER/KAPPES, AG 2006, 224.

EU-Kap → KGaA

Europäische Kapitalgesellschaft (EU-Kap) → KGaA

476.13 Es gelten die Tz. 476.6–476.10 *EU-Kap → GmbH* entsprechend.

Europäische Kapitalgesellschaft (EU-Kap) → KöR

476.14 Eine Umwandlung ist **ausgeschlossen**.

Europäische Kapitalgesellschaft (EU-Kap) → OHG

476.15 Siehe Tz. 476.12 *EU-Kap → KG*.

Europäische Kapitalgesellschaft (EU-Kap) → Partnerschaft

476.16 Siehe Tz. 476.12 *EU-Kap → KG*.

Europäische Kapitalgesellschaft (EU-Kap) → SE

476.17 Es gelten die Tz. 129.1–129.42 *AG → SE* entsprechend[1].

Europäische Kapitalgesellschaft (EU-Kap) → Stiftung

476.18 Eine Umwandlung ist nicht möglich. Allenfalls kommt eine Einbringung im Rahmen eines Stiftungsgeschäfts in Betracht, siehe Tz. 1522–1528 *GmbH → Stiftung*.

Europäische Kapitalgesellschaft (EU-Kap) → Stille Gesellschaft

476.19 Siehe Tz. 1529–1537 *GmbH → Stille Gesellschaft*.

Europäische Kapitalgesellschaft (EU-Kap) → UG (haftungsbeschränkt)

476.20 Es gelten die Tz. 476.6–476.10 *EU-Kap → GmbH* mit der Besonderheit, dass eine Verschmelzung nur zur Aufnahme erfolgen kann (siehe Tz. 1537.6 *GmbH → UG*).

---

[1] DRINHAUSEN/KEINATH, BB 2006, 725.

Europäische Kapitalgesellschaft (EU-Kap) → Verein

Eine Umwandlung nach dem UmwG ist **ausgeschlossen**. 476.21

Europäische Kapitalgesellschaft (EU-Kap) → VVaG

Eine Umwandlung nach dem UmwG ist **ausgeschlossen**. 476.22

Europäische Wirtschaftliche Interessenvereinigung (EWIV)

EWIV → AG, Umwandlung
477 Siehe Tz. 482 *EWIV → GmbH*.

EWIV → EU
478 Eine Umwandlung ist **ausgeschlossen**, siehe Tz. 1600 *KG → EU*.

EWIV → Europäische Kapitalgesellschaft (EU-Kap)
478.1 Es gilt Tz. 2089.1 *OHG → EU-Kap*.

EWIV → EWIV, Spaltung, Verschmelzung
479 Auf eine EWIV mit Sitz in Deutschland findet OHG-Recht Anwendung (§ 1 EWIVG). Es gilt daher Tz. 2099 *OHG → OHG*.

EWIV → GbR
480 Es gilt Tz. 2091 *OHG → GbR* (§ 1 EWIVG).

EWIV → Genossenschaft
481 Es gilt Tz. 2092 *OHG → Genossenschaft* (§ 1 EWIVG).

EWIV → GmbH
482 Es gilt Tz. 2093 *OHG → GmbH* (§ 1 EWIVG).

EWIV → GmbH & Co KG
483 Es gelten Tz. 2094–2095 *OHG → GmbH & Co KG* (§ 1 EWIVG).

EWIV → KG
484 Es gilt Tz. 2096 *OHG → KG* (§ 1 EWIVG).

EWIV → KGaA
Es gilt Tz. 2097 *OHG* → *KGaA* (§ 1 EWIVG). 485

EWIV → KöR
Es gilt Tz. 2098 *OHG* → *KöR* (§ 1 EWIVG). 486

EWIV → OHG
Es gilt Tz. 2094 *OHG* → *GmbH & Co KG* (§ 1 EWIVG). 487

EWIV → Partnerschaft
Es gilt Tz. 2101 *OHG* → *Partnerschaft* (§ 1 EWIVG). 488

EWIV → SE
Es gilt Tz. 2105.26 *SE* → *EU*. 488.1

EWIV → Stiftung
Es gilt Tz. 2102 *OHG* → *Stiftung* (§ 1 EWIVG). 489

EWIV → Stille Gesellschaft
Es gilt Tz. 2103 *OHG* → *Stille Gesellschaft* (§ 1 EWIVG). 490

EWIV → UG (haftungsbeschränkt)
Siehe Tz. 2103.1 *OHG* → *UG*. 490.1

EWIV → Verein
Es gilt Tz. 2104 *OHG* → *Verein* (§ 1 EWIVG). 491

EWIV → VVaG
Es gilt Tz. 2105 *OHG* → *VVaG* (§ 1 EWIVG). 492

Gesellschaft des bürgerlichen Rechts (GbR)

GbR → AG, Einbringung

493 Die Umwandlung einer GbR in eine AG ist **ausgeschlossen**.

494 In Betracht kommt nur eine **Einbringung** im Wege der Sachgründung, Nachgründung oder Kapitalerhöhung oder der **Verkauf** nach Bargründung einer AG (siehe zur Einbringung Tz. 1595–1597 *KG → AG*, zum Verkauf Tz. 1842–1845 *KG → GmbH*).

495 **Steuerlich** unterfällt die Einbringung § 20 UmwStG (siehe Tz. 1838–1841 *KG → GmbH*). Zur steuerlichen Behandlung des Verkaufs siehe Tz. 1846–1848 *KG → GmbH*.

GbR → Einzelunternehmen (EU)

496 Die **Umwandlung** einer GbR in ein Einzelunternehmen ist **ausgeschlossen**. Denkbar ist, dass alle Gesellschafter bis auf einen **ausscheiden** und damit das Gesamthandsvermögen dem verbleibenden Gesellschafter zuwächst.

497 Ferner ist denkbar, dass sich eine GbR auflöst, indem Vermögen auf die einzelnen Gesellschafter übertragen wird, die damit ein Einzelunternehmen begründen (**Realteilung**, siehe Tz. 500–502 *GbR → GbR*).

498 **Steuerrechtlich** ist das **Ausscheiden** aus der GbR Veräußerung der Beteiligung mit den daraus sich ergebenden allgemeinen Besteuerungsfolgen (§§ 16, 34 bzw. §§ 18, 34 EStG)[1]. Für den Bereich freiberuflicher Einkünfte ist darauf hinzuweisen, dass die Tarifermäßigung eine Einstellung der Tätigkeit des Ausscheidenden im bisherigen örtlichen Wirkungskreis voraussetzt[2].

---

1 SenFin Berlin vom 28.12.2009, FR 2010, 443.
2 BFH IV R 36/95 vom 23.1.1997, BStBl. 1997 II, 498, eingehend zum Ausscheiden aus der Freiberuflersozietät SCHWEDHELM/WOLLWEBER, GmbH-StB 2011, 82; STERZINGER, NJW 2011, 3057; RÖHRIG, EStB 2010, 31; OSTERMAYER/HUBER, BB 2009, 1327.

GbR → GbR

GbR → Europäische Kapitalgesellschaft (EU-Kap)[1], Einbringung

Die Umwandlung ist ausgeschlossen. In Betracht kommen die Einbringung, der Verkauf und die unentgeltliche Übertragung, siehe Tz. 508–511 *GbR → GmbH*. 498.1

Steuerlich gilt für die Einbringung der Gesellschaftsanteile Tz. 146.7–146.21 *EU → EU-Kap*. 498.2

GbR → EWIV, Einbringung

Für eine EWIV mit Sitz in Deutschland gilt das Recht der OHG (§ 1 EWIVG). Es gilt damit Tz. 529 *GbR → OHG*. 499

GbR → GbR, Realteilung

Die **Spaltung** einer GbR ist ausgeschlossen. §§ 123 ff. UmwG gelten nur für Personenhandelsgesellschaften (§ 124 i.V.m. § 3 Abs. 1 UmwG). 500

Unter **„Realteilung"** versteht man die Verteilung der materiellen und immateriellen Wirtschaftsgüter der Gesellschaft an die Gesellschafter im Verhältnis ihrer Beteiligungen unter getrennter Fortführung der bisherigen Tätigkeit in mehreren Gesellschaften oder Einzelunternehmen (Praxen, Sozietäten)[2]. 501

Steuerlich ist zu differenzieren. Bei einer Gesellschaft ohne Betriebsvermögen (zB Einkünfte aus Vermietung und Verpachtung) ist die Aufteilung des Vermögens ohne ertragsteuerliche Folgen. Bei einer Gesellschaft mit Betriebsvermögen (gewerbliche oder freiberufliche Tätigkeit)[3] gelten die Tz. 1902–1913 *KG → KG*)[4]. 502

---

1 Zum Begriff siehe Einleitung S. 4; zur Umstrukturierung einer Anwalts-GbR in eine LLP Schlinker, NJW 2011, 2091.
2 Engl in Widmann/Mayer, Anh. 10 Rz. 1 (April 2000); zu Freiberuflersozietäten BGH II ZR 242/92 vom 6.2.1993, WM 1994, 596; BGH II ZR 29/09 vom 31.5.2010, NJW 2010, 2660.
3 Zur Trennung freiberuflicher und gewerblicher Tätigkeit BFH IV R 11/97 vom 19.2.1998, BStBl. 1998 II, 603; Seer/Drüen, BB 2000, 2176.
4 Zu den steuerlichen Gestaltungen bei Freiberuflern Schulze zur Wiesche, Stbg. 2003, 435; Stahl, FR 2006, 1071; Schwedhelm/Wollweber, GmbH-StB 2011, 81; zur Abgrenzung einer Realteilung von einem Ausscheiden mit Sachwertabfindung FG Saarland 1 K 250/00 vom 24.9.2003, EFG 2003, 1776 und Stuhrmann, DStR 2005, 1355; BFH VIII R 28/08 vom 29.3.2011, BFH/NV 2011, 1572 zur Zulässigkeit der Ansparrücklage gemäß § 7g EStG nach Realteilung.

GbR ↔ GbR

GbR ↔ GbR, Verschmelzung

503 Eine Verschmelzung nach dem UmwG ist **ausgeschlossen** (§ 3 UmwG). Möglich ist eine Einbringung (siehe Tz. 1939–1948 *KG* ↔ *KG*). Es gelten die Tz. 2017–2024 *KG* ↔ *KG* entsprechend.

GbR → Genossenschaft

504 Die Umwandlung einer GbR in eine Genossenschaft ist **nicht möglich**.

505 In Betracht kommt die **Einbringung** von Vermögen als sonstige Sachleistung (§ 7a GenG)[1].

506 Eingebracht werden können das **Vermögen der GbR**[2] oder die **GbR-Anteile**.

507 **Steuerlich** gilt § 20 UmwStG. Die Tz. 515–519 *GbR → GmbH* gelten entsprechend.

GbR → GmbH, Einbringung

A. Überblick 508
B. Einbringung
 I. Zivilrecht 512
II. Steuerrecht
 1. § 20 UmwStG 515
 2. Sonstige Steuern 520
C. Anhang: Sozietät 522

A. Überblick

508 Die **Umwandlung** einer GbR in eine GmbH ist **ausgeschlossen**. Verschmelzung, Spaltung und Formwechsel erfassen als übertragende Rechtsträger nur Personenhandelsgesellschaften (siehe §§ 3, 124, 191 UmwG). Allerdings können auch Gesellschaften, die kein Handelsgewerbe betreiben (§ 1 Abs. 2 HGB), und vermögensverwaltende Gesellschaften durch Eintragung im Handelsregister zur Personenhandelsgesellschaft werden (§ 105 Abs. 2 HGB[3]). Freiberufliche Sozietäten sind hingegen nach hM nicht eintragungsfähig[4].

---

1 SCHULTE in Lang/Weidmüller, § 7a GenG Rz. 16.
2 Mitglied wird dann die GbR, siehe SCHULTE in Lang/Weidmüller, § 15 GenG Rz. 4.
3 IdF des HRefG, BGBl. 1998 I, 1474.
4 BYDLINSKI, ZIP 1998, 1169; SCHÖN, DB 1998, 1169; SCHÄFER, DB 1998, 1269; aA K. SCHMIDT, NJW 1998, 2161.

GbR → GmbH

In Betracht kommt die **Einbringung** aller **GbR-Beteiligungen** in eine GmbH im Wege der Sachgründung[1]. Die GbR erlischt. Ihr gesamtes Vermögen geht auf die GmbH über. Anteilseigner werden die bisherigen GbR-Mitglieder.   509

Werden nicht die Beteiligungen, sondern das **Vermögen** der GbR **eingebracht**, bleibt diese bestehen. Die GmbH-Anteile werden Gesamthandsvermögen[2].   510

Die Bargründung einer GmbH durch die GbR-Gesellschafter mit dem anschließenden **Verkauf** des GbR-Vermögens an die GmbH begründet die Gefahr einer **verschleierten Sachgründung** und einer **verdeckten Einlage** (vgl. Tz. 347–354 *EU → GmbH*).   511

B. Einbringung

I. Zivilrecht

Mittel der Einbringung der Gesellschaftsanteile oder des Gesellschaftsvermögens ist die **Sachgründung** (Errichtung einer GmbH) oder die **Sachkapitalerhöhung**[3] (Einbringung in bestehende GmbH).   512

Im Fall der **Einbringung der Gesellschaftsanteile** gelten die Tz. 1821–1837 *KG → GmbH*.   513

Bei **Einbringung des Vermögens** der GbR gelten die Tz. 305–341 *EU → GmbH*.   514

II. Steuerrecht

1. § 20 UmwStG

Für die steuerrechtliche Beurteilung ist zu differenzieren: 515

Ist die GbR eine **Mitunternehmerschaft**[4] und werden die Gesellschaftsanteile (Mitunternehmeranteile) eingebracht, gilt § 20 UmwStG (vgl. Tz. 1838–1841 *KG → GmbH*).   516

Wird das Vermögen einer GbR eingebracht, das einen **Betrieb** oder **Teilbetrieb** i.S.d. § 16 EStG darstellt, gilt ebenfalls § 20 UmwStG (vgl.   517

---

1 ULMER in Ulmer/Habersack/Winter, § 5 GmbHG Rz. 66.
2 BGH II ZB 1/79 vom 3.11.1980, BB 1981, 450 = BGHZ 78, 311; EMMERICH in Scholz, § 2 GmbHG Rz. 52.
3 Vertragsmuster: MAYER in Widmann/Mayer, Anh. 4, M 206 ff. (Juli 2010).
4 Zur Abgrenzung vgl. WACKER in L. Schmidt, § 15 EStG Rz. 320 ff.

GbR → GmbH & Co KG

Tz. 1639 *KG → GmbH*). Zur Streitfrage, ob die Einbringung des Vermögens als Einbringung der Mitunternehmeranteile anzusehen ist, vgl. Tz. 1640 *KG → GmbH*.

518 Ist die GbR **land- oder forstwirtschaftlich** tätig oder unterhält sie einen **freiberuflichen Betrieb**, so unterfallen sowohl die Einbringung des Vermögens als auch die Einbringung der Beteiligung § 20 UmwStG[1].

519 Ist die GbR lediglich **vermögensverwaltend** tätig, gilt § 20 UmwStG nicht[2]. Das eingebrachte Vermögen (Beteiligung oder Gesellschaftsvermögen) ist von der GmbH mit dem Teilwert anzusetzen. Ein steuerpflichtiger Gewinn bei dem Gesellschafter entsteht nur unter den Voraussetzungen der §§ 17, 23 EStG.

2. Sonstige Steuern

520 **Umsatzsteuer** fällt gemäß § 1 Abs. 1 a UStG nicht an.

521 Gehören zum eingebrachten Vermögen Grundstücke, kann **Grunderwerbsteuer** anfallen (siehe Tz. 1168 *GmbH ↔ GmbH*). Die Konzernklausel des § 6a GrEStG greift nicht, da deren Anwendungsbereich auf Umwandlungen gemäß § 1 Abs. 1 Nr. 1 bis 3 UmwG beschränkt ist.

C. Anhang: Sozietät

522 Die freiberufliche Sozietät ist eine **GbR**. Es gelten die Tz. 508–521.

GbR → GmbH & Co KG, Einbringung

523 Siehe Tz. 524–526 *GbR → KG*[3].

GbR → KG, Einbringung

524 Die **Umwandlung** einer GbR in eine KG nach dem UmwG ist ausgeschlossen (§§ 3, 124, 191 UmwG).

---

1 SCHMITT in Schmitt/Hörtnagl/Stratz, § 20 UmwStG Rz. 16; BFH I R 101/84 vom 8.6.1988, BStBl. 1988 II, 974.
2 PATT in Dötsch/Jost/Pung/Witt, § 20 UmwStG Rz. 28 (Juli 2007); MUTSCHER in Frotscher/Maas, § 20 UmwStG Rz. 89 (November 2010).
3 GASSMANN, DB 2004, 2066.

GbR → OHG

Dennoch kann es zur „Umwandlung" einer GbR – oder GmbH & Co GbR[1] – in eine KG kommen, wenn sich die Gesellschaft im Handelsregister als KG eintragen lässt (§§ 105 Abs. 2, 161 Abs. 2 HGB)[2]. Dabei haben die Beteiligten ein Wahlrecht zwischen identitätswahrender Fortführung der bisherigen Gesellschaft oder identitätsaufhebender **Einbringung** in eine neue, wenn auch personengleiche Gesellschaft[3]. Die Relevanz dieser Unterscheidung liegt im **Steuerrecht**, da bei der Einbringung das Wahlrecht des § 24 UmwStG zur Aufdeckung stiller Reserven besteht[4]. 525

Ebenso kann eine GbR in eine **bestehende KG** eingebracht werden. Es gelten die Tz. 2017–2024 *KG ↔ KG*. 526

GbR → KGaA, Einbringung

Eine echte Umwandlung ist ausgeschlossen. In Betracht kommt eine **Einbringung** im Wege der Sach-, Nachgründung oder Kapitalerhöhung oder der **Verkauf** nach Bargründung einer KGaA (siehe Tz. 508–521 *GbR → GmbH*). 527

GbR → Körperschaft des öffentlichen Rechts (KöR)

Die Umwandlung ist **ausgeschlossen**. Denkbar ist die Einbringung der GbR in eine AG mit anschließender Übertragung des Vermögens auf die öffentliche Hand. 528

GbR → OHG, Einbringung

Siehe Tz. 524–526 *GbR → KG*. 529

Die GbR wird zur OHG, wenn sie im **Handelsregister eingetragen** wird (§ 105 Abs. 2 HGB) oder ein **Handelsgewerbe** betreibt, das einen in kaufmännischer Weise eingerichteten Geschäftsbetrieb erfordert (§ 1 Abs. 2 HGB)[5]. 530

---

1 Siehe hierzu Eggert, DStR 2000, 230; Simon, DStR 2000, 578; Limmer, DStR 2000, 1230; Horn, GmbH-StB 2000, 342.
2 Siehe Schmidt, DB 1991, 61; Gustavus, GmbHR 1998, 17.
3 Siehe BFH VIII R 5/92 vom 21.6.1994, BStBl. 1994 II, 856, mwN.
4 FG München 1 K 264/07 vom 27.1.2010, EFG 2010, 1022, Rev. IV R 11/10 zum Ansatz des Betriebsvermögens in der KG gemäß § 6 Abs. 1 Nr. 6 i.V.m. Nr. 5 EStG.
5 Schäfer in Staub, § 105 HGB Rz. 52.

GbR → Partnerschaft

GbR → Partnerschaft, Einbringung

531 Die Umwandlung einer GbR in eine Partnerschaft vollzieht sich nicht nach dem UmwG (siehe Tz. 524 *GbR → KG*), sondern durch **Einbringung** der bisherigen Beteiligung an der GbR in eine neu zu gründende oder bestehende Partnerschaft.

532 **Voraussetzung** für die Einbringung einer GbR in eine Partnerschaft ist, dass ausschließlich freiberuflich tätige natürliche Personen an der GbR beteiligt sind (§ 1 PartGG). Ferner muss ein schriftlicher Partnerschaftsvertrag abgeschlossen werden (§ 3 PartGG), der zum Partnerschaftsregister anzumelden ist (§ 4 PartGG). Mit der Eintragung wird die GbR zur Partnerschaft[1] (§ 5 PartGG).

533 Ferner kann eine freiberufliche GbR in eine **bestehende Partnerschaft** eingebracht werden. Es gelten die Tz. 2017–2024 *KG ↔ KG*.

534 **Steuerlich** gilt Tz. 525 *GbR → KG*.

GbR → Stiftung

535 Eine direkte Umwandlung einer GbR in eine Stiftung ist **nicht möglich**. In Betracht kommt die Übertragung des Vermögens im Rahmen eines **Stiftungsgeschäfts** (siehe Tz. 454–469 *EU → Stiftung*).

GbR → Stille Gesellschaft

536 Es ist zu **unterscheiden**:

537 Eine **weitere Person** beteiligt sich an der GbR als stiller Gesellschafter. Es gelten Tz. 470–474 *EU → Stille Gesellschaft*.

538 Ein **Gesellschafter** der GbR tritt in die Stellung eines stillen Gesellschafters zurück. **Zivilrechtlich** sind dies die Auflösung der GbR und

---

1 Eingehend zur Partnerschaft, insbesondere auch zu etwaigen berufsrechtlichen Einschränkungen, Kupfer, KÖSDI 1995, 10 130; ferner Knoll/Schüppen, DStR 1995, 608; Müller, FR 1995, 402; Carl, StB 1995, 173; Schmidt, NJW 1995, 1; Lenz, MDR 1994, 741; Seibert, DB 1994, 2381. Zu Vor- und Nachteilen gegenüber einer GmbH Sommer, GmbHR 1995, 249; Vertragsmuster: Appel, Stbg. 1995, 203; WPK-Mitt. 1995, 91; Siepmann, FR 1995, 601; zur Fortführung des Namens eines ausgeschiedenen Partners BayObLG 3 Z BR 279/97 vom 26.11.1997, BB 1998, 556; OLG München 6 U 6228/98 vom 16.9.1999, DStR 2000, 939.

die Neugründung einer stillen Gesellschaft[1]. Allerdings findet keine Auseinandersetzung statt. Das Kapitalkonto wird zur stillen Einlage. **Steuerlich** ist von Bedeutung, ob der Gesellschafter Mitunternehmer bleibt. Ist dies der Fall, hat die Umformung keine Bedeutung. Verliert er seine Mitunternehmerstellung, liegt eine Veräußerung vor.

GbR → UG (haftungsbeschränkt)

Die Umwandlung einer GbR in eine UG ist ausgeschlossen (siehe Tz. 508 *GbR → GmbH*). 538.1

Wegen des Sachgründungsverbots in § 5a Abs. 2 S. 2 GmbHG ist auch die **Einbringung** aller GbR-Beteiligungen in eine UG nicht möglich, es sei denn durch die Einbringung wird das Mindeststammkapital iHv. 25 000 Euro erreicht[2]. Es gelten dann die Tz. 508–522 *GbR → GmbH*. Möglich ist auch, die GbR-Beteiligungen ohne Gewährung von Anteilen, also unentgeltlich, zu übertragen[3], was aber zur Aufdeckung der stillen Reserven führt, siehe Tz. 350 *EU → GmbH*. 538.2

GbR → Verein

Eine Umwandlung ist **ausgeschlossen**. 539

GbR → VVaG

Eine **Umwandlung** ist gesetzlich nicht vorgesehen. Da das VAG keine „Sachgründung" für einen VVaG zulässt (§ 22 VAG), kommt auch keine **Einbringung** in Betracht. 540

---

1 RG II 47/42 vom 29.10.1942, RGZ 170, 98; vgl. auch BFH VIII R 40/84 vom 28.11.1989, FR 1990, 334.
2 BGH II ZB 25/10 vom 19.4.2011, GmbHR 2011, 699; Anm. Heckschen, BRAO 2011, 232; Wachter, NJW 2011, 2620.
3 Fronhöfer in Widmann/Mayer, § 3 UmwG Rz. 16.3 (November 2010); Heckschen in Widmann/Mayer, § 1 UmwG Rz. 49.9 (November 2010); Gasteyer, NZG 2009, 1364.

Genossenschaft (Gen.)

Genossenschaft → AG, Formwechsel, Spaltung, Verschmelzung

A. Übersicht 541
B. Formwechsel einer eingetragenen Genossenschaft
 I. Zivilrecht 544
 II. Steuerrecht 555
C. Spaltung
 I. Aufspaltung

 1. Zivilrecht 557
 2. Steuerrecht 558
 II. Abspaltung 559
 III. Ausgliederung 560
D. Verschmelzung
 I. Zivilrecht 561
 II. Steuerrecht 563

A. Übersicht

541 Eine eingetragene Genossenschaft kann durch **Formwechsel** in eine AG umgewandelt werden (§ 258 UmwG). Zivilrechtlich wie steuerrechtlich erfolgt lediglich ein Wechsel der Rechtsform unter Wahrung der rechtlichen Identität[1].

542 Eine eingetragene Genossenschaft kann in eine AG **gespalten** werden (§ 124 UmwG).

543 Eine eingetragene Genossenschaft kann auf eine bestehende AG oder mit einem anderen Rechtsträger zu einer neuen AG **verschmolzen** werden (§§ 2 Abs. 1, 3 UmwG).

B. Formwechsel einer eingetragenen Genossenschaft

I. Zivilrecht

544 Es gelten die §§ 190–213 UmwG mit folgenden **Besonderheiten**[2]:

545 **Voraussetzung** der Umwandlung ist ein **Beschluss der Generalversammlung**. Der Beschluss bedarf der Mehrheit von drei Vierteln der abgegebenen Stimmen. Widersprechen bis spätestens drei Tage vor der Generalversammlung mindestens hundert Mitglieder (bei weniger als tausend Mitgliedern ein Zehntel der Mitglieder) durch eingeschriebe-

---

[1] Zum Rechtsformvergleich BINZ/FREUDENBERG, DB 1991, 2473; STRIEDER, BB 1995, 1857.
[2] Vertragsmuster: LIMMER, Handbuch der Unternehmensumwandlung, S. 643.

Genossenschaft → AG

nen Brief der Umwandlung, bedarf der Beschluss einer Mehrheit von neun Zehnteln der abgegebenen Stimmen (§ 262 Abs. 1 UmwG). Die Satzung kann größere Mehrheiten bestimmen.

Spätestens mit der **Einberufung** zur Generalversammlung ist der Vorschlag für den Umwandlungsbeschluss schriftlich mitzuteilen. Auf die notwendigen Mehrheiten und das Widerspruchsrecht ist hinzuweisen (§ 260 Abs. 1 UmwG). — 546

Vor der Beschlussfassung ist der **Prüfungsverband** zu hören (§ 259 UmwG). Das Gutachten des Prüfungsverbands zur Umwandlung ist in der Generalversammlung zu verlesen (§ 261 Abs. 2 S. 1 UmwG). Daneben ist eine Gründungsprüfung nach § 33 AktG erforderlich (§ 264 Abs. 3 UmwG). — 547

Der Umwandlungsbeschluss muss die im Hinblick auf die Aktiengesellschaft notwendigen **Änderungen der Satzung** umfassen (§ 263 UmwG). Hierzu gehören insbesondere die Änderung des Firmenzusatzes (AG statt Genossenschaft), die Festlegung des Grundkapitals und des Nennbetrags der Aktien. Ferner sind die Organe (Vorstand/Aufsichtsrat) zu bestellen. Die Organe der Genossenschaft verlieren ihre Funktion mit der Eintragung der Umwandlung. — 548

Das **Grundkapital** muss so bemessen sein, dass es durch das Vermögen nach Abzug der Schulden gedeckt ist (§ 264 Abs. 1 UmwG). — 549

Der Beschluss muss bestimmen, dass jedes Mitglied in dem Verhältnis am Grundkapital beteiligt wird, in dem am Ende des letzten vor der Beschlussfassung abgelaufenen Geschäftsjahrs sein **Geschäftsguthaben** zur Summe der Geschäftsguthaben der in der Genossenschaft verbleibenden Mitglieder gestanden hat (§ 263 Abs. 2 S. 1 UmwG). Der Nennbetrag des Grundkapitals ist so zu bemessen, dass auf jedes Mitglied möglichst volle Aktien entfallen. — 550

Der Formwechsel ist von sämtlichen Vorstandsmitgliedern der Genossenschaft zur Eintragung in das **Genossenschaftsregister** anzumelden. Gleichzeitig haben Vorstand und Aufsichtsrat die Umwandlung zur Eintragung ins Handelsregister anzumelden (§ 265 UmwG). — 551

Der Formwechsel wird mit der **Eintragung** wirksam. Die bisherigen Geschäftsanteile werden zu Aktien oder Teilrechten (§ 266 UmwG). — 552

Nach Bekanntmachung der Eintragung ist jeder **Anteilsinhaber** durch den Vorstand schriftlich über seinen Anteil **zu informieren** (§ 267 — 553

Genossenschaft → AG

UmwG). Dabei ist darauf hinzuweisen, dass Aktien, die nicht abgeholt werden, veräußert werden können (§ 268 UmwG).

554 Zum **Gläubigerschutz** im Fall eines Insolvenzverfahrens nach Formwechsel vgl. § 271 UmwG.

II. Steuerrecht

555 Die Umwandlung selbst hat keine **steuerlichen Folgen**[1].

556 Die **Besteuerungsgrundlagen** ändern sich, soweit Regelungen an die Rechtsform anknüpfen (vgl. zB §§ 22, 25 KStG).

C. Spaltung

I. Aufspaltung

1. Zivilrecht

557 Siehe Tz. 568–570 Genossenschaft → Genossenschaft[2], zu den **Besonderheiten** für die AG Tz. 649–656 GmbH → AG.

2. Steuerrecht

558 Es gelten die Tz. 841–899 GmbH → GmbH entsprechend.

II. Abspaltung

559 Es gelten die Tz. 568–571 Genossenschaft → Genossenschaft.

III. Ausgliederung

560 Es gelten die Tz. 568–571 Genossenschaft → Genossenschaft.

D. Verschmelzung

I. Zivilrecht

561 Es gelten grundsätzlich die Tz. 30–43 AG → AG.

---

1 Vgl. auch BMF vom 6.1.1970, BB 1970, 113, mit Anm. RAU.
2 Zur Spaltung einer gemischt-wirtschaftlichen Kreditgenossenschaft WALDOW/ POLS, DB 2001, 1334.

Genossenschaft → Genossenschaft

Für die übertragende Genossenschaft sind zu beachten: § 81 UmwG (**Gutachten des Prüfungsverbands**), §§ 82, 83 UmwG (**Vorbereitung und Durchführung der Generalversammlung**), § 84 UmwG (**Beschlussfassung**), § 86 UmwG (Anlagen der **Anmeldung**), § 87 UmwG (**Anteilstausch**), §§ 90–94 UmwG (**Ausschlagung**). 562

II. Steuerrecht

Es gelten die §§ 11–13 **UmwStG**, siehe Tz. 1102–1185 *GmbH ↔ GmbH*. 563

Genossenschaft → Einzelunternehmen (EU)

Die Verschmelzung einer eingetragenen Genossenschaft in ein Einzelunternehmen ist **ausgeschlossen** (§ 3 Abs. 2 UmwG). 564

Denkbar ist also nur der Weg *Genossenschaft → AG, AG → EU*. 565

Genossenschaft → Europäische Kapitalgesellschaft (EU-Kap)[1]

Eine Umwandlung ist **ausgeschlossen**. 565.1

Genossenschaft → EWIV

Es gilt Tz. 597 *Genossenschaft → OHG* (§ 1 EWIVG). 566

Genossenschaft → GbR

Die Umwandlung einer eingetragenen Genossenschaft in eine GbR ist **nicht möglich**. Theoretisch denkbar ist die Umwandlung *Genossenschaft → AG/GmbH, AG/GmbH → GbR*. 567

Genossenschaft → Genossenschaft, Spaltung

Eine Genossenschaft kann gespalten werden (§ 124 i.V.m. § 3 Abs. 1 UmwG)[2]. Es gelten die **allgemeinen Regeln** (siehe Tz. 726–840 *GmbH → GmbH*) unter Beachtung der §§ 79–98 UmwG, die über § 125 UmwG entsprechend gelten. 568

---

[1] Zum Begriff siehe Einleitung S. 4.
[2] Vertragsmuster: FRENZ in Limmer, Handbuch der Unternehmensumwandlung, S. 431 ff.

Genossenschaft ↔ Genossenschaft

569 Bei der **Anmeldung** einer **Abspaltung** oder einer **Ausgliederung** hat der Vorstand der übertragenden Genossenschaft auch zu erklären, dass die durch Gesetz und Satzung vorgesehenen Voraussetzungen für die Gründung (insbesondere hinsichtlich der Haftsumme) durch die Spaltung nicht tangiert sind (§ 148 Abs. 1 UmwG). Neben den sonst erforderlichen Unterlagen sind der Anmeldung der Spaltungsbericht und das Prüfungsgutachten beizufügen (§ 148 Abs. 2 UmwG).

570 Auch **genossenschaftliche Prüfungsverbände** (§§ 53 ff. GenG) können gespalten werden (§ 150 UmwG).

571 **Steuerlich** gelten die Tz. 841–899 *GmbH* → *GmbH* entsprechend.

Genossenschaft ↔ Genossenschaft, Verschmelzung

A. Übersicht 572	2. Rechtsfolgen 579
B. **Verschmelzung durch Aufnahme**	II. Steuerrecht 586
I. Zivilrecht	C. **Verschmelzung durch Neubildung** 587
1. Voraussetzungen 576	

A. Übersicht

572 Eingetragene Genossenschaften können **miteinander zu Genossenschaften** verschmolzen werden (§ 3 Abs. 1 Nr. 3 UmwG). Entgegen der früher geltenden §§ 93a-93s GenG[1] ist die Verschmelzung nicht mehr beschränkt auf Genossenschaften gleicher Haftart. Verschmolzen werden können auch Genossenschaften **verschiedener Haftart**, also ohne, mit beschränkter oder mit unbeschränkter Nachschusspflicht. Auf die Höhe der Haftsumme kommt es nicht an[2].

573 Ferner können Genossenschaften mit **Personenhandelsgesellschaften** und **Kapitalgesellschaften** verschmolzen werden. Dies gilt sowohl für die Verschmelzung durch Aufnahme (Beispiel: Eine Genossenschaft wird auf eine bestehende AG verschmolzen oder eine GmbH wird auf eine bestehende Genossenschaft verschmolzen) wie auch für die Verschmelzung durch Neugründung (Beispiel: Zwei Genossenschaften werden zu einer AG oder zwei KGs zu einer Genossenschaft verschmolzen).

---

1 Aufgehoben durch das UmwBerG vom 28.10.1994, BGBl. 1994 I, 3210.
2 Gesetzesbegründung BT-Drucks. 12/6699, zu § 79.

Genossenschaft ↔ Genossenschaft

Auch **genossenschaftliche Prüfungsverbände** (§§ 53 ff. GenG) können miteinander verschmolzen werden (§ 105 UmwG). Es gelten die Sonderregeln der §§ 106–108 UmwG.   574

Steuerlich gelten für die Verschmelzung von Genossenschaften untereinander sowie mit Kapitalgesellschaften die §§ 11–13 UmwStG. Zur Verschmelzung mit einer Personengesellschaft siehe Tz. 594 *Genossenschaft → KG*.   575

B. Verschmelzung durch Aufnahme

I. Zivilrecht

1. Voraussetzungen

Voraussetzungen der Verschmelzung sind ein **Beschluss der Generalversammlung** jeder Genossenschaft mit mindestens drei Viertel Mehrheit der abgegebenen Stimmen (§ 84 UmwG), der Abschluss eines schriftlichen **Verschmelzungsvertrags** durch die Vorstände (zum Inhalt § 80 UmwG) sowie die Einholung eines **Gutachtens des Prüfungsverbands** (§ 81 UmwG)[1].   576

Das Gutachten des Prüfungsverbands, der Verschmelzungsvertrag sowie **Jahresabschlüsse** und **Lageberichte** der letzten drei Jahre sind bis zur Beschlussfassung der Generalversammlung auszulegen[2]. Das Gutachten des Prüfungsverbands muss in der Generalversammlung verlesen werden (§§ 82, 83 UmwG). Der Verschmelzungsvertrag kann vor Beschlussfassung (Genehmigung) oder auf Grund der Beschlussfassung (Ermächtigung) abgeschlossen werden.   577

Die Verschmelzung ist durch sämtliche Mitglieder des Vorstands jeder Genossenschaft bei dem jeweiligen Genossenschaftsregister anzumelden (§ 16 UmwG). Zum Inhalt der **Anmeldung** §§ 17 und 86 UmwG.   578

2. Rechtsfolgen

Mit der Eintragung der Verschmelzung in das Genossenschaftsregister des Sitzes der übertragenden Genossenschaft geht das Vermögen dieser Genossenschaft einschließlich Schulden **(Gesamtrechtsnachfolge)**   579

---

1 Vertragsmuster: FRENZ in Limmer, Handbuch der Unternehmensumwandlung, S. 274 ff.
2 Zur Frage, ob hieraus der Zwang resultiert, nun einen zurückliegenden Verschmelzungsstichtag wählen zu können, BEUTHIEN/WOLFF, BB 2001, 2126.

Genossenschaft ↔ Genossenschaft

auf die übernehmende Genossenschaft über (§ 20 UmwG). Die übertragende Genossenschaft erlischt.

580 Die Genossen der übertragenden Genossenschaft werden mit der Eintragung **Mitglieder** der übernehmenden Genossenschaft (§ 87 UmwG).

581 Auf Grund der Verschmelzung ist jeder Genosse der übertragenden Genossenschaft entsprechend dem Verschmelzungsvertrag an dem übernehmenden Rechtsträger beteiligt. Übersteigt das **Geschäftsguthaben**, das der Genosse bei einer übertragenden Genossenschaft hatte, den Gesamtbetrag der Geschäftsanteile, mit denen er bei einer übernehmenden Genossenschaft beteiligt ist, so ist der übersteigende Betrag nach Ablauf von sechs Monaten seit dem Tag, an dem die Eintragung der Verschmelzung in das Register des Sitzes der übernehmenden Genossenschaft als bekannt gemacht gilt, an den Genossen auszuzahlen, nachdem die Gläubiger, die sich nach § 22 UmwG gemeldet haben, befriedigt oder sichergestellt sind. Im Verschmelzungsvertrag festgesetzte bare Zuzahlungen dürfen nicht den zehnten Teil des Gesamtnennbetrags der gewährten Geschäftsanteile der übernehmenden Genossenschaft übersteigen (§ 87 Abs. 1 und 2 UmwG). Für die Berechnung des Geschäftsguthabens, das dem Genossen bei einer übertragenden Genossenschaft zugestanden hat, ist deren Schlussbilanz maßgebend (§ 87 Abs. 3 UmwG).

582 Der Vorstand der übernehmenden Genossenschaft hat die neuen Mitglieder unverzüglich zum **Register** anzumelden. Über die Eintragung sind die Mitglieder schriftlich zu informieren (§ 89 UmwG).

583 Mitglieder, die der Verschmelzung widersprochen haben oder nicht ordnungsgemäß geladen wurden, können ihre Mitgliedschaft ausschlagen und **Auszahlung ihres Geschäftsguthabens** verlangen (§§ 90–94 UmwG).

584 Wird die Haftsumme verringert oder die **Nachschusspflicht** beschränkt, entsteht eine weitere Nachschusspflicht der Anteilseigner der übertragenden Genossenschaft.

585 Im Übrigen gelten die Tz. 983–1101 *GmbH* ↔ *GmbH*.

II. Steuerrecht

586 Steuerlich gelten **§§ 11–13 UmwStG**, siehe hierzu Tz. 1102–1185 *GmbH* ↔ *GmbH*[1].

---

1 Zur Grunderwerbsteuer BFH II R 125/90 vom 16.2.1994, HFR 1994, 485.

C. Verschmelzung durch Neubildung

Für die **Gründung** der übernehmenden Genossenschaft gelten die §§ 1–16 GenG mit den Besonderheiten des § 97 UmwG. Für die **Verschmelzung** selbst gelten die Tz. 576–585; zu den Verschmelzungsbeschlüssen siehe § 98 UmwG.   587

Steuerrechtlich gelten auch hier **§§ 11–13 UmwStG** und somit Tz. 1102–1185 *GmbH → GmbH*.   588

Genossenschaft → GmbH, Formwechsel, Spaltung, Verschmelzung

Es gelten die Tz. 541–563 *Genossenschaft → AG* entsprechend[1].   589

Genossenschaft → GmbH & Co KG, Formwechsel, Spaltung, Verschmelzung

Es gelten die Tz. 592–594 *Genossenschaft → KG*.   590

Zur GmbH & Co KG kommt es bei der Spaltung oder Verschmelzung zur Neugründung unmittelbar nur, wenn an der Genossenschaft eine **GmbH beteiligt** ist[2].   591

Genossenschaft → KG, Formwechsel, Spaltung, Verschmelzung

Der **Formwechsel** einer Genossenschaft in eine KG ist ausgeschlossen (§ 258 Abs. 1 UmwG). Ausnahmen gelten für eingetragene Genossenschaften, die durch formwechselnde Umwandlung einer LPG entstanden sind. Diese können nach den Regelungen des LAG durch Formwechsel in eine Personengesellschaft umgewandelt werden (§ 38a LAG).   592

Die **Spaltung** einer Genossenschaft in eine KG ist zulässig (§ 124 i.V.m. § 3 Abs. 1 UmwG, § 147 UmwG). Es gelten die allgemeinen Regeln der Spaltung mit den Besonderheiten für die Anmeldung bei Abspaltung oder Ausgliederung gemäß § 148 UmwG.   593

---

1 Vertragsmuster zum Formwechsel: Vossius in Widmann/Mayer, Anh. 4, M 187.1 ff. (Januar 2010).
2 Zur Zulässigkeit Schulte in Lang/Weidmüller, § 15 GenG Rz. 2.

Genossenschaft → KGaA

594 Eine Genossenschaft kann mit einem anderen Rechtsträger zu einer neuen oder auf eine bestehende KG **verschmolzen** werden (§§ 2, 3 UmwG). Es gelten die Tz. 1305–1516 *GmbH → KG*. Für die Genossenschaft sind zu beachten: § 81 UmwG (Gutachten des Prüfungsverbands), §§ 82–84 UmwG (Vorbereitung und Durchführung der Generalversammlung, Beschlussfassung), § 86 UmwG (Anmeldung), §§ 90–94 UmwG (Ausschlagung).

Genossenschaft → KGaA, Formwechsel, Spaltung, Verschmelzung

595 Siehe Tz. 541–563 *Genossenschaft → AG*, zu den **Besonderheiten** für die KGaA Tz. 100–109 *AG → KGaA*[1].

Genossenschaft → Körperschaft des öffentlichen Rechts (KöR)

596 Die unmittelbare Umwandlung einer **eingetragenen Genossenschaft** in eine KöR ist **ausgeschlossen**. Möglich wäre Umwandlung *Genossenschaft → AG* mit anschließender Vermögensübertragung auf die öffentliche Hand.

Genossenschaft → OHG, Formwechsel, Spaltung, Verschmelzung

597 Es gelten die Tz. 592–594 *Genossenschaft → KG* entsprechend.

Genossenschaft → Partnerschaft

598 Es gelten die Tz. 592–594 *Genossenschaft → KG* mit den **Besonderheiten** der §§ 45a-e UmwG.

Genossenschaft → Stiftung

599 Eine Umwandlung ist **nicht möglich**. Zur Übertragung im Rahmen eines **Stiftungsgeschäfts** siehe Tz. 1522–1528 *GmbH → Stiftung*.

---

1 Speziell zur Nutzung der KGaA im Rahmen genossenschaftlicher Unternehmen STRIEDER/HABEL, BB 1995, 1857.

Genossenschaft → Stille Gesellschaft

Mit einer eingetragenen Genossenschaft kann eine stille Gesellschaft begründet werden, und zwar sowohl mit der **Genossenschaft als stillem Gesellschafter** wie auch als **Inhaber des Handelsunternehmens**[1]. Insoweit gelten die Tz. 1529–1537 *GmbH* → *Stille Gesellschaft* entsprechend.

600

Genossenschaft → UG (haftungsbeschränkt)

Es gelten die Tz. 1537.1–1537.2 *GmbH* → *UG*.

600.1

Genossenschaft → Verein

Eine Umwandlung ist **ausgeschlossen**.

601

Genossenschaft → VVaG

Eine Umwandlung oder Einbringung ist **ausgeschlossen**.

602

---

1 BLAUROCK, Handbuch Stille Gesellschaft, S. 75 und 82.

Gesellschaft mit beschränkter Haftung (GmbH)

GmbH → AG, Formwechsel, Spaltung, Verschmelzung

A. Übersicht 603
B. Formwechsel
  I. Zivilrecht
    1. Voraussetzungen 609
    2. Umwandlungsbericht 611
    3. Umwandlungsbeschluss .. 613
    4. Gründungsvorschriften .. 639
    5. Handelsregisteranmeldung 640
    6. Rechtsfolgen der Eintragung 642
    7. Kosten 647
  II. Steuerrecht 648

C. Spaltung
  I. Aufspaltung zur Aufnahme
    1. Zivilrecht 649
    2. Steuerrecht 657
  II. Aufspaltung zur Neugründung
    1. Zivilrecht 658
    2. Steuerrecht 659
  III. Abspaltung 660
  IV. Ausgliederung 661
D. Verschmelzung 662

A. Übersicht

603 Eine GmbH kann durch **Formwechsel** in eine AG umgewandelt werden (§§ 191, 226 UmwG)[1]. Es kommt zum Rechtsformwechsel unter Wahrung der rechtlichen Identität. Ertrag- und umsatzsteuerlich ist der Vorgang ohne Relevanz; zur GrESt siehe Tz. 1273 *GmbH → KG*.

604 Eine GmbH kann in eine AG gespalten werden (§ 124 UmwG). Zu den Möglichkeiten der **Spaltung** siehe Tz. 726–744 *GmbH → GmbH*. Steuerlich ist eine Buchwertfortführung möglich, wenn in Teilbetriebe bzw. Teilbetrieben gleichgestellte Mitunternehmeranteile oder 100 %ige Beteiligungen an Kapitalgesellschaften gespalten wird (siehe Tz. 845–852 *GmbH → GmbH*).

605 Eine GmbH kann auf eine bestehende AG **(Verschmelzung durch Aufnahme)** oder mit einem anderen Rechtsträger zu einer neuen AG **(Verschmelzung durch Neugründung)** verschmolzen werden (§§ 21 Abs. 1, 3 UmwG, siehe Tz. 972–982 *GmbH ↔ GmbH*). Steuerlich ist idR eine Buchwertfortführung möglich.

606 Nur eine GmbH mit **Sitz im Inland** kann durch Formwechsel oder Spaltung umgewandelt werden (§ 1 Abs. 1 UmwG). Zur grenzüberschrei-

---

1 Eingehend zum Formwechsel in eine börsennotierte AG PRINZ, GmbHR 2008, 626.

GmbH → AG

tenden Verschmelzung Tz. 688.1–688.22 *GmbH → EU-Kap* und Tz. 146.1–146.21 *EU → EU-Kap*.

Die **Auflösung** der GmbH hindert die Umwandlung nicht, wenn die Fortsetzung beschlossen werden könnte (§ 191 Abs. 3 UmwG zum Formwechsel, § 125 i.V.m. § 3 Abs. 3 UmwG zur Spaltung, § 3 Abs. 3 UmwG zur Verschmelzung). 607

Zur Umwandlung auf eine aufgelöste AG siehe Tz. 976 *GmbH ↔ GmbH* und Tz. 736 *GmbH → GmbH*; zur Umwandlung einer **Vor-GmbH** siehe Tz. 977 *GmbH ↔ GmbH* und Tz. 737 *GmbH → GmbH*. 608

B. Formwechsel

I. Zivilrecht

1. Voraussetzungen

Notwendig sind[1] 609
- ein **Umwandlungsbericht** (§ 192 UmwG),
- ein **Umwandlungsbeschluss** (§ 193 UmwG),
- ein **Gründungsbericht** (§ 245 Abs. 1 i.V.m. §§ 220 Abs. 2, 197 UmwG),
- eine **Gründungsprüfung** (§ 245 Abs. 1 i.V.m. § 220 Abs. 3 UmwG)
- und die **Anmeldung** zum Handelsregister (§ 198 UmwG).

Nach § 245 Abs. 1 i.V.m. § 220 Abs. 1 UmwG darf das Grundkapital das nach Abzug der Schulden verbleibende Vermögen der formwechselnden Gesellschaft nicht übersteigen. Damit ist ein Formwechsel ausgeschlossen, wenn das **Eigenkapital** (Stammkapital plus Rücklagen) nicht mindestens 50 000,– Euro beträgt. ME sind dabei aber nicht die Buchwerte, sondern die Teilwerte maßgebend[2]. Ausstehende Einlagen hindern die Umwandlung nicht[3]. 610

---

1 Vertragsmuster: GREVE in Engl, Formularbuch Umwandlungen, S. 992 ff.; VOSSIUS in Widmann/Mayer, Anh. 4, M 168 ff. (Januar 2010).
2 Streitig, siehe DIRKSEN in Kallmeyer, § 245 UmwG Rz. 6 und HAPP/GÖTHEL in Lutter, § 245 UmwG Rz. 12, jeweils mwN; zur Verbindung des Formwechsels mit einer Kapitalerhöhung MERTENS, AG 1995, 561.
3 K. SCHMIDT, ZIP 1995, 1385.

GmbH → AG

2. Umwandlungsbericht

611 Für den Formwechsel ist ein Umwandlungsbericht zu erstellen (§ 192 Abs. 1 UmwG), es sei denn, es handelt sich um eine Einpersonen-GmbH oder alle Gesellschafter verzichten auf den Bericht in notarieller Form (§ 192 Abs. 2 UmwG). Zum **Inhalt** Tz. 1219–1226 *GmbH → KG*.

612 Einstweilen frei.

3. Umwandlungsbeschluss

a) Inhalt

613 Der Formwechsel bedarf eines Umwandlungsbeschlusses (§ 193 Abs. 1 UmwG). In dem Umwandlungsbeschluss muss bestimmt werden,

– dass die GmbH durch den Formwechsel die **Rechtsform** einer AG erhält (§ 194 Abs. 1 Nr. 1 UmwG),

– die **Firma** der AG, wobei die bisherige Firma beibehalten werden kann (§§ 194 Abs. 1 Nr. 2, 200 Abs. 1 und 2 UmwG),

– in welchem Umfang den Gesellschaftern an Stelle der GmbH-Anteile Aktien gewährt werden (§ 194 Abs. 1 Nr. 3 und 4 UmwG). Dabei kann der **Nennbetrag der Aktien** abweichend vom Nennbetrag der GmbH-Anteile festgesetzt werden (§ 243 Abs. 3 UmwG). Beispiel: Für einen Geschäftsanteil von 10 000,– Euro werden tausend Aktien à 1,– Euro gewährt. Zur Kontinuität der Beteiligungsverhältnisse siehe Tz. 621,

– die **Feststellung der Satzung** der Aktiengesellschaft (§ 243 Abs. 1 i.V.m. § 218 Abs. 1 UmwG), erforderlich ist insoweit die Abfassung einer vollständigen Satzung, die Aufnahme bloßer Textänderungen genügt nicht[1]. Festsetzungen über Sondervorteile, Gründungsaufwand, Sacheinlagen und Sachübernahmen, die im Gesellschaftsvertrag der GmbH enthalten sind, müssen in die Satzung der AG übernommen werden (§ 243 Abs. 1 S. 2 UmwG),

– die Fortgeltung, Änderung oder Aufhebung etwaiger **Sonderrechte** (§ 194 Abs. 1 Nr. 5 UmwG),

– ggf. die **Änderung des Stammkapitals** (§ 243 Abs. 2 UmwG), was insbesondere erforderlich ist, wenn das Stammkapital der GmbH unter dem Mindestkapital für eine AG von 50 000,– Euro liegt (§ 7 AktG und Tz. 610). Stimmt die Summe der Anteilswerte nicht mit dem

---

1 Gesetzesbegründung, BT-Drucks. 12/6694 zu § 245 UmwG; HAPP/GÖTHEL in Lutter, § 243 UmwG Rz. 13.

GmbH → AG

Stammkapital der GmbH überein (zB auf Grund der Einziehung von Anteilen), muss eine Nennwertberichtigung vorgenommen werden[1],
- ein **Abfindungsangebot** nach § 207 UmwG (§ 194 Abs. 1 Nr. 6 UmwG, siehe Tz. 1242),
- die **Folgen** des Formwechsels **für die Arbeitnehmer** sowie die insoweit vorgesehenen Maßnahmen (§ 194 Abs. 1 Nr. 7 UmwG); hierzu Tz. 787–803 *GmbH → GmbH*.

Ferner ist ein **Aufsichtsrat** entsprechend §§ 95 ff. AktG zu bestellen. Für die bisherigen Geschäftsführer gilt mE die cooling-off-Periode des § 100 Abs. 2 S. 1 Nr. 4 AktG nicht[2]. 614

Weiter gehende Regelungen sind nicht erforderlich. Insbesondere findet **keine Vermögensübertragung** statt[3]. 615

b) Vorbereitung der Beschlussfassung

Der Umwandlungsbeschluss kann nur in einer **Versammlung der Anteilsinhaber** gefasst werden. 616

Für die **Ladung** gelten die Satzungsbestimmungen der GmbH; soweit eine vertragliche Regelung fehlt, gelten die §§ 49–51 GmbHG. Die Beschlussfassung über den Formwechsel ist in der Ladung schriftlich unter Beifügung des Wortlautes und der neuen Satzung[4] anzukündigen und der Umwandlungsbericht sowie das Abfindungsangebot nach § 207 UmwG zu übersenden (§ 238 i.V.m. §§ 230 Abs. 1, 231 UmwG).Der Übersendung des Abfindungsangebots steht die Veröffentlichung im Bundesanzeiger[5] und den sonstigen Gesellschaftsblättern gleich (§ 231 S. 2 UmwG). Der Umwandlungsbericht ist ferner in der Gesellschafterversammlung, die über den Formwechsel beschließen soll, auszulegen oder auf andere Weise zugänglich zu machen (§ 239 Abs. 1 UmwG). 617

Der Entwurf des Umwandlungsbeschlusses ist spätestens einen Monat vor dem Tag der Versammlung der Anteilsinhaber, die den Formwech- 618

---

1 MUTTER in Semler/Stengel, § 243 UmwG Rz. 21 ff.; HAPP/GÖTHEL in Lutter, § 243 UmwG Rz. 40.
2 AA SCHULENBURG/BROSIUS, BB 2010, 3039.
3 Gesetzesbegründung zu § 194 UmwG, BT-Drucks. 12/6699.
4 LG Hanau 5 O 149/95 vom 2.11.1995, ZIP 1996, 422.
5 Seit dem Inkrafttreten des Gesetz zur Änderung von Vorschriften über Verkündung und Bekanntmachungen vom 22.12.2011, BGBl. 2011 I, 3044, gibt es den Bundesanzeiger nur noch in elektronischer Form.

GmbH → AG

sel beschließen soll, dem zuständigen **Betriebsrat** zuzuleiten (§ 194 Abs. 2 UmwG, der nur die Informationspflicht, keine weitere Zustimmungspflicht regelt). Bei Unternehmen, die einen Betriebsrat haben, folgt hieraus, dass die Geschäftsführung in dem Zwang steht, die Gesellschafterversammlung zuvor schon einmal einzuberufen, da der Betriebsrat schlecht vor den Gesellschaftern über den geplanten Umwandlungsbeschluss unterrichtet werden kann.

c) Mehrheit, Form des Beschlusses

619 Der Umwandlungsbeschluss bedarf einer Mehrheit von mindestens **drei Vierteln der abgegebenen Stimmen**, sofern die Satzung der GmbH keine größere Mehrheit oder weitere Erfordernisse verlangt (§ 240 Abs. 1 UmwG). Damit bleiben stimmrechtslose Anteile ebenso außer Betracht wie Stimmenthaltungen oder Stimmen von Gesellschaftern, die nicht zur Gesellschafterversammlung erscheinen. Geringere Mehrheitserfordernisse als nach § 240 Abs. 1 UmwG in der Satzung sind allerdings unwirksam.

620 Ist die Abtretung der Anteile des formwechselnden Rechtsträgers von der Genehmigung einzelner Anteilsinhaber abhängig, so bedarf es der **Zustimmung** dieser Anteilsinhaber (§ 193 Abs. 2 UmwG). Ferner müssen Gesellschafter zustimmen, wenn sie sich infolge eines über dem Mindestbetrag gemäß § 8 AktG liegenden Ansatzes der Aktien nicht mit dem vollen Nennbetrag ihres Geschäftsanteils beteiligen können (§ 241 Abs. 1 UmwG, kaum praxisrelevant) oder durch den Formwechsel besondere Mitgliedschaftsrechte tangiert werden (§ 241 Abs. 2 und 3 i.V.m. § 50 Abs. 2 UmwG). Sofern Gesellschafter, deren Zustimmung erforderlich ist, nicht zur Gesellschafterversammlung erscheinen, wird der Beschluss erst wirksam, wenn diese Gesellschafter nachträglich ihre Zustimmung erklären. Zulässig ist mE, wenn diese Zustimmungserklärungen vorab eingeholt werden.

621 Grundsätzlich muss jeder Gesellschafter der GmbH an der AG in unverändertem Verhältnis beteiligt werden (Kontinuität der Mitgliedschaft)[1]. Ein **nichtverhältniswahrender Formwechsel** ist zulässig, wenn alle Gesellschafter zustimmen[2].

---

1 DECHER in Lutter, § 202 UmwG Rz. 13 ff.
2 DECHER in Lutter, § 202 UmwG Rz. 15; VOLLRATH in Widmann/Mayer, § 194 UmwG Rz. 17 (Oktober 2000); VEIL, DB 1996, 2529; BAYER, ZIP 1997, 1613, mwN.

GmbH → AG

Der Umwandlungsbeschluss und die erforderlichen Zustimmungserklärungen müssen **notariell beurkundet** werden (§ 193 Abs. 3 UmwG). Die Gesellschafter, die für den Formwechsel stimmen, sind in der Urkunde namentlich aufzuführen (§ 244 Abs. 1 UmwG). 622

Für die **Bevollmächtigung** eines Vertreters reicht dagegen einfache Schriftform (§ 47 Abs. 3 GmbHG). Mitgesellschafter sind im Fall der Bevollmächtigung von § 181 BGB zu befreien. 623

Bei **minderjährigen Gesellschaftern** bedarf die Stimmabgabe in der Gesellschafterversammlung wie auch die nachträgliche Zustimmung mE keiner vormundschaftsgerichtlichen Genehmigung (§§ 1643, 1822 Nr. 3 BGB), weil der Formwechsel keine Gesellschaftsgründung beinhaltet[1]. Ebenso wenig ist bei verheirateten Gesellschaftern, die im gesetzlichen Güterstand der **Zugewinngemeinschaft** leben, gemäß § 1365 BGB die Zustimmung des Ehegatten erforderlich. 624

Stirbt ein Gesellschafter zwischen Umwandlungsbeschluss und Eintragung, so gelten die Regeln des GmbH-Rechts. Die **Erben** treten in die Rechtsstellung des verstorbenen Gesellschafters. Die Möglichkeiten zum Abschluss der Erben bestimmen sich nach dem Gesellschaftsvertrag der GmbH. Grundsätzlich sind die Erben auch an den Umwandlungsbeschluss gebunden. 625

Gleiches gilt, wenn GmbH-Anteile zwischen Beschlussfassung und Eintragung **abgetreten** werden. 626

d) Barabfindung

Siehe Tz. 1242–1251 *GmbH → KG*. 627

Schuldnerin des Abfindungsanspruchs ist die AG. Sie erwirbt eigene Aktien, was selbst dann zulässig ist, wenn gegen § 71 Abs. 2 AktG verstoßen wird (§ 207 Abs. 1 UmwG schließt § 71 Abs. 4 S. 2 AktG aus)[2]. 628

Einstweilen frei. 629–637

e) Anfechtung

Siehe Tz. 1252–1253 *GmbH → KG*. 638

---

1 Happ/Göthel in Lutter, § 240 UmwG Rz. 20; aA Vollrath in Widmann/Mayer, § 193 UmwG Rz. 22 (Oktober 2000).
2 Siehe Begründung zu § 207 UmwG, BR-Drucks. 75/94.

GmbH → AG

4. Gründungsvorschriften

639 Auf den Formwechsel einer GmbH zur AG sind die **Gründungsvorschriften des AktG** anzuwenden (§ 197 UmwG)[1]. Erforderlich ist ein Gründungsbericht gemäß § 32 AktG[2], in dem auch der bisherige Geschäftsverlauf und die Lage der Gesellschaft dargelegt werden muss (§ 245 Abs. 1 i.V.m. § 220 Abs. 2 UmwG) sowie eine Gründungsprüfung gemäß §§ 33 ff. AktG (§ 245 Abs. 1 i.V.m. § 220 Abs. 3 UmwG)[3]. Gründungsbericht und Gründungsprüfung sind – anders als der Umwandlungsbericht – unverzichtbar. Für die Bestellung des Aufsichtsrats gilt § 31 AktG (§ 197 S. 3 UmwG). Die Nachgündungsvorschriften des § 52 AktG sind nicht anzuwenden, wenn die GmbH bereits mehr als zwei Jahre vor dem Wirksamwerden des Formwechsels im Handelsregister eingetragen war (§ 245 Abs. 1 S. 3 UmwG).

5. Handelsregisteranmeldung

640 Die Anmeldung ist von den **Geschäftsführern** der GmbH vorzunehmen (§ 246 Abs. 1 UmwG). Es gelten die Tz. 1254–1257 *GmbH → KG*.

641 Zudem sind die **Vorstandsmitglieder** der AG anzumelden (§ 246 Abs. 2 UmwG).

6. Rechtsfolgen der Eintragung

642 Zur **Eintragung** siehe Tz. 1258–1260 *GmbH → KG*.

643 Mit der Eintragung wird aus der GmbH eine AG. Das bisherige Stammkapital wird zum **Grundkapital**. Im Übrigen gelten die Tz. 1261–1267 *GmbH → KG*[4].

644 Wird nach dem Formwechsel eine vereinfachte **Kapitalherabsetzung** nach §§ 229 ff. AktG vorgenommen, kann dies auch dann nach § 234

---

1 Mit dieser Regelung soll verhindert werden, dass die bei der AG schärferen Gründungsanforderungen durch Gründung einer GmbH mit anschließendem Formwechsel unterlaufen werden, siehe die Gesetzesbegründung zu § 197 UmwG, BT-Drucks. 12/6699.
2 Zum Inhalt ARNOLD in Kölner Kommentar zum AktG, § 32 Rz. 6 ff.; PENTZ in Münchener Kommentar zum AktG, § 32 Rz. 11 ff.; eingehend auch NOELLE, AG 1990, 475.
3 Zur Frage, ob auch die Nachgründungsvorschriften der §§ 27, 52 AktG gelten, siehe MARTENS, ZGR 1999, 548.
4 Zu den Besonderheiten bei einer stillen Beteiligung MERTENS, AG 2000, 32.

GmbH → AG

AktG auf den letzten Jahresabschluss zurückbezogen werden, wenn dies noch ein Jahresabschluss der GmbH ist[1].

Für den **Umtausch der Geschäftsanteile** gegen Aktien gilt § 73 AktG (§ 248 UmwG)[2].   645

Die Gesellschafter, die dem Formwechsel zugestimmt haben, trifft die aktienrechtliche **„Gründerhaftung"** (§ 245 Abs. 1 UmwG).   646

7. Kosten

Siehe Tz. 1268–1270 *GmbH* → *KG*.   647

II. Steuerrecht

Steuerrechtlich ist der Formwechsel von einer GmbH zur AG **ohne Belang**.   648

C. Spaltung

I. Aufspaltung zur Aufnahme

1. Zivilrecht

Es gelten die Tz. 745–840 *GmbH* → *GmbH* mit folgenden **Besonderheiten**:   649

Wird der Spaltungs- und Übernahmevertrag in den ersten zwei Jahren nach Eintragung der übernehmenden AG im Handelsregister abgeschlossen, so sind die **Nachgründungsvorschriften** des § 52 Abs. 3, 4, 6–9 AktG zu beachten (§ 125 i.V.m. § 67 UmwG).   650

Für die **Kapitalerhöhung** gilt § 125 i.V.m. §§ 68, 69 UmwG. Soweit eine Kapitalerhöhung zulässig ist, erleichtert § 125 i.V.m. § 69 UmwG die Durchführung. So sind die §§ 182 Abs. 4, 184 Abs. 1 S. 2, 185, 186, 187 Abs. 1, 188 Abs. 2 und 3 Nr. 1 AktG nicht anzuwenden. Erforderlich ist jedoch eine Prüfung der Sacheinlage gemäß § 183 Abs. 3 AktG (§ 142 UmwG). Diese kann durch den Umwandlungsprüfer erfolgen (§ 69   651

---

1 HAPP/GÖTHEL in Lutter, § 247 UmwG Rz. 10 ff.
2 Eigentlich geht es nicht um den Umtausch, sondern die Aufforderung zur Abholung der Aktienurkunde, siehe im Einzelnen HAPP/GÖTHEL in Lutter, § 248 UmwG Rz. 3 ff.

GmbH → AG

Abs. 1 S. 4 UmwG[1]). Auf den Prüfungsbericht ist im Spaltungsbericht hinzuweisen (§ 142 Abs. 2 UmwG).

652 Der Spaltungs- und Übernahmevertrag ist für eine AG **prüfungspflichtig** (§ 125 i.V.m. § 60 UmwG), es sei denn, alle Aktionäre verzichten in notarieller Form (§ 125 i.V.m. §§ 60, 9 Abs. 3, 8 Abs. 3 UmwG).

653 Ein Spaltungs- und Übernahmevertrag ist vor Einberufung der Hauptversammlung, die über die Zustimmung beschließt, zum **Handelsregister** einzureichen und die Einreichung vom Register bekannt zu machen (§ 125 i.V.m. § 61 UmwG).

654 Befinden sich mindestens 90 % des Stammkapitals der GmbH in der Hand der übernehmenden AG, so braucht auf der Ebene der AG kein **Zustimmungsbeschluss** gefasst zu werden (§ 125 i.V.m. § 62 Abs. 1 UmwG), es sei denn, mindestens 20 % des Grundkapitals verlangen dies (§ 125 i.V.m. § 62 Abs. 2 UmwG). Ein Zustimmungsbeschluss auf Ebene der übertragenden Kapitalgesellschaft ist entbehrlich, wenn diese zu 100 % von der übernehmenden Aktiengesellschaft gehalten wird (§ 62 Abs. 4 S. 1 UmwG)[2]. Ein Squeeze Out gemäß § 62 Abs. 5 UmwG im Zusammenhang mit der Spaltung ist nicht möglich (§ 125 UmwG).

655 Zur **Vorbereitung der Hauptversammlung** siehe § 125 i.V.m. §§ 62 Abs. 3, 63 UmwG, zur Durchführung § 125 i.V.m. § 64 UmwG, zur Beschlussfassung § 125 i.V.m. § 65 UmwG.

656 Zur Gewährung der Aktien an Stelle der untergehenden GmbH-Anteile ist ein **Treuhänder** zu bestellen (§ 125 i.V.m. §§ 71, 72 UmwG).

2. Steuerrecht

657 Es gelten die Tz. 841–899 *GmbH → GmbH* entsprechend.

II. Aufspaltung zur Neugründung

1. Zivilrecht

658 Es gelten die Tz. 900–910 *GmbH → GmbH*. An die Stelle des Sachgründungsberichts tritt ein **Gründungsbericht** gemäß § 32 AktG und eine **Gründungsprüfung** gemäß § 33 Abs. 2 AktG (§ 144 UmwG).

---

1 Drittes UmwGÄndG vom 11.7.2011, BGBl. 2011 I, 1338.
2 Zur zeitlichen Anwendung § 321 Abs. 3 UmwG.

GmbH ↔ EU

2. Steuerrecht

Es gelten die Tz. 841–899 *GmbH → GmbH* entsprechend. 659

III. Abspaltung

Es gelten die Tz. 912–928 *GmbH → GmbH* entsprechend. 660

IV. Ausgliederung

Es gelten die Tz. 929–946 *GmbH → GmbH* entsprechend[1]. 661

D. Verschmelzung

Zu den **Möglichkeiten** der Verschmelzung siehe Tz. 972–982 *GmbH ↔ GmbH*. 662

Für die **Verschmelzung durch Aufnahme** gelten zivilrechtlich grundsätzlich die Tz. 983–1101 *GmbH ↔ GmbH*[2]. Hinsichtlich der übernehmenden AG sind die Besonderheiten gemäß Tz. 31–43 *AG ↔ AG* zu beachten. Steuerlich gelten die Tz. 1102–1185 *GmbH ↔ GmbH*. 663

Für die **Verschmelzung durch Neugründung** gelten die Tz. 1186–1191 *GmbH ↔ GmbH* mit den Tz. 45–47 *AG ↔ AG*. 664

GmbH ↔ Einzelunternehmen (EU), Verschmelzung

A. Übersicht 665
B. Verschmelzung durch Aufnahme 666

I. Zivilrecht 666
II. Steuerrecht 680

A. Übersicht

Eine Kapitalgesellschaft kann auf eine natürliche Person[3] verschmolzen werden, wenn die natürliche Person der **alleinige Gesellschafter** ist 665

---

1 Vertragsmuster: Rieger in Widmann/Mayer, Anh. 4, M 111 ff. (November 2010).
2 Vertragsmuster: Kraus in Engl, Formularbuch Umwandlungen, S. 65 ff.; Heckschen in Widmann/Mayer, Anh. 4, M 29 ff. (August 2008).
3 Ist eine juristische Person oder Personenhandelsgesellschaft alleiniger Gesellschafter, gelten nicht §§ 120–122 UmwG, sondern die jeweiligen Regelungen über die Verschmelzung auf eine Kapital- oder Personenhandelsgesellschaft, siehe hierzu zB *GmbH ↔ GmbH* oder *GmbH → KG*.

GmbH ↔ EU

(§ 120 UmwG)[1]. Da der Gesellschafter als solcher existiert, handelt es sich notwendig um eine **Verschmelzung durch Aufnahme**. Zu den generellen Voraussetzungen siehe Tz. 1205 *GmbH → KG*.

B. Verschmelzung durch Aufnahme

I. Zivilrecht

666 Notwendig ist ein **Verschmelzungsvertrag**[2] zwischen der GmbH, vertreten durch den Geschäftsführer, und dem alleinigen Gesellschafter (§ 4 UmwG). Soweit die GmbH von dem Gesellschafter als Geschäftsführer vertreten wird, ist eine Befreiung von § 181 BGB erforderlich[3].

667 **Firma und Sitz** der GmbH sind im Vertrag zu nennen (§ 5 Abs. 1 Nr. 1 UmwG).

668 **Inhaltlich** ist zu bestimmen, dass das Vermögen auf den Gesellschafter übergeht (§ 5 Abs. 1 Nr. 2 UmwG). Die übrigen Angaben nach § 5 Abs. 1 Nr. 2–5 UmwG sind entbehrlich (§ 5 Abs. 2 UmwG).

669 Festzulegen ist der **Verschmelzungsstichtag** (§ 5 Abs. 1 Nr. 6 UmwG). Die Angaben nach § 5 Abs. 1 Nr. 7 und 8 UmwG sind ebenfalls verzichtbar[4]. Erforderlich sind Angaben zu den Folgen für die Arbeitnehmer (§ 5 Abs. 1 Nr. 9 UmwG).

670 Der Verschmelzungsvertrag ist **notariell zu beurkunden** (§ 6 UmwG).

671 **Verschmelzungsbericht** und **Prüfung** sind nicht erforderlich (§§ 8 Abs. 3, 9 Abs. 3 UmwG).

672 Erforderlich ist ein **Zustimmungsbeschluss** des Gesellschafters der GmbH, der mE in der Beurkundung des Vertrags mitgefasst werden kann, wenn der Entwurf des Vertrags einen Monat zuvor dem Betriebs-

---

1 Zur Auflösung einer Kapitalgesellschaft und Übernahme des Unternehmens durch einen Gesellschafter OLG Stuttgart 10 U 48/93 vom 21.12.1993, DB 1994, 205; FRIEDRICH, BB 1994, 89.
2 Vertragsmuster: HECKSCHEN in Widmann/Mayer, Anh. 4 M 19 (Juli 2010); LANGENFELD, GmbH-Vertragspraxis, Rz. 851.
3 **Achtung**: Die Befreiung von § 181 BGB bedarf bei der Einpersonen-GmbH der Satzungsgrundlage, siehe BayObLG BReg. 3 Z 163/83 vom 7.5.1984, GmbHR 1985, 116.
4 Dies kann für § 5 Abs. 1 Nr. 8 UmwG auch anders gesehen werden. ME ergibt sich die Verzichtbarkeit aber aus der Tatsache, dass die Angaben nach § 5 Abs. 1 Nr. 1–8 UmwG nur dem Schutz der Beteiligten, nicht aber dem Schutz Dritter dienen; ebenso HECKSCHEN in Widmann/Mayer, § 121 UmwG Rz. 11 (Mai 2011); aA KAROLLUS in Lutter, § 121 UmwG Rz. 5.

GmbH ↔ EU

rat zugeleitet wurde (§ 5 Abs. 3 UmwG). Eine gesonderte Zustimmungserklärung des Gesellschafters als Übernehmender ist nicht erforderlich[1].

Hinweis: Auch bei der Umwandlung einer Einpersonen-GmbH ist auf die Wahrung der Arbeitnehmerrechte zu achten. 673

Zur **Bilanzierung** siehe Tz. 1052–1058 *GmbH* ↔ *GmbH*. 674

Die Verschmelzung ist zum **Handelsregister** des Sitzes der GmbH anzumelden (§ 16 Abs. 1 S. 1 UmwG). Siehe hierzu Tz. 1059–1071 *GmbH* ↔ *GmbH*. 675

Ist der übernehmende Gesellschafter nicht im Handelsregister eingetragen und hat die GmbH ein eintragungspflichtiges **Unternehmen** betrieben, das nach Verschmelzung fortgeführt wird, so wird der Gesellschafter Kaufmann, der sich im Handelsregister eintragen lassen muss (§ 122 UmwG). 676

Die **Firma** der GmbH kann gemäß § 18 UmwG fortgeführt werden. Stattdessen kann aber auch die Firma des Einzelunternehmers fortgeführt werden[2]. 677

Hinweis: Eine Verschmelzung ist auch dann zulässig, wenn kein Handelsgewerbe besteht und daher für den übernehmenden Gesellschafter eine Eintragung als Kaufmann im Handelsregister nicht in Betracht kommt (§ 122 Abs. 2 UmwG)[3]. 678

Zu den **Rechtsfolgen** der Verschmelzung siehe Tz. 1072–1097 *GmbH* ↔ *GmbH*, zu den **Kosten** Tz. 1098–1101 *GmbH* ↔ *GmbH*. 679

II. Steuerrecht

Für den Vermögensübergang auf eine natürliche Person gelten die §§ 3–10 UmwStG. Danach ist zu differenzieren: 680

Wird das Vermögen der GmbH **Betriebsvermögen** einer natürlichen Person, so besteht unter den Voraussetzungen des § 3 Abs. 2 UmwStG die Möglichkeit, in der Schlussbilanz der GmbH entweder die Buchwerte fortzuführen oder die stillen Reserven ganz oder teilweise aufzudecken (§ 3 UmwStG; dazu Tz. 1347–1401 *GmbH* ↔ *KG*). Für die Be- 681

---

1 LG Dresden 45 T 60/96 vom 14.11.1996, GmbHR 1997, 175.
2 OLG Schleswig 2 W 145/00 vom 15.11.2000, GmbHR 2001, 205.
3 Dies war bis zur Ergänzung des § 122 UmwG durch das HRefG vom 22.6.1998 umstritten, siehe BGH II ZB 18/97 vom 4.5.1998, ZIP 1998, 1225.

GmbH ↔ EU

steuerung auf der Ebene des übernehmenden Einzelunternehmens gelten Tz. 1402–1460 *GmbH → KG*.

682 Wird das Vermögen der übertragenden Kapitalgesellschaft **Privatvermögen** einer natürlichen Person, so sind die Wirtschaftsgüter in der steuerlichen Schlussbilanz der übertragenden GmbH mit dem gemeinen Wert anzusetzen (§ 3 Abs. 1 UmwStG).

682.1 Bei zum **Betriebsvermögen** gehörenden Anteilen entsteht auf der Ebene des Gesellschafters ein Gewinn oder Verlust in Höhe der Differenz zwischen dem Buchwert der Anteile und dem gemeinen Wert des auf den Gesellschafter übergehenden Vermögens (§ 8 Abs. 1 i.V.m. §§ 5 und 7 UmwStG). Der Gewinn unterliegt dem Halbeinkünfte- bzw. ab dem 1.1.2009[1] dem Teileinkünfteverfahren (§ 3 Nr. 40 EStG). Dies gilt nicht, soweit nach § 8 i.V.m. § 5 Abs. 3 UmwStG die Buchwerte der Anteile um Abschreibungen oder Abzüge zu erhöhen sind und diese Abzüge voll steuerwirksam waren (§ 8 i.V.m. § 5 Abs. 3 S. 3, 4 Abs. 1 S. 3 UmwStG). Diese Beträge unterliegen der vollen Besteuerung. Zweifelhaft ist, ob der Gewinn der Gewerbesteuer unterliegt[2]. Ein Sperrbetrag gemäß § 50c EStG ist zu berücksichtigen (§ 8 i.V.m. § 4 Abs. 5 UmwStG).

683 Gehören die Anteile zum **Privatvermögen**, gilt hinsichtlich des Gewinns bis zum 1.1.2009 das Halbeinkünfteverfahren, danach (siehe § 52a Abs. 3 EStG) unterliegen die offenen Rücklagen der Abgeltungssteuer (§ 32d Abs. 1 EStG), ein verbleibender Gewinn unterliegt dem Teileinkünfteverfahren (§ 3 Nr. 40 EStG). Dies gilt auch für einbringungsgeborene Anteile, da § 22 Abs. 1 S. 6 Nr. 3 UmwStG bzw. § 21 Abs. 2 Nr. 3 UmwStG aF nicht einschlägig ist.

684 Besonderheiten gelten für **Pensionsrückstellungen** zu Gunsten des Gesellschafters. Da mit der Verschmelzung die Pensionsanwartschaft durch Konfusion erlischt, entsteht in Höhe der Pensionsrückstellung ein Übernahmefolgegewinn, für den eine steuerfreie Rücklage gebildet werden kann (§ 6 Abs. 1 UmwStG, siehe Tz. 1447–1450 *GmbH → KG*).

685 **Hinweis**: Die Auflösung der Pensionsrückstellung wird vermieden, wenn zunächst eine zweite Person an der GmbH beteiligt wird und sodann die Umwandlung auf eine Personengesellschaft erfolgt.

---

1 Siehe § 52a Abs. 3 EStG.
2 Siehe WIDMANN in Widmann/Mayer, § 8 UmwStG Rz. 73 (Mai 2009); mE greift § 9 Nr. 2a GewStG.

GmbH → EU-Kap

Problematisch ist die Verschmelzung einer **Freiberufler-GmbH** auf eine 686
natürliche Person hinsichtlich der Gewerbesteuer[1]. Erfolgt die Verschmelzung zum Buch- oder Zwischenwert, bleiben die nicht aufgedeckten stillen Reserven gewerbesteuerfrei, da der Freiberufler nicht mehr der Gewerbesteuer unterliegt. Es wäre daher gerechtfertigt, für die Gewerbesteuer eine Aufdeckung aller stillen Reserven zu verlangen. Stattdessen unterwirft § 18 Abs. 3 UmwStG die Veräußerung des Betriebs innerhalb von fünf Jahren nach der Verschmelzung der Gewerbesteuer, womit – wenn die Regelung auch für Freiberufler gelten sollte[2] – ggf. auch die nach Verschmelzung entstandenen stillen Reserven des Freiberuflers der Gewerbesteuer unterworfen würden (siehe Tz. 1455 *GmbH → KG*).

Einstweilen frei. 687–688

GmbH → Europäische Kapitalgesellschaft (EU-Kap)[3], Verschmelzung

A. Übersicht 688.1	4. Besteuerung der Gesellschafter der übertragenden GmbH..... 688.18
B. **Verschmelzung durch Aufnahme**	
I. Zivilrecht 688.3	C. **Verschmelzung durch Neugründung**
1. Steuerliche Rückwirkung 688.13	I. Zivilrecht 688.23
2. Besteuerung der übertragenden GmbH 688.14	II. Steuerrecht............. 688.24
3. Besteuerung des übernehmenden Rechtsträgers 688.17	

A. Übersicht[4]

Eine GmbH kann auf eine bestehende oder mit der Verschmelzung zu 688.1
gründende ausländische Kapitalgesellschaft i.S.d. Art. 2 Nr. 1 Ver-

---

1 Siehe STRECK/POSDZIECH, GmbHR 1995, 271.
2 Was mE nicht der Fall ist; aA Tz. 18.11 UmwE 2011.
3 Zum Begriff siehe Einleitung S. 4.
4 Lit.: BRÄHLER/HEERDT, Steuerneutralität bei grenzüberschreitenden Verschmelzungen unter Beteiligung hybrider Gesellschaften, StuW 2007, 260; MÜLLER, Internationalisierung des deutschen Umwandlungsrechts, ZIP 2007, 1081; NEYE/TIMM, Mehr Mobilität für die GmbH in Europa, GmbHR 2007, 561; WINTER, Planung und Vorbereitung einer grenzüberschreitenden Verschmelzung, Der Konzern 2007, 24; ALBRECHT, Grenzüberschreitende Verschmelzung von

GmbH → EU-Kap

schmelzungsrichtlinie[1] **verschmolzen** werden, wenn diese nach dem Recht eines Mitgliedsstaats der Europäischen Union oder eines anderen Vertragsstaats des Abkommens über den Europäischen Wirtschaftsraum gegründet wurde und ihren satzungsmäßigen Sitz, ihre Hauptverwaltung oder ihre Hauptniederlassung in einem dieser Staaten hat (§ 122b Abs. 1 UmwG). Ausgeschlossen ist eine Verschmelzung auf eine ausländische Genossenschaft, selbst wenn es sich dabei um eine Kapitalgesellschaft im Sinne der Verschmelzungsrichtlinie handelt (§ 122b Abs. 2 Nr. 1 UmwG), und auf eine Gesellschaft die Publikums-Sondervermögen verwaltet (sog. Organismen für gemeinsame Anlagen in Wertpapieren, OGAW).

688.2   Eine Verschmelzung mit nicht-europäischen Kapitalgesellschaften[2] ist ebenso ausgeschlossen wie ein **Formwechsel** oder eine **Spaltung** über

---

Kapitalgesellschaften, NWB Fach 18, 4469 (9.7.2007); KRAUSE/KULPA, Grenzüberschreitende Verschmelzungen, ZHR 171 (2007), 38; HECKSCHEN, Die Reform des Umwandlungsrechts, DNotZ 2007, 444; TEBBEN/TEBBEN, Der Weg aus der Limited: Die grenzüberschreitende Verschmelzung auf eine GmbH, DB 2007, 2355; WÄLZHOLZ, Verschmelzung einer Limited auf eine GmbH, GmbH-StB 2008, 177; BLÖCHLE/WEGGENMANN, Formwechsel und Verschmelzung im Ausland nach §§ 3 ff. UmwStG i.d.F. des SEStEG, IStR 2008, 87; BAYER/SCHMIDT, Grenzüberschreitende Sitzverlegung und grenzüberschreitende Restrukturierung nach MoMiG, Cartesio und Trabrennbahn, ZHR 173 (2009), 736; REIMANN, Nachfolgeplanung bei internationalen Verschmelzungen, ZEV 2009, 586; HERRLER/SCHNEIDER, Go ahead, come back – von der Limited (zurück) zur GmbH, DStR 2009, 2433; STADLER/JETTER, Grenzüberschreitende Verschmelzung von Kapitalgesellschaften und steuerliches Einlagekonto, IStR 2009, 336; VIEBROCK/HAGEMANN, Verschmelzungen mit grenzüberschreitendem Bezug, FR 2009, 737; BEINERT/BENECKE, Internationale Aspekte der Umstrukturierung von Unternehmen, FR 2010, 1009, 1120; WINTER, Grenzüberschreitende Verschmelzungen – ein Update, GmbHR 2010, 532; FREUNDORFER/FESTNER, Verschmelzung in der Krise als Steuerrisiko, GmbHR 2010, 195; DÜRRSCHMIDT, Grenzüberschreitende Unternehmensumstrukturierungen im nationalen und europäischen Steuerrecht, StuW 2010, 137; BROCKER, Die grenzüberschreitende Verschmelzung von Kapitalgesellschaften, BB 2010, 971; KÖHLER, Grenzüberschreitende Outbound -Verschmelzung und Sitzverlegung vor dem Hintergrund der jüngsten BFH-Rechtsprechung, IStR 2010, 337; HERRLER/SCHNEIDER, Grenzüberschreitende Verschmelzungen von Gesellschaften mit beschränkter Haftung zwischen Deutschland und Österreich, GmbHR 2011, 795; SCHÖNFELD, Ausgewählte Internationale Aspekte des neuen Umwandlungssteuererlasses, IStR 2011, 497. Finanzverwaltung: Tz. 01.20 ff. UmwE 2011.
1 2005/56/EG vom 26.10.2005, ABl. EU Nr. L 310, S. 1.
2 Eingehend zur Drittstaatenproblematik siehe BRÄHLER/BLANKEMEYER, StuW 2008, 249; KUSSMAUL/RICHTER/HEID, IStR 2010, 73; VIEBROCK/HAGEMANN, FR 2009, 737.

die Grenze. Ob diese Beschränkung europarechswidrig ist, ist umstritten[1].

B. Verschmelzung durch Aufnahme

I. Zivilrecht

Zur Verschmelzung auf eine bestehende europäische Kapitalgesellschaft sind folgende Schritte notwendig[2]:   688.3
- Erstellung eines **Verschmelzungsplans** (§ 122c UmwG),
- Erstellung eines **Verschmelzungsberichts** (§ 122e UmwG),
- eine **Verschmelzungsprüfung** (§ 122f UmwG),
- ggf. **Information des Betriebsrats** bzw. der **Arbeitnehmer** (§ 122e UmwG),
- **Zustimmungsbeschluss** der beteiligten Gesellschaften (§ 122g UmwG),
- ggf. verbunden mit einem **Kapitalerhöhungsbeschluss**,
- Erstellung einer **Schlussbilanz** (§ 17 Abs. 2 UmwG),
- **Anmeldung** der Verschmelzung (§ 16 Abs. 1 UmwG).

Grundlage der Verschmelzung ist ein **Verschmelzungsplan**[3]. Sein Inhalt ist in § 122c UmwG umfassend geregelt und entspricht dem, was bei einer nationalen Verschmelzung im Verschmelzungsvertrag gemäß § 5 UmwG zu regeln ist (siehe Tz. 984–1017 *GmbH ↔ GmbH*). Der Verschmelzungsplan ist notariell zu beurkunden. Er ist spätestens einen Monat vor der Versammlung der Anteilsinhaber, die über die Zustimmung zum Verschmelzungsplan beschließen sollen, zum Handelsregister einzureichen (§ 122d UmwG)[4].   688.4

Nach § 122a Abs. 2 UmwG i.V.m. § 8 UmwG ist ein **Verschmelzungsbericht** zu erstellen, der über die von § 8 UmwG geforderten Angaben (dazu Tz. 1018–1020 *GmbH ↔ GmbH*) hinaus die Auswirkungen der grenzüberschreitenden Verschmelzung auf die Gläubiger und Arbeitnehmer der beteiligten Gesellschaften erläutern muss (§ 122e UmwG).   688.5

---

1 EuGH C-210/06 vom 16.12.2008, GmbHR 2009, 86 den grenzüberschreitenden Formwechsel einer Personengesellschaft bejahend; Anm. von LEIBLE/HOFFMANN, BB 2009, 58; TEICHMANN, ZIP 2009, 393; BAYER/SCHMIDT, ZHR 173 (2009), 735; siehe auch KALLMEYER/KAPPES, AG 2006, 224.
2 Eingehend zum upstream merger KRUSE/KRUSE, BB 2010, 3035.
3 Eingehend KALLMEYER, AG 2007, 472.
4 Eingehend KOLLRUSS, GmbHR 2009, 1317.

GmbH → EU-Kap

Auf den Verschmelzungsbericht kann nicht verzichtet werden. Zudem ist der Bericht den Anteilsinhabern und – wohl an Stelle des bei einer nationalen Verschmelzung dem Betriebsrat zuzuleitenden Verschmelzungsvertrags (§ 5 Abs. 3 UmwG) – dem Betriebsrat[1], falls es keinen gibt den Arbeitnehmern der an der Verschmelzung beteiligten Gesellschaften einen Monat vor dem Beschluss durch Auslegung in den Geschäftsräumen der Gesellschaft zugänglich zu machen.

688.6 Ebenso wenig kann bei der grenzüberschreitenden Verschmelzung auf die **Prüfung** (dazu Tz. 1021–1029 GmbH ↔ GmbH) verzichtet werden (§ 122f UmwG).

688.7 Hinsichtlich des **Zustimmungsbeschlusses** der Gesellschafter gilt § 13 UmwG (dazu Tz. 1030–1051 GmbH ↔ GmbH) mit den Besonderheiten in § 122g UmwG. § 122g Abs. 2 UmwG stellt klar, dass bei einer Verschmelzung der Tochter- auf die Muttergesellschaft ein Beschluss der übertragenden Gesellschaft nicht erforderlich ist.

688.8 Unterliegt die übernehmende Gesellschaft nicht dem deutschen Recht, hat die übertragende Gesellschaft im Verschmelzungsplan Gesellschaftern, die der Verschmelzung widersprechen, eine **Barabfindung** anzubieten (§ 122i UmwG). Ein Widerspruch hindert die Wirksamkeit des Beschlusses bei Vorliegen der entsprechenden Mehrheit jedoch nicht. Auch scheiden diese Gesellschafter nicht aus. Vielmehr haben sie ein Wahlrecht, entsprechend der Vereinbarung des Verschmelzungsvertrags in den Gesellschaften zu verbleiben oder auszuscheiden und das Barabfindungsangebot anzunehmen (siehe Tz. 1041–1047 GmbH ↔ GmbH).

688.9 Die **Unangemessenheit der Abfindung** berechtigt nicht zur Anfechtung des Umwandlungsbeschlusses (§ 32 UmwG). Auseinandersetzungen um die Angemessenheit sind einem besonderen Verfahren (Spruchverfahren) zugewiesen (§ 34 i.V.m. §§ 305 ff. UmwG), das durch § 122h UmwG auf ausländische Gesellschafter ausgedehnt wird.

688.10 Ist die deutsche Gesellschaft die übertragende Gesellschaft, so hat der Geschäftsführer die Verschmelzung bei dem **Handelsregister** des Sitzes seiner Gesellschaft anzumelden (§ 16 Abs. 1 S. 1 UmwG). Liegen

---

[1] Zu den mitbestimmungsrechtlichen Folgen siehe das Gesetz zur Umsetzung der Regelungen über die Mitbestimmung der Arbeitnehmer bei einer Verschmelzung von Kapitalgesellschaften aus verschiedenen Mitgliedstaaten (MgVG), BGBl. 2006 I, 3332, dazu Drinhausen/Keinath, AG 2010, 398; Nagel, NZG 2007, 57; Teichmann, Der Konzern 2007, 89; Krause/Janko, BB 2007, 2194; Müller-Bonanni/Müntefering, NJW 2009, 2347; Brandes, ZIP 2008, 2193.

GmbH → EU-Kap

die Voraussetzungen der grenzüberschreitenden Verschmelzung vor, so hat das Registergericht hierüber eine Verschmelzungsbescheinigung auszustellen (§ 122k Abs. 2 UmwG). Als solche gilt auch die Benachrichtigung über die Eintragung der Verschmelzung.

Die **Rechtsfolgen** der Eintragung entsprechen denen einer rein nationalen Verschmelzung (Tz. 1072–1097 *GmbH ↔ GmbH*). Insbesondere geht mit der Eintragung der Verschmelzung das gesamte Vermögen der übertragenden GmbH auf die übernehmende Gesellschaft im Wege der **Gesamtrechtsnachfolge** über (§ 20 Abs. 1 Nr. 1 UmwG). Zum Schutz der Gläubiger siehe § 122j UmwG[1]. 688.11

Zu den **Kosten** siehe Tz. 1098–1101 *GmbH ↔ GmbH*. 688.12

II. Steuerrecht

1. Steuerliche Rückwirkung

Es gilt § 2 Abs. 1 UmwStG (siehe hierzu Tz. 1102–1116 *GmbH ↔ GmbH*)[2]. 688.13

2. Besteuerung der übertragenden GmbH

Die im Rahmen der Verschmelzung auf eine in einem EU/EWR-Staat[3] ansässige Kapitalgesellschaft[4] übergehenden Wirtschaftsgüter sind grundsätzlich mit dem **gemeinen Wert** anzusetzen (§ 11 Abs. 1 UmwStG)[5]. Befinden sich im übergehenden Betriebsvermögen Wirtschaftsgüter einer Betriebstätte in einem anderen EU-Mitgliedstaat und ist mit diesem Mitgliedstaat das Freistellungsverfahren vereinbart, fällt insoweit auf den Übertragungsgewinn, der durch den Ansatz zum gemeinen Wert erzielt wird, keine Steuer an. Gilt das Anrechnungsverfahren (zB Tschechien), erfolgt eine Anrechnung der fiktiven ausländischen Steuer, die bei einer Veräußerung zum gemeinen Wert erhoben worden wäre. Wird im Ausland tatsächlich eine Steuer erhoben, findet § 26 KStG Anwendung (vgl. §§ 11 Abs. 3, 3 Abs. 3 UmwStG). 688.14

---

1 Eingehend PASSARGE/STARK, GmbHR 2007, 803.
2 Zur steuerlichen Rückwirkung bei grenzüberschreitenden Umstrukturierungsmaßnahmen ETTINGER/KÖNIGER, GmbHR 2009, 590.
3 Siehe Einleitung S. 4.
4 Siehe Anhang S. 473.
5 Zur Europarechtskonformität der Norm siehe KUSSMAUL/RICHTER/HEYD, IStR 2010, 73.

GmbH → EU-Kap

688.15 Gemäß § 11 Abs. 2 S. 1 UmwStG kann eine Bewertung mit dem **Buchwert oder Zwischenwert** erfolgen, wenn
- sichergestellt ist, dass die Wirtschaftsgüter bei der übernehmenden Körperschaft der Besteuerung mit Körperschaftsteuer unterliegen und
- das Recht der Bundesrepublik Deutschland hinsichtlich der Besteuerung der übertragenen Wirtschaftsgüter bei der übernehmenden Körperschaft nicht beschränkt wird und
- eine Gegenleistung nicht gewährt wird oder in Gesellschaftsrechten besteht.

688.16 Der **Wegfall des Besteuerungsrechts** der Bundesrepublik ist dort zu prüfen, wo Vermögen der übertragenden GmbH im Ausland belegen ist oder inländisches Vermögen nicht den Anforderungen einer Betriebstätte entspricht. **Beispiel:** Die A-GmbH mit Sitz in Köln wird auf die B-Ltd. mit Sitz in London verschmolzen. Am bisherigen Sitz der A-GmbH bleibt keine Betriebstätte zurück, da das übergehende Betriebsvermögen nur aus immateriellen Wirtschaftsgütern und Kapitalbeteiligungen besteht. Infolge der Verschmelzung entfällt das deutsche Besteuerungsrecht an den stillen Reserven. Die aufgedeckten stillen Reserven sind in Deutschland zu versteuern[1]. Ansonsten siehe zur Besteuerung der übertragenden GmbH Tz. 1117–1126 *GmbH ↔ GmbH*.

3. Besteuerung des übernehmenden Rechtsträgers

688.17 Soweit die von dem ausländischen Rechtsträger übernommenen Wirtschaftsgüter weiterhin der deutschen Besteuerung unterliegen, sind sie mit den Werten aus der Schlussbilanz der übertragenden Körperschaft anzusetzen (§ 12 Abs. 1 UmwStG). Kommt es zur **Verstrickung von stillen Reserven**, wird also das deutsche Besteuerungsrecht begründet, sind mE § 4 Abs. 1 S. 7 EStG, § 8 KStG anwendbar. Insoweit ist eine Bindung an den Buch- oder Zwischenwert aus der Schlussbilanz der übertragenden Körperschaft nicht gegeben. Hat die übertragende ausländische Körperschaft sowohl Auslandsvermögen als auch Inlandsvermögen, so hat ein Antrag auf Bewertung zum Buchwert mE keine Auswirkungen auf den Ansatz des ausländischen Vermögens mit dem

---

1 Sofern Großbritannien die übergehenden Wirtschaftsgüter in der Übernahmebilanz der B-Limited gleichwohl mit dem Buchwert bewerten sollte, tritt im Fall eines späteren Verkaufs der Wirtschaftsgüter eine Doppelbesteuerung ein. In der Literatur wird das Ergebnis als europarechtswidrig qualifiziert, WERRA/TEICHE, DB 2006, 1455, 1459.

GmbH → EU-Kap

gemeinen Wert. Im Übrigen gelten die Tz. 1127–1155 *GmbH* ↔ *GmbH*)[1].

4. Besteuerung der Gesellschafter[2] der übertragenden GmbH

Gemäß § 13 Abs. 1 UmwStG gelten die Anteile an der übertragenden Körperschaft als zum **gemeinen Wert** veräußert, die Anteile an der übernehmenden Körperschaft als zum gemeinen Wert angeschafft. IHd. Differenz zwischen dem gemeinen Wert und dem Buchwert bzw. den Anschaffungskosten der Anteile kommt es zur Realisierung der stillen Reserven. 688.18

§ 13 Abs. 2 UmwStG lässt den Ansatz der Anteile an der übernehmenden Körperschaft mit dem **Buchwert** der Anteile an der übertragenden Körperschaft zu, wenn 688.19

– das Recht der Bundesrepublik Deutschland hinsichtlich der Besteuerung der Anteile an der übernehmenden Körperschaft nicht beschränkt wird oder
– die Mitgliedstaaten der Europäischen Union bei einer Verschmelzung Art. 8 der FusionsRL anzuwenden haben; in diesem Fall ist der Gewinn aus einer späteren Veräußerung der erworbenen Anteile ungeachtet der Bestimmungen eines DBA in gleicher Weise zu besteuern, wie die Veräußerung der Anteile an der übertragenden Körperschaft zu besteuern wäre.

Eine **Beschränkung des deutschen Besteuerungsrechts** iRd. Verschmelzung einer deutschen Kapitalgesellschaft auf eine Europäische Kapitalgesellschaft ist nur in seltenen Fällen denkbar. In jedem Fall führt eine grenzüberschreitende Verschmelzung innerhalb der EU zur Anwendbarkeit des Art. 8 der FusionsRL und damit zur Möglichkeit einer Buchwertfortführung nach § 13 Abs. 2 S. 1 Nr. 2 UmwStG. Dies hat allerdings zur Konsequenz, dass im Fall der Veräußerung der erworbenen Anteile diese trotz Wegfalls oder Beschränkung des deutschen Besteuerungsrechts ungeachtet des diese Beschränkungen vorsehenden DBA ohne jede Beschränkung der deutschen Besteuerung unterworfen werden. Dabei wird der Veräußerungsgewinn durch Ansatz des Veräußerungserlöses abzüglich der historischen Anschaffungskosten der hingegebenen Anteile ermittelt, so dass auch nach der Verschmelzung im 688.20

---

1 Zu den Auswirkungen auf das Kapital der Gesellschaften nach §§ 28, 29 KStG STADLER/JETTER, IStR 2009, 336.
2 Zur Qualifizierung der Einkünfte aus Umwandlungen im Ausland mit Inlandsbezug im Rahmen der Hinzurechnungsbesteuerung SCHIESSL, DStZ 2009, 207.

GmbH → EWIV

Ausland angewachsene stille Reserven in Form der weiteren Wertsteigerung in den Anteilen zu versteuern sind.

688.21 **Beispiel**: Die A-GmbH mit Sitz in Köln wird auf eine tschechische Kapitalgesellschaft verschmolzen. Gemäß Art. 13 Abs. 3 i.V.m. Art. 23 Abs. 1 Buchst. b Nr. 3 DBA-Tschechien unterliegt die Veräußerung der iRd. Verschmelzung erlangten tschechischen Anteile der deutschen Besteuerung nur eingeschränkt, da im Veräußerungsfall die tschechische Steuer anzurechnen wäre. Auf Grund der FusionsRL ist hier gleichwohl Buchwertansatz möglich. Im Fall der späteren Veräußerung der Anteile der tschechischen Kapitalgesellschaft wird in Deutschland ohne Anrechnung Tschechischer Steuer besteuert.

688.22 **Hinweis**: Soweit Dividenden aus der ausländischen aufnehmenden Kapitalgesellschaft einer ausländischen Quellensteuer unterliegen, stellt dies keine Beschränkung i.s.v. § 13 Abs. 2 Nr. 1 UmwStG dar, da es sich hierbei nicht um die Beschränkung des Besteuerungsrechts im Hinblick auf die Verwertung des Anteils seiner Substanz nach (insbesondere Veräußerung) handelt.

C. Verschmelzung durch Neugründung
I. Zivilrecht

688.23 Es gelten die Tz. 688.3–688.12 entsprechend. Die Anmeldung (Tz. 688.10) der neuen Gesellschaft hat durch die Organe der übertragenden Gesellschaften zu erfolgen (§ 122l Abs. 1 UmwG).

II. Steuerrecht

688.24 Es gelten die Tz. 688.13–688.23.

GmbH → EWIV, Formwechsel, Spaltung, Verschmelzung

689 Für die EWIV mit Sitz in Deutschland gilt OHG-Recht und somit die Tz. 1519 *GmbH → OHG*.

GmbH → GbR, Formwechsel

Eine GmbH kann durch **Formwechsel** in eine GbR umgewandelt werden (§§ 191 Abs. 2, 226 UmwG)[1]. Zivilrechtlich gelten die Tz. 1212–1270 *GmbH → KG*, jedoch mit der Einschränkung, dass eine „hilfsweise" Umwandlung in eine KG nicht in Betracht kommt[2]. Ferner bedarf der Formwechsel der Zustimmung aller Gesellschafter (§ 233 Abs. 1 UmwG). 690

Steuerlich gelten die Tz. 1271–1273 *GmbH → KG* entsprechend, wobei darauf zu achten ist, ob die GbR über Betriebsvermögen verfügt oder Privatvermögen mit dem Zwang zur Aufdeckung stiller Reserven entsteht[3]. Zu den besonderen gewerbesteuerlichen Problemen bei der Umwandlung einer Freiberufler-GmbH siehe Tz. 688 *GmbH → EU*. 691

Spaltung und **Verschmelzung** sind als Umwandlungsinstrumentarien ausgeschlossen, da hier jeweils nur auf Personenhandelsgesellschaften umgewandelt werden kann (§§ 3, 124 UmwG). Ausgeschlossen ist damit etwa die Verschmelzung einer **Freiberufler-GmbH** auf eine bestehende **Sozietät**. Allerdings kann die GmbH durch Formwechsel in eine (neue) GbR umgewandelt und sodann mit der bestehenden Sozietät verschmolzen werden (siehe *GbR ↔ GbR*). 692

Hinweis: Sollen etwa zwei grundstücksverwaltende GmbHs zu einer GbR „verschmolzen" werden, wäre dies im Wege der Gesamtrechtsnachfolge nur über die Verschmelzung der einen auf die andere GmbH und anschließendem Formwechsel in eine GbR möglich. Möglich wäre auch: Formwechsel der GmbHs in GbRs, sodann „Verschmelzung" der GbRs im Wege der Einbringung. Es können jeweils unterschiedliche Steuerfolgen, insbesondere bei der **Grunderwerbsteuer**, auftreten[4]. 693

---

1 Vertragsmuster: Vossius in Widmann/Mayer, Anh. 4, M 159 ff. (Januar 2010); OLG Dresden 3 W 55/08 vom 26.5.2008, ZIP 2008, 2361 zur Grundbuchfähigkeit der aus Formwechsel hervorgehenden GbR.
2 Streck/Mack/Schwedhelm, GmbHR 1995, 161, 175; Bärwaldt/Schabacker, NJW 1999, 623.
3 Dazu Huber/Marat, DB 2011, 1823.
4 Siehe auch BFH II R 57/98 vom 4.4.2001, GmbHR 2001, 636, zu § 6 Abs. 4 GrEStG.

GmbH → Genossenschaft

GmbH → Genossenschaft, Formwechsel, Spaltung, Verschmelzung

A. Übersicht 694
B. Formwechsel
  I. Zivilrecht 695
  II. Steuerrecht 701
C. Spaltung
  I. Aufspaltung zur Aufnahme
    1. Zivilrecht 702
    2. Steuerrecht............. 708
  II. Aufspaltung zur Neugründung
    1. Zivilrecht 709
    2. Steuerrecht............. 710
III. Abspaltung................ 711
IV. Ausgliederung............. 714
D. Verschmelzung
  I. Verschmelzung durch Aufnahme
    1. Zivilrecht............... 715
    2. Steuerrecht............. 723
  II. Verschmelzung durch Neugründung
    1. Zivilrecht............... 724
    2. Steuerrecht............. 725

A. Übersicht

694 Eine GmbH kann durch **Formwechsel** (§§ 191, 226 UmwG), **Spaltung** (§ 124 i.V.m. § 3 Abs. 1 UmwG) oder **Verschmelzung** (§ 3 Abs. 1 UmwG) in eine Genossenschaft umgewandelt werden[1].

B. Formwechsel

I. Zivilrecht

695 Voraussetzung für den Formwechsel ist die Erstellung eines **Umwandlungsberichts** (§ 192 UmwG, Ausnahme § 192 Abs. 2 UmwG, siehe § 251 Abs. 1 UmwG) und die Fassung eines **Umwandlungsbeschlusses** (§ 193 UmwG). Zum Inhalt des Umwandlungsbeschlusses § 194 UmwG. Ferner muss in dem Beschluss die Satzung der Genossenschaft sowie die Zahl der Geschäftsanteile festgelegt sein (§ 253 UmwG).

696 Für die **Vorbereitung der Beschlussfassung** gelten die §§ 230 Abs. 1, 231, 239 Abs. 1 UmwG.

697 Zu den **Mehrheitserfordernissen** siehe § 252 Abs. 1 und 2 UmwG. Daneben gilt § 193 Abs. 2 und 3 UmwG.

698 Zur **Barabfindung** und **Anfechtung** siehe § 270 UmwG und Tz. 1242–1253 *GmbH → KG*.

---

1 Zur Rechtsformwahl TURNER, DB 1993, 363; TURNER, GmbHR 1993, 390.

162

GmbH → Genossenschaft

Die **Gründungsvorschriften** der §§ 1–16 GenG sind zu beachten (§ 197 UmwG). § 4 GenG ist nicht anwendbar (§ 197 S. 2 UmwG), so dass der Formwechsel auch bei weniger als sieben Gesellschaftern möglich ist. 699

Zur **Anmeldung** vergleiche §§ 198 und 254 UmwG, zu den **Rechtsfolgen** des Formwechsels §§ 255, 256 UmwG. 700

II. Steuerrecht

Der Formwechsel hat grundsätzlich **keine** steuerlichen **Folgen**. 701

C. Spaltung

I. Aufspaltung zur Aufnahme

1. Zivilrecht

Es gelten grundsätzlich die Tz. 745–840 *GmbH → GmbH*. 702

Hinsichtlich der Angaben zum **Umtauschverhältnis** ist § 125 i.V.m. §§ 80, 88 Abs. 1 UmwG zu beachten. 703

Ergänzend zu Tz. 805 *GmbH → GmbH* ist ein **Gutachten des genossenschaftlichen Prüfungsverbands** erforderlich (§ 125 i.V.m. § 81 UmwG). 704

Für die **Beschlussfassung** bei der Genossenschaft gilt § 125 i.V.m. §§ 82–84 UmwG. Mit der Spaltung sind die notwendigen Änderungen der Satzungen zu beschließen (§ 147 UmwG). 705

Hinsichtlich der **Anmeldung** gilt ergänzend § 125 i.V.m. § 86 UmwG. 706

Die neuen Mitglieder sind unverzüglich nach **Eintragung** der Spaltung im Genossenschaftsregister einzutragen (§ 125 i.V.m. § 89 UmwG). Hinsichtlich der Beteilungen ist § 125 i.V.m. § 88 Abs. 1 UmwG zu beachten. 707

2. Steuerrecht

Es gelten die Tz. 841–899 *GmbH → GmbH*. 708

II. Aufspaltung zur Neugründung

1. Zivilrecht

Es gelten die Tz. 900–910 *GmbH → GmbH* sowie die in § 125 i.V.m. §§ 97, 98 UmwG niedergelegten **Besonderheiten**. 709

GmbH → Genossenschaft

2. Steuerrecht

710   Es gelten die Tz. 841–899 *GmbH → GmbH*.

III. Abspaltung

711   Es gelten die Tz. 912–922 *GmbH → GmbH* entsprechend, unter Berücksichtigung der über § 125 UmwG geltenden §§ 80–89 UmwG bzw. §§ 97, 98 UmwG.

712   Hinsichtlich der **Anmeldung** ist zudem § 148 Abs. 2 UmwG zu beachten.

713   Zum **Steuerrecht** siehe Tz. 923–928 *GmbH → GmbH*.

IV. Ausgliederung

714   Zur Ausgliederung siehe Tz. 929–946 *GmbH → GmbH*. Jedoch wird die Ausgliederung auf eine Genossenschaft kaum von **praktischer Relevanz** sein, da § 20 UmwStG keine Anwendung findet, womit eine steuerneutrale Ausgliederung nicht möglich ist.

D. Verschmelzung

I. Verschmelzung durch Aufnahme

1. Zivilrecht

715   Die Verschmelzung vollzieht sich nach den allgemeinen Regeln der §§ 4–19 UmwG. Grundlage ist ein **Verschmelzungsvertrag** zwischen der GmbH und der Genossenschaft[1]. Die inhaltlichen Besonderheiten des Vertrags sind in § 80 UmwG geregelt. Im Übrigen gelten die Tz. 984–1017 *GmbH ↔ GmbH*.

716   Zum **Verschmelzungsbericht** und zur **Prüfungspflicht** bei der GmbH siehe Tz. 1018–1029 *GmbH ↔ GmbH*, zur Prüfungspflicht bei der Genossenschaft siehe § 81 UmwG.

717   Zu dem **Zustimmungsbeschluss** bei der GmbH siehe Tz. 1030–1051 *GmbH ↔ GmbH*, zur Beschlussfassung bei der Genossenschaft siehe §§ 82–84 UmwG. Spätestens mit der Verschmelzung sind die bei der Genossenschaft erforderlichen **Änderungen der Satzung** zu beschließen (§ 79 UmwG).

---

1 Vertragsmuster: Heckschen in Widmann/Mayer, Anh. 4, M 38 ff. (Juli 2010).

GmbH → Genossenschaft

Zur **Bilanzierung** siehe Tz. 1052–1058 *GmbH* ↔ *GmbH*. 718

Zur **Anmeldung** siehe Tz. 1059–1071 *GmbH* ↔ *GmbH* sowie § 86 UmwG. 719

Zu den **Rechtsfolgen** generell siehe Tz. 1072–1097 *GmbH* ↔ *GmbH*. 720

Jedem Anteilsinhaber der GmbH ist als **Geschäftsguthaben** bei der übernehmenden Genossenschaft der Wert der Geschäftsanteile, mit denen er an der GmbH beteiligt war, gutzuschreiben. Für die Feststellung des Werts dieser Beteiligung ist die Schlussbilanz der GmbH maßgebend. Übersteigt das durch die Verschmelzung erlangte Geschäftsguthaben eines Mitglieds den Gesamtbetrag der Geschäftsanteile, mit denen er bei der übernehmenden Genossenschaft beteiligt ist, so ist der übersteigende Betrag nach Ablauf von sechs Monaten seit dem Tage, an dem die Eintragung der Verschmelzung in das Register des Sitzes der übernehmenden Genossenschaft als bekannt gemacht gilt, an das Mitglied auszuzahlen; die Auszahlung darf jedoch nicht erfolgen, bevor die Gläubiger, die sich nach § 22 UmwG gemeldet haben, befriedigt oder sichergestellt sind. 721

Die neuen Mitglieder sind unverzüglich in das **Genossenschaftsregister** einzutragen (§ 89 UmwG). 722

2. Steuerrecht

Es gelten die §§ 11–13 UmwStG, siehe hierzu Tz. 1102–1185 *GmbH* ↔ *GmbH*. 723

II. Verschmelzung durch Neugründung

1. Zivilrecht

Es gelten die Tz. 715–722 entsprechend (§ 96 UmwG), mit den in §§ 97, 98 UmwG niedergelegten **Besonderheiten** zur Aufstellung der Satzung, Bestellung der Organe und Beschlussfassung. 724

2. Steuerrecht

Es gelten die §§ 11–13 UmwStG, siehe hierzu Tz. 1102–1185 *GmbH* ↔ *GmbH*. 725

GmbH → GmbH

GmbH → GmbH, Spaltung

A. Übersicht 726
B. Aufspaltung zur Aufnahme . . 745
  I. Zivilrecht 745
    1. Voraussetzungen 745
    2. Spaltungs- und Übernahmevertrag 746
    3. Spaltungsbericht und Prüfung 804
    4. Zustimmungsbeschlüsse . 807
    5. Bilanzierung 818
    6. Anmeldung und Eintragung 821
    7. Rechtsfolgen der Spaltung 825
    8. Kosten 835
  II. Steuerrecht 841
    1. Steuerliche Rückwirkung. 841
    2. Besteuerung der zu spaltenden GmbH 845
    3. Besteuerung der übernehmenden GmbHs 873
    4. Besteuerung der Gesellschafter der zu spaltenden GmbH 885
    5. Gewerbesteuer 895
    6. Umsatzsteuer 897
    7. Grunderwerbsteuer 898
C. Aufspaltung zur Neugründung 900
  I. Zivilrecht 900
  II. Steuerrecht 911
D. Abspaltung 912
  I. Zivilrecht 912
  II. Steuerrecht 923
E. Ausgliederung 929
  I. Zivilrecht 929
  II. Steuerrecht 940

A. Übersicht

726 Das UmwG unterscheidet drei Formen der Spaltung, die **Aufspaltung**, die **Abspaltung** und die **Ausgliederung** (§ 123 UmwG).

727 Bei der **Aufspaltung** teilt die zu spaltende Kapitalgesellschaft ihr **gesamtes Vermögen** auf und überträgt es im Wege der Sonderrechtsnachfolge („partielle Universalsukzession") auf mindestens zwei bestehende oder neu zu gründende Gesellschaften. Die zu spaltende GmbH geht unter. Als Gegenleistung erhalten die Gesellschafter der untergehenden Kapitalgesellschaft Beteiligungen an den übernehmenden Gesellschaften. Eine Abfindung in Geld oder Sachwerten ist grundsätzlich (Ausnahme siehe Tz. 755) ausgeschlossen. Bare Zuzahlungen sind nur bis zur Höhe von 10 % des Gesamtnennbetrags der gewährten Anteile zulässig (§ 125 i.V.m. § 54 Abs. 4 UmwG).

728 Bei der **Abspaltung** bleibt die zu spaltende Kapitalgesellschaft bestehen. Sie überträgt jedoch einen **Teil ihres Vermögens** auf eine oder mehrere andere Gesellschaften. Als Gegenleistung werden wiederum Anteile der übernehmenden Gesellschaften an die Gesellschafter der übertragenden Kapitalgesellschaft gewährt.

GmbH → GmbH

Hinweis: Auch in Fällen der nicht-verhältniswahrenden Abspaltung ist eine Trennung von Gesellschafterstämmen zulässig ist, in dem die Anteile an der Gesellschaft, auf die abgespalten wird, der einen Gruppe und die Anteile der Gesellschaft, von der abgespalten wird, der anderen Gruppe zugewiesen werden (§§ 126 Abs. 1 Nr. 10, 131 Abs. 1 Nr. 3 S. 1 UmwG; siehe Tz. 918)[1]. 729

Auch bei der **Ausgliederung** wird ein Teil des Vermögens der Kapitalgesellschaft im Wege partieller Gesamtrechtsnachfolge auf eine oder mehrere andere Gesellschaften übertragen. Der Unterschied zur Abspaltung besteht jedoch darin, dass die als Gegenleistung zu gewährenden **Beteiligungen** in das **Vermögen der übertragenden Kapitalgesellschaft** übergehen. Bei der Ausgliederung kann auch das gesamte Vermögen gegen Gewährung von Gesellschaftsrechten übertragen werden, sodass eine reine Holdinggesellschaft entsteht[2]. 730

Unberührt bleibt die Möglichkeit, Unternehmensteile im Wege der **Einzelrechtsnachfolge** durch Einbringung von Vermögen im Rahmen einer Sachgründung oder Sachkapitalerhöhung auf eine andere Gesellschaft auszugliedern. Es gelten die Tz. 305–354 *EU → GmbH*. Streitig ist, inwieweit die Regeln des UmwG entsprechend anzuwenden sind[3]. 731

Hinweis: Abspaltung und Ausgliederung können miteinander kombiniert werden[4]. 732

Als **übernehmender Rechtsträger** kommt bei der Spaltung einer GmbH nicht nur die Rechtsform der GmbH in Betracht. Das Vermögen kann insbesondere auch auf eine OHG, KG, AG, KGaA oder eingetragene Genossenschaft übertragen werden (§ 124 Abs. 1 UmwG i.V.m. § 3 Abs. 1 UmwG). 733

Die Übertragung auf **Rechtsträger unterschiedlicher Rechtsformen** ist möglich (§ 124 Abs. 2 i.V.m. § 3 Abs. 4 UmwG). Zulässig ist also auch die Aufspaltung einer GmbH in zwei oder mehrere Personengesellschaften oder in Personen- und Kapitalgesellschaften sowie die Abspal- 734

---

1 Siehe hierzu Neye, DB 1998, 1649.
2 Teichmann in Lutter, § 123 UmwG Rz. 25; Kallmeyer/Sickinger in Kallmeyer, § 123 UmwG Rz. 12.
3 LG Hamburg 402 O 122/96 vom 21.1.1997, DB 1997, 516; LG Karlsruhe O 43/97 KfH I vom 6.11.1997, AG 1998, 99; OLG Stuttgart 20 U 52/97 vom 7.2.2001, DB 2001, 854; Veil, ZIP 1998, 361; K. Schmidt, ZGR 1995, 675; siehe auch Lutter/Leinekugel, ZIP 1998, 805.
4 Ebenso Kallmeyer, DB 1995, 81; Mayer, DB 1995, 861; Teichmann in Lutter, § 123 UmwG Rz. 30; Kallmeyer/Sickinger in Kallmeyer, § 123 UmwG Rz. 13.

GmbH → GmbH

tung oder Ausgliederung von Vermögen der GmbH auf Personen- und/ oder Kapitalgesellschaften. In Fällen der gemischten Spaltung sind die Erläuterungen zur Spaltung auf die entsprechende Rechtsform parallel heranzuziehen. Zur Spaltung einer GmbH in Rechtsträger anderer Rechtsformen sowie zur Spaltung von Rechtsträgern anderer Rechtsformen in eine GmbH siehe jeweils dort.

735 Übernehmende Gesellschaften können bestehende (**Spaltung zur Aufnahme**) oder mit der Spaltung zu gründende Gesellschaften (**Spaltung zur Neugründung**) sein (§ 123 UmwG). Eine Spaltung durch gleichzeitige Übertragung auf bestehende und neue Rechtsträger ist zulässig (§ 123 Abs. 4 UmwG). Hier sind die Regeln über die Spaltung zur Aufnahme mit denen über die Spaltung zur Neugründung zu kombinieren.

736 Auch eine bereits **aufgelöste Kapitalgesellschaft** kann gespalten werden, wenn deren Fortsetzung beschlossen werden könnte (§ 125 i.V.m. § 3 Abs. 3 UmwG). ME ist auch die Spaltung auf eine aufgelöste Gesellschaft zulässig, wenn vor Spaltung ein **Fortsetzungsbeschluss** gefasst wird[1].

737 Die zu spaltende Kapitalgesellschaft muss grundsätzlich zum Zeitpunkt der Eintragung der Spaltung existieren, also im Handelsregister eingetragen sein. Der Spaltungs- und Übernahmevertrag sowie die Zustimmungsbeschlüsse können mE jedoch schon im **Gründungsstadium** (bei der GmbH also zwischen Abschluss des notariellen Gesellschaftsvertrags und der Eintragung) abgeschlossen bzw. gefasst werden[2].

738 Die Spaltung ist beschränkt auf Gesellschaften mit Sitz im Inland (§ 1 Abs. 1 UmwG). Für **grenzüberschreitende Spaltungen** fehlt nach wie vor eine Rechtsgrundlage[3].

739 **Steuerlich** ist zu differenzieren:

740 Bei einer **Aufspaltung** oder **Abspaltung** in bzw. **auf** eine andere **Kapitalgesellschaft** gelten die steuerlichen Vorschriften über die Verschmelzung von Kapitalgesellschaften entsprechend (womit idR eine Buch-

---

1 Streitig, siehe Lutter/Drygala in Lutter, § 3 UmwG Rz. 23; OLG Naumburg 10 Wx 1/97 vom 12.2.1997, GmbHR 1997, 1152; Bayer, ZIP 1997, 1614; zu den Voraussetzungen eines Fortsetzungsbeschlusses siehe Casper in Ulmer/Habersack/Winter, § 60 GmbHG Rz. 134 und Fronhöfer in Widmann/Mayer, § 3 UmwG Rz. 5 ff. (Juli 2005).
2 Streck/Mack/Schwedhelm, GmbHR 1995, 161; zustimmend Marsch-Barner in Kallmeyer, § 3 UmwG Rz. 10; Bayer, ZIP 1997, 1613.
3 Zur grenzüberschreitenden Spaltung Momen, DB 1993, 2089; zur Spaltung unter Beteiligung von Steuerausländern Fey/Neyer, IStR 1998, 161.

GmbH → GmbH

wertfortführung möglich ist), wenn die Teilvermögen Teilbetriebe darstellen. Als Teilbetrieb gelten auch Mitunternehmeranteile oder die Beteiligung an einer Kapitalgesellschaft, die das gesamte Nennkapital umfasst (§ 15 UmwStG).

Zur Besteuerung der **Aufspaltung** oder **Abspaltung** auf **Personengesellschaften** siehe Tz. 1288–1300 *GmbH → KG*. In Fällen gemischter Auf- und Abspaltung sind jeweils bezogen auf das übergehende Vermögen die Tz. 841–899 bzw. 1288–1300 *GmbH → KG* anzuwenden. 741

Zur **Ausgliederung** auf eine **Personengesellschaft** siehe Tz. 1303–1304 *GmbH → KG*. 742

Die **Ausgliederung** auf eine **Kapitalgesellschaft** ist steuerrechtlich kein Fall des Vermögensübergangs i.S.d. zweiten bzw. fünften Teils des UmwStG (§ 1 Abs. 1 S. 2 UmwStG), sondern ein Fall der Einbringung i.S.d. §§ 20–23 UmwStG. Eine Buchwertfortführung ist möglich, wenn ein Betrieb, Teilbetrieb, ein Mitunternehmeranteil oder ein Anteil an einer Kapitalgesellschaft, die die Mehrheit der Stimmrechte vermittelt, ausgegliedert werden (§ 20 Abs. 1 UmwStG). 743

Einstweilen frei. 744

B. Aufspaltung zur Aufnahme

I. Zivilrecht

1. Voraussetzungen

Zur Aufspaltung einer GmbH im Wege der Aufnahme durch bestehende GmbHs sind folgende **Schritte** notwendig: 745
- Abschluss eines **Spaltungs- und Übernahmevertrags** (§ 126 UmwG),
- ggf. Erstellung eines **Spaltungsberichts** (§ 127 UmwG),
- ggf. **Spaltungsprüfung** (§ 125 i.V.m. § 48 UmwG),
- ggf. **Information des Betriebsrats** (§ 126 Abs. 3 UmwG),
- **Zustimmungsbeschluss** der beteiligten Gesellschaften (§ 125 i.V.m. § 13 Abs. 1 UmwG),
- ggf. verbunden mit einem **Kapitalerhöhungsbeschluss**,
- Erstellung einer **Schlussbilanz** (§ 125 i.V.m. § 17 Abs. 2 UmwG),
- **Anmeldung** der Spaltung (§ 125 i.V.m. § 16 Abs. 1 UmwG).

GmbH → GmbH

2. Spaltungs- und Übernahmevertrag

a) Form, Inhalt, Änderung

746 Grundlage der Spaltung ist ein Vertrag zwischen der zu **spaltenden** (übertragenden) **GmbH** und den **übernehmenden Gesellschaften** (§ 125 i.V.m. §§ 4 Abs. 1, 126 UmwG)[1]. Firma, Sitz und Vertreter der an der Spaltung beteiligten Gesellschaften sind im Vertrag zu nennen (§ 126 Abs. 1 Nr. 1 UmwG). Vertreten werden die Gesellschaften von ihren vertretungsberechtigten Organen, idR also den Geschäftsführern. Zur **Vertretungsbefugnis** siehe Tz. 986 *GmbH ↔ GmbH*.

747 An dem Vertrag sind bei Aufspaltung auf bestehende Gesellschaften notwendig mindestens **drei Parteien** beteiligt, die zu spaltende GmbH und mindestens zwei aufnehmende Gesellschaften. Unzulässig ist es, mit den aufnehmenden Gesellschaften jeweils getrennte Verträge abzuschließen. Der einheitliche Vertrag soll garantieren, dass alle Beteiligten den gesamten Vorgang kennen[2]. Wird gleichzeitig auf bestehende und neu zu gründende Gesellschaften aufgespalten, ist der Spaltungsplan in den Spaltungs- und Übernahmevertrag aufzunehmen.

748 Der Spaltungs- und Übernahmevertrag bedarf **notarieller Beurkundung** (§ 125 i.V.m. § 6 UmwG).

749 Der Vertrag kann **vor oder nach Beschlussfassung** durch die Anteilseigner abgeschlossen werden (§ 125 i.V.m. § 4 Abs. 2 UmwG). In der Praxis ist es idR erforderlich, den Vertragsinhalt vorab in einem nichtförmlichen Verfahren mit allen Beteiligten abzustimmen, da ansonsten unnötige Kosten der Beurkundung entstehen.

750 Der **notwendige Inhalt** des Spaltungs- und Übernahmevertrags ist in §§ 125, 126 i.V.m. § 46 sowie § 29 Abs. 1 UmwG ausführlich geregelt.

751 Der Vertrag muss die Erklärung enthalten, dass das **Vermögen** der übertragenden GmbH **gegen Gewährung von Anteilen** auf die übernehmenden Gesellschaften übertragen wird (§ 126 Abs. 1 Nr. 2 UmwG). Hierzu ist genau zu bezeichnen, welche Gegenstände des Aktiv- und Passivvermögens auf welche der übernehmenden Gesellschaften übertragen werden (§ 126 Abs. 1 Nr. 9 UmwG; zur Aufteilung sowie zur Kennzeichnung siehe Tz. 764–777). Grundstücke sind den Anforderungen des § 126 Abs. 2 S. 2 UmwG i.V.m. § 28 GBO entsprechend ent-

---

1 Vertragsmuster: Fuhrmann in GmbH-Handbuch, Teil V M 334 (Februar 2011); Friedl/Krämer in Formularbuch Recht und Steuern, S. 877 ff.
2 Gesetzesbegründung zu § 126, BT-Drucks. 12/6699.

GmbH → GmbH

weder übereinstimmend mit dem Grundbuch oder durch Hinweis auf das Grundbuchblatt zu bezeichnen[1]. Bei der Übertragung einer Teilfläche genügt die Vorlage eines genehmigten Veränderungsnachweises, der die übertragene Teilfläche katastermäßig bezeichnet[2]. Urkunden, auf die Bezug genommen wird, sind dem Vertrag beizufügen (§ 126 Abs. 2 UmwG).

Der Vertrag muss das **Umtauschverhältnis** der Anteile (siehe Tz. 778–786), den Nennbetrag der Geschäftsanteile, die jedem Gesellschafter der übertragenden GmbH von den übernehmenden Gesellschaften gewährt werden, zuzüglich etwaiger barer Zuzahlungen sowie die Aufteilung und den Maßstab für die Aufteilung dieser Anteile nennen (§ 126 Abs. 1 Nr. 3 und Nr. 10, § 125 i.V.m. § 46 Abs. 1 UmwG). Bestimmt werden muss ferner, ob die Gegenleistung in vorhandenen Geschäftsanteilen einer übernehmenden Gesellschaft besteht (§ 125 i.V.m. § 46 Abs. 3 UmwG), oder ob Geschäftsanteile gewährt werden, die durch Kapitalerhöhung der übernehmenden Gesellschaft zu schaffen sind. Es empfiehlt sich, den Inhalt des Kapitalerhöhungsbeschlusses in den Vertrag aufzunehmen. Seit dem 1.1.2002 besteht die Verpflichtung zur Umstellung des Kapitals auf Eurobeträge (§ 1 Abs. 1 S. 4 EGGmbHG). 752

Sollen neue Anteile mit anderen **Rechten und Pflichten** als sonstige Geschäftsanteile der übernehmenden Gesellschaft ausgestattet werden, so ist dies im Vertrag festzulegen (§ 125 i.V.m. § 46 Abs. 2 UmwG). Ebenso ist die Einräumung und Erhaltung von **Vorzugsrechten** für einzelne Gesellschafter aufzunehmen (§ 126 Abs. 1 Nr. 7 UmwG). Gleiches gilt für besondere **Vorteilsgewährungen** an Geschäftsführer, Aufsichtsräte oder Prüfer (§ 126 Abs. 1 Nr. 8 UmwG, siehe Tz. 991 *GmbH ↔ GmbH*). 753

Festzulegen ist der **Spaltungsstichtag** und der Tag, ab dem neue Geschäftsanteile gewinnbezugsberechtigt sind (§ 126 Abs. 1 Nr. 5 und 6 UmwG). Siehe hierzu Tz. 992 und 993 *GmbH ↔ GmbH*, die entsprechend gelten. 754

Besonderheiten gelten, wenn durch die Spaltung an die Stelle frei veräußerbarer Anteile Geschäftsanteile treten, die nach dem Gesell- 755

---

1 BGH V ZR 79/07 vom 25.1.2008, AG 2008, 322; ablehnend zur Übertragbarkeit der Rspr. des BGH auf beschränkt persönliche Dienstbarkeiten BUNGERT/LANGE, DB 2009, 103; siehe auch OLG Schleswig-Holstein 2 W 241/08 vom 26.8.2009, NJW-RR 2010, 592: Voraussetzungen des § 28 GBO sind entbehrlich, wenn die Grundstücke für jedermann klar und eindeutig bestimmt sind; kritisch dazu BUNGERT, DB 2010, 548.
2 BGH V ZR 79/07 vom 25.1.2008, AG 2008, 322; SCHMIDT-OTT, ZIP 2008, 1353.

GmbH → GmbH

schaftsvertrag einer Verfügungsbeschränkung unterworfen sind[1]. Hier ist im Spaltungs- und Übernahmevertrag den Gesellschaftern ein **Abfindungsangebot** für den Fall zu unterbreiten, dass sie der Spaltung widersprechen (§ 125 i.V.m. § 29 Abs. 1 S. 2 UmwG). Zur Ausübung des Widerspruchsrechts siehe Tz. 816, zur Höhe des Abfindungsangebots Tz. 1014–1017 *GmbH ↔ GmbH*.

756 § 126 UmwG enthält im Gegensatz zu § 5 Abs. 2 UmwG keine Erleichterung für den Mindestinhalt des Spaltungs- und Übernahmevertrags für den Fall, dass den übernehmenden Gesellschaften bzw. einer von ihr alle Anteile an der übertragenden GmbH gehören. Die Angaben über die Aufteilung der Anteile und deren Umtausch sind also auch bei der **Spaltung von Tochterunternehmen** notwendig.

757 Nach § 126 Abs. 1 Nr. 4 UmwG muss der Vertrag „die **Einzelheiten für die Übertragung der Anteile**" enthalten (siehe hierzu Tz. 998 *GmbH ↔ GmbH*)[2]. Hier ist auch zu regeln, wer die steuerlichen Pflichten der untergehenden GmbH zu erfüllen hat (siehe Tz. 843). Ferner sind Regelungen für den Fall steuerlicher Rechtsfolgen aus einem Anteilsverkauf aufzunehmen (siehe Tz. 860, 865).

758 Zwingend ist letztendlich, die individual- und kollektivarbeitsrechtlichen **Folgen der Spaltung für die Arbeitnehmer** und ihre Vertretungen sowie die insoweit vorgesehenen Maßnahmen im Vertrag darzustellen (§ 126 Abs. 1 Nr. 11 UmwG, siehe dazu Tz. 783–803).

759 Darüber hinaus ist es zweckmäßig, im Spaltungs- und Übernahmevertrag alle Fragen zu regeln, die über den zwingenden Inhalt hinaus für die Gesellschafter von Bedeutung sind. Dies gilt beispielsweise für Regelungen hinsichtlich der **Geschäftsführung**, der **Firma** (siehe Tz. 829), des **Unternehmensgegenstands** etc. Der Spaltungs- und Übernahmevertrag kann die übernehmenden Gesellschaften insoweit zu entsprechenden Satzungsänderungen verpflichten.

760 Der Spaltungs- und Übernahmevertrag kann unter einer **aufschiebenden Bedingung** (Spaltung wird wirksam, wenn die Bedingung eintritt) abgeschlossen werden (§ 125 i.V.m. § 7 UmwG). Ist die Bedingung nach Ablauf von fünf Jahren nicht eingetreten, kann der Vertrag mit halbjähriger Frist gekündigt werden. Der Vertrag kann einen kürzeren Zeitraum als fünf Jahre festlegen. Ein **auflösend bedingter Spaltungs- und Übernahmevertrag** (Wirkung des Vertrags entfällt mit Eintritt der Be-

---

1 Eingehend REICHERT, GmbHR 1995, 176.
2 PRIESTER in Lutter, § 126 UmwG Rz. 36.

GmbH → GmbH

dingung) ist mE nur zulässig, wenn der Wegfall der Vertragswirkung an den Eintritt der Bedingung vor Anmeldung der Spaltung zum Handelsregister geknüpft ist[1].

Bis zum Zustimmungsbeschluss der Gesellschafter kann der Vertrag in notarieller Form **geändert** oder formfrei **aufgehoben** werden[2]. 761

Ein **Verkauf von Anteilen** zwischen Abschluss des Spaltungs- und Übernahmevertrags und dessen Wirksamwerden beeinträchtigt die Spaltung nicht. Der Erwerber tritt in die Rechtsstellung des Verkäufers[3]. 762

Zu **Mängeln** siehe Tz. 1005 GmbH ↔ GmbH. 763

b) Aufteilung des Vermögens

In der Aufteilung des Vermögens sind die Beteiligten grundsätzlich **frei**. Die jeweils übergehenden Vermögensteile brauchen insbesondere nicht den Charakter eines Betriebs oder Teilbetriebs zu haben. So kann das Vermögen auch in der Weise aufgeteilt werden, dass einer der übernehmenden Gesellschaften nur ein einzelner Vermögensgegenstand (etwa ein Grundstück) zugewiesen wird (siehe zum Steuerrecht Tz. 845). 764

Übertragbar sind alle Rechtspositionen. Gesetzliche oder schuldrechtliche Beschränkungen hindern die Umwandlung nicht[4]. 765

Unproblematisch ist die Geltung der allgemeinen Rechte hinsichtlich **Bestandteilen** (§§ 93 ff. BGB), **Zubehör** (§ 97 BGB), **Nutzungen** und **Früchten** (§§ 99 ff. BGB). Wesentliche Bestandteile können nicht von der Sache getrennt werden, unwesentliche Bestandteile teilen das Schicksal der Hauptsache, soweit nichts anderes vereinbart wird. Zubehör ist rechtlich selbständig, geht im Zweifel aber mit der Hauptsache auf die übernehmende Gesellschaft über. Für die Verteilung der Früchte gilt § 101 BGB. 766

---

1 Siehe Körner/Rodewald, BB 1999, 853; Lutter/Drygala in Lutter, § 4 UmwG Rz. 26, zur gleichen Fragestellung bei der Verschmelzung.
2 Priester in Lutter, § 126 UmwG Rz. 96.
3 Winter in Lutter, § 46 UmwG Rz. 7.
4 Dies ist durch Aufhebung des § 132 UmwG durch das Zweite Gesetz zur Änderung des UmwG vom 19.4.2007, BGBl. 2007 I, 542, klargestellt worden, siehe hierzu K. .J. Müller, NZG 2006, 491, zur bis dahin geltenden Rechtslage Teichmann in Lutter, 3. Aufl. 2004, § 132 UmwG Rz. 4 ff.; Rieble, ZIP 1997, 301; Kallmeyer, 3. Aufl. 2006, § 132 UmwG Rz. 1 ff.

GmbH → GmbH

767 **Nießbrauchsrechte, persönliche Dienstbarkeiten** und **Vorkaufsrechte** gehen gemäß § 1059a Nr. 1 i.V.m. §§ 1092, 1098 BGB über, ohne dass es einer Bescheinigung nach § 1059a Nr. 2 BGB bedarf, da die Spaltung zur (partiellen) Gesamtrechtsnachfolge führt[1]. Gleiches gilt für Optionsrechte, die Vorkaufsrechten gleichstehen[2]. Auch für die Akzessorietät von **Sicherungsrechten** gilt das allgemeine Zivilrecht (zB § 401 BGB). So kann eine Hypothek nicht von der zugrunde liegenden Forderung getrennt werden. Bürgschaften, die zur Sicherung von zum Zeitpunkt der Ausgliederung bereits bestehenden Forderungen bestellt worden sind, gehen ebenfalls auf die entstehende GmbH über[3]. Aufgrund der partiellen Gesamtrechtsnachfolge sichern diese auch nach der Ausgliederung entstandene Forderungen ab[4].

768 **GmbH-Anteile** und **Aktien** sind – auch anteilig – frei zuteilbar, selbst wenn es sich um vinkulierte Aktien oder Anteile handelt[5]. Ob die Möglichkeit besteht, die übernehmende GmbH aus der Gesellschaft, deren Anteile übertragen werden, auszuschließen, richtet sich nach der jeweiligen Satzung.

768.1 ME können auch **Beteiligungen** an einer **Personengesellschaft**, und zwar sowohl als persönlich haftender Gesellschafter wie auch als Kommanditist, geteilt oder einheitlich den übernehmenden Gesellschaften zugewiesen werden, ohne dass es der Zustimmung der Mitgesellschafter der Personengesellschaft bedarf[6].

769 Gleiches gilt für Beteiligungen als **stiller Gesellschafter**[7].

770 Für die Mitgliedschaft in einer **Genossenschaft** gilt § 77 GenG.

771 Die Mitgliedschaft in einem **Verein** erlischt bei Aufspaltung (§ 38 BGB), es sei denn, die Satzung lässt eine Rechtsnachfolge zu (§ 40 BGB)[8].

---

1 Mayer, DB 1995, 861; Bungert, BB 1997, 897; Kallmeyer, GmbHR 1996, 242; Mayer, GmbHR 1996, 403; aA Kallmeyer, ZIP 1994, 1756.
2 Siehe Zeiss in Soergel, § 413 BGB Anm. 4.
3 Schröer in Semler/Stengel, § 131 UmwG Rz. 34.
4 OLG Hamm I 2 U 98/09 vom 4.3.2010, DStR 2010, 991.
5 Schröer in Semler/Stengel, § 131 UmwG Rz. 26.
6 Streitig, wie hier Heidenhain, ZIP 1995, 801; Carlé/Bauschatz, FR 2003, 289; teils aA Schröer in Semler/Stengel, § 131 UmwG Rz. 26 mwN.
7 Eingehend zu Fragen der stillen Beteiligung an der zu spaltenden Gesellschaft Jung, ZIP 1996, 1734.
8 Schröer in Semler/Stengel, § 131 UmwG Rz. 24.

GmbH → GmbH

Problematisch sind ferner **Immaterialgüterrechte** wie Patente, Warenzeichen, Gebrauchs- und Geschmacksmuster. Hier ist jeweils zu prüfen, ob eine Rechtsnachfolge anerkannt wird. 772

Das deutsche Zivilrecht kennt keine Möglichkeit, eine **Verbindlichkeit** oder ein zweiseitiges Schuldverhältnis „aufzuteilen". Demzufolge können auch eine Darlehensverbindlichkeit oder die Rechte aus einem Mietvertrag nur jeweils einer der übernehmenden Gesellschaften zugewiesen werden[1]. Wirtschaftlich lässt sich eine Aufteilung jedoch durch entsprechende schuldrechtliche Vereinbarungen zwischen den übernehmenden Gesellschaften erreichen. Beispiel: Die A-GmbH übernimmt das Darlehen, die B-GmbH verpflichtet sich, die Hälfte der Forderung zu begleichen. Die A-GmbH erwirbt insoweit einen Anspruch gegen die B-GmbH. 773

Im Übrigen können Rechte und Pflichten aus **gegenseitigen Verträgen** beliebig zugewiesen werden, ohne dass es der Zustimmung des Vertragspartners bedarf[2]. 774

Bedarf die Übertragung eines bestimmten Gegenstands einer **staatlichen Genehmigung**[3], bleibt die Wirksamkeit des Spaltungs- und Übernahmevertrags und/oder der Eigentumsübergang hiervon unberührt (siehe Tz. 765). Die weiteren Rechtsfolgen richten sich nach den jeweiligen Genehmigungsvorschriften. 775

Die Übertragung von Pensionsverbindlichkeiten bedarf weder der Zustimmung der Versorgungsberechtigten noch des Pensions-Sicherungs-Vereins[4]. Selbst die Übertragung von Pensionsverbindlichkeiten auf eine reine Rentnergesellschaft, die ausschließlich der Abwicklung von Versorgungsverbindlichkeiten dient, ist zulässig[5]. Die unzureichende 775.1

---

1 Teils streitig. Zu Mietverträgen MUTTER, ZIP 1997, 139.
2 SCHRÖER in Semler/Stengel, § 131 UmwG Rz. 35 ff. mwN; zur Auswirkung auf Beherrschungs- und Gewinnabführungsverträge TIMM, DB 1993, 569; SCHRÖER in Semler/Stengel, § 131 UmwG Rz. 28 f.; KALLMEYER/SICKINGER in Kallmeyer, § 126 UmwG Rz. 26.
3 Bedeutsam sind insbesondere Genehmigungserfordernisse nach dem GrdstVerkG, der GrdstVKO (neue Bundesländer), Teilungsgenehmigungen nach dem BauGB und dem RHeimStG, siehe HEINRICHS in Palandt, § 275 BGB Rz. 35 ff.
4 BAG 3 AZR 499/03 vom 22.2.2005, DB 2005, 954; aA LG Hamburg 417 T 16/05 vom 8.12.2005, DB 2006, 941; siehe auch HOHENSTATT/SEIBT, ZIP 2006, 546; BADER/EBERT, DB 2006, 938; KLEMM/HAMISCH, BB 2005, 2409.
5 BAG 3 AZR 358/06 vom 11.3.2008, GmbHR 2008, 1326; Anm. HEINZ/WILDNER; BAUM/HUMPERT, BB 2009, 950; WESSELS, ZIP 2010, 1418.

GmbH → GmbH

finanzielle Ausstattung steht der Umwandlung nicht entgegen. Jedoch können dadurch Schadensersatzansprüche gegenüber dem übertragenden Rechtsträger entstehen.

776 Aufzuteilen ist das **gesamte Vermögen**, also alle beweglichen und unbeweglichen Sachen und Rechte, gleichgültig, ob diese bilanzierungsbedürftig sind oder nicht. Werden Betriebe oder Teilbetriebe übertragen, sind diese zu bezeichnen und zuzuordnen. Grundstücke, grundstücksgleiche Rechte sowie Rechte an Grundstücken sind mit den Grundbuchangaben zu kennzeichnen. Im Übrigen lässt das Gesetz die Bezugnahme auf Urkunden wie Bilanzen und/oder Inventar, die eine Zuweisung der Gegenstände ermöglichen[1], zu (§ 126 Abs. 2 UmwG). Allerdings wird eine Bezugnahme allein auf die Bilanz nicht ausreichen[2], da hier zB gegenseitige Verträge oder selbstgeschaffene immaterielle Rechte nicht erfasst sind. Ausreichend dürfte jedoch die Bezugnahme auf Urkunden sein, die auch einen sachkundigen Dritten in die Lage versetzen, eine Zuordnung vorzunehmen[3]. Zu den Rechtsfolgen einer fehlenden Zuordnung siehe Tz. 826.

777 Grenzen der Vermögensaufteilung ergeben sich aus den allgemeinen Regeln der **Kapitalaufbringung** und Kapitalerhaltung. Werden von der übernehmenden GmbH neue Anteile gewährt, muss der Wert des übergehenden Vermögens zumindest den Nennwert dieser Anteile erreichen (Verbot der Unterpariemission, §§ 5, 9 GmbHG). Entscheidend ist der tatsächliche Wert, nicht der Buchwert des übergehenden Vermögens. Damit kann auch ein Teilvermögen mit negativem Buchwert übernommen werden, wenn entsprechende stille Reserven enthalten sind. Ein anteiliger Geschäfts- oder Firmenwert ist mE zu berücksichtigen[4]. Die Übertragung eines Vermögens mit negativem Teilwert führt zivilrechtlich zur Differenzhaftung der Gesellschafter und steuerlich zur verdeckten Gewinnausschüttung.

---

1 MAYER, DB 1995, 561, weist darauf hin, dass eine Bezugnahme auf Bilanzen nur möglich ist, wenn diese bei Vertragsabschluss vorliegen, was nicht zwingend ist, siehe Tz. 819.
2 MAYER, DB 1995, 561.
3 PRIESTER in Lutter, § 126 UmwG Rz. 50 ff.; Formulierungsmuster bei KALLMEYER/ SICKINGER in Kallmeyer, § 126 UmwG Rz. 40; siehe auch DNotI, Gutachten zum Umwandlungsrecht 1996/97, S. 206 ff.
4 Ebenso MAYER in Widmann/Mayer, § 55 UmwG Rz. 64 (Mai 2009).

GmbH → GmbH

c) Umtauschverhältnis

Es gelten die Tz. 1006–1013 *GmbH* ↔ *GmbH* entsprechend (§ 125 UmwG)[1].

Das Gesetz geht davon aus, dass auch die bisherigen **Beteiligungsverhältnisse** bei der Spaltung gewahrt bleiben, die Gesellschafter der übertragenden GmbH untereinander also im gleichen Verhältnis an den übernehmenden GmbHs beteiligt werden, wie bei der untergehenden GmbH. Für die Beteiligungsquote im Verhältnis zu den bisherigen Gesellschaftern der übernehmenden GmbHs ist der Anteil des übergegangenen Vermögens am entstehenden Gesamtvermögen entscheidend (§ 128 S. 2 UmwG).

Diese Regelung ist jedoch nicht zwingend. Stimmen alle Gesellschafter der übertragenden GmbH zu, so können abweichende Beteiligungsverhältnisse vereinbart werden (**nicht-verhältniswahrende Spaltung**[2], § 128 UmwG). Damit wird die Trennung von Gesellschaftern oder Gesellschaftergruppen ermöglicht, indem Gesellschafter jeweils nur Anteile einer der übernehmenden GmbHs erhalten.

Ausgeschlossen ist, dass sich eine übernehmende Gesellschaft für **Anteile, die sie an der übertragenden Gesellschaft** besitzt, eigene Anteile gewährt (siehe § 131 Abs. 1 Nr. 3 UmwG). Dies kommt insbesondere in Betracht, wenn die Spaltung auf die Gesellschafter der zu spaltenden GmbH erfolgt.

Beispiel: M-GmbH und X-GmbH sind zu je 50 % Gesellschafter der T-GmbH, deren Vermögen ausschließlich in jeweils 100 %-Anteilen an der E1-GmbH und E2-GmbH besteht, die gleichwertig sind. Die T-GmbH wird aufgespalten, indem M-GmbH die Anteile an der E1-GmbH und X-GmbH die Anteile an der E2-GmbH übernehmen. Für die untergehenden Anteile an der T-GmbH sind keine neuen Anteile zu gewähren, da M-GmbH und X-GmbH sich jeweils eigene Anteile gewähren müssten.

778

779

780

781

782

---

1 Ob – wie bei der Verschmelzung – einem Gesellschafter, der mehrere Anteile an der übertragenden Gesellschaft besitzt, eine gleiche Anzahl bei der übernehmenden Gesellschaft zu gewähren ist, ist zweifelhaft; siehe MAYER in Widmann/Mayer, § 126 UmwG Rz. 117 (Mai 2008). Eingehend zur Unternehmensbewertung bei Spaltung HEURUNG, DStR 1997, 1302, 1341.
2 PRIESTER in Lutter, § 128 UmwG Rz. 8 ff.

GmbH → GmbH

d) Folgen für die Arbeitnehmer und ihre Vertretungsorgane

aa) Notwendiger Inhalt des Spaltungs- und Übernahmevertrags

783 Nach § 126 Abs. 1 Nr. 11 UmwG[1] muss der Spaltungs- und Übernahmevertrag[2] Angaben enthalten über die Folgen der Spaltung für die Arbeitnehmer und ihre Vertretungen sowie die insoweit vorgesehenen Maßnahmen[3].

784 Es sind die durch die Umwandlung eintretenden **individual-** und **kollektivarbeitsrechtlichen Änderungen** aufzuzeigen.

785 Der Vertrag bzw. Vertragsentwurf ist dem **Betriebsrat** einen Monat vor der Beschlussfassung zuzuleiten (§ 126 Abs. 3 UmwG)[4]. Hierdurch soll eine frühzeitige Information über die Umwandlungsfolgen gewährleistet werden, um eine möglichst sozialverträgliche Durchführung des Umwandlungsvorgangs zu erleichtern[5]. Auf die Einhaltung der Frist kann seitens des Betriebsrates verzichtet werden[6], wohl nicht auf die Zuleitung des Vertrages als solches[7].

786 **Hinweis:** Die Information des Betriebsrats vor Beschlussfassung zwingt in der Praxis dazu, den Inhalt des Vertrags vorab mit den Gesellschaftern festzulegen.

787 Im Vertrag anzugeben ist, ob und auf wen welche **Arbeitsverhältnisse** übergehen[8], ob sich die **Tarifvertragssituation** der Arbeitnehmer ändert, ob **Betriebsvereinbarungen** weiterhin gelten und inwieweit die betriebliche oder **Unternehmensmitbestimmung** tangiert wird[9]. Streitig ist die Frage, ob auch **mittelbare Auswirkungen**, wie etwa eine anschließend geplante Betriebsstilllegung, anzugeben sind[10].

---

1 Gleiche Regelungen enthalten § 5 Abs. 1 Nr. 9 UmwG für die Verschmelzung und § 194 Abs. 1 Nr. 7 UmwG für den Formwechsel.
2 Gleiches gilt für den Spaltungsplan.
3 Mit Formulierungsvorschlägen FRÖHLICH, GmbH-StB 2005, 26.
4 Entsprechend für die Verschmelzung § 5 Abs. 3 UmwG und § 194 Abs. 2 UmwG für den Formwechsel.
5 Gesetzesbegründung zu § 5 UmwG, BR-Drucks. 75/94.
6 WILLEMSEN in Kallmeyer, § 5 UmwG Rz. 77, mwN; STOHLMEIER, BB 1999, 1394; LG Stuttgart 4 KfH T 17 u. 18/99 vom 11.4.2000, GmbHR 2000, 622.
7 PFAFF, DB 2002, 686; LG Stuttgart 4 KfH T 17 u. 18/99 vom 11.4.2000, GmbHR 2000, 622.
8 ME genügt eine generelle Angabe, zB: „Die Arbeitsverhältnisse aller Mitarbeiter der Betriebstätte X gehen auf die A-GmbH über.".
9 WLOTZKE, DB 1995, 40; eingehend auch JOOST, ZIP 1995, 976; DRYGALA, ZIP 1996, 1365; BUNGERT, DB 1997, 2209.
10 Eingehend und mwN LUTTER/DRYGALA in Lutter, § 5 UmwG Rz. 69 ff.

GmbH → GmbH

Hinweis: Nicht ausreichend ist die Formulierung, die Rechtsfolgen richteten sich nach dem Gesetz und die Umwandlung habe keine Nachteile für die Arbeitnehmer. Notwendig ist es, die Folgen darzulegen[1].   788

Hinweis: Vorsorglich sollten die Angaben zu den Folgen der Umwandlung für die Arbeitnehmer auch dann gemacht werden, wenn kein Betriebsrat besteht, obwohl hier der Zweck – Information der Arbeitnehmer – nicht erfüllt wird[2]. ME kann man sich aber auf die Angaben zum Übergang der Arbeitsverhältnisse und den Hinweis, dass kein Betriebsrat existiert, beschränken.   789

Die rechtzeitige Zuleitung des Vertrags an den Betriebsrat (§ 126 Abs. 3 UmwG) ist **Eintragungsvoraussetzung** (§ 125 i.V.m. § 17 Abs. 1 UmwG)[3]. Ohne Nachweis der Zuleitung wird das Gericht die Spaltung nicht eintragen. Allerdings schreibt das Gesetz keine Form für den Nachweis vor. Empfehlenswert ist die Vorlage einer schriftlichen Empfangsbestätigung.   790

Änderungen des Vertrages zwingen nur dann zur erneuten Zuleitung, wenn diese die Rechte der Arbeitnehmer oder ihrer Vertretungsorgane tangieren[4].   791

Ist ein **Gesamtbetriebsrat** vorhanden, genügt es mE, diesem den Vertrag oder seinen Entwurf zuzuleiten[5].   792

Existiert **kein Betriebsrat**, so entfällt die Informationspflicht. Gegenüber dem Registergericht genügt mE dann die Erklärung der Anmeldenden, dass kein Betriebsrat vorhanden ist[6]. Unerheblich ist der Grund für das Fehlen eines Betriebsrats. Auch dann, wenn das Unternehmen betriebsratsfähig ist, aber keinen Betriebsrat hat, entfällt die Informationspflicht[7].   793

---

1 OLG Düsseldorf 3 Wx 156/98 vom 15.5.1998, DB 1998, 1399.
2 Aus diesem Grund hält GECK, DStR 1995, 416, die Angaben für entbehrlich; aA PFAFF, BB 2002, 1604.
3 Eingehend MELCHIOR, GmbHR 1996, 833; MÜLLER-EISING/BERT, DB 1996, 1398.
4 MAYER in Widmann/Mayer, § 5 UmwG Rz. 260 f. (Juli 2009); MÜLLER, DB 1997, 713; OLG Naumburg 7 U 236/96 vom 6.2.1997, DB 1997, 466; strenger OLG Naumburg 7 Wx 6/02 vom 17.3.2003, GmbHR 2003, 1433.
5 Ebenso WILLEMSEN in Kallmeyer, § 5 UmwG Rz. 76, mwN.
6 Nach AG Duisburg 23 HRB 4942, 5935 vom 4.1.1996, GmbHR 1996, 372, ist das Fehlen eines Betriebsrates durch eidesstattliche Versicherung des Geschäftsführer glaubhaft zu machen.
7 GECK, DStR 1995, 416.

GmbH → GmbH

794 Umstritten sind die **Rechtsfolgen fehlender** oder **unvollständiger Angaben**. Dies gilt zunächst für die Frage, ob Gesellschafter den Zustimmungsbeschluss wegen unzureichender Angaben anfechten können[1]. Unklar ist auch, inwieweit dem Registerrichter ein Prüfungsrecht zukommt[2] und welche Rechte Arbeitnehmer aus unvollständigen Angaben ableiten können[3]. Ganz überwiegend wird jedoch die Herleitung von Mitbestimmungsrechten der Arbeitnehmer oder des Betriebsrats unmittelbar aus dem UmwG abgelehnt. Informations- und Mitwirkungsrechte können allein aus dem Betriebsverfassungsrecht abgeleitet werden[4].

bb) Überleitung von Arbeitsverhältnissen

795 § 613a BGB ist unmittelbar anzuwenden (§ 324 UmwG)[5]. Arbeitsverhältnisse gehen damit grundsätzlich nicht auf die Gesellschaft über, der das Arbeitsverhältnis im Rahmen des Spaltungs- und Übernahmevertrags zugewiesen wird, sondern auf diejenige, die den Betrieb oder Betriebsteil übernimmt, dem das Arbeitsverhältnis vor der Spaltung zuzurechnen war[6]. Das von § 613a Abs. 6 BGB dem Arbeitnehmer eingeräumte Widerspruchsrecht gegen den Übergang des Arbeitsverhältnisses gilt bei der Aufspaltung nicht, da die übertragende GmbH untergeht[7]. Die kündigungsrechtliche Stellung der Arbeitnehmer bleibt für eine Übergangsfrist von zwei Jahren bestehen (§ 323 Abs. 1 UmwG).

796 **Hinweis**: ME folgt aus der Geltung des § 613a BGB, dass eine Zuordnung von einzelnen Arbeitsverhältnissen im Spaltungs- und Übernahmevertrag nicht erforderlich ist. Ausnahmen gelten dort, wo eine Zu-

---

1 ME zu Recht ablehnend LUTTER/DRYGALA in Lutter, § 5 UmwG Rz. 114; SIMON in Semler/Stengel, § 5 UmwG Rz. 98; aA ENGELMEYER, DB 1996, 2542; LUTTER/DRYGALA in Lutter, § 13 UmwG Rz. 44.
2 Siehe PRISTER in Lutter, § 126 UmwG Rz. 81; DECHER in Lutter, § 194 UmwG Rz. 33, nach SIMON in Semler/Stengel, § 5 UmwG Rz. 95 ff., kann der Registerrichter nur beanstanden, wenn der Vertrag keine oder offensichtlich unzutreffende Angaben enthält.
3 JOOST in Lutter, § 324 UmwG Rz. 63, hält Schadensersatzansprüche für denkbar; OLG Naumburg 7 U 236/96 vom 6.2.1997, AG 1998, 430: kein Anfechtungsrecht des Betriebsrates.
4 Eingehend LUTTER/DRYGALA in Lutter, § 5 UmwG Rz. 74; SIMON in Semler/Stengel, § 5 UmwG Rz. 99 ff.; WLOTZKE, DB 1995, 40; BAUMANN, DStR 1995, 888; siehe auch OLG Naumburg 7 U 236/96 vom 6.2.1997, GmbHR 1997, 851.
5 BAG 8 AZR 416/99 vom 25.5.2000, ZIP 2000, 1630; eingehend zu § 613a BGB GAUL/NIKLAS, DB 2009, 452.
6 Siehe im Einzelnen JOOST in Lutter, § 323 UmwG Rz. 27 ff.
7 BAG 8 AZR 157/07 vom 21.2.2008, DB 2008, 1578; NEUFELD, DB 2008, 1739.

ordnung nach § 613a BGB – etwa bei Stabsangestellten – problematisch ist. Verbindlichkeiten aus betrieblicher Altersversorgung können hingegen beliebig zugeordnet werden[1].

cc) Betriebliche Mitbestimmung

Führt die Spaltung zur Spaltung oder Zusammenlegung von Betrieben, für die ein Betriebsrat besteht, so sieht § 21a BetrVG ein **Übergangsmandat** des bisherigen **Betriebsrats** für sechs Monate vor[2]. Zudem wird in bestimmten Fällen das Fortbestehen eines gemeinsamen Betriebs i.S.d. Betriebsverfassungs- und Kündigungsrechts vermutet (§ 1 Abs. 2 Nr. 2 BetrVG). Ferner gilt die Spaltung ggf. als **Betriebsänderung** (§ 111 BetrVG in der Fassung des UmwBerG)[3]. Damit können ein Interessenausgleich und ein Sozialplan erforderlich werden (§§ 111 ff. BetrVG). Besteht ein **Wirtschaftsausschuss**, so ist auch dieser zu informieren (§ 106 Abs. 3 Nr. 8 BetrVG)[4]. § 325 Abs. 2 UmwG gewährt die Möglichkeit, die Fortgeltung bestehender Mitbestimmungsrechte durch **Betriebsvereinbarung** oder **Tarifvertrag** zu regeln. In Fällen betrieblicher Mitbestimmung ist daher eine rechtzeitige Abstimmung der Spaltung mit dem Betriebsrat empfehlenswert. Wird ein Interessenausgleich durchgeführt, so kann die Zuordnung von Arbeitsverhältnissen nur bei grober Fehlerhaftigkeit von dem Arbeitnehmer angefochten werden (§ 323 Abs. 2 UmwG).

797

dd) Unternehmensmitbestimmung

Durch die Spaltung können die gesetzlichen Voraussetzungen für eine **Mitbestimmung** der Arbeitnehmer im Aufsichtsrat entfallen[5]. Eine Mitbestimmungssicherung ist lediglich für die Abspaltung oder Ausgliederung vorgesehen (§ 325 UmwG). Die Mitbestimmung bleibt im Ursprungsunternehmen für fünf Jahre beibehalten, es sei denn, die Arbeitnehmerzahl fällt auf weniger als ein Viertel der gesetzlichen Mindestzahl. Zur Haftung im Fall der Betriebsaufspaltung siehe Tz. 832.

798

---

1 LANGOHR-PLATO, INF 2001, 593.
2 Siehe hierzu JOOST in Lutter, § 324 UmwG Rz. 21 ff.; BAUER/LINGEMANN, NZA 1994, 1057; WILLEMSEN, DB 1997, 2609; RIEBLE/GUTZEIT, ZIP 2004, 693.
3 Eingehend KRESSEL, BB 1995, 925; WLOTZKE, DB 1995, 40; LUTTER/DRYGALA in Lutter, § 5 UmwG Rz. 74; BAUMANN, DStR 1995, 888; generell zur Mitbestimmung bei Betriebsänderung EISEMANN, DStR 1994, 1618.
4 Weiterführend GAUL, DB 1995, 2265; RÖDER/GÖPFERT, BB 1997, 2105.
5 Eingehend hierzu BARTODZIEJ, ZIP 1994, 580; WLOTZKE, DB 1995, 40; JOOST in Lutter, § 325 UmwG Rz. 5 ff.

GmbH → GmbH

ee) Exkurs: Folgen für die Arbeitnehmer und ihre Vertretungsorgane in anderen Umwandlungsfällen

799 Die Tz. 783–794 gelten generell, ebenso **§ 613a BGB** (siehe § 324 UmwG), jedoch mit Ausnahme des Formwechsels, da eine Betriebsübertragung fehlt[1].

800 Die Regelungen zum **Übergangsmandat** für einen **Betriebsrat** (Tz. 797) gelten neben der Spaltung auch für die Teilübertragung. Gleiches gilt für § 323 Abs. 1 UmwG (kündigungsrechtliche Stellung der Arbeitnehmer).

801 Eine **Betriebsänderung** i.S.d. BetrVG (siehe Tz. 797) kommt bei einer Verschmelzung, Spaltung oder Vermögensübertragung in Betracht. Insoweit gilt auch § 323 Abs. 2 UmwG.

802 **Betriebsvereinbarungen**[2] und **tarifvertragliche Regelungen zur Mitbestimmung** sind neben der Spaltung bei der Teilübertragung möglich (§ 325 Abs. 2 UmwG).

803 Die **Mitbestimmungsbeibehaltungsregel** des § 325 Abs. 1 UmwG gilt nur bei Abspaltung und Ausgliederung[3].

3. Spaltungsbericht und Prüfung

804 Die Vertretungsorgane (idR die Geschäftsführer) der an der Spaltung beteiligten Gesellschaften haben einen **Spaltungsbericht** zu erstellen (§ 127 UmwG). Zu erläutern und zu begründen sind die Vermögensaufteilung, der Vertrag, das Umtauschverhältnis der Anteile und der Maßstab für ihre Aufteilung (siehe Tz. 1018–1020 *GmbH ↔ GmbH*).

805 Der Spaltungs- und Übernahmevertrag ist nur dann prüfungspflichtig, wenn einer der Gesellschafter dies innerhalb einer Woche nach Vorlage des Spaltungs- und Übernahmevertrags und des Spaltungsberichts verlangt (§ 125 i.V.m. § 48 UmwG). Für die **Spaltungsprüfung** gelten die Grundsätze der Verschmelzungsprüfung entsprechend (§ 125 i.V.m. §§ 9–11 UmwG, siehe Tz. 1023–1029 *GmbH ↔ GmbH*). Eine Prüfungs-

---

1 JOOST in Lutter, § 324 UmwG Rz. 11; ZERRES, ZIP 2001, 359; eingehend zu Gesamtbetriebsrat und Gesamtbetriebsvereinbarungen RÖDER/HAUSSMANN, DB 1999, 1754.
2 Zu den Auswirkungen einer Verschmelzung auf Gesamtbetriebsvereinbarungen TRAPPEHL/NUSSBAUM, BB 2011, 2869.
3 Eine Übersicht der mitbestimmungsrelevanten Umwandlungen gibt BARTODIEJ, ZIP 1994, 580; ferner BACHNER, NJW 1995, 2881; KRESSEL, BB 1995, 925; zu Tarifverträgen und Betriebsvereinbarungen GAUL, NZA 1995, 717.

GmbH → GmbH

pflicht besteht auch dann, wenn sich alle Anteile der zu spaltenden GmbH in der Hand einer der übernehmenden Gesellschaften befinden (§ 125 UmwG schließt § 9 Abs. 2 UmwG aus).

Stets prüfungspflichtig ist ein **Barabfindungsangebot** gemäß § 29 UmwG, es sei denn, die Berechtigten verzichten auf die Prüfung in notarieller Form (§ 125 i.V.m. § 30 Abs. 2 UmwG). 806

4. Zustimmungsbeschlüsse

a) Vorbereitung der Beschlussfassung

Der Spaltungs- und Übernahmevertrag bedarf der Zustimmung der Gesellschafter der beteiligten Gesellschaften. Der Beschluss kann nur in einer **Gesellschafterversammlung** gefasst werden, auch wenn die jeweilige Satzung Beschlussfassungen außerhalb der Gesellschafterversammlung zulässt (§ 125 i.V.m. § 13 Abs. 1 UmwG). 807

Die Geschäftsführer haben in der Einberufung der Gesellschafterversammlung die Beschlussfassung über die Spaltung anzukündigen (§ 125 i.V.m. § 49 Abs. 1 UmwG). Der **Spaltungs- und Übernahmevertrag** und der Spaltungsbericht sind spätestens mit der Einladung zu **übersenden** (§ 125 i.V.m. § 47 UmwG). Für die **Einberufung** gelten die Regelungen der Satzung, insbesondere die dort festgelegte Frist, ansonsten § 51 GmbHG. Auf die Formen und Fristen der Ankündigung und Einberufung kann verzichtet werden[1]. 808

Ab Einberufung sind die Jahresabschlüsse und die Lageberichte der an der Spaltung beteiligten Gesellschaften für die drei letzten Geschäftsjahre in den Geschäftsräumen zur **Einsicht** durch die Gesellschafter auszulegen (§ 125 i.V.m. § 49 Abs. 2 UmwG). Die Geschäftsführer haben jederzeit **Auskunft** zu geben (§ 125 i.V.m. § 49 Abs. 3 UmwG). 809

Dem **Betriebsrat** ist der Spaltungs- und Übernahmevertrag einen Monat vor der Gesellschafterversammlung zuzuleiten (§ 126 Abs. 3 UmwG). 810

b) Mehrheit, Form des Beschlusses

Der Spaltungsbeschluss kann grundsätzlich mit einer **Mehrheit** von mindestens drei Vierteln der abgegebenen Stimmen gefasst werden (§ 125 i.V.m. § 50 Abs. 1 UmwG). Es gelten folgende **Ausnahmen**: 811

---

[1] MAYER in Widmann/Mayer, § 47 UmwG Rz. 13 (Dezember 2006).

GmbH → GmbH

- Die **Satzung** sieht eine größere Mehrheit oder besondere Zustimmungserfordernisse vor (§ 125 i.V.m. § 50 Abs. 1 S. 2 UmwG).
- Werden die Anteile der übernehmenden Gesellschaften den Gesellschaftern der übertragenden GmbH **nicht entsprechend dem bisherigen Beteiligungsverhältnis** aufgeteilt, so müssen alle Anteilseigner zustimmen (§ 128 UmwG).
- Werden durch die Spaltung **besondere Mitgliedschaftsrechte** einzelner Gesellschafter tangiert, ist deren Zustimmung erforderlich (§ 125 i.V.m. § 50 Abs. 2 UmwG). Geschützt sind nur Individualrechte auf Grund des Gesellschaftsvertrags wie Geschäftsführungssonderrechte, Bestellungs- und Vorschlagsrechte für die Geschäftsführung oder Mehrfachstimmrechte etc. Rechtseinschränkungen, die sich allein aus einer Änderung der Beteiligungsquote ergeben, führen ebenso wenig zu einem Zustimmungserfordernis wie Beeinträchtigungen von Vermögenspositionen (zB Gewinnvorzugsrechten). Die Vermögensrechte sind ausschließlich bei dem Umtauschverhältnis zu berücksichtigen.
- Sind bei der **übernehmenden GmbH** die **Einlagen nicht in voller Höhe erbracht**, so müssen bei der übertragenden GmbH alle Gesellschafter der Spaltung zustimmen (§ 125 i.V.m. § 51 Abs. 1 S. 1 UmwG).
- Sind bei der **übertragenden GmbH** die **Einlagen nicht in voller Höhe erbracht**, so müssen bei den übernehmenden Gesellschaften alle Gesellschafter der Spaltung zustimmen (§ 125 i.V.m. § 51 Abs. 1 S. 2 UmwG). Grund für diese und die vorgenannten Einschränkungen der Mehrheitsentscheidung ist die Haftungsgefahr des § 24 GmbHG.
- Ist die Anteilsabtretung bei der übertragenden GmbH von der **Zustimmung bestimmter Gesellschafter** abhängig, so bedarf auch die Spaltung deren Zustimmung (§ 125 i.V.m. § 13 Abs. 2 UmwG).

812 Die Beschlüsse sind von den Gesellschaftern jeder Gesellschaft **gesondert** zu fassen. Der Zustimmungsbeschluss ist auch dann erforderlich, wenn die übernehmende GmbH an der übertragenden GmbH beteiligt ist.

813 Die Beschlussfassungen über den Spaltungs- und Übernahmevertrag sind **notariell zu beurkunden**, ebenso etwaige Zustimmungserklärungen von Gesellschaftern, die nicht bei der Beschlussfassung anwesend waren (§ 125 i.V.m. § 13 UmwG). Der Vertrag ist der Urkunde beizufügen. Zur Beurkundung mehrerer Beschlüsse in einer Urkunde siehe Tz. 837.

GmbH → GmbH

Zur **Beteiligung Minderjähriger** und **§ 47 Abs. 4 GmbHG** siehe Tz. 1037 und 1038 GmbH ↔ GmbH. 814

Auf Verlangen ist jedem Gesellschafter eine **Abschrift des Vertrags** und des Beschlusses zu erteilen. Die Kosten hat der Gesellschafter zu tragen (§ 125 i.V.m. § 13 Abs. 3 S. 3 UmwG). 815

Ein **Widerspruch** nach § 29 UmwG (siehe Tz. 755) ist zur Niederschrift zu erklären (siehe Tz. 1041–1048 GmbH ↔ GmbH). 816

Die **Anfechtung** des Spaltungsbeschlusses kann nur im Wege der Klage geltend gemacht werden, die innerhalb einer Frist von einem Monat nach Beschlussfassung zu erheben ist (§ 125 i.V.m. § 14 Abs. 1 UmwG). Es gelten die Tz. 1049–1051 GmbH ↔ GmbH[1]. 817

5. Bilanzierung

Die Geschäftsführer der übertragenden GmbH haben für den Spaltungsstichtag eine (handelsrechtliche) **Schlussbilanz** aufzustellen (§ 125 i.V.m. § 17 Abs. 2 UmwG; siehe Tz. 1052–1054 GmbH ↔ GmbH). 818

Hinweis: Die Schlussbilanz muss auch bei der Beurkundung des Spaltungs- und Übernahmevertrags und des Zustimmungsbeschlusses noch nicht vorliegen. Es genügt, wenn sie bis zur Anmeldung erstellt und festgestellt ist[2]. 819

Zur Bilanzierung bei den **übernehmenden Gesellschaften** siehe Tz. 1055–1058 GmbH ↔ GmbH[3]. 820

6. Anmeldung und Eintragung

Die Geschäftsführer der an der Spaltung beteiligten Gesellschaften haben die Spaltung bei dem **Handelsregister** des Sitzes ihrer Gesellschaft anzumelden (§ 125 i.V.m. § 16 Abs. 1 S. 1 UmwG). Für die übertragende Gesellschaft können auch die Geschäftsführer jeder der übernehmenden Gesellschaften die Anmeldung vornehmen (§ 129 UmwG). 821

Der Anmeldung sind beizufügen (§ 125 i.V.m. § 17 UmwG): 822
- der **Spaltungs- und Übernahmevertrag**;
- die **Niederschrift der Spaltungsbeschlüsse**;

---

1 Zur materiellen Beschlusskontrolle siehe BINNEWIES, GmbHR 1997, 727.
2 MAYER, DB 1995, 861.
3 Eingehend FENSKE, BB 1997, 1247; zur konzerninternen Spaltung KÜTING/HAYN/ HÜTTEN, BB 1997, 565.

GmbH → GmbH

- etwaige **Zustimmungserklärungen**;
- der **Spaltungsbericht** bzw. die entsprechende **Verzichtserklärung**;
- der **Prüfungsbericht**, sofern ein solcher erstellt wurde;
- ein **Nachweis** über die rechtzeitige **Zuleitung** des Spaltungs- und Übernahmevertrags **an den Betriebsrat** (siehe Tz. 758);
- sofern die Spaltung einer staatlichen Genehmigung bedarf, die **Genehmigungsurkunde**;
- die **Schlussbilanz** der übertragenden Gesellschaft (siehe Tz. 818).

823 Im Übrigen gelten die Tz. 1062–1069 *GmbH ↔ GmbH*.

824 Nach Prüfung der Anmeldung erfolgt die **Eintragung** (§ 130 UmwG). Wird bei einer der übernehmenden Gesellschaften das Kapital erhöht, so ist diese zuerst einzutragen, sodann die Spaltung (§ 125 i.V.m. §§ 53, 130 Abs. 1 UmwG). Erst nach Eintragung der Spaltung bei den übernehmenden Gesellschaften darf die Spaltung bei der zu spaltenden, also der übertragenden Gesellschaft eingetragen werden. Mit dem Tag dieser Eintragung wird die Spaltung wirksam (§ 130 Abs. 1 S. 1 UmwG).

7. Rechtsfolgen der Spaltung

a) Partielle Gesamtrechtsnachfolge

825 Mit der Eintragung der Spaltung erlischt die übertragende GmbH (siehe hierzu Tz. 1088–1093 *GmbH ↔ GmbH*[1]). ihr Vermögen geht entsprechend der Aufteilung im Spaltungs- und Übernahmevertrag auf die übernehmenden Gesellschaften über (**partielle Gesamtrechtsnachfolge**; es gelten die Tz. 1072–1087 *GmbH ↔ GmbH* entsprechend[2]). Die Gesellschafter der übertragenden GmbH werden entsprechend dem Spaltungs- und Übernahmevertrag Anteilseigner der übernehmenden Gesellschaften (§ 131 Abs. 1 Nr. 1–3 UmwG). Dies gilt auch für Steuerschulden der aufgespaltenen GmbH[3].

826 Ist ein **Gegenstand** (Aktiva) bei der Aufteilung **vergessen** worden und lässt sich seine Zuordnung auch nicht durch Auslegung ermitteln, so

---

1 Speziell zum Übergang von Unternehmensverträgen bei der Spaltung MEISTER, DStR 1999, 1741.
2 Zu den Besonderheiten bei öffentlich-rechtlichen Rechtspositionen BREMER, GmbHR 2000, 865; GAISER, DB 2000, 361. Zum Übergang von Verträgen mit Abtretungsbeschränkungen MÜLLER, BB 2000, 365; zum Grundbuchvollzug VOLMER, WM 2002, 428.
3 Siehe auch Tz. 920 und 939.

GmbH → GmbH

geht der Gegenstand im Verhältnis der den übernehmenden Gesellschaften zugewiesenen Reinvermögen auf alle Gesellschaften über (§ 131 Abs. 3 UmwG). Ist eine Zuteilung an mehrere nicht möglich, so ist der Wert auszugleichen.

Hinweis: Zur Vermeidung von Streitigkeiten empfiehlt sich eine Regelung im Spaltungs- und Übernahmevertrag, wer über die Zuteilung im Zweifel entscheidet.   827

Für vergessene **Verbindlichkeiten** haften die übernehmenden Gesellschaften im Außenverhältnis gesamtschuldnerisch (§ 133 Abs. 1 UmwG), im Innenverhältnis entsprechend der Aufteilung des Reinvermögens.   828

Zulässig ist es, dass eine der übernehmenden Gesellschaften die **Firma** der übertragenden GmbH fortführt (§ 125 i.V.m. § 18 UmwG). Dies ist im Spaltungs- und Übernahmevertrag zu regeln.   829

b) Gläubigerschutz

Für die Verbindlichkeiten der untergehenden Gesellschaft haften die übernehmenden Gesellschaften als **Gesamtschuldner** (§ 133 Abs. 1 UmwG)[1]. Allerdings haften die übernehmenden Gesellschaften, denen diese Verbindlichkeit durch den Spaltungs- und Übernahmevertrag nicht zugewiesen ist, nur bis zum Ablauf von fünf Jahren, für Versorgungsverpflichtungen auf Grund des Betriebsrentengesetzes zehn Jahre ab Bekanntmachung der Spaltung (§ 133 Abs. 3–5 UmwG)[2].   830

Darüber hinaus können Gläubiger, die noch keinen Anspruch auf Befriedigung haben, von der Gesellschaft, die die Verbindlichkeit übernommen hat, **Sicherheit** verlangen, wenn sie glaubhaft machen, dass ihre Forderung durch die Spaltung gefährdet wird und kein Recht auf vorzugsweise Befriedigung besteht (§§ 133 Abs. 1, 125 i.V.m. § 22 UmwG). Der Anspruch auf Sicherheit muss innerhalb von sechs Monaten nach Bekanntmachung der Spaltung angemeldet werden.   831

Besonderheiten gelten im Fall der **„Betriebsaufspaltung"** für Ansprüche von Arbeitnehmern der Betriebsgesellschaft. Hier haftet die Anla-   832

---

1 Eingehend zum Gläubigerschutz SCHWAB in Lutter, § 133 UmwG Rz. 22 ff.; zur Anwendung des § 133 UmwG auf Arbeitnehmeransprüche KALLMEYER, ZIP 1995, 550.
2 Zur Bilanzierung der Haftungsverbindlichkeit SCHWAB in Lutter, § 133 UmwG Rz. 91.

GmbH → GmbH

gegesellschaft auch für Ansprüche aus einem Sozialplan (§§ 111 ff. BetrVG) oder betrieblichen Versorgungsverpflichtungen, die nach der Spaltung entstehen (§ 134 UmwG). Die Haftung ist auf zehn Jahre begrenzt (§ 134 Abs. 3 UmwG).

c) Organhaftung

833 Für **Schadensersatzansprüche** gegen Organmitglieder der beteiligten Gesellschaften gelten die §§ 25–27 UmwG entsprechend (siehe Tz. 1095–1096 *GmbH ↔ GmbH*).

d) Mängelheilung

834 Mit der Eintragung werden Mängel der notariellen Beurkundung bei der Spaltung geheilt (§ 131 Abs. 1 Nr. 4 UmwG). Die Wirksamkeit der Eintragung der Spaltung bleibt von etwaigen Mängeln unberührt (§ 131 Abs. 2 UmwG). Dies bedeutet, dass **formelle Fehler**, wie etwa die fehlende Beurkundung eines Zustimmungsbeschlusses, nach Eintragung nicht mehr geltend gemacht werden können. **Materielle Fehler** (zB Fehlen der erforderlichen Mehrheit bei Beschluss etc.) begründen ggf. Schadensersatzansprüche, tangieren aber nicht die durch die Eintragung entstehenden Rechtsfolgen der Spaltung. Diese Rechtsfolgen können allenfalls durch die erneute Abspaltung und Verschmelzung für die Zukunft beseitigt werden.

8. Kosten[1]

835 Die Gebühren für die Beurkundung des **Spaltungs-** und **Übernahmevertrags** betragen das Doppelte einer vollen Gebühr (§§ 141, 36 Abs. 2 KostO). Geschäftswert ist der Wert des Aktivvermögens der zu spaltenden GmbH ohne Abzug der Verbindlichkeiten (§ 18 Abs. 3 KostO), maximal 5 Mio. Euro (§ 39 Abs. 5 KostO).

836 Für die Beurkundung der **Zustimmungsbeschlüsse** fällt ebenfalls das Doppelte einer vollen Gebühr an (§§ 141, 47 KostO). Geschäftswert ist auch hier der Wert des Aktivvermögens der GmbH (§ 41c Abs. 2 KostO). Die Gebühr ist auf maximal 5000,– Euro beschränkt (§ 47 S. 2 KostO).

837 **Hinweis**: Obwohl jede der an der Spaltung beteiligten Gesellschaften einen Zustimmungsbeschluss fassen muss, können diese Beschlüsse in

---

1 Eingehend TIEDTKE, MittBayNot 1997, 209.

GmbH → GmbH

einer Urkunde beurkundet werden. Die Gebühr nach § 47 KostO fällt dann nur einmal an (Tz. 1098 *GmbH ↔ GmbH*).

Neben den Beurkundungskosten sind zu berücksichtigen: 838
- **Kosten der Anmeldung und der Eintragung** der Spaltung und (ggf.) der Kapitalherabsetzung,
- **Kosten für die Erstellung des Spaltungs- und Übernahmevertrags**, des Spaltungsberichts, der Spaltungsprüfung und der Bilanzerstellung.

Diese zuletzt genannten Beratungskosten werden idR weit höher sein 839 als die Kosten der Beurkundung.

Das Gesetz enthält keine ausdrückliche Bestimmung, wer die **Kosten** 840 **zu tragen** hat. Zu empfehlen ist daher, die Kostenfrage im Spaltungs- und Übernahmevertrag zu regeln. Zum Steuerrecht Tz. 884.

II. Steuerrecht

1. Steuerliche Rückwirkung

Bei einer Spaltung sind Einkommen und Vermögen der zu spaltenden 841 GmbH sowie der das Vermögen übernehmenden Gesellschaften so zu ermitteln, als ob das Vermögen der zu spaltenden GmbH mit Ablauf des Stichtags der Bilanz, die dem Vermögensübergang zugrunde liegt **(steuerlicher Übertragungsstichtag)**, entsprechend der Teilungsvereinbarung im Spaltungs- und Übernahmevertrag auf die übernehmenden Gesellschaften übergegangen wäre (§ 2 Abs. 1 UmwStG; siehe hierzu Tz. 1102–1116 *GmbH ↔ GmbH*).

Die steuerliche Rückwirkung ist nicht davon abhängig, dass die **Vo-** 842 **raussetzungen des § 15 Abs. 1 UmwStG** (Tz. 845) erfüllt sind. Auch für den Fall, dass keine Teilbetriebe i.S.d. § 15 Abs. 1 UmwStG übertragen werden, treten die Besteuerungsfolgen zum Spaltungsstichtag ein[1].

Hinweis: Soweit nach der Eintragung der Spaltung noch Erklärungen 843 für den Zeitraum bis zur Eintragung einzureichen sind, ist dies Aufgabe der übernehmenden Gesellschaften als Rechtsnachfolger der zu spaltenden GmbH.

Hinweis: Der Spaltungs- und Übernahmevertrag sollte regeln, welche 844 der übernehmenden Gesellschaften die Pflichten im Innenverhältnis zu übernehmen hat.

---
1 BFH I R 96/08 vom 7.4.2010, GmbHR 2010, 933; Tz. 15.13 UmwE 2011.

GmbH → GmbH

2. Besteuerung der zu spaltenden GmbH

a) Wertansatz in der steuerlichen Schlussbilanz

845 Die zu spaltende GmbH geht mit der Aufspaltung unter. Sie hat daher auf den Spaltungsstichtag eine **steuerliche Schlussbilanz** aufzustellen (§ 15 Abs. 2 UmwStG). Dabei sind die übergehenden Wirtschaftsgüter, einschließlich nicht entgeltlich erworbener oder selbst geschaffener immaterieller Wirtschaftsgüter, grundsätzlich mit dem **gemeinen Wert** anzusetzen (§ 15 Abs. 1 S. 1 i.V.m. § 11 Abs. 1 UmwStG).

845.1 Auf Antrag[1] kann ein Ansatz mit dem **Buchwert** oder einem Zwischenwert erfolgen, wenn folgende **Voraussetzungen** erfüllt sind:
- Auf die übernehmenden Gesellschaften müssten jeweils **Teilbetriebe** übergehen (§ 15 Abs. 1 S. 2 UmwStG). Als Teilbetrieb gilt auch ein Mitunternehmeranteil[2] oder die Beteiligung an einer Kapitalgesellschaft, die das gesamte Nennkapital der Gesellschaft umfasst[3] (§ 15 Abs. 1 S. 3 UmwStG).
- Die spätere **Besteuerung** der in den übergegangenen Vermögen enthaltenen **stillen Reserven** muss bei der übernehmenden Kapitalgesellschaft sichergestellt sein (§ 15 Abs. 1 i.V.m. § 11 Abs. 2 S. 1 Nr. 1 UmwStG).
- Das **Besteuerungsrecht der Bundesrepublick Deutschland** hinsichtlich des Gewinns aus der Veräußerung der übertragenen Wirtschaftsgüter darf bei der übernehmenden GmbH nicht ausgeschlossen oder beschränkt sein (§ 15 Abs. 1 i.V.m. § 11 Abs. 2 S. 1 Nr. 2 UmwStG).
- Die **Gegenleistung** darf ausschließlich in Gesellschaftsrechten bestehen (§ 15 Abs. 1 i.V.m. § 11 Abs. 1 S. 1 Nr. 3 UmwStG).
- Es darf kein **Missbrauch** vorliegen (§ 15 Abs. 2 UmwStG); siehe dazu Tz. 860–870.

---

1 Dazu Tz. 1117.2 *GmbH ↔ GmbH*.
2 Nach Auffassung der Finanzverwaltung gilt auch ein Teil eines Mitunternehmeranteils als Teilbetrieb; Sonderbetriebsvermögen sei anteilig mit zu übertragen, siehe Tz. 15.04 UmwE 2011.
3 Nach Ansicht der Finanzverwaltung ist eine 100 %-Beteiligung dann kein Teilbetrieb, wenn die Beteiligung einem anderen (Teil-)Betrieb als wesentliche Betriebsgrundlage zuzurechnen sei, Tz. 15.06 UmwE 2011.

GmbH → GmbH

Was als **Teilbetrieb** gilt, ist umstritten. Nach der Rechtsprechung des BFH gilt eine funktionale Betrachtungsweise[1]. Damit müssen alle funktional wesentlichen Betriebsgrundlagen des Teilbetriebs übertragen werden. Eine bloße Nutzungsüberlassung ist nicht ausreichend[2].   846

Die Finanzverwaltung vertritt demgegenüber unter Hinweis auf die Fusionsrichtlinie[3], dass zu einem Teilbetrieb nicht nur alle funktional wesentlichen Betriebsgrundlagen, sondern auch die „diesem Teilbetrieb nach wirtschaftlichen Zusammenhängen zuordenbaren Wirtschaftsgüter" gehören[4] und mit auf die übernehmende Gesellschaft übertragen werden müssen. Dabei soll die Übertragung des wirtschaftlichen Eigentums ausreichen[5].   846.1

Kritik[6]: Die Auffassung der Finanzverwaltung ist inkonsequent. Einerseits wird hinsichtlich der zwingend zum Teilbetrieb gehörenden Wirtschaftsgüter das weite Verständnis des europäischen Teilbetriebsbegriffs herangezogen[7]. Andererseits verbleibt es bei der Frage, ob eine Nutzungsüberlassung ausreichend ist – was nach dem Teibetriebsbegriff der Fusionsrichtline der Fall wäre[8] –, bei der bisherigen engen Sicht des BFH zum nationalen Recht[9]. Es bleibt abzuwarten, wie sich die Rechtsprechung hierzu stellen wird. Die Praxis wird gezwungen sein, der engen Auffassung der Finanzverwaltung möglichst zu folgen, da Gestaltungen, die von vorn herein den Rechtsstreit in sich tragen, idR ausscheiden, da die Beteiligten Rechtssicherheit suchen.   846.2

---

1 BFH I R 96/08 vom 7.4.2010, BStBl. 2011 II, 467; zur Qualifizierung einer Vertriebsorganisation als Teilbetrieb PIRKL/SCHNECK, GmbHR 2004, 1274.
2 BFH I R 96/08 vom 7.4.2010, BStBl. 2011 II, 467.
3 Richtlinie 2009/133/EG vom 19.10.2009, ABl. EU L 310 vom 25.11.2000, S. 34.
4 Tz. 15.02 UmwE 2011.
5 Tz. 15.07 UmwE 2011; zu Gestaltungen SISTERMANN/BEUTEL, DStR 2011, 1162.
6 NEU/SCHIFFERS/WATERMEYER, GmbHR 2011, 729; SCHUMACHER/NEITZ-HACKSTEIN, Ubg 2011, 409; SCHAFLITZL/GÖTZ, DB 2012, Beilage zu Heft 2, 25; SISTERMANN, DSTR 2012, Beihefter zu Heft 2, 9; BLUMERS, BB 2011, 2204.
7 Eingehend SCHUMACHER in Rödder/Herlinghaus/van Lishaut, § 15 UmwStG Rz. 151; DESENS, DStR 2010, Beihefter zu Heft 46/2010, 80.
8 SCHUMACHER in Rödder/Herlinghaus/van Lishaut, § 15 UmwStG Rz. 145, mwN.
9 Wenn man die gegenteilige Auffassung von SCHUMACHER in Rödder/Herlinghaus/van Lishaut, § 15 UmwStG Rz. 126, wonach aus beiden Teilbetriebsbegriffen das jeweils für den Steuerpflichtigen günstigere Element gelten soll, als „Rosinentheorie" bezeichnen will – so DÖTSCH/PUNG in Dötsch/Jost/Pung/Witt, § 15 UmwStG Rz. 67 (Februar 2008) – so müsste die Auffassung der Finanzverwaltung als „umgekehrte Rosinentheorie" bezeichnet werden.

GmbH → GmbH

847 Maßgebend ist nach Ansicht der Finanzverwaltung die Situation zum **Zeitpunkt** des steuerlichen Übertragungsstichtags[1]. Eine Rechtsgrundlage für diese Sichtweise fehlt jedoch[2]. Die Rechtsprechung des BFH zu dieser Frage ist nicht eindeutig[3]. Maßgebend ist der Zeitpunkt des Vermögensübergangs, also der Eintragung der Spaltung[4]. Das Vermögen kann bis zu diesem Zeitpunkt zu einem Teilbetrieb strukturiert werden. Ausreichend ist – entgegen der Auffassung der Finanzverwaltung[5] – ein Teilbetrieb im Aufbau[6].

848 Entgegen der Auffassung der Finanzverwaltung[7] ist es nicht erforderlich, dass das übergehende Vermögen jeweils ausschließlich aus einem Teilbetrieb, einem Mitunternehmeranteil oder einer 100 %igen Beteiligung besteht[8]. Beispiel[9]: Das Vermögen der GmbH besteht aus einem Betrieb, einer nicht zu den wesentlichen Betriebsgrundlagen des Betriebs gehörenden 100 % GmbH-Beteiligung und einem ungenutzten aber wertvollen Grundstück. Der Betrieb und die 100 %ige Beteiligung sind auf unterschiedliche Rechtsträger übertragbar, das Grundstück kann einem der „Teilbetriebe" zugeordnet werden. Dies gilt mE selbst dann, wenn die Beteiligungen an der Kapitalgesellschaft erst kurz vor dem Beschluss über die Spaltung[10] hinzuerworben werden. Entspre-

---

1 Tz. 15.03 UmwE 2011; entgegen Tz. 15.10 UmwE 1998; siehe auch Tz. S. 04 UmwE 2011.
2 SCHUMACHER in Rödder/Herlinghaus/van Lishaut, § 15 UmwStG Rz. 155; SCHAFLITZL/GÖTZ, DB 2012, Beilage zu Heft 1, 25.
3 Siehe BFH I R 77/09 vom 22.6.2010, BFH/NV 2011, 10, wonach auf den „Zeitpunkt der Übertragung" abzustellen ist, ohne dass aus der Entscheidung klar wird, ob der zivilrechtliche Eigentumsübergang oder die fiktive rückwirkende steuerliche Übertragung gemeint ist; ähnlich unpräzise BFH I R 96/08 vom 7.4.2010, BStBl. 2011 II, 467; BFH I R 97/08 vom 16.12.2009, BStBl. 2010 II, 808; BFH I R 72/08 vom 25.11.2009, BStBl. 2010 II, 471.
4 ASMUS in Haritz/Menner, § 15 UmwStG Rz. 69; SCHUMACHER in Rödder/Herlinghaus/van Lishaut, § 15 UmwStG Rz. 155; HÖRGER, StbJb. 1994/95, S. 225; auf den Zeitpunkt der Beschlussfassung abstellend KLINGBERG in Blümich, § 15 UmwStG Rz. 54 (September 2007); DÖTSCH/PUNG in Dötsch/Jost/Pung/Witt, § 15 UmwStG Rz. 62 (Februar 2008); HÖRTNAGL in Schmitt/Hörtnagl/Stratz, § 15 UmwStG Rz. 85; HERZIG/FÖRSTER, DB 1995, 338; THIEL, DStR 1995, 240.
5 Tz. 15.03 UmwE 2011.
6 Zum Begriff BFH VII R 33/85 vom 1.2.1989, BStBl. 1989 II, 458.
7 Tz. 15.02 UmwE 2011.
8 Wie hier SCHUMACHER in Rödder/Herlinghaus/van Lishaut, § 15 UmwStG Rz. 114.
9 Siehe Tz. 15.02 UmwE 2011.
10 Ein späterer Erwerb scheidet faktisch aus, da der „neue" Teilbetrieb sonst nicht im Spaltungsvertrag oder Spaltungsplan erfasst werden kann.

GmbH → GmbH

chendes gilt, wenn eine Beteiligung an einer Kapitalgesellschaft zur Aufstockung auf 100 % hinzuerworben wird.

Sonstige „neutrale" Vermögensgegenstände wie Bankguthaben, Kassenbestände, Forderungen, Schulden (auch aus Versorgungszusagen für nicht mehr tätige Beschäftigte[1]) oder anderes nicht notwendiges Betriebsvermögen können bis zum Spaltungsbeschluss beliebig zugeordnet werden[2]. Dies gilt auch für den Anspruch auf Auszahlung des Körperschaftsteuerguthabens gemäß § 37 Abs. 5 KStG oder die Verpflichtung zur Zahlung eines Körperschaftsteuererhöhungsbetrages gemäß § 38 Abs. 6 KStG (siehe Tz. 1400 *GmbH → KG*). 848.1

Demgegenüber vertritt die **Finanzverwaltung** die Auffassung, dass nur die nicht „nach wirtschaftlichen Zusammenhängen" zuordenbaren Wirtschaftsgüter beliebig einem Teilbetrieb zugewiesen werde können[3]. Einem fiktiven Teilbetrieb (100 %-Beteiligung an einer Kapitalgesellschaft oder Mitunternehmeranteil) sollen nur die Wirtschaftsgüter einschließlich Schulden zugeordnet werden können, die „in unmittelbarem wirtschaftlichen Zusammenhang" mit der Beteiligung stehen[4]. 848.2

Problematisch ist die Zuordnung wesentlicher Betriebsgrundlagen, die von mehreren Teilbetrieben genutzt werden (zB **Grundstücke**). Finanzverwaltung[5] und Rechtsprechung[6] verlangen eine Eigentumsaufteilung. Die bloße Einräumung eines Nutzungsrechts an einem Grundstücksteil reicht nicht aus. Nur wo eine reale Teilung des Grundstücks nicht zumutbar ist, soll aus Billigkeitsgründen[7] eine ideelle Teilung nach Bruchteilen im Verhältnis der tatsächlichen Nutzung ausreichen[8]. 849

Unschädlich ist ferner, wenn die Teilbetriebe durch die Zuordnung von Verbindlichkeiten, flüssigen Mitteln oder sonstigen nicht notwendigen 850

---

1 Siehe Tz. 15.10 UmwE 2011, nur bei bestehenden Arbeitsverhältnissen ist die Pensionsrückstellung in dem Betrieb zu bilden, auf den die bestehenden Arbeitsverhältnisse übergehen, siehe dazu Tz. 796.
2 HM; umstritten ist lediglich die Möglichkeit der Zuordnung von neutralen Einzelwirtschaftsgütern zu fiktiven Teilbetrieben (Mitunternehmeranteile/Beteiligung an Kapitalgesellschaften, Tz. 845.1), siehe die Meinungsübersicht bei WIDMANN in Widmann/Mayer, § 15 UmwStG Rz. 71 ff. und 95 ff. (Juli 2011).
3 Tz. 15.09 UmwE 2011.
4 Tz. 15.11 UmwE 2011.
5 Tz. 15.08 UmwE 2011.
6 BFH I R 96/08 vom 7.4.2010, BStBl. 2011 II, 467; zur Kritik an dem Urteil BLUMERS, DB 2010, 1670.
7 Zur Kritik siehe DRÜEN, DStR 2012, Beihefter zu Heft 2, 22.
8 Tz. 15.08 UmwE 2011; siehe dazu auch GEBERT, DStR 2010, 1774.

GmbH → GmbH

Betriebsvermögen **gleichwertig** gemacht werden[1]. Hierzu können Gesellschafterdarlehen oder Einlagen gewährt werden[2]. Gleiches gilt für Zahlungen, die zwischen den übernehmenden Gesellschaften gewährt werden (siehe Tz. 826)[3].

b) Gewinnrealisierung

851   Zu den Voraussetzungen des § 15 Abs. 1 i.V.m. § 11 Abs. 2 UmwStG siehe Tz. 1117–1126 *GmbH ↔ GmbH*.

852–859   Einstweilen frei.

c) Missbrauch

860   Das **Wahlrecht** zur Buchwertfortführung ist trotz Vorliegens der Voraussetzungen der §§ 15 Abs. 1, 11 Abs. 2 UmwStG **ausgeschlossen**, wenn

– **Mitunternehmeranteile** oder **100 %-Beteiligungen** an einer Kapitalgesellschaft innerhalb eines Zeitraums von drei Jahren vor dem steuerlichen Übertragungsstichtag (Tz. 841) durch Übertragung von Wirtschaftsgütern, die keinen Teilbetrieb darstellen, **erworben** oder **aufgestockt** wurden (§ 15 Abs. 2 S. 1 UmwStG),

– durch die Spaltung die **Veräußerung** an **außenstehende Personen** vollzogen wird[4] oder die Voraussetzungen für eine Veräußerung geschaffen werden; davon ist auszugehen, wenn innerhalb von fünf Jahren nach dem steuerlichen Übertragungsstichtag Anteile einer der an der Spaltung beteiligten Kapitalgesellschaften veräußert werden, die mehr als 20 % der vor der Spaltung bestehenden Anteile ausmachen (§ 15 Abs. 2 S. 2–4 UmwStG)[5],

– bei der **Trennung von Gesellschafterstämmen** die Beteiligungen an der zu spaltenden GmbH nicht mindestens fünf Jahre vor dem steu-

---

1   KLINGBERG in Blümich, § 15 UmwStG Rz. 55 (September 2007).
2   KLINGBERG in Blümich, § 15 UmwStG Rz. 55 (September 2007).
3   ASMUS in Haritz/Menner, § 15 UmwStG Rz. 74 ff.
4   Was nicht denkbar ist, da ein Eintritt von Gesellschaftern während der Spaltung zivilrechtlich nicht zulässig ist.
5   Dies gilt auch, wenn alle Anteile der an der Spaltung beteiligten Gesellschaften an einen Erwerber veräußert werden, BFH I R 62/04 vom 3.8.2005, BStBl. 2006 II, 391. Zur Kritik MOMEN, DStR 1997, 355; KREBS, BB 1997, 1817; NEYER, DStR 2002, 2200; DIETERLEN/GOLÜCKE, GmbHR 2004, 1264; unterhalb dieser Grenze scheidet ein Missbrauch aus, siehe SCHWARZ, GmbHR 2006, 1144.

GmbH → GmbH

erlichen Übertragungsstichtag bestanden haben (§ 15 Abs. 2 S. 5 UmwStG)[1]

aa) Erwerb und Aufstockung

Nach Auffassung der Finanzverwaltung ist bei Mitunternehmeranteilen jede Einlage oder Überführung von Wirtschaftsgütern, die stille Reserven enthalten, in das Gesamthands- oder Sonderbetriebsvermögen innerhalb von drei Jahren vor dem steuerlichen Übertragungsstichtag[2] schädlich[3]. Unschädlich ist der unentgeltliche Erwerb und der Hinzukauf[4] sowie die Einbringung von Wirtschaftsgütern zur Aufstockung oder zum Erwerb unter Aufdeckung der stillen Reserven[5]. Ebenso wenig liegt ein Missbrauch vor, wenn die Aufstockung einer Beteiligung nicht durch die übertragende GmbH erfolgt[6]. 861

Wird ein Mitunternehmeranteil oder eine 100 %ige Beteiligung an einer Kapitalgesellschaft, bei der ein schädlicher Erwerb oder eine schädliche Aufstockung i.S.d. § 15 Abs. 2 S. 1 UmwStG vorliegt, übertragen, so ist diese Beteiligung bei der zu spaltenden GmbH mit dem gemeinen **Wert** anzusetzen (§ 15 Abs. 1 i.V.m. § 11 Abs. 1 UmwStG). Soweit daneben auf diese oder andere Gesellschaften echte oder fiktive Teilbetriebe i.S.d. § 15 Abs. 1 UmwStG übertragen werden, die nicht § 15 Abs. 3 UmwStG unterfallen, ist mE insoweit eine Buchwertfortführung möglich[7]. Wird neutrales Vermögen (Tz. 848.1) neben dem schädlich erworbenen oder aufgestockten fiktiven Teilbetrieb übertragen, so ist dies mE nur dann mit dem gemeinen Wert anzusetzen, wenn kein anderer 862

---

1 Zu europarechtlichen Bedenken SCHUMACHER in Rödder/Herlinghaus/van Lishaut, § 15 UmwStG Rz. 249.
2 Zur Berechnung siehe SCHUMACHER in Rödder/Herlinghaus/van Lishaut, § 15 UmwStG Rz. 206.
3 Tz. 15.18 UmwE 2011; aA zu Recht SCHUMACHER in Rödder/Herlinghaus/van Lishaut, § 15 UmwStG Rz. 200. Die Einbringung in das Sonderbetriebsvermögen kann nicht zum Erwerb oder zur Aufstockung einer Beteiligung führen. Dies ist nur bei einer Einbringung gegen Gewährung von Gesellschaftsrechten denkbar.
4 Tz. 15.20 UmwE 2011.
5 Tz. 15.16 UmwE 2011.
6 Tz. 15.19 UmwE 2011.
7 Ebenso ASMUS in Haritz/Menner, § 15 UmwStG Rz. 161; SCHUMACHER in Rödder/ Herlinghaus/van Lishaut, § 15 UmwStG Rz. 196; aA die Finanzverwaltung, siehe Tz. 15.21 UmwE 2011, wonach § 15 Abs. 2 UmwStG die steuerneutrale Spaltung ausschließen soll. § 15 Abs. 1 S. 1 UmwStG besagt jedoch ausdrücklich, dass das Bewertungswahlrecht des § 11 Abs. 2 UmwStG nur auf den Mitunternehmeranteil bzw. die Beteiligung nicht anwendbar ist.

GmbH → GmbH

echter oder fiktiver Teilbetrieb auf dieselbe GmbH übergeht. Zu den Rechtsfolgen im Fall der Abspaltung siehe Tz. 924.

863 **Hinweis**: Soweit der Übertragungsgewinn gemäß §§ 11 Abs. 1, 15 Abs. 1 UmwStG auf Anteile an einer Kapitalgesellschaft entfällt, ist dieser grundsätzlich steuerbefreit (§ 8b Abs. 2 KStG)[1].

bb) Veräußerung an außenstehende Personen

864 Bei einer Veräußerung von Anteilen nach § 15 Abs. 2 S. 2–4 UmwStG ist für die 20 %-Grenze der Verkehrswert der Anteile an der zu spaltenden GmbH zum Zeitpunkt der Spaltung maßgebend[2]. Ein Missbrauch liegt vor, wenn die Wertgrenze durch den Verkauf von Anteilen an einer der an der Spaltung beteiligten Gesellschaften überschritten wird (§ 15 Abs. 2 S. 4 UmwStG). Dies sind bei einer Aufspaltung zur Aufnahme die Anteile der übernehmenden Gesellschaften, bei einer Aufspaltung zur Neugründung die Anteile an den neu entstehenden Gesellschaften. Dabei sind die Verkäufe durch einzelne Gesellschafter zu kumulieren, auch wenn sie Anteile an unterschiedlichen beteiligten Gesellschaften betreffen. Werden etwa von zwei an einer Spaltung beteiligten GmbHs Anteile im Wert von jeweils 15 % veräußert, so liegt nach herrschender Auffassung[3] ein Missbrauch vor. Allerdings sind bei der Wertermittlung nur die Anteile einzubeziehen, die im Zuge der Spaltung von der aufnehmenden GmbH gewährt wurden[4]. Anderenfalls würde bei einer Aufspaltung auf eine sehr werthaltige Gesellschaft bereits ein geringfügiger Anteilsumsatz die Rechtsfolgen des § 15 Abs. 2 S. 4 UmwStG auslösen[5].

864.1 Entfallen die Voraussetzungen einer zunächst steuerneutralen Spaltung, so ist – anders als bei § 15 Abs. 2 S. 1 UmwStG (Tz. 862) – das Bewertungswahlrecht nach § 11 Abs. 2 UmwStG auf das gesamte übertragene Vermögen nicht anzuwenden (§ 15 Abs. 2 S. 2 UmwStG). Die Veranlagung der zu spaltenden GmbH für das Jahr der Spaltung ist zu

---

1 BMF vom 28.4.2003, FR 2003, 528; eingehend dazu HARITZ/WISNIEWSKI, FR 2003, 549.
2 HERZIG/MOMEN, DB 1994, 2157; mit Beipielen WOCHINGER/DÖTSCH, DB 1994, Beilage Nr. 14, S. 23, „gemeiner Wert", ferner HÖRGER, FR 1994, 765; HÖRGER, StbJb. 1994/95, S. 225.
3 Tz. 1531; SCHUMACHER in Rödder/Herlinghaus/van Lishaut, § 15 UmwStG Rz. 242.
4 WIDMANN in Widmann/Mayer, § 15 UmwStG Rz. 343 (Juli 2011); ASMUS in Haritz/Menner, § 15 UmwStG Rz. 165.
5 Beispiel bei DÖTSCH/PUNG in Dötsch/Jost/Pung/Witt, § 15 UmwStG Rz. 140 (Februar 2008).

GmbH → GmbH

ändern (§ 175 Abs. 1 Nr. 2 AO). Da bei der Aufspaltung die zu spaltende GmbH mit der Eintragung der Spaltung im Handelsregister untergeht, sind geänderte Bescheide den übernehmenden Gesellschaften als Rechtsnachfolger zuzustellen. Diese haften grundsätzlich als Gesamtschuldner (§ 133 Abs. 1 UmwG). Im Innenverhältnis haftet mE die Gesellschaft, deren Anteile verkauft wurden und die Besteuerung ausgelöst haben. Ferner sind ggf. die Veranlagungen der übernehmenden Gesellschaft zu ändern, da sich bei ihnen Auswirkungen auf die Wertansätze der übergehenden Wirtschaftsgüter ergeben (Tz. 873).

Hinweis: Die Veräußerung von Anteilen vor Ablauf der Fünf-Jahres-Frist durch einzelne Gesellschafter kann Steuer- und Haftungsfolgen für alle an der Spaltung Beteiligten auslösen. Daher sind im Spaltungs- und Übernahmevertrag die Voraussetzungen für Anteilsverkäufe und die internen Rechtsfolgen eines vertragswidrigen Verkaufs zu regeln. So empfiehlt sich die Vereinbarung, dass die nachträglich entstehenden Steuerschulden der zu spaltenden GmbH von derjenigen Gesellschaft zu tragen sind, deren Gesellschafter die Besteuerung ausgelöst haben. Insoweit greift dann für die übrigen Gesellschaften die Verjährungsvorschrift des § 133 Abs. 3 UmwG[1].   865

Unschädlich ist die **Kapitalerhöhung nach Spaltung**, selbst wenn stille Reserven auf die neuen Anteile übergehen. Die Kapitalerhöhung ist keine Veräußerung[2].   866

Gleiches gilt für eine **unentgeltliche Übertragung**, zB im Wege der vorweggenommenen Erbfolge[3].   866.1

Ebenso liegt bei der entgeltlichen **Übertragung an Mitgesellschafter** keine Veräußerung an außenstehende Personen vor[4]. Maßgebend für die Frage, ob die Übertragung von oder an einen Außenstehenden erfolgt, ist der Zeitpunkt des Wirksamwerdens der Spaltung[5] und nicht – wie die Finanzverwaltung annehmen will – der steuerliche Übertra-   866.2

---

1 Zu weiteren Lösungsvorschlägen siehe ESTER/MARENBACH, GmbHR 2003, 979; KLEIN, NWB Fach 18, 4139 (20.12.2004).
2 BFH I R 128/88 vom 8.4.1992, BStBl. 1992 II, 761; BFH I R 162/90 vom 8.4.1992, BStBl. 1992 II, 763; BFH I R 160/90 vom 8.4.1992, BStBl. 1992 II, 764; aA die Finanzverwaltung, Tz 15.25 UmwE 2011: Kapitalerhöhung ist schädlich, wenn der Vorgang wirtschaftlich als Anteilsveräußerung zu werten ist.
3 Tz. 15.23 UmwE 2011.
4 Tz. 15.16 UmwE 2011. Eingehend HÖRGER, StbJb. 1994/95, S. 225; weitere Beispiele bei HERZIG/FÖRSTER, DB 1995, 338; zur Anteilsveräußerung im Konzern OHO/REMMEL, BB 2003, 2539.
5 SCHUMACHER in Rödder/Herlinghaus/van Lishaut, § 15 UmwStG Rz. 212.

GmbH → GmbH

gungsstichtag. Erwirbt ein Außenstehender im Rückwirkungszeitraum einen Anteil an der zu spaltenden GmbH, so ist er Mitgesellschafter. Weder der Erwerb im Rückwirkungszeitraum noch ein späterer Verkauf von ihm an Mitgesellschafter oder an ihn durch Mitgesellschafter[1] ist schädlich. Entsprechend ist ein Gesellschafter der im Rückwirkungszeitraum seine Anteile vollständig verkauft hat, zukünftig Außenstehender. Unschädlich ist auch der Verkauf innerhalb verbundener Unternehmen.

867 Demgegenüber soll nach – mE abzulehnender[2] – Auffassung der Finanzverwaltung[3] die **Einbringung, Verschmelzung, Spaltung und der Formwechsel** einer Veräußerung gleichstehen, wenn hierbei bisher Außenstehende beteiligt werden, was bei einem Formwechsel allerdings schon begrifflich ausgeschlossen ist. Entsprechend umstritten ist die Frage, ob die mittelbare Veräußerung von Anteilen schädlich ist[4].

cc) Trennung von Gesellschafterstämmen

868 Bei der Spaltung zur Trennung von Gesellschafterstämmen[5] (§ 15 Abs. 2 S. 5 UmwStG) kommt es nicht auf die Höhe der Beteiligung an[6]. Umstritten ist, ob die Beteiligung in den letzten fünf Jahren bestanden haben muss, was eine Spaltung innerhalb der ersten fünf Jahre nach Gründung ausschließen würde[7], oder ob es genügt, dass die Beteiligung seit Gründung bestand, auch wenn dies weniger als fünf Jahre sind[8]. ME sind – entgegen der Ansicht der Finanzverwaltung[9] – Vorbesitzzeiten beim Übergang von Anteilen im Rahmen von Umwandlungsvorgängen, unentgeltlichem Erwerb oder Gesamtrechtsnachfolge anzurechnen[10].

---

1 Tz. 15.26 UmwE 2011.
2 ASMUS in Haritz/Menner, § 15 UmwStG Rz. 138.
3 Tz. 15.24 UmwE 2011.
4 Siehe SCHUMACHER, DStR 2002, 2066, mwN.
5 Zum Begriff HERZIG/FÖRSTER, DB 1995, 338; SCHUMACHER in Rödder/Herlinghaus/van Lishaut, § 15 UmwStG Rz. 251 ff., mwN.
6 Tz. 15.36 UmwE 2011; HERZIG/FÖRSTER, DB 1995, 338; HÖRTNAGL in Schmitt/Hörtnagl/Stratz, § 15 UmwStG Rz. 234; ASMUS in Haritz/Menner, § 15 UmwStG Rz. 185; zu europarechtlichen Bedenken SCHUMACHER in Rödder/Herlinghaus/van Lishaut, § 15 UmwStG Rz. 249.
7 So Tz. 15.38 UmwE 2011; etwas anderes soll nur gelten, wenn die Kapitalgesellschaft durch Umwandlung aus einer Personengesellschaft mit gleichen Gesellschaftern hervorgegangen ist, Tz. 15.40 UmwE 2011.
8 SCHUMACHER in Rödder/Herlinghaus/van Lishaut, § 15 UmwStG Rz. 257, mwN.
9 Tz. 15.39 UmwE 2011.
10 Im Einzelnen streitig, siehe SCHUMACHER in Rödder/Herlinghaus/van Lishaut, § 15 UmwStG Rz. 258 ff., mwN.

GmbH → GmbH

Hinweis: Wegen der gesetzlich fixierten Fristen kommt mE bei Einhaltung dieser Zeitgrenzen ein Gestaltungsmissbrauch nicht in Betracht. **Beispiel:** Zum Vermögen der A-GmbH, deren Anteile im Privatvermögen gehalten werden, gehört ein Betrieb sowie ein nicht betriebsnotwendiges Grundstück. Im Jahr 03 wird das Grundstück zum Buchwert gemäß § 6 Abs. 5 EStG in eine GmbH & Co KG gegen Gewährung eines Kommanditanteils an die A-GmbH eingebracht. Im Jahr 06 (Drei-Jahres-Frist) wird die A-GmbH gespalten. Der Mitunternehmeranteil gilt als Teilbetrieb i.S.d. § 15 UmwStG und kann daher auf einen anderen Rechtsträger (zB B-GmbH) zum Buchwert übertragen werden. Als Gegenleistung erhalten die Gesellschafter der A-GmbH Anteile an dem übernehmenden Rechtsträger. Nach Ablauf weiterer fünf Jahre (Jahr 11) kann die Beteiligung, die wirtschaftlich das Grundstück beinhaltet, begünstigt veräußert werden. 869

Hinweis: Problematisch ist diese Gestaltung, wenn es sich um ein betriebsnotwendiges Grundstück handelt. Ob dann die Abspaltung des Mitunternehmeranteils steuerneutral ist, könnte fraglich sein[1]. 870

d) Besteuerung des Übertragungsgewinns

Werden die übergehenden Wirtschaftsgüter (freiwillig oder auf Grund gesetzlicher Vorschriften) über den Buchwerten angesetzt, so unterliegt der entstehende Übertragungsgewinn der **Körperschaftsteuer** und der **Gewerbesteuer** (§ 19 Abs. 1 UmwStG). 871

Einstweilen frei. 872

3. Besteuerung der übernehmenden GmbHs

a) Übernahmegewinn oder Übernahmeverlust

Die übernehmenden GmbHs haben die auf sie übergehenden Wirtschaftsgüter mit den in der steuerlichen Schlussbilanz der zu spaltenden GmbH ausgewiesenen Werten zu übernehmen (§ 15 Abs. 1 i.V.m. §§ 12 Abs. 1, 4 Abs. 1 UmwStG). Es gelten die **Besteuerungsfolgen** der Verschmelzung (§ 15 Abs. 1 i.V.m. § 12 UmwStG, siehe Tz. 1128–1146 *GmbH ↔ GmbH*)[2]. 873

---

[1] Siehe hierzu BLUMERS, DB 1995, 496.
[2] Zum Übergang einer 6b-Rücklage BFH I R 77/09 vom 22.6.2010, BFH/NV 2011, 10.

GmbH → GmbH

b) Aufteilung des Eigenkapitals

874 Gemäß § 29 Abs. 1 KStG gilt im Fall der Aufspaltung das **Nennkapital** der übertragenden Gesellschaft als in vollem Umfang nach § 28 Abs. 2 S. 1 KStG **herabgesetzt**[1]. Das Nennkapital abzüglich eines etwaigen Sonderausweises gemäß § 28 Abs. 1 S. 3 KStG wird dem Einlagenkonto (§ 27 KStG) gutgeschrieben (§ 28 Abs. 2 S. 1 KStG).

875 Sodann ist das **Einlagenkonto** der übertragenden GmbH im Verhältnis der gemeinen Werte der übergehenden Vermögensteile zu dem bei der übertragenden GmbH vor der Spaltung bestehenden Vermögen aufzuteilen (§ 29 Abs. 3 KStG)[2]. Dieses Aufteilungsverhältnis ergibt sich in der Regel aus den Angaben zum Umtauschverhältnis der Anteile im Spaltungs- und Übernahmevertrag (§ 126 Abs. 1 Nr. 3 UmwG). Die Ermittlung der gemeinen Werte der übergehenden Vermögensteile bzw. des verwendbaren Vermögens ist nur dann erforderlich, wenn der Spaltungs- und Übernahmevertrag oder der Spaltungsplan keine Angaben zum Umtauschverhältnis der Anteile enthält oder eine von den tatsächlichen Wertverhältnissen abweichende Auffassung vorsieht.

876 Soweit die übernehmende GmbH an der übertragenden **GmbH beteiligt** ist, unterbleibt die Hinzurechnung des Einlagenkontos. Soweit die übertragende GmbH an der übernehmenden Gesellschaft beteiligt ist, mindert sich anteilig der Bestand des Einlagenkontos der übernehmenden Gesellschaft (§ 29 Abs. 3 S. 3 i.V.m. Abs. 2 S. 2 und 3 KStG, siehe hierzu Tz. 1147–1151 *GmbH ↔ GmbH*.

877 Sodann ist eine **Anpassung des Nennkapitals** erforderlich (§ 29 Abs. 4 KStG i.V.m. § 28 Abs. 1 und 3 KStG).

878 Soweit die übernehmende GmbH für die Spaltung ihr Kapital erhöht, gilt hierfür zunächst der positive Bestand des steuerlichen **Einlagenkontos** (§ 27 KStG) als verwandt (§ 29 Abs. 4 i.V.m. § 28 Abs. 1 KStG). Darüber hinaus gehende Beträge, die aus sonstigen Rücklagen stammen, führen zur Bildung oder Erhöhung des **Sonderausweises** i.S.d. § 28 Abs. 1 KStG. Davon ausgenommen ist jedoch eine eventuell bare Zuzahlung, soweit diese nach dem Umwandlungsgesetz zulässig ist (§ 28 Abs. 1 S. 3 KStG).

879 Eine Aufteilung des **Körperschaftsteuerguthabens** gemäß § 37 KStG und des unbelasteten Teilbetrags nach § 38 KStG entfällt für Umwandlungen, die nach dem 12.12.2006 zum Handelsregister angemeldet wurden (siehe §§ 37 Abs. 4, 38 Abs. 4 KStG u. Tz. 1400 *GmbH → KG*).

---

1 Eingehend BINNEWIES in Streck, § 29 KStG Rz. 16 ff.; Tz. K.01 ff. UmwE 2011.
2 Für eine Aufteilung nach dem Verhältnis der Buchwerte MAYER, DB 2008, 888.

GmbH → GmbH

Beispiel: Die A-GmbH wird auf die X-GmbH und die Y-GmbH auf- 880
gespaltet.

Bilanz A-GmbH

Teilbetrieb I	100	Stammkapital	25
Teilbetrieb II	100	Gewinnvortrag	60
Stammkapital		Rücklagen (§ 27 KStG)	25
		Verbindlichkeiten	90
	200		200

Das Stammkapital der A-GmbH wurde in der Vergangenheit aus Rücklagen, die nicht aus Einlagen des Gesellschafters resultierten, von 21 um 4 auf 25 erhöht (= Sonderausweis 4).

Bilanzen der X-GmbH und der Y-GmbH

Vermögen	25	Stammkapital	25

Die X-GmbH erhöht ihr Kapital um 10, die Y-GmbH um 12.

1. Schritt: Kapitalherabsetzung bei der A-GmbH gemäß § 29 Abs. 1 KStG

Stammkapital	25
./. Sonderausweis	4
+ Einlagenkonto	25
Einlagenkonto (neu)	46

2. Schritt: Aufteilung gemäß § 29 Abs. 3 KStG

Anteil X-GmbH	23
Anteil Y-GmbH	23

3. Schritt: Anpassung des Nennkapitals der übernehmenden Gesellschaften (§ 29 Abs. 4 KStG)

Einlagenkonto X-GmbH		Einlagenkonto Y-GmbH	
+ 23		+ 23	
− 10 Kapitalerhöhung		− 12 Kapitalerhöhung	
13 Einlagenkonto neu		11 Einlagenkonto neu	

Bilanzen nach Umwandlung

Bilanz X-GmbH

Teilbetrieb I	100	Stammkapital	35
Sonstiges Vermögen	25	Rücklagen	45
		(davon gemäß § 27 KStG 13)	
		Verbindlichkeiten	45
	125		125

GmbH → GmbH

		Bilanz Y-GmbH	
Teilbetrieb II	100	Stammkapital	37
Sonstiges Vermögen	25	Rücklagen	43
		(davon gemäß § 27 KStG 11)	
		Verbindlichkeiten	45
	125		125

881–882 Einstweilen frei.

c) Untergang des verbleibenden Verlustabzugs und eines Zinsvortrags

883 Verrechenbare Verluste, verbleibende Verlustvorträge, nicht ausgeglichene negative Einkünfte, ein Zinsvortrag nach § 4h Abs. 1 S. 5 EStG und ein EBITDA-Vortrag nach § 4h Abs. 1 S. 3 EStG gehen unter (§ 15 Abs. 1 i.V.m. §§ 12 Abs. 3, 4 Abs. 2 S. 2 UmwStG).

883.1 Ist die aufzuspaltende GmbH an einer Personengesellschaft als Mitunternehmerin beteiligt, so gehen **verrechenbare Verluste** gemäß § 15a Abs. 4 EStG sowie ein **gewerbesteuerlicher Verlustvortrag** nicht unter, vielmehr gehen diese Verluste auf die Gesellschaft über, die den Mitunternehmeranteil übernimmt[1].

d) Kosten

884 Siehe Tz. 1157 *GmbH ↔ GmbH*.

4. Besteuerung der Gesellschafter der zu spaltenden GmbH

885 Für den Gesellschafter der übertragenden GmbH gelten die Anteile grundsätzlich als zum gemeinen Wert veräußert und die an ihre Stelle getretenen Anteile als mit diesem Wert angeschafft (§ 15 Abs. 1 S. 1 UmwStG i.V.m. § 13 Abs. 1 UmwStG).

886 Gehören die Anteile an der übertragenden GmbH bei den Gesellschaftern zum **Betriebsvermögen** und liegen die Voraussetzungen des § 15 Abs. 1 S. 2 UmwStG (Teilbetriebe, siehe Tz. 845–850) vor, können auf Antrag die Buchwerte der untergehenden Anteile als Anschaffungskosten der neuen Anteile fortgeführt werden, wenn

– das Besteuerungsrecht der Bundesrepublik Deutschland hinsichtlich des Gewinns aus der Veräußerung der gewährten Anteile nicht aus-

---

[1] HIERSTETTER/SCHWARZ, DB 2002, 1963.

GmbH → GmbH

geschlossen oder beschränkt wird (§ 15 Abs. 1 S. 2 i.V.m. § 13 Abs. 2 Nr. 1 UmwStG) oder
- die FusionsRL greift (§ 15 Abs. 1 S. 2 i.V.m. § 13 Abs. 2 Nr. 2 UmwStG).

Gehören die Anteile zum **Privatvermögen**, werden die Anschaffungskosten fortgeführt (§ 15 Abs. 1 i.V.m. § 13 Abs. 2 S. 3 UmwStG). 887

Steuerlich treten die neuen Anteile an die Stelle der untergehenden Anteile (§ 15 Abs. 1 i.V.m. 13 Abs. 2 S. 2 UmwStG). So werden die für Anteile an der untergehenden GmbH im Zuge der Spaltung gewährten Anteile als Anteile i.S.d. § 17 EStG behandelt, selbst wenn die Grenze des § 17 EStG nicht mehr erreicht wird (sog. verschmelzungsgeborene Anteile). **Beispiel**: Beteiligung an der übertragenden GmbH mit 1,5 %, nunmehr Beteiligung an der übernehmenden GmbH unter 1 %. 888

Entsprechendes gilt für **einbringungsgeborene Anteile** (§ 22 UmwStG), in Bezug auf die Besteuerung nach **§ 23 EStG** und einen **Sperrbetrag nach § 50c EStG**. Hier treten die neuen Anteile in den Status, den die untergehenden Anteile hatten. 889

Unklar ist die Rechtslage, wenn aus Anteilen an der übertragenden GmbH, die die Voraussetzungen des § 17 EStG nicht erfüllen, **Anteile i.S.d. § 17 EStG an der übernehmenden GmbH werden** (siehe hierzu Tz. 1161.2 *GmbH ↔ GmbH*). 890

Das UmwStG enthält keine Regelung über die **Aufteilung der Anschaffungskosten** bzw. Buchwerte auf die neu entstehenden Anteile an den übernehmenden Gesellschaften, wenn der betreffende Gesellschafter nicht nur an einer, sondern an mehreren Nachfolgegesellschaften beteiligt wird. Nach überwiegender Auffassung sind die Anschaffungskosten bzw. die Buchwerte der Anteile der einzelnen Gesellschafter nach dem Verhältnis der gemeinen Werte der Anteile, die dem Gesellschafter an den übernehmenden Gesellschaften zustehen, aufzuteilen[1]. 891

Bare Zuzahlungen sind bei betrieblich gehaltenen Anteilen bzw. bei Anteilen i.S.d. § 17 UmwStG oder einbringungsgeborenen Anteilen (§ 21 UmwStG) steuerpflichtig, soweit die Barzahlung den der Barzahlung entsprechenden Anteil am Buchwert bzw. der Anschaffungskos- 892

---

1 Tz. 15.43 UmwE 2011; FROTSCHER in Frotscher/Maas, § 15 UmwStG Rz. 176 (November 2009).

GmbH → GmbH

ten der untergehenden Anteile übersteigt[1]. Die Buchwerte bzw. Anschaffungskosten der neuen Anteile sind entsprechend zu mindern.

893 Wird ein Gesellschafter der übertragenden Körperschaft aus Anlass des Vermögensübergangs in **bar abgefunden**, ist dies wie eine Veräußerung zu besteuern, vergleiche im Einzelnen Tz. 1473 ff. *GmbH → KG*.

894 Kommt es im Rahmen der Spaltung zu Wertverschiebungen zwischen den Anteilseignern, hat dies keine Auswirkung auf die ertragsteuerliche Beurteilung der Spaltung[2]. Ggf kommen aber verdeckte Gewinnausschüttungen, verdeckte Einlagen oder Schenkungen in Betracht (siehe Tz. 1169.1 *GmbH ↔ GmbH*).

5. Gewerbesteuer

895 Nach § 19 Abs. 1 UmwStG gelten die Grundsätze der §§ 11–13, 15 UmwStG auch für die Ermittlung des **Gewerbeertrags** (siehe Tz. 1164–1166 *GmbH ↔ GmbH*).

896 Der gewerbesteuerliche **Verlustabzug** geht unter (§ 19 Abs. 2 i.V.m. §§ 12 Abs. 3, 4 Abs. 2 S. 2 UmwStG).

6. Umsatzsteuer

897 Erfolgt eine Aufspaltung in Teilbetriebe i.s.d. § 15 Abs. 1 UmwStG, so handelt es sich um **eine Geschäftsveräußerung im Ganzen**, die nicht steuerbar ist (§ 1 Abs. 1a UStG). Die übernehmende GmbH tritt an die Stelle der durch Spaltung untergehenden GmbH. Die Aufspaltung unter Übertragung einzelner Wirtschaftsgüter dürfte hingegen umsatzsteuerpflichtig sein[3].

7. Grunderwerbsteuer

898 Gehört zum Vermögen der zu spaltenden GmbH Grundvermögen, fällt Grunderwerbsteuer an (siehe Tz. 1168 *GmbH ↔ GmbH*).

899 Ferner kann es durch die Spaltung zur Anteilsübertragung oder -vereinigung kommen, die Grunderwerbsteuer auslöst (§ 1 Abs. 2a und

---

1 STRECK/POSDZIECH, GmbHR 1995, 271, 364; ASMUS in Haritz/Menner, § 15 UmwStG Rz. 227 ff.
2 Tz. 15.44 UmwE 2011.
3 Ebenso HORN, UR 1995, 472; ausführlich auch REISS, UR 1996, 357.

Abs. 3 GrEStG)[1], sofern nicht die Befreiung nach § 6a GrEStG greift[2].

C. Aufspaltung zur Neugründung

I. Zivilrecht

Es gelten weitestgehend die **Regelungen** zur Spaltung durch Aufnahme. 900

An die Stelle des Spaltungs- und Übernahmevertrags tritt ein **Spaltungsplan**[3] (§ 136 UmwG). Der Spaltungsplan ist von dem Vertretungsorgan (Geschäftsführer) der zu spaltenden GmbH aufzustellen. Er bedarf notarieller Form (§ 125 i.V.m. § 6 UmwG). 901

Zum **Inhalt**: Notwendig ist zunächst die Errichtung der neuen Gesellschaften. Hierzu gehört der Abschluss der Gesellschaftsverträge[4], die in dem Spaltungsplan enthalten bzw. als Bestandteil beigefügt sein müssen (§ 125 i.V.m. § 37 UmwG). Sodann ist die Übertragung der Anteile zu regeln. Wie bei dem Spaltungs- und Übernahmevertrag ist das Vermögen aufzuteilen (siehe Tz. 751) und die Zuordnung der Anteile festzulegen (Tz. 752). Das Stammkapital der neuen Gesellschaft muss mindestens 25 000,– Euro, der Nennbetrag des Geschäftsanteils mindestens 1,– Euro betragen. Anzugeben sind der Spaltungsstichtag (Tz. 754) und die Folgen für die Arbeitnehmer (Tz. 758). Die sonstigen in Tz. 753–757 genannten Angaben können entfallen, da sie sich entweder aus den Satzungen ergeben oder nicht in Betracht kommen. 902

Zur **Aufteilung des Vermögens** siehe Tz. 764–777. Zu den Rechtsfolgen für die Arbeitnehmer Tz. 783–803. 903

---

1 BFH II B 95/08 vom 9.4.2009, BFH/NV 2009, 1148 zur Verfassungsmäßigkeit der Steuerbarkeit bei Umwandlungsvorgängen; eingehend BECKMANN, GmbHR 1999, 217; zu Gestaltungsoptionen zur Vermeidung der Verwirklichung eines Grunderwerbsteuertatbestands siehe JACOBSEN, GmbHR 2009, 690; JACOBSEN, UVR 2009, 145.
2 Siehe dazu Gleichlautende Erlasse der obersten Finanzbehörden der Länder zur Anwendung des § 6a GrEStG vom 1.12.2010, BStBl. 2010 I, 1321; dazu KLASS/MÖLLER, BB 2011, 407; ferner BEHRENS/BOCK, NWB 2011, 615; WAGNER/KÖHLER, BB 2011, 286; DETTMEIER/GEIBEL, NWB 2010, 582; SCHAFLITZL/STADLER, DB 2010, 185; RÖDDER/SCHÖNFELD, DStR 2010, 415; MENSCHING/TYARKS, BB 2010, 87; STADLER/SCHAFLITZL, DB 2009, 2621; VISKORF/HAAG, DStR Beihefter 2011 zu Heft 12, 3; BEHRENS, DStR Beihefter 2011 zu Heft 12, 10.
3 Vertragsmuster: MAYER in Widmann/Mayer, Anh. 4, M 98 ff. (Januar 2011).
4 Zu beachten ist, dass es sich um eine Sachgründung handelt, siehe OLG Naumburg 5 U 105/03 vom 3.11.2003, GmbHR 2004, 669.

GmbH → GmbH

904 Zum **Umtauschverhältnis** gelten Tz. 778–782 entsprechend. Für den Spaltungsbericht und eine Prüfung gelten die Tz. 804–806. Zudem ist ein **Sachgründungsbericht** zu erstellen (§ 138 UmwG).

905 Für den **Zustimmungsbeschluss** gelten Tz. 807–817 entsprechend, mit der Maßgabe, dass hier nur von der zu spaltenden GmbH ein Beschluss zu fassen ist, da die durch die Spaltung zu gründenden Gesellschaften noch nicht existieren.

906 Zur **Bilanzerstellung** siehe Tz. 818–820. Das übergehende Vermögen ist von den durch die Spaltung entstehenden Gesellschaften in der Eröffnungsbilanz (§ 242 Abs. 1 HGB) mit den Anschaffungskosten oder den Wertansätzen aus der Schlussbilanz der übertragenden GmbH auszuweisen.

907 Hinsichtlich der **Anmeldung** gilt Folgendes: Die Geschäftsführer der zu spaltenden Gesellschaft haben die neuen Gesellschaften bei dem Gericht, in dessen Bezirk sie ihren Sitz haben sollen, zur Eintragung anzumelden (§ 137 Abs. 1 UmwG). Die Spaltung ist bei dem Gericht anzumelden, in dessen Bezirk die zu spaltende Gesellschaft ihren Sitz hat.

908 Zu den der Anmeldung beizufügenden **Unterlagen** siehe Tz. 822. An die Stelle des Spaltungs- und Übernahmevertrags tritt der Spaltungsplan. Siehe ferner Tz. 1062–1069 *GmbH ↔ GmbH*.

909 Vom Gericht erfolgt zunächst die **Eintragung** der Gesellschaften, dann die Eintragung der Spaltung (§ 137 Abs. 3 UmwG)[1].

910 Zu den **Rechtsfolgen** siehe Tz. 825–834[2]. Zu den **Kosten** Tz. 835–840, wobei an Stelle der $^{20}/_{10}$-Gebühr nach § 36 Abs. 2 KostO für den Spaltungsplan lediglich eine $^{10}/_{10}$-Gebühr nach § 36 Abs. 1 KostO anfällt[3].

II. Steuerrecht

911 Es gelten die Tz. 841–899 entsprechend.

---

1 Zur Rechtslage zwischen Errichtung der neuen GmbH und Eintragung der Spaltung WILKEN, DStR 1999, 677.
2 Ferner HEIDENHAIN, GmbHR 1995, 264, der darauf hinweist, dass bei der Spaltung zur Neugründung eine vermögenslose Kapitalgesellschaft entstehen kann; hierzu NEYE, GmbHR 1995, 565; BAYER/WIRTH, ZIP 1996, 817.
3 Eingehend TIEDTKE, MittBayNot 1997, 209.

Gmbh → GmbH

D. Abspaltung

I. Zivilrecht

Eine GmbH kann einen Teil ihres Vermögens auf eine oder mehrere andere GmbHs abspalten (§ 123 Abs. 2 UmwG). Zum **Begriff** der Abspaltung siehe Tz. 728[1]. 912

Ist die den Vermögensteil übernehmende Gesellschaft eine **bestehende** GmbH, so gelten die Tz. 745–840 entsprechend[2]. Wird mit dem abgespaltenen Vermögen eine **GmbH gegründet**, gelten die Tz. 900–910[3]. 913

Die Abspaltung darf nicht dazu führen, dass in das **Stammkapital** eingegriffen wird oder dies unter das Mindeststammkapital (§ 5 GmbHG) sinkt. Dies haben die Geschäftsführer bei der Anmeldung zu versichern (§ 140 UmwG)[4]. 914

Die Abspaltung kann daher zur **Herabsetzung des Stammkapitals** bei der zu spaltenden GmbH zwingen. 915

Beispiel: 916
Bilanz vor Spaltung:

Teilbetrieb I	300	Stammkapital	200
Teilbetrieb II	100	Verbindlichkeiten	200
	400		400

Abgespalten werden soll Teilbetrieb I unter Übernahme der Verbindlichkeiten. Hierdurch würde in Höhe von 100 in das Stammkapital eingegriffen, was zu einem Verstoß gegen § 30 GmbHG führen würde. Erforderlich ist also eine Kapitalherabsetzung um 100.

Die Kapitalherabsetzung kann in vereinfachter **Form** nach §§ 58a ff. GmbHG erfolgen (§ 139 S. 1 UmwG)[5]. Wird das Stammkapital herab- 917

---

1 Vertragsmuster: LANGENFELD, GmbH-Vertragspraxis, Rz. 873; FUHRMANN in GmbH-Handbuch, Teil V, M 324 ff. (Februar 2011); SOMMER in Engl, Formularbuch Umwandlungen, S. 540.
2 Vertragsmuster: MAYER in Widmann/Mayer, Anh. 4, M 88 ff. (Januar 2011); zur Abspaltung der Beteiligung an einer Organgesellschaft von einem Organträger auf eine andere Kapitalgesellschaft STEGEMANN, DStR 2002, 1549.
3 Vertragsmuster: MAYER in Widmann/Mayer, Anh. 4, M 80 ff. (Januar 2011).
4 Zur Abspaltung und Konzernhaftung LENZ, INF 1997, 564.
5 Hierzu NARASCHEWSKI, GmbHR 1995, 697; MASER/SOMMER, GmbHR 1996, 22; siehe auch AG Charlottenburg 99 AR 3278/08 vom 28.5.2008, GmbHR 2008, 993: die vereinfachte Kapitalherabsetzung ist nur zulässig, wenn das frei werdende Kapital bei der übernehmenden Gesellschaft vollständig als Stammkapital verwendet wird.

GmbH → GmbH

gesetzt, so darf die Abspaltung erst nach der Kapitalherabsetzung eingetragen werden (§ 139 S. 2 UmwG).

918 Wie bei der Aufspaltung können die **Beteiligungsverhältnisse** bei der übernehmenden GmbH abweichend von den Beteiligungsverhältnissen bei der übertragenden GmbH festgelegt werden (§ 128 UmwG). Zulässig ist es, nicht alle bisherigen Gesellschafter an der übernehmenden Gesellschaft zu beteiligen („Abspaltung zu Null")[1]. Eine Veränderung bei den Beteiligungsverhältnissen der übertragenden Gesellschaft ist möglich (Tz. 729)[2]. Zum Steuerrecht Tz. 926.1.

919 Ein **Spaltungsbericht** ist entbehrlich, wenn sich alle Anteile der zu spaltenden GmbH in der Hand der übernehmenden GmbH befinden (§ 127 i.V.m. § 8 Abs. 3 UmwG).

920 Bei der Abspaltung geht nur das im Spaltungs- und Übernahmevertrag bzw. im Spaltungsplan aufgeführte **Vermögen** über. Was nicht im Vertrag bzw. Plan aufgeführt ist oder rechtlich nicht übertragen werden kann, bleibt Eigentum der GmbH.

920.1 Umstritten ist, ob auch Steuerschulden der übertragenden GmbH dem übernehmenden Rechtsträger zugewiesen werden können. Der BFH lehnt dies unter Hinweis auf § 45 AO ab, da bei der Spaltung keine Gesamtrechtsnachfolge gegeben sei[3]. ME ist dies unzutreffend, da die Rechtsfolgen des § 131 UmwG auch öffentlich-rechtliche Rechtspositionen umfassen[4]. Zudem wäre unklar, welche Rechtsfolgen im Fall der Aufspaltung eintreten würden[5].

921 Ausgeschlossen ist bei der Abspaltung die Übertragung der **Firma** auf die übernehmende Gesellschaft nach § 18 UmwG (§ 125 UmwG).

922 Gesellschaftern mit **stimmrechtslosen Anteilen** können bei der Abspaltung gleichwertige Rechte auch ausschließlich in der übertragenden GmbH gewährt werden (§ 133 Abs. 2 S. 2 UmwG).

---

1 LG Konstanz 1 HTH vom 13.2.1998, DB 1998, 1177.
2 Siehe Neye, DB 1998, 1649; Priester in Lutter, § 128 UmwG Rz. 8 ff.
3 BFH I R 99/00 vom 7.8.2002, BStBl. 2003 II, 835; BFH IV R 29/08 vom 5.11.2009, BFH/NV 2010, 356.
4 Teichmann in Lutter, § 131 UmwG Rz. 65; Hörtnagl in Schmitt/Hörtnagl/Stratz, § 131 UmwG Rz. 86.
5 Simon in Semler/Stengel, § 131 UmwG Rz. 43 geht davon aus, dass öffentlich-rechtliche Verpflichtungen des untergehenden Rechtsträgers bei der Aufspaltung erlöschen, was bei Steuerschulden nur schwerlich vorstellbar ist.

II. Steuerrecht

Bei der Abspaltung müssen zur entsprechenden Anwendung der Verschmelzungsvorschriften nicht nur das jeweils übergehende Vermögen, sondern auch das bei der übertragenden GmbH verbleibende Vermögen die Voraussetzungen eines **Teilbetrieb** erfüllen (§ 15 Abs. 1 S. 2 UmwStG). Sind diese Voraussetzungen nicht erfüllt, so ist das übergehende Vermögen mit dem gemeinen Wert anzusetzen.

923

Nochmals: Diese Rechtsfolgen gelten nicht nur, wenn das abgespaltene Vermögen keinen Teilbetrieb i.s.d. § 15 Abs. 1 UmwStG darstellt, sondern auch, wenn zwar ein Teilbetrieb i.s.d. § 15 Abs. 1 UmwStG abgespalten wird, das zurückbleibende Vermögen diesen Anforderungen aber nicht mehr genügt. In diesem Fall ist der abgespaltene Teilbetrieb mit dem gemeinen Wert anzusetzen. Zu einer Realisierung der stillen Reserven im verbleibenden Vermögen kommt es aber nicht[1].

924

Beispiel[2]: Zum Vermögen der A-GmbH gehören ein Betrieb (keine stillen Reserven) und ein nicht betriebsnotwendiges Grundstück (hohe stille Reserven). Würde das Grundstück abgespalten, wären die stillen Reserven entsprechend Tz. 923 zu realisieren. Wird hingegen der Betrieb abgespalten, finden zwar die §§ 11 ff. UmwStG keine Anwendung, zu realisieren sind aber nur stille Reserven in dem abgespaltenen Vermögen, die hier nicht existieren. Die stillen Reserven in dem bei der A-GmbH verbleibenden Grundstück werden nicht aufgedeckt. Die Anteile der A-GmbH und damit wirtschaftlich das Grundstück könnten unmittelbar nach der Spaltung steuerfrei bzw. begünstigt (Abgeltungssteuer oder Teileinkünfteverfahren) veräußert werden.

925

Umstritten sind die Rechtsfolgen, wenn ein Teilbetrieb abgespalten wird und in der übertragenden GmbH ein fiktiver Teilbetrieb zurückbleibt, der innerhalb der letzten drei Jahre durch Übertragung von Wirtschaftsgütern, die keinen Teilbetrieb darstellen, erworben oder aufgestockt wurde (Tz. 861 ff.). Die Finanzverwaltung will hier die stillen Reserven in dem übertragenen Vermögen aufdecken[3]. Dies widerspricht aber dem eindeutigen Wortlaut des Gesetzes, der nur für den missbräuchlich erworbenen oder aufgestockten fiktiven Teilbetrieb das

925.1

---

1 Tz. 15.21 UmwE 2011; HÖRGER, FR 1994, 765; aA THIEL, DStR 1995, 237. Auch hier zeigt sich, dass die Regelung des § 15 Abs. 1 UmwStG missglückt ist. Richtig wäre es, hinsichtlich des Teilbetriebs die Buchwerte fortzuführen und im verbleibenden Vermögen die stillen Reserven zu besteuern.
2 Siehe auch MENNER/BROER, DB 2003, 1075; NAGEL/THIES, GmbHR 2004, 83, mit weiteren Beispielen und Berechnungen.
3 Tz. 15.17 UmwE 2011.

GmbH → GmbH

Wahlrecht des § 11 Abs. 2 UmwG versagt (siehe Tz. 861 ff.). Wird dieser aber nicht abgespalten, sondern verbleibt er in der GmbH, hat § 15 Abs. 2 S. 1 UmwStG keine Bedeutung, da in der übertragenden GmbH zwingend die Buchwerte fortzuführen sind. Hinsichtlich des übertragenen Teilbetriebs kann das Wahlrecht des § 11 Abs. 2 UmwStG ausgeübt werden[1].

925.2 Ebenso umstritten ist die Anwendung der Behaltefrist des § 15 Abs. 2 S. 4 UmwStG (Tz. 864) bei einer Abspaltung auf die Muttergesellschaft (upstream-Abspaltung)[2]. ME ist hier die Behaltefrist nicht auf die Anteile an der Muttergesellschaft anwendbar.

926 Sind die Voraussetzungen des § 15 Abs. 1 UmwStG erfüllt, so gelten auf der Ebene der **übertragenden GmbH** die Tz. 841–872 entsprechend für den abgespaltenen Teil des Vermögens. Nur für diesen Teil ist die steuerliche Schlussbilanz zu erstellen[3]. Für den verbleibenden Teil sind die Buchwerte fortzuführen. Insoweit besteht kein Antragsrecht[4]. Für die übernehmende GmbH gelten die Tz. 873–884 und 895–899.

926.1 Durch eine „Abspaltung zu Null" wird die Möglichkeit zur **Buchwertfortführung** nicht tangiert[5]. Die Gewährung von Anteilen an der einen Gesellschaft unter Verzicht auf Anteile an der anderen Gesellschaft ist keine schädliche Gegenleistung i.S.d. § 11 Abs. 2 S. 1 Nr. 3 UmwStG. Vielmehr besteht die „Gegenleistung" für die Vermögensübertragung und die damit verbundene Aufgabe von Anteilen ausschließlich in der Gewährung der Anteile an – ggf. auch nur einer – der übernehmenden Gesellschaft. Soweit Wertverschiebungen erfolgen, kann allenfalls eine Schenkung vorliegen (Tz. 1169.1 *GmbH ↔ GmbH*)[6].

926.2 Verfügt die GmbH, aus der abgespalten wird, über verrechenbare **Verluste**, verbleibende Verlustvorträge, nicht ausgeglichene negative Einkünfte, einen **Zinsvortrag** gemäß § 4h EStG oder einen EBITDA-Vor-

---

1 Schumacher in Rödder/Herlinghaus/van Lishaut, § 15 UmwStG Rz. 198, mwN.
2 Siehe Löffler/Hansen, DB 2010, 1369, mwN.
3 Tz. 15.14 UmwE 2011.
4 Hörger, StbJb. 1995/95, S. 225; Thiel, DStR 1995, 237.
5 Streitig siehe Dötsch/Pung in Dötsch/Jost/Pung/Witt, § 15 UmwStG Rz. 176 ff. (Februar 2008), mwN; der in Rz. 178 mE aber verkennt, dass auch im Rahmen der Abspaltung keine gesonderte Neuordnung der Beteiligungsverhältnisse bei der übertragenden Gesellschaft durch Kapitalherabsetzung, Einsetzung oder Abtretung notwendig ist, siehe Priester in Lutter, § 128 UmwG Rz. 8 ff.
6 Perwein, DStR 2009, 1892; siehe auch Kratz/Siebert, DStR 2008, 417 zu Gestaltungen, die dem Zugriff auf das Einlagenkonto dienen.

GmbH → GmbH

trag nach § 4h Abs. 1 S. 3 EStG, mindern sich diese in dem Verhältnis, in dem Vermögen abgespalten wird. Maßgebend ist das Verhältnis der gemeinen Werte (§ 15 Abs. 3 UmwStG)[1]. Dieser Teil der Verluste bzw. Zinsaufwand geht verloren.

Zur Ebene der **Gesellschafter** siehe die Tz. 885–894. 927

Auch hier gilt, dass die **Anschaffungskosten** bzw. **Buchwerte der Anteile** an der zu spaltenden GmbH nach dem gemeinen Wert aufzuteilen sind, wenn nach der Spaltung Anteile an verschiedenen Gesellschaften gehalten werden. 928

E. Ausgliederung

I. Zivilrecht

Eine GmbH kann Vermögen auf eine oder mehrere andere GmbHs ausgliedern. Zum Begriff der **Ausgliederung** siehe Tz. 730[2]. Als Gegenleistung erwirbt die zu spaltende GmbH eine Beteiligung. Ebenso kann eine GmbH durch **Einbringung** von Vermögen im Rahmen einer Sachgründung oder Sachkapitalerhöhung eine Beteiligung an einer anderen Gesellschaft erwerben[3]. Der Unterschied besteht darin, dass nur die Ausgliederung die Möglichkeit beinhaltet, das Vermögen im Wege der Gesamtrechtsnachfolge zu übertragen. Steuerlich werden beide Vorgänge identisch behandelt. 929

Wirtschaftlich dient die Ausgliederung – gleichgültig in welcher Form – zumeist der Externalisierung von Unternehmensbereichen (sog. „**Outsourcing**")[4]. 930

Für den Inhalt des **Ausgliederungsvertrags**[5] (bei Ausgliederung auf eine bestehende Gesellschaft) bzw. des **Ausgliederungsplans** (bei Ausgliederung auf eine neu zu gründende Gesellschaft) gelten die 931

---

1 Siehe auch Tz. 15.41 UmwE 2011.
2 Eingehend FUHRMANN/SIMON, AG 2000, 49; zur Ausgliederung zwecks Organschaftsbildung siehe Tz. 945; zur Ausgliederung wirtschaftlicher Geschäftsbetriebe durch steuerbefreite Einrichtungen TÖNNES/WEWEL, DStR 1998, 274; zur Ausgliederung von Zweckbetrieben FUNNEMANN, DStR 2002, 2013.
3 Zu den Vor- und Nachteilen siehe AHA, AG 1997, 345; NAGL, DB 1996, 1221.
4 Siehe hierzu WEIMAR/GROTE, INF 1998, 179; HÜBNER-WEINGARTEN, DB 1997, 2593; zum Outsourcing bei Kredit- und Finanzdienstleistungsinstituten ZERWAS/HANTEN, WM 1998, 1110.
5 Vertragsmuster: FUHRMANN in GmbH-Handbuch, Teil V, M 318 (Februar 2011).

GmbH → GmbH

Tz. 746–763. Überflüssig sind jedoch die Angaben zum Umtauschverhältnis (§ 126 Abs. 1 Nr. 3, 4 und 10 UmwG)[1].

932 Das auszugliedernde Vermögen ist genau zu bezeichnen. In der **Zuordnung des Vermögens** besteht Gestaltungsfreiheit (siehe Tz. 764–777). Es ist zulässig, das gesamte Vermögen auszugliedern[2]. Für die Überleitung von **Arbeitsverhältnissen** gilt Tz. 783–803.

933 Ausgeschlossen ist die Fortführung der **Firma** der übertragenden GmbH durch die aufnehmende Gesellschaft (§ 125 UmwG).

934 Nicht anwendbar sind ferner die §§ 14 Abs. 2, 15 UmwG (**Verbesserung des Umtauschverhältnisses**) sowie der §§ 29–34 UmwG (**Abfindungsangebot** bei Gewährung vinkulierter Anteile) (§ 125 UmwG).

935 Ferner gelten die Beschränkungen des § 54 UmwG hinsichtlich der Schaffung von Anteilen durch **Kapitalerhöhung** bei der übernehmenden Gesellschaft sowie der Gewährung barer Zuzahlungen nicht (§ 125 UmwG). Damit ist es, wie bei der Einbringung, möglich, das ausgegliederte Vermögen nur teilweise auf das Stammkapital anzurechnen.

936 **Beispiel**: Ausgliederung eines Teilbetriebs mit einem Buchwert von 100 zur Gründung einer GmbH mit Stammkapital von 70. Der den Nennwert der Anteile (70) übersteigende Wert des Vermögens (30) ist grundsätzlich den Rücklagen zuzuführen. Stattdessen kann im Ausgliederungsplan festgelegt werden, dass der Mehrbetrag der übertragenden GmbH ausgezahlt oder als Darlehen gutgeschrieben wird.

937 Zum **Spaltungsbericht** siehe Tz. 804. Eine **Prüfung** findet nicht statt (§ 125 S. 2 UmwG).

938 Der Ausgliederung müssen die **Gesellschafter** der beteiligten GmbHs entsprechend Tz. 807–817 **zustimmen**[3].

939 Zur **Bilanzierung, Anmeldung** und **Eintragung** sowie hinsichtlich der **Rechtsfolgen** gelten die Tz. 818–834 entsprechend, jedoch mit der Besonderheit, dass der übernehmende Rechtsträger nur partiell die Gesamtrechtsnachfolge übernimmt. Zu Steuerschulden siehe Tz. 920.1.

---

1 Missverständlich sind die Regelungen in § 126 Abs. 1 Nr. 7 und § 133 Abs. 2 UmwG, die den Eindruck erwecken, als seien auch bei der Ausgliederung den Inhabern von Sonderrechten entsprechende Rechte an der übernehmenden Gesellschaft einzuräumen, § 125 i.V.m. § 23 UmwG, siehe hierzu auch FEDDERSEN/KIEM, ZIP 1994, 1078.
2 SCHMIDT, AG 2005, 26.
3 Zum Vergleich mit einer „Ausgliederung" außerhalb des UmwG siehe FEDDERSEN/KIEM, ZIP 1994, 1078.

GmbH → GmbH

II. Steuerrecht

Steuerrechtlich ist die Ausgliederung auf eine andere GmbH ein Fall der §§ 20–23 UmwStG. Es gelten die Tz. 229–289 *EU → GmbH*.

Einbringender ist die GmbH, aus deren Vermögen die Ausgliederung erfolgt.

Besteht das ausgegliederte Vermögen aus einem Betrieb, Teilbetrieb oder einem Mitunternehmeranteil, können die Buchwerte fortgeführt werden (§ 20 Abs. 2 S. 1 UmwStG). Dies gilt auch, wenn die GmbH steuerbegünstigte Zwecke gemäß §§ 51 ff. AO verfolgt[1]. Ferner ist eine **Buchwertfortführung** möglich, wenn Anteile an einer Kapitalgesellschaft ausgegliedert werden, sofern die übernehmende GmbH unter Berücksichtigung der übergehenden Anteile unmittelbar über die Mehrheit der Stimmrechte an der Kapitalgesellschaft, deren Anteile übergehen, verfügt (§ 21 Abs. 1 S. 2 UmwStG). Damit ist die steuerliche Behandlung der Ausgliederung großzügiger als die der Auf- oder Abspaltung, wo nur die Übertragung einer 100 %Beteiligung die Buchwertfortführung ermöglicht (siehe § 15 Abs. 1 UmwStG).

Hinweis: Liegen die Voraussetzungen des § 20 UmwStG nicht vor, bildet die kapitalistische Betriebsaufspaltung keine Alternative (§ 6 Abs. 6 EStG).

Ein **Verlustvortrag** geht nicht über, aber auch nicht anteilig unter, da die §§ 20–23 UmwStG keine dem § 15 Abs. 3 EStG entsprechende Regelung enthalten. Wird ein Mitunternehmeranteil ausgegliedert, so ist streitig, ob ein verrechenbarer Verlust gemäß § 15 Abs. 4 EStG und ein gewerbesteuerlicher Verlustvortrag auf die übernehmende Gesellschaft übergeht[2].

Anders als bei der Auf- und Abspaltung gibt es bei der Ausgliederung hinsichtlich der steuerlichen **Rückwirkung** keine Bindung an den handelsrechtlichen Spaltungsstichtag[3]. Nach § 20 Abs. 5 S. 1 UmwStG besteht ein Wahlrecht, die Ausgliederung steuerlich auf den handelsrechtlichen Spaltungsstichtag zu beziehen[4]. Wird dieses Wahlrecht

940

941

942

943

944

945

---

1 Eingehend zur Ausgliederung von Zweckbetrieben FUNNEMANN, DStR 2002, 2013; zur Ausgliederung von wirtschaftlichen Geschäftsbetrieben TÖNNES/WEWEL, DStR 1998, 274.
2 HIERSTETTER/SCHWARZ, DB 2002, 1963, mwN.
3 Für eine Anwendung des § 2 UmwStG STENGEL, DB 2008, 2329, mwN.
4 Zur rückwirkenden Begründung einer Organschaft BFH I R 55/02 vom 17.9.2003, BStBl. 2004 II, 534; BFH I R 111/09 vom 28.7.2010, BFH/NV 2011, 67; BFH I R 89/09 vom 28.7.2010, BStBl. 2011 II, 528; FG Köln 13 K 416/10

GmbH ↔ GmbH

nicht ausgeübt, gilt als steuerlicher Stichtag der Tag der Eintragung der Ausgliederung im Handelsregister.

946 Da § 20 Abs. 5 S. 1 UmwStG eigenständig die Rückwirkung an die Einhaltung der Acht-Monats-Frist bindet, dürfte eine Eintragung der Ausgliederung trotz **Fristüberschreitung** diesen Mangel, anders als bei der Auf- oder Abspaltung, nicht heilen.

947 **Hinweis:** Die Möglichkeit der Ausgliederung mit steuerlicher Rückwirkung gibt es nur bei der Einbrigung von Betrieben, Teilbetrieben und Mitunternehmeranteilen, nicht bei einem Anteilstausch nach § 21 UmwStG.

948–971 Einstweilen frei.

GmbH ↔ GmbH, Verschmelzung

A. Übersicht 972
B. **Verschmelzung durch Aufnahme** 983
  I. Zivilrecht 983
    1. Voraussetzungen 983
    2. Verschmelzungsvertrag .. 984
    3. Verschmelzungsbericht und Prüfung 1018
    4. Zustimmungsbeschlüsse 1030
    5. Bilanzierung 1052
    6. Anmeldung und Eintragung 1059
    7. Rechtsfolgen der Verschmelzung 1072
    8. Kosten[1] 1098
  II. Steuerrecht 1102
    1. Steuerliche Rückwirkung 1102
    2. Besteuerung der übertragenden GmbH....... 1117
    3. Besteuerung der übernehmenden GmbH[2] 1127
    4. Besteuerung der Gesellschafter der übertragenden GmbH 1158
    5. Gewerbesteuer.......... 1164
    6. Umsatzsteuer 1167
    7. Grunderwerbsteuer..... 1168
    8. Erbschaft- und Schenkungsteuer 1170
    9. Berechnungsbeispiel.... 1170
C. **Verschmelzung durch Neugründung** 1186
  I. Zivilrecht 1186
  II. Steuerrecht.............. 1191

---

vom 6.6.2010, EFG 2010, 2029; Tz. Org. 13 und Org. 15 UmwE 2011; HEURUNG/ENGEL, BB 2011, 151; VOGEL, DB 2011, 1246; GEBERT, DStR 2011, 102, RÖDDER, DStR 2011, 1053.
1 Eingehend TIEDTKE, MittBayNot 1997, 209.
2 Zur Rechtslage für Verschmelzungen vor dem 13.12.2006 siehe 5. Aufl. Tz. 1127 ff.

GmbH ↔ GmbH

A. Übersicht

Das Gesetz kennt **zwei Wege**[1]: Entweder wird das Vermögen einer Gesellschaft als Ganzes auf eine andere, bereits bestehende Gesellschaft gegen Gewährung von Gesellschaftsanteilen übertragen (§ 2 Abs. 1 Nr. 1 UmwG, **Verschmelzung durch Aufnahme**) oder mindestens zwei Gesellschaften übertragen ihr Vermögen gegen Gewährung von Gesellschaftsrechten auf eine neu zu gründende Gesellschaft (§ 2 Abs. 1 Nr. 2 UmwG, **Verschmelzung durch Neugründung**).

972

Das Vermögen der übertragenden Gesellschaft geht jeweils im Wege der **Gesamtrechtsnachfolge** auf die übernehmende Gesellschaft über. Die übertragende Gesellschaft geht unter. Als Ausgleich erhalten die Gesellschafter der untergehenden Gesellschaft Anteile an der aufnehmenden Gesellschaft. Eine Abfindung in Geld oder Sachwerten ist grundsätzlich ausgeschlossen (Ausnahme siehe Tz. 1010). Zulässig ist es, gleichzeitig mehrere Gesellschaften auf eine bestehende oder zu einer neuen Gesellschaft zu verschmelzen (§ 2 Abs. 1 UmwG).

973

Gleichzeitig mit einer oder mehreren GmbHs können **Rechtsträger anderer Rechtsform** (AG, KGaA, OHG, GmbH & Co KG, Genossenschaft) auf eine bestehende oder zu einer neuen GmbH verschmolzen werden (§ 3 Abs. 4 UmwG). Die jeweiligen Vorschriften sind parallel anzuwenden. Zur Verschmelzung einer GmbH mit bzw. zu Rechtsträgern anderer Rechtsform siehe jeweils dort.

974

Eine Verschmelzung nach dem UmwG ist beschränkt auf Gesellschaften mit **Sitz im Inland** (§ 1 Abs. 1 UmwG). Zur grenzüberschreitenden Verschmelzung siehe Tz. 688.1–688.24 *GmbH → EU-Kap.* und Tz. 476.1 ff.

975

Auch bereits **aufgelöste GmbHs** können verschmolzen werden. Dies gilt für die übertragende Gesellschaft, wenn deren Fortsetzung beschlossen werden könnte (§ 3 Abs. 3 UmwG)[2] – mE aber auch für die übernehmende Gesellschaft, wenn vor der Verschmelzung ein Fortsetzungsbeschluss gefasst wird[3]. Nichtig und damit nicht eintragungs-

976

---

1 Zur Fusion gemeindeeigener GmbHs APP, ZKF 1995, 55.
2 Zu den Voraussetzungen eines Fortsetzungsbeschlusses siehe BayObLG 3 ZBR 462/97 vom 4.2.1998, GmbHR 1998, 540; Casper in Ulmer/Habersack/Winter, § 60 GmbHG Rz. 134; Fronhöfer in Widmann/Mayer, § 3 UmwG Rz. 14 ff. (November 2010).
3 Streitig, siehe Lutter/Drygala in Lutter, § 3 UmwG Rz. 21; OLG Naumburg 10 Wx 1/97 vom 12.2.1997, GmbHR 1997, 1152; Bayer, ZIP 1997, 1614.

GmbH ↔ GmbH

fähig ist eine Verschmelzung, die gegen ein gesetzliches Verbot verstößt (§ 134 BGB)[1].

977 Die übertragende Gesellschaft muss grundsätzlich zum Zeitpunkt der Eintragung der Verschmelzung existieren. Gleiches gilt im Fall der Verschmelzung durch Aufnahme für die übernehmende Gesellschaft. Fraglich ist damit, ob die Verschmelzung von **GmbHs im Gründungsstadium** (also zwischen Abschluss des notariellen Gesellschaftsvertrags und Eintragung) damit ausgeschlossen ist (eingehend dazu Tz. 1209–1210 *GmbH → KG*). Der Verschmelzungsvertrag und die Zustimmungsbeschlüsse können mE jedoch schon gefasst werden.

978 **Steuerrechtlich** gelten die §§ 11 ff. UmwStG. Der Vorgang kann ertragsteuerneutral gestaltet werden. Die Aufdeckung stiller Reserven ist nur insoweit zwingend, als die Gegenleistung nicht nur in Gesellschaftsrechten besteht (zB bare Zuzahlung) das Besteuerungsrecht der Bundesrepublik beschränkt wird oder die übernehmende GmbH beschränkt steuerpflichtig bzw. steuerfrei ist (§ 11 Abs. 2 UmwStG).

979 Über § 2 Abs. 1 UmwStG i.V.m. § 17 Abs. 2 UmwG kann die Verschmelzung auf einen Stichtag, der bis zu acht Monaten vor dem Tag der Anmeldung liegt, **zurückbezogen** werden.

980 Keine Verschmelzung ist die **Einbringung von GmbH-Anteilen** in eine andere GmbH. Die GmbH, deren Anteile eingebracht werden, bleibt bestehen[2]. Allerdings geht die Einbringung (oder der Verkauf) von Anteilen der Verschmelzung häufig voraus.

981 Erfolgt die Einbringung gegen **Gewährung von Gesellschaftsanteilen** (offene Sacheinlage), ist dies Veräußerung, es sei denn, die übernehmende Gesellschaft hat auf Grund ihrer Beteiligung einschließlich der übernommenen Anteile unmittelbar die Mehrheit der Stimmrechte an der Gesellschaft, deren Anteile eingebracht wurden. In diesem Fall gelten die §§ 21–22 UmwStG, und zwar auch bei grenzüberschreitender Fusion.

982 Ist der Einbringende bereits an der anderen GmbH beteiligt und erfolgt die **Einbringung ohne Gewährung von Gesellschaftsrechten** oder

---

1 So OLG Hamm 15 W 151/96 vom 26.9.1996, DB 1997, 268, für die Verschmelzung einer Steuerberatungs-GmbH mit einer gewerblichen GmbH.
2 OLG Celle 1 W 18/88 vom 14.7.1988, WM 1988, 1375. Gleiches gilt bei Verkauf aller GmbH-Anteile an eine andere GmbH. Zur Rückbeziehung der Zugehörigkeit zum Betriebsvermögen einer bisher im Privatvermögen gehaltenen Beteiligung an einer Kapitalgesellschaft FG München 7 K 7191/85 vom 17.9.1991, EFG 1992, 201.

GmbH ↔ GmbH

sonstigen Vergütungen, ist dies verdeckte Einlage, die im Rahmen des § 17 EStG (Anteile aus dem Privatvermögen) und des § 22 UmwStG (einbringungsgeborene Anteile) einer Veräußerung gleichgestellt wird[1]. Bei Anteilen im Betriebsvermögen handelt es sich um eine gewinnrealisierende Entnahme[2].

B. Verschmelzung durch Aufnahme

I. Zivilrecht

1. Voraussetzungen

Zur Verschmelzung von GmbHs durch Aufnahme sind folgende Schritte notwendig: 983
- Abschluss eines **Verschmelzungsvertrags** (§ 4 UmwG),
- ggf. Erstellung eines **Verschmelzungsberichts** (§ 8 UmwG),
- ggf. **Verschmelzungsprüfung** (§ 9 UmwG),
- ggf. **Information des Betriebsrats** (§ 5 Abs. 3 UmwG),
- **Zustimmungsbeschluss** der beteiligten Gesellschaften (§ 13 UmwG),
- ggf. verbunden mit einem **Kapitalerhöhungsbeschluss**,
- Erstellung einer **Schlussbilanz** (§ 17 Abs. 2 UmwG),
- **Anmeldung** der Verschmelzung (§ 16 Abs. 1 UmwG).

2. Verschmelzungsvertrag

a) Form, Inhalt, Änderung

Grundlage der Verschmelzung ist ein **Vertrag**[3] zwischen der **übertragenden** und der **übernehmenden GmbH** (§ 4 Abs. 1 UmwG). Firma, Sitz[4] und Vertretung der an der Verschmelzung beteiligten Gesellschaften sind im Vertrag zu nennen (§ 5 Abs. 1 Nr. 1 UmwG). Vertreten werden die Gesellschaften von ihren vertretungsberechtigten Organen, idR also von den Geschäftsführern. Für die Vertretungsbefugnis gelten 984

---

1 BFH IX R 6/09 vom 14.7.2009, BFH/NV 2010, 397; FG Sachsen 3 K 1712/06 vom 3.3.2009, GmbHR 2010, 325.
2 BFH GrS 2/86 vom 26.10.1987, BStBl. 1988 II, 348.
3 Muster: FUHRMANN in GmbH-Handbuch, Teil V, M 300 (Februar 2011); HECKSCHEN in Widmann/Mayer, Anh. 4, M 1 ff., M 13 ff., M 18 ff., M 43 ff. (August 2010); ENGL in Formularbuch Recht und Steuern, S. 998 ff.; KRAUS in Engl, Formularbuch Umwandlungen, S. 1 ff. und 143 ff.
4 Zur Begründung eines Doppelsitzes bei Verschmelzung KATSCHINSKI, ZIP 1997, 620.

GmbH ↔ GmbH

die jeweiligen Satzungsregeln (Einzelvertretung, Gesamtvertretung). Prokuristen sind allein nicht zur Vertretung befugt (kein gewöhnliches Handelsgeschäft, § 49 Abs. 1 HGB). Andere Personen können auf Grund besonderer Vollmacht zum Vertragsabschluss ermächtigt werden[1]. Werden mehrere Gesellschaften von einem Geschäftsführer vertreten, ist eine Befreiung von § 181 BGB erforderlich.

985 Werden **mehrere Gesellschaften** gleichzeitig auf eine bestehende GmbH verschmolzen, so ist ein einheitlicher Vertrag abzuschließen. Getrennte Verträge mit den jeweils übertragenden Gesellschaften sind unzulässig. Der einheitliche Vertrag soll garantieren, dass alle Beteiligten den gesamten Vorgang kennen.

986 Der Verschmelzungsvertrag bedarf **notarieller Beurkundung** (§ 6 UmwG)[2].

987 Der Vertrag kann **vor oder nach** der **Beschlussfassung** durch die Anteilseigner abgeschlossen werden (§ 4 Abs. 2 UmwG). In der Praxis ist es idR erforderlich, den Vertrag vorab in einem nicht förmlichen Verfahren mit allen Beteiligten abzustimmen, da ansonsten unnötige Kosten der Beurkundung entstehen.

988 Der notwendige **Inhalt** des Verschmelzungsvertrags ist in den §§ 5, 46 UmwG ausführlich geregelt[3].

989 Der Vertrag muss die Erklärung enthalten, dass das **Vermögen** der übertragenden GmbH gegen Gewährung von Anteilen an der übernehmenden Gesellschaft auf die übernehmende GmbH **übertragen** wird (§ 5 Abs. 1 Nr. 2 UmwG).

---

1 Die Vollmacht kann formlos erteilt werden (§ 167 Abs. 2 BGB). Anders bei Verschmelzung zur Neugründung, hier bedarf die Vollmacht notarieller Form (§ 2 Abs. 2 GmbHG).
2 Zur Beurkundung im Ausland: BGH VIII ZR 232/98 vom 29.9.1999, NJW 2000, 273; OLG Frankfurt/M. 11 U 8/04 vom 25.1.2005, GmbHR 2005, 764; SCHRÖER in Semler/Stengel, § 6 UmwG Rz. 15 ff.; STRATZ in Schmitt/Hörtnagl/Stratz, § 6 UmwG Rz. 7 ff.; LUTTER/DRYGALA in Lutter, § 6 UmwG Rz. 8 ff.; ZIMMERMANN in Kallmeyer, § 6 UmwG Rz. 10; HECKSCHEN in Widmann/Mayer, § 6 UmwG Rz. 42 ff. (Februar 2008); HAERENDEL, DStR 2001, 1802; KRÖLL, ZGR 2000, 111; HERGETH, DStR 2000, 601; WERNER, EWiR 2000, 487.
3 Musterverträge: LANGENFELD, GmbH-Vertragspraxis, Rz. 846; FRIEDL/KRÄMER in Formularbuch Recht und Steuern, S. 997 ff.; HOFFMANN-BECKING in Münchener Vertragshandbuch, Band 1, XI.10; HECKSCHEN in Widmann/Mayer, Anh. 4 M 1 (August 2010); siehe auch BLASCHE/SÖNTGERATH, BB 2009, 1432, zur Frage, ob in dem Vertrag Regelungen zur Art der Betriebsfortführung durch den übertragenden Rechtsträger aufgenommen werden können.

GmbH ↔ GmbH

Der Vertrag muss das **Umtauschverhältnis** der Anteile (siehe Tz. 1006–1013), den Nennbetrag der Geschäftsanteile, die jedem Gesellschafter der übertragenden GmbH von der übernehmenden Gesellschaft gewährt werden, zuzüglich etwaiger barer Zuzahlung nennen (§ 5 Abs. 1 Nr. 3, § 46 Abs. 1 UmwG). Dies gilt auch bei der Verschmelzung von Schwestergesellschaften[1]. Bestimmt werden muss ferner, ob die Gegenleistung in vorhandenen Geschäftsanteilen einer übernehmenden Gesellschaft besteht, (§ 46 Abs. 3 UmwG) oder ob Geschäftsanteile gewährt werden, die durch Kapitalerhöhung der übernehmenden Gesellschaft zu schaffen sind. Es empfiehlt sich, den Inhalt des Kapitalerhöhungsbeschlusses in den Vertrag aufzunehmen. 990

Sollen neue Anteile mit anderen Rechten und Pflichten als sonstige Geschäftsanteile der übernehmenden Gesellschaft ausgestattet werden, so ist dies im Vertrag festzulegen (§ 46 Abs. 2 UmwG). Ebenso ist die Einräumung und Erhaltung von **Vorzugsrechten** für einzelne Gesellschafter aufzunehmen (§ 5 Abs. 1 Nr. 6 UmwG). Gleiches gilt für besondere **Vorteilsgewährungen** an Geschäftsführer, Aufsichtsräte oder Prüfer (§ 5 Abs. 1 Nr. 8 UmwG)[2]. 991

Festzulegen ist der **Verschmelzungsstichtag** (§ 5 Abs. 1 Nr. 6 UmwG). Ab diesem Stichtag gelten Handlungen der übertragenden GmbH als für Rechnung der übernehmenden GmbH vorgenommen. Die „Rückwirkung" der Verschmelzung hat also keine dingliche, sondern eine rein schuldrechtliche Wirkung im Innenverhältnis. Die dinglichen Wirkungen, wie etwa der Eigentumsübergang, finden erst mit Eintragung der Verschmelzung im Handelsregister statt. Zur Wahl des Stichtags siehe Tz. 1054. 992

Ferner ist der Tag zu bestimmen, ab dem die den Gesellschaftern der übertragenden GmbH zu gewährenden Geschäftsanteile **gewinnbezugsberechtigt** sind (§ 5 Abs. 1 Nr. 5 UmwG). Bestimmt werden kann lediglich der Zeitpunkt der Gewinnansprüche, nicht hingegen der Zeitpunkt, zu dem die Gesellschafter der übertragenden GmbH die Mitgliedschaft in der aufnehmenden GmbH erwerben. Dies ist zwingend der Tag der Eintragung der Verschmelzung (§ 20 Abs. 1 Nr. 3 UmwG). Abweichend von dem Zeitpunkt des Erwerbs der Mitgliedschaft kann 993

---

1 OLG Frankfurt/M. 20 W 60/98 vom 10.3.1998, GmbHR 1998, 542.
2 Gemeint sind etwa Abfindungen für vorzeitige Vertragsaufhebungen, siehe zB OLG Hamburg 11 U 11/03 vom 16.4.2004, ZIP 2004, 906. Übliche Honorare für Abschlussprüfer sind keine Vorteile, LUTTER/DRYGALA in Lutter, § 5 UmwG Rz. 52; zu den Rechtsfolgen der Nichtangabe besonderer Vorteile GRAEF, GmbHR 2005, 908.

GmbH ↔ GmbH

im Innenverhältnis bestimmt werden, dass Ansprüche auf einen Anteil am Gewinn schon für einen früheren oder erst für einen späteren Zeitpunkt entstehen. IdR wird das Gewinnbezugsrecht ab Verschmelzungsstichtag gewährt werden.

994 **Hinweis**: Bei der Regelung des Gewinnbezugsrechts ist darauf zu achten, dass die Anteile nach Verschmelzung einen Anteil an allen bisher von den beteiligten Gesellschaften nicht ausgeschütteten Gewinnen vermitteln. Dies ist bei der Bestimmung des Umtauschverhältnisses zu berücksichtigen.

995 Besonderheiten gelten, wenn durch die Verschmelzung an die Stelle frei veräußerbarer Anteile die Geschäftsanteile treten, die einer vertraglichen oder gesetzlichen[1] Verfügungsbeschränkung unterworfen sind. Hier ist im Verschmelzungsvertrag den Gesellschaftern ein **Abfindungsangebot** für den Fall zu unterbreiten, dass sie widersprechen (§ 29 Abs. 1 S. 2 UmwG). Zur Höhe des Abfindungsangebots siehe Tz. 1014–1017; zur Ausübung des Widerspruchsrechts Tz. 1041–1048. Ein Abfindungsangebot ist auch dann zu unterbreiten, wenn die hingegebenen Anteile vinkuliert waren[2].

996 Befinden sich **alle Anteile** der übertragenden GmbH **in der Hand der übernehmenden GmbH**, so sind die Angaben zum Umtausch der Anteile sowie zum Zeitpunkt des Gewinnbezugsrechts entbehrlich (§ 5 Abs. 2 UmwG), da bei der Verschmelzung einer 100 %igen Tochtergesellschaft auf die Mutter die Gewährung von Anteilen entfällt (§ 54 Abs. 1 UmwG).

997 Dies gilt auch, wenn die Gesellschafter der übertragenden GmbH gemäß § 54 Abs. 1 UmwG auf die Gewährung von Anteilen verzichten (siehe Tz. 1013.1).

998 Nach § 5 Abs. 1 Nr. 4 UmwG muss der Vertrag „die **Einzelheiten für die Übertragung der Anteile** des übernehmenden Rechtsträgers" enthalten. Hierunter ist zB die Festlegung des technischen Ablaufs für den Anteilstausch und die Tragung der Kosten[3] zu verstehen.

999 Zwingend ist letztendlich, die **individual- und kollektivarbeitsrechtlichen Folgen** der Verschmelzung für die Arbeitnehmer und ihre Ver-

---

1 So § 29 Abs. 1 S. 2 UmwG in der seit dem 1.8.1998 geltenden Fassung, BGBl. 1998 I, 1878.
2 Streitig, siehe Marsch-Barner in Kallmeyer, § 29 UmwG Rz. 9.
3 Auch für den Fall, dass die Verschmelzung scheitert. Zur Wirksamkeit einer Kostenvereinbarung OLG Stuttgart 3 U 77/94 vom 23.11.1994, ZIP 1995, 837.

GmbH ↔ GmbH

tretungen sowie die insoweit vorgesehenen Maßnahmen im Vertrag darzustellen (§ 5 Abs. 1 Nr. 9 UmwG; hierzu Tz. 783–803 *GmbH → GmbH*)[1].

Darüber hinaus ist es zweckmäßig, im Verschmelzungsvertrag alle Fragen zu regeln, die **über den zwingenden Inhalt hinaus** für die Gesellschafter von Bedeutung sind. Dies gilt beispielsweise für Regelungen hinsichtlich der Geschäftsführung, der Firma (siehe Tz. 1089), des Unternehmensgegenstands etc.[2]. Der Verschmelzungsvertrag kann die übernehmenden Gesellschaften insoweit zur entsprechenden Satzungsänderung verpflichten[3]. 1000

Der Verschmelzungsvertrag kann unter einer **aufschiebenden Bedingung** (Verschmelzung wird wirksam, wenn die Bedingung eintritt) abgeschlossen werden (§ 7 UmwG)[4]. Ist die Bedingung nach Ablauf von fünf Jahren nicht eingetreten, kann der Vertrag mit halbjähriger Frist gekündigt werden. Der Vertrag kann einen kürzeren Zeitraum als fünf Jahre festlegen. 1001

Ein **auflösend bedingter Verschmelzungsvertrag** (Wirkung des Vertrags entfällt mit Eintritt der Bedingung) ist nur zulässig, wenn der Wegfall der Vertragswirkung an den Eintritt der Bedingung vor Anmeldung der Verschmelzung zum Handelsregister geknüpft ist[5]. 1002

Bis zum Zustimmungsbeschluss der Gesellschafter kann der Vertrag in notarieller Form **geändert** oder formfrei **aufgehoben** werden[6]. 1003

Ein **Anteilsübergang** zwischen Abschluss des Verschmelzungsvertrags und dessen Wirksamwerden beeinträchtigt die Verschmelzung nicht[7]. 1004

Ein Verschmelzungsvertrag, der nicht notariell beurkundet wurde oder inhaltlich nicht den Mindestanforderungen (Tz. 984–999) genügt, ist **nichtig**[8]. Zur Heilung durch Eintragung der Verschmelzung im Handelsregister Tz. 1097. 1005

---

1 Hey/Simon, BB 2010, 2957 zur Arbeitgeberstellung bei Kettenverschmelzung.
2 Zur Verpflichtung, einen Beherrschungsvertrag abzuschließen, siehe OLG München 27 U 459/92 vom 12.5.1993, BB 1993, 2040.
3 Lutter/Drygala in Lutter, § 5 UmwG Rz. 96.
4 OLG Hamm 15 W 377/05 vom 19.12.2005, GmbHR 2006, 255; zur Frage einer befristeten und bedingten Handelsregistereintragung Scheel, DB 2004, 2355.
5 Lutter/Drygala in Lutter, § 4 UmwG Rz. 26; Körner/Rodewald, BB 1999, 853.
6 Lutter/Drygala in Lutter, § 4 UmwG Rz. 19 f.
7 Winter in Lutter, § 46 UmwG Rz. 7.
8 Lutter/Drygala in Lutter, § 5 UmwG Rz. 111; zur Anfechtung eines Verschmelzungsvertrags OLG Hamm 15 W 276/91 vom 8.10.1991, BB 1992, 173; OLG

GmbH ↔ GmbH

b) Umtauschverhältnis

1006 Den Gesellschaftern der übertragenden GmbH ist grundsätzlich (Ausnahme siehe Tz. 1012) für den Verlust ihrer Anteile eine entsprechende Beteiligung an der übernehmenden GmbH zu gewähren. Dabei ist der **Gleichbehandlungsgrundsatz** zu wahren. Der Anteilstausch darf weder bei den Gesellschaftern der übertragenden noch bei den Gesellschaftern der übernehmenden GmbH zu Einbußen an bestehenden Mitgliedschaftsrechten führen.

1007 Hat ein Gesellschafter **mehrere Geschäftsanteile**, so stehen ihm entsprechende Anteile in gleicher Anzahl an der übernehmenden Gesellschaft zu[1]. Eine Zusammenlegung von Anteilen ist nur mit Zustimmung des Gesellschafters möglich (§ 17 Abs. 1 GmbHG[2]).

1007.1 Bei einer Mehrfachverschmelzung muss nicht für jede aufgenomene Gesellschaft ein neuer Geschäftsanteil geschaffen werden[3].

1008 Ist ein Gesellschafter bereits an der übernehmenden GmbH beteiligt, kann die Anteilsgewährung durch **Erhöhung des Nennbetrags** seines Anteils erfolgen. Die Aufstockung ist im Kapitalerhöhungsbeschluss festzulegen. Voraussetzung ist, dass der bisherige Geschäftsanteil voll eingezahlt ist[4]. Gesellschaftern mit stimmrechtslosen Anteilen sind gleichwertige Rechte an der übernehmenden Gesellschaft zu gewähren (§ 23 UmwG).

1009 Auch wertmäßig müssen die neuen Anteile den untergehenden entsprechen. Grundlage der **Wertermittlung** ist der Verkehrswert des Unternehmens incl. stiller Reserven und Firmenwert zum Zeitpunkt der

---

Karlsruhe 15 U 305/90 vom 7.2.1992, WM 1992, 654; BGH II ZR 69/92 vom 29.3.1993, DStR 1993, 884; SCHMIDT-TROSCHKE, GmbHR 1992, 505. Zur Bilanzierung bei Anfechtung des Verschmelzungsvertrags OLG Hamm 8 U 135/91 vom 11.12.1991, BB 1992, 957, bestätigt durch BGH II ZR 30/92 vom 12.10.1992, DB 1992, 2432, mit Anm. GÖTZ, DB 1992, 2432.

1 An dieser Rechtslage hat sich durch die Gesetzesänderungen des MoMiG, insbesondere die Aufhebung des § 17 GmbHG zum 1.11.2008 (BGBl. 2008 I, 2026), nichts geändert, siehe MAYER in Widmann/Mayer, § 5 UmwG Rz. 88 (Juli 2009); REICHERT in Semler/Stengel, § 46 UmwG Rz. 9.

2 Dies gilt mE auch weiterhin, obwohl der Verkauf von Anteilen eines Geschäftsanteils seit Aufhebung des § 17 GmbHG durch das MoMiG zum 1.11.2008, BGBl. 2008 I, 2026, nicht mehr der Genehmigung der Gesellschaft bedarf, eine Zusammenlegung also nicht mehr ohne weiteres zur Einschränkung der Rechte des Gesellschafters führt.

3 LG Frankfurt 16 T 37/04 vom 15.2.2005, GmbHR 2005, 940.

4 MAYER in Widmann/Mayer, § 5 UmwG Rz. 90 (Juli 2009).

GmbH ↔ GmbH

Beschlussfassung über die Verschmelzung[1]. Die Bewertung richtet sich grundsätzlich nach dem Ertragswert[2].

Abfindungsregeln in den Gesellschaftsverträgen haben keine Bedeutung. **Bare Zuzahlungen** dürfen bis zur Höhe von 10 % des Gesamtnennbetrags der gewährten Anteile geleistet werden (§ 54 Abs. 4 UmwG).   1010

Den Gesellschaftern der untergehenden GmbH kann die übernehmende Gesellschaft **eigene Anteile**, die sie selbst besitzt oder von der untergehenden GmbH erwirbt, oder durch Kapitalerhöhung **neu geschaffene Anteile** gewähren (§ 54 UmwG).   1011

Diese Wahlmöglichkeit besteht jedoch nicht uneingeschränkt. So ist eine **Kapitalerhöhung unzulässig**, soweit die übernehmende GmbH Anteile an der übertragenden GmbH besitzt (§ 54 Abs. 1 S. 1 Nr. 1 UmwG; Verschmelzung Tochter auf Mutter), da insoweit keine Anteile zu gewähren sind (§ 20 Abs. 1 Nr. 3 UmwG)[3]. Gleiches gilt, soweit die übertragende GmbH eigene Anteile besitzt oder ihr Anteile an der übernehmenden GmbH gehören, die nicht in voller Höhe eingezahlt sind (§ 54 Abs. 1 S. 1 Nr. 2 und 3 UmwG). Gleichgestellt mit eigenen Anteilen sind Anteile, die ein Dritter treuhänderisch für eine der beteiligten Gesellschaften hält (§ 54 Abs. 2 UmwG).   1012

Auf die Gewährung von Anteilen kann verzichtet werden, wenn alle Gesellschafter der übertragenden GmbH ihr notarielles Einverständnis erklären (§ 54 Abs. 1 S. 3 UmwG)[4]. Dies wird insbesondere bei der **Verschmelzung von Schwestergesellschaften** der Fall sein[5].   1012.1

---

1 Streitig, wie hier MAYER in Widmann/Mayer, § 5 UmwG Rz. 131 (Juli 2009); aA LUTTER/DRYGALA in Lutter, § 5 UmwG Rz. 24.
2 MAYER in Widmann/Mayer, § 5 UmwG Rz. 96 ff. (Juli 2009); LUTTER/DRYGALA in Lutter, § 5 UmwG Rz. 20 ff.; LG Köln 91 O 204/88 vom 16.12.1992, DB 1993, 217, zur Berücksichtigung eines Gewinnabführungsvertrags; zur Berücksichtigung von Ertragsteuerwirkungen HEURUNG, DB 1999, 1225; OLG Düsseldorf 19 W 2/00 AktE vom 20.11.2001, DB 2002, 781; zur Maßgeblichkeit von Börsenkursen bei einer AG-Verschmelzung BayObLG 3 Z BR 116/00 vom 18.12.2002, AG 2003, 569; dazu PASCHOS, ZIP 2003, 1017; BUNGERT, BB 2003, 699; PUSZKAJLER, BB 2003, 1692; LG Stuttgart 32 AktE 36/99 KfH vom 9.2.2005, AG 2005, 450.
3 Zur Berechnung siehe STRATZ in Schmitt/Hörtnagl/Stratz, § 54 UmwG Rz. 6; eine solche Verschmelzung kann ggf. zur Kapitalherabsetzung genutzt werden, siehe RODEWALD, GmbHR 1997, 19.
4 Zur Problematik des Verzichts bei Verschmelzung überschuldeter Rechtsträger KELLER/KLETT, DB 2010, 1220.
5 Zur Bilanzierung ROSS/DRÖGEMÜLLER, DB 2009, 580.

GmbH ↔ GmbH

1013 Soweit die Kapitalerhöhung zulässig ist, erleichtert § 55 UmwG die **Durchführung**. So entfallen die Übernahmeerklärung (§ 55 Abs. 1 GmbHG) und die Einlageleistung (§ 56a GmbHG) sowie die Angaben nach § 57 Abs. 2 und Abs. 3 Nr. 1 GmbHG bei der Anmeldung. Die Teilung eigener Anteile ist zulässig (§ 54 Abs. 3 UmwG). Der Mindestnennbetrag pro Anteil beträgt 1,– Euro. Lautet das Nennkapital noch auf DM, so besteht die Verpflichtung zur Umstellung desKapitals auf Euro (§ 86 Abs. 1 S. 3 GmbHG).

c) Barabfindung

1014 Die Barabfindung (Tz. 995) muss die Verhältnisse der GmbH zum Zeitpunkt der Beschlussfassung über die Verschmelzung berücksichtigen (§ 30 Abs. 1 UmwG). Der Gesellschafter hat Anspruch auf den **vollen wirtschaftlichen Wert** seiner Anteile. Etwaige Satzungsregelungen über die Abfindung ausscheidender Gesellschafter sind nicht relevant[1]. Grundsätzlich ist der Ertragswert als der für eine Unternehmensbewertung gängige Maßstab zugrunde zu legen. Der Substanzwert fungiert als Kontrollwert[2].

1015 Gesetzlich nicht geregelt ist die Frage, wer die **Höhe der Abfindung** für die Beschlussfassung festlegt. Da es sich nicht um eine Geschäftsführungsmaßnahme handelt, ist mE die Gesellschafterversammlung zuständig, die – wenn keine abweichende Satzungsregelung besteht – mit einfacher Mehrheit entscheidet. Da das Abfindungsangebot bereits vor Beschlussfassung mitgeteilt werden muss, ist der Gesellschafterversammlung, die über die Verschmelzung beschließt, ggf. eine Gesellschafterversammlung, die über die Abfindungshöhe beschließt, vorzuschalten.

1016 Die Angemessenheit der Abfindung ist stets durch einen Prüfer zu prüfen (§ 30 Abs. 2 UmwG). Für die Prüfung gelten die Tz. 1023–1029 (§ 30 Abs. 2 S. 2 UmwG). Allerdings können die Berechtigten auf die **Prüfung** und den Prüfungsbericht verzichten, wobei die Verzichtserklärung notariell zu beurkunden ist (§ 30 Abs. 2 S. 3 UmwG). Dieser Verzicht wird dann in Betracht kommen, wenn die Überstimmten das

---

1 Schöne, GmbHR 1995, 325.
2 BayObLG 3 ZBR 17/90 vom 19.10.1995, AG 1996, 127; BayObLG 3 ZBR 67/89 vom 31.5.1995, WM 1995, 1580; LG Dortmund 20 AktE 2/94 vom 1.7.1996, DB 1996, 2221; Wälzholz in Widmann/Mayer, § 30 UmwG Rz. 6 ff. (August 2008); bei Aktiengesellschaften gilt der Börsenwert siehe BGH II ZB 15/00 vom 12.3.2001, AG 2001, 417; LG Dortmund 20 Akt E 8/94 vom 18.11.2000, AG 2001, 544; Luttermann, ZIP 2001, 869; ERB, DB 2001, 523.

Unternehmen so gut kennen, dass sie die Angemessenheit des Angebots selbst abschätzen können oder wenn das Angebot so großzügig bemessen ist, dass der Prüfer nur die Unangemessenheit mit umgekehrten Vorzeichen feststellen kann. Der Verzicht spart in solchen Fällen weitere Prüfungskosten.

Zur **Annahme des Abfindungsangebots** siehe Tz. 1043.   1017

3. Verschmelzungsbericht und Prüfung

Die Vertretungsorgane (idR die Geschäftsführer) der an der Verschmelzung beteiligten Gesellschaften haben einen schriftlichen[1] Verschmelzungsbericht[2] zu erstellen (§ 8 Abs. 1 UmwG). Der Bericht kann für jede Gesellschaft gesondert oder für alle gemeinsam erstattet werden. Zu erläutern und zu begründen sind die rechtlichen und wirtschaftlichen **Folgen der Verschmelzung**, insbesondere das Umtauschverhältnis und die Höhe anzubietender Barabfindungen gemäß § 29 UmwG[3]. Auf besondere Schwierigkeiten bei der Bewertung sowie auf die Folgen für die Beteiligten ist hinzuweisen. Entsprechende Angaben sind auch für verbundene Unternehmen zu machen[4].   1018

Ausnahmen hinsichtlich der Berichtspflicht gelten, soweit dem Unternehmen Nachteile drohen (§ 8 Abs. 2 UmwG). Dies ist jedoch wiederum zu begründen (§ 8 Abs. 2 S. 2 UmwG), mE eine wenig sinnvolle Regelung.   1019

Der Bericht ist nicht erforderlich, wenn alle Anteilsinhaber in notarieller Form auf seine Erstattung verzichten oder sich alle Anteile der übertragenden GmbH in der Hand der übernehmenden GmbH befinden (§ 8 Abs. 3 UmwG). ME genügt es, wenn der **Verzicht** im Verschmelzungsbeschluss enthalten ist[5].   1020

Prüfungspflichtig ist der Verschmelzungsvertrag nur dann, wenn einer der Gesellschafter dies innerhalb einer Frist von einer Woche nach Vor-   1021

---

1 Die Unterschriften der Organmitglieder in vertretungsberechtigter Zahl sind erforderlich, BGH II ZR 266/04 vom 21.5.2007, DB 2007, 1858.
2 Muster: FUHRMANN in GmbH-Handbuch, Teil V, M 301 (Februar 2011).
3 SCHÖNE, GmbHR 1995, 325; OLG Saarbrücken 4 AktG 476/10–144 vom 7.12.2010, ZIP 2011, 469: bei umstrittener Rechtslage sind die drohenden Risiken anschaulich und transparent zu beschreiben.
4 Eingehend LUTTER/DRYGALA in Lutter, § 8 UmwG Rz. 38 ff.; MAYER in Widmann/Mayer, § 8 UmwG Rz. 17 ff. (Mai 2006).
5 So auch LUTTER/DRYGALA in Lutter, § 8 UmwG Rz. 51.

GmbH ↔ GmbH

lage des Verschmelzungsvertrags und des Verschmelzungsberichts verlangt (§ 48 UmwG).

1022 **Hinweis**: Mit Einfügung der Frist in § 48 UmwG durch das Zweite Gesetz zur Änderung des UmwG[1] ist klargestellt, dass das Nichtfordern der Prüfung durch die Anteilseigner genüge, um die Prüfung entbehrlich zu machen.

1023 **Prüfungsberechtigt** sind Wirtschaftsprüfer oder Wirtschaftsprüfungsgesellschaften, bei mittelgroßen oder kleinen GmbHs auch vereidigte Buchprüfer oder Buchprüfungsgesellschaften (§ 11 UmwG i.V.m. § 319 Abs. 1 bis 4 HGB).

1024 Der Verschmelzungsprüfer wird auf **Antrag** der Geschäftsführer vom Gericht bestellt (§ 10 Abs. 1 S. 1 UmwG). Es kann für jede GmbH gesondert oder für alle Gesellschaften gemeinsam ein Antrag gestellt werden (§ 10 Abs. 1 S. 2 UmwG).

1025 Zuständig für die **Bestellung** ist das Landgericht, in dessen Bezirk der Sitz der Gesellschaft liegt (§ 10 Abs. 2 UmwG)[2].

1026 Für die **Vergütung** der vom Gericht bestellten Prüfer gilt § 318 Abs. 5 HGB (§ 10 Abs. 1 S. 2 UmwG); für das Auskunftsrecht § 320 Abs. 1 S. 2 und Abs. 2 S. 1 und 2 HGB (§ 11 Abs. 1 UmwG); für die Verantwortlichkeit § 323 HGB (§ 11 Abs. 2 UmwG). Zur strafrechtlichen Verantwortlichkeit der Prüfer siehe §§ 314, 315 UmwG.

1027 **Prüfungsgegenstand** ist die Angemessenheit des Umtauschverhältnisses und der baren Zuzahlung (§ 12 Abs. 2 UmwG).

1028 Die Verschmelzungsprüfer haben über das Ergebnis der Prüfung einen schriftlichen **Bericht** zu erstatten (§ 12 Abs. 1 UmwG). Zum Inhalt siehe § 12 Abs. 2 UmwG. Der Bericht ist entbehrlich, wenn alle Anteilseigner notariell verzichten (§ 12 Abs. 3 i.V.m. § 8 Abs. 3 UmwG).

1029 Einstweilen frei.

---

1 Vom 19.4.2007, BGBl. 2007 I, 542.
2 Zur Frage, welches Gericht bei mehreren beteiligten Gesellschaften zur Bestellung eines gemeinsamen Prüfers zuständig ist, BUNGERT, BB 1995, 1399.

GmbH ↔ GmbH

4. Zustimmungsbeschlüsse

a) Vorbereitung der Beschlussfassung

Der Verschmelzungsvertrag bzw. sein Entwurf bedarf der Zustimmung der Gesellschafter der beteiligten Gesellschaften (§ 13 Abs. 1 S. 1 UmwG). Der Beschluss kann nur in einer **Gesellschafterversammlung** der jeweiligen Gesellschaft gefasst werden, auch wenn die jeweilige Satzung Beschlussfassungen außerhalb der Gesellschafterversammlung zulässt (§ 13 Abs. 1 S. 2 UmwG).

1030

Die Geschäftsführer haben in der **Einberufung** der Gesellschafterversammlung die Beschlussfassung über die Verschmelzung anzukündigen (§ 49 Abs. 1 UmwG). Der Verschmelzungsvertrag bzw. sein Entwurf und der Verschmelzungsbericht sind spätestens mit der Einladung zu übersenden (§ 47 UmwG). Für die Einberufung gelten die Regelungen der Satzung, insbesondere die dort festgelegten Fristen, ansonsten § 51 GmbHG. Ab Einberufung sind die Jahresabschlüsse und die Lageberichte der an der Verschmelzung beteiligten Gesellschaften für die letzten drei Geschäftsjahre in den Geschäftsräumen zur Einsicht durch die Gesellschafter auszulegen (§ 49 Abs. 2 UmwG). Die Geschäftsführer haben jederzeit Auskunft zu geben (§ 49 Abs. 3 UmwG).

1031

Hinweis: Auf die Formen und Fristen der Einberufung und Ankündigung kann verzichtet werden[1].

1032

Dem **Betriebsrat** ist der Verschmelzungsvertrag bzw. sein Entwurf einen Monat vor der Gesellschafterversammlung zuzuleiten (§ 5 Abs. 3 UmwG; siehe Tz. 783–794 *GmbH → GmbH*).

1033

b) Mehrheit, Form des Beschlusses

Der Verschmelzungsbeschluss kann grundsätzlich mit einer **Mehrheit** von mindestens ¾ der abgegebenen Stimmen gefasst werden (§ 50 Abs. 1 UmwG). Es gelten folgende **Ausnahmen**:
- Die Satzung sieht eine größere Mehrheit oder besondere Zustimmungserfordernisse vor (§ 50 Abs. 1 S. 2 UmwG). Nach hM ist auch eine größere Mehrheit, die generell für Satzungsänderungen gilt, bindend[2].

1034

---

1 MAYER in Widmann/Mayer, § 47 UmwG Rz. 13 (Dezember 2006); WINTER in Lutter, § 47 UmwG Rz. 5.
2 WINTER in Lutter, § 50 UmwG Rz. 6; ZIMMERMANN in Kallmeyer, § 50 UmwG Rz. 9; MAYER in Widmann/Mayer, § 50 UmwG Rz. 42 (Dezember 2006); aA SAGASSER/BULA/BRÜNGER, Umwandlungen, S. 231; REICHERT, GmbHR 1995, 176.

GmbH ↔ GmbH

- Werden durch die Verschmelzung besondere Mitgliedschaftsrechte einzelner Gesellschafter tangiert, ist deren Zustimmung erforderlich (§ 50 Abs. 2 UmwG).
- Sind bei der übernehmenden GmbH die Einlagen nicht in voller Höhe erbracht, so müssen bei der übertragenden GmbH alle Gesellschafter der Verschmelzung zustimmen (§ 51 Abs. 1 S. 1 UmwG)[1].
- Sind bei der übertragenden GmbH die Einlagen nicht in voller Höhe erbracht, so müssen bei der übernehmenden Gesellschaft alle Gesellschafter der Verschmelzung zustimmen (§ 51 Abs. 1 S. 2 UmwG).
- Ist die Anteilsabtretung bei der übertragenden GmbH von der Zustimmung bestimmter Gesellschafter abhängig, so bedarf auch die Verschmelzung deren Zustimmung (§ 13 Abs. 2 UmwG)[2].

1035 Kein besonderes Zustimmungserfordernis sieht das Gesetz für den Fall vor, dass die Satzung der übernehmenden GmbH besondere **Nebenpflichten** (zB Wettbewerbsverbot, Nachschusspflicht) enthält[3].

1036 Die Zustimmungsbeschlüsse sind von den Gesellschaftern **jeder Gesellschaft gesondert** zu fassen. Ein Beschluss ist auch dann erforderlich, wenn die übernehmende GmbH alleinige Gesellschafterin der übertragenden GmbH ist.

1037 Soweit **gegenseitige Beteiligungen** bestehen, kann die beteiligte Gesellschaft mitstimmen. Das Stimmrechtsverbot des § 47 Abs. 4 S. 2 GmbHG gilt nicht, da es sich um einen organisationsrechtlichen Akt handelt[4]. Eine Befreiung von § 181 BGB ist hingegen erforderlich[5].

1038 Bei der Beteiligung **Minderjähriger** ist ein Pfleger zu bestellen, wenn der gesetzliche Vertreter selbst an der Gesellschaft beteiligt ist (§§ 1629, 1795 BGB). Vormundschaftsgerichtlicher Genehmigung bedarf es nur, wenn mit der Verschmelzung die Übernahme fremder Verbindlichkeiten verbunden ist (§ 1822 Nr. 10 BGB), etwa bei nicht voll eingezahlten Anteilen[6].

---

1 Die Einlageforderung geht auf die aufnehmende GmbH über, GRUNEWALD in Lutter, § 20 UmwG Rz. 42 ff.
2 Hierzu SCHÖNE, GmbHR 1995, 325; REICHERT, GmbHR 1995, 176.
3 WÄLZHOLZ, DStR 2006, 236; HECKSCHEN, DNotZ 2007, 444 zur Kritik sowie zum Vetorecht für Inhaber von Kleinstbeteiligungen WINTER in Lutter, § 51 UmwG Rz. 13 f.
4 ZIMMERMANN in Kallmeyer, § 50 UmwG Rz. 14; MAYER in Widmann/Mayer, § 50 UmwG Rz. 38 (Dezember2006), jeweils mwN.
5 ZIMMERMANN in Kallmeyer, § 50 UmwG Rz. 13, mwN.
6 ZIMMERMANN in Kallmeyer, § 50 UmwG Rz. 12, mwN.

GmbH ↔ GmbH

Die Beschlussfassungen sind **notariell zu beurkunden**, ebenso etwaige Zustimmungserklärungen von Gesellschaftern, die nicht bei der Beschlussfassung anwesend waren (§ 13 UmwG). Der Verschmelzungsvertrag ist der Urkunde beizufügen. Zur Beurkundung mehrerer Beschlüsse in einer Urkunde siehe Tz. 1098.   1039

Auf Verlangen ist jedem Gesellschafter eine **Abschrift** des Verschmelzungsvertrags und des Zustimmungsbeschlusses zu erteilen. Die Kosten hat der Gesellschafter zu tragen (§ 13 Abs. 3 S. 1 UmwG).   1040

c) Widerspruchsrecht gemäß § 29 UmwG

Gesellschafter, denen ein Widerspruchsrecht gemäß § 29 Abs. 1 UmwG zusteht (siehe Tz. 995), haben diesen **zur Niederschrift zu erklären**. Der Widerspruch hindert die Wirksamkeit des Beschlusses bei Vorliegen der entsprechenden Mehrheit und der gemäß Tz. 1034 erforderlichen Zustimmungen jedoch nicht. Auch scheiden diese Gesellschafter nicht aus. Vielmehr haben sie ein Wahlrecht, entsprechend der Vereinbarung des Verschmelzungsvertrags in den Gesellschaften zu verbleiben oder auszuscheiden und das Barabfindungsangebot anzunehmen[1].   1041

Den gleichen Anspruch haben Gesellschafter, die nicht zur Gesellschafterversammlung erschienen sind, wenn sie zu Unrecht nicht zur Gesellschafterversammlung zugelassen wurden oder die Versammlung nicht ordnungsgemäß einberufen oder der Gegenstand der Beschlussfassung nicht ordnungsgemäß bekannt gegeben worden ist (§ 29 Abs. 2 UmwG). Ansonsten haben **nicht erschienene Gesellschafter** keinen Abfindungsanspruch.   1042

Das Angebot einer Barabfindung kann nur **binnen zwei Monaten** nach Bekanntmachung der Verschmelzung angenommen werden (§ 31 UmwG). Eine Annahme der Barabfindung vor Eintragung der Verschmelzung ist mE ausgeschlossen, da erst mit der Eintragung feststeht, dass es tatsächlich zum Vermögensübergang kommt. Unberührt bleibt ggf. ein Austrittsrecht.   1043

Der **Abfindungsanspruch** entsteht mit der Eintragung der Umwandlung in das Handelsregister und ist sogleich fällig. Die Abfindung ist ab Bekanntmachung der Eintragung der Umwandlung mit 2 % pa. über dem jeweiligen Basiszins nach § 247 BGB zu verzinsen (§§ 30 Abs. 1   1044

---

1 Eingehend Schaub, NZG 1998, 626.

GmbH ↔ GmbH

S. 2, 15 Abs. 2 S. 1 UmwG)[1]. Die Geltendmachung eines weiter gehenden (Verzugs-)Schadens ist nicht ausgeschlossen.

1045 Schuldner des Anspruchs ist die übernehmende GmbH. Sie erwirbt eigene Anteile, was im Rahmen des § 33 Abs. 3 GmbHG zulässig ist[2].

1046 Zur **steuerlichen Behandlung** siehe Tz. 1163.

1047 Die **Unangemessenheit der Abfindung** berechtigt nicht zur Anfechtung des Umwandlungsbeschlusses (§ 32 UmwG). Auseinandersetzungen um die Angemessenheit sind dem Spruchverfahren zugewiesen (§ 34 UmwG; siehe Tz. 1050).

1048 Nach § 33 UmwG stehen **Verfügungsbeschränkungen** im Gesellschaftsvertrag einer Veräußerung der Anteile innerhalb der Zwei-Monats-Frist des § 31 UmwG nicht entgegen. Damit soll dem widersprechenden Gesellschafter ermöglicht werden, seinen durch die Verschmelzung erworbenen Anteil frei zu veräußern[3].

d) Anfechtung

1049 Die Anfechtung des Verschmelzungsbeschlusses kann nur im Wege der **Klage** geltend gemacht werden, die innerhalb einer Frist von einem Monat nach Beschlussfassung zu erheben ist (§ 14 Abs. 1 UmwG)[4]. Die Klage ist bei dem Landgericht, in dessen Bezirk die Gesellschaft ihren Sitz hat, einzureichen und gegen die GmbH zu richten. Dies gilt auch bei der übertragenden GmbH, sofern die Anfechtung (was die Regel sein wird) vor der Eintragung erfolgt. Nach der Eintragung (wegen der Frist von einem Monat wohl eher die Ausnahme) ist die Klage gegen

---

1 AA LIEBSCHER, AG 1996, 455: Fällig erst am Tag nach Ausübung des Wahlrechts.
2 Zu den Grenzen LUTTER in Lutter/Hommelhoff, § 33 GmbHG Rz. 30 f.
3 Durch das Gesetz zur Änderung des UmwG vom 22.7.1998, BGBl. 1998 I, 1878, gilt dies nicht nur für vertragliche, sondern auch für gesetzliche Verfügungsbeschränkungen.
4 Eingehend SCHÖNE, DB 1995, 1317; SCHMIDT, DB 1995, 1849; siehe auch OLG Hamburg 11 U 11/03 vom 16.4.2004, ZIP 2004, 906; OLG Stuttgart 20 U 3/03 vom 28.1.2004, AG 2004, 271: Rechtsschutzinteresse an einer Anfechtung auch nach Eintragung gegeben; zur Frage einer materiellen Beschlusskontrolle im Umwandlungsrecht BINNEWIES, GmbHR 1997, 727; OLG Frankfurt/M. 5 W 33/02 vom 10.2.2003, AG 2003, 573; LUTTER/DRYGALA in Lutter, § 13 UmwG Rz. 31 ff.; BGH II ZR 266/04 vom 21.5.2007, AG 2007, 625: der Kapitalerhöhungsbeschluss kann als Annex ebenfalls angefochten werden; mit Anm. VON RECHENBERG.

GmbH ↔ GmbH

die übernehmenden Gesellschaften zu richten (§ 28 UmwG). Zu den Rechtsfolgen für die Eintragung siehe Tz. 1064.

Die Klage gegen die Wirksamkeit des Verschmelzungsbeschlusses der übertragenden GmbH kann nicht auf ein zu niedriges Umtauschverhältnis gestützt werden (§ 14 Abs. 2 UmwG)[1]. Vielmehr ist ein solcher Wertverlust durch bare Zuzahlung auszugleichen (§ 15 UmwG)[2]. Dieser Anspruch ist im **Spruchverfahren** nach dem SpruchG geltend zu machen[3]. Antragsbefugt für das Spruchverfahren sind nicht nur Gesellschafter, die der Verschmelzung widersprochen haben, sondern auch solche, die zugestimmt haben.

1050

Zuständig für das Verfahren ist das **Landgericht**, in dessen Bezirk die übertragende GmbH ihren Sitz hatte[4]. Die Gesellschaft selbst bzw. die Gesellschafter der übernehmenden GmbH sind nicht antragsberechtigt. Der Antrag kann nur binnen drei Monaten nach dem Tag gestellt werden, an dem die Eintragung der Umwandlung in das Handelsregister nach § 10 HGB als bekannt gemacht gilt (§ 4 SpruchG). Die Entscheidung des Gerichts ist für alle Gesellschafter bindend (§ 13 SpruchG).

1051

Die Entscheidungskompetenz des Gerichts ist auf eine Angemessenheitskontrolle beschränkt, die lediglich prüft, ob auf beiden Seiten unabhängige Gesellschaften beteiligt sind und eine ordnungsgemäße Verhandlung stattgefunden hat[5]. Der in einer marktkonformen Verhandlung gefundene Preis ist bei Handeln eines die Sorgfalt eines ordentlichen und gewissenhaften Geschäftsführers berücksichtigenden Verhandlungsführers als angemessen anzusehen.

1051.1

---

1 BGH II ZR 1/99 vom 18.12.2000, GmbHR 2001, 200; BGH II ZR 368/98 vom 29.1.2001, GmbHR 2001, 247.
2 Siehe hierzu BVerfG 1 BvR 2658/10 vom 26.4.2011, BB 2011, 1518, mit Anm. BUNGERT; BVerfG 1 BvR 2323/07 vom 20.12.2010, AG 2011, 128; BVerfG 1 BvR 1267/06 und 1280/06 vom 30.5.2007, AG 2007, 697; OLG Stuttgart 20 W 5/06 vom 6.7.2007, AG 2007, 705; LG Frankfurt/M. 3–5-O 57/06 vom 13.3.2009, AG 2009, 749; BUNGERT, BB 2011, 461; OLG Frankfurt/M. 5 W 57/09 vom 3.9.2010, AG 2010, 751; PUSZKAJLER, ZIP 2010, 2275; OLG Düsseldorf I-26 W 5/07 vom 27.5.2009, WM 2009, 2220; FRIESE-DORMANN/ROTHENFUSSER, AG 2008, 243.
3 Eingehend zum Spruchverfahren KRIEGER/MENNICKE in Lutter, UmwG, Anhang I; LAND/HENNINGS, AG 2005, 380; zur zeitlichen Anwendung siehe § 17 Abs. 2 SpruchG und LG München 5 HK O 16202/03 vom 7.10.2004, ZIP 2005, 168.
4 Zu Zuständigkeitsproblemen bei Verschmelzung zur Neugründung BORK, ZIP 1998, 550; BUNGERT, DB 2000, 2051.
5 OLG Stuttgart 20 W 16/06 vom 14.10.2010, AG 2011, 49; KG 2 W 154/08 vom 19.5.2011, ZIP 2011, 2012.

GmbH ↔ GmbH

1051.2 Die Gesellschafter der übernehmenden GmbH können das Umtauschverhältnis hingegen nur im Wege der Anfechtungsklage geltend machen[1].

5. Bilanzierung

1052 Die Geschäftsführer der **übertragenden GmbH** haben für den Verschmelzungsstichtag eine (handelsrechtliche) **Schlussbilanz**[2] aufzustellen (§ 17 Abs. 2 UmwG). Es gelten die Vorschriften über die Jahresbilanz und ihre Prüfung sinngemäß[3]. Anwendbar sind damit die §§ 242 ff., 264 ff. HGB. Es gilt das Anschaffungskostenprinzip (§ 253 Abs. 1 HGB), stille Reserven oder ein originärer Firmenwert sind nicht aufzudecken. Die Bilanz braucht nicht bekannt gemacht zu werden (§ 17 Abs. 2 S. 3 UmwG).

1053 **Hinweis**: Die Bilanz braucht bei der Beschlussfassung gemäß Tz. 1030 noch nicht vorzuliegen.

1054 Bei der **Wahl des Verschmelzungsstichtags** ist darauf zu achten, dass zwischen Bilanzstichtag und Anmeldung nicht mehr als acht Monate liegen dürfen (§ 17 Abs. 2 S. 4 UmwG)[4]. Zur Fristüberschreitung siehe Tz. 1068.

1055 Die **übernehmende Gesellschaft** hat für den Verschmelzungsstichtag keine gesonderten Bilanzen zu erstellen. Der Vorgang ist wie ein Anschaffungsgeschäft in der Buchführung zu erfassen. Die übernommenen Vermögensgegenstände und Schulden sind grundsätzlich mit den Anschaffungskosten anzusetzen, die der übernehmenden Gesellschaft durch Gewährung von Anteilen und Aufgeld entstehen (§ 253 Abs. 1 HGB)[5].

1056 Zulässig ist es jedoch auch (Wahlrecht)[6], die **Wertansätze aus der Schlussbilanz** der übertragenden GmbH fortzuführen (Buchwertfort-

---

1 Siehe hierzu MARSCH-BARNER in Kallmeyer, § 14 UmwG Rz. 15 f.
2 Zu den Besonderheiten bei einer konzernabhängigen Gesellschaft SCHEUNEMANN, DB 2006, 797.
3 Eingehend PRIESTER in Lutter, § 24 UmwG Rz. 12 ff.; MOSZKA in Semler/Stengel, § 24 UmwG Rz. 8 ff.; zum Konzernabschluss SCHMIDBAUER, BB 2001, 2466.
4 Dazu GERMANN, GmbHR 1999, 591; OLG Köln 2 Wx 34/98 vom 22.6.1998, GmbHR 1998, 1085.
5 Eingehend WIDMANN in Widmann/Mayer, § 24 UmwG Rz. 219 ff. (Januar 1997).
6 Zu den Kriterien für die Ausübung des Wahlrechts; PRIESTER, GmbHR 1999, 1273; WIDMANN in Widmann/Mayer, § 24 UmwG Rz. 400 ff. (Januar 1997).

GmbH ↔ GmbH

führung, § 24 UmwG). Dabei kann sowohl ein Verschmelzungsverlust (der Nennwert der ausgegebenen Anteile ist höher als der Buchwert des übernommenen Vermögens), der auszuweisen ist, wie auch ein Verschmelzungsgewinn (der Nennwert der Anteile ist niedriger als der Buchwert des Vermögens), der als Agio in die Kapitalrücklagen einzustellen ist (§ 272 Abs. 2 Nr. 1 HGB)[1], entstehen.

Hinweis: Es besteht weder eine Maßgeblichkeit der Handelsbilanz für die Steuerbilanz noch eine umgekehrte Maßgeblichkeit der Steuerbilanz für die Handelsbilanz[2]. Dabei ist zu berücksichtigen, dass bei der nur handelsrechtlichen Aufdeckung der stillen Reserven uU die latente Steuerlast zu bilanzieren ist (§§ 274, 306 HGB)[3]. 1057

Entsprechendes gilt, wenn die übernehmende GmbH an der übertragenden GmbH beteiligt ist. Das übergehende Vermögen wird gegen die untergehenden Anteile gebucht. Eine **Wertdifferenz** führt zu einem Verschmelzungsverlust oder zu einem Verschmelzungsgewinn[4]. Zum Steuerrecht siehe Tz. 1133. 1058

6. Anmeldung und Eintragung

Die **Geschäftsführer** der an der Verschmelzung beteiligten Gesellschaften haben die Verschmelzung bei dem Handelsregister des Sitzes ihrer Gesellschaft anzumelden (§ 16 Abs. 1 S. 1 UmwG). Für die übertragende Gesellschaft können auch die Geschäftsführer der übernehmenden Gesellschaft die Anmeldung vornehmen (§ 16 Abs. 1 S. 2 UmwG). Im Fall der Kapitalerhöhung ist die Anmeldung bei der übernehmenden GmbH von allen Geschäftsführern vorzunehmen (§ 78 GmbHG). 1059

Der Anmeldung sind beizufügen (§ 17 Abs. 1 UmwG): 1060

- der **Verschmelzungsvertrag**;
- die Niederschrift der **Verschmelzungsbeschlüsse**[5];
- etwaige **Zustimmungserklärungen**, auch solche nach § 51 Abs. 1 UmwG und § 52 S. 2 UmwG);
- der **Verschmelzungsbericht** bzw. die entsprechende Verzichtserklärung;

---

1 Förschle/Hoffmann in Beck Bil.-Komm., § 272 HGB Rz. 175.
2 Eingehend Knop/Küting, BB 1995, 1023; Fischer, DB 1995, 485; Schulze-Osterloh, ZGR 1993, 420.
3 Zwirner, DB 2010, 737; Künkele/Zwirner, DStR 2011, 2309.
4 Zur bilanziellen Darstellung Schmitt/Hülsmann, BB 2000, 1563; Kussmaul/Richter, GmbHR 2004, 701.
5 Zur Form OLG Karlsruhe 11 Wx 6/98 vom 2.3.1998, GmbHR 1998, 379.

GmbH ↔ GmbH

- der **Prüfungsbericht**, sofern ein solcher erstellt wurde;
- ein Nachweis über die rechtzeitige **Zuleitung** des Verschmelzungsvertrags **an den Betriebsrat**[1];
- sofern die Verschmelzung einer **staatlichen Genehmigung** bedarf, die Genehmigungsurkunde;

Der Anmeldung zum Register der übertragenden GmbH ist die **Schlussbilanz** der übertragenden Gesellschaft beizufügen (§ 17 Abs. 2 UmwG).

1061 Die Anmeldung bedarf **öffentlich beglaubigter Form** (§ 12 Abs. 1 HGB).

1062 Zulässig und üblich ist darüber hinaus die gleichzeitige Anmeldung einer etwaigen **Kapitalerhöhung**.

1063 Der mit der Anmeldung zum Handelsregister beauftragte **Notar** hat im Rahmen der **Belehrungspflicht** (§ 24 Abs. 1 S. 1 BNotO, § 17 Abs. 1 BeurkG) auf die Notwendigkeit der Anmeldung innerhalb der Acht-Monats-Frist des § 17 Abs. 2 UmwG hinzuweisen. Versäumt der Notar die rechtzeitige Anmeldung, so haftet er für den Schaden (Kosten des erneuten Umwandlungsbeschlusses, Verlust steuerlicher Vorteile).

1064 Eine **Klage gegen** einen der **Verschmelzungsbeschlüsse** hindert grundsätzlich die Eintragung der Verschmelzung (§ 16 Abs. 2 UmwG)[2]. Allerdings kann die GmbH bei dem für die Klage zuständigen Gericht beantragen, festzustellen, dass die Erhebung der Klage der Eintragung nicht entgegensteht (**Unbedenklichkeitsverfahren**). Diesem Antrag kann entsprochen werden, wenn die Klage unzulässig oder offensichtlich unbegründet ist, den Beteiligten durch die Nichteintragung schwere Nachteile drohen bzw. der Kläger nicht binnen einer Woche nach Zustellung des Antrags nachgewiesen hat, dass er einen anteiligen Betrag von mindestens 1000 Euro hält (siehe § 16 Abs. 3 UmwG)[3]. Die Ge-

---

1 Das Gesetz schreibt keine Form vor. Empfehlenswert ist die Vorlage einer Empfangsbestätigung.
2 Zu Problemen bei „schwebender" Umwandlung KIEM, ZIP 1999, 173.
3 Zum Unbedenklichkeitsverfahren siehe OLG Frankfurt/M. 12 W 185/05 vom 8.2.2006, DB 2006, 438; OLG Frankfurt/M. 14 W 23/00 vom 22.8.2000, ZIP 2000, 1928: Registersperre bei Mängeln des Verschmelzungsberichts; siehe aber BGH II ZR 368/98 vom 29.1.2001, GmbHR 2001, 247; OLG Düsseldorf 17 W 18/99 vom 15.3.1999, ZIP 1999, 793: Keine Sperre zur Abwendung drohender Nachteile; OLG Frankfurt/M. 5 W 32/97 vom 17.2.1998, DB 1998, 1222: Keine Registersperre bei zweifelsfreier Unbegründetheit; ebenso OLG Hamm 8 W 11/99 vom 4.3.1999, DB 1999, 1156; OLG Stuttgart 12 W 44/96 vom 17.12.1996, ZIP 1997, 75: Keine Registersperre bei behebbaren Formfehlern;

GmbH ↔ GmbH

schäftsführer haben bei der Anmeldung zu erklären, dass keine Klage gegen den Verschmelzungsbeschluss anhängig ist. Diese Erklärung kann erst nach Ablauf der einmonatigen Anfechtungsfrist (§ 14 Abs. 1 UmwG) gestellt werden, wenn die Anteilseigner nicht auf die Anfechtung verzichtet haben (siehe Tz. 1049)[1]. Wird eine solche Klage nach Anmeldung erhoben, so haben die Geschäftsführer dies dem Registergericht mitzuteilen. Die Erklärung der Geschäftsführer kann durch eine notarielle Verzichtserklärung der Gesellschafter im Hinblick auf die Anfechtung ersetzt werden (§ 16 Abs. 2 S. 2 UmwG).

Ist für die Verschmelzung die **Zustimmung aller Gesellschafter** erforderlich, so haben die Geschäftsführer bei der Anmeldung zu erklären, dass alle Gesellschafter zugestimmt haben (§ 52 UmwG). 1065

Das Registergericht ist zur **Prüfung** der formellen und materiellen Voraussetzungen der Verschmelzung anhand der Anmeldung und der beizufügenden Unterlagen berechtigt und verpflichtet. Insoweit hat das Registergericht das Recht und die Pflicht zu Ermittlungen (§ 26 FamFG). Weitergehende Prüfungsrechte, wie etwa hinsichtlich des Umtauschverhältnisses (siehe § 14 Abs. 2 UmwG), bestehen nicht[2]. 1066

Bei **unbehebbaren Hindernissen** hat das Gericht die Eintragung zurückzuweisen[3]. Dies gilt auch, wenn zwischen Bilanzstichtag und Anmeldung mehr als acht Monate liegen (§ 17 Abs. 2 UmwG)[4]. Ist die Frist 1067

LG Hanau 5 O 183/95 vom 5.10.1995, ZIP 1995, 1820: Registersperre bei Einladungsmängeln und nicht eindeutiger Rechtslage; ebenso OLG Frankfurt/M. 10 W 12/97 vom 9.6.1997, ZIP 1997, 1291; VEIL, ZIP 1996, 1065; RIEGGER/SCHOCKENHOFF, ZIP 1997, 2105; SCHMIDT, ZGR 1997, 493; SOSNITZA, NZG 1999, 965; NOACK, ZHR 164 (2000), 274; OLG Saarbrücken 4 AktG 476/10-144 vom 7.12.2010, ZIP 2011, 469 zu den Anforderungen an den Nachweis des § 16 Abs. 3 Nr. 2 UmwG.
1 Siehe BGH III ZR 283/05 vom 5.10.2006, ZIP 2006, 2312; siehe zu dieser Entscheidung auch BÜCHLE, ZIP 2006, 2289.
2 Zur Prüfung der Werthaltigkeit OLG Düsseldorf 3 Wx 568/94 vom 29.3.1995, BB 1995, 1372.
3 Eine fehlgeschlagene Verschmelzung ist keine Vermögensübernahme i.S.d. § 419 BGB aF, siehe BGH II ZR 294/93 vom 18.12.1995, GmbHR 1996, 125; K. SCHMIDT, DB 1996, 1859.
4 Die Frist gilt nur hinsichtlich der Anmeldung für die übertragende, nicht für die übernehmende Gesellschaft, LG Frankfurt/M. 3/11 T 57/95 vom 24.11.1995, GmbHR 1996, 542; BARTOVICS, GmbHR 1996, 514; siehe auch LG Frankfurt/M. 11 T 85/97 vom 30.1.1998, GmbHR 1998, 379, zur verspäteten Anmeldung auf Grund verzögerter Eintragung der Kapitalerhöhung bei der übernehmenden GmbH; zum Nachreichen versehentlich nicht beigefügter Unterlagen LG Frankfurt/M. 3-11 T 81/97 vom 19.12.1997, GmbHR 1998, 380.

GmbH ↔ GmbH

überschritten, muss ein neuer Stichtag gewählt und die Verschmelzung neu beschlossen werden. Eine trotz Fristüberschreitung vorgenommene Eintragung der Verschmelzung ist wirksam (§ 20 Abs. 2 UmwG). Zu den steuerlichen Folgen einer Fristüberschreitung Tz. 1102. Eine Prüfung der Überschuldung der übertragenden GmbH findet nicht statt[1]. Steuerlich kann die Übertragung einer überschuldeten GmbH zur verdeckten Gewinnausschüttung führen[2].

1068 Jede belastende Entscheidung des Registergerichts (Beanstandung, Zurückweisung der Anmeldung) kann mit der **Beschwerde** nach § 58 FamFG angefochten werden. Die Beschwerde ist innerhalb einer Frist von einem Monat einzulegen (§ 63 Abs. 1 FamFG). Hilft das Registergericht (Amtsgericht) nicht ab, entscheidet das Beschwerdegericht. Gegen die Entscheidung des Beschwerdegerichts ist unter den Voraussetzungen des § 70 FamFG die Rechtsbeschwerde statthaft.

1069 Nach Prüfung der Anmeldung erfolgt die **Eintragung** (§ 19 UmwG). Die Verschmelzung darf bei der übernehmenden Gesellschaft erst eingetragen werden, wenn sie im Register der übertragenden Gesellschaften eingetragen ist. Mit dem Tag dieser Eintragung wird die Verschmelzung wirksam (§ 20 UmwG).

1070 Die Registergerichte haben die Eintragung der Verschmelzung **bekannt zu machen** (§ 19 Abs. 3 UmwG).

1071 Einstweilen frei.

7. Rechtsfolgen der Verschmelzung

a) Vermögensübergang

1072 Mit der Eintragung der Verschmelzung[3] geht das gesamte Vermögen der übertragenden GmbH auf die übernehmende Gesellschaft im Wege der **Gesamtrechtsnachfolge** über (§ 20 Abs. 1 Nr. 1 UmwG). Die übernehmende Gesellschaft wird Eigentümerin aller beweglichen und unbeweglichen, aller materiellen und immateriellen Wirtschaftsgüter der

---

1 OLG Stuttgart 8 W 426/05 vom 4.10.2005, ZIP 2005, 2066; siehe auch HECKSCHEN, DB 2005, 2675; WÄLZHOLZ, AG 2006, 469.
2 Siehe OFD Hannover vom 5.1.2007, DStR 2007, 581; eingehend zu Auswirkungen bei Umwandlung von überschuldeten Kapitalgesellschaften auf haftungsbeschränkte Gesellschaften SCHWETLIK, GmbHR 2011, 130.
3 Und nicht etwa rückwirkend zum Verschmelzungsstichtag, siehe BGH II ZR 30/92 vom 12.10.1992, DB 1992, 2432, mit Anm. GÖTZ, DB 1992, 2432.

GmbH ↔ GmbH

übertragenden GmbH[1]. Maßgebend sind die tatsächlichen Eigentumsverhältnisse. Ein gutgläubiger Erwerb ist ausgeschlossen[2].

Der Eigentumsübergang erfasst grundsätzlich auch im **Ausland belegenes Vermögen**, soweit ausländisches Recht nicht entgegensteht[3]. Im Zweifel ist eine gesonderte Eigentumsübertragung nach ausländischem Recht vorzunehmen.   1073

Gehören zum Vermögen **Grundstücke** oder dingliche Rechte (Hypotheken, Grundschulden etc.), ist lediglich das Grundbuch zu berichtigen[4].   1074

Ist die GmbH an einer Kapitalgesellschaft oder Personengesellschaft oder als stille Gesellschafterin an einem Gewerbebetrieb beteiligt, so geht diese **Beteiligung** grundsätzlich über[5]. Ggf. bestehen aber außerordentliche oder vertragliche Kündigungsrechte. Die Gesellschaftsverträge der Beteiligungsgesellschaften sind vor Verschmelzung sorgfältig zu prüfen. Gleiches gilt, wenn die GmbH als Haupt- oder Unterbeteiligte Mitglied einer Unterbeteiligungsgesellschaft ist.   1075

Verpflichtungen aus **Genussrechten** gehen grundsätzlich über[6].   1076

Besteht an dem Anteil der übertragenden GmbH eine **Unterbeteiligung**, so wird die Unterbeteiligungsgesellschaft durch die Verschmelzung in ihrem Bestand zunächst nicht berührt. UU kann die Verschmelzung jedoch ein Recht zur Kündigung der Unterbeteiligung begründen[7].   1077

Ist am Gewerbebetrieb der übertragenden GmbH ein stiller Gesellschafter beteiligt **(GmbH & Still)**, so besteht die stille Gesellschaft nach Verschmelzung mit der übernehmenden Gesellschaft fort. Erfolgt die Verschmelzung ohne oder gegen den Willen des Stillen, so hat er uU ein außerordentliches Kündigungsrecht[8].   1078

---

1 Zu Patenten, Marken sowie Gebrauchs- und Geschmacksmustern GRUNEWALD in Lutter, § 20 UmwG Rz. 16.
2 VOSSIUS in Widmann/Mayer, § 20 UmwG Rz. 27 (September 2010).
3 Siehe VOSSIUS in Widmann/Mayer, § 20 UmwG Rz. 33 ff. (September 2010); KOLLMORGEN/FELDHAUS, BB 2007, 2189.
4 VOSSIUS in Widmann/Mayer, § 20 UmwG Rz. 58 (September 2010); eingehend auch GÄRTNER, DB 2000, 409.
5 VOSSIUS in Widmann/Mayer, § 20 UmwG Rz. 153 ff. (September 2010).
6 Siehe im Einzelnen VOSSIUS in Widmann/Mayer, § 23 UmwG Rz. 19 ff. (April 2011).
7 SCHINDHELM/PICKHARDT-POREMBA/HILLING, DStR 2003, 1444, 1469.
8 SCHMIDT in Münchener Kommentar zum HGB, § 234 Rz. 33; BLAUROCK, Handbuch Stille Gesellschaft, S. 419; VOSSIUS in Widmann/Mayer, § 20 UmwG Rz. 168 ff. (September 2010).

GmbH ↔ GmbH

1079 Alle **Forderungen** und **Verbindlichkeiten** gehen über, ohne dass es der Zustimmung von Gläubigern und Schuldnern bedarf. Ebenso tritt die übernehmende Gesellschaft in alle Vertragsbeziehungen der übertragenden GmbH ein[1]. Einer Genehmigung des Vertragspartners bedarf es nicht[2].

1080 Für **Arbeitsverhältnisse** gilt § 613a Abs. 1, 4-6 BGB (§ 324 UmwG)[3].

1081 Führt die Verschmelzung zur Zusammenlegung von Betrieben mit eigenständigen Betriebsräten, so erhält der **Betriebsrat** des größeren Betriebs ein Übergangsmandat für alle Arbeitnehmer (§ 21a BetrVG). Ferner gilt der Zusammenschluss von Betrieben als Betriebsänderung i.S.d. § 111 BetrVG.

1082 **Beherrschungs- und Gewinnabführungsverträge** erlöschen durch Konfusion, wenn Ober- und Untergesellschaft miteinander verschmolzen werden[4]. Befindet sich die übertragende GmbH in einer abhängigen Stellung zu einem anderen Unternehmen als die übernehmende Gesellschaft, so werden Unternehmensverträge beendet[5]. Ist die übernehmende GmbH in einer abhängigen Stellung oder ist die übertragende Gesellschaft herrschend, so bleiben Unternehmensverträge bestehen bzw. gehen über[6]. Ggf. kommt eine Kündigung aus wichtigem Grund

---

1 BGH II ZR 237/05 vom 24.9.2007, ZIP 2008, 120: die formularmäßige Vorausabtretung von Ansprüchen durch den übertragenden Rechtsträger erstreckt sich nicht auf Forderungen, die nach der Verschmelzung im Geschäftsbetrieb des übernehmenden Rechtsträgers begründet worden sind.
2 Vgl. im Einzelnen für Wettbewerbsverbote: Vossius in Widmann/Mayer, § 20 UmwG Rz. 319 f. (November 2010); für Betriebspachtverträge: Vossius in Widmann/Mayer, § 20 UmwG Rz. 174 (September 2010); für Geschäftsbesorgungs-, Auftrags- und Dienstverhältnisse sowie Vollmachten Grunewald in Lutter, § 20 UmwG Rz. 24 ff.; K. Schmidt, DB 2001, 1019; zu Bürgschaften für Dauerschuldverhältnisse Eusani, WM 2004, 866.
3 BAG 4 AZR 491/06 vom 4.7.2007, DB 2008, 533 zur Rechtsnachfolge in Tarifverträge.
4 Siehe Vossius in Widmann/Mayer, § 20 UmwG Rz. 287 ff. (September 2010); Grunewald in Lutter, § 20 UmwG Rz. 36 ff.; Herlinghaus, FR 2004, 974; Bahns/Graw, DB 2008, 1645, jeweils mwN; zu Ausgleichs- und Abfindungsansprüchen außenstehender Gesellschafter Naraschewski, DB 1997, 1653; Schubert, DB 1998, 761; Schwab, BB 2000, 527; zur Auswirkung von Mehr- oder Minderabführungen Pfaar/Welke, GmbHR 2002, 516; Vogel, DB 2011, 1240.
5 OLG Karlsruhe 15 W 19/94 vom 29.8.1994, ZIP 1994, 1529; Marsch-Barner in Kallmeyer, § 20 UmwG Rz. 21; Grunewald in Lutter, § 20 UmwG Rz. 36.
6 LG Bonn 11 T 1/96 vom 30.1.1996, GmbHR 1996, 774; zur Handelsregisteranmeldung Zilles, GmbHR 2001, 21.

GmbH ↔ GmbH

in Betracht[1]. Steuerlich ist die Beendigung der **Organschaft** auf Grund Verschmelzung auch vor Ablauf der Fünf-Jahres-Frist (§ 14 KStG) grundsätzlich unschädlich[2].

Forderungen und **Verbindlichkeiten** der beteiligten Gesellschaften gegeneinander erlöschen durch Konfusion. 1083

Treffen durch die Verschmelzung **Verpflichtungen aus Verträgen mit jeweils Dritten** zusammen, die unvereinbar oder nur schwer erfüllbar sind, so bestimmt sich der Umfang der Verpflichtung nach Billigkeitsgrundsätzen (§ 21 UmwG)[3]. **Datenschutzrechte** werden grundsätzlich nicht tangiert[4]. 1084

Schuldrechtliche Beziehungen zwischen Gesellschafter und Gesellschaft (zB Miet-, Arbeits-, Darlehensverträge) entfallen nicht. Sie gelten nach Umwandlung zwischen Gesellschafter und der übernehmenden Gesellschaft fort (zum Steuerrecht Tz. 1146). 1085

Grundsätzlich gehen auch alle **öffentlich-rechtlichen Rechtspositionen**, Erlaubnisse und Konzessionen über. Ausnahmen gelten nur dort, wo die Erlaubnis personenbezogen ist[5]. 1086

Der Vermögensübergang gilt ohne Ausnahme. **Sollen** einzelne **Wirtschaftsgüter ausgenommen werden**, sind sie vor der Verschmelzung zu übertragen, Forderungen und Verbindlichkeiten sind abzutreten. 1087

b) Erlöschen der übertragenden GmbH

Mit der Eintragung erlischt die übertragende GmbH. Sie kann keinerlei Rechtsgeschäfte mehr vornehmen, weder klagen noch verklagt werden[6]. Anhängige **Prozesse** werden nicht unterbrochen. Der überneh- 1088

---

1 Marsch-Barner in Kallmeyer, § 20 UmwG Rz. 19; Grunewald in Lutter, § 20 UmwG Rz. 35.
2 Olbing in Streck, § 14 KStG Rz. 106 f.; zur Auswirkung auf Mehr- bzw. Minderabführungen gemäß § 14 Abs. 3 KStG Meining, BB 2009, 1444.
3 Siehe eingehend Grunewald in Lutter, § 21 UmwG Rz. 1 ff.; Vossius in Widmann/Mayer, § 21 UmwG Rz. 1 ff. (April 2011).
4 Zur Diskussion siehe Lüttge, NJW 2000, 2463; Teichmann/Kiessling, ZGR 2000, 33.
5 ZB Güterverkehrskonzessionen, Konzessionen nach dem Personenbeförderungsgesetz, § 7 HWO; vgl. im Einzelnen Vossius in Widmann/Mayer, § 20 UmwG Rz. 247 ff. (September 2010); Gaiser, DB 2000, 361.
6 BGH VIII ZR 187/01 vom 12.6.2002, DStR 2002, 1773; siehe auch OLG Hamburg 5 U 174/06 vom 11.7.2007, AG 2007, 868: ein auf Wiederholungsgefahr gestützter Unterlassungsanspruch gemäß § 8 Abs 2 UWG trifft nicht ohne weiteres den übernehmenden Rechtsträger.

GmbH ↔ GmbH

mende Rechtsträger rückt ohne Unterbrechung in den Prozess ein[1], bis die übernehmende Gesellschaft den Rechtsstreit wieder aufnimmt. Ein Urteil kann nicht mehr gegen die übertragende GmbH, sondern nur noch gegen die übernehmende Gesellschaft ergehen. Steuerbescheide gegen die übertragende GmbH sind unzulässig. Sie sind an das Rechtsnachfolge-Unternehmen zu richten[2]. Auch hat die übernehmende Gesellschaft als Rechtsnachfolgerin die steuerlichen Pflichten der untergegangenen Gesellschaft zu erfüllen und kann ihre Rechte wahrnehmen[3].

1089 Die **Firma** der übertragenden GmbH erlischt. Sie kann jedoch von der übernehmenden Gesellschaft fortgeführt werden (§ 18 UmwG).

1090 Die **Organe** der untergehenden GmbH (Geschäftsführer, Beirat, Aufsichtsrat, Gesellschafterversammlung) bestehen nicht mehr. Ebenso erlöschen Prokuren und Handlungsvollmachten. Von der Organstellung ist ein eventuelles Anstellungsverhältnis zu unterscheiden. Anstellungsverträge gehen auf die übernehmende Gesellschaft über, es sei denn, sie werden gekündigt[4].

1091 Da nach Eintragung der Umwandlung keine Gesellschafterversammlung der untergehenden GmbH mehr existiert, können keine **Gesellschafterbeschlüsse**, insbesondere keine Gewinnverteilungsbeschlüsse, mehr gefasst werden. Ebenso können vor Eintragung gefasste Beschlüsse nicht mehr geändert werden[5]. Bis zur Eintragung ist eine Beschlussfassung hingegen möglich.

1092 **Rechte Dritter** an den GmbH-Anteilen (zB Pfandrecht, Nießbrauch) der übertragenden GmbH setzen sich an Anteilen der übernehmenden GmbH fort (§ 20 Abs. 1 Nr. 3 S. 2 UmwG).

1093 Gehören Anteile der umzuwandelnden GmbH zu dem von einem Testamentsvollstrecker verwalteten Nachlass, besteht die **Testamentsvollstreckung** an neuen Anteilen fort[6]. Entsprechendes gilt im Fall der Vor- und Nacherbfolge[7].

---

1 BGH II ZR 161/02 vom 1.12.2003, AG 2004, 142; aA Grunewald in Lutter, § 20 UmwG Rz. 55; Thomas/Putzo, § 239 ZPO Rz. 4.
2 BFH GrS 4/84 vom 21.10.1985, BStBl. 1986 II, 230.
3 Zur Ausstellung von Steuerbescheinigungen FinMin. Mecklenburg-Vorpommern vom 27.4.1995, Wpg. 1995, 454.
4 Eingehend Röder/Lingemann, DB 1993, 1341; Mohr, GmbH-StB 2000, 313.
5 Das gilt auch für das Steuerrecht, siehe BFH I R 23/72 vom 30.10.1974, BStBl. 1975 II, 94.
6 Vossius in Widmann/Mayer, § 20 UmwG Rz. 363 ff. (September 2010); Dörrie, GmbHR 1996, 245; teils aA Reimann, ZEV 2000, 381.
7 Vossius in Widmann/Mayer, § 20 UmwG Rz. 362 (September 2010).

GmbH ↔ GmbH

c) Sicherheitsleistung

Gläubiger der Gesellschaften, die noch keinen Anspruch auf Befriedigung haben, können Sicherheiten für ihre Forderungen verlangen, wenn sie glaubhaft machen, dass ihre Forderung durch den Formwechsel gefährdet wird und kein Recht auf vorzugsweise Befriedigung besteht (§ 22 UmwG)[1]. Voraussetzung ist, dass sie ihr Verlangen **innerhalb von sechs Monaten** nach Bekanntmachung der Umwandlung gegenüber der Gesellschaft geltend machen. Für Pensionsanwartschaften kann keine Sicherheit verlangt werden[2].

1094

d) Organhaftung

Erleiden die übertragende GmbH, ihre Gesellschafter oder ihre Gläubiger durch die Verschmelzung einen **Schaden**, so haften hierfür die Organe (Geschäftsführer, ggf. Aufsichtsrat; § 25 Abs. 1 UmwG)[3]. Die Ansprüche verjähren in fünf Jahren nach Bekanntmachung der Verschmelzung (§ 25 Abs. 3 UmwG). Zur Geltendmachung der Ansprüche siehe § 26 UmwG[4].

1095

Schadensersatzansprüche gegen Organe der übernehmenden Gesellschaft **verjähren** ebenfalls in fünf Jahren (§ 27 UmwG).

1096

e) Mängelheilung

Mit der Eintragung werden **Mängel der notariellen Beurkundung** bei der Verschmelzung geheilt (§ 20 Abs. 1 Nr. 4 UmwG). Die Wirksamkeit der Eintragung der Verschmelzung bleibt von etwaigen Mängeln unberührt (§ 20 Abs. 2 UmwG). Dies bedeutet, dass formelle Fehler, wie etwa die fehlende Beurkundung eines Zustimmungsbeschlusses, nach Eintragung nicht mehr geltend gemacht werden können. Materielle Fehler (zB Fehlen der erforderlichen Mehrheit bei Beschluss etc.) begründen ggf. Schadensersatzansprüche, tangieren aber nicht die durch die Eintragung entstehenden Rechtsfolgen der Verschmelzung[5]. Diese

1097

---

1 Zur Höhe bei Dauerschuldverhältnissen BGH II ZR 299/94 vom 18.3.1996, GmbHR 1996, 369, und SCHRÖER, DB 1999, 317; eingehend zum Gläubigerschutz JAEGER, DB 1996, 1069; NARASCHEWSKI, GmbHR 1998, 356.
2 SCHILLING in Hachenburg, § 77 Anh. § 7 UmwG Anm. 1.
3 Eingehend SCHNORBUS, ZHR 167 (2003), 666.
4 Zur Bestellung eines Vertreters OLG Hamm 15 W 276/91 vom 8.10.1991, DB 1991, 2535.
5 BayObLG 3 Z BR 295/99 vom 15.10.1999, DB 1999, 2504; OLG Hamm 8 U 59/01 vom 25.2.2002, DB 2002, 1431; OLG Frankfurt/M. 20 W 61/03 vom

GmbH ↔ GmbH

Rechtsfolgen können allenfalls durch Spaltung für die Zukunft beseitigt werden.

8. Kosten[1]

1098 Die Gebühren für die **Beurkundung des Verschmelzungsbeschlusses** bestimmen sich nach den §§ 141, 47 KostO. Bei Beurkundung der Beschlüsse beider Gesellschaften in einer Urkunde fällt die Gebühr nur einmal an (§ 41c Abs. 3 KostO). Geschäftswert ist das Aktivvermögen ohne Abzug der Verbindlichkeiten (§ 41c Abs. 2 KostO). Im Falle der Kapitalerhöhung erhöht sich der Geschäftswert entsprechend. Maximal beträgt die Gebühr jedoch 5000,– Euro (§ 47 S. 2 KostO)[2].

1099 Für die **Beurkundung des Verschmelzungsvertrags** entstehen Notarkosten nach §§ 141, 36 Abs. 2 KostO (das Doppelte einer vollen Gebühr). Geschäftswert ist der Wert des Aktivvermögens[3] (§ 18 Abs. 3 KostO), jedoch mit einem Höchstbetrag von 5 Mio. Euro (§ 39 Abs. 5 KostO).

1100 Für den Entwurf der **Anmeldung des Verschmelzungsbeschlusses** erhält der Notar eine 5/10-Gebühr (§§ 141, 145, 38 Abs. 2 Nr. 7 KostO). Der Geschäftswert beträgt 1 % des eingetragenen Stammkapitals ggf. zuzüglich Kapitalerhöhung (§ 41a Abs. 1 u. Abs. 4 KostO). Die erste Beglaubigung ist dann gebührenfrei (§ 145 Abs. 1 S. 4 KostO). Ansonsten fällt für die Beglaubigung eine ¼-Gebühr, höchstens 130,– Euro an (§ 45 Abs. 1 S. 1 KostO).

1101 Die Kosten der **Registereintragung** betragen jeweils 240,– Euro (Gebühr 2402, § 79 Abs. 1 KostO i.V.m. § 1 HRegGebV).

II. Steuerrecht

1. Steuerliche Rückwirkung

1102 Bei der Verschmelzung sind Einkommen und Vermögen der übertragenden sowie der übernehmenden Gesellschaft so zu ermitteln, als ob das Vermögen der übertragenden Gesellschaft mit Ablauf des Stichtags

---

26.5.2003, GmbHR 2003, 1276; zu Grenzen K. Schmidt, ZIP 1998, 181; Kort, AG 2010, 320.
1 Eingehend Tiedtke, MittBayNot 1997, 209.
2 AA OLG Hamm 15 W 314/01 vom 6.12.2001, DB 2002, 1314.
3 Auch bei Verschmelzung der Tochter- auf die Muttergesellschaft OLG Karlsruhe 11 WX 59/00 vom 30.1.2001, BB 2001, 798.

GmbH ↔ GmbH

der Bilanz, die dem Vermögensübergang zugrunde liegt (**steuerlicher Übertragungsstichtag**), auf die übernehmende Gesellschaft übergegangen wäre (§ 2 Abs. 1 UmwStG). Die Rückwirkung erfasst somit nicht die Anteilseigner, es sei denn, die Verschmelzung erfolgt auf den Gesellschafter (Tochter auf Mutter)[1].

Nach Ansicht der Finanzverwaltung ist der steuerliche Übertragungsstichtag der Tag vor dem handelsrechtlichen Verschmelzungsstichtag[2]. Die steuerliche ist somit an die handelsrechtliche Rückwirkung gebunden. Es bedarf für die Rückwirkung weder eines Antrags, noch besteht ein Wahlrecht[3]. Wegen der Bindung an den handelsrechtlichen Verschmelzungsstichtag führt die Eintragung der Verschmelzung im Handelsregister trotz Überschreitung der Acht-Monats-Frist zur Beibehaltung der steuerlichen Rückwirkung. 1102.1

Nicht erforderlich ist, dass die übernehmende Gesellschaft zum steuerlichen Übertragungsstichtag bereits existiert[4]. Beispiel: Die GmbH A wird am 30. 5. gegründet, am 30. 7. wird die Verschmelzung der GmbH B auf die GmbH A mit Wirkung zum 31. 12. des Vorjahres beschlossen. Die Steuerpflicht der GmbH A beginnt zum 31. 12. 1102.2

Die Rückwirkung gilt für die **Ertragsteuern, nicht** für die **Umsatzsteuer**. 1103

Hinsichtlich der Körperschaft- und der Gewerbesteuer (hierzu Tz. 1164) ist der **Gewinn** der übernehmenden Gesellschaft so zu ermitteln, als seien bei ihr alle bei der übertragenden Gesellschaft nach dem Verschmelzungsstichtag angefallenen steuerrelevanten Vorgänge eingetreten. 1104

Liegt zwischen dem Verschmelzungsstichtag und der Eintragung im Handelsregister ein **Bilanzstichtag** der übernehmenden Gesellschaft, muss das steuerliche Ergebnis der übertragenden GmbH zwischen Verschmelzungsstichtag und Bilanzstichtag der übernehmenden GmbH ermittelt und der übernehmenden GmbH zugerechnet werden[5]. 1105

---

1 BFH I R 96/08 vom 7.4.2010, BStBl. 2011 II, 467; Tz. 02.03 UmwE 2011.
2 Tz. 02.01 und 02.02 UmwE 2011. Sollen bei einer Verschmelzung zum Jahreswechsel die Steuerfolgen erst im neuen Jahr eintreten, muss als handelsrechtlicher Stichtag der 2. 1. gewählt werden; siehe auch BFH IV R 69/05 vom 24.4.2008, BFH/NV 2008, 1550.
3 BFH II R 33/97 vom 22.9.1999, BStBl. 2000 II, 2; Tz. 02.03 UmwE 2011.
4 Tz. 02.11 UmwE 2011.
5 Zur Frage, wo die zu übertragenden Wirtschaftsgüter zu bilanzieren sind, Tischer, Wpg. 1996, 745.

GmbH ↔ GmbH

1106 **Körperschaft-** und **Gewerbesteuervorauszahlungen** für Zeiträume nach dem Verschmelzungsstichtag sind der übernehmenden Gesellschaft zu erstatten bzw. mit ihren Vorauszahlungen zu verrechnen.

1107 **Gewinnausschüttungen**, die am steuerlichen Übertragungsstichtag bereits beschlossen, aber noch nicht vorgenommen sind, sind in der steuerlichen Schlussbilanz der übertragenden Körperschaft als Schuldposten anzusetzen[1]. Sie sind beim Gesellschafter im Zeitpunkt des Zuflusses zu versteuern[2].

1107.1 Erst nach dem steuerlichen Übertragungsstichtag beschlossene Gewinnausschüttungen (auch für abgelaufene Wirtschaftsjahre) gelte als Ausschüttung der übernehmenden GmbH[3]. Bei einer Verschmelzung der Tochter auf die Mutter oder umgekehrt sind Gewinnausschüttungen im Rückwirkungszeitraum irrelevant[4].

1108 Entsprechendes gilt für eine **vGA** im Zeitraum zwischen Verschmelzungsstichtag und Eintragung. Eine vGA zwischen den Gesellschaften entfällt. Eine vGA der übertragenden GmbH an andere Gesellschafter ist in der Schlussbilanz der übertragenden GmbH zu berücksichtigen[5]. ME kann die Rückwirkung nicht dazu führen, dass vGA entstehen.

1109 **Beispiel**: Alleiniger Gesellschafter der A-GmbH ist A. A ist gleichzeitig Geschäftsführer der B-GmbH, an der weder er noch nahe stehende Personen beteiligt sind. Wird A durch Verschmelzung der A-GmbH auf die B-GmbH beherrschender Gesellschafter der B-GmbH, ist seine Geschäftsführervergütung im Rückwirkungszeitraum weder hinsichtlich des Vorliegens klarer, im Voraus getroffener und tatsächlich durchgeführter Vereinbarungen[6] noch hinsichtlich der Angemessenheit[7] zu

---

1 Tz. 02.34 i.V.m. Tz. 02.27 UmwE 2011.
2 Tz. 02.34 i.V.m. Tz. 02.30 UmwE 2011.
3 FG Berlin 8 K 8565/00 vom 28.7.2003, EFG 2004, 70 = GmbHR 2004, 374; HÖRTNAGL in Schmitt/Hörtnagl/Stratz, § 2 UmwStG Rz. 94 ff.; aA Tz. 02.34 UmwE 2011 und VAN LISHAUT in Rödder/Herlinghaus/van Lishaut, § 2 UmwStG Rz. 67: Ausschüttungen sind noch der übertragenden Körperschaft zuzurechnen. Tz. 02.34 UmwE 2011 lässt es aus Vereinfachungsgründen zu, Ausschüttungen im Rückwirkungszeitraum als solche der übernehmenden Gesellschaft zu behandeln, sofern hierdurch die Einbehaltung und Abführung der Kapitalertragsteuer nicht beeinträchtigt wird; zur upstream-Verschmelzung und KapESt OFD Berlin vom 13.3.2000, GmbHR 2000, 635.
4 Tz. 02.35 UmwE 2011.
5 Tz. 02.31 UmwE 2011; WIDMANN in Widmann/Mayer, § 2 UmwStG Rz. 176 (März 1999).
6 Siehe SCHWEDHELM in Streck, § 8 KStG Rz. 320 ff.
7 Siehe SCHWEDHELM in Streck, § 8 KStG Rz. 236 ff.

GmbH ↔ GmbH

prüfen, da er erst mit Eintragung Gesellschafter der B-GmbH wird. Erst ab Eintragung gelten die vGA-Bedingungen.

§ 2 Abs. 4 UmwStG schränkt die Rückwirkung hinsichtlich der Nutzung von verrechenbaren Verlusten, verbleibenden Verlustvorträgen, nicht ausgeglichenen negativen Einkünften, einem Zinsvortrag nach § 4h Abs. 1 S. 5 EStG und einem EBITDA-Vortrag nach § 4h Abs. 1 S. 3 EStG ein, siehe dazu Tz. 1126[1]. 1109.1

Forderungen und **Verbindlichkeiten** zwischen den Gesellschaften entfallen ertragsteuerlich mit dem Verschmelzungsstichtag. Dies gilt auch für eine Organschaft zwischen den Gesellschaften (siehe auch Tz. 1082)[2]. 1110

Die Rückwirkung gilt nicht für die **Grunderwerbsteuer**[3] und die **Umsatzsteuer**. 1111

Unternehmerin ist bis zur Eintragung der Verschmelzung im Handelsregister die übertragende GmbH. Bis zu diesem Zeitpunkt sind Leistungen zwischen ihr und Dritten unter der Firma der übertragenden GmbH abzurechnen. Bis zur Eintragung der Verschmelzung sind von der übertragenden GmbH Umsatzsteuervoranmeldungen und Umsatzsteuererklärungen abzugeben. Soweit nach der Eintragung noch Erklärungen für den Zeitraum bis zur Eintragung einzureichen sind, ist dies Aufgabe der übernehmenden Gesellschaft als Rechtsnachfolger der übertragenden GmbH. 1112

Hinweis: In der Praxis wird im Vertrauen auf die Rückwirkung der Verschmelzung gelegentlich bereits ab dem Verschmelzungsstichtag das Unternehmen der übertragenden GmbH nach außen von der übernehmenden GmbH geführt und auf eine getrennte Buchführung verzichtet. Dies ist doppelt riskant. Scheitert die Eintragung zB wegen nicht rechtzeitiger Anmeldung, ist es kaum möglich, eine ordnungsgemäße Buchführung für die übertragende Gesellschaft zu erstellen. Zudem ergeben sich regelmäßig umsatzsteuerliche Probleme, da die Verschmelzung hinsichtlich der Umsatzsteuer nicht zurückwirkt. 1113

Im Rahmen des **InvZulG** gilt grundsäztlich keine Rückwirkung[4]. 1114

---

1 Eingehend RÖDDER/SCHÖNFELD, DStR 2009, 560; SCHNITGER, DB 2011, 1718.
2 Tz. Org. 01-Org. 05 und Org 21 UmwE 2011; *Olbing* in Streck, § 14 KStG Rz. 113.
3 BFH II R 55/89 vom 27.1.1993, BStBl. 1993 II, 322.
4 Vgl. BFH III R 54/88 vom 7.4.1989, BStBl. 1989 II, 805; FG Nürnberg I (II) 165/85 vom 9.2.1988, EFG 1988, 433.

GmbH ↔ GmbH

1115 Zur **ErbSt** siehe Tz. 1344 *GmbH → KG.*

1116 Soweit die Rückwirkung greift, treten die Folgen ein mit **Ablauf des Verschmelzungsstichtags** (§ 2 Abs. 1 UmwStG; siehe Tz. 1102). Ist Verschmelzungsstichtag der 31. 12., so treten die steuerlichen Folgen noch in dem ablaufenden Jahr ein[1].

2. Besteuerung der übertragenden GmbH

a) Wertansatz in der steuerlichen Schlussbilanz

1117 Die übertragende Körperschaft hat in der steuerlichen Schlussbilanz die übergegangenen Wirtschaftsgüter grundsätzlich mit den gemeinen Werten anzusetzen[2].

1117.1 Auf Antrag können die übergehenden Wirtschaftsgüter einheitlich mit dem Buchwert oder einem Zwischenwert angesetzt werden, soweit

- die spätere Besteuerung der in dem übergegangenen Vermögen enthaltenen stillen Reserven bei der übernehmenden GmbH sichergestellt ist,

- das Recht der Bundesrepublik Deutschland hinsichtlich der Besteuerung des Gewinns aus der Veräußerung der übertragenen Wirtschaftsgüter bei der übernehmenden GmbH nicht ausgeschlossen oder beschränkt wird und

- eine Gegenleistung nicht gewährt wird oder in Gesellschaftsrechten besteht (§ 11 Abs. 2 UmwStG).

1117.2 Der **Antrag** auf Buchwertfortführung oder Ansatz eines Zwischenwerts ist spätestens bis zur erstmaligen Abgabe der steuerlichen Schlussbilanz bei dem für die Besteuerung der übertragenden Gesellschaft zuständigen Finanzamt zu stellen (§ 11 Abs. 3 i.V.m. § 3 Abs. 2 S. 2 UmwStG). Das Gesetz kennt keine besondere Form der Antragstellung. Eine konkludente Antragstellung durch Einreichung der Schlussbilanz ist ausreichend (siehe auch Tz. 1348.3 *GmbH → KG*). Nach Ansicht der Finanzverwaltung ist der Antrag „bedingungsfeindlich und unwiderruflich"[3]. Eine Rechtsgrundlage für diese Einschränkung ist nicht ersichtlich. Gleiches gilt für die Forderung der Finanzverwaltung, dass bei einem Zwischenwertansatz ausdrücklich angegeben werden muss, in welcher Höhe oder zu welchem Prozentsatz stille Reserven auf-

---

1 Tz. 02.04 UmwE 2011; SLABON in Haritz/Menner, § 2 UmwStG Rz. 9.
2 Siehe Tz. 11.03 und 11.04 i.V.m. Tz. 03.04–03.09 UmwE 2011; zur Frage des gemeinen Werts eines Firmenwerts siehe JÄSCHKE, FR 2010, 18.
3 Tz. 11.12 i.V.m. Tz. 03.29 UmwE 2011, zustimmend HONERT, EStB 2011, 265.

GmbH ↔ GmbH

gedeckt werden sollen[1], zumal Abweichungen von diesen Angaben in der Bilanz ohne Konsequenzen bleiben sollen[2].

Es besteht keine **Maßgeblichkeit** der Handelsbilanz für die Steuerbilanz[3]. Damit können in der steuerlichen Schlussbilanz stille Reserven aufgedeckt werden, obwohl in der handelsrechtlichen Schlussbilanz der übertragenden GmbH eine solche Aufdeckung unzulässig ist (siehe Tz. 1052).

1118

Das Antragsrecht besteht allein für die übertragende GmbH. Die Bewertung ist **einheitlich** für das übertragene Vermögen auszuüben (vgl. § 11 Abs. 2 UmwStG). Eine Beschränkung auf einzelne Wirtschaftsgüter ist nicht zulässig. Bei einem Ansatz von Zwischenwerten sind auch nicht entgeltlich erworbene oder selbst geschaffene Wirtschaftsgüter wie etwa ein Firmenwert anteilig anzusetzen[4].

1119

Bei einer Verschmelzung inländischer und damit unbeschränkt steuerpflichtiger (§ 1 KStG) GmbHs, ist die Besteuerung etwaiger übergehender stiller Reserven grundsätzlich sichergestellt, es sei denn, die übernehmende GmbH ist steuerbefreit (siehe dazu auch Tz. 1142)[5] oder bisher der deutschen Besteuerung unterliegendes **Auslandsvermögen** geht durch die Verschmelzung in eine ausländische Betriebstätte über, die nicht der deutschen Besteuerung unterliegt[6]. Geht in einem anderen EU-Staat belegenes Betriebstättenvermögen über, für das keine Freistellung von der Besteuerung gilt, so ist die ausländische Steuer fiktiv anzurechnen (§ 11 Abs. 3 i.V.m. § 3 Abs. 3 UmwStG)[7]. Ob die Anteilseigner beschränkt oder unbeschränkt steuerpflichtig sind, ist für die Besteuerung auf der Ebene der übertragenden GmbH hingegen ohne Belang (zur Ebene der Gesellschafter siehe Tz. 1158–1163).

1120

Hinsichtlich der **Gewährung von Gegenleistungen** gilt:
– Soweit die übernehmende GmbH an der übertragenden GmbH beteiligt ist, entfällt die Gewährung einer Gegenleistung: Buchwertfortführung ist möglich.

1121

---

1 Tz. 11.12 i.V.m. Tz. 03.29 UmwE 2011.
2 Tz. 11.12 i.V.m. Tz. 03.30 UmwE 2011.
3 BMF vom 12.3.2010, BStBl. 2010 I, 239.
4 Tz. 11.12 i.V.m. Tz. 03.28 UmwE 2011.
5 BÄRWALDT in Haritz/Menner, § 11 UmwStG Rz. 22; STRECK/POSDZIECH, GmbHR 1995, 358; SCHMITT in Schmitt/Hörtnagl/Stratz, § 11 UmwStG Rz. 84; Tz 11.07 UmwE 2011.
6 SCHMITT in Schmitt/Hörtnagl/Stratz, § 11 UmwStG Rz. 84; APP, GmbHR 1991, 474; siehe auch Tz. 11.09 i.V.m. Tz. 03.18 ff. UmwE 2011.
7 Tz. 03.31 UmwE 2011.

GmbH ↔ GmbH

- Verzichten die Gesellschafter der übertragenden GmbH auf die Gewährung von Anteilen der übernehmenden GmbH (§ 54 Abs. 1 S. 3 UmwG) und auch sonst auf eine Gegenleistung, so ist eine Buchwertfortführung möglich[1].
- Die Gesellschafter der übertragenden GmbH erhalten ausschließlich Geschäftsanteile der übernehmenden GmbH. Buchwertfortführung ist möglich. Dies gilt unabhängig davon, ob die Anteile durch Kapitalerhöhung entstanden sind oder aus dem Vermögen der übertragenden oder übernehmenden Gesellschaft stammen[2].
- Den Gesellschaftern der übertragenden GmbH werden – neben GmbH-Anteilen – bare Zuzahlungen oder sonstige Geld- bzw. Sachleistungen gewährt. Die Wirtschaftsgüter sind (anteilig) mit dem gemeinen Wert anzusetzen[3].

1122 **Beispiel**: Die A-GmbH wird auf die Y-GmbH verschmolzen. Buchwert des übergehenden Vermögens 100, Teilwert 1000. Die Y-GmbH gewährt den Gesellschaftern der A-GmbH Anteile im Wert von 950 sowie eine bare Zuzahlung von 50. Die Wirtschaftsgüter der A-GmbH können in der Schlussbilanz zu 95 % mit dem Buchwert angesetzt werden. 5 % sind mit dem Wert der Gegenleistung zu bewerten. Als Wert ergäbe sich insgesamt 145 (95 % von 100 = 95 + 50 Zuzahlung).

1123 Keine Gegenleistung i.S.d. § 11 Abs. 1 Nr. 2 UmwStG sind **Barabfindungen an ausscheidende Gesellschafter**[4], da insoweit die Anteile als von dem ausscheidenden Gesellschafter durch die übernehmende Gesellschaft erworben gelten (§§ 12 Abs. 2 S. 3, 5 Abs. 1 UmwStG). Gleiches gilt für Gegenleistungen, die nicht von der übernehmenden Gesellschaft erbracht werden[5].

---

1 Zur Verschmelzung von Schwesterkapitalgesellschaften mit identischem Gesellschafterkreis (side-step-merger) KRUMM, GmbHR 2010, 24; PUPETER/SCHNITTKER, FR 2008, 160.
2 SCHMITT in Schmitt/Hörtnagl/Stratz, § 11 UmwStG Rz. 123 f.; BÄRWALDT in Haritz/Menner, § 11 UmwStG Rz. 39 f.
3 Tz. 11.10, 03.21–03.23 UmwE 2011 BÄRWALDT in Haritz/Menner, § 11 UmwStG Rz. 57, mwN; aA STRECK/POSDZIECH, GmbHR 1995, 358: Vollaufdeckung.
4 Tz. 11.10, 03.22 UmwE 2011; SCHMITT in Schmitt/Hörtnagl/Stratz, § 11 UmwStG Rz. 131.
5 RÖDDER in Rödder/Herlinghaus/von Lishaut, § 11 UmwStG Rz. 46; extensiver Tz. 11.10 i.V.m. Tz. 03.21 UmwE 2011, der von Zahlungen an den Anteilseigner „oder diesem nahestehende Personen" und von Leistungen durch den übernehmenden Rechtsträger „oder eine diesem nahestehende Person" spricht, was mE keine Rechtsgrundlage hat.

GmbH ↔ GmbH

Die §§ 11–13 UmwStG gelten auch für eine **Verschmelzung der Mutter auf die Tochtergesellschaft** (downstream merger)[1]. Allerdings sind in diesem Fall die Anteile, die die Muttergesellschaft an der Tochtergesellschaft hält, mindestens mit dem um auf diese Anteile vorgenommene Abschreibungen, Abzüge nach § 6b EStG oder ähnliche Abzüge erhöhten Wert, maximal aber mit dem gemeinen Wert, anzusetzen (§ 11 Abs. 2 S. 2 UmwStG). Ein sich daraus ergebender Gewinn unterliegt zu 5 % der Körperschaftssteuer nach § 8b Abs. 2 S. 4 und 5 KStG (§ 11 Abs. 2 S. 3 UmwStG) und der Gewerbesteuer (§ 19 i.V.m. § 11 Abs. 2 S. 3 UmwStG).

1124

b) Besteuerung eines Übertragungsgewinns

Werden die übergehenden Wirtschaftsgüter (freiwillig oder weil die Voraussetzungen des § 11 Abs. 2 UmwStG nicht vorliegen) über den Buchwerten angesetzt, so unterliegt der entstehende Übertragungsgewinn der **Körperschaftsteuer** und der **Gewerbesteuer** zum regulären Steuersatz[2].

1125

Der Ausgleich oder die Verrechnung eines Übertragungsgewinns mit verrechenbaren Verlusten, verbleibenden Verlustvorträgen, nicht ausgeglichenen negativen Einkünften, einem Zinsvortrag i.S.d. § 4h Abs. 1 S. 5 EStG und einem EBITDA-Vortrag i.S.d. § 4h Abs. 1 S. 3 EStG (Verlustnutzung) ist nur zulässig, wenn der übertragenden Gesellschaft die Verlustnutzung auch ohne den steuerlichen Rückbezug der Umwandlung nach § 2 UmwStG möglich gewesen wäre (§ 2 Abs. 4 UmwStG). Erforderlich ist eine Vergleichsrechnung mit und ohne Rückwirkung. Erfasst von der Regelung werden zum einen die Fälle, in denen ein schädlicher Anteilseignerwechsel nach § 8c KStG bzw. § 8a KStG aF im Rückwirkungszeitraum stattgefunden hat[3]. Hier verhindert § 2 Abs. 4 S. 1 UmwStG, dass beispielsweise eine nach § 8c KStG schädliche Anteilsübertragung, die zum Wegfall des Verlustvortrags geführt hätte, durch die Fiktion der Verschmelzung auf einen Stichtag vor Anteils-

1126

---

1 Tz. 11.17 UmwE 2011; eingehend BÄRWALDT in Haritz/Menner, § 11 UmwStG Rz. 65 f.; SCHMITT in Schmitt/Hörtnagl/Stratz, § 11 UmwStG Rz. 68 und 91 ff.; KESSLER/PHILIPP, DB 2011, 1658; RASCHE, GmbHR 2010, 1188; RÖDDER/WOCHINGER, DStR 2006, 684; siehe zu ausländischen Anteilseignern SCHMITT/SCHLOSSMACHER, DStR 2010, 673; ferner FG Münster 9 K 3656/03 vom 20.5.2005, EFG 2005, 161.
2 DÖTSCH in Dötsch/Jost/Pung/Witt, § 11 UmwStG Rz. 57 (Juni 2008); zur Anwendung des § 8b Abs. 2 KStG HÖRTNAGL, INF 2001, 33.
3 Siehe DÖTSCH in Dötsch/Jost/Pung/Witt, § 2 UmwStG Rz. 90 ff. (März 2010).

GmbH ↔ GmbH

übertragung die Anwendung des § 8c KStG ausschließt. Siehe auch Tz. 1153.

3. Besteuerung der übernehmenden GmbH[1]

a) Übernahmegewinn oder -verlust

1127 Grundsätzlich (zu Ausnahmen Tz. 1133) hat die Verschmelzung bei der übernehmenden GmbH – unabhängig von dem Wertansatz bei der übertragenden GmbH – **keine steuerlichen Auswirkung**. Im Einzelnen:

1128 Die übernehmende GmbH hat die auf sie übergehenden Wirtschaftsgüter mit den in der steuerlichen Schlussbilanz der übertragenden GmbH ausgewiesenen **Werten zu übernehmen** (§ 12 Abs. 1 S. 1 UmwStG).

1129 Die übernehmende GmbH tritt in die steuerliche Rechtsstellung der übertragenden GmbH ein, insbesondere hinsichtlich der Bewertung der übernommenen Wirtschaftsgüter, der **AfA** und der den steuerlichen Gewinn mindernden Rücklagen (§ 12 Abs. 3 i.V.m. § 4 Abs. 2 S. 1 UmwStG)[2]. Wurden die Wirtschaftsgüter bei der übertragenden GmbH über dem Buchwert angesetzt, ist die Bemessungsgrundlage für die Abschreibung zu korrigieren (§ 12 Abs. 3 i.V.m. § 4 Abs. 3 UmwStG)[3].

1130 Ist die **Dauer der Zugehörigkeit** eines Wirtschaftsguts zum Betriebsvermögen für die Besteuerung bedeutsam, so ist der Zeitraum seiner Zugehörigkeit zum Betriebsvermögen der übertragenden GmbH der übernehmenden GmbH anzurechnen (§ 12 Abs. 3 UmwStG i.V.m. § 4 Abs. 2 S. 3 UmwStG)[4].

1131 Soweit die Gegenleistung der Übernehmerin in der Gewährung von Anteilen aus einer Kapitalerhöhung besteht, handelt es sich um eine **Einlage**, die bei der Einkommensermittlung nicht zu berücksichtigen ist. Übersteigt der zu bilanzierende Wert der übernommenen Wirtschaftsgüter den Nennbetrag der neuen Anteile, ist der Differenzbetrag als steuerfreier Agiogewinn auszuweisen[5].

---

1 Zur Rechtslage für Verschmelzungen vor dem 13.12.2006 siehe 5. Aufl. Tz. 1127 ff.
2 Zur Wertaufholung gemäß § 7 Abs. 1 S. 6 EStG siehe SCHMITT in Schmitt/Hörtnagl/Stratz, § 12 UmwStG Rz. 47 u. 55; zum Hinzurechnungsvolumen nach § 2a Abs. 3 u. 4 EStG PACH-HANSSENHEIMB, DStR 2001, 64.
3 Tz. 12.04 i.V.m. Tz. 04. 09 ff. UmwE 2011.
4 Tz. 12.04 i.V.m. Tz. 04.15 UmwE 2011.
5 SCHMITT in Schmitt/Hörtnagl/Stratz, § 12 UmwStG Rz. 34.

GmbH ↔ GmbH

Liegt der Nennwert der Anteile hingegen über dem Ansatz des Vermögens, ist auf der Aktivseite der Bilanz ein **Ausgleichsposten** „Minuskapital" anzusetzen, der nicht abschreibungsfähig ist[1]. 1132

Besonderheiten gelten, wenn die übernehmende Gesellschaft an der übertragenden beteiligt ist (Verschmelzung der **Tochter auf die Mutter**, zur Verschmelzung der Mutter auf die Tochter siehe Tz. 1125). Hier ist zunächst der Buchwert der Beteiligung an der Tochtergesellschaft um Abschreibungen aus früheren Jahren oder Abzüge (zB nach § 6b EStG) bis zur Höhe des gemeinen Wert der Anteile zu erhöhen (§ 12 Abs. 1 S. 2 i.V.m. § 4 Abs. 1 S. 2 UmwStG)[2]. Ein daraus resultierender Gewinn unterliegt zu 5 % der Körperschaft- und Gewerbesteuer (§§ 12 Abs. 1 S. 2, 19 Abs. 1 i.V.m. 4 Abs. 1 S. 3 UmwStG)[3]. Dies gilt auch für Anteile an der übertragenden GmbH, die von der übernehmenden GmbH tatsächlich erst nach dem steuerlichen Übertragungsstichtag angeschafft wurden (§ 12 Abs. 2 S. 3 i.V.m. § 5 Abs. 1 UmwStG). 1133

Ergibt sich bei der Verschmelzung der Tochter- auf die Mutter-GmbH ein buchmäßiger Übernahmegewinn oder -verlust, weil die zu übernehmenden Bilanzwerte der übertragenden GmbH den nach Tz. 1133 anzusetzenden Wert der Anteile unter Berücksichtigung der Verschmelzungskosten über- oder unterschreiten, bleibt dieser für die Einkommensermittlung grundsätzlich außer Ansatz (§ 12 Abs. 2 S. 1 UmwStG)[4]. Ein Übernahmeverlust ist außerhalb der Bilanz abzuziehen bzw. hinzuzurechnen[5]. Damit ist ein **Übernahmeverlust** weder abzugs- noch rücktragsfähig. Ein **Übernahmegewinn** ist hingegen steuerpflichtig, soweit ein Übernahmegewinn abzüglich der anteilig darauf entfallenden Kosten für die Verschmelzung dem Anteil der übernehmenden Muttergesellschaft an der übertragenden Tochter-GmbH entspricht. Dieser Gewinn unterliegt zu 5 % der Körperschaft- und Gewerbesteuer (§§ 12 Abs. 2 S. 2, 19 Abs. 1 UmwStG). 1134

Beispiel: Die A-GmbH ist zu 100 % an der B-GmbH beteiligt. Die B-GmbH wird auf die A-GmbH verschmolzen. Buchwert der Anteile an der B-GmbH 25, Wert des übergehenden Vermögens 100, Verschmel- 1135

---

1 Schmitt in Schmitt/Hörtnagl/Stratz, § 12 UmwStG Rz. 34.
2 Zum Wertungswiderspruch zum Teilwert nach § 6 EStG Krohn/Greulich, DStR 2008, 646.
3 Tz. 12.06 UmwE 2011.
4 Zur Berechnung des Übernahmegewinns bei nicht 100 %iger Beteiligung siehe Perwein, GmbHR 2008, 748.
5 Tz. 12.05 UmwE 2011; BFH I R 158/85 vom 18.10.1989, BStBl. 1990 II, 92; Kussmaul/Richter, GmbHR 2004, 701.

GmbH ↔ GmbH

zungskosten 5. Der sich ergebende Übernahmegewinn von 70 (100 – 25 – 5) ist zu 5 % zu versteuern. Wäre die A-GmbH nur zu 50 % an der B-GmbH beteiligt und die verbleibenden 50 % würden von dem B gehalten und B erhielt von der A-GmbH Anteile aus einer Kapitalerhöhung von nominell 5, so wäre aufzuteilen: 50 % des übergehenden Vermögens abzüglich anteiliger Kosten (= 50 – 2,5) wären dem neu ausgegebenen Anteil von 5 gegenüberzustellen. Der Mehrwert von 42,5 (50 – 2,5 – 5) ist als Agiogewinn auszuweisen. Die anderen 50 % sind – vermindert um die anteiligen Kosten – dem Buchwert der Beteiligung gegenüberzustellen. Der Gewinn von 22,5 (50 – 2,5 – 25) wäre zu 5 % nach § 8b KStG steuerpflichtig.

1136 **Hinweis**: Es gibt Gestaltungsmöglichkeiten, einen Übernahmeverlust steuerlich zu realisieren, indem
- die übertragende GmbH nach § 11 Abs. 1 UmwStG stille Reserven realisiert;
- Vermögensgegenstände unter Realisierung stiller Reserven von der übertragenden GmbH an die übernehmende GmbH verkauft werden;
- an Stelle der Verschmelzung eine Liquidation der übertragenden GmbH erfolgt.

1137 **Hinweis**: Durch die Verschmelzung der Mutter- auf die Tochtergesellschaft („downstream merger") lassen sich ggf. Übernahmeverlust und Übernahmegewinn vermeiden.

1138 **Beispiel 1:**

M-GmbH				T-GmbH			
Beteiligung an T-GmbH	50	Stammkapital	100	Anlagev.	400	Kapital	100
sonst. Aktiva	500	Rücklagen	100			Rücklagen	100
		Verbindl.	350			Verbindlk.	200
	550		550		400		400

Bei Verschmelzung T-GmbH auf M-GmbH

M-GmbH			
Aktiva	900	Stammkapital	100
		Gewinn	50
		Rücklagen	200
		Verbindlk.	550
	900		900

GmbH ↔ GmbH

Bei Verschmelzung M-GmbH auf T-GmbH

T-GmbH			
Aktiva	900	Kapital	100
		Rücklagen	200
		Verbindlk.	550
	900		900

Beispiel 2:

1139

M-GmbH			
Beteiligung an T-GmbH	150	Kapital	100
sonst. Aktiva	500	Rücklagen	100
		Verbindlk.	450
	650		650

T-GmbH			
Anlagev.	400	Kapital	100
		Verbindlk.	300
	400		400

Bei Verschmelzung T-GmbH auf M-GmbH

M-GmbH			
Aktiva	900	Kapital	100
		Rücklagen	100
Verlust	50	Verbindlk.	750
	950		950

Bei Verschmelzung M-GmbH auf T-GmbH

T-GmbH			
Aktiva	900	Kapital	100
		Rücklagen	50
		Verbindlk.	750
	900		900

Ist die übertragende GmbH eine **Unterstützungskasse**, erhöht sie der laufende Gewinn der übernehmenden GmbH im Wirtschaftsjahr der Verschmelzung um die von der übernehmenden GmbH, den Gesellschaftern dieser GmbH oder etwaigen Rechtsvorgängern der GmbH an die Unterstützungskasse geleisteten Zuwendungen nach § 4d EStG (§ 12 Abs. 3 i.V.m. § 4 Abs. 2 S. 4 UmwStG).

1140

Gewährt die übernehmende GmbH den Gesellschaftern der übertragenden GmbH **eigene** (alte) **Anteile**, die sie oder die übertragende GmbH bereits in Besitz hatte, gilt mE für einen Gewinn oder Verlust Tz. 1131–1132[1].

1141

---

[1] Streitig, zum Teil wird angenommen, dass ein Tauschgeschäft vorliegt, was im Fall eines Übernahmegewinns zur Besteuerung von 5 % des Gewinns gemäß § 8b KStG führen würde, siehe SCHMITT in Schmitt/Hörtnagl/Stratz, § 12 UmwStG Rz. 20, mwN.

253

GmbH ↔ GmbH

1142 Geht das Vermögen der übertragenden GmbH in den nicht steuerpflichtigen oder steuerbefreiten Bereich der übernehmenden GmbH, gelten die offenen Rücklagen als Einkünfte aus Kapitalvermögen gem § 20 Abs. 1 Nr. 1 EStG (§ 12 Abs. 5 UmwStG), mit der Folge, dass Kapitalertragsteuer einzubehalten ist.

1143 Soweit von der übernehmenden GmbH **bare Zuzahlungen** an die Gesellschafter der übertragenden GmbH erfolgen, liegt auf der Ebene der übernehmenden GmbH steuerlich eine neutrale Vermögensumschichtung vor. An die Stelle der abfließenden Mittel tritt das übertragene Vermögen. Die Zuzahlungen sind keine Ausschüttungen[1].

1144 Ertragsteuerliche Auswirkungen ergeben sich letztendlich, wenn zwischen den Gesellschaften Forderungen und Verbindlichkeiten bestehen, die unterschiedlich bilanziert werden (sog. **Übernahmegewinn zweiter Stufe**, § 12 Abs. 4 i.V.m. § 6 UmwStG)[2]. Die Vergünstigungen gemäß § 6 UmwStG (Rücklagenzuführung) werden insoweit gewährt, als die übernehmende GmbH an der übertragenden GmbH beteiligt ist (siehe § 12 Abs. 4 UmwStG).

1145–1146 Einstweilen frei.

b) Addition des Eigenkapitals, Körperschaftsteuerguthabens und der Körperschaftsteuererhöhung

1147 Durch die Verschmelzung geht das Vermögen der übertragenden GmbH im Wege der Gesamtrechtsnachfolge auf die übernehmende GmbH über. Die Folgerungen für das **Eigenkapital** regelt §§ 29 i.V.m. 28 KStG[3].

1148 Zunächst gilt im Fall einer Umwandlung das **Nennkapital der übertragenden Gesellschaft** als im vollen Umfang nach § 28 Abs. 2 S. 1 KStG herabgesetzt (§ 29 Abs. 1 KStG). Dies bedeutet:
– Enthält das Nennkapital einen Sonderausweis i.S.d. § 28 Abs. 1 KStG (Umwandlung von Rücklagen in Nennkapital), erhöht dieser Anteil die sonstigen Rücklagen.
– Der nicht in einem Sonderausweis bestehende Anteil des Nennkapitals ist dem steuerlichen Einlagekonto gemäß § 27 KStG gutzuschreiben, sofern die Einlage in das Nennkapital erbracht ist.

---
1 Streitig, siehe SCHMITT in Schmitt/Hörtnagl/Stratz, § 11 UmwStG Rz. 131.
2 Zu teilwertberichtigten Forderungen BEHRENDT/KLAGES, GmbHR 2010, 190.
3 Eingehend Tz. K.01 ff. UmwE 2011; DÖTSCH/PUNG, DB 2004, 208; FG Düsseldorf 6 K 3202/04 F vom 14.8.2007, DStRE 2008, 358.

GmbH ↔ GmbH

Sodann ist das gemäß § 29 Abs. 1 KStG erhöhte **steuerliche Einlagenkonto** der übertragenden GmbH dem steuerlichen Einlagenkonto der aufnehmenden GmbH hinzuzurechnen. Maßgebend ist das Einlagenkonto zum Verschmelzungsstichtag. Der Vermögensübergang wird zum Ende des Wirtschaftsjahrs berücksichtigt, in das der steuerliche Übertragungsstichtag fällt[1].

1149

Eine **Hinzurechnung unterbleibt**, soweit die übernehmende GmbH an der übertragenden Gesellschaft beteiligt ist (§ 29 Abs. 2 S. 2 KStG). **Beispiel**: Verschmelzung der 100 % Tochter-GmbH auf die Mutter-GmbH. Hier erfolgt keine Hinzurechnung, da das Einlagenkonto der Tochter-GmbH von der Muttergesellschaft, aber nicht von den Gesellschaftern der Muttergesellschaft erbracht wurde. Entsprechend mindert sich das Einlagenkonto der übernehmenden Gesellschaft, soweit die übertragende Gesellschaft an der übernehmenden beteiligt war (downstream merger, Tz. 1124)[2].

1150

Nach der Zusammenrechnung erfolgt eine **Angleichung der Nennkapital- und Rücklagensphären**. Die Verschmelzung wird bei der übernehmenden Gesellschaft wie eine Kapitalerhöhung behandelt. Soweit das Nennkapital nach Verschmelzung das Nennkapital vor Verschmelzung übersteigt, ist dieser Betrag zunächst mit dem positiven Bestand des steuerlichen Einlagekontos gemäß § 27 KStG zu verrechnen (§ 29 Abs. 4 i.V.m. § 28 Abs. 1 KStG). Genügt das Einlagekonto nicht, um das Nennkapital zu decken, so ist der aus den sonstigen Rücklagen stammende Teil gesondert auszuweisen (§ 28 Abs. 1 S. 3 KStG)[3].

1151

Forderungen und Verbindlichkeiten aus **Körperschaftsteuerguthaben gemäß § 37 KStG** oder **unbelastete Teilbeträge nach § 38 KStG** (dazu Tz. 1400 *GmbH → KG*) gehen auf die übernehmende Gesellschaft über.

1151.1

c) Untergang des Verlustabzugs und eines Zinsvortrags

Verrechenbare Verluste, verbleibende **Verlustvorträge**, von der übertragenden GmbH nicht ausgeglichene negative Einkünfte, ein **Zinsvortrag** nach § 4h Abs. 1 S. 5 EStG oder ein EBITDA-Vortrag nach § 4h Abs. 1 S. 3 EStG gehen nicht von der übertragenden GmbH auf die

1152

---

1 Dötsch in Dötsch/Jost/Pung/Witt, § 29 KStG nF Rz. 17 (Juni 2011).
2 Eingehend mit Beispielen Dötsch in Dötsch/Jost/Pung/Witt, § 29 KStG nF Rz. 25 ff. (Juni 2011); Binnewies in Streck, § 29 KStG Rz. 25 ff.; BMF vom 16.12.2003, GmbHR 2004, 200; Dötsch/Pung, DB 2004, 208.
3 Müller/Maiterth, DStR 2001, 1229.

GmbH ↔ GmbH

übernehmende GmbH über (§ 12 Abs. 3 i.V.m. § 4 Abs. 2 S. 2 UmwStG)[1].

1153 **Hinweis**: Anstelle der Verschmelzung einer Verlust-Kapitalgesellschaft auf die Gewinn-Kapitalgesellschaft ist die Verschmelzung der Gewinn-Kapitalgesellschaft auf die Verlust-Kapitalgesellschaft in Betracht zu ziehen. Allerdings können Verluste oder Verlustvorträge der aufnehmenden Gesellschaft nicht auf die übertragende Kapitalgesellschaft zurückgetragen werden[2]. Auch eine Verrechnung von Verlusten im Rückwirkungszeitraum ist nicht zulässig[3]. Zudem sind bei diesem Weg die Regelungen des **§ 8c KStG** bzw. § 8 Abs. 4 KStG aF[4] zu beachten, die nach allerdings bestrittener[5] Ansicht der Finanzverwaltung auf die Verschmelzung anzuwenden sind[6]. Da § 8c KStG ausschließlich auf den Erwerb von Anteilen abstellt und zivilrechtlich eine Kapitalerhöhung bei der Verschmelzung nicht zwingend ist (siehe Tz. 1012.1), wird insbesondere bei Schwestergesellschaften eine Verschmelzung der Verlustgesellschaft auf die Gewinngesellschaft ohne Wegfall der Verlustvorträge gestaltbar sein.

1154 **Hinweis**: Weiter besteht die Möglichkeit, nicht verbrauchte Verlustabzüge der übertragenden GmbH dadurch zu nutzen, dass in der Schlussbilanz der übertragenden Gesellschaft die übergehenden Wirtschaftsgüter mit dem gemeinen Wert angesetzt werden. Der hierdurch entstehende Übertragungsgewinn (siehe Tz. 1125) ist als laufender Gewinn mit laufenden Verlusten oder Verlustvorträgen zu verrechnen, soweit § 2 Abs. 4 S. 1 UmwStG dies nicht ausschließt (siehe Tz. 1126). Allerdings kann es zur Mindestbesteuerung nach § 10d Abs. 2 EStG kommen[7].

1155–1156 Einstweilen frei.

---

1 Zum Forderungsverzicht mit Besserungsschein BILDSTEIN/DALLWITZ, DStR 2009, 1177.
2 BFH I R 74, 75/90 vom 17.7.1991, BStBl. 1991 II, 899; BFH I B 134/93 vom 23.3.1994, BFH/NV 1994, 782.
3 BFH I R 11/07 vom 13.2.2008, BFH/NV 2008, 1538; Tz. 02.40 UmwE 2011.
4 Gilt ggf bis VZ 2012, siehe § 34 Abs. 6 S. 3 KStG.
5 KNEPPER, DStR 1994, 1796; STRECK/SCHWEDHELM, FR 1989, 153; FUHRMANN, DB 2001, 1690.
6 Eingehend SISTERMANN/BRINKMANN, DStR 2008, 897; SCHICK/FRANZ, DB 2008, 1987; BALLWIESER/FRASE, BB 2009, 1502; zu europarechtlichen Bedenken SEDEMUND/FISCHENICH, BB 2008, 535.
7 Zum Zusammentreffen von § 2 Abs. 4 UmwStG mit einer Mindestbesteuerung nach § 10d EStG DÖTSCH in Dötsch/Jost/Pung/Witt, § 2 UmwStG Rz. 97 (März 2010).

d) Kosten der Verschmelzung

Die Kosten der Verschmelzung sind sowohl bei der übertragenden wie bei der übernehmenden Gesellschaft sofort abziehbare Betriebsausgaben, sofern sie nicht bei der übernehmenden Gesellschaft als objektbezogene Anschaffungskosten zu aktivieren sind, wie zB die Grunderwerbsteuer (siehe Tz. 1168)[1]. Nach Ansicht des BFH gilt das Veranlassungsprinzip[2]. Eine abweichende **Vereinbarung im Verschmelzungsvertrag** ist danach steuerlich nicht anzuerkennen. — 1157

4. Besteuerung der Gesellschafter der übertragenden GmbH

Für den Gesellschafter der übertragenden GmbH gelten die Anteile grundsätzlich (Ausnahme siehe Tz. 1161.2) als zum gemeinen Wert veräußert und die an ihre Stelle getretenen Anteile als mit diesem Wert angeschafft (§ 13 Abs. 1 UmwStG). — 1158

Gehören die Anteile an der übertragenden GmbH bei den Gesellschaftern zum **Betriebsvermögen**, können auf Antrag die Buchwerte[3] der untergehenden Anteile als Anschaffungskosten der neuen Anteile fortgeführt werden, wenn[4] — 1159

- das Recht der Bundesrepublik Deutschland hinsichtlich des Gewinns aus der Veräußerung der gewährten Anteile nicht ausgeschlossen oder beschränkt wird (§ 13 Abs. 2 Nr. 1 UmwStG) oder
- die FusionsRL greift (§ 13 Abs. 2 Nr. 2 UmwStG).

Gehören die Anteile zum **Privatvermögen** und unterfallen sie § 17 EStG, werden die Anschaffungskosten fortgeführt (§ 13 Abs. 2 S. 3 UmwStG). — 1160

Werden die Anteile mit dem Buchwert oder den Anschaffungskosten angesetzt, treten die neuen Anteile an die Stelle der untergehenden Anteile (§ 13 Abs. 2 S. 2 UmwStG)[5]. So werden die für Anteile an der untergehenden GmbH im Zuge der Spaltung gewährten Anteile als Anteile i.S.d. § 17 EStG behandelt, selbst wenn die Grenze des § 17 EStG nicht mehr erreicht wird (sog. verschmelzungsgeborene Anteile). — 1161

---

1 BFH I R 83/96 vom 22.4.1998, BStBl. 1998 II, 698; Schmitt in Schmitt/Hörtnagl/Stratz, § 11 UmStG Rz. 81 ff. und § 12 UmwStG Rz. 35 ff.
2 BFH I R 83/96 vom 22.4.1998, BStBl. 1998 II, 698.
3 Ein Zwischenwertansatz ist nicht möglich Tz. 13.10 UmwE 2011.
4 Eingehend Schmitt/Schlossmacher, DB 2009, 1425; Tz. 13.07 ff. UmwE 2011.
5 Tz. 13.11 UmwE 2011.

GmbH ↔ GmbH

Beispiel: Beteiligung an der übertragenden GmbH mit 1,5 %, nunmehr Beteiligung an der übernehmenden GmbH unter 1 %.

1161.1 Entsprechendes gilt für **einbringungsgeborene Anteile** (§ 22 UmwStG). Hier treten die neuen Anteile in den Status, den die untergehenden Anteile hatten. Dies gilt mE unabhängig davon, ob es sich um alt- oder neu-einbringungsgeborene Anteile handelt (siehe Tz. 275–278 *EU – GmbH*)[1].

1161.2 Unterfallen Anteile an der übertragenden GmbH weder § 17 EStG noch § 22 UmwStG bzw. § 21 Abs. 1 UmwStG aF (siehe § 27 Abs. 3 Nr. 3 UmwStG) und gehören sie auch nicht zu einem Betriebsvermögen, so unterfallen sie § 20 Abs. 4a S. 1 und 2 EStG. Die neuen Anteile treten an die Stelle der untergehenden Anteile. Damit ist eine Fortführung der Anschaffungskosten zwingend[2]. Ein Anschaffungsgeschäft liegt – anders als bei § 13 UmwStG[3] – nicht vor.

1162 **Bare Zuzahlungen** sind bei betrieblich gehaltenen Anteilen bzw. bei privat gehaltenen Anteilen gemäß § 17 oder § 20 Abs. 2 EStG steuerpflichtig, soweit die Barzahlung den der Barzahlung entsprechenden Anteil am Buchwert (bzw. Anschaffungskosten) der untergehenden Anteile übersteigt[4].

1163 Wird ein Gesellschafter der übertragenden GmbH aus Anlass des Vermögensübergangs in bar abgefunden, erfolgt die Besteuerung dieser **Barabfindung** beim ausscheidenden Gesellschafter wie bei der Veräußerung von Anteilen an Kapitalgesellschaften.

5. Gewerbesteuer

1164 Die Grundsätze der §§ 11–13, 15, 17 UmwStG gelten auch für die Ermittlung des **Gewerbeertrags** (§ 19 Abs. 1 UmwStG).

1165 Die übergegangenen **Renten** und **dauernden Lasten** werden bei der Übernehmerin nicht nach § 8 Nr. 1b GewStG beim Gewerbeertrag hin-

---

[1] AA die Finanzverwaltung, die offensichtlich nur auf alt-einbringungsgeborene Anteile § 13 UmwStG anwenden will, ansonsten von einer Besteuerung nach § 22 UmwStG ausgeht, siehe Tz. 13.01 UmwE 2011.
[2] DÖTSCH/WERNER in Dötsch/Jost/Pung/Witt, § 20 EStG Rz. 297 (Dezember 2010).
[3] Siehe BFH IX R 71/07 vom 19.8.2008, BStBl. 2009 II, 13.
[4] Tz. 13.02 UmwE 2011; SCHMITT in Schmitt/Hörtnagl/Stratz, § 13 UmwStG Rz. 14 ff.

GmbH ↔ GmbH

zugerechnet, es sei denn, die Voraussetzungen für die Hinzurechnung waren bereits bei der übertragenden Körperschaft erfüllt[1].

Vortragsfähige Fehlbeträge der übertragenden GmbH i.S.d. § 10a GewStG gehen bei der Verschmelzung unter (§ 19 Abs. 2 UmwStG)[2].   1166

6. Umsatzsteuer

Die Verschmelzung ist nicht steuerbar (§ 1 Abs. 1a UStG)[3].   1167

7. Grunderwerbsteuer

Gehört zum Vermögen der übertragenden GmbH Grundvermögen, fällt – sofern nicht die Konzernklausel gemäß § 6a GrEStG greift[4] – Grunderwerbsteuer an[5]. **Bemessungsgrundlage** ist der Wert gemäß § 138 Abs. 2 bzw. 3 BewG (§ 8 Abs. 2 Nr. 2 GrEStG)[6]. Die Grunderwerbsteuer gehört bei der übernehmenden Gesellschaft zu den aktivierungspflichtigen Anschaffungsnebenkosten[7].   1168

---

1 SCHMITT in Schmitt/Hörtnagl/Stratz, § 18 UmwStG Rz. 29.
2 Kritisch BEHRENDT/ARJES, DStR 2008, 811; zum gewerbesteuerlichen Verlustvortrag bei Verschmelzung einer an einer Personengesellschaft beteiligten Kapitalgesellschaft HIERSTETTER, DB 2010, 1089.
3 Eingehend PYSZKA, DStR 2011, 545.
4 Siehe dazu Gleichlautende Erlasse der obersten Finanzbehörden der Länder zur Anwendung des § 6a GrEStG vom 1.12.2010, BStBl. 2010 I, 1321; dazu KLASS/MÖLLER, BB 2011, 407; ferner BEHRENS/BOCK, NWB 2011, 615; WAGNER/KÖHLER, BB 2011, 286; DETTMEIER/GEIBEL, NWB 2010, 582; SCHAFLITZL/STADLER, DB 2010, 185; RÖDDER/SCHÖNFELD, DStR 2010, 415; MENSCHING/TYARKS, BB 2010, 87; STADLER/SCHAFLITZL, DB 2009, 2621; VISKORF/HAAG, DStR Beihefter 2011 zu Heft 12, 3; BEHRENS, DStR Beihefter 2011 zu Heft 12, 10.
5 Zur Frage, ob die Besteuerung verfassungsgemäß ist, siehe BFH II R 32/06 vom 9.4.2008, BFH/NV 2008, 1526.
6 FinMin. Baden-Württemberg vom 19.12.1997, DStR 1998, 82; BECKMANN, GmbHR 1999, 217; siehe BEHRENDT/WISCHOTT, DStR 2009, 1512, zum Ansatz ertragsteuerlicher Werte in Sonderfällen des § 147 BewG.
7 BFH I R 22/96 vom 15.10.1997, BStBl. 1998 II, 168 = GmbHR 1998, 251; ebenso für die Verschmelzung einer Personengesellschaft auf eine Kapitalgesellschaft BFH I R 97/02 vom 17.9.2003, BStBl. 2004 II, 680 = GmbHR 2004, 58; BMF vom 18.1.2010, BStBl. 2010 I, 70; aA für GrESt die durch Anteilsvereinigung ausgelöst wurde BFH I R 2/10 vom 20.4.2011, BStBl. 2011 II, 761; zweifelhaft für die Verschmelzung auf Personengesellschaften bzw. natürliche Personen, eingehend MÜLLER, DB 1997, 1433, der insoweit sofort abzugsfähige Betriebsausgaben annimmt; HAHN, DStZ 1998, 561.

GmbH ↔ GmbH

1169 Die Verschmelzung kann auch GrESt durch **Anteilsvereinigung** auslösen (§ 1 Abs. 3 GrEStG)[1].

8. Erbschaft- und Schenkungsteuer

1169.1 Kommt es aufgrund der Verschmelzung zu **Wertverschiebungen** zwischen den Anteilen der unterschiedlichen Anteilseigner, kann dies zu einer verdeckten Gewinnausschüttung, verdeckten Einlage[2], Veräußerung[3] oder Schenkung (§ 7 Abs. 8 ErbStG[4]) führen.

1169.2 Ob durch die Verschmelzung die Behaltensfrist der §§ 13a Abs. 5, 19a Abs. 5 ErbStG[5] verletzt wird oder sich die Behaltensfrist an den neuen Anteilen fortsetzt, ist ungeklärt[6].

9. Berechnungsbeispiel

a) Sachverhalt

1170 Das Vermögen der A-GmbH soll im Wege der Verschmelzung auf die B-GmbH als Alleingesellschafterin übergehen. Das Vermögen der A-GmbH ist ausschließlich im Inland belegen. **Verschmelzungsstichtag** ist der 31.12.2011.

Schlussbilanz der A-GmbH zum 31.12.2011:

A-GmbH			
Anlagevermögen	200	Kapital	50
Umlaufvermögen	300	Rücklagen	120
		Jahresüberschuss	30
		Verbindlichkeiten	300
	500		500

---

1 Siehe auch BFH II R 15/96 vom 29.1.1997, GmbHR 1997, 421; BFH II R 10/02 vom 1.12.2004, GmbHR 2005, 1009; zur mittelbaren Anteilsübertragung im Konzern EHLERMANN/LÖHR, DStR 2003, 1509; zur Berücksichtigung eines Vorerwerbs gemäß § 1 Abs. 6 GrEStG FG Münster 8 K 4299/01 vom 12.10.2004, EFG 2005, 723; SCHIESSL/TSCHESCHE, BB 2003, 1867.
2 Tz. 13.03 UmwE 2011.
3 Siehe BFH IX R 24/09 vom 9.11.2010, BStBl. 2011 II, 799.
4 IdF des BeitrRLUmsG vom 7.12.2011, BGBl. 2011 I, 2592; zur zeitlichen Anwendung § 37 Abs. 7 ErbStG; zur Rechtslage vor Änderung des Gesetzes Ländererlass vom 20.10.2010, BStBl. 2010 I, 1207.
5 In der Fassung des Gesetzes vom 24.12.2008, BGBl. 2008 I, 3018.
6 Siehe WEINMANN in Moench/Weinmann, § 13a ErbStG Rz. 132 (Mai 2011), der nur die Umwandlung in ein Einzelunternehmen oder eine Personengesellschaft als begünstigt ansieht; während JÜLICHER in Troll/Gebel/Jülicher, § 13a ErbStG Rz. 326 (Juli 2011), mE zu Recht auch die Verschmelzung von Kapitalgesellschaften als erfasst ansieht.

GmbH ↔ GmbH

Stille Reserven:

	Buchwert	Teilwert
Anlagevermögen	200	300
Umlaufvermögen	300	350
Firmenwert	0	50
	500	700

Eigenkapital und Körperschaftsteuerguthaben der A-GmbH zum 31.12.2011:

Steuerliches Einlagenkonto	30
Sonstige Rücklagen	120
Körperschaftsteuerguthaben gemäß § 37 KStG	15

Steuerbilanz der B-GmbH zum 31.12.2011 vor Verschmelzung:

B-GmbH

Beteiligung an A-GmbH	80	Kapital	300
Sonstige Aktiva	720	Kapitalrücklagen	10
		Gewinnrücklagen	190
		Jahresüberschuss	100
		Verbindlichkeiten	200
	800		800

Die Beteiligung an der A-GmbH ist mit den **Anschaffungskosten** bewertet.

Eigenkapital der B-GmbH zum 31.12.2011:

Steuerliches Einlagenkonto	10
Sonstige Rücklagen	290

Auf eine **Aufdeckung der stillen Reserven** soll im Rahmen des Verschmelzungsvorgangs – soweit zulässig – verzichtet werden.

b) Lösung

Nach § 11 Abs. 2 UmwStG können auf Antrag bei der übertragenden A-GmbH die **Buchwerte** fortgeführt werden. Damit scheidet ein Übertragungsgewinn aus. Die Schlussbilanz der A-GmbH zum 31.12.2011 bleibt unverändert. Die übernehmende B-GmbH hat die Buchwerte der A-GmbH nach § 12 Abs. 1 UmwStG zu übernehmen. Gleichzeitig sind die Anteile an der A-GmbH mit ihrem Buchwert auszubuchen. Unter Berücksichtigung des Vermögensübergangs ergibt sich bei der B-GmbH folgende **Schlussbilanz** zum 31.12.2011:

1171

GmbH ↔ GmbH

B-GmbH			
Eigene Aktiva	800	Kapital	300
./. Beteiligung an A-GmbH	./. 80	Kapitalrücklagen	10
		Gewinnrücklagen	190
		Jahresüberschuss	100
Übernommene Aktiva	500	Übernahmegewinn	120
		Verbindlichkeiten	
		eigene	200
		übernommene	300
	1220		1220

Ermittlung des Übernahmegewinns:

Übernahmewert Aktiva	500
./. Übernahmewert Passiva	300
= Übernahmewert Vermögen	200
./. Buchwert der Anteile an der A-GmbH	80
= Übernahmegewinn	120

Der Übernahmegewinn ist iHv. 5 % steuerpflichtig (Tz. 1134).

Addition des Eigenkapitals:

Einlagenkonto gemäß § 27 KStG der A-GmbH	30
+ Stammkapital der A-GmbH (Tz. 1148)	50
Einlagenkonto neu	80

Da die B-GmbH zu 100 % an der A-GmbH beteiligt ist, unterbleibt eine Hinzurechnung (Tz. 1150). Das Einlagenkonto gemäß § 27 KStG der B-GmbH beträgt auch nach Verschmelzung 10.

1172–1185 Einstweilen frei.

C. Verschmelzung durch Neugründung

I. Zivilrecht

1186 Es gelten die Tz. 983–1101 entsprechend mit folgenden **Besonderheiten:**

1187 In dem Verschmelzungsvertrag muss der **Gesellschaftsvertrag** der durch die Verschmelzung zu gründenden GmbH enthalten sein oder festgestellt werden (§ 37 UmwG). Im letztgenannten Fall, der in der Praxis die Regel ist, wird die Satzung dem Verschmelzungsvertrag beigefügt und mitbeurkundet. Festsetzungen über Sondervorteile, Grün-

GmbH → GmbH & Co KG

dungsaufwand, Sacheinlagen und Sachübernahmen, die in den Satzungen der übertragenden Gesellschaften enthalten waren, sind in die Satzung der neuen GmbH zu übernehmen (§ 57 UmwG). Die Gründungsvorschriften für die GmbH sind zu beachten (§ 36 UmwG). Ein Sachgründungsbericht ist verzichtbar, soweit es sich bei dem übertragenden Rechtsträger um eine Kapitalgesellschaft oder Genossenschaft handelt (§ 58 Abs. 2 UmwG).

Die Regelungen zur **Kapitalerhöhung** sind nicht anzuwenden (§ 56 UmwG), da die als Gegenleistung zu gewährenden Anteile durch die Neugründung entstehen. 1188

Der Verschmelzungsbeschluss jeder der übertragenden Gesellschaften muss auch die **Zustimmung zur Satzung** und zum Geschäftsführer der neuen GmbH enthalten (§ 59 UmwG). 1189

Die Verschmelzung ist zum Register der übertragenden Gesellschaften wie auch zum Register der neuen GmbH **anzumelden** (§ 38 UmwG). 1190

II. Steuerrecht

Die Tz. 1102–1185 gelten entsprechend. 1191

GmbH → GmbH & Co KG, Formwechsel, Spaltung, Verschmelzung

Eine GmbH kann **unmittelbar** in eine GmbH & Co KG umgewandelt werden[1]. 1192

Besteht bereits eine **GmbH & Co KG**, so kann auf diese verschmolzen[2] oder gespalten werden. Es gelten die Tz. 1274–1516 *GmbH → KG*. 1193

Soll durch die Umwandlung eine GmbH & Co KG **entstehen**, ist auf eine lückenlose Haftungsbeschränkung zu achten. Zwei Wege sind gegeben. 1194

---

1 Zur AG & Co KG siehe Beckmann, DStR 1995, 296; zur Ausgliederung eines Teilbetriebs auf eine GmbH & Co KG: Kraus in Engl, Formularbuch Umwandlungen, S. 750; zur Aufspaltung auf zwei GmbH & Co KG: Sommer in Engl, Formularbuch Umwandlungen, S. 608; zum Formwechsel: Friedl/Krämer in Formularbuch Recht und Steuern, S. 973 ff.
2 Vertragsmuster: Trassl in Engl, Formularbuch Umwandlungen, S. 249 ff.; Heckschen in Widmann/Mayer, Anh. 4, M 23 ff. (August 2010).

GmbH → GmbH & Co KG

1195 **Variante 1**: Eine Neu-GmbH wird gegründet. Diese begründet als Komplementärin mit den Gesellschaftern der Alt-GmbH als Kommanditisten eine GmbH & Co KG. Sodann wird die Alt-GmbH auf die GmbH & Co KG verschmolzen. Für die **Verschmelzung** gilt Tz. 1305–1483 *GmbH → KG*.

1196 **Variante 2**[1]: Eine Neu-GmbH wird gegründet[2]. Ihr wird ein Anteil an der Alt-GmbH (1,– Euro genügt, siehe § 5 Abs. 2 GmbHG) ggf. als Treuhänder übertragen. Sodann kann die Alt-GmbH durch **Formwechsel** in eine KG umgewandelt werden, wobei die Neu-GmbH die Komplementär- und die übrigen Gesellschafter die Kommanditistenstellung übernehmen[3]. Für den Formwechsel gilt Tz. 1212–1273 *GmbH → KG*.

1197 **Hinweis**: Teilweise wird in der Literatur vertreten, beim Formwechsel einer GmbH in eine GmbH & Co KG sei ein Beitritt der Komplementär-GmbH während der Umwandlung zulässig[4]. Da es bisher keine Rechtsprechung gibt, die diese Rechtsauffassung bestätigt[5], ist idR die Variante 2 empfehlenswert[6].

1198 Entsprechend ist zu verfahren, wenn eine **Spaltung** zur Neugründung einer GmbH & Co KG erfolgen soll[7].

---

1 Vertragsmuster: LANGENFELD, GmbH-Vertragspraxis, Rz. 808; FUHRMANN in GmbH-Handbuch, Teil V, M 360 (Februar 2011); GREVE in Engl, Formularbuch Umwandlungen, S. 1088; VOSSIUS in Widmann/Mayer, Anh. 4, M 150 ff. (Januar 2010).
2 Die gleiche Gestaltung ginge auch mit einer UG (haftungsbeschränkt), siehe RÖMERMANN/PASSARGE, ZIP 2009, 1497.
3 Nach BayObLG 3 Z BR 333/99 vom 4.11.1999, GmbHR 2000, 89, genügt es, wenn die GmbH zwischen Umwandlungsbeschluss und Eintragung der Umwandlung in die Alt-GmbH eintritt.
4 BÄRWALDT in Semler/Stengel, § 197 UmwG Rz. 13; K. SCHMIDT, GmbHR 1995, 693; PRIESTER, DB 1997, 560; generell für die Zulässigkeit des Ein- und Austritts einer KomplementärGmbH im Rahmen der Umwandlung KALLMEYER, GmbHR 1996, 80; DECHER in Lutter, § 202 UmwG Rz. 11.
5 DECHER in Lutter, § 202 UmwG Rz. 11, beruft sich auf BGH II ZR 29/03 vom 9.5.2005, DStR 2005, 1539. Die Entscheidung ist mE aber nicht einschlägig, da die Komplementär-GmbH bereits an der AG beteiligt war, bevor sie umgewandelt wurde. Daher weiterhin gegen die Möglichkeit eines Gesellschafterwechsels im Rahmen der Umwandlung KÜBLER in Semler/Stengel, § 202 UmwG Rz. 18; MEISTER/KLÖCKER in Kallmeyer, § 191 UmwG Rz. 14.
6 Siehe FELIX, KÖSDI 1995, 10 232.
7 Vertragsmuster: FRIEDL/KRÄMER in Formularbuch Recht und Steuern, S. 858 ff.

GmbH → KG, Formwechsel, Spaltung, Verschmelzung

A. Übersicht
I. Umwandlungsmöglichkeiten 1199
II. Generelle Voraussetzungen 1205

B. Formwechsel
I. Zivilrecht
1. Voraussetzungen 1212
2. Umwandlungsbericht ... 1219
3. Umwandlungsbeschluss
   a) Inhalt 1227
   b) Vorbereitung der Beschlussfassung 1233
   c) Mehrheit, Form des Beschlusses 1235
   d) Barabfindungsangebot
   e) Anfechtung 1252
4. Handelsregisteranmeldung 1254
5. Handelsregistereintragung 1258
6. Rechtsfolgen der Eintragung 1261
7. Kosten 1268
II. Steuerrecht 1271

C. Spaltung
I. Aufspaltung
1. Zivilrecht 1274
2. Steuerrecht
   a) Steuerliche Rückwirkung 1288
   b) Besteuerung der zu spaltenden GmbH 1289
   c) Steuerliche Folgen bei der Personengesellschaft 1291
   d) Besteuerung der Gesellschafter 1292
II. Abspaltung
1. Zivilrecht
2. Steuerrecht 1302
III. Ausgliederung
1. Zivilrecht 1303
2. Steuerrecht 1304

D. Verschmelzung
I. Verschmelzung durch Aufnahme
1. Zivilrecht
   a) Voraussetzungen 1305
   b) Verschmelzungsvertrag 1307
   c) Umtauschverhältnis und Barabfindungsangebot 1318
   d) Verschmelzungsbericht und Prüfung 1320
   e) Verschmelzungsbeschlüsse 1322
   f) Bilanzierung 1330
   g) Anmeldung und Eintragung 1334
   h) Rechtsfolgen der Verschmelzung 1335
   i) Kosten 1336
2. Steuerrecht
   a) Steuerliche Rückwirkung
   b) Besteuerung der GmbH
      aa) Wertansatz in der steuerlichen Schlussbilanz 1347
      bb) ABC der Wertansätze 1352
      cc) Übertragungsgewinn/Übertragungsverlust 1395
      dd) Körperschaftsteuerguthaben, Körperschaftsteuererhöhung 1400
   c) Steuerliche Folgen bei der Personengesellschaft
      aa) Buchwertfortführung 1402
      bb) Übernahmegewinn/Übernahmeverlust 1422
      cc) Buchwert der Anteile 1425

GmbH → KG

dd) Korrektur um offene Rücklagen und einen Sperrbetrag nach § 50c EStG .. 1437
ee) Übernahmefolgegewinn 1447
ff) Feststellungsverfahren 1451
gg) Gewerbesteuer .. 1452
hh) Umsatzsteuer 1459
ii) Grunderwerbsteuer........... 1460
d) Besteuerung der Gesellschafter
aa) Besteuerung der offenen Rücklagen 1461
bb) Besteuerung des Übernahmegewinns.......... 1462
cc) Berücksichtigung eines Übernahmeverlusts 1467
e) Steuerfolgen bei Ausscheiden von Gesellschaftern
aa) Austritt nach §§ 29 ff. UmwG .. 1473

bb) Veräußerung nach § 33 UmwG 1479
cc) Gewinnausschüttungen an ausscheidende Gesellschafter 1480
II. Verschmelzung durch Neugründung
1. Zivilrecht
a) Voraussetzungen..... 1484
b) Verschmelzungsvertrag.............. 1489
c) Umtauschverhältnis und Barabfindungsangebot............. 1490
d) Verschmelzungsbericht und Prüfung 1491
e) Verschmelzungsbeschlüsse............. 1492
f) Bilanzierung......... 1493
g) Anmeldung und Eintragung 1494
h) Rechtsfolgen 1495
i) Kosten 1496
2. Steuerrecht 1497
III. Zahlenbeispiel
1. Sachverhalt
2. Lösung................ 1499

A. Übersicht

I. Umwandlungsmöglichkeiten

1199 Eine GmbH kann durch **Formwechsel, Verschmelzung** oder **Spaltung** in eine KG umgewandelt werden.

1200 Der **Formwechsel** einer GmbH in eine KG beinhaltet die Änderung der Rechtsform des Unternehmens unter Wahrung seiner rechtlichen Identität. Aus der GmbH wird eine KG, ohne dass sich an den Beteiligungsverhältnissen oder dem Vermögen etwas ändert. Ein Vermögensübergang findet nicht statt[1].

1201 Bei der Spaltung ist zu differenzieren (§ 123 UmwG): Eine GmbH kann ihr Vermögen auf mindestens zwei andere Rechtsträger **aufspalten**. Als übernehmender Rechtsträger kommt auch eine KG in Betracht. Eine

---

1 BT-Drucks. 12/6699, 137, 140; zum Diskussionsstand DECHER in Lutter, § 190 UmwG Rz. 1 ff.; MEISTER/KLÖCKER in Kallmeyer, § 190 UmwG Rz. 6, mwN.

Gmbh → KG

GmbH kann einen Teil ihres Vermögens auf eine KG **abspalten**. Die GmbH existiert mit dem verbleibenden Vermögen neben der KG fort. Eine GmbH kann einen Teil ihres Vermögens auf eine KG **ausgliedern**. Die GmbH besteht fort. An die Stelle des ausgegliederten Vermögens tritt die Beteiligung an der KG. Bei der Spaltung kann das Vermögen sowohl auf eine bestehende KG wie auch auf eine mit der Spaltung zu gründende KG übergehen.

Eine GmbH kann – auch gleichzeitig mit anderen Personenhandels- oder Kapitalgesellschaften – auf eine bestehende KG verschmolzen werden **(Verschmelzung durch Aufnahme)**. Mit anderen Rechtsträgern kann die GmbH zu einer neuen KG verschmolzen werden **(Verschmelzung durch Neugründung)**. Die Verschmelzung führt zur Übertragung des Vermögens der GmbH auf die KG im Wege der Gesamtrechtsnachfolge. Die GmbH geht unter. An die Stelle der GmbH-Anteile treten die Beteiligungen an der KG.

1202

Soweit neben der GmbH **Rechtsträger anderer Rechtsformen** an der Umwandlung beteiligt sind, sind die für diese Rechtsform geltenden Vorschriften parallel anzuwenden.

1203

Steuerlich ist grundsätzlich in allen Fällen eine Buchwertfortführung möglich. Ein Verlustvortrag der GmbH, der nicht im Rahmen des Formwechsels ausgenutzt wird, geht verloren. Auf der Ebene des Gesellschafters sind weitere Steuernachteile nicht ausgeschlossen[1].

1204

II. Generelle Voraussetzungen

Die Umwandlung einer GmbH zur KG nach dem Umwandlungsgesetz ist beschränkt auf Gesellschaften mit **Sitz im Inland** (§ 1 Abs. 1 UmwG).

1205

Auch eine bereits **aufgelöste GmbH** kann umgewandelt werden, wenn deren Fortsetzung beschlossen werden könnte (§ 191 Abs. 3 UmwG zum Formwechsel, § 3 Abs. 3 UmwG zur Verschmelzung, § 125 i.V.m. § 3 Abs. 3 UmwG zur Spaltung)[2].

1206

Hinsichtlich der **Einpersonen-GmbH** sind die Umwandlungsmöglichkeiten eingeschränkt, da die KG notwendig aus zwei Gesellschaftern besteht und der Beitritt eines Gesellschafters im Rahmen der Umwand-

1207

---

1 Zu den Vor- und Nachteilen in der laufenden Besteuerung von GmbH und KG siehe RAUENBUSCH, DB 2008, 656.
2 Zu den Voraussetzungen eines Fortsetzungsbeschlusses siehe CASPER in Ulmer/Habersack/Winter, § 60 GmbHG Rz. 134; BayObLG 3 Z BR 462/97 vom 4.2.1998, GmbHR 1998, 540.

GmbH → KG

lung ausgeschlossen ist. Ein Formwechsel sowie eine Auf- oder Abspaltung zur Neugründung ist daher nur möglich, wenn sich zuvor an der GmbH mindestens eine weitere natürliche oder juristische Person – ggf. als Treuhänder – beteiligt. Auch eine Ausgliederung zur Neugründung ist ausgeschlossen, da hierbei nur die GmbH zum Gesellschafter wird. Alternativ kann der Gesellschafter – oder bei Ausgliederung die GmbH – mit dem Dritten eine KG gründen und die GmbH sodann durch Verschmelzung oder Spaltung auf diese KG umwandeln.

1208 Erfolgt die Umwandlung durch Übertragung des Vermögens auf eine bestehende KG im Wege der Verschmelzung oder Spaltung, so hindert mE die **Auflösung der KG** die Umwandlung nicht, wenn vor dem Umwandlungsvorgang die Fortsetzung der KG beschlossen wird[1].

1209 Gesetzlich nicht geregelt ist die Frage, ob eine bereits gegründete, aber noch nicht im Handelsregister eingetragene GmbH **(Vor-GmbH)** umgewandelt werden kann. ME ist dies jedenfalls dann zulässig, wenn die GmbH bei der Anmeldung der Umwandlung zum Handelsregister bereits eingetragen ist und lediglich vor Eintragung der GmbH die zur Umwandlung notwendigen Verträge abgeschlossen und Beschlüsse gefasst wurden. Gleiches sollte gelten, wenn die Anmeldung der Umwandlung zwar vor der Eintragung der GmbH, aber nach deren Anmeldung erfolgt, selbst wenn ein unmittelbarer zeitlicher Zusammenhang besteht. Gründung und Umwandlung wären in der Reihenfolge der Anmeldung einzutragen[2].

1210 Problematischer ist die Umwandlung, wenn hinsichtlich der GmbH ein dauerhaftes **Eintragungshindernis** besteht. Die Umwandlung sollte aber dennoch zugelassen werden. Gesellschaftsrechtlich ist die Vor-GmbH eine Rechtsform eigener Art, auf die GmbH-Recht Anwendung findet, soweit dies nicht gerade die erst durch Eintragung entstehende Rechtsfähigkeit voraussetzt[3]. ME setzt die Anwendung der Umwandlungsvorschriften die Rechtsfähigkeit nicht voraus, wie die Geltung des Umwandlungsrechts für Personengesellschaften zeigt.

---

1 Streitig, siehe die Nachweise zu Tz. 976 *GmbH ↔ GmbH*; zur Zulässigkeit eines Fortsetzungsbeschlusses siehe BAUMBACH/HOPT, § 131 HGB Rz. 30 ff.
2 STRECK/MACK/SCHWEDHELM, GmbHR 1995, 161; zustimmend HECKSCHEN in Widmann/Mayer, § 120 UmwG Rz. 7.2 (April 2011); MARSCH-BARNER in Kallmeyer, § 3 UmwG Rz. 10; BAYER, ZIP 1997, 1614; aA STRATZ in Schmitt/Hörtnagl/Stratz, § 3 UmwG Rz. 12.
3 HUECK/FASTRICH in Baumbach/Hueck, § 11 GmbHG Rz. 6; ULMER in Ulmer/Habersack/Winter, § 11 GmbHG Rz. 5 ff.

GmbH → KG

Hinweis: Für die Umwandlung einer Kapitalgesellschaft in eine Personengesellschaft bestehen keine Kapitalaufbringungsvorschriften. Damit kann auch eine (buchmäßig oder tatsächlich) überschuldete GmbH in eine KG umgewandelt werden[1].

1211

B. Formwechsel

I. Zivilrecht

1. Voraussetzungen

Eine GmbH kann durch Formwechsel in eine KG umgewandelt werden (§§ 190, 191 UmwG). Zu den **generellen Voraussetzungen** siehe Tz. 1205–1211.

1212

Eine GmbH kann nur dann in eine KG umgewandelt werden, wenn der **Unternehmensgegenstand** den Vorschriften über die Gründung einer OHG (§ 105 Abs. 1 und 2 HGB) genügt (§ 228 Abs. 1 UmwG). Ansonsten kommt nur ein Formwechsel in eine Partnerschaftsgesellschaft (§ 228 Abs. 2 UmwG) oder eine GbR in Betracht. Allerdings kann der Umwandlungsbeschluss vorsorglich bestimmen, dass – sollte der Unternehmensgegenstand nicht zur Eintragung einer KG ausreichen – die Gesellschaft die Rechtsform einer GbR erlangt (§ 228 Abs. 2 UmwG).

1213

Hinweis: Die Regelung des § 228 UmwG ist nur für Freiberufler-GmbHs von Relevanz, da ansonsten Gesellschaften, die kein Handelsgewerbe betreiben, durch Eintragung im Handelsregister zur OHG oder KG werden können (§ 105 Abs. 2 HGB)[2].

1214

Alle Gesellschafter der GmbH müssen **taugliche Gesellschafter** einer KG sein. Dies sind alle natürlichen und juristischen Personen, ferner eine OHG oder KG[3], aber auch eine BGB-Gesellschaft[4].

1215

Untaugliche KG-Gesellschafter sind die Erbengemeinschaft, die eheliche oder fortgesetzte Gütergemeinschaft sowie der nicht rechtsfähige Verein[5]. Erbengemeinschaften sind ggf. vor dem Formwechsel aus-

1216

---

1 OLG Stuttgart 8 W 426/05 vom 4.10.2005, DStR 2006, 338; siehe auch WÄLZHOLZ, AG 2006, 469.
2 Seit dem 1.7.1998, HRefG, BGBl. 1998 I, 1474.
3 BAUMBACH/HOPT, § 105 HGB Rz. 28.
4 BGH II ZB 23/00 vom 16.7.2001, DB 2001, 1983.
5 Im Einzelnen streitig, siehe K. SCHMIDT in Münchener Kommentar zum HGB, § 105 Rz. 104 ff.; BAUMBACH/HOPT, § 105 HGB Rz. 29; zur Erbengemeinschaft als Anteilsinhaber siehe auch BGH II ZR 112/94 vom 19.6.1995, DStR 1995, 1395; OLG Karlsruhe 15 U 143/93 vom 15.4.1994, GmbHR 1995, 824.

GmbH → KG

einander zu setzen, indem die GmbH-Anteile auf die einzelnen Erben verteilt werden. Sodann nehmen die einzelnen Gesellschafter an dem Formwechsel teil, vorausgesetzt, sie sind taugliche KG-Gesellschafter.

1217 Bereitet die Auseinandersetzung Schwierigkeiten oder dauert sie zu lange, so kann der Anteil auf einen geeigneten **Treuhänder** übertragen werden. Nach der Umwandlung kann das Treuhandverhältnis bis zur Auseinandersetzung der Gemeinschaft bestehen bleiben. Allerdings sollte bei diesem Weg Klarheit herrschen, ob die Auflösung der Gemeinschaft in absehbarer Zeit gesichert ist oder ob ein dauerhaftes Treuhandverhältnis gewollt ist. Eine Gütergemeinschaft oder ein nicht rechtsfähiger Verein werden idR nicht allein wegen der Umwandlung aufgelöst werden können. Hier bietet nur die dauerhafte Treuhandschaft eine Lösung.

1218 Notwendig sind für den Formwechsel
- ein **Umwandlungsbericht** (§ 192 UmwG),
- ein **Umwandlungsbeschluss** (§ 193 UmwG)
- und die **Anmeldung zum Handelsregister**.

2. Umwandlungsbericht

1219 Von den Vertretungsorganen des formwechselnden Unternehmens ist ein Umwandlungsbericht zu erstellen (§ 192 UmwG). In dem Umwandlungsbericht sind der **Formwechsel** und die künftige Beteiligung der Anteilsinhaber an dem neuen Rechtsträger rechtlich und wirtschaftlich **zu erläutern** und **zu begründen**[1]. Auf Schwierigkeiten bei der Bewertung sowie auf die Folgen für die Beteiligung ist hinzuweisen (vgl. § 192 Abs. 1 S. 2 UmwG i.V.m. § 8 Abs. 2 UmwG).

1220 Der Umwandlungsbericht muss einen **Entwurf** des **Umwandlungsbeschlusses** enthalten (§ 192 Abs. 1 S. 3 UmwG).

1221 Die Erstellung einer Bilanz oder einer **Vermögensaufstellung**[2] ist nicht erforderlich.

1222 **Hinweis**: Das Gesetz enthält keine Vorschrift hinsichtlich des **Zeitpunkts**, auf den der Bericht zu erfolgen hat. Demzufolge besteht – jedenfalls nach dem Gesetzeswortlaut – auch kein Eintragungshindernis,

---

1 Eingehend zum Inhalt DECHER in Lutter, § 192 UmwG Rz. 5 ff.; ferner LG Berlin 99 O 178/96 vom 26.2.1997, GmbHR 1997, 658.
2 Siehe Änderung des § 192 UmwG durch das Zweite UmwGÄndG vom 19.4.2007, BGBl. 2007 I, 542.

GmbH → KG

wenn der Bericht zu einem Stichtag erstellt wurden, der mehr als – die sonst nach dem UmwG vorgeschriebenen – acht Monate vor der Anmeldung zum Handelsregister liegt[1].

Zur steuerlichen Notwendigkeit der **Bilanzerstellung** siehe Tz. 1272. 1223

Kein Umwandlungsbericht ist erforderlich (§ 192 Abs. 2 UmwG), wenn alle Anteilsinhaber in notarieller Form verzichten. ME kann der **Verzicht** auch mit der Beurkundung des Umwandlungsbeschlusses erklärt werden. 1224

Hinweis: Insbesondere bei Unternehmen in Familienhand wird der Verzicht die Regel werden. Man entgeht so der Offenbarungspflicht des Umwandlungsberichts, insbesondere der Pflicht, eine Vermögensaufstellung mit den wahren Werten zu fertigen[2]. 1225

Das Gesetz normt **keine materiellen Bedingungen** für den Formwechsel. Ansätze der Rechtsprechung, wonach ein Umwandlungsbeschluss im Interesse der Gesellschaft liegen oder zur Verfolgung des Unternehmensgegenstands erforderlich sein müsse, wurden nicht in das Gesetz übernommen[3]. Ebenso wenig besteht eine materielle Beschlusskontrolle[4]. 1226

3. Umwandlungsbeschluss

a) Inhalt

Der Formwechsel bedarf eines Umwandlungsbeschlusses (§ 193 Abs. 1 UmwG). In dem Umwandlungsbeschluss muss enthalten sein: 1227
- dass die GmbH durch den Formwechsel die **Rechtsform** einer KG erhält (§ 194 Abs. 1 Nr. 1 UmwG);
- die **Firma** der KG (§ 194 Abs. 1 Nr. 2 UmwG, siehe Tz. 1232);
- der **Sitz** der Gesellschaft (§ 234 Nr. 1 UmwG), der nicht mit dem der GmbH identisch sein muss;
- welche Anteilseigner **Kommanditisten** werden sowie der Betrag ihrer jeweiligen Hafteinlage (§ 234 Nr. 2 UmwG);
- der **Gesellschaftsvertrag** der KG (§ 234 Nr. 3 UmwG);
- welche Anteilseigner **Komplementäre** werden (§ 194 Abs. 1 Nr. 3 UmwG);

---

1 Siehe auch MAYER in Widmann/Mayer, § 192 UmwG Rz. 28 f. (Mai 2008).
2 Vgl. auch KALLMEYER, GmbHR 1993, 461, 463.
3 Vgl. BT-Drucks. 12/6699, 139.
4 BINNEWIES, GmbHR 1997, 727.

GmbH → KG

- das **Beteiligungsverhältnis** der Gesellschafter an der KG (§ 194 Abs. 1 Nr. 4 UmwG), das nicht dem bei der GmbH entsprechen muss[1];
- die Fortgeltung, Änderung oder Aufhebung etwaiger **Sonderrechte** (§ 194 Abs. 1 Nr. 5 UmwG);
- ein **Abfindungsangebot** nach § 207 UmwG (§ 194 Abs. 1 Nr. 6 UmwG);
- die **Folgen** des Formwechsels für die **Arbeitnehmer** und ihre Vertretungen sowie die insoweit vorgesehenen Maßnahmen (§ 194 Abs. 1 Nr. 7 UmwG; siehe hierzu Tz. 783–803 *GmbH → GmbH*).

1228 Weiter gehende Regelungen sind nicht vorgeschrieben. Der Umwandlungsbeschluss muss sich insbesondere nicht mit dem **Unternehmensvermögen** befassen. Auf Grund der Identität des Rechtsträgers beim Formwechsel findet keine Vermögensübertragung statt[2].

1229 **Hinweis**: Ob es zweckmäßig ist, im Umwandlungsbeschluss den steuerlichen Umwandlungsstichtag und den **Wertansatz** (Buchwert, Zwischenwert, Teilwert) festzuschreiben, ist eine Frage des Einzelfalls. Steuerlich bindend sind solche Regelungen jedenfalls nicht. Maßgebend ist die tatsächliche Bilanzerstellung, siehe Tz. 1347 ff.

1230 Der **Gesellschaftsvertrag** muss im Umwandlungsbeschluss enthalten sein. ME genügt es, den Vertrag als Anlage dem Beschluss beizufügen.

1231 **Hinweis**: Die Abfassung eines neuen Gesellschaftsvertrags ist dringend zu empfehlen, da ansonsten Rechtsunsicherheit besteht, inwieweit bisherige Satzungsbestimmungen fortgelten sollen oder die gesetzlichen Bestimmungen zur KG Anwendung finden. Wenn der Vertrag mit dem Umwandlungsbeschluss neu gefasst wird, ist allerdings zu berücksichtigen, dass er damit der notariellen Beurkundung unterliegt. ME reicht es aus, den Gesellschaftsvertrag in einem gesonderten Beschluss, der keiner Beurkundung bedarf, zu fassen.

1232 Die bisherige **Firma** darf beibehalten werden (§ 200 Abs. 1 UmwG)[3]. Zu ändern ist der Rechtsformzusatz (statt „GmbH" „KG", § 200 Abs. 2 UmwG). Ändert die Gesellschaft ihre Firma, so gilt § 19 HGB. Der Na-

---

1 Ebenso, wenn auch mit gewissen Einschränkungen, Decher in Lutter, § 194 UmwG Rz. 13.
2 Gesetzesbegründung zu § 194 UmwG, BT-Drucks. 12/6699, 140.
3 Zur Rechtslage vor dem 1.7.1998 Decher in Lutter, § 200 UmwG Rz. 7 ff.; LG Bielefeld 14 T 10/96 vom 9.4.1996, GmbHR 1996, 543: Fortführung einer Sachfirma bei Formwechsel in eine GmbH & Co KG zulässig.

GmbH → KG

me eines Gesellschafters, der anlässlich des Formwechsels ausscheidet, darf nur benutzt werden, wenn dieser zustimmt (§ 200 Abs. 3 UmwG).

b) Vorbereitung der Beschlussfassung

Der Umwandlungsbeschluss kann nur in einer Versammlung der Anteilsinhaber gefasst werden (§ 193 UmwG). Für die **Ladung** gelten die Satzungsbestimmungen der GmbH; soweit eine vertragliche Regelung fehlt, gelten die §§ 49–51 GmbHG. Die Beschlussfassung über den Formwechsel ist in der Ladung schriftlich anzukündigen[1] und der Umwandlungsbericht sowie das Abfindungsangebot nach § 207 UmwG zu übersenden (§§ 230 Abs. 1, 231 UmwG). Der Übersendung des Abfindungsangebots steht die Veröffentlichung im Bundesanzeiger und den sonstigen Gesellschaftsblättern gleich (§ 231 S. 2 UmwG). Der Umwandlungsbericht ist ferner in der Gesellschafterversammlung, die über den Formwechsel beschließen soll, auszulegen oder auf andere Weise zugänglich zu machen (§ 232 Abs. 1 UmwG).

1233

Der Entwurf des Umwandlungsbeschlusses ist spätestens einen Monat vor dem Tag der Versammlung der Anteilsinhaber, die den Formwechsel beschließen soll, dem zuständigen **Betriebsrat** zuzuleiten (§ 194 Abs. 2 UmwG, der nur die Informationspflicht, keine weitere Zustimmungspflicht regelt). Bei Unternehmen, die einen Betriebsrat haben, folgt hieraus, dass die Geschäftsführung in dem Zwang steht, die Gesellschafterversammlung zuvor schon einmal einzuberufen, da der Betriebsrat schlecht vor den Gesellschaftern über den geplanten Umwandlungsbeschluss unterrichtet werden kann.

1234

c) Mehrheit, Form des Beschlusses

Der Umwandlungsbeschluss bedarf einer Mehrheit von mindestens ¾ **der abgegebenen Stimmen**, sofern die Satzung der GmbH keine größere Mehrheit oder weitere Erfordernisse verlangt (§ 233 Abs. 2 UmwG). Damit bleiben stimmrechtslose Anteile ebenso außer Betracht wie Stimmenthaltungen oder Stimmen von Gesellschaftern, die nicht zur Gesellschafterversammlung erscheinen. Die Umwandlungsmöglichkeit der GmbH in eine Personengesellschaft muss in der Satzung nicht vorgesehen sein. Dies gilt auch für die Umwandlung durch Mehrheits-

1235

---

[1] Dabei muss der Komplementär genannt werden, LG Wiesbaden 11 O 65/96 vom 8.6.1998, AG 1999, 47.

GmbH → KG

beschluss. Geringere Mehrheitserfordernisse als nach § 233 Abs. 2 UmwG in der Satzung sind allerdings unwirksam.

1236 Ferner müssen alle Gesellschafter zustimmen, die in der Kommanditgesellschaft die Stellung eines persönlich haftenden Gesellschafters haben sollen (§ 233 Abs. 2 UmwG), sowie die Anteilseigner, von deren Genehmigung die Abtretung der Anteile des formwechselnden Rechtsträgers abhängig ist (§ 193 Abs. 2 UmwG). Sofern Gesellschafter, deren **Zustimmung** erforderlich ist, nicht zur Gesellschafterversammlung erscheinen, wird der Beschluss erst wirksam, wenn diese Gesellschafter nachträglich Ihre Zustimmung erklären. Zulässig ist mE, wenn diese Zustimmungserklärungen vorab eingeholt werden[1].

1237 Der Umwandlungsbeschluss und die erforderlichen Zustimmungserklärungen müssen **notariell beurkundet** werden (§ 193 Abs. 3 UmwG)[2]. Für die Bevollmächtigung eines Vertreters reicht dagegen einfache Schriftform (§ 47 Abs. 3 GmbHG). Mitgesellschafter sind im Fall der Bevollmächtigung von § 181 BGB zu befreien.

1238 Bei **minderjährigen Gesellschaftern** bedarf die Stimmabgabe in der Gesellschafterversammlung wie auch die nachträgliche Zustimmung mE keiner vormundschaftsgerichtlichen Genehmigung (§§ 1643, 1822 Nr. 3 BGB), weil der Formwechsel keine Gesellschaftsgründung beinhaltet[3].

1239 Ebenso wenig bedarf bei verheirateten Gesellschaftern, die im gesetzlichen Güterstand der **Zugewinngemeinschaft** leben, ein Formwechsel der Zustimmung des Ehegatten gemäß § 1365 BGB[4].

1240 Stirbt ein Gesellschafter zwischen Umwandlungsbeschluss und Eintragung, so gelten die Regeln des GmbH-Rechts. Die **Erben** treten in die Rechtsstellung des verstorbenen Gesellschafters. Die Möglichkeiten zum Ausschluss der Erben bestimmen sich nach dem Gesellschaftsvertrag der GmbH. Grundsätzlich sind die Erben auch an den Umwandlungsbeschluss gebunden. Ausnahmen gelten mE, soweit der verstorbene Gesellschafter eine Komplementärstellung einnehmen sollte. Hier ist die Zustimmung der Erben entsprechend § 233 Abs. 2 UmwG erforderlich. Erfolgt – etwa mangels Kenntnis von dem Erbfall – die Eintra-

---

1 Happ/Göthel in Lutter, § 233 UmwG Rz. 10.
2 Zu den Kosten LG Stuttgart 2 T 447/99 vom 17.1.2001, GmbHR 2001, 977.
3 AA Happ/Göthel in Lutter, § 233 UmwG Rz. 49 ff.
4 Streitig, wie hier Zimmermann in Kallmeyer, § 193 UmwG Rz. 26; aA Happ/Göthel in Lutter, § 233 UmwG Rz. 48.

GmbH → KG

gung des verstorbenen Gesellschafters als Komplementär, haben die Erben das Recht aus § 139 HGB.

Werden hingegen GmbH-Anteile zwischen Beschlussfassung und Eintragung abgetreten, ist der **Erwerber** auch hinsichtlich der Übernahme der persönlichen Haftung an den Umwandlungsbeschluss gebunden. 1241

d) Barabfindungsangebot

Gesellschafter, die dem Formwechsel **nicht zustimmen,** aber überstimmt werden, scheiden nicht zwingend aus der Gesellschaft aus. Vielmehr hat die Gesellschaft jedem Gesellschafter, der dem Umwandlungsbeschluss in der Gesellschafterversammlung widerspricht, sein Ausscheiden aus der KG gegen eine angemessene Barabfindung anzubieten (§ 207 UmwG). 1242

Den gleichen Anspruch haben Gesellschafter, die nicht zur Gesellschafterversammlung erschienen sind, wenn sie zu Unrecht nicht zur Gesellschafterversammlung zugelassen wurden oder die Versammlung nicht ordnungsgemäß einberufen oder der Gegenstand der Beschlussfassung nicht ordnungsgemäß bekannt gemacht worden ist (§ 207 Abs. 2 i.V.m. § 29 Abs. 2 UmwG). Ansonsten haben **nicht erschienene Gesellschafter** keinen Abfindungsanspruch. 1243

Die Barabfindung muss die Verhältnisse der GmbH zum Zeitpunkt der Beschlussfassung über den Formwechsel berücksichtigen (§ 208 i.V.m. § 30 Abs. 1 UmwG). Der Gesellschafter hat Anspruch auf Ersatz des **vollen wirtschaftlichen Werts** seiner Beteiligung. Etwaige Satzungsregelungen über die Abfindung ausscheidender Gesellschafter sind nicht relevant. Grundsätzlich ist der Ertragswert als der für eine Unternehmensbewertung gängige Maßstab zugrunde zu legen. Der Substanzwert fungiert als Kontrollwert[1]. 1244

Gesetzlich nicht geregelt ist die Frage, wer die **Höhe der Abfindung** für die Beschlussfassung festlegt. Da es sich nicht um eine Geschäftsführungsmaßnahme handelt, ist mE die Gesellschafterversammlung zuständig, die – wenn keine abweichende Satzungsregelung besteht – mit einfacher Mehrheit entscheidet. Da das Abfindungsangebot bereits vor Beschlussfassung mitgeteilt werden muss, ist der Gesellschafterver- 1245

---

1 BayObLG 3 Z BR 17/90 vom 19.10.1995, AG 1996, 127; BayObLG 3 Z BR 67/89 vom 31.5.1995, WM 1995, 1580; LG Dortmund 20 Akt E 2/94 vom 1.7.1996, DB 1996, 2221; WÄLZHOLZ in Widmann/Mayer, § 30 UmwG Rz. 6 ff. (August 2008).

GmbH → KG

sammlung, die über den Formwechsel beschließt, ggf. eine Gesellschafterversammlung, die über die Abfindungshöhe beschließt, vorzuschalten.

1246 Die Angemessenheit der Abfindung ist stets durch einen **Prüfer** zu prüfen (§ 208 i.V.m. § 30 UmwG). Allerdings können die Berechtigten auf die Prüfung und den Prüfungsbericht verzichten, wobei die Verzichtserklärung notariell zu beurkunden ist (§ 208 i.V.m. § 30 Abs. 2 S. 2 UmwG). Dieser **Verzicht** wird dann in Betracht kommen, wenn die Überstimmten das Unternehmen so gut kennen, dass sie die Angemessenheit des Angebots selbst abschätzen können oder wenn das Angebot so großzügig bemessen ist, dass der Prüfer nur die Unangemessenheit mit umgekehrten Vorzeichen feststellen kann. Der Verzicht spart in solchen Fällen weitere Prüfungskosten.

1247 Das Angebot einer Barabfindung kann nur **binnen zwei Monaten** nach Bekanntmachung des Formwechsels angenommen werden (§ 209 UmwG). Eine Annahme der Barabfindung vor Eintragung der Umwandlung ist mE ausgeschlossen, da erst mit der Eintragung feststeht, dass es tatsächlich zum Rechtsformwechsel kommt. Unberührt bleibt ggf. ein Austrittsrecht.

1248 Der **Abfindungsanspruch** entsteht mit der Eintragung der Umwandlung in das Handelsregister und ist sogleich **fällig**. Die Abfindung ist ab Bekanntmachung der Eintragung der Umwandlung mit 2 % pa. über dem jeweiligen Basiszins nach § 247 BGB zu **verzinsen** (§ 208 i.V.m. §§ 30 Abs. 1 S. 2, 15 Abs. 2 S. 1 UmwG)[1]. Die Geltendmachung eines weiter gehenden (Verzugs-)Schadens ist nicht ausgeschlossen. **Schuldnerin** des Anspruchs ist die KG. Der Anspruch mindert das Kapital der Gesellschaft.

1249 Zur **steuerlichen Behandlung** vgl. Tz. 1473–1478.

1250 Die **Unangemessenheit** der Abfindung berechtigt nicht zur Anfechtung des Umwandlungsbeschlusses (§ 210 UmwG). Auseinandersetzungen um die Angemessenheit sind einem besonderen Verfahren (Spruchverfahren) zugewiesen (§ 212 UmwG). Antragsberechtigt sind Gesellschafter, denen nach § 29 UmwG eine Abfindung anzubieten war, somit nur diejenigen, die Widerspruch erklärt haben, sofern nicht ausnahmsweise ein Widerspruch nicht erforderlich war (§ 29 Abs. 2 UmwG). Nicht antragsberechtigt sind Gesellschafter, die das Angebot bereits angenom-

---

1 AA LIEBSCHER, AG 1996, 455: Fällig erst am Tag nach Ausübung des Wahlrechts.

GmbH → KG

men haben[1]. Ihnen steht aber im Fall einer Erhöhung des Angebotes auf Grund gerichtlicher Entscheidung eine Nachzahlung zu (§ 13 SpruchG)[2]. Der Antrag kann nur binnen drei Monaten nach dem Tag gestellt werden, an dem die Eintragung der Umwandlung in das Handelsregister nach § 10 HGB als bekannt gemacht gilt (§ 4 Abs. 1 Nr. 4 SpruchG). Die Entscheidung des Gerichts ist für alle Gesellschafter bindend (§ 13 SpruchG). Die Kosten des Verfahrens hat idR die Gesellschaft zu tragen (siehe § 15 Abs. 2 SpruchG)[3].

Nach § 211 UmwG stehen Verfügungsbeschränkungen im Gesellschaftsvertrag einer **Veräußerung** der Anteile innerhalb dieser Zwei-Monats-Frist des § 209 UmwG nicht entgegen. Damit soll dem widersprechenden Gesellschafter ermöglicht werden, seine Beteiligung frei zu veräußern. Durch § 211 UmwG werden – zumindest seit der Änderung dieser Vorschrift in 1998[4] – nicht nur vertragliche, sondern auch gesetzliche Verfügungsbeschränkungen aufgehoben. 1251

e) Anfechtung

Die Wirksamkeit des Umwandlungsbeschlusses kann nur im Klageweg angefochten werden. Die **Klage** muss innerhalb eines Monats nach der Beschlussfassung erhoben werden (§ 195 Abs. 1 UmwG). Sie kann nicht darauf gestützt werden, dass die Beteiligung an der KG zu niedrig sei oder keinen ausreichenden Gegenwert für untergehende GmbH-Anteile darstelle (§ 195 Abs. 2 UmwG). In diesen Fällen kann der Gesellschafter von der Gesellschaft lediglich im Spruchverfahren eine bare Zuzahlung verlangen (§ 196 UmwG; siehe Tz. 1049–1051 *GmbH ↔ GmbH*)[5]. 1252

Die Anfechtung des Umwandlungsbeschlusses ist ein Eintragungshindernis (§ 198 Abs. 3 i.V.m. § 16 Abs. 2 UmwG; siehe Tz. 1064 *GmbH ↔ GmbH*). 1253

---

1 OLG Düsseldorf 19 W 1/00 vom 6.12.2000, DB 2001, 189; GRUNEWALD in Lutter, § 34 UmwG Rz. 2.
2 KRIEGER/MENNICKE in Lutter, Anhang I § 13 SpruchG Rz. 3.
3 OLG Düsseldorf 19 W 1/98 vom 11.3.1998, DB 1998, 1022.
4 BGBl. 1998 I, 1878; NEYE, DB 1998, 1649.
5 OLG Stuttgart 20 W 3/06 vom 19.3.2008, ZIP 2008, 2020: ein Anspruch auf bare Zuzahlung besteht nur bei individueller Benachteiligung des Anteilsinhabers.

GmbH → KG

4. Handelsregisteranmeldung

1254 Die neue Rechtsform der **Gesellschaft** ist durch die Geschäftsführer der GmbH zum Handelsregister der GmbH anzumelden (§§ 198, 235 Abs. 2 UmwG). Ist für die KG – etwa wegen Sitzverlegung – ein anderes Registergericht zuständig, so hat auch dort die Anmeldung zu erfolgen (§ 198 Abs. 2 UmwG)[1].

1255 Die Anmeldung bedarf **öffentlich beglaubigter Form** (§ 12 Abs. 1 HGB). Eine Vorschrift zur Anmeldung innerhalb einer bestimmten Frist nach Beschlussfassung oder Erstellung der Vermögensübersicht gibt es handelsrechtlich nicht, wohl aber steuerrechtlich, siehe Tz. 1272.

1256 Der Anmeldung sind in Ausfertigung oder in öffentlich beglaubigter Abschrift oder, soweit sie nicht notariell zu beurkunden sind, in Urschrift oder Abschrift beizufügen (§ 199 UmwG):
– die Niederschrift des **Umwandlungsbeschlusses,**
– die erforderlichen **Zustimmungserklärungen** einzelner Gesellschafter,
– der **Umwandlungsbericht** oder die Erklärung über den Verzicht auf seine Erstellung,
– ein Nachweis über die rechtzeitige Zuleitung des Umwandlungsbeschlusses **an den Betriebsrat** gemäß § 194 Abs. 2 UmwG.

1257 Die Geschäftsführer haben in der Anmeldung zu erklären, dass keine Klage gegen den Umwandlungsbeschluss anhängig ist. Wird nach der Anmeldung eine Klage erhoben, haben die Geschäftsführer dies dem Registergericht mitzuteilen. Der **Erklärung der Geschäftsführer** steht ein rechtskräftiger Beschluss des mit der Anfechtungsklage befassten Gerichts, dass die Anfechtung die Eintragung nicht hindert (§ 198 Abs. 3 i.V.m. § 16 Abs. 3 UmwG), oder eine notarielle Verzichtserklärung der Gesellschafter (§ 198 Abs. 3 i.V.m. § 16 Abs. 2 S. 2 UmwG) gleich (siehe Tz. 1064 *GmbH ↔ GmbH*). Gesonderte Angaben nach §§ 106, 162 HGB sind mE nicht zwingend erforderlich, da sie in dem Umwandlungsbeschluss enthalten sind, wären aber zweckmäßig.

---

1 Eingehend BERNINGER, GmbHR 2004, 659.

GmbH → KG

5. Handelsregistereintragung

Das Registergericht prüft, ob die **formellen Voraussetzungen** für den Formwechsel gegeben sind, insbesondere alle notwendigen Unterlagen vorliegen[1]. Ein materielles Prüfungsrecht besteht nicht.   1258

Erfolgt die **Anmeldung zu unterschiedlichen Gerichten** (Tz. 1254), so hat die Eintragung in dem Register der GmbH mit dem Vermerk zu erfolgen, dass die Umwandlung erst mit der Eintragung der KG wirksam wird.   1259

Das Registergericht hat die Eintragung der neuen Rechtsform **bekannt zu machen** (§ 201 UmwG).   1260

6. Rechtsfolgen der Eintragung

Die Eintragung ist für den Formwechsel **konstitutiv**. Mit der Eintragung wird aus der GmbH eine KG (keine Rückwirkung). Die Gesellschafter bleiben identisch (§ 202 Abs. 1 UmwG).   1261

Da die GmbH als Rechtsträger in der Form der KG fortbesteht (§ 202 Abs. 1 Nr. 1 UmwG), entfallen die ansonsten bei einer Umwandlung aus der Beendigung der rechtlichen Existenz der GmbH resultierenden Rechtsfolgen. So werden **Prozesse** nicht unterbrochen. Steuerbescheide, die einen Zeitraum vor dem Formwechsel betreffen, sind unmittelbar an die KG und nicht an sie als Rechtsnachfolger der GmbH zu richten. Gesellschafterbeschlüsse für den Zeitraum vor der Eintragung des Formwechsels können nach den für eine KG geltenden Regeln gefasst und geändert werden[2]. Öffentlich-rechtliche Erlaubnisse bleiben bestehen[3].   1262

Die **Organe** der GmbH (Geschäftsführer, Aufsichtsrat) verlieren allerdings ihre Funktion[4]. Die Vertretung der KG bestimmt sich nach den gesellschaftsvertraglichen Vereinbarungen, ansonsten nach den gesetzlichen Regeln (§ 164 HGB). Von der Organstellung zu unterschei-   1263

---

1 Siehe zB zum Fehlen einer Vermögensaufstellung im Umwandlungsbericht OLG Frankfurt/M. 20 W 415/02 vom 25.6.2003, GmbHR 2003, 1274.
2 AA Vossius in Widmann/Mayer, § 202 UmwG Rz. 82 (Mai 2009).
3 Eckert, ZIP 1998, 1950.
4 Eine Prokura erlischt nicht, OLG Köln 2 Wx 9/96 vom 6.5.1996, GmbHR 1996, 773.

GmbH → KG

den sind etwaige Anstellungsverträge. An diese bleibt die Gesellschaft gebunden[1].

1264 **Rechte Dritter** an den GmbH-Anteilen (zB Pfandrechte, Nießbrauch) bestehen an den KG-Beteiligungen fort (§ 202 Abs. 1 Nr. 2 UmwG). Ebenso bleiben gesellschaftsrechtliche Verbindungen von dem Formwechsel unberührt[2]. Allenfalls ergeben sich Kündigungsgründe (siehe Tz. 1075–1078 *GmbH ↔ GmbH*).

1265 **Gläubiger** der Gesellschaft, die noch keinen Anspruch auf Befriedigung haben, können Sicherheit für ihre Forderungen verlangen (§ 204 i.V.m. § 22 UmwG). Voraussetzung ist, dass sie ihr Verlangen innerhalb von sechs Monaten nach Bekanntmachung des Formwechsels gegenüber der Gesellschaft geltend machen.

1266 Die Geschäftsführer und – falls vorhanden – die Mitglieder des Aufsichtsrats haften der Gesellschaft, den Gesellschaftern und Gläubigern der Gesellschaft für einen **Schaden**, den sie durch den Formwechsel erleiden (§ 205 Abs. 1 UmwG)[3]. Diese Ansprüche verjähren fünf Jahre nach der Bekanntgabe des Formwechsels (§ 205 Abs. 2 UmwG).

1267 Durch die Eintragung wird der Mangel der notariellen Beurkundung des Umwandlungsbeschlusses und ggf. erforderlicher Zustimmungs- oder Verzichtserklärungen einzelner Anteilseigner geheilt (vgl. § 202 Abs. 1 Nr. 3 UmwG). Sonstige **Mängel** des Formwechsels lassen Wirkungen der Eintragung unberührt (§ 202 Abs. 3 UmwG). Damit ist eine rückwirkende Beseitigung des Formwechsels ausgeschlossen[4].

7. Kosten[5]

1268 Für die **Beurkundung des Umwandlungsbeschlusses** erhält der Notar eine $20/10$-Gebühr gemäß §§ 141, 47 KostO. Geschäftswert ist das Aktivvermögen der Gesellschaft (§ 41c Abs. 2 KostO). Die Gebühr darf 5000,– Euro nicht übersteigen (§ 47 S. 2 KostO).

---

1 Eingehend Röder/Lingemann, DB 1993, 1341; Buchner/Schlobach, GmbHR 2004, 1.
2 OLG Düsseldorf 19 W 3/00 vom 27.2.2004, DB 2004, 1032, zum Beherrschungs- und Gewinnabführungsvertrag.
3 Dazu Decher in Lutter, § 205 UmwG Rz. 13 ff.
4 OLG Hamm 15 W 347/00 vom 27.11.2000, DB 2001, 85; zu Grenzen der Mängelheilung K. Schmidt, ZIP 1998, 181; OLG München 7 U 5167/09 vom 14.4.2010, GmbHR 2010, 531: keine Heilung des Umwandlungsbeschlusses bei Ladungsmängeln.
5 Zum Vorsteuerabzug OFD Düsseldorf vom 19.7.1999, DB 1999, 1580.

GmbH → KG

Entwirft der Notar die **Anmeldung**, löst dies eine ⁵/₁₀-Gebühr aus (§ 145 Abs. 1 S. 1 i.V.m. § 38 Abs. 2 Nr. 7 KostO). Der Geschäftswert beträgt 50 000,– Euro (§ 41a Abs. 3 Nr. 3 KostO). Die erste Beglaubigung ist dann gebührenfrei (§ 145 Abs. 1 S. 4 KostO). Ansonsten fällt für die Beglaubigung eine ¼-Gebühr, höchstens 130,– Euro an (§ 45 Abs. 1 S. 1 KostO). 1269

Die Kosten der Registereintragung betragen 240,– Euro (Gebühr 2402, § 79 Abs. 1 KostO i.V.m. § 1 HRegGebV). 1270

II. Steuerrecht

Für den Formwechsel einer GmbH in eine KG sind die §§ 3 bis 8 und 10 UmwStG entsprechend anzuwenden (§ 9 UmwStG). Für die Gewerbesteuer gilt § 18 UmwStG. Danach wird der Formwechsel einer Kapitalgesellschaft in eine Personengesellschaft behandelt wie die **Verschmelzung** einer Kapitalgesellschaft auf eine Personengesellschaft. Damit sind hier die Tz. 1337–1483 entsprechend anzuwenden. 1271

Besonderheiten gelten insoweit, als bei dem Formwechsel, anders als bei der Verschmelzung, wegen der Identitätswahrung keine handelsrechtliche Übertragungsbilanz aufzustellen ist. Dem folgt das Steuerrecht nicht. Steuerrechtlich ist die GmbH eigenständiges Rechtssubjekt, das der Körperschaftsteuer unterliegt, während die KG eine Mitunternehmerschaft ist, bei der die Besteuerung auf der Ebene der Gesellschafter erfolgt. Daher ist für steuerliche Zwecke auf den Zeitpunkt, in dem der Formwechsel wirksam wird (Registereintragung, § 202 Abs. 1 Nr. 1 UmwG), von der Kapitalgesellschaft eine **Übertragungsbilanz** und von der Personengesellschaft eine Eröffnungsbilanz aufzustellen (§ 9 S. 2 UmwStG). Diese Bilanzen können (Wahlrecht) auch für einen **Stichtag** aufgestellt werden, der höchstens acht Monate vor der Anmeldung des Formwechsels zur Eintragung in das Handelsregister liegt (§ 9 S. 3 UmwStG). In diesem Fall erfolgt eine steuerliche Rückwirkung des Formwechsels nach Maßgabe der Grundsätze des § 2 UmwStG. So sind Einkommen und Vermögen der übertragenden Körperschaft sowie Einkommen und Vermögen der Gesellschafter der übernehmenden Personengesellschaft so zu ermitteln, als ob das Vermögen der Körperschaft mit Ablauf des Stichtags der Bilanz, die dem Vermögensübergang zugrunde liegt (steuerlicher Übertragungsstichtag), auf die übernehmende Personengesellschaft übergegangen wäre (vgl. § 2 Abs. 1 S. 1 und Abs. 2 UmwStG)[1]. Das Gleiche gilt für die Er- 1272

---

1 Zu § 15a EStG BFH IV R 61/07 vom 3.2.2010, BStBl. 2010 II, 942.

GmbH → KG

mittlung der Bemessungsgrundlagen bei der Gewerbesteuer (§ 2 Abs. 1 S. 2 UmwStG), nicht hingegen für die Umsatzsteuer.

1273 Gehören zum Vermögen der GmbH Grundstücke, fällt beim Formwechsel keine **Grunderwerbsteuer** an, da keine Vermögensübertragung stattfindet[1].

C. Spaltung

I. Aufspaltung

1. Zivilrecht

1274 Eine GmbH kann im Wege der Aufspaltung Vermögen auf eine bereits existierende **(Spaltung zur Aufnahme)** oder mit der Spaltung zu gründende **(Spaltung zur Neugründung)** Kommanditgesellschaft übertragen (siehe Tz. 1201 sowie Tz. 726–738 GmbH → GmbH).

1275 **Voraussetzungen** sind:
- Abschluss eines Spaltungs- und Übernahmevertrags (bei Spaltung zur Aufnahme, § 126 UmwG) bzw. Erstellung eines Spaltungsplans (bei Spaltung zur Neugründung, § 136 UmwG),
- ggf. Erstellung eines Spaltungsberichts (§ 127 UmwG),
- ggf. Spaltungsprüfung,
- ggf. Information des Betriebsrats (§ 126 Abs. 3 UmwG),
- Zustimmungsbeschluss der beteiligten Gesellschaften (§ 125 i.V.m. § 13 Abs. 1 UmwG),
- Erstellung einer Schlussbilanz (§ 125 i.V.m. § 17 Abs. 2 UmwG),
- Anmeldung der Spaltung (§ 125 i.V.m. § 16 Abs. 1 UmwG).

1276 Für den **Spaltungs- und Übernahmevertrag** bzw. den **Spaltungsplan** gelten die Tz. 746–803, 901–904 GmbH → GmbH. Festzulegen ist, ob der Anteilseigner der zu spaltenden GmbH in der Personengesellschaft die Stellung eines persönlich haftenden Gesellschafters oder eines Kommanditisten übernimmt. Der Betrag der Einlage ist zu bestimmen (§ 125 i.V.m. § 40 UmwG). Grundsätzlich geht das Gesetz davon aus, dass Gesellschaftern, die – wie bei der GmbH – bisher nicht persönlich

---

1 BFH II B 116/96 vom 4.12.1996, BStBl. 1997 II, 661; FinMin. Baden-Württemberg vom 18.9.1997, DStR 1997, 1576; FinMin. Baden-Württemberg vom 19.12.1997, DStR 1998, 82; von daher ist dem Grundbuchamt auch keine Unbedenklichkeitsbescheinigung vorzulegen, siehe LG Dresden 2 T 0626/98 vom 16.7.1998, DB 1998, 1807.

GmbH → KG

unbeschränkt haften, die Stellung eines Kommanditisten eingeräumt wird (§ 125 i.V.m. § 40 Abs. 2 S. 1 UmwG). Sollen sie unbeschränkt haften (Komplementär, OHG-Gesellschafter), so bedarf die Spaltung der Zustimmung dieser Gesellschafter (§ 125 i.V.m. § 40 Abs. 2 S. 2 UmwG).

Da die Spaltung einer GmbH in eine Personenhandelsgesellschaft zu einem Rechtsformwechsel führt, ist den Gesellschaftern, die der Spaltung widersprechen, im Spaltungs- und Übernahmevertrag bzw. Spaltungsplan ein **Abfindungsangebot** zu unterbreiten (§ 125 i.V.m. §§ 29–34 UmwG). 1277

Zur **Aufteilung des Vermögens** siehe Tz. 764–777 GmbH → GmbH. Die Problematik der Kapitalaufbringung entfällt. Deckt bei einem Kommanditisten der Wert des anteiligen übergehenden Vermögens die Hafteinlage nicht, so entsteht insoweit eine persönliche Haftung. 1278

Zu den **Rechtsfolgen für Arbeitnehmer** siehe Tz. 783–803 GmbH → GmbH. 1279

Zum **Umtauschverhältnis** gilt Tz. 778–786 GmbH → GmbH entsprechend. Bare Zuzahlungen sind allerdings ausgeschlossen. Die Regelungen über die Kapitalerhöhung finden keine Anwendung. Das anteilige, auf die Personengesellschaft übergehende Vermögen ist dem Kapitalkonto des bisherigen Anteilseigners der GmbH gutzuschreiben. War die Personengesellschaft selbst beteiligt, so erfolgt die Verrechnung mit der aktivierten Beteiligung. 1280

Für die GmbH ist ein **Spaltungsbericht** zu erstellen (§ 127 UmwG), es sei denn, alle Gesellschafter der an der Spaltung beteiligten GmbH verzichten einvernehmlich auf den Bericht (§ 125 i.V.m. § 8 Abs. 3 UmwG). Bei der Personengesellschaft ist der Bericht nicht erforderlich, wenn alle Gesellschafter dieser Gesellschaft zur Geschäftsführung berechtigt sind (§ 125 i.V.m. § 41 UmwG). 1281

Eine **Spaltungsprüfung** ist erforderlich, wenn einer der Gesellschafter der an der Spaltung beteiligten GmbHs dies innerhalb einer Woche nach Erhalt der Unterlagen gemäß Tz. 1283 verlangt (§ 125 i.V.m. § 48 UmwG). Die Gesellschafter der Personengesellschaft haben dieses Recht nur, wenn bei dieser Gesellschaft der Spaltungsbeschluss durch Mehrheitsentscheidung gefasst werden kann (§ 125 i.V.m. § 44 UmwG). 1282

Soweit an der Personengesellschaft Gesellschafter beteiligt sind, die von der Geschäftsführung ausgeschlossen sind, ist der Spaltungs- und Übernahmevertrag bzw. der Spaltungsplan und der Spaltungsbericht 1283

GmbH → KG

diesen Gesellschaftern spätestens mit der **Einberufung zur Gesellschafterversammlung**, die über die Zustimmung beschließt, zu übersenden (§ 125 i.V.m. § 42 UmwG).

1284 Der **Spaltungsbeschluss** bedarf bei der Personengesellschaft der Zustimmung aller Gesellschafter (§ 125 i.V.m. § 43 UmwG), es sei denn, der Gesellschaftsvertrag sieht eine geringere Mehrheit (mindestens jedoch ¾ der Stimmen) vor (§ 125 i.V.m. § 43 Abs. 2 S. 1 UmwG; siehe Tz. 1969 *KG → KG*).

1285 Zur **Bilanzaufstellung** siehe Tz. 818–820 *GmbH → GmbH*; zur **Anmeldung** und **Eintragung** Tz. 821–824 *GmbH → GmbH* bzw. Tz. 907–909 *GmbH → GmbH*.

1286 Zu den **Rechtsfolgen** siehe Tz. 825–834 *GmbH → GmbH*. Die **Firmenfortführung** durch eine der Personengesellschaften ist zulässig (§ 125 i.V.m. § 18 UmwG).

1287 Zu den **Kosten** Tz. 835–840 *GmbH → GmbH*.

2. Steuerrecht

a) Steuerliche Rückwirkung

1288 Es gelten die Tz. 1337–1346 entsprechend.

b) Besteuerung der zu spaltenden GmbH

1289 Soweit Vermögen einer Körperschaft durch Aufspaltung auf eine Personengesellschaft übergeht, erfolgt die Besteuerung nach den Grundsätzen über **Verschmelzung** von Körperschaften auf Personengesellschaften (§ 16 S. 1 i.V.m. §§ 3–8, 10 UmwStG, siehe hierzu Tz. 1347–1483). Allerdings verweist § 16 UmwStG auch auf § 15 UmwStG, womit eine Buchwertfortführung **nur zulässig** ist, wenn

– auf die übernehmenden Gesellschaften jeweils **Teilbetriebe** übergehen (§ 15 Abs. 1 S. 2 UmwStG). Als Teilbetrieb gilt auch ein Mitunternehmeranteil oder die Beteiligung an einer Kapitalgesellschaft, die das gesamte Nennkapital umfasst (§ 15 Abs. 1 S. 3 UmwStG);

– die Mitunternehmeranteile und 100 %igen Beteiligungen an Kapitalgesellschaften nicht innerhalb eines Zeitraums von drei Jahren vor dem steuerlichen Übertragungsstichtag durch **Übertragung von Wirtschaftsgütern**, die kein Teilbetrieb sind, erworben oder aufgestockt wurden (§ 15 Abs. 2 S. 1 UmwStG);

GmbH → KG

- nicht innerhalb von fünf Jahren nach dem steuerlichen Übertragungsstichtag **Anteile** an einer an der Spaltung beteiligten Körperschaft, die mehr als 20 % der vor Wirksamwerden der Spaltung an der Körperschaft bestehenden Anteile ausmachen, **an außenstehende Personen veräußert** werden (§ 15 Abs. 2 S. 3 und 4 UmwStG);
- bei der **Trennung von Gesellschafterstämmen** die Beteiligungen an der übertragenden Körperschaft mindestens fünf Jahre vor dem steuerlichen Übertragungsstichtag bestanden haben (§ 15 Abs. 2 S. 5 UmwStG).

Siehe im Einzelnen zu § 15 UmwStG Tz. 845–870 *GmbH → GmbH*.   1290

c) Steuerliche Folgen bei der Personengesellschaft

Es gelten die Tz. 1402–1460.   1291

d) Besteuerung der Gesellschafter

Es gelten die Tz. 1461–1483.   1292

Einstweilen frei.   1293–1300

II. Abspaltung

1. Zivilrecht

Es gelten die Tz. 1274–1287 sowie die Tz. 912–922 *GmbH → GmbH* entsprechend.   1301

2. Steuerrecht

Entsprechend dem Verhältnis der übergehenden Vermögensteile zu dem vor der Spaltung bestehenden Vermögen mindert sich das steuerliche Einlagekonto (§ 27 KStG) der GmbH (§ 29 Abs. 3 S. 4 KStG). Ein **verbleibender Verlustabzug** i.S.d. § 10d EStG der übertragenden Kapitalgesellschaft mindert sich im Verhältnis, in dem das Vermögen auf eine Personengesellschaft übergeht (§ 16 S. 1 i.V.m. § 15 Abs. 3 UmwStG). Entsprechendes gilt für den gewerbesteuerlichen Verlustabzug (vgl. § 18 Abs. 1 UmwStG). Diese Kürzungen bei der übertragenden Gesellschaft erfolgen unabhängig davon, dass die verbleibenden Verlustabzüge nicht – auch nicht anteilig – auf die übernehmende Personengesellschaft bzw. deren Gesellschafter übergehen (§ 16 i.V.m. § 4 Abs. 2 S. 2 UmwStG). Ansonsten gelten die Tz. 1288–1300 entsprechend.   1302

GmbH → KG

III. Ausgliederung

1. Zivilrecht

1303 Es gelten die Tz. 929–939 *GmbH → GmbH* entsprechend.

2. Steuerrecht

1304 Steuerlich unterfällt die Ausgliederung auf eine Personengesellschaft § 6 Abs. 5 EStG oder § 24 UmwStG (siehe Tz. 380–411 *EU → KG*). Damit ist eine **Buchwertfortführung** möglich. Die Einschränkungen der §§ 15, 16 UmwStG gelten nicht. Verkauft die GmbH den Anteil an der Personengesellschaft, so ist das gewerbesteuerpflichtig (§ 7 S. 2 GewStG)[1].

D. Verschmelzung

I. Verschmelzung durch Aufnahme

1. Zivilrecht

a) Voraussetzungen

1305 Eine GmbH kann durch Verschmelzung **auf eine bestehende** KG umgewandelt werden (§ 2 Nr. 1 UmwG)[2]. Der Unternehmensgegenstand der GmbH spielt keine Rolle (siehe Tz. 1214). Nicht erforderlich ist, dass die KG oder ihre Gesellschafter an der GmbH beteiligt sind. Es können auch bisher nicht verbundene Unternehmen verschmolzen werden. Der oder die Gesellschafter der GmbH müssen taugliche Gesellschafter einer KG sein (siehe Tz. 1215–1217).

1306 Notwendig sind folgende Schritte:
- Abschluss eines **Verschmelzungsvertrags** (§§ 4 ff. UmwG),
- ggf. Erstellung eines **Verschmelzungsberichts** (§ 8 UmwG),
- ggf. **Prüfung** der Verschmelzung (§ 9 UmwG),
- **Zustimmungsbeschluss** der Gesellschafter (§ 13 UmwG),
- **Anmeldung** der Verschmelzung (§ 16 UmwG).

---

[1] Zur Rechtslage vor 2002 OFD Frankfurt/M. vom 16.8.2000, GmbHR 2000, 1066.
[2] Nach OLG Hamm I-15 Wx 360/09 vom 24.6.2010, GmbHR 2010, 985 ist die Verschmelzung einer Komplementär-GmbH auf die eigene KG unzulässig, da die KG mit der Verschmelzung untergehen würde; mE unzutreffend.

GmbH → KG

b) Verschmelzungsvertrag

Grundlage der Verschmelzung ist ein Verschmelzungsvertrag zwischen der übertragenden GmbH und der übernehmenden KG (§ 4 Abs. 1 UmwG). Der Vertrag wird von den jeweils zur Vertretung der Gesellschaften befugten Personen (bei der GmbH idR die **Geschäftsführer**, bei der KG die nach dem Gesetz bzw. dem Gesellschaftsvertrag geschäftsführungsbefugten Gesellschafter) abgeschlossen. 1307

Sind mehrere Gesellschaften an der Verschmelzung beteiligt, ist ein **einheitlicher Vertrag** von allen Parteien abzuschließen. Er kann vor oder nach der Beschlussfassung durch die Gesellschafter abgeschlossen werden. Wird die Beschlussfassung vorgezogen, ist zunächst ein Vertragsentwurf zu erstellen (§ 4 Abs. 2 UmwG). 1308

Der Vertrag bedarf **notarieller Beurkundung** (§ 6 UmwG). 1309

Als Mindestinhalt muss der Vertrag die beteiligten Gesellschaften mit **Firma, Sitz** und **gesetzlichen Vertretern** bezeichnen (§ 5 Abs. 1 Nr. 1 UmwG). Ferner muss in der Erklärung enthalten sein, dass das Vermögen der übertragenden GmbH gegen Gewährung einer KG-Beteiligung an die Gesellschafter der GmbH auf die KG übertragen wird (§ 5 Abs. 1 Nr. 2 UmwG). 1310

Auf die **Beteiligungsgewährung** kann nur verzichtet werden, wenn sich alle Anteile der GmbH in der Hand der KG befinden (§ 5 Abs. 2 UmwG). Maßgebend ist grundsätzlich die zivilrechtliche Eigentümerstellung. Wie bei der Verschmelzung von Kapitalgesellschaften dürfte es nicht ausreichen, dass sich die GmbH-Anteile in der Hand der Gesellschafter befinden, selbst wenn sie dort als Sonderbetriebsvermögen zu qualifizieren sind. Allerdings könnten die Anteile vor der Verschmelzung in das Gesamthandsvermögen eingelegt werden. 1311

In dem Verschmelzungsvertrag ist die jeweilige Beteiligung, die den Gesellschaftern der GmbH in der KG gewährt wird, festzulegen (§ 5 Abs. 1 Nr. 3 und 4 UmwG). Hierzu gehört bei der Verschmelzung auf eine KG 1312

– in welchem quotalen Verhältnis das Vermögen der GmbH den **Kapitalkonten der Gesellschafter** gutzuschreiben ist (hierbei ist zu berücksichtigen, dass handelsrechtlich ein Wahlrecht hinsichtlich der Bilanzierung besteht, siehe Tz. 1332);

– in welchem Verhältnis die Gesellschafter der GmbH zukünftig am **Vermögen der KG** beteiligt sind (hierbei sind die Regeln des beste-

GmbH → KG

henden Gesellschaftsvertrags der KG zu beachten, auf die ggf. Bezug genommen werden kann);

– ob die Gesellschafter der GmbH im Rahmen der KG die Stellung eines **Komplementärs** oder eines **Kommanditisten** erhalten (§ 40 Abs. 1 UmwG; dabei ist darauf zu achten, dass Gesellschaftern, die bereits an der KG beteiligt sind, nur eine einheitliche Rechtsstellung eingeräumt wird; ein Komplementär kann nicht gleichzeitig Kommanditist und ein Kommanditist nicht gleichzeitig Komplementär sein);

– die **Höhe der Haftungssumme** der Kommanditisten (§ 40 Abs. 1 S. 2 UmwG; diese kann höher oder geringer als die Einlage sein).

1313 Ferner ist festzulegen

– der **Verschmelzungsstichtag** (§ 5 Abs. 1 Nr. 6 UmwG), der nicht mehr als acht Monate vor der Anmeldung der Verschmelzung zum Handelsregister liegen darf (§ 17 Abs. 2 S. 4 UmwG). Ab diesem Stichtag gelten die Handlungen der GmbH als für Rechnung der übernehmenden KG vorgenommen (Tz. 992 *GmbH ↔ GmbH*);

– der (idR mit dem Verschmelzungsstichtag identische) Tag, ab dem die Gesellschafter der GmbH am Gewinn der KG beteiligt sind, sowie die Höhe des **Gewinnanteils** (§ 5 Abs. 1 Nr. 5 UmwG);

– ob und in welchem Umfang Gesellschaftern **Sonderrechte** (Gewinnvorab, Geschäftsführungsrechte etc.) eingeräumt werden (§ 5 Abs. 1 Nr. 7 UmwG);

– **Vorteilsgewährungen** an Geschäftsführer, Aufsichtsräte oder Prüfer (§ 5 Abs. 1 Nr. 8 UmwG, siehe Tz. 992 *GmbH ↔ GmbH*);

– die **Folgen** der Verschmelzung **für die Arbeitnehmer** und ihre Vertretungsorgane sowie die insoweit vorgesehenen Maßnahmen (§ 5 Abs. 1 Nr. 9 UmwG).

1314 Letztlich ist für den Fall, dass Gesellschafter der Verschmelzung widersprechen, im Verschmelzungsvertrag ein **Barabfindungsangebot** zu unterbreiten (§ 29 UmwG, siehe Tz. 1242–1251).

1315 Die KG kann die **Firma** der GmbH fortführen (§ 18 UmwG, siehe Tz. 1232). Dies ist im Verschmelzungsvertrag zu regeln.

1316 Darüber hinaus empfehlen sich Regelungen zur handels- und steuerrechtlichen Bewertung in der Schlussbilanz (siehe Tz. 1347 ff.), zur **Kostenfrage** (siehe Tz. 1336) sowie die Festlegung etwaiger Änderungen des Gesellschaftsvertrags der KG.

GmbH → KG

Zu einem **bedingten Abschluss** des Verschmelzungsvertrags siehe 1317
Tz. 1001–1002 GmbH ↔ GmbH, zum **Anteilsübergang** während des
Verschmelzungsvorgangs Tz. 1004 GmbH ↔ GmbH.

c) Umtauschverhältnis und Barabfindungsangebot

Hinsichtlich des **Umtauschverhältnisses** gelten die Tz. 1006–1013 1318
GmbH ↔ GmbH entsprechend. **Bare Zuzahlungen** sind nicht zulässig.

Da die Verschmelzung der GmbH auf eine KG zum Wechsel der 1319
Rechtsform führt, ist den Gesellschaftern der GmbH, die der Verschmelzung widersprechen, ein **Barabfindungsangebot** zu unterbreiten
(§ 29 Abs. 1 UmwG). Insoweit gilt Tz. 1242–1251 entsprechend.

d) Verschmelzungsbericht und Prüfung

Für den **Verschmelzungsbericht** gilt Tz. 1018–1029 GmbH ↔ GmbH 1320
entsprechend. Für die KG ist kein Verschmelzungsbericht erforderlich,
wenn alle Gesellschafter der KG zur Geschäftsführung berechtigt sind
(§ 41 UmwG).

Der Verschmelzungsvertrag ist prüfungspflichtig, wenn ein Gesell- 1321
schafter der GmbH dies innerhalb einer Woche nach Vorlage des Verschmelzungsvertrags und des Verschmelzungsberichts verlangt (§ 48
UmwG). Gesellschafter der KG können die **Prüfung** verlangen, wenn
der Gesellschaftsvertrag der KG eine Mehrheitsentscheidung hinsichtlich der Zustimmung zur Verschmelzung vorsieht (§ 44 UmwG).

e) Verschmelzungsbeschlüsse

Für die **Beschlussfassung** bei der GmbH gilt Tz. 1030–1051 GmbH ↔ 1322
GmbH, im Übrigen Tz. 1680–1681 KG → GmbH entsprechend.

Auch bei der KG muss der Verschmelzungsbeschluss in der **Gesell-** 1323
schafterversammlung gefasst werden (§ 13 Abs. 1 UmwG), obwohl das
Handelsrecht für Personengesellschaften grundsätzlich keine Notwendigkeit zur Beschlussfassung in einer Gesellschafterversammlung
kennt.

Für die **Einberufung** der Gesellschafterversammlung gelten, sofern vor- 1324
handen, die durch den Gesellschaftsvertrag vorgegebenen Formen und
Fristen, ansonsten ist mit angemessener Frist (mE mindestens ein Monat analog § 123 AktG) schriftlich unter Angabe der Tagesordnung von

GmbH → KG

den zur Geschäftsführung befugten Gesellschaftern zu laden[1]. Der Verschmelzungsvertrag und der Verschmelzungsbericht sind den Gesellschaftern, die von der Geschäftsführung ausgeschlossen sind, spätestens mit der Einberufung der Gesellschafterversammlung zu übersenden.

1325 Der Verschmelzungsbeschluss bedarf der **Zustimmung aller Gesellschafter** der KG. Gesellschafter, die nicht zur Gesellschafterversammlung erschienen sind, müssen ihre Zustimmung gesondert erklären.

1326 Eine **Mehrheitsentscheidung** ist nur zulässig, wenn der Gesellschaftsvertrag der KG dies für den Fall der Umwandlung vorsieht. Wirksam ist allerdings nur eine Vereinbarung, die eine Mehrheit von mindestens ¾ aller Stimmen (nicht etwa nur der abgegebenen Stimmen) vorsieht (§ 43 Abs. 2 UmwG). Dabei kommt es auf die Zahl der Stimmen, nicht auf die Zahl der Gesellschafter an.

1327 Der Beschluss und etwaige Zustimmungen außerhalb der Gesellschafterversammlung sind **notariell zu beurkunden**. Zur Beurkundung mehrerer Beschlüsse in einer Urkunde siehe Tz. 1098 *GmbH ↔ GmbH*.

1328 Ist bei der KG eine Mehrheitsentscheidung möglich, haben die Komplementäre der übernehmenden KG ein besonderes **Widerspruchsrecht** (§ 43 Abs. 2 S. 2 UmwG). Sie können verlangen, in die Stellung eines Kommanditisten zu treten.

1329 Zur **Anfechtung** des Beschlusses siehe Tz. 1049–1051 *GmbH ↔ GmbH*.

f) Bilanzierung

1330 Zur Bilanzierung bei der übertragenden **GmbH** siehe Tz. 1052–1054 *GmbH ↔ GmbH*.

1331 Die übernehmende **KG** hat keine besondere Bilanz zu erstellen. Die KG hat die übernommenen Wirtschaftsgüter mit den Anschaffungs- bzw. Herstellungskosten vermindert um die AfA anzusetzen (§ 253 Abs. 1 HGB). Der Saldo aus Aktiva und Passiva (ohne Eigenkapital) ist den Kapitalkonten der Gesellschafter entsprechend den Vereinbarungen des Verschmelzungsvertrags gutzuschreiben oder – im Fall negativen Vermögens – zu belasten. Soweit die **KG an der GmbH beteiligt** ist, erfolgt eine Verrechnung mit dem Beteiligungskonto.

---

1 ENZINGER in Münchener Kommentar zum HGB, § 119 Rz. 49.

GmbH → KG

Als Anschaffungskosten können (Wahlrecht) auch die **Buchwerte** der Verschmelzungsbilanz der GmbH angesetzt werden (§ 24 UmwG). 1332

Hinweis: Da keine Maßgeblichkeit der Handelsbilanz für die Steuerbilanz besteht, wird häufig eine nur handelsrechtliche Aufdeckung der stillen Reserven in Betracht kommen, um in der Handelsbilanz gegenüber Dritten ein möglichst hohes Eigenkapital zu zeigen. Dabei ist zu berücksichtigen, dass bei der nur handelsrechtlichen Aufdeckung der stillen Reserven uU die latente Steuerlast zu bilanzieren ist (§§ 274, 306 HGB)[1]. 1333

g) Anmeldung und Eintragung

Die Vertretungsorgane der GmbH (Geschäftsführer) und der KG (geschäftsführende Gesellschafter)[2] haben die Verschmelzung zur Eintragung in das **Handelsregister** des jeweiligen Sitzes anzumelden (§ 16 Abs. 1 S. 1 UmwG). Für die GmbH können auch die Vertretungsorgane der KG die Anmeldung vornehmen (§ 16 Abs. 1 S. 2 UmwG). Im Übrigen gelten die Tz. 1059–1071 *GmbH ↔ GmbH*. 1334

h) Rechtsfolgen der Verschmelzung

Es gelten die Tz. 1072–1097 *GmbH ↔ GmbH* entsprechend. Besonderheiten gelten für eine **Firmenfortführung** (siehe Tz. 1232). 1335

i) Kosten

Siehe Tz. 1098–1101 *GmbH ↔ GmbH*. 1336

2. Steuerrecht

a) Steuerliche Rückwirkung

Bei einer Verschmelzung sind Einkommen und Vermögen der übertragenden GmbH sowie der das Vermögen übernehmenden Gesellschaften so zu ermitteln, als ob das Vermögen der GmbH mit Ablauf des Stichtags der Bilanz, die dem Vermögensübergang zugrunde liegt **(steuerlicher Übertragungsstichtag)**, auf die übernehmenden Gesellschaften übergegangen wäre (§ 2 Abs. 1 UmwStG). Die Rückwirkung 1337

---

1 ZWIRNER, DB 2010, 737; KÜNKELE/ZWIRNER, DStR 2011, 2309.
2 Bei einer Verschmelzung durch Mehrheitsbeschluss kann auch die Registervollmacht durch Mehrheitsbeschluss erteilt werden, OLG Schleswig 2 W 50/03 vom 4.6.2003, DStR 2003, 1891.

GmbH → KG

gilt für die Besteuerung der übertragenden GmbH, der übernehmenden Personengesellschaft und deren Gesellschafter (§ 2 Abs. 2 UmwStG), nicht für die Anteilseigner der GmbH[1]. Ist Gesellschafter der Personengesellschaft eine Personengesellschaft, so ist auf die dahinterstehenden Gesellschafter abzustellen[2].

1337.1 Nach Ansicht der Finanzverwaltung ist der steuerliche Übertragungsstichtag der Tag, der dem handelsrechtlichen Umwandlungsstichtag vorangeht[3]. Steuerlich wirkt die Verschmelzung automatisch auf den Tag vor dem **handelsrechtlichen Verschmelzungsstichtag** zurück. Es bedarf weder eines besonderen Antrags, noch kann steuerlich ein anderer Stichtag gewählt werden[4]. Wegen der Bindung an den handelsrechtlichen Verschmelzungsstichtag führt die Eintragung einer Verschmelzung im Handelsregister trotz Überschreitung der Acht-Monats-Frist (§ 17 Abs. 2 S. 4 UmwG) mE zur Beibehaltung der steuerlichen Rückwirkung.

1337.2 Nicht erforderlich ist, dass die **übernehmende Gesellschaft** zum steuerlichen Übertragungsstichtag bereits **existiert**[5]. Beispiel: Die KG wird am 30. 5. gegründet, am 30. 7. wird die Verschmelzung der GmbH auf die KG mit Wirkung zum 31. 12. des Vorjahres beschlossen. Die Steuerpflicht der KG beginnt hier zum 31. 12.

1338 Die Rückwirkung gilt für die **Ertragsteuern**, nicht für die Umsatzsteuer. Die übernehmende Personengesellschaft hat ihre Einkünfte so zu ermitteln, als sei das Unternehmen der übertragenden GmbH bereits zum Verschmelzungsstichtag auf sie übergegangen.

1339 **Gewinnausschüttungen**, die am steuerlichen Übertragungsstichtag bereits beschlossen, aber noch nicht vorgenommen sind, sind in der steuerlichen Schlussbilanz der übertragenden Körperschaft als Schuldposten auszuweisen[6]. Sie mindern folglich das übertragene Vermögen. Bei dem Anteilseigner sind sie nach den allgemeinen Regeln als Einkünfte nach § 20 Abs. 1 Nr. 1 EStG zu versteuern[7]. Zweifelhaft ist der Zufluss-

---

1 BFH I R 96/08 vom 7.4.2010, BStBl. 2011 II, 467; Tz. 02.03 UmwE 2011.
2 Tz. 02.12 UmwE 2011.
3 Tz. 02.02 UmwE 2011.
4 BFH II R 33/97 vom 22.9.1999, BStBl. 2000 II, 2; Tz. 02.03 UmwE 2011.
5 Tz. 02.11 UmwE 2011.
6 Tz. 02.27–02.29 UmwE 2011.
7 VAN LISHAUT in Rödder/Herlinghaus/van Lishaut, § 2 UmwStG Rz. 87; teils aA die Finanzverwaltung Tz. 02.28 UmwE 2011, die im Fall, dass der Gesellschafter einen Übernahmegewinn nach § 4 UmwStG ermittelt – dazu Tz. 1422 – gewerbliche Einkünfte annehmen will.

GmbH → KG

zeitpunkt. Für Gesellschafter der GmbH, die im Rückwirkungszeitraum ausscheiden oder nach der Eintragung der Umwandlung ein Barabfindungsangebot annehmen und ausscheiden (Tz. 1319), gelten unstreitig die allgemeinen Zuflussregeln[1]. Demgegenüber soll den Anteilseignern der GmbH, die Gesellschafter der übernehmenden Personengesellschaft werden, die Dividende bereits am steuerlichen Übertragungsstichtag zufließen[2].

Gewinne der GmbH nach dem Übertragungsstichtag werden steuerlich als Gewinne der KG behandelt und den Gesellschaftern im Wege der einheitlichen und gesonderten Gewinnfeststellung zugerechnet. **Gewinnausschüttungen, die nach dem Übertragungsstichtag** beschlossen werden, sind steuerlich Entnahmen[3]. KapESt ist nicht abzuführen bzw. nach Eintragung der Umwandlung vom Finanzamt zu erstatten[4]. Gehalts-, Miet-, Pacht- und Zinszahlungen der GmbH an einen Gesellschafter für den Zeitraum zwischen Umwandlungsstichtag und Eintragung werden als Gewinnvoraus behandelt (§ 15 Abs. 1 S. 1 Nr. 2 EStG) und stellen keine Betriebsausgaben dar[5]. Die Rückwirkungsfiktion gilt jedoch nicht für ausscheidende Gesellschafter (siehe auch Tz. 1480 ff.)[6]. 1340

Pensionsrückstellungen zu Gunsten der Gesellschafter-Geschäftsführer sind nach dem Vermögensübergang auf eine Personengesellschaft von dieser nicht gewinnerhöhend aufzulösen, sondern fortzuführen[7]. Zuführungen zu diesen mindern aber nach dem Übertragungsstichtag nicht den steuerlichen Gewinn der KG (siehe auch Tz. 1381)[8]. 1341

Aufsichtsratsvergütungen nach § 10 Nr. 4 KStG sind für die Zeit nach dem steuerlichen Übertragungsstichtag in vollem Umfang als Betriebsausgaben abzugsfähig, wenn Empfänger der Vergütungen nicht ein Gesellschafter der übernehmenden Personengesellschaft ist[9]. 1342

---

1 HÖRTNAGL in Schmitt/Hörtnagl/Stratz, § 2 UmwStG Rz. 77; VAN LISHAUT in Rödder/Herlinghaus/van Lishaut, § 2 UmwStG Rz. 87; Tz. 02.28 UmwE 2011.
2 HÖRTNAGL in Schmitt/Hörtnagl/Stratz, § 2 UmwStG Rz. 77; VAN LISHAUT in Rödder/Herlinghaus/van Lishaut, § 2 UmwStG Rz. 87; Tz. 02.28 UmwE 2011; mE zweifelhaft, da die Rückwirkungsfiktion des § 2 Abs. 2 UmwStG keine Zuflussfiktion beinhalte, sonder nur Einkünfte umqualifiziert.
3 Tz. 02.32 UmwE 2011.
4 OFD Berlin vom 13.3.2000, GmbHR 2000, 635; BERG, DStR 1999, 1219.
5 Tz. 02.36 UmwE 2011.
6 Tz. 02.17,– 02.19, 02.20–02.22 UmwE 2011.
7 BFH I R 8/75 vom 22.6.1977, BStBl. 1977 II, 798; Tz. 06.04–06.05 UmwE 2011.
8 Tz. 06.06 UmwE 2011.
9 Tz. 02.37 UmwE 2011.

GmbH → KG

1343 Die Rückwirkung gilt nicht für die **Grunderwerbsteuer**[1] und die **Umsatzsteuer**. Unternehmer ist bis zur Eintragung der Verschmelzung im Handelsregister die GmbH. Bis zu diesem Zeitpunkt sind Leistungen zwischen ihr und Dritten unter der Firma der GmbH abzurechnen. Bis zur Eintragung der Verschmelzung sind von der GmbH Umsatzsteuervoranmeldungen und Umsatzsteuererklärungen abzugeben. Soweit nach der Eintragung noch Erklärungen für den Zeitraum bis zur Eintragung einzureichen sind, ist dies Aufgabe der übernehmenden Gesellschaft als Rechtsnachfolger der GmbH.

1344 Die Frage, ob § 2 UmwStG auch hinsichtlich der **Erbschaftsteuer** gilt, ist umstritten. Der BFH hat dies – in einer bisher allerdings einmaligen Entscheidung – abgelehnt[2]. ME gilt die Rückwirkung des § 2 UmwStG für die ErbSt als vermögensbezogene Steuer[3].

1345

Die Folgen der Rückwirkung treten mit Ablauf des Verschmelzungsstichtags ein. Ist Verschmelzungsstichtag der 31. 12., so hat dies ua. folgende **Auswirkungen**[4]:

- Ein Übertragungsgewinn bei der GmbH ist im Einkommen des alten Jahrs enthalten.
- Ein Übernahmegewinn entsteht bei der KG noch im alten Jahr. Ebenso sind dem Gesellschafter Einkünfte nach § 7 UmwStG noch im alten Jahr zuzurechnen.

Sollen die steuerlichen Folgen der Verschmelzung nicht zum 31. 12., sondern zum 1. 1. eintreten, muss der 2. 1. als Umwandlungsstichtag gewählt werden (siehe Tz. 1337).

1346 Einstweilen frei.

---

1 BFH II R 23/04 vom 29.9.2005, BStBl. 2006 II, 137.
2 BFH II R 73/81 vom 4.7.1984, BStBl. 1984 II, 772.
3 Ebenso WIDMANN in Widmann/Mayer, § 2 UmwStG Rz. 85, mwN (März 1999); HÖRTNAGL in Schmitt/Hörtnagl/Stratz, § 2 UmwStG Rz. 36; wohl auch VON RECHENBERG, GmbHR 1998, 976; LÜDICKE, ZEV 1995, 132; KNOPF/SÖFFING, BB 1995, 850; aA SLABON in Haritz/Menner, § 2 UmwStG Rz. 27; Tz. 01.01 UmwE 2011; WOLF in FS Widmann, 2000, S. 655.
4 Tz. 02.04 UmwE 2011.

GmbH → KG

b) Besteuerung der GmbH

aa) Wertansatz in der steuerlichen Schlussbilanz

Die GmbH hat zum steuerlichen Übertragungsstichtag – neben der regulären Steuerbilanz zur Ermittlung des laufenden Gewinns – eine Schlussbilanz aufzustellen, in der die übergehenden Wirtschaftsgüter, einschließlich nicht entgeltlich erworbener und selbst geschaffener immaterieller Wirtschaftsgüter[1] grundsätzlich mit dem **gemeinen Wert** anzusetzen sind (§ 3 Abs. 1 S. 1 UmwStG)[2]. Für die Bewertung von Pensionsrückstellungen gilt § 6a EStG (§ 3 Abs. 1 S. 2 UmwStG). Damit sind alle stillen Reserven und stillen Lasten[3], mit Ausnahme der stillen Lasten in Pensionsrückstellungen (dazu Tz. 1381), in allen bilanzierten und nicht bilanzierten Wirtschaftsgütern anzusetzen. 1347

Hinweis: Nach Auffassung der Finanzverwaltung hat die Bewertung nicht bezogen auf jedes einzelne übergehende Wirtschaftsgut, sondern bezogen auf die Gesamtheit der übergehenden aktiven und passiven Wirtschaftsgüter zu erfolgen („Bewertung als Sachgesamtheit")[4]. Anzuwenden seien die Grundsätze zur Unternehmensbewertung nach § 11 Abs. 2 BewG[5]. Die Finanzverwaltung orientiert sich damit letztlich am Teilwert des Unternehmens und nicht am Wert der einzelnen Wirtschaftsgüter[6]. 1347.1

Hinweis: Ein Geschäfts- oder Firmenwert soll auch dann anzusetzen sein, wenn der Betrieb nicht fortgeführt wird[7]. 1347.2

Auf Antrag können die übergehenden Wirtschaftsgüter mit dem **Buchwert** oder einem Zwischenwert angesetzt werden, soweit 1348

– sie Betriebsvermögen der übernehmenden Personengesellschaft werden und sichergestellt ist, dass sie dort der Einkommen- oder Körperschaftsteuer unterliegen[8], und

---

1 Kritisch zur Ermittlung eines gemeinen Werts bei nicht entgeltlich erworbenen immateriellen Wirtschaftsgütern BIRKEMEIER in Rödder/Herlinghaus/van Lishaut, § 3 UmwStG Rz. 71 ff.
2 Zur Bewertung teilfertiger Arbeiten, BFH I R 79/01 vom 10.7.2002, BStBl. 2002 II, 784.
3 Dazu DESENS, DStR 2010, Beiheft zu Heft 46, 80.
4 Tz. 03.07 UmwE 2011.
5 Dazu Ländererlass vom 22.9.2011, BStBl. 2011 I, 859; aA BIRKEMEIER in Rödder/Herlinghaus/van Lishaut, § 3 UmwStG Rz. 74.
6 Zur Abgrenzung BIRKEMEIER in Rödder/Herlinghaus/van Lishaut, § 3 UmwStG Rz. 66 ff.
7 Tz. 03.14 UmwE 2011.
8 Siehe dazu auch Tz. 03.14–03.16 UmwE 2011.

GmbH → KG

– das Recht der Bundesrepublik Deutschland hinsichtlich der Besteuerung des Gewinns aus der Veräußerung der übertragenen Wirtschaftsgüter bei den Gesellschaftern der übernehmenden Personengesellschaft nicht ausgeschlossen oder beschränkt wird[1] und

– eine Gegenleistung nicht gewährt wird oder in Gesellschaftsrechten besteht[2] (§ 3 Abs. 2 S. 1 UmwStG).

Hinweis: Nach Ansicht der Finanzverwaltung ist ein Buchwertansatz auch ausgeschlossen, wenn der gemeine Wert der „Sachgesamtheit" (siehe Tz. 1347) geringer ist als die Summe der Buchwerte der übergehenden Wirtschaftsgüter[3]. Dies führt bei einer GmbH, die noch einen positiven Buchwert hat, aufgrund hoher Verluste aber über einen negativen Unternehmenswert verfügt, dazu, dass ein Übertragungsverlust entsteht, der den untergehenden Verlustvortrag erhöht (siehe Tz. 1399 und 1421) und damit Verlustpotenzial der übernehmenden Gesellschaft vernichtet. ME hat diese Auffasung der Finanzverwaltung keine Grundlage im Gesetz.

1348.1 Der **Antrag** ist spätestens bis zur erstmaligen Abgabe der steuerlichen Schlussbilanz bei dem für die Besteuerung der GmbH zuständigen Finanzamt zu stellen (§ 3 Abs. 2 S. 2 UmwStG). Der Antrag kann nur einheitlich gestellt werden, da § 3 Abs. 2 S. 1 UmwStG verlangt, dass die übergehenden Wirtschaftsgüter „einheitlich" mit dem Buchwert oder einem Zwischenwert angesetzt werden[4]. Nicht geregelt ist, wer antragsberechtigt ist. ME kann dies nur die übertragende GmbH bzw. die KG als ihre Rechtsnachfolgerin sein, da es um den Wertansatz in der Schlussbilanz der übertragenden GmbH geht[5]. Für den Fall, dass die Gesellschafter keine einheitliche Auffassung zum Wertansatz vertreten, ist eine Entscheidung durch Gesellschafterbeschluss herbeizuführen, für den die zur Bilanzfeststellung notwendigen Mehrheitserfordernisse gelten. Empfehlenswert ist eine Festlegung des Wertansatzes im Verschmelzungsvertrag.

---

1 Siehe dazu auch Tz. 03.18–03.20 UmwE 2011.
2 Siehe dazu auch Tz. 03.21–03.24 UmwE 2011, der von Zahlungen an den Anteilsigner „oder diesem nahestehende Personen" und von Leistungen durch den übernehmenden Rechtsträger „oder eine diesem nahestehende Person" spricht, was mE keine Rechtsgrundlage hat.
3 Tz. 03.12 UmwE 2011.
4 BIRKEMEIER in Rödder/Herlinghaus/van Lishaut, § 3 UmwStG Rz. 132; Tz. 03.13 UmwE 2011.
5 Ebenso Tz. 03.28 UmwE 2011.

GmbH → KG

Hinweis: Die Festlegung der Bewertung durch Vertrag oder Beschluss ist nur für die Gesellschafter, nicht gegenüber der Finanzverwaltung bindend. Bis zur Einreichung der steuerlichen Schlussbilanz können die Gesellschafter daher ihre Entscheidung durch entsprechenden Beschluss revidieren.

1348.2

Das Gesetz schreibt keine besondere **Form** der Antragstellung vor, so dass eine konkludente Antragstellung durch Abgabe der steuerlichen Schlussbilanzen[1] ausreichend ist[2]. Dies gilt me auch bei einem Zwischenwertansatz[3]. Nach Ansicht der Finanzverwaltung ist der Antrag „bedingungsfeindlich und unwiderruflich"[4]. Eine Rechtsgrundlage für diese Einschränkung ist nicht ersichtlich. Gleiches gilt für die Forderung der Finanzverwaltung, dass bei einem Zwischenwertansatz ausdrücklich angegeben werden muss, in welcher Höhe oder zu welchem Prozentsatz stille Reserven aufgedeckt werden sollen[5], zumal Abweichungen von diesen Angaben in der Bilanz ohne Konsequenzen bleiben sollen[6].

1348.3

Für die Ausübung des Antragsrechts besteht keine **Maßgeblichkeit** der Handelsbilanz für die Steuerbilanz[7]. So ist steuerlich eine Aufdeckung stiller Reserven in der Schlussbilanz der übertragenden GmbH möglich, obwohl in der handelsrechtlichen Schlussbilanz grundsätzlich keine stillen Reserven aufgedeckt werden (siehe Tz. 1330). Umgekehrt können die Buchwerte – bei Vorliegen der Voraussetzungen des § 3 Abs. 2 UmwStG – in der steuerlichen Schlussbilanz der GmbH auch dann angesetzt werden, wenn die übernehmende KG die übergehen-

1348.4

---

1 Siehe auch Tz. 03.01 UmwE 2011, wonach die Einreichung der regulären Steuerbilanz verbunden mit der Erklärung, dass diese Bilanz der Schlussbilanz entspricht, als Abgabe der Schlussbilanz ausreicht.
2 Gesetzesbegründung BT-Drucks. 16/2710; LEMAITRE/SCHÖNHERR, GmbHR 2007, 173, die zugleich rügen, dass bei ausländischen Kapitalgesellschaften unklar sei, welches Finanzamt zuständig sei; dazu jetzt Tz. 03.27 UmwE 2011. Diese Frage stellt sich hier – anders als bei § 20 UmwStG – nicht, da die Umwandlung einer ausländischen Kapitalgesellschaft in eine Personengesellschaft unzulässig ist, siehe Tz. 1205.
3 Anders zu § 20 UmwStG HÖRTNAGL, Stbg. 2007, 257.
4 Tz. 03.29 UmwE 2011, zustimmend HONERT, EStB 2011, 265.
5 Tz. 03.29 UmwE 2011.
6 Tz. 03.30 UmwE 2011.
7 Siehe die Gesetzesbegründung, BT-Drucks. 16/2710; ebenso für vor dem 12.12.2006 erfolgte Umwandlungen FG Hamburg 1 K 155/06 vom 29.3.2007, EFG 2007, 1562.

GmbH → KG

den Wirtschaftsgüter handelsrechtlich mit dem gemeinen Wert ansetzt (siehe Tz. 1331–1333).

1348.5 Bei einem **Zwischenwertansatz** sind die stillen Reserven in den einzelnen Wirtschaftsgütern gleichmäßig aufzustocken. Eine Beschränkung auf einzelne Wirtschaftsgüter ist nicht zulässig. Bei einem Ansatz von Zwischenwerten sind auch nicht entgeltlich erworbene oder selbst geschaffene Wirtschaftsgüter wie etwa ein Firmenwert anteilig anzusetzen[1].

1348.6 Die Voraussetzungen des § 3 Abs. 2 UmwStG sind **gesellschafterbezogen** zu prüfen[2].

1348.7 **Beispiel**: Ist ein Wirtschaftsgut im Ausland belegen und einer der Gesellschafter nur beschränkt steuerpflichtig, so ist dieses Wirtschaftsgut mit dem Anteil, zu dem der beschränkt Steuerpflichtige beteiligt ist, mit dem gemeinen Wert anzusetzen, im Übrigen kann der Buchwert oder ein Zwischenwert angesetzt werden, soweit die übrigen Gesellschafter unbeschränkt steuerpflichtig sind. Besteht eine in einem anderen EU-Mitgliedstaat belegene Betriebsstätte, für die Deutschland nicht auf die Besteuerung verzichtet hat und für die das jeweilige DBA keine Freistellung vorsieht[3], und sind an der übertragenden GmbH nur beschränkt steuerpflichtige Gesellschafter beteiligt, so erfolgt eine fiktive Anrechnung der ausländischen Steuern (§ 3 Abs. 3 UmwStG)[4].

1348.8 Wird einem Gesellschafter eine nicht in Gesellschaftsrechten bestehende **Gegenleistung** gewährt (§ 3 Abs. 2 S. 1 Nr. 3 UmwStG)[5], sind stille Reserven und stille Lasten, mit Ausnahme der stillen Lasten in Pensionsrückstellungen (siehe Tz. 1381), in allen bilanzierten und nicht bilanzierten Wirtschaftsgütern anteilig anzusetzen.

---

1 Tz. 03.28 UmwE 2011; Olbing, AG 2008, 658; Krohn/Greulich, DStR 2008, 646; aA Lemaitre/Schönherr, GmbHR 2007, 173, mit dem wenig überzeugenden Argument, § 3 Abs. 2 UmwStG spreche nur von „übergehenden Wirtschaftsgütern". Auch nicht bilanzierte immaterielle Wirtschaftsgüter sind Wirtschaftsgüter, die auf die Personengesellschaft übergehen.
2 Tz. 03.11 UmwE 2011; Dötsch/Pung, DB 2006, 2704; Bünning/Rohmke, BB 2009, 598.
3 ZB Tschechische Republik und Portugal.
4 Tz. 03.31 UmwE 2011.
5 Soweit Tz. 03.21 UmwE 2011 auch Zahlungen an oder von nahestehenden Personen als schädlich ansehen will, fehlt mE eine Rechtsgrundlage.

GmbH → KG

Beispiel[1]: A und B sind je zur Hälfte an der X-GmbH beteiligt.

Bilanz der X-GmbH zu Buchwerten			
Anlagevermögen	50	Stammkapital	30
Umlaufvermögen	100	Gewinnrücklagen	70
		Verbindlichkeiten	50

Die stillen Reserven im Anlagevermögen betragen 100, der Firmenwert beträgt 50. Die A-GmbH wird auf eine KG verschmolzen. Bei A wird von dem anteiligen Vermögen (50) 15 auf das Kapitalkonto I gebucht, 35 werden einem Darlehenskonto gutgeschrieben. B erhält ebenfalls ein Kapitalkonto I von 15, 35 werden seinem Kapitalkonto II gutgeschrieben[2]. Die Gutschrift auf dem Darelehenskonto des A ist eine schädliche Gegenleistung, so dass insoweit ein anteiliger Ansatz mit dem gemeinen Wert zwingend ist, wärend im Übrigen ein Buch- oder Zwischenwertansatz möglich wäre.

Im **Beispielsfall** beträgt das Verhältnis des gemeinen Werts des Betriebsvermögens zur Gegenleistung 250 zu 35, also 14 %. 14 % der stillen Reserven im bilanzierten Anlagevermögen (= 100), also 14, und 14 % des Firmenwerts, also 7, wären aufzulösen. 1349

Schlussbilanz der X-GmbH			
Anlagevermögen	64	Stammkapital	30
Firmenwert	7	Gewinnrücklagen	70
Umlaufvermögen	100	Übertragungsgewinn[3]	21
		Verbindlichkeiten	50
	171		171

Hinweis: Der Übertragungsgewinn erhöht das auf die Gesellschafter im Rahmen der übernehmenden KG zu verteilende Kapital. Das Kapitalkonto I oder II von A und B bei der KG wäre um je 10,5 zu erhöhen. 1350

Erfolgt die Verschmelzung auf eine **KG ohne Betriebsvermögen**, so sind die Wirtschaftsgüter in der steuerlichen Schlussbilanz der übertragenden GmbH mit dem gemeinen Wert anzusetzen (§ 3 Abs. 1 UmwStG). Eine solche Konstellation ist denkbar, wenn die Gesellschaft zwar steuerlich keinen Gewerbebetrieb unterhält (zB Vermietung und Verpachtung betreibt), durch Eintragung ins Handelsregister aber eine 1351

---

1 Siehe auch Tz. 03.23 UmwE 2011; Widmann in Widmann/Mayer, § 11 UmwStG Rz. 121 (Januar 2009).
2 Zur Abgrenzung von Kapital- und Darlehenskonten siehe Patt in Dötsch/Jost/Pung/Witt, § 24 UmwStG Rz. 61 ff. (Juli 2010).
3 Vor Steuern.

GmbH → KG

KG entsteht (§ 2 HGB)[1]. Für die Besteuerung der Gesellschafter gilt Tz. 1461 ff. (§ 8 UmwStG)[2]. Vermieden wird die Auflösung stiller Reserven bei Umwandlung der GmbH in eine gewerblich geprägte Personengesellschaft (§ 15 Abs. 3 Nr. 2 EStG)[3], nicht bei Umwandlung in eine sog. Zebragesellschaft[4].

bb) ABC der Wertansätze

1352 **Abfindungsansprüche** ausscheidender Gesellschafter sind nicht in der Schlussbilanz der GmbH zu berücksichtigen. Der Anspruch richtet sich gegen die KG (siehe Tz. 1473)[5].

1353 **Absetzungen**, Sonderabschreibungen etc. siehe Tz. 1413.

1354 **Anlagevermögen**: Das bewegliche Anlagevermögen kann mit dem Buchwert, dem gemeinen Wert oder einem Zwischenwert angesetzt werden[6].

1355 **Anlagen im Bau** sind mit dem Buchwert, ggf. mit dem niedrigeren Teilwert anzusetzen[7].

1356 **Anzahlungen**: Hier gilt Gleiches[8].

1357 **Aufsichtsratsvergütungen** siehe „Körperschaftsteuer".

1358 **Ausgleichsansprüche** des Handelsvertreters aus § 89 b HGB können nicht bilanziert werden[9].

1359 **Ausländisches Vermögen** das nicht der deutschen Besteuerung unterliegt (zB Betriebstätte in einem DBA-Staat mit Freistellung) kann mE auch dann mit dem gemeinen Wert angesetzt werden, wenn im Übrigen der Antrag auf Buchwertfortführung gestellt wird. Zur Ebene des Gesellschafters siehe Tz. 1422.1. Ausländisches Vermögen, das bisher der deutschen Besteuerung unterlag, kann mit dem Buchwert oder einem Zwischenwert angesetzt werden, soweit das Besteuerungsrecht

---

1 Vgl. WACKER in L. Schmidt, § 15 EStG Rz. 181; BFH IV R 21/96 vom 6.3.1997, BFH/NV 1997, 762.
2 Siehe auch Tz 08.01–08.04 UmwE 2011.
3 So auch Tz. 03.15 UmwE 2011.
4 BFH GrS 2/02 vom 11.4.2005, BStBl. 2005 II, 679; Tz. 03.16 **UmwE 2011**.
5 SCHMITT in Schmitt/Hörtnagl/Stratz, § 3 UmwStG Rz. 111.
6 AA die Finanzverwaltung, siehe Tz. 1348.
7 WIDMANN in Widmann/Mayer, § 3 UmwStG Rz. 86 (Juni 1999).
8 WIDMANN in Widmann/Mayer, § 3 UmwStG Rz. 87 (Juni 1999).
9 WIDMANN in Widmann/Mayer, § 3 UmwStG Rz. 87 (Juni 1999).

GmbH → KG

der Bundesrepublik Deutschland durch die Umwandlung nicht eingeschränkt wird (siehe zB Tz. 1348.7).

Ausstehende Einlagen sind nicht zu berücksichtigen. Bei der Ermittlung des Übernahmegewinns ist der Nettowert (Buchwert ./. nicht erbrachte Einlage) der Beteiligung anzusetzen[1].   1360

Bauten auf fremdem Grund und Boden: Hier sind für die Ermittlung des gemeinen Werts die Anschaffungskosten und die vertragliche Restnutzungsdauer zu berücksichtigen[2].   1361

Beteiligungen an Personengesellschaften: Der gemeine Wert für Beteiligungen an Personengesellschaften kann unter Berücksichtigung selbstgeschaffener immaterieller Wirtschaftsgüter der Personengesellschaft ermittelt werden[3]. Der Buchwertansatz entspricht dem anteiligen Kapitalkonto einschließlich etwaiger Ergänzungs- und Sonderbilanzen[4].   1362

Beteiligungen an Kapitalgesellschaften: Zur Ermittlung des gemeinen Werts von Beteiligungen an Kapitalgesellschaften gilt § 11 Abs. 2 BewG (§ 109 Abs. 1 S. 2 BewG)[5].   1363

Betriebs- und Geschäftsausstattung siehe „Anlagevermögen".   1364

Bodenschätze sind nach den allgemeinen Gewinnermittlungsgrundsätzen anzusetzen[6].   1365

Eigene Anteile werden nicht angesetzt[7].   1366

Firmenwert ist anzusetzen[8].   1367

Forderungen sind nach den allgemeinen Gewinnermittlungsgrundsätzen im Allgemeinen mit dem Buchwert der letzten Steuerbilanz zu akti-   1368

---

1 BRINKHAUS in Haritz/Menner, § 3 UmwStG Rz. 187; Tz. 03.05 und 04.31 UmwE 2011.
2 WIDMANN in Widmann/Mayer, § 3 UmwStG Rz. 387 (Juni 1999).
3 Streitig, wie hier BRINKHAUS in Haritz/Menner, § 3 UmwStG Rz. 183; aA SCHMITT in Schmitt/Hörtnagl/Stratz, § 3 UmwStG Rz. 117 f.
4 Tz. 03.10 UmwE 2011.
5 Tz. 03.07 UmwE 2011; BRINKHAUS in Haritz/Menner, § 3 UmwStG Rz. 176.
6 WEBER-GRELLET in L. Schmidt, § 5 EStG Rz. 270 „Bodenschätze".
7 STRECK/POSDZIECH, GmbHR 1995, 271; BRINKHAUS in Haritz/Menner, § 3 UmwStG Rz. 188; Tz. 03.05 UmwE 2011.
8 Tz. 03.05 UmwE 2011; zur Ermittlung des gemeinen Werts des Firmenwerts JÄSCHKE, FR 2010, 18; DESENS, GmbHR 2007, 1202.

GmbH → KG

vieren. Dies gilt auch für Forderungen und Verbindlichkeiten, die auf Grund der Verschmelzung durch Konfusion erlöschen[1].

1369 **Gebäude** siehe „Grundstücke".

1370 **Genussscheine**: Verpflichtungen aus Genussscheinen sind wie Stammkapital zu behandeln[2].

1371 **Geschäftsausstattung** siehe „Anlagevermögen".

1372 **Gewerbesteuer** auf einen Übertragungsgewinn ist zu passivieren. Sie mindert den Übertragungsgewinn, nicht den laufenden Gewinn[3].

1373 **Gewinn**: Ein laufender Gewinn ist Teil des Eigenkapitals und sollte aus Praktikabilitätsgründen gesondert ausgewiesen werden. Soweit eine Ausschüttung vor dem steuerlichen Übertragungsstichtag beschlossen wurde, sind die noch nicht abgeflossenen Mittel als Schuldposten zu berücksichtigen. Gewinnausschüttungen, die nach dem steuerlichen Übertragungsstichtag beschlossen werden, sind steuerliche Entnahmen und haben keine Auswirkung auf die Schlussbilanz (siehe Tz. 1339 f.).

1374 **Grunderwerbsteuer** siehe „Kosten".

1375 **Grundstücke**, grundstücksgleiche Rechte und Gebäude sind maximal mit dem Verkehrswert anzusetzen (siehe auch Tz. 1403).

1376 **Immaterielle Wirtschaftsgüter**: Siehe Tz. 1347 u. Tz. 1348.5.

1377 **Körperschaftsteuer**[4] sowie sonstiger nicht abzugsfähiger Aufwand gemäß § 10 KStG (50 % der Aufsichtsratsvergütungen etc.) sind in der Schlussbilanz zurückzustellen, jedoch außerhalb der Bilanz bei der Einkommensermittlung wieder hinzuzurechnen. Die übernehmende Personengesellschaft hat den Schuldposten gemäß § 4 Abs. 1 UmwStG fortzuführen.

1378 **Kosten** der Verschmelzung, die von der GmbH getragen werden, sind zurückzustellen. Hierzu gehören[5]: Beratungs-, Notar- und Gerichtsgebühren für den Verschmelzungsbeschluss und die Zustimmung ge-

---

1 Tz. 03.05 UmwE 2011; STRECK/POSDZIECH, GmbHR 1995, 271.
2 WIDMANN in Widmann/Mayer, § 3 UmwStG Rz. 154 (Juni 1999).
3 BFH VI 367/65 vom 17.1.1969, BStBl. 1969 II, 540.
4 Zur Körperschaftsteuerminderung oder -erhöhung gemäß § 10 UmwStG aF für Umwandlungen vor dem 13.12.2006 siehe Tz. 1400–1401.
5 Siehe auch WIDMANN in Widmann/Mayer, § 3 UmwStG Rz. 168 ff. (Oktober 2002); BRINKHAUS in Haritz/Menner, § 3 UmwStG Rz. 209 ff.; SCHMITT in Schmitt/Hörtnagl/Stratz, § 3 UmwStG Rz. 137; Tz. 04.34 UmwE 2011.

mäß §§ 13, 50 UmwG sowie für die Handelsregistereintragung und -anmeldung, die Kosten für die Bilanzen der GmbH, die Ermittlung und Bekanntmachung des Abfindungsangebots sowie die Kosten der Erstellung des Verschmelzungsberichts und einer Prüfung. Zur Gewerbesteuer auf einen Übertragungsgewinn siehe Tz. 1397–1398. Die übrigen Kosten der Umwandlung hat die Personengesellschaft zu tragen. Dies sind: die Kosten der Abfindung ausscheidender Gesellschafter, die Kosten der Sicherheitsleistung gemäß § 22 UmwG (zB Hypothekenbestellung, Avalprovisionen), Notar- und Gerichtsgebühren, soweit sie die Eintragung der Personengesellschaften und ihrer Firmen betreffen sowie die durch die Umwandlung ausgelöste Grunderwerbsteuer[1]. Zur steuerlichen Behandlung dieser Kosten bei der Personengesellschaft siehe Tz. 1410. Soweit bei der GmbH Kosten zurückgestellt werden, die ihr nicht zuzurechnen sind, besteht die Gefahr vGA.

Nichtabziehbare Aufwendungen siehe „Körperschaftsteuer". 1379

Patente siehe „Immaterielle Wirtschaftsgüter". 1380

Passivierungsfähige Pensionsrückstellungen sind nicht mit dem gemeinen Wert, sondern mit dem Teilwert gemäß § 6a Abs. 3 Nr. 1 EStG anzusetzen (§ 3 Abs. 1 S. 2 UmwStG). Soweit der gemeine Wert der Pensionsrückstellung höher ist als der Teilwert nach § 6a EStG, führt dies steuerlich zum Ansatz eines gemeinen Werts des Unternehmens, der tatsächlich nicht besteht[2]. Die Pensionsrückstellung ist auch für die Gesellschafter zu bilden, die Mitunternehmer der KG werden, da das (steuerlich anzuerkennende) Dienstverhältnis des Gesellschafters mit der Gesellschaft erst mit dem Übertragungsstichtag endet[3]. Siehe dazu Tz. 1406. Soweit nicht passivierungsfähige Pensionszusagen bestehen (etwa wegen fehlender Schriftform), empfiehlt es sich ggf., vor dem Umwandlungsstichtag diese Voraussetzungen zu schaffen[4]. 1381

Rechnungsabgrenzungsposten (aktive und passive) sind anzusetzen und fortzuführen. 1382

---

1 So BFH I R 22/96 vom 15.10.1997, GmbHR 1998, 251; zweifelhaft für die Anteilsvereinigung und Verschmelzung auf Personengesellschaften bzw. natürliche Personen, eingehend MÜLLER, DB 1997, 1433, der insoweit sofort abzugsfähige Betriebsausgaben annimmt.
2 Siehe Tz. 03.08 UmwE 2011.
3 FG Nürnberg V 229/98 vom 26.6.2002, DStRE 2002, 1292; NEUMANN, GmbHR 2002, 996; PUNG in Dötsch/Jost/Pung/Witt, § 4 UmwStG nF Rz. 36 ff. (Juni 2003); aA BRINKHAUS in Haritz/Menner, § 3 UmwStG Rz. 201 ff.
4 FELIX/STAHL, DStR 1986, Beihefter zu Heft 3, C. I. 1.b.

GmbH → KG

1383 **Offene Rücklagen** sind getrennt auszuweisen.

1384 **Steuerfreie Rücklagen** können fortgeführt oder aufgelöst werden.

1384.1 **Steuerfreie Zuschüsse** sind in der Bilanz auszuweisen und dürfen bei der Ermittlung des Übernahmegewinns (Tz. 1422) nicht abgezogen werden[1].

1385 **Rückstellungen** sind nach allgemeinen Gewinnermittlungsgrundsätzen zu bilden. Beispiele[2]: Weihnachtsgratifikationen[3], Urlaubsgeld[4], nicht Jubiläumszuwendungen[5]. Dies gilt auch für Rückstellungen, die Verbindlichkeiten gegenüber den Gesellschaftern betreffen. Erst unmittelbar nach der Umwandlung ist die Rückstellung aufzulösen (siehe Tz. 1402–1405).

1386 **Schulden** siehe „Verbindlichkeiten".

1387 **Stammkapital** ist als solches auszuweisen.

1388 **Steuernachforderungen** für die GmbH sind in den Bilanzen der Wirtschaftsjahre zu passivieren, für die die Mehrsteuern entstanden sind. Dies gilt auch für Steuernachforderungen auf Grund einer Betriebsprüfung. Nach dem steuerlichen Übertragungsstichtag entstandene Mehrsteuern sind bei der Personengesellschaft als Betriebsausgaben abziehbar, falls es sich um abziehbare Steuern handelt[6].

1389 **Umsatzsteuerschulden** der GmbH sind zurückzustellen.

1390 **Unfertige Bauten** eines Bauunternehmers sind mit den bis zum Übertragungsstichtag angefallenen Herstellungskosten zuzüglich Gemein- und Vertriebskosten anzusetzen. Werden stille Reserven aufgedeckt, ist der anteilige Gewinn zu berücksichtigen[7].

1391 **Verbindlichkeiten** sind mit dem Nennwert auszuweisen (siehe auch Tz. 1366).

---

1 BFH IV R 69/05 vom 24.4.2008, BFH/NV 2008, 1550.
2 Zu Rückstellungen für Grunderwerbsteuer Tz. 03.05 UmwE 2011.
3 BFH I 96/62 vom 1.7.1964, BStBl. 1964 III, 480; BFH IV R 35/74 vom 26.6.1980, BStBl. 1980 II, 506.
4 BFH IV R 35/74 vom 26.6.1980, BStBl. 1980 II, 506; BdF vom 22.6.1976, BB 1976, 823.
5 BFH I 160/59 vom 17.7.1960, BStBl. 1960 III, 347.
6 STRECK/POSDZIECH, GmbHR 1995, 271.
7 BFH I R 79/01 vom 10.7.2002, GmbHR 2002, 1085; BFH IV R 69/74 vom 13.12.1979, BStBl. 1980 II, 239.

GmbH → KG

Verlustvortrag ist gesondert auszuweisen[1]. 1392

Versicherungen zur Rückdeckung von Pensionszusagen sind mit dem Deckungskapital, wenn sie an Pensionsberechtigte abgetreten sind, mit Rückkaufwert anzusetzen[2]. 1393

Wechsel können mit dem Buchwert der Steuerbilanz angesetzt werden, es sei denn, zwischenzeitlich sind Gründe für eine Wertberichtigung eingetreten. 1394

cc) Übertragungsgewinn/Übertragungsverlust

Der Wert, mit dem die Wirtschaftsgüter in der steuerlichen Schlussbilanz angesetzt werden, abzüglich der Buchwerte zum Übertragungsstichtag sowie der Aufwendungen, die wirtschaftlich im Zusammenhang mit dem Vermögensübergang stehen, ergibt den Übertragungsgewinn oder -verlust[3]. Ein Übertragungsgewinn entsteht bei Aufdeckung stiller Reserven. Ein **Übertragungsverlust** kann entstehen, wenn einerseits die Buchwerte fortgeführt werden, andererseits eigene Anteile wegfallen oder hohe Umwandlungskosten entstehen. 1395

Der Übertragungsgewinn unterliegt bei der GmbH der **Körperschaftsteuer** zum regulären Steuersatz; zu den Folgen für den Anteilseigner siehe Tz. 1461 ff. 1396

Ein Übertragungsgewinn unterliegt der **Gewerbesteuer** (§ 18 Abs. 1 i.V.m. § 3 UmwStG). Ein Ausgleich mit einem laufenden oder vortragsfähigen (§ 10a GewStG) Gewerbeverlust ist möglich[4]. Eine Stundungsmöglichkeit besteht nicht. 1397

Ausnahme: Ist die KG an der GmbH beteiligt, so unterliegt ein Übertragungsgewinn aus der Aufdeckung stiller Reserven dieser Beteiligung nicht der Gewerbesteuer[5]. 1398

Ein **Übertragungsverlust**, soweit er nicht auf der Ausbuchung eigener Anteile beruht, ist bei der laufenden Gewinnermittlung zu berücksichtigen. Er mindert den Gewinn oder erhöht einen Verlust. Die Ver- 1399

---

1 WIDMANN in Widmann/Mayer, § 3 UmwStG Rz. 428 (Juni 1999).
2 WIDMANN in Widmann/Mayer, § 3 UmwStG Rz. 287 ff. u. 430 (Juni 1999); auch zur Frage, wann solche Versicherungen bei Umwandlung auf den Versicherten aus dem Betriebsvermögen ausscheiden.
3 WIDMANN in Widmann/Mayer, § 3 UmwStG Rz. 567 f. (Juni 1999).
4 SCHMITT in Schmitt/Hörtnagl/Stratz, § 18 UmwStG Rz. 13.
5 BFH I R 92/86 vom 28.2.1990, BStBl. 1990 II, 699.

GmbH → KG

mögensminderung durch Ausbuchung eigener Anteile mindert das Einlagekonto.

dd) Körperschaftsteuerguthaben, Körperschaftsteuererhöhung

1400 Bis zur Abschaffung des Körperschaftsteueranrechnungsverfahrens[1] hatte die übertragende GmbH zum Schluss ihres letzten Wirtschaftsjahres eine Gliederung des verwendbaren Eigenkapitals zu erstellen. Diese war Grundlage für das bei den Gesellschaftern der übernehmenden Personengesellschaft hinzuzurechnende und anzurechnende Körperschaftsteuerguthaben. Mit der Abschaffung des Anrechnungsverfahrens entfiel die Schlussgliederung. Nach § 37 Abs. 4 KStG wird das **Körperschaftsteuerguthaben** aus altem EK 40 letztmalig auf den 31.12.2006, bei einer Umwandlung, die nach dem 12.12.2006 zum Handelsregister angemeldet wurde, ggf. auf den früheren Umwandlungsstichtag, ermittelt. Nach § 37 Abs. 5 KStG erfolgt eine ratierliche Auszahlung des Guthabens über zehn Jahre, beginnend am 1.1.2008[2]. Diesen Zahlungsanspruch erwirbt der übernehmende Rechtsträger als Rechtsnachfolger der GmbH.

1401 Entsprechendes gilt nach § 38 Abs. 4 bis 10 KStG für **Körperschaftsteuererhöhungen** i.S.d. § 38 KStG, die aus altem EK 02 resultieren. Insoweit geht die entsprechende Verbindlichkeit auf die übernehmende Gesellschaft über.

1401.1 Die sich aus den Körperschaftsteuerguthaben und Körperschaftsteuererhöhungen ergebende Forderung bzw. Verbindlichkeit hat Auswirkung auf den Übernahmegewinn und § 7 UmwStG. Streitig ist auf der Ebene der übernehmenden KG, ob die Aufzinsung nach § 37 Abs. 7 KStG und die Abzinsung nach § 38 Abs. 10 KStG aus der Einkünfteermittlung herauszunehmen ist. Die Finanzverwaltung lehnt dies zu Unrecht ab[3].

c) Steuerliche Folgen bei der Personengesellschaft

aa) Buchwertfortführung

1402 Die übernehmende Personengesellschaft hat die übergehenden Wirtschaftsgüter wie auch alle sonstigen Bilanzpositionen mit den in der steuerlichen Schlussbilanz der übertragenden GmbH enthaltenen Wer-

---

1 Durch das StSenkG vom 23.10.2000, BGBl. 2000 I, 1433.
2 Siehe hierzu Förster/Felchner, DStR 2006, 1725; Dötsch/Pung, DB 2007, 2669.
3 BMF vom 14.1.2008, BStBl. 2008 I, 280; aA Förster/Felchner, DStR 2007, 280.

GmbH → KG

ten zu übernehmen (§ 4 Abs. 1 UmwStG). Dies gilt auch dann, wenn der Wert negativ ist[1]. Mit dieser **Buchwertverknüpfung** wird die Besteuerung der stillen Reserven sichergestellt, wenn diese im Rahmen des Antragsrechts nach § 3 Abs. 2 UmwStG bei der GmbH nicht vollständig aufgedeckt wurden.

Eine Bilanzerstellung für den Verschmelzungsstichtag durch die KG ist nicht erforderlich. Die Verschmelzung ist vielmehr wie eine **Einlage** oder Entnahme zu erfassen. Der Wert des übernommenen Vermögens ist entsprechend den vereinbarten Beteiligungsverhältnissen den Kapitalkonten gutzuschreiben oder zu belasten. Die Ermittlung des Übernahmegewinns bzw. Übernahmeverlusts erfolgt außerhalb der Bilanz (Tz. 1422 ff.). 1403

Die Buchwertverknüpfung gilt auch für Bilanzpositionen, die ggf. unmittelbar nach der Umwandlung aufzulösen sind bzw. für **Wirtschaftsgüter, die aus dem Betriebsvermögen ausscheiden**. 1404

Beispiel 1: Die Gesellschafter nutzen ein Wohnhaus der GmbH privat. Bei der KG wird das Gebäude zum notwendigen Privatvermögen[2]. Von der KG ist das Gebäude mit dem in der Schlussbilanz der GmbH ausgewiesenen Wert zu übernehmen und sodann über das Entnahmekonto auszubuchen[3]. 1405

Beispiel 2: Die GmbH hat eine Pensionsrückstellung für ihren Gesellschafter-Geschäftsführer gebildet, der nach Umwandlung auch an der KG beteiligt ist[4]. Die Personengesellschaft hat die Rückstellung mit dem Wert der Schlussbilanz zu übernehmen. Bei der übernehmenden Personengesellschaft sind die Rückstellungen aber wegen der steuerlichen Beendigung des Arbeitsverhältnisses mit dem Gesellschafter-Geschäftsführer mit dem Barwert gemäß § 6a Abs. 3 Nr. 2 EStG anzusetzen[5]. Soweit dies zu einer Wertkorrektur führt, entsteht ein Übernahmefolgegewinn[6] (Tz. 1447 ff.). Zuführungen nach dem steuerlichen Übertragungsstichtag werden nicht berücksichtigt[7]. Prämien für Rück- 1406

---

1 Tz 04.39 UmwE 2011.
2 BFH IV 391/62 U vom 6.5.1965, BStBl. 1965 III, 445.
3 SCHMITT in Schmitt/Hörtnagl/Stratz, § 4 UmwStG Rz. 41.
4 Zum Verzicht auf die Pensionszusage NEUFANG, StBp. 2008, 228; SCHWEDHELM in Streck, § 8 KStG Anh Rz. 937.
5 Tz. 06.05 UmwE 2011; FG Münster 4 K 343/08 F vom 18.3.2011, BB 2011, 1904; PUNG in Dötsch/Jost/Pung/Witt, § 4 UmwStG nF Rz. 36 ff. (Juni 2003), mwN.
6 NEUMANN, GmbHR 2002, 996, mwN.
7 Tz. 06.06 UmwE 2011; FG Köln 8 K 1874/06 vom 22.5.2007, EFG 2008, 871.

GmbH → KG

deckungsversicherungen sind bei Gesellschafter-Geschäftsführern ab dem Umwandlungsstichtag Vorabvergütungen[1].

1407 **Ausländisches Vermögen** der GmbH ist zu bilanzieren und bei der Ermittlung des Übernahmegewinns zu berücksichtigen[2]. Dies gilt auch für ausländisches Vermögen, das nicht kraft Gesamtrechtsnachfolge auf die Personengesellschaft übergeht, wenn die zivilrechtliche Übertragung unmittelbar nach Eintragung der Umwandlung vorgenommen wird.

1408 **Abfindungszahlungen** an nach §§ 29 ff. UmwG ausscheidende Gesellschafter sind nicht zu bilanzieren. Sie sind als Anschaffungskosten für die GmbH-Anteile zu behandeln (siehe Tz. 1474).

1409 Hinsichtlich der **Kosten** der Umwandlung, die von der Personengesellschaft zu tragen sind, ist zu differenzieren: Kosten, die im Zusammenhang mit der Abfindung der ausscheidenden Gesellschafter entstehen, sind wie die Abfindung selbst zu behandeln. Die übrigen Umwandlungskosten – einschließlich Grunderwerbsteuer[3] (Tz. 1460) – mindern den laufenden Gewinn[4].

1410 Das Vermögen der GmbH (Stammkapital, offene Rücklagen, Gewinn/Verlust) ist auf die Gesellschafter der KG im Verhältnis ihrer Beteiligung an der Personengesellschaft zu verteilen. **Änderungen der Beteiligungsverhältnisse** gegenüber der GmbH-Beteiligung können je nach Rechtsgrund Schenkung- oder Ertragsteuern auslösen (siehe auch Tz. 1169.1 *GmbH ↔ GmbH*). Steuerneutral ist die zwangsläufige Änderung der Beteiligungsquote bei Ausscheiden von Gesellschaftern. Steuerlich ohne Belang ist auch die Aufteilung des Vermögensanteils bei einem Kommanditisten in haftendes und in nicht haftendes Kapital. Schädlich ist die Verbuchung als Gesellschafterdarlehen (siehe Tz. 1348.8 ff.).

1411 **Änderungen** in **der** steuerlichen **Schlussbilanz** der GmbH nach § 173 AO führen zu Folgeberichtigungen bei der KG gemäß § 175 S. 1 Nr. 2 AO.

---

1 Eingehend Götz, DStR 1998, 1946; Tz. 06.08 UmwE 2011.
2 Benkert in Haritz/Menner, § 4 UmwStG Rz. 160 ff.; Schmitt in Schmitt/Hörtnagl/Stratz, § 4 UmwStG Rz. 27; zum Verlustabzug bei Auslandsbetriebstätten Tz. 04.12 UmwE 2011.
3 Streitig, siehe Schmitt in Schmitt/Hörtnagl/Stratz, § 3 UmwStG Rz. 139.
4 Tz. 04.43 UmwE 2011.

GmbH → KG

Die übernehmende KG tritt umfassend in die steuerliche **Rechtsstellung** der übertragenden GmbH ein. Dies gilt insbesondere bezüglich der Bewertung der übernommenen Wirtschaftsgüter, der Absetzungen für Abnutzungen und der den steuerlichen Gewinn mindernden Rücklagen (§ 4 Abs. 2 UmwStG)[1]. Ausgenommen ist nur ein Verlustabzug (dazu Tz. 1421).

1412

Ist die **Dauer der Zugehörigkeit** eines Wirtschaftsguts zum Betriebsvermögen für die Besteuerung bedeutsam, so ist der Zeitraum seiner Zugehörigkeit zum Betriebsvermögen der übertragenden Körperschaft bei der Übernehmerin anzurechnen (§ 4 Abs. 2 S. 3 UmwStG)[2], zB bei der Prüfung der Sechsjahresfrist im Rahmen der Bildung einer **steuerfreien Rücklage** nach § 6b EStG[3].

1413

Nach § 6 Abs. 1 Nr. 2 S. 2 EStG kann bei der Bewertung von nicht abnutzbaren Wirtschaftsgütern und von Umlaufvermögen an Stelle der Anschaffungs- oder Herstellungskosten der niedrigere Teilwert angesetzt werden. Wirtschaftsgüter, die bereits zum Schluss des vorangegangenen Wirtschaftsjahrs zum Betriebsvermögen gehört haben, sind in den folgenden Wirtschaftsjahren mit den Anschaffungs- oder Herstellungskosten abzüglich Abschreibungen gemäß § 6 Abs. 1 Nr. 1 EStG anzusetzen (**Wertaufholungsgebot**). Für diesen Ansatz der übernehmenden Personengesellschaft sind infolge Eintritts in die Rechtsstellung der GmbH die Anschaffungs- oder Herstellungskosten der GmbH maßgebend.

1414

Der Eintritt der KG in die Rechtsstellung der GmbH gilt nicht nur in den Fällen des Buchwertansatzes, sondern auch bei Ansatz des gemeinen Werts oder eines Zwischenwerts in der Schlussbilanz der GmbH. Sind die übergegangenen Wirtschaftsgüter in der steuerlichen Schlussbilanz mit einem über dem Buchwert liegenden Wert angesetzt, so regelt § 4 Abs. 3 UmwStG die **Bemessungsgrundlage für Abschreibung**[4].

1415

---

1 Seit dem StBerG 1999 vom 22.12.1999, BGBl. 1999 I, 2601, ist § 4 Abs. 2 UmwStG als Generalklausel gefasst, während die bis dahin geltende Fassung einen abschließenden Katalog anzuwendender Vorschriften enthielt, siehe hierzu die 3. Auflage.
2 BMF vom 14.7.1995, DB 1995, 1439; SEER/KRUMM, FR 2010, 677 zum Zusammenwirken mit der gewerbesteuerlichen Stichtagsregelung gemäß § 9 Nr. 2a GewStG.
3 Tz. 04.15 f. UmwE 2011; zum Fördergebietsgesetz BMF vom 14.7.1995, DB 1995, 1439 und BMF vom 17.9.1998, DStR 1998, 1514; EISOLT, DStR 1999, 267.
4 Tz. 04.09 ff. UmwE 2011.

GmbH → KG

1416 Für **Gebäudeabschreibungen** nach § 7 Abs. 4 S. 1 und § 7 Abs. 5 EStG ist die bisherige Bemessungsgrundlage der übertragenden Körperschaft zuzüglich der aufgedeckten stillen Reserven maßgebend.

1417 Bei anderen **abnutzbaren Wirtschaftsgütern** als Gebäuden bemisst sich die AfA nach dem Buchwert, jeweils vermehrt um den Unterschiedsbetrag zwischen dem Buchwert der einzelnen Wirtschaftsgüter und dem Wert, mit dem die GmbH diese Wirtschaftsgüter in der steuerlichen Schlussbilanz angesetzt hat (§ 4 Abs. 3 UmwStG). In diesen Fällen ist folglich als Bemessungsgrundlage der weiteren Absetzungen für Abnutzung der letzte Buchwert des Wirtschaftsguts bei der übertragenden GmbH zuzüglich der für dieses Wirtschaftsgut in der steuerlichen Übertragungsbilanz aufgedeckten stillen Reserven anzusetzen.

1418 **Beispiel**: Verschmelzung GmbH auf KG zum steuerlichen Übertragungsstichtag 31.12.2010

Pkw Nutzungsdauer	5 Jahre
Anschaffungskosten bei GmbH am 10.1.2009	100 000
AfA 2009	– 20 000
AfA 2010	– 20 000
Buchwert 31.12.2010	60 000
Teilwert 31.12.2010 (= Wahlansatz)	72 000

Die Bemessungsgrundlage für die Abschreibung bei der übernehmenden Personengesellschaft berechnet sich gemäß § 4 Abs. 3 UmwStG wie folgt:

Buchwert 31.12.2010 + Unterschied zwischen gewähltem Teilwertansatz und Buchwert (72 000 – 60 000 =)	60 000
	12 000
= neue Bemessungsgrundlage für AfA	72 000

Die KG ist an die von der GmbH gewählte lineare AfA und an die zugrunde gelegte betriebsgewöhnliche Nutzungsdauer gebunden (§ 4 Abs. 2 S. 1 UmwStG). Die neue AfA-Bemessungsgrundlage ist daher auf die verbleibende Restnutzungsdauer zu verteilen. Das führt im Beispiel 1 bei dem Pkw zu einer jährlichen AfA von 24 000 in den Jahren 2011, 2012 und 2013.

GmbH → KG

Beispiel: Verschmelzung GmbH auf KG zum steuerlichen Übertragungsstichtag 31.12.2010 1419

Pkw Nutzungsdauer	5 Jahre
Anschaffungskosten bei GmbH am 10.1.2009	100 000
AfA 2009	−20 000
AfA 2010	−20 000
Buchwert 31.12.2010	60 000
Teilwert 31.12.2010	72 000
Gewählter Zwischenwertansatz	66 000

Die Bemessungsgrundlage für die Abschreibung bei der übernehmenden Personengesellschaft berechnet sich gemäß § 4 Abs. 3 UmwStG wie folgt:

Buchwert 31.12.2010	60 000
+ Unterschied zwischen gewähltem	(66 000 − 60 000 =)
Zwischenwertansatz und Buchwert	6000
= neue Bemessungsgrundlage für AfA	66 000

Die neue AfA-Bemessungsgrundlage ist auf die verbleibende Restnutzungsdauer zu verteilen. Das führt zu einer jährlichen AfA von 22 000 in den Jahren 2011, 2012 und 2013.

Selbst bei einem Vermögensübergang zu gemeinen Werten gelten die Wirtschaftsgüter für die Übernehmerin nicht als angeschafft. Damit scheidet zB die Gewährung von **Investitionszulagen** aus[1]. 1420

Verrechenbare **Verluste**, verbleibende Verlustvorträge oder von der übertragenden GmbH nicht ausgeglichene negative Einkünfte gehen nicht auf die Gesellschafter der übernehmenden Personengesellschaft über (§ 4 Abs. 2 S. 2 UmwStG). Ein vor dem steuerlichen Übertragungsstichtag erzielter Verlust mindert das Vermögen der übertragenden GmbH und wirkt sich damit nur auf einen Übernahmegewinn oder einen Übernahmeverlust aus. 1421

Sonderregelungen gelten, sofern die übernehmende **KG Anteile an der übertragenden GmbH hält**. Diese sind bei der übernehmenden KG zum steuerlichen Übertragungsstichtag um Abschreibungen und Abzüge, zB nach § 6b EStG, zu erhöhen, maximal aber bis zum gemeinen Wert der Anteile (§ 4 Abs. 1 S. 2 UmwStG). Ein daraus resultierender Gewinn ist nach § 8b Abs. 2 S. 4 u. 5 KStG bzw. § 3 Nr. 40 S. 1 Buchst. a S. 2 u. 3 EStG voll steuerpflichtig[2]. 1421.1

---

[1] Nach der Gesetzesbegründung würde die Fiktion der Anschaffung dem Grundsatz der Gesamtrechtsnachfolge widersprechen. BR-Drucks. 132/94, 49; zur Gewährung für vor der Eintragung des Formwechsels angeschaffte Wirtschaftsgüter BFH III R 6/02 vom 30.9.2003, GmbHR 2004, 196.
[2] Eingehend DÖTSCH/PUNG, DB 2006, 2704; Tz. 04.05–04.08 UmwE 2011.

GmbH → KG

bb) Übernahmegewinn/Übernahmeverlust

1422 Zur Ermittlung des Übernahmegewinns oder Übernahmeverlusts ist der **Wert**, mit dem die **übergegangenen Wirtschaftsgüter** nach § 4 Abs. 1 UmwStG zu übernehmen sind[1], dem **Buchwert der Anteile** an der übertragenden Körperschaft und den Kosten des Vermögensübergangs gegenüberzustellen (§ 4 Abs. 4 S. 1 UmwStG)[2].

1422.1 Abweichend von diesem Grundsatz sind übergehende Wirtschaftsgüter mit dem gemeinen Wert anzusetzen, soweit an ihnen kein **Recht der Bundesrepublik zur Besteuerung** des Gewinns aus einer Veräußerung bestand (§ 4 Abs. 4 S. 2 UmwStG). Beispiel[3]: Zum Vermögen der GmbH gehört eine Ausländische Betriebstätte, für die nach DBA eine Freistellung von der deutschen Besteuerung gilt. Dieses Vermögen ist zur Ermittlung des Übernahmegewinns/Übernahmeverlusts unabhängig von dem Ansatz in der Schlussbilanz der GmbH (dazu Tz. 1359) mit dem gemeinen Wert anzusetzen, so dass die dort vorhandenen stillen Reserven besteuert werden[4].

1423 Außer Ansatz bleibt bei der Ermittlung des Übernahmegewinns oder des Übernahmeverlusts der Wert der übergegangenen Wirtschaftsgüter, soweit er auf **Anteile** an der übertragenden GmbH entfällt, **die** am steuerlichen Übertragungsstichtag **nicht zum Betriebsvermögen** der übernehmenden Personengesellschaft **gehören** (§ 4 Abs. 4 S. 3 UmwStG) und – so muss man den Gesetzestext ergänzen – auch nicht gemäß § 5 UmwStG als zum Betriebsvermögen gehörend gelten (Tz. 1426 f.). Entsprechendes gilt für den Anteil des Vermögens, der auf von der GmbH gehaltene eigene Anteile entfällt[5]. Somit entfällt bei im Privatvermögen gehaltenen, nicht § 17 EStG unterfallenden Anteilen die Ermittlung eines Übernahmegewinns oder Übernahmeverlusts. Die Besteuerung dieser Gesellschafter bestimmt sich ausschließlich nach § 7 UmwStG (siehe Tz. 1467–1472).

---

1 Zur Berücksichtigung von Körperschaftsteuerguthaben und Körperschaftsteuererhöhungen siehe Tz. 1400–1401.
2 Siehe auch Tz. 04.18 ff. UmwE 2011.
3 Siehe auch Tz. 04.29 UmwE 2011.
4 Eingehend zu Fällen mit internationalem Bezug KROHN/GREULICH, DStR 2008, 651; BENECKE/BEINERT, FR 2010, 1120; MAYER, PIStB 2009, 336; ferner Tz. 04.23–04.24 UmwE 2011 zu ausländischen Anteilseignern und Tz. 04.27 UmwE 2011 mit Berechnungsbeispielen für Fälle mit Auslandsbezug.
5 Tz. 05.06 UmwE 2011.

GmbH → KG

Schema[1]:   1424

Wertansatz der übergegangenen Wirtschaftsgüter (Aktiva ./. Passiva = Reinbetriebsvermögen)

+ ggf. Zuschlag für Auslandsvermögen nach § 4 Abs. 4 S. 2 UmwStG

./. Kosten des Vermögensübergangs[2]

./. davon auf am steuerlichen Übertragungsstichtag nicht zum Betriebsvermögen gehörende Anteile an der übertragenden Körperschaft entfallend

= verbleibendes Reinbetriebsvermögen

./. Buchwert der Anteile an der übertragenden Körperschaft, soweit am steuerlichen Übertragungsstichtag zum Betriebsvermögen gehörend

= Übernahmegewinn bzw. Übernahmeverlust

cc) Buchwert der Anteile

Als **Buchwert der Anteile** ist der Wert anzusehen, mit dem sie nach steuerrechtlichen Vorschriften über die Gewinnermittlung in einer für den steuerlichen Übertragungsstichtag aufzustellenden Steuerbilanz anzusetzen sind oder anzusetzen wären.   1425

Hat die übernehmende KG Anteile an der übertragenden GmbH tatsächlich erst **nach dem steuerlichen Übertragungsstichtag** angeschafft oder findet sie einen Gesellschafter ab (siehe Tz. 1473–1478), so ist ihr Gewinn so zu ermitteln, als hätte sie die Anteile an diesem Stichtag angeschafft (§ 5 Abs. 1 UmwStG). Entsprechendes gilt, wenn ein Dritter die Anteile im Rückwirkungszeitraum angeschafft hat[3].   1426

Beispiel: Die KG erwirbt Anteile der GmbH am 15. 7. 09. Die Verschmelzung erfolgt auf den 31. 12. 08. Für die Besteuerung wird unterstellt, die Anteile seien bereits am 31. 12. 08 erworben.   1427

Anteile an der übertragenden GmbH i.S.d. § 17 EStG[4] gelten für die Ermittlung des Gewinns als an diesem Stichtag in das Betriebsvermögen   1428

---

1 Siehe auch die Berechnungsbeispiele in Tz. 04.27 UmwE 2011.
2 Anders die Berechnung in Tz. 04.27 UmwE 2011. Dort werden die Kosten erst von der Differenz aus anteiligem Vermögen und Anschaffungskosten abgezogen, was günstiger wäre. Allerdings lässt Tz. 04.35 UmwE 2011 vermuten, dass man die Kosten konkret kürzen will, was mE wenig praktikabel ist.
3 Tz. 05.04 UmwE 2011.
4 Maßgebend ist die zum Zeitpunkt der Eintragung der Umwandlung geltende Fassung, siehe BMF vom 16.12.2003, GmbHR 2004, 200; zur Rückwirkung der Änderungender Wesentlichkeitsgrenzen siehe WEBER-GRELLET in L. Schmidt, § 17 EStG Rz. 35.

GmbH → KG

der Personengesellschaft mit den Anschaffungskosten eingelegt (§ 5 Abs. 2 S. 1 UmwStG)[1].

1429 Gehörten an dem steuerlichen Übertragungsstichtag **Anteile** an der übertragenden GmbH zum inländischen **Betriebsvermögen eines Gesellschafters** der übernehmenden Personengesellschaft, so erfolgt die Gewinnermittlung so, als wären die Anteile an diesem Stichtag in das Betriebsvermögen der Personengesellschaft überführt worden, und zwar zum Buchwert, erhöht um Abschreibungen sowie um Abzüge nach § 6b EStG oder ähnliche Abzüge, die in früheren Jahren steuerwirksam vorgenommen wurden, höchstens jedoch mit dem gemeinen Wert der Anteile (§ 5 Abs. 3 S. 1 UmwStG)[2]. Eine solche Korrektur der Werte führt zu einem voll steuerpflichtigen Gewinn (§ 5 Abs. 2 S. 2 i.V.m. § 4 Abs. 1 S. 3 UmwStG).

1430 Eine besondere Regelung für **alt-einbringungsgeborene Anteile** (Tz. 275–277 *EU → GmbH*). Sie gelten mit den Anschaffungskosten als eingebracht, § 27 Abs. 3 Nr. 1 UmwStG. Für neu-einbringungsgeborene Anteile i.S.d. § 21 UmwStG ist hingegen nur dann ein Übernahmegewinn zu ermitteln, wenn sie § 17 EStG unterfallen oder zu einem Betriebsvermögen gehören. Die Verschmelzung auf eine Personengesellschaft führt auch nicht zur Besteuerung nach § 22 Abs. 1 UmwStG (siehe Tz. 683 *GmbH → EU*).

1431 **Anteile** an der übertragenden Kapitalgesellschaft, **die nicht zu einem Betriebsvermögen** gehören und **nicht** die Voraussetzungen des § 17 EStG erfüllen, gelten nicht als in das Betriebsvermögen der Personengesellschaft eingelegt. Die Besteuerung dieser Anteilseigner richtet sich für die offenen Reserven nach § 7 UmwStG (siehe Tz. 1467–1472), während die stillen Reserven von den Anteilseignern (Mitunternehmern) erst dann zu versteuern sind, wenn sie bei der übernehmenden Personengesellschaft aufgelöst werden.

1432–1436 Einstweilen frei.

---

[1] Zur Behandlung ausstehender Einlagen siehe OFD Berlin vom 9.9.1999, GmbHR 1999, 157; zur bilanziellen Darstellung der fiktiven Einlage MAYER, FR 2004, 698; zur Reichweite der Einlagefiktion FÖRSTER/FELCHNER, DB 2008, 2445; BENECKE/BEINERT, FR 2010, 1120.

[2] BFH IV R 74/07 vom 20.5.2010, BStBl. 2010 II, 1104 zur Auslegung des § 5 Abs. 3 S. 2 UmwStG 1996.

GmbH → KG

dd) Korrektur um offene Rücklagen und einen Sperrbetrag nach § 50c EStG

Ein Übernahmegewinn vermindert sich oder ein Übernahmeverlust erhöht sich um die (anteiligen) **offenen Rücklagen**, die nach § 7 UmwStG (dazu Tz. 1461–1461.4) zu den Einkünften aus Kapitalvermögen gehören (§ 4 Abs. 5 S. 2 UmwStG). 1437

Der Übernahmegewinn erhöht sich und ein Übernahmeverlust verringert sich um einen ggf. anfallenden **Sperrbetrag i.S.d. § 50c EStG** (§ 4 Abs. 5 S. 1 UmwStG). § 50c EStG ist durch das StSenkG[1] aufgehoben worden, nach § 52 Abs. 59 EStG jedoch weiterhin anzuwenden, wenn für die Anteile vor Ablauf des ersten Wirtschaftsjahrs, für das das KStG idF des StSenkG erstmals anzuwenden ist, ein Sperrbetrag zu bilden war. IdR konnte letztmals im Jahr 2001 ein solcher Sperrbetrag entstehen, der dann 2010 untergegangen ist[2]. 1438

Als **Einkommen** ergibt sich somit:

(Anteiliges) Betriebsvermögen
./. (Anteilige) Kosten der Vermögensübertragung
./. Buchwert der Beteiligung
= Übernahmegewinn/-verlust
+ Sperrbetrag i.S.d. § 50c EStG
./. Kapitalerträge i.S.d. § 7 UmwStG
Einkommen.

Einstweilen frei. 1439–1446

ee) Übernahmefolgegewinn

Bestehen am steuerlichen Übertragungsstichtag Forderungen und Verbindlichkeiten zwischen der GmbH und der KG, so führt die Verschmelzung zur Vereinigung von Gläubiger und Schuldner in einer Person (Konfusion). Forderungen und Verbindlichkeiten erlöschen. Entsprechende Rückstellungen sind aufzulösen. Soweit hierdurch ein Gewinn entsteht[3] („**Übernahmefolgegewinn**"), darf die KG eine den steuerlichen Gewinn mindernde **Rücklage** bilden (§ 6 Abs. 1 UmwStG). 1447

---

1 StSenkG vom 23.10.2000, BGBl. 2000 I, 1433.
2 Siehe im Einzelnen die 6. Aufl. Tz. 1439–1440; WIDMANN in Widmann/Mayer, § 4 UmwStG Rz. 247 (September 2008).
3 Beispiel bei STRECK/POSDZIECH, GmbHR 1995, 271; zum Zeitpunkt des Entstehens des Übernahmefolgegewinns FG Münster 4 K 343/08 F vom 18.3.2011, BB 2011, 1904; Tz. 06.01 UmwE 2011.

GmbH → KG

Eine entsprechende Rücklagenbildung (Sonderposten mit Rücklagenanteil) in der Handelsbilanz ist nicht erforderlich[1].

1448 Die Rücklage ist grundsätzlich in den auf ihre Bildung folgenden drei Wirtschaftsjahren mit mindestens je ⅓ gewinnerhöhend **aufzulösen** (§ 6 Abs. 2 UmwStG). Ein Übernahmefolgegewinn unterliegt damit als laufender Gewinn der Besteuerung mit Gewerbe- und Einkommen- bzw. Körperschaftsteuer.

1449 Die **Anwendbarkeit** des § 6 UmwStG **entfällt** rückwirkend, wenn die KG den auf sie übergegangenen Betrieb innerhalb von fünf Jahren nach dem steuerlichen Übertragungsstichtag in eine Kapitalgesellschaft einbringt oder ohne triftigen Grund veräußert oder aufgibt (§ 6 Abs. 3 UmwStG)[2]. Bereits erteilte Steuerbescheide, Steuermessbescheide, Freistellungsbescheide oder Feststellungsbescheide sind zu ändern, soweit sie auf der Anwendung dieser Vorschrift beruhen.

1450 Die vorstehenden Grundsätze gelten entsprechend, wenn sich der **Gewinn eines Gesellschafters** der übernehmenden Personengesellschaft dadurch erhöht, dass eine Forderung oder Verbindlichkeit der GmbH auf die KG übergeht oder dass infolge des Vermögensübergangs eine Rückstellung aufzulösen ist (§ 6 Abs. 2 UmwStG). Voraussetzung ist eine Beteiligung des Gesellschafters an der Personengesellschaft im Zeitpunkt der Eintragung des Verschmelzungsbeschlusses ins Handelsregister.

ff) Feststellungsverfahren

1451 Der Übernahmegewinn bzw. -verlust, die Hinzurechnungsbeträge gemäß § 4 Abs. 5 UmwStG und der Anteil der zu versteuernden offenen Rücklage (§ 7 UmwStG) sind im Rahmen der **einheitlichen und gesonderten Gewinnfeststellung** der Personengesellschaft für jeden Gesellschafter getrennt zum steuerlichen Umwandlungszeitpunkt zu ermitteln (Ablauf des steuerlichen Übertragungsstichtags; siehe Tz. 1337) und festzustellen. Dies gilt mE jetzt auch für Gesellschafter, die nur nach § 7 UmwStG besteuert werden.

---

1 Anders vor Inkrafttreten des BilMoG vom 25.5.2009, BGBl. 2009 I, 1102, siehe Tz 06.03 UmwE 2011; STRECK/POSDZIECH, GmbHR 1995, 271; SCHMITT in Schmitt/Hörtnagl/Stratz, § 6 UmwStG Rz. 29.
2 Siehe auch Tz. 06.09–06.12 UmwE 2011; CREZELIUS, FR 2011, 401.

GmbH → KG

gg) Gewerbesteuer

Für die Ermittlung des **Gewerbeertrags** gelten ebenfalls die §§ 4–9 UmwStG (§ 18 Abs. 1 UmwStG). 1452

Wie bei der Körperschaftsteuer/Einkommensteuer ist die Übernahme des gewerbesteuerlichen **Verlustabzugs** (§ 10 a GewStG) ausgeschlossen (§ 18 Abs. 1 S. 2 UmwStG)[1]. 1453

Ein **Übernahmegewinn** oder -verlust ist gemäß § 18 Abs. 2 UmwStG bei der Gewerbesteuer nicht zu erfassen[2]. 1454

Wird der **Betrieb** der Personengesellschaft oder der natürlichen Person innerhalb von fünf Jahren[3] nach der Umwandlung aufgegeben oder **veräußert**, unterliegt ein Auflösungs- oder Veräußerungsgewinn der Gewerbesteuer (§ 18 Abs. 3 S. 1 UmwStG)[4]. Dies gilt entsprechend, soweit ein Teilbetrieb oder ein Anteil an der Personengesellschaft aufgegeben oder veräußert wird (§ 18 Abs. 3 S. 2 UmwStG)[5]. Die Gewerbesteuerpflicht besteht auch dann, wenn bei der Verschmelzung die Teilwerte angesetzt wurden[6]. Nicht erfasst werden auch vor der Ver- 1455

---

1 Schleswig-Holsteinisches FG 5 K 268/06 vom 14.7.2009, EFG 2009, 1796, Rev. IV R 38/09: zur Verschmelzung einer GmbH auf eine GmbH & Co KG, die atypisch still an der GmbH beteiligt war; zur Ausnutzung des Verlusts durch Wertaufstockung MÄRKLE, DStR 1995, 1001; beachte aber Tz. 1348.
2 Zur zeitlichen Anwendung BMF vom 17.11.2000, BStBl. 2000 I, 1521.
3 Zur Frage der Verlängerung der Frist durch anschließende Einbringung nach § 20 UmwStG PLEWKA/HERR, BB 2009, 2736.
4 BFH IV R 58/06 vom 26.6.2007, BStBl. 2008 II, 73; BFH IV R 22/06 vom 30.8.2007, BFH/NV 2008, 109; BFH IV B 51/08 vom 18.9.2008, BFH/NV 2008, 2057 zur Anwendung bei Formwechsel; WERNSMANN/DESENS, DStR 2008, 221; BFH IV R 27/08 vom 9.1.2009, BStBl. 2011 II, 393 der Übernahmegewinn war nicht tarifbegünstigt gemäß § 32c EStG 1996; BFH IV R 59/07 vom 3.2.2010, BFH/NV 2010, 1492 zum Verlustabzug nach § 10a GewStG; HIERSTETTER, DB 2010, 1089; § 18 Abs. 4 aF UmwStG ist nicht bei gleichzeitiger Umwandlung und Veräußerung anwendbar, Hessisches FG 8 K 399/02 vom 24.3.2009, DStRE 2010, 735, Rev. IV R 24/09; die Personengesellschaft ist auch dann Schuldnerin der Gewerbesteuer, wenn ein Gesellschafter Anteile an der Personengesellschaft veräußert, FG Hamburg 1 K 42/09 vom 24.6.2009, EFG 2009, 1983, Rev. IV R 33/09; BFH IV R 22/08 vom 16.12.2009, BStBl. 2010 II, 736; mit Anm. WENDT, FR 2010, 482; FG Köln 8 K 3437/07 vom 27.10.2009, DStRE 2010, 936: die GewSt nach § 18 Abs. 3 UmwStG war nur vom Veräußerungsgewinn, nicht vom laufenden Gewinn abzugsfähig; FG Köln 12 K 4435/07 vom 15.12.2009, EFG 2011, 1754, mit Anm. WÜLLENKEMPER, Rev. X R 40/10, GewSt fällt auch an bei Veräußerung gegen Leibrente; zur Veräußerung gegen wiederkehrende Bezüge NEU/HAMACHER, DStR 2010, 1453.
5 Siehe hierzu Tz. 18.05 ff. UmwE 2011.
6 Tz. 18.07 UmwE 2011; zu Kritik ROSER, EStB 2003, 71.

GmbH → KG

schmelzung bei der übernehmenden KG vorhandene stille Reserven (§ 18 Abs. 3 S. 1 2. HS UmwStG)[1]. § 35 EStG findet keine Anwendung (§ 18 Abs. 3 S. 3 UmwStG)[2].

1456–1458 Einstweilen frei.

hh) Umsatzsteuer

1459 Der Vermögensübergang im Rahmen der Verschmelzung stellt eine Geschäftsveräußerung im Ganzen dar, wenn ein Unternehmen überführt wird. Diese ist gemäß § 1 Abs. 1a UStG **nicht umsatzsteuerbar**. Die KG tritt an die Stelle der übertragenden GmbH.

ii) Grunderwerbsteuer

1460 Gehören zum Vermögen der GmbH Grundstücke, fällt – sofern nicht die Konzernklausel des § 6a GrEStG greift[3] – Grunderwerbsteuer an (siehe Tz. 1168 *GmbH ↔ GmbH*).

d) Besteuerung der Gesellschafter

aa) Besteuerung der offenen Rücklagen

1461 Unabhängig davon, ob für den Gesellschafter ein Übernahmegewinn zu ermitteln ist oder nicht (siehe Tz. 1422 ff.), wird jedem Gesellschafter sein Anteil an den offenen Rücklagen[4] als **Einkünfte aus Kapitalver-**

---

1 Zur Änderung des § 18 Abs. 3 UmwStG durch das JahressteuerG 2008 vom 20.12.2007, BGBl. 2007 I,3150, als Reaktion auf BFH VIII R 47/05 vom 20.11.2006, BStBl. 2008 II, 69, und BFH X R 6/04 vom 16.11.2005, BStBl. 2008 II, 62; DÖTSCH/PUNG, DB 2007, 2669; siehe auch OFD Münster vom 18.3.2008, GmbHR 2008, 448.
2 Eingehend FÜGER/RIEGER, DStR 2002, 1021; zur zeitlichen Anwendung HARITZ/WISNIEWSKI, GmbHR 2004, 150 unter Tz. 4; BFH IV R 5/08 vom 15.4.2010, BStBl. 2010 II, 912 zur klarstellenden Bedeutung des § 18 Abs. 4 S. 3 UmwStG.
3 Siehe dazu Gleichlautende Erlasse der obersten Finanzbehörden der Länder zur Anwendung des § 6a GrEStG vom 1.12.2010, BStBl. 2010, I 1321; dazu KLASS/MÖLLER, BB 2011, 407; ferner BEHRENS/BOCK, NWB 2011, 615; WAGNER/KÖHLER, BB 2011, 286; DETTMEIER/GEIBEL, NWB 2010, 582; SCHAFLITZL/STADLER, DB 2010, 185; RÖDDER/SCHÖNFELD, DStR 2010, 415; MENSCHING/TYARKS, BB 2010, 87; STADLER/SCHAFLITZL, DB 2009, 2621; VISKORF/HAAG, DStR Beihefter 2011 zu Heft 12, 3; BEHRENS, DStR Beihefter 2011 zu Heft 12, 10.
4 Nach Tz. 07.05 UmwE 2011 ist auf die Höhe der Beteiligung zum Zeitpunkt des Wirksamwerdens der Umwandlung, also der Eintragung im Handelsregister, abzustellen.

GmbH → KG

mögen gemäß § 20 Abs. 1 Nr. 1 EStG zugerechnet (§ 7 UmwStG)[1]. Die Kapitaleinkünfte gelten als mit dem Ablauf des steuerlichen Übertragungsstichtags zugeflossen[2].

Bei **Körperschaften** unterliegen die offenen Rücklagen damit iHv. 5 % (§ 8b KStG) der Besteuerung. 1461.1

Bei **natürlichen Personen** ist zu differenzieren[3]: Wurden die Anteile an der GmbH im Betriebsvermögen gehalten, gilt das Teileinkünfteverfahren (§ 3 Nr. 40 S. 2 EStG), womit 60 % der offenen Rücklagen zu versteuern sind. Werden die Anteile im Privatvermögen gehalten, gilt die Abgeltungssteuer von 25 % nach § 32d EStG[4]. 1461.2

Besteuert wird das in der steuerlichen Schlussbilanz ausgewiesene **Eigenkapital** abzüglich des Bestands des steuerlichen Einlagekontos (§ 27 KStG), der sich nach Anwendung des § 29 Abs. 1 KStG ergibt[5]. § 29 Abs. 1 KStG fingiert im Fall der Umwandlung eine Kapitalherabsetzung auf null, so dass sich das Einlagekonto um das Stammkapital erhöht, soweit keine Kapitalerhöhungen aus Rücklagen (siehe § 28 Abs. 1 S. 3 KStG) erfolgt sind. 1461.3

Bei natürlichen Personen unterliegen auch die Bezüge, für die nicht die Abgeltungssteuer erhoben wird, der **Kapitalertragsteuer** (§ 43 Abs. 1 Nr. 1 EStG). 1461.4

Bei **mehrstöckigen Mitunternehmerschaften** ist auf den letzten Mitunternehmer in der Kette abzustellen[6]. 1461.5

Gewerbesteuer fällt nicht an (§ 18 Abs. 2 S. 2 UmwStG)[7]. 1461.6

bb) Besteuerung des Übernahmegewinns

Soweit die Anteile an der GmbH zum Betriebsvermögen der KG gehören oder als zum Betriebsvermögen gehörend gelten (Tz. 1425–1437), unterliegt der Übernahmegewinn (§ 4 Abs. 4 UmwStG) zuzüglich eines Sperrbetrags nach § 50c EStG und abzüglich des als Einkünfte aus Ka- 1462

---

1 BFH IV B 151/07 vom 6.5.2008, BFH/NV 2008, 1452 zur Besteuerung des Gesellschafters bei Veräußerung der Beteiligung an der GmbH nach dem Umwandlungsbeschluss, aber vor der Eintragung der KG ins Handelsregister.
2 Tz. 07.07 UmwE 2011.
3 Zur zeitlichen Anwendung siehe § 52a Abs. 3 EStG.
4 Eingehend DESENS, FR 2008, 943.
5 Tz. 07.04 UmwE 2011.
6 Tz. 07.07 UmwE 2011; PRINZ/LEY, GmbHR 2002, 842.
7 Tz. 18.04 UmwE 2011.

GmbH → KG

pitalvermögen zu erfassenden Anteils an den offenen Reserven (§ 4 Abs. 5 UmwStG) bei **natürlichen Personen** iRd. Einkünfte aus Gewerbebetrieb nach § 3 Nr. 40 EStG zu 60 %[1] der **Einkommensteuer** (§ 4 Abs. 7 S. 2 UmwStG). Es gilt die Abzugsbeschränkung des § 3c Abs. 2 EStG für Aufwendungen des Gesellschafters, die mit dem Übernahmegewinn in Zusammenhang stehen.

1463 Soweit der Gewinn auf eine Körperschaft, Personenvereinigung oder Vermögensmasse – also insbesondere eine **Kapitalgesellschaft** – entfällt, ist § 8b KStG anzuwenden. Damit ist der Gewinn idR zu 5 % (Ausnahmefälle siehe § 8b Abs. 7 u. 8 KStG) steuerpflichtig (§ 4 Abs. 7 S. 1 UmwStG).

1464 **Hinweis**: Der Übernahmegewinn eines Gesellschafters ist mE mit Verlusten nach § 15a EStG des Gesellschafters aus der Beteiligung an der übernehmenden KG zu verrechnen[2].

1465–1466 Einstweilen frei.

cc) Berücksichtigung eines Übernahmeverlusts

1467 Ein Übernahmeverlust, der auf eine **Körperschaft** entfällt, bleibt unberücksichtigt, sofern bei der Körperschaft nicht ausnahmsweise eine Besteuerung gemäß § 8b Abs. 7 oder 8 KStG (Finanz- und Versicherungsunternehmen) erfolgt (§ 4 Abs. 6 S. 2 UmwStG)[3]. In jedem Fall ist der Verlustabzug auf die Höhe der nach § 7 UmwStG der Körperschaft zuzurechnenden Einkünfte (anteilige offene Rücklagen, Tz. 1461–1461.4) beschränkt.

1467.1 Bei **natürlichen Personen** ist der Verlust iHv. 60 %, höchstens jedoch iHv. 60 %[4] der Bezüge i.S.d. § 7 UmwStG zu berücksichtigen (§ 4 Abs. 6 S. 4 UmwStG). Ein danach verbleibender Übernahmeverlust bleibt außer Ansatz[5].

1467.2 Bei Anteilen, bei deren Veräußerung ein Veräußerungsverlust nach **§ 17 Abs. 2 S. 6 EStG** nicht zu berücksichtigen wäre oder die innerhalb der letzten fünf Jahre vor dem steuerlichen Übertragungsstichtag er-

---

1 Zur zeitlichen Anwendung siehe § 52a Abs. 3 EStG.
2 Ebenso WIDMANN in Widmann/Mayer, § 4 UmwStG Rz. 589 (September 2008).
3 FG Düsseldorf 15 K 2593/09 vom 30.6.2010, BB 2010, 2427, Rev. VIII R 35/10.
4 Bis 2008 waren dies 50 %.
5 Die Regelung berücksichtigt nicht, dass ab dem VZ 2009 an die Stelle des Halbeinkünfteverfahrens das Teileinkünfteverfahren oder die Abgeltungssteuer tritt, siehe Tz. 1461.2.

GmbH → KG

worben wurden, ist ein Übernahmeverlust nicht mit Bezügen nach § 7 UmwStG zu verrechnen (§ 4 Abs. 6 S. 6 UmwStG). Erfasst wird von § 17 Abs. 2 S. 4 EStG der Fall, dass der Gesellschafter zu weniger als 1 % beteiligt war und innerhalb der letzten fünf Jahre[1] Anteile hinzuerworben hat, wodurch seine Beteiligung 1 % erreichte oder überschritt. Hier nimmt der Gesellschafter weder mit seinen ursprünglich gehaltenen Anteilen noch mit seinem hinzuerworbenen Anteil an der Ermittlung des Übernahmeergebnisses teil. Bei einem unentgeltlichen Erwerb von Anteilen innerhalb der letzten fünf Jahre kommt es darauf an, ob der Rechtsvorgänger an Stelle des Rechtsnachfolgers einen Verlust geltend machen konnte.

Hinweis: Die Umwandlung einer GmbH, bei der die Anschaffungskosten höher sind als der anteilige Wert der Beteiligung, führt zur Vernichtung von Anschaffungskosten[2]. Bei einer Umwandlung innerhalb von fünf Jahren nach Erwerb der Anteile sind darüber hinaus die offenen Reserven steuerpflichtig, ohne dass die Anschaffungskosten gegengerechnet werden könnten. 1467.3

Hinweis: Ggf. ist eine Umwandlung vor Verkauf zu prüfen, wobei allerdings die Missbrauchsregel des § 18 Abs. 3 UmwStG zu berücksichtigen ist (Gewerbesteuer auf den Veräußerungsgewinn). 1467.4

Hinweis: Die Steuerbelastung für Beteiligungen unterhalb der Grenze des § 17 EStG kann ggf. dadurch vermindert werden, dass der **Anteil in ein Betriebsvermögen eingelegt** wird. Die Anteile sind mit dem Teilwert (§ 6 Abs. 1 Nr. 5 EStG) anzusetzen und dem Wert des Vermögens gegenüberzustellen. Je nach Teilwert entsteht ein Übernahmegewinn oder Übernahmeverlust, der zu einer geringeren Steuerbelastung führen kann, als die Versteuerung der offenen Reserven. 1468

Hinweis: Durch **Vorweg-Veräußerung** an einen Gesellschafter, der § 17 EStG unterfällt, lässt sich die Besteuerung der offenen Reserven von Anteilen im Privatvermögen, die nicht dem § 17 EStG unterfallen, nicht vermeiden. Der Veräußerungsgewinn ist zwar steuerfrei. Bei dem Er- 1469

---

1 Streitig ist, ob im Rahmen des Umwandlungssteuerrechts die Fünf-Jahres-Frist des § 17 Abs. 2 S. 4 EStG ab dem Umwandlungsstichtag – so, mE zutreffend, FÜGER/RIEGER, DStR 1997, 1427; DÖTSCH, DB 1997, 2090 und Tz. 04.43 UmwE 2011 – oder der Eintragung der Umwandlung im Handelsregister – so FÖRSTER, DB 1997, 1786 – zu berechnen ist.
2 Siehe SCHWEDHELM, GmbH-StB 2002, 77; ferner STEGNER/HEINZ, GmbHR 2001, 54; MAITERTH/MÜLLER, BB 2002, 598; FÖRSTER, Wpg. 2001, 1234; HARITZ/WISNIEWSKI, GmbHR 2000, 161; SEIBT, DStR 2000, 2061; DIETERLEN/SCHADEN, BB 2000, 2552.

GmbH → KG

werber sind aber bei einer Umwandlung innerhalb der nächsten fünf Jahre die offenen Reserven zu versteuern (Tz. 1461).

1470 **Hinweis:** Durch eine **Kapitalerhöhung** aus Altrücklagen (§ 30 Nr. 3 KStG) kann die Steuerbelastung wegen § 29 Abs. 1 KStG nicht gemildert werden.

1471 **Hinweis:** Zum Wegfall der Begünstigung des § 13a ErbStG bei der **Erbschaftsteuer** siehe Tz. 1169.1–1169.2 *GmbH ↔ GmbH*.

1472 Schuldzinsen für die Finanzierung der Anteile an der übertragenden GmbH sind ab dem Umwandlungsstichtag Sonderbetriebsausgaben bei der KG[1].

e) Steuerfolgen bei Ausscheiden von Gesellschaftern

aa) Austritt nach §§ 29 ff. UmwG

1473 Der Widerspruch gegen die Verschmelzung führt nicht zum automatischen Ausschluss aus der Gesellschaft mit der Verschmelzung. Vielmehr scheidet der Gesellschafter erst dann aus der Gesellschaft aus, wenn er das Barabfindungsangebot annimmt. Diese Annahme kann nur binnen zwei Monaten nach Bekanntmachung der Verschmelzung erklärt werden (§ 31 UmwG). Die Annahme führt zu einem **Abfindungsanspruch** gegen die übernehmende KG (siehe § 29 UmwG).

1474 Steuerrechtlich wird die Abfindungszahlung behandelt, als habe die KG den Anteil des ausscheidenden Gesellschafters an der GmbH bereits zum steuerlichen Übertragungsstichtag angeschafft (§ 5 Abs. 1 UmwStG). Dementsprechend ergibt sich für die KG ein Übernahmegewinn oder Übernahmeverlust in Höhe der Differenz zwischen dem anteiligen Wert des übergehenden Vermögens und der Abfindung (= Anschaffungskosten der Anteile). Da die Abfindung dem Verkehrswert der Anteile entsprechen muss, wird idR ein Übernahmeverlust entstehen[2], der steuerlich nur zu berücksichtigen ist, soweit auf diesen Anteil offene Reserven entfallen (§ 4 Abs. 6 UmwStG). Damit werden die **Anschaffungskosten** in der Hand der verbleibenden Gesellschafter **vernichtet**.

1475 Wie die Abfindung steuerlich bei dem **Ausscheidenden** zu behandeln ist, lässt das Gesetz offen. ME ist es jedoch gerechtfertigt, entsprechend

---

1 Tz. 04.36 UmwE 2011.
2 Allenfalls entsteht – wenn in der Schlussbilanz die stillen Reserven voll aufgedeckt wurden – ein neutrales Ergebnis.

GmbH → KG

der steuerlichen Behandlung bei der KG, auch auf der Ebene des ausscheidenden Gesellschafters die Abfindung wie eine Anteilsveräußerung zu besteuern, obwohl zivilrechtlich ein Ausscheiden aus der KG vorliegt[1]. Daraus folgt:

Gehören bei dem ausscheidenden Gesellschafter die Anteile an der GmbH zum **Betriebsvermögen**, so entsteht ein steuerpflichtiger Gewinn, soweit die Abfindung den Buchwert des Geschäftsanteils übersteigt. Für natürliche Personen gilt das Teileinkünfteverfahren (§ 3 Nr. 40 EStG), für Körperschaften die Steuerfreistellung von 95 % des Gewinns (§ 8b KStG). 1476

Handelt es sich bei den Geschäftsanteilen des ausscheidenden Gesellschafters um im Privatvermögen gehaltenen neu-**einbringungsgeborene Anteile** i.S.d. § 22 UmwStG, so erfolgt ggf. eine anteilige nachträgliche Besteuerung stiller Reseven gemäß § 22 Abs. 1 S. 3 UmwStG. Alt-einbringungsgeborene Anteile sind zu besteuern wie Anteile im Betriebsvermögen. 1477

Im Übrigen unterliegt der Gewinn aus der Abfindung beim ausscheidenden Gesellschafter der Einkommensbesteuerung nach **§ 17 EStG** oder **§ 20 Abs. 2 EStG**. 1478

bb) Veräußerung nach § 33 UmwG

Erhält der widersprechende Gesellschafter keine Abfindung, sondern macht er von seinem Recht zur Veräußerung der Anteile Gebrauch (§ 33 UmwG), so ist auch hier die steuerliche Behandlung zweifelhaft[2]. ME liegt steuerlich ein Vorgang vor, der nicht dem UmwStG unterfällt. Die Besteuerung richtet sich nach allgemeinen Regeln, wobei danach zu differenzieren ist, ob GmbH-Anteile (bei **Verkauf vor Eintragung** der Verschmelzung) oder KG-Beteiligungen **(Verkauf nach Eintragung)** veräußert werden[3]. 1479

cc) Gewinnausschüttungen an ausscheidende Gesellschafter

Auch hier fehlt eine klare gesetzliche Regelung. ME ist wie folgt zu **differenzieren**: 1480

---

[1] Wie hier SCHMITT in Schmitt/Hörtnagl/Stratz, § 5 UmwStG Rz. 20, mwN; Tz. 02.19 UmwE 2011.
[2] Der UmwE 2011 schweigt zu diesem Fall.
[3] FG Münster 3 K 3608/04 F vom 18.10.2007, EFG 2008, 343.

GmbH → KG

1481 Unproblematisch sind Ausschüttungen, die bereits **vor dem steuerlichen Verschmelzungsstichtag beschlossen** wurden. Sie sind für alle Beteiligten Gewinnausschüttungen i.S.d. § 20 Abs. 1 Nr. 1 EStG.

1482 Ausschüttungen, die **nach dem Verschmelzungsstichtag beschlossen** wurden, sind für verbleibende Gesellschafter Entnahmen, für gegen Abfindung ausscheidende Gesellschafter hingegen Gewinnausschüttungen, da für sie die Rückwirkung des § 2 UmwStG nicht greift[1].

1483 Gleiches gilt mE für Gesellschafter, die ihre Beteiligung innerhalb der Frist des § 31 UmwG veräußern.

II. Verschmelzung durch Neugründung

1. Zivilrecht

a) Voraussetzungen

1484 Mit anderen Rechtsträgern kann eine GmbH zu einer neuen KG verschmolzen werden (§ 2 Nr. 2 UmwG; siehe Tz. 1202). Zu den generellen Voraussetzungen siehe Tz. 1205–1211. Als „andere Rechtsträger" kommen nur AG, KGaA, GmbH, OHG, KG, Genossenschaften und Vereine[2] in Betracht (§ 3 UmwG)[3].

1485 Zumindest einer der zu verschmelzenden Rechtsträger muss ein **Handelsgewerbe** betreiben oder nur vermögensverwaltend tätig sein, da ansonsten keine KG entstehen kann. Zur Verschmelzung zu einer GbR siehe Tz. 692 *GmbH → GbR*.

1486 Da die KG notwendig aus zwei Gesellschaftern besteht, müssen zumindest zwei (natürliche oder juristische) Personen Gesellschafter der zu verschmelzenden Rechtsträger sein. Zwei **Einpersonen-GmbHs** mit gleichem Gesellschafter (Schwestergesellschaften) können also nicht zur KG verschmolzen werden. Zumindest in eine GmbH muss vor Ver-

---

1 Ebenso Tz. 02.25 ff. UmwE 2011.
2 Eindeutig für wirtschaftliche Vereine, siehe § 3 Abs. 2 Nr. 1 UmwG, zweifelhaft nach dem Gesetzeswortlaut des § 99 UmwG und auch der Gesetzesbegründung BT-Drucks. 12/6690 zu § 99 UmwG hingegen für eingetragene Vereine. Die Formulierungen erwecken den Eindruck, als sei nur die Verschmelzung von Vereinen zu einem Rechtsträger anderer Rechtsform, nicht aber etwa die Verschmelzung einer GmbH mit einem Verein zu einer KG zulässig. ME wäre dies eine wenig sinnvolle Einschränkung, da die Verschmelzung eines eingetragenen Vereins auf einen Rechtsträger anderer Rechtsform zulässig sein soll, siehe Gesetzesbegründung, aaO.
3 Genossenschaftliche Prüfungsverbände und VVaG können nicht mit anderen Rechtsformen verschmolzen werden (§§ 105, 109 UmwG).

GmbH → KG

schmelzung – ggf. als Treuhänder – ein weiterer Gesellschafter aufgenommen werden (siehe auch Tz. 1195 *GmbH → GmbH & Co KG*).

Der oder die Gesellschafter der GmbH und des weiteren Rechtsträgers müssen **taugliche Gesellschafter** einer KG sein (siehe Tz. 1215–1217). 1487

Notwendig sind folgende **Schritte**: 1488
- Abschluss eines **Verschmelzungsvertrags** (§ 36 i.V.m. §§ 4 ff. UmwG),
- ggf. Erstellung eines **Verschmelzungsberichts** (§ 36 i.V.m. § 8 UmwG),
- ggf. **Prüfung** der Verschmelzung (§ 36 i.V.m. § 9 UmwG),
- **Zustimmung der Gesellschafter** (§ 36 i.V.m. § 13 UmwG),
- **Anmeldung** der Verschmelzung (§ 36 i.V.m. § 16 UmwG).

b) Verschmelzungsvertrag

Es gelten die Tz. 1307–1317 entsprechend. Der Verschmelzungsvertrag muss den **Gesellschaftsvertrag** der durch die Verschmelzung zu gründenden KG enthalten oder ihn feststellen (§ 37 UmwG). Damit ist der Gesellschaftsvertrag der KG, der nach allgemeinen Vorschriften idR nicht formgebunden ist[1], zwingend notariell zu beurkunden. Zukünftige Änderungen des Gesellschaftsvertrags sind hingegen wieder formfrei möglich[2], was vorsorglich im Gesellschaftsvertrag erwähnt werden sollte. 1489

c) Umtauschverhältnis und Barabfindungsangebot

Siehe Tz. 1318–1319. 1490

d) Verschmelzungsbericht und Prüfung

Es gelten die Tz. 1320–1321. 1491

e) Verschmelzungsbeschlüsse

Es gelten die Tz. 1322–1329. 1492

---

1 BAUMBACH/HOPT, § 105 HGB Rz. 54.
2 Siehe SCHÄFER in Staub, § 105 HGB Rz. 188.

GmbH → KG

f) Bilanzierung

1493 Siehe Tz. 1330–1333.

g) Anmeldung und Eintragung

1494 Die Verschmelzung ist zum Register der übertragenden Gesellschaften wie auch zum **Register** der neuen KG anzumelden (§ 38 UmwG). Im Übrigen gilt Tz. 1059–1071 *GmbH* ↔ *GmbH* entsprechend.

h) Rechtsfolgen

1495 Sieht Tz. 1335.

i) Kosten

1496 Siehe Tz. 1098–1101 *GmbH* ↔ *GmbH*.

2. Steuerrecht

1497 Es gelten die Tz. 1337–1483 entsprechend.

III. Zahlenbeispiel

1. Sachverhalt

1498 An der A-GmbH mit einem Stammkapital von 100 000,– Euro sind folgende Gesellschafter **beteiligt**:

– A mit 30 %, Anteile im Privatvermögen, gekauft 1993 vom Gründungsgesellschafter, Anschaffungskosten   180 000,– Euro[1]
– B mit 10 %, Anteile im Betriebsvermögen seines Einzelunternehmens, gekauft 2001 von E, der ursprünglich mit 20 % beteiligt war, Anschaffungskosten = Buchwert   50 000,– Euro[2]
– C mit 0,26 %, Anteile im Privatvermögen, Anschaffungskosten   260,– Euro[3]
– D mit 0,24 %, neu-einbringungsgeborene Anteile im Privatvermögen, Anschaffungskosten   240,– Euro[4]
– E mit 59,5 %, Anteile im Privatvermögen,
– ursprünglich hielt E 0,5 %, Anschaffungskosten   500,– Euro
– in 2009 wurden 59 % hinzuerworben, Anschaffungskosten   150 000,– Euro[5]

---

1 Anteile i.S.d. § 17 Abs. 1 S. 1 EStG.
2 Sperrbetragsbehafteter Anteil gemäß § 50c EStG.
3 Anteil, der nicht § 17 EStG unterfällt.
4 Anteil i.S.d. § 22 UmwStG.
5 0,5 % Anteile sind solche nach § 17 Abs. 2 S. 4 EStG.

GmbH → KG

Im Februar 2011 beschließt die Gesellschafterversammlung der GmbH den Formwechsel in eine KG. Der Umwandlungsbeschluss wird im April 2011 dem Handelsregister zur Eintragung angemeldet. Die Eintragung ins Handelsregister erfolgt am 20.6.2011. Dem Formwechsel wird steuerlich die Schlussbilanz der GmbH zum 31.12.2010 zugrunde gelegt.

Die **Schlussbilanz** der GmbH zum 31.12.2010

A-GmbH

Grund und Boden	100 000	Gezeichnetes Kapital	100 000
Gebäude	250 000	Kapitalrücklagen	10 000
Geschäftsausstattung	150 000	Gewinnrücklagen	200 000
Waren	200 000	Jahresüberschuss	50 000
Sonstige Aktiva	200 000	Verbindlichkeiten	540 000
Summe	900 000	Summe	900 000

Die GmbH verfügt nur über inländisches Vermögen, alle Gesellschafter sind unbeschränkt steuerpflichtig.

Das **steuerliche Einlagenkonto** gemäß § 27 KStG beträgt 10 000.

In den Besitzposten sind **stille Reserven** enthalten.

Soweit zulässig, soll auf eine **Aufdeckung der stillen Reserven** verzichtet werden.

2. Lösung

Bei der **übertragenden GmbH** ist auf Antrag der gewünschte Buchwertansatz gemäß §§ 14, 3 UmwStG zulässig. 1499

Die Schlussbilanz der GmbH entspricht der **Eröffnungsbilanz** der KG zum 1.1.2010 (Buchwertverknüpfung gemäß §§ 14, 4 Abs. 1 UmwStG).

A-KG

Grund und Boden	100 000	Kapitalkonto A	108 000
Gebäude	250 000	Kapitalkonto B	36 000
Geschäftsausstattung	150 000	Kapitalkonto C	936
Waren	200 000	Kapitalkonto D	864
Sonstige Aktiva	200 000	Kapitalkonto E	214 200
		Verbindlichkeiten	540 000
Summe	900 000	Summe	900 000

GmbH → KG

Ermittlung des **Übernahmegewinns**:

Übernommene Aktiva	900 000
./. übernommene Passiva	540 000
Wert übernommenes Vermögen	360 000
./. davon auf AntE C u. D entfallend (§ 4 Abs. 4 S. 3 UmwStG)	1800
verbleibender Wert des übernommenen Vermögens	358 200

Verteilung

	A (30/99,5)	B (10/99,5)	E (59,5/99,5)
ant. Übernahmewert	108 000	36 000	214 300
./. ant. Buchwert	− 180 000	− 50 000	− 150 500
Übernahmegewinn 1			63 000
Übernahmeverlust 1	− 72 000	− 14 000	
Sperrbetrag gemäß § 50c EStG		40 000	
Bezüge nach § 7 UmwStG	− 75 000	− 25 000	− 148 750
Übernahmegewinn/-Verlust	− 150 000	1000	− 84 950

Einkünfte der **Anteilseigner** gemäß § 7 UmwStG:

Summe des als ausgeschüttet geltenden Vermögens der A-GmbH (Vermögen − Stammkapital − Einlagenkonto)	250 000
davon auf AntE A entfallend 30 %	75 000
davon auf AntE B entfallend 10 %	25 000
davon auf AntE C entfallend 0,26 %	650
davon auf AntE D entfallend 0,24 %	600
davon auf AntE E entfallend 59,5 %	148 750

1500 Steuerpflichtig ist damit:

	A	B	C	D	E
§ 20 Abs. 1 Nr. 1 EStG	75 000	25 000	650	600	148 750
Übernahmegewinn 1000 × ½ (§ 3 Nr. 40 EStG)	37 500	13 000	325	300	74 375
./. Übernahmeverlust × ½	− 75 000				− 42 475[1]
Verbleibender Verlust	35 000[2]				
Steuerpflichtig mit dem jeweiligen Einkommensteuersatz	0	13 000	325	300	74 375

1501–1516 Einstweilen frei.

---

1 Nicht zu berücksichtigen nach § 4 Abs. 6 S. 5 UmwStG.
2 Bleibt außer Ansatz.

GmbH → KGaA, Formwechsel, Spaltung, Verschmelzung

Eine GmbH kann durch **Formwechsel, Verschmelzung** oder **Spaltung** in eine KGaA umgewandelt werden[1]. Es gelten die Tz. 603–664 *GmbH → AG* sowie für die KGaA die Tz. 100–109 *AG → KGaA* entsprechend.

1517

GmbH → Körperschaft des öffentlichen Rechts (KöR), Vermögensübertragung

Eine GmbH kann wie eine AG durch **Vermögensübertragung** in eine Körperschaft des öffentlichen Rechts umgewandelt werden (§§ 174, 175 UmwG). Es gelten die Tz. 110–127 *AG → KöR* entsprechend.

1518

GmbH → OHG, Formwechsel, Spaltung, Verschmelzung

Es gelten die Tz. 1199–1516 *GmbH → KG* entsprechend. Allerdings bedürfen Formwechsel, Spaltung und Verschmelzung[2] der **Zustimmung aller Gesellschafter** (§§ 233 Abs. 1, 40 Abs. 2, 125 i.V.m. 40 Abs. 2 UmwG).

1519

Der OHG gleichgestellt ist eine **EWIV**[3].

1520

GmbH → Partnerschaft

Eine GmbH kann durch Formwechsel, Verschmelzung oder Spaltung in eine Partnerschaft umgewandelt werden (§ 3 Abs. 1 Nr. 1 und § 191 Abs. 2 Nr. 2 UmwG). Es gelten grundsätzlich die Tz. 1199–1516 *GmbH → KG*. Ein **Formwechsel** ist nur möglich, wenn alle Anteilsinhaber Personen sind, die einen freien Beruf ausüben (§ 228 Abs. 2 UmwG). Der

1521

---

1 Zu den Vorteilen einer KGaA oder GmbH & Co KGaA HAGEBÖKE/KÖTZ, DStR 2006, 293; HALASZ/KLOSTER/KLOSTER, GmbHR 2002, 77, 359; WATRIN/MIDDENDORF/SIEVERT, StuB 2005, 193; SCHÜRMANN/GROH, BB 1995, 684; CLAUSSEN, GmbHR 1996, 73; LADWIG/MOTTE, DStR 1997, 1539; HAASE, GmbHR 1997, 917; NIEDNER/KUSTERER, DB 1997, 2010; zur Stiftung & Co KGaA WEHRHEIM/GEHRKE, StuW 2005, 234; zu den steuerlichen Besonderheiten PERLITT in Münchener Kommentar zum AktG, Vor § 278 Rz. 80 ff.; KUSTERER, DStR 2008, 484; SCHULTE, DStR 2005, 951; HARITZ, DStR 1996, 1192; HARITZ, GmbHR 2009, 1194; FISCHER, DStR 1997, 1519; zur Verschmelzung auf eine „atypische" KGaA KUSTERER, DStR 1998, 1412.
2 Vertragsmuster: FRIEDL/KRÄMER in Formularbuch Recht und Steuern, S. 991 ff.
3 Allgemein zur EWIV FRIEDL/KRÄMER in Formularbuch Recht und Steuern, S. 115 ff.; WACKER in L. Schmidt, § 15 EStG Rz. 333.

GmbH → Stiftung

Umwandlungsbeschluss muss den Partnerschaftsvertrag enthalten (§ 234 Nr. 3 UmwG). Alle Partner müssen dem Beschluss zustimmen (§ 233 Abs. 1 UmwG). Ebenso ist eine **Verschmelzung** oder **Spaltung** nur möglich, wenn die Anteilseigner natürliche Personen sind, die einen freien Beruf ausüben (§ 45a UmwG). Der Umwandlungsvertrag oder sein Entwurf hat zusätzlich für jeden Anteilsinhaber der GmbH den Namen und den Vornamen sowie den in der übernehmenden Partnerschaft ausgeübten Beruf und den Wohnort zu enthalten (§ 45b UmwG). Der Umwandlungsbericht ist für eine an der Umwandlung beteiligte Partnerschaft nur erforderlich, wenn ein Partner gemäß § 6 Abs. 2 PartGG von der Geschäftsführung ausgeschlossen ist; von der Geschäftsführung ausgeschlossene Partner sind entsprechend § 42 UmwG zu unterrichten (§ 45c UmwG). Nach § 45d UmwG bedarf der Umwandlungsbeschluss der Zustimmung aller Partner. Der Partnerschaftsvertrag kann jedoch eine Mehrheitsentscheidung der Partner vorsehen, wenn diese mindestens drei Viertel der abgegebenen Stimmen beträgt.

GmbH → Stiftung

1522 Die **Umwandlung** einer GmbH in eine Stiftung ist nicht möglich.

1523 Denkbar ist die Übertragung des Gesellschaftsvermögens oder der GmbH-Anteile im Rahmen eines **Stiftungsgeschäfts**[1]. Vgl. dazu zunächst Tz. 454–469 *EU → Stiftung*.

1524 Hierbei ist zu unterscheiden: Bringt die GmbH ihren Betrieb ein, so besteht die Gesellschaft fort. **Steuerlich** drohen verdeckte Gewinnausschüttungen[2].

1525 Werden die GmbH-Anteile von den **Gesellschaftern** eingebracht, ist weiter zu differenzieren:

1526 Werden die Anteile in einem **Betriebsvermögen** gehalten und in eine **steuerpflichtige inländische Stiftung** eingebracht, liegt eine Entnahme mit Gewinnrealisierung vor (§ 6 Abs. 1 Nr. 4 S. 1 EStG). Die Anteile sind mit dem Teilwert anzusetzen. Ausnahmsweise entfällt eine Gewinnrealisierung, wenn es sich um einbringungsgeborene Anteile handelt (§ 21

---

[1] Zu unternehmensverbundenen Familienstiftungen HENNERKES/SCHIFFER, BB 1995, 209.
[2] WIDMANN in Widmann/Mayer, Anh. 8 Rz. 8 und Rz. 20 (Oktober 1981); MEILICKE, FR 1967, 150.

GmbH → Stille Gesellschaft

Abs. 1 UmwStG), da hier die Stiftung in die Rechtsstellung des Stifters eintritt[1].

Bei Übertragung betrieblicher Anteile auf eine **steuerfreie inländische Stiftung** liegt ebenfalls eine Entnahme vor. Die Besteuerung der stillen Reserven wird idR durch § 6 Abs. 1 Nr. 4 S. 4 EStG vermieden, der den Ansatz der Entnahme mit dem Buchwert erlaubt[2]. 1527

Wird eine Beteiligung des **Privatvermögens** (gleichgültig ob sie § 17 EStG unterfällt oder nicht) in eine steuerpflichtige inländische Stiftung eingebracht, erfolgt keine Gewinnrealisierung, da kein Veräußerungsgeschäft vorliegt. Dies gilt mE auch für die Einbringung in eine steuerbefreite Stiftung, obwohl hier die stillen Reserven endgültig der Besteuerung entzogen werden[3]. 1528

GmbH → Stille Gesellschaft

A. Übersicht

Die **Umwandlung** einer GmbH in eine stille Gesellschaft ist an sich nicht denkbar. 1529

Möglich ist die **Beteiligung** eines stillen Gesellschafters an der GmbH (GmbH & Still), womit eine stille Gesellschaft unter Fortbestand der GmbH entsteht. 1530

Denkbar ist auch die **Umwandlung der GmbH in eine Personengesellschaft** oder ein Einzelunternehmen mit anschließender Begründung einer stillen Beteiligung. Insoweit wird auf die Einzelerläuterung der Umwandlungsschritte verwiesen (zB *GmbH → KG, KG → Stille Gesellschaft*). 1531

B. GmbH & Still

I. Zivilrecht

Zivilrechtlich ist Voraussetzung für die Begründung einer GmbH & Still der Abschluss eines **Gesellschaftsvertrags**. Auch der GmbH-Gesellschafter kann sich an der eigenen GmbH & Still beteiligen. Zu entscheiden ist, ob seine Rechte der gesetzlichen Vorgabe (§§ 230–237 HGB) 1532

---

1 WIDMANN in Widmann/Mayer, Anh. 8 Rz. 4 (Oktober 1981).
2 WIDMANN in Widmann/Mayer, Anh. 8 Rz. 11 ff. (Oktober 1981).
3 WIDMANN in Widmann/Mayer, Anh. 8 Rz. 6 und 17 (Oktober 1981).

GmbH → Stille Gesellschaft

entsprechen (typische stille Gesellschaft) oder darüber hinaus ausgedehnt werden sollen (atypisch stille Gesellschaft)[1].

II. Steuerrecht

1533 Steuerrechtlich ist die **typische stille Beteiligung** wie eine Darlehensgewährung zu werten (§ 20 Abs. 1 Nr. 4 EStG)[2].

1534 Gehen die Rechte des stillen Gesellschafters über die gesetzlich vorgesehenen Bestimmungen hinaus, kann die GmbH & Still zur **Mitunternehmerschaft** werden (§ 15 EStG). Die Grenze ist im Einzelnen umstritten[3].

1535 Wenn eine Kapitalgesellschaft einen atypisch (mitunternehmerischen) stillen Gesellschafter aufnimmt, stellt sich zum Umwandlungssteuerrecht die Frage, ob der jeweilige Geschäftsinhaber seinen Betrieb in eine Personengesellschaft i.s.d. § 24 UmwStG einbringt, sodass eine **Aufstockung** nach § 24 Abs. 2 UmwStG für den Geschäftsinhaber zulässig ist.

1536 Nach **zivilrechtlicher Betrachtungsweise** bringt der Geschäftsinhaber seinen Betrieb nicht in die stille Gesellschaft als Personengesellschaft ein, weil die Einlage des Stillen in das Vermögen des Geschäftsinhabers übergeht und insoweit eine Änderung der Rechtsträgerschaft nicht erfolgt. An den Eigentumsverhältnissen des Geschäftsinhabers ändert sich nichts.

1537 **Einkommensteuerrechtlich** wird mit der Vereinbarung einer atypisch stillen Beteiligung zwischen einem Einzelunternehmer und einer still beteiligten Person eine Mitunternehmerschaft begründet, die ohne Einbringungsvorgänge seitens beider Mitunternehmer – einkommensteuerlich – nicht vorstellbar ist. Die hM kommt daher zur Anwendung des § 24 UmwStG[4]. Soweit sich ein GmbH-Gesellschafter atypisch still beteiligt, ist darauf zu achten, dass es nicht zu Gewinn- bzw. Vermögens-

---

1 Im Einzelnen BLAUROCK, Handbuch Stille Gesellschaft, S. 502 ff.; SCHULZE ZUR WIESCHE, Die GmbH & Still, S. 12 ff.; SCHOOR/NATSCHKE, Die GmbH & Still im Steuerrecht, S. 26 ff.
2 SCHULZE ZUR WIESCHE, GmbHR 2008, 1140.
3 Vgl. SCHWEDHELM, Die GmbH & Still als Mitunternehmerschaft, 1987; FICHTELMANN, GmbH & Still im Steuerrecht, 5. Aufl. 2000; WACKER in L. Schmidt, § 15 EStG Rz. 340 ff.
4 Siehe SCHMITT in Schmitt/Hörtnagl/Stratz, § 24 UmwStG Rz. 120; WIDMANN in Widmann/Mayer, § 24 UmwStG Rz. 87 (August 2001); FELIX, KÖSDI 1990, 8334, mwN; aA DÖLLERER, DStR 1985, 295.

Gmbh → UG

verschiebungen zu Lasten der GmbH kommt. Dies wären verdeckte Gewinnausschüttungen[1].

Gmbh → UG (haftungsbeschränkt)

I. Zivilrecht

Der Formwechsel einer GmbH in eine UG ist ausgeschlossen. Die UG ist bereits eine GmbH[2]. Einem „downgrading" der GmbH zur UG durch Absenkung des Stammkapitals auf einen Betrag unter 25 000 Euro steht §§ 58 Abs. 2, 5 Abs. 1 GmbHG entgegen[3].   1537.1

Die Spaltung oder Verschmelzung auf eine UG zur Neugründung ist wegen des Sacheinlageverbots des § 5a Abs. 2 S. 2 GmbHG ausgeschlossen[4].   1537.2

Bei **Verschmelzung** und **Spaltung zur Aufnahme** ist ebenfalls das Sacheinlageverbot zu beachten. Die Umwandlung verstößt nur dann nicht gegen § 5a Abs. 2 S. 2 GmbHG, wenn durch die Umwandlung das Mindeststammkapital iHv. 25 000 Euro erreicht wird[5] oder die Gesellschafter der übertragenden GmbH auf die Gewährung von Anteilen verzichten[6].   1537.3

Im Übrigen gelten die Tz. 726–940, 972–1191 *GmbH → GmbH*.

II. Steuerrecht

Es gelten die Tz. 841–898, 1102–1171 *GmbH → GmbH*.   1537.4

---

1 BORDEWIN, FR 1979, 64.
2 SEIBERT, GmbHR 2007, 673; FASTRICH in Baumbach/Hueck, § 5a GmbHG Rz. 17; GASTEYER, NZG 2009, 1364; HECKSCHEN, DStR 2009, 166; kritisch VEIL, GmbHR 2007, 1080; HECKSCHEN in FS Spiegelberger, 2009, S. 683.
3 HECKSCHEN in Widmann/Mayer, § 1 UmwG Rz. 48.3 (November 2010); MIRAS in Michalski, § 5a GmbHG Rz. 11; LUTTER in Lutter/Hommelhoff, § 5a GmbHG Rz. 33; FASTRICH in Baumbach/Hueck, § 5a GmbHG Rz. 16.
4 BGH II ZB 9/10 vom 11.4.2011, GmbHR 2011, 701, mit Anm. BREMER; FRONHÖFER in Widmann/Mayer, § 3 UmwG Rz. 16.3 (November 2010); TEICHMANN in Lutter, § 124 UmwG Rz. 2; SIMON in Kölner Kommentar zum UmwG, § 124 Rz. 7; GASTEYER, NZG 2009, 1364; aA LUTTER in Lutter/Hommelhoff, § 5a GmbHG Rz. 33.
5 BGH II ZB 25/10 vom 19.4.2011, GmbHR 2011, 699; mit Anm. HECKSCHEN, BRAO 2011, 232; WACHTER, NJW 2011, 2620.
6 FRONHÖFER in Widmann/Mayer, § 3 UmwG Rz. 16.3 (November 2010); HECKSCHEN in Widmann/Mayer, § 1 UmwG Rz. 49.9 (November 2010); GASTEYER, NZG 2009, 1364.

GmbH → Verein

GmbH → Verein

1538 Eine Umwandlung ist **ausgeschlossen**.

GmbH → VVaG

1539 Eine Umwandlung ist **ausgeschlossen** (§§ 109, 291 UmwG).

Gmbh & Co KG

Gmbh & Co KG → AG, Formwechsel, Spaltung, Verschmelzung

Es gelten die Tz. 1581–1599 *KG → AG* entsprechend[1]. Nachteilig bei diesem Vorgehen ist, dass die Komplementär-GmbH bestehen bleibt. Als Alternative bietet sich daher an, die Kommanditanteile in die Komplementär-GmbH einzubringen (siehe Tz. 1561–1566 *GmbH & Co KG → GmbH*) und anschließend die GmbH durch Formwechsel in eine AG umzuwandeln.

1540

GmbH & Co KG ↔ Einzelunternehmen (EU), Verschmelzung

Die **Verschmelzung** einer Personengesellschaft auf einen Gesellschafter ist nicht möglich (§§ 3, 120 UmwG). Denkbar ist, dass bei einer Einmann-GmbH & Co KG der Kommanditanteil in die GmbH eingebracht (siehe Tz. 1561–1566 *GmbH & Co KG → GmbH*) und sodann die GmbH auf den alleinigen Gesellschafter verschmolzen wird (siehe Tz. 665–688 *GmbH → EU*).

1541

Scheidet die GmbH aus der GmbH & Co KG aus und verbleibt lediglich ein Kommanditist, wächst ihm das Vermögen automatisch zu. Die beschränkte Haftung entfällt zwangsläufig. Anderenfalls führt das **Ausscheiden der Komplementär-GmbH** zur Auflösung und Liquidation.

1542

Steuerlich relevant ist lediglich der Vorgang des Ausscheidens der GmbH. Insoweit liegt eine Veräußerung vor. Ist der verbleibende Gesellschafter auch an der GmbH beteiligt, darf die Abfindung nicht zu niedrig sein, da ansonsten eine verdeckte Gewinnausschüttung (Forderungsverzicht der GmbH) vorliegt.

1543

---

1 Vertragsmuster zum Formwechsel: Vossius in Widmann/Mayer, Anh. 4, M 176 ff. (Januar 2010).

GmbH & Co KG → EU-Kap

GmbH & Co KG → Europäische Kapitalgesellschaft (EU-Kap)[1]

1543.1 Eine direkte Umwandlung ist nicht möglich. Die GmbH & Co KG müsste zunächst in eine AG (Tz. 1540 *GmbH & Co KG → AG*) oder GmbH (Tz. 1550–1566 *GmbH & Co KG → GmbH*) umgewandelt werden. Diese könnte dann auf oder mit einer EU-Kap verschmolzen werden (siehe Tz. 54.1 *AG → EU-Kap* u. Tz. 688.1–688.23 *GmbH → EU-Kap*).

GmbH & Co KG → EWIV

1544 Siehe Tz. 1601 *KG → EWIV*.

GmbH & Co KG → GbR

1545 Ein **Formwechsel** ist nicht möglich (§ 214 UmwG).

1546 Die GmbH & Co KG wird zur GbR, wenn die Kommanditisten in die Rechtsstellung vollhaftender Gesellschafter rücken **(Änderung des Gesellschaftsvertrags)** und kein Handelsgewerbe betrieben wird.

1547 Vgl. auch Tz. 1602–1607 *KG → GbR*.

1548 **Steuerrechtlich** ist der Vorgang ohne Belang, soweit nicht an die Kommanditistenstellung besondere Besteuerungsfolgen geknüpft sind (zB § 15a EStG).

GmbH & Co KG → Genossenschaft, Formwechsel, Spaltung, Verschmelzung

1549 Es gelten die Tz. 1608–1621 *KG → Genossenschaft*.

GmbH & Co KG → GmbH, Formwechsel, Spaltung, Verschmelzung

A. Übersicht 1550	I. Zivilrecht 1561
B. Einbringungsvariante 1561	II. Steuerrecht 1564

---

1 Zum Begriff siehe Einleitung S. 4.

Gmbh & Co KG → GmbH

A. Übersicht

Eine GmbH & Co KG[1] kann durch **Formwechsel**[2], **Spaltung** oder **Verschmelzung**[3] in eine GmbH umgewandelt werden. Es gelten grundsätzlich die Tz. 1622–1820 *KG → GmbH*. 1550

Dabei ist zu beachten, dass die **Komplementär-GmbH** grundsätzlich zur Gesellschafterin der übernehmenden GmbH wird und nicht untergeht[4]. Allenfalls kann die Komplementär-GmbH gemäß §§ 29 ff. bzw. § 207 UmwG widersprechen und so gegen Barabfindung ausscheiden. Aber auch dann bleibt sie bestehen und muss ggf. gesondert liquidiert oder umgewandelt werden. 1551

Vermieden wird diese Problematik bei einer **Verschmelzung auf die Komplementär-GmbH** (§§ 2, 3 UmwG)[5]. 1552

Eine „Umwandlung" im untechnischen Sinn auf die Komplementär-GmbH ist ferner möglich, indem sämtliche Kommanditisten aus der KG ausscheiden (sog. **„Anwachsungsmodell"**)[6]. Das Vermögen der Kommanditisten wächst der Komplementär-GmbH als einzigem verbleibenden Gesellschafter an (§ 738 BGB, §§ 105 Abs. 3, 161 Abs. 2 HGB)[7]. 1553

Steuerrechtlich unterfällt das „Anwachsungsmodell" mangels Gewährung neuer Anteile nicht § 20 UmwStG[8]. Nach Ansicht der Finanzver- 1554

---

1 Römermann/Passarge, ZIP 2009, 1497 zur Ablösung der GmbH & Co KG durch die UG & Co KG.
2 Vertragsmuster: Greve in Engl, Formularbuch Umwandlungen, S. 1129 ff.; Vossius in Widmann/Mayer, Anh. 4, M 164 ff. (Januar 2010).
3 Vertragsmuster: Trassl in Engl, Formularbuch Umwandlungen, S. 380.
4 Kübler in Semler/Stengel, § 202 UmwG Rz. 18; Meister/Klöcker in Kallmeyer, § 191 UmwG Rz. 14; für ein Ein- oder Austreten der Komplementär-GmbH während der Umwandlung Kallmeyer, GmbHR 2000, 418, 541; Decher in Lutter, § 202 UmwG Rz. 11, unter Hinweis auf BGH II ZR 29/03 vom 9.5.2005, DStR 2005, 1539. Die Entscheidung ist mE nicht einschlägig, da die Komplementär-GmbH bereits an der AG beteiligt war, bevor sie umgewandelt wurde.
5 Vertragsmuster: Friedl/Krämer in Formularbuch Recht und Steuern, S. 1029 ff.
6 Hennerkes/Binz in FS Heinz Meilicke, 1985, S. 31 ff.; Hesselmann/Tillmann/Mueller-Thuns, Handbuch GmbH & Co. KG, § 11 Rz. 194 ff.; Orth, DStR 1999, 1011, 1053; Ropohl/Freck, GmbHR 2009, 1076; Schnitker/Grau, ZIP 2008, 394 zu arbeitsrechtlichen Aspekten.
7 Diese Gestaltung wäre auch bei einer UG & Co KG – dazu Römermann/Passarge, ZIP 2009, 1497 – möglich, allerdings mit den negativen steuerlichen Folgen gemäß Tz. 1554.
8 So zutreffend Tz. E 20.10 UmwE 2011.

GmbH & Co KG → GmbH

waltung liegt eine Veräußerung der Mitunternehmeranteile vor[1], die zur Aufdeckung aller stillen Reserven einschließlich des Geschäfts- oder Firmenwerts führt[2]. Soweit die Gesellschafter eine Abfindung erhalten, die dem Wert ihrer Beteiligung entspricht, entsteht ein Veräußerungsgewinn oder -verlust in Höhe der Differenz zum jeweiligen Kapitalkonto. Liegt die Abfindung unter dem Wert des Anteils oder wird keine Abfindung gezahlt, liegt eine verdeckte Einlage vor.

1555 Ferner gehen die bisher zum Sonderbetriebsvermögen der Kommanditisten gehörenden **Anteile an der Komplementär-GmbH** mit der Anwachsung in das Privatvermögen der Gesellschafter über, sofern sie nicht einem Betriebsvermögen des Kommanditisten zuzuordnen sind oder in ein solches überführt werden. Durch die Überführung ins Privatvermögen sind auch die stillen Reserven in den Anteilen zu realisieren[3]. Dies gilt auch für sonstiges Sonderbetriebsvermögen.

1556 Der entstehende **Gewinn** ist **begünstigt** (§§ 16, 34 EStG)[4]. Die Anschaffungskosten der GmbH-Anteile erhöhen sich um die realisierten stillen Reserven.

1557 **Schenkungsteuer** fällt nicht an[5], ebenso wenig **Umsatzsteuer**[6].

1558 Gehören zum Vermögen der GmbH & Co KG Grundstücke, kann **Grunderwerbsteuer** anfallen (siehe Tz. 1168 *GmbH ↔ GmbH*).

1559 Die Problematik einer verdeckten Einlage wird vermieden bei einer Einbringung der Kommanditanteile in die Komplementär-GmbH im Wege der Kapitalerhöhung („**Einbringungsvariante**"). Steuerrechtlich liegt eine Einbringung nach § 20 UmwStG vor, womit eine Buchwertfortführung ermöglicht wird.

1560 **Hinweis**: Die „Einbringungsvariante" ist nicht nur dem „Anwachsungsmodell", sondern idR auch dem Formwechsel und der Verschmelzung vorzuziehen. Der grundsätzliche Vorteil der Umwandlung gegenüber der Einbringung, nämlich die Gesamtrechtsnachfolge, spielt hier

---

1 Tz. 20.01 UmwE 2011.
2 Siehe WACKER in L. Schmidt, § 16 EStG Rz. 513; SCHMITT in Schmitt/Hörtnagl/Stratz, § 20 UmwStG Rz. 194; mE liegt eine unentgeltliche Übertragung eines Mitunternehmeranteils vor, der zur Buchwertfortführung nach § 6 Abs. 3 EStG zwingt, siehe SCHWEDHELM in Streck, § 8 KStG Anh. Rz. 50, mwN.
3 WACKER in L. Schmidt, § 16 EStG Rz. 513.
4 Zu den Auswirkungen bei Verlustvorträgen gemäß § 15a Abs. 2 EStG STÜMPER, GmbHR 2010, 129.
5 WIDMANN in Widmann/Mayer, Anh. 8. Teil Rz. 41 (Juni 1981).
6 WIDMANN in Widmann/Mayer, Anh. 8. Teil Rz. 45 (Juni 1981).

Gmbh & Co KG → GmbH

praktisch keine Rolle. Die Einzelrechtsnachfolge beschränkt sich bei der Einbringung auf die Abtretung des KG-Anteils an die GmbH. Hierzu ist weder eine besondere Form erforderlich noch bedarf es – mit Ausnahme der übrigen Gesellschafter – der Zustimmung eines Dritten. Fallen alle KG-Anteile in der Hand der GmbH zusammen, so wächst bei ihr das Gesamthandsvermögen an. Damit tritt im Ergebnis eine Gesamtrechtsnachfolge ein, ohne dass die Formalien (und die damit verbundenen Kosten) des UmwG erfüllt werden müssten. Auch haftungsrechtlich hat die Einbringung gegenüber der Umwandlung keine Nachteile mehr (siehe § 161 i.V.m. §§ 159 f. HGB). Allerdings hat die Einbringung einen Nachteil gegenüber dem Formwechsel, wenn Immobilien zum Gesamthandsvermögen gehören, da beim Formwechsel keine GrESt anfällt (siehe Tz. 1273 *GmbH → KG*).

B. Einbringungsvariante

I. Zivilrecht

Es gelten die Tz. 1821–1837 *KG → GmbH*[1]. 1561

Da die KG durch Einbringung aller Kommanditanteile untergeht, ist das **Erlöschen** der Firma zum Handelsregister **anzumelden**. 1562

Soweit zum Vermögen der GmbH & Co KG **Grundstücke** gehören, ist das Grundbuch zu berichtigen. 1563

II. Steuerrecht

Die Einbringung der Mitunternehmeranteile in die Komplementär-GmbH unterfällt steuerrechtlich **§ 20 UmwStG**[2]. Die anschließende Anwachsung des Vermögens bei der GmbH ist unschädlich[3]. Es gelten die Tz. 1838–1841 *KG → GmbH*[4]. Wird Sonderbetriebsvermögen zurückgehalten, kann eine **Betriebsaufspaltung** entstehen (vgl. Tz. 1934–1937 *KG → KG*). 1564

---

1 Vertragsmuster: Mayer in Widmann/Mayer, Anh. 4, M 209 ff. (Juli 2010); Krämer/Friedl in Formularbuch Recht und Steuern, S. 100 ff.; Fox in Engl, Formularbuch Umwandlungen, S. 815 ff.
2 BFH I R 98/06 vom 28.5.2008, BStBl. 2008 II, 916; Orth, DStR 2009, 192; Ettinger, GmbHR 2008, 1089; Ropohl/Freck, GmbHR 2009, 1076; Schmid/Diehl, DStR 2008, 529.
3 Tz. 01.44 UmwE 2011.
4 Zu Gesellschafterwechsel im Rückwirkungszeitraum Schmid/Dietel, DStR 2008, 529.

GmbH & Co KG → GmbH

1565 Soweit die **GmbH an Vermögen** der KG **beteiligt** war, ist eine Aufstockung der Buchwerte ausgeschlossen. Hinsichtlich des der GmbH-Beteiligung entsprechenden Anteils an den Wirtschaftsgütern bleibt es beim Buchwert[1].

1566 Die zum Sonderbetriebsvermögen des Kommanditisten gehörenden „alten" **Anteile der Komplementär-GmbH** müssen nicht mit in die Komplementär-GmbH eingebracht werden. Zunächst gilt dies, soweit die Anteile an der Komplementär-GmbH keine wesentliche Betriebsgrundlage des Mitunternehmeranteils darstellen, was jedenfalls dann der Fall ist, wenn der Kommanditist die Komplementär-GmbH nicht beherrscht und die Komplementär-GmbH nicht am Vermögen der KG beteiligt ist[2]. Werden solche Anteile zurückbehalten, sind aber die stillen Reserven in den Anteilen zu realisieren, soweit sie zu Privatvermögen werden[3]. Die Anwendung des § 20 UmwStG und damit die Möglichkeit der Buchwertfortführung für das übrige eingebrachte Vermögen ist nicht tangiert[4].

1566.1 Die Finanzverwaltung erlaubt, dass Anteile an der übernehmenden Kapitalgesellschaft nicht mit eingebracht werden, wenn der Einbringende dies unwiderruflich beantragt und erklärt, dass diese Anteile zukünftig wie einbringungsgeborene Anteile behandelt werden[5]. Der Antrag ist bei dem für die übernehmende Gesellschaft, also hier für die Komplementär-GmbH, zuständigen Finanzamt zu stellen[6].

---

1 WIDMANN in Widmann/Mayer, § 20 UmwStG Rz. 103 (August 2007), Rz. 421 ff. (November 1995).
2 BFH I R 97/08 vom 16.12.2009, BStBl. 2010 II, 808; BFH I R 72/08 vom 25.11.2009, BStBl. 2010 II, 471; FG Münster 9 K 3143/09 K, G vom 9.7.2010, GmbHR 2011, 102, Rev. I R 88/10; zum Diskussionsstand SCHWEDHELM/TALASKA, DStR 2010, 1505; DESENS, DStR 2010, Beihefter zu Heft 46, 80; WACKER, NWB 2010, 2382; STANGL/GRUNDKE, DStR 2010, 1871; HONERT/OBSER, EStB 2010, 432; SCHÄFFLER/GEBERT, DStR 2010, 636; SCHULZE ZUR WIESCHE, DStZ 2010, 441; SCHULZE ZUR WIESCHE, DB 2010, 638; SCHUMACHER, DStR 2010, 1606; BRON, DStZ 2011, 392.
3 Tz. 20.08 UmwE 2011.
4 Soweit die Finanzverwaltung nicht nur die Einbringung von Anteilen, die funktional wesentliche Betriebsgrundlagen sind, sondern auch von Anteilen, die einem Mitunternehmeranteil nach „wirtschaftlichen Zusammenhängen zuordenbar" sind, zur Erfüllung der Voraussetzungen des § 20 UmwStG für erforderlich hält (Tz. 20.06 UmwE 2011), fehlt mE die Rechtsgrundlage, siehe Tz. 846 f. *GmbH → GmbH*.
5 Tz. 20.09 UmwE 2011.
6 Tz. 20.09 UmwE 2011; der Erlass regelt weder die Form noch eine Frist für die Antragstellung. ME gilt für die Form Tz. 264 *EU → GmbH* und die Frist § 20 Abs. 2 S. 3 UmwStG entsprechend.

GmbH & Co KG → KG

Hinweis: Die Möglichkeit zur Antragstellung besteht unabhängig von der Frage, ob es sich bei den Anteilen um wesentliche Betriebsgrundlagen handelt oder nicht. Der Einbringende hat also bei Anteilen, die keine wesentliche Betriebsgrundlage darstellen, die Wahl, entweder die stillen Reserven in den Anteilen zu realisieren und dennoch die Buchwerte bzw. einen Zwischenwert hinsichtlich des eingebrachten Vermögens fortzuführen oder insgesamt die Buchwerte bzw. einen Zwischenwert fortzuführen.

1566.2

Bei einer Einbringung der Mitunternehmeranteile zum Teilwert sind auch die stillen Reserven in den „Alt-Anteilen" zu realisieren. Der Gewinn ist steuerbegünstigt (§ 34 EStG)[1].

1566.3

GmbH & Co KG → GmbH & Co KG, Spaltung

Es gelten grundsätzlich die Tz. 1856–1937 *KG → KG*[2]. Die Komplementär-GmbH wird man idR jedoch nicht spalten. Einfacher ist es, eine zweite Komplementär-GmbH zu beteiligen und die GmbH-Anteile zu tauschen. Eine **Aufdeckung stiller Reserven** in den Anteilen ist mE bei einer Buchwertfortführung im Übrigen nicht erforderlich[3].

1567

GmbH & Co KG ↔ GmbH & Co KG, Verschmelzung

Es gelten grundsätzlich die Tz. 1938–2024 *KG ↔ KG*. Hinsichtlich der **Komplementär-GmbHs** empfiehlt sich eine Verschmelzung gemäß Tz. 972–1185 *GmbH ↔ GmbH*.

1568

GmbH & Co KG → KG, Spaltung, Verschmelzung

Aus der GmbH & Co KG wird eine reine KG, wenn an die Stelle der Komplementär-GmbH eine natürliche Person tritt **(Änderung des Gesellschaftsvertrags)**.

1569

Steuerrechtlich ist der Wechsel der Gesellschafterstellung ohne Belang. Scheidet ein Gesellschafter aus, gelten die allgemeinen Besteuerungsregeln[4].

1570

---

1 WIDMANN in Widmann/Mayer, § 20 UmwStG Rz. 743 ff. (November 1991).
2 Vertragsmuster: MAYER in Widmann/Mayer, Anh. 4, M 92 ff. (Januar 2011).
3 Siehe BMF vom 9.2.1998, DStR 1998, 292; jedoch auch BFH XI R 51/89 vom 8.7.1992, BStBl. 1992 II, 946, zum Tausch von Mitunternehmeranteilen; siehe auch ENGL in Widmann/Mayer, Anh. 10 Rz. 58 (April 2000).
4 Dazu WACKER in L. Schmidt, § 16 EStG Rz. 450 ff.; ferner LAUERMANN/PROTZEN, DStR 2001, 647.

GmbH & Co KG → KGaA

1571 Ansonsten kann eine GmbH & Co KG in eine KG **gespalten** oder auf bzw. mit einer anderen Gesellschaft zu einer KG **verschmolzen** werden. Es gelten die Tz. 1856–1937 *KG → KG* bzw. Tz. 1938–2024 *KG ↔ KG*[1].

GmbH & Co KG → KGaA, Formwechsel, Spaltung, Verschmelzung

1572 Es gelten grundsätzlich die Tz. 2025–2032 *KG → KGaA*. Die GmbH & Co KG kann die Stellung der persönlich haftenden Gesellschafterin übernehmen (siehe Tz. 103 *AG → KGaA*)[2].

GmbH & Co KG → Körperschaft des öffentlichen Rechts (KöR)

1573 Siehe Tz. 2033 *KG → KöR*, die entsprechend gilt.

GmbH & Co KG → OHG, Umwandlung

1574 Die GmbH & Co KG wird zur OHG, wenn die Kommanditisten in die Rechtsstellung vollhaftender Gesellschafter rücken **(Änderung des Gesellschaftsvertrags)**. Steuerrechtlich entfallen die Folgen, die an die beschränkte Haftung des Kommanditisten geknüpft sind **(§ 15a EStG)**.

1575 Zur Spaltung und Verschmelzung siehe Tz. 1571 *GmbH & Co KG → KG*.

GmbH & Co KG → Partnerschaft

1576 Siehe Tz. 2037 *KG → Partnerschaft*.

GmbH & Co KG → Stiftung

1577 Eine Umwandlung kommt **nicht in Betracht**. Denkbar ist nur die **Übertragung** des Vermögens **im Rahmen eines Stiftungsgeschäfts** (siehe Tz. 454–469 ff. *EU → Stiftung*).

---

1 Nach OLG Hamm I-15 Wx 360/09 vom 24.6.2010, GmbHR 2010, 985 ist die Verschmelzung einer Komplementär-GmbH auf die eigene KG unzulässig, da die KG mit der Verschmelzung untergehen würde; mE unzutreffend.
2 Siehe auch NIEDNER/KUSTERER, DB 1998, 2405.

GmbH & Co KG → Stille Gesellschaft

Es gelten die Tz. 536–538 *GbR → Stille Gesellschaft* entsprechend. 1578

GmbH & Co KG → UG (haftungsbeschränkt)

Es gelten die Tz. 2039.1–2039.2 *KG → UG*. 1578.1

GmbH & Co KG → Verein

Eine Umwandlung ist **nicht zulässig**. 1579

GmbH & Co KG → VVaG

Siehe Tz. 2041–2042 *KG → VVaG*. 1580

Kommanditgesellschaft (KG)

KG → AG, Formwechsel, Spaltung, Verschmelzung

A. Übersicht 1581
B. Formwechsel
  I. Zivilrecht 1582
  II. Steuerrecht 1583
C. Spaltung
  I. Zivilrecht 1584
  II. Steuerrecht 1589
D. Verschmelzung
  I. Zivilrecht 1590

II. Steuerrecht 1594
E. Einbringung
  I. Zivilrecht
    1. Sachgründung 1595
    2. Nachgründung 1596
    3. Kapitalerhöhung 1597
  II. Steuerrecht 1598
F. Verkauf, unentgeltliche
    Übertragung 1599

A. Übersicht

1581 Siehe Tz. 1622–1645 *KG* → *GmbH*, die entsprechend gelten.

B. Formwechsel

I. Zivilrecht

1582 Es gelten die Tz. 1646–1714 *KG* → *GmbH* entsprechend. Zu beachten sind die **Sachgründungsvorschriften** des Aktienrechts. Die Gründung ist prüfungspflichtig (§ 220 Abs. 3 UmwG). Erforderlich ist die Bestellung eines Aufsichtsrats, der die Anmeldung mit vornehmen muss (§ 222 Abs. 1 UmwG).

II. Steuerrecht

1583 Siehe Tz. 1715–1769 *KG* → *GmbH*.

C. Spaltung

I. Zivilrecht

1584 Es gelten die Tz. 1770–1782, 1785, 1787–1788, 1790 *KG* → *GmbH* mit folgenden **Besonderheiten**[1]:

---

1 Vertragsmuster einer Ausgliederung zur Neugründung: MAYER in Widmann/Mayer, Anh. 4, M 124 ff. (Januar 2011).

KG → AG

Wird der Spaltungs- und Übernahmevertrag in den ersten zwei Jahren nach Eintragung der übernehmenden AG im Handelsregister abgeschlossen, so sind die **Nachgründungsvorschriften** des § 52 Abs. 3, 4, 6–9 AktG zu beachten (§ 125 i.V.m. § 67 UmwG).   1585

Für die **Kapitalerhöhung** gilt § 125 i.V.m. § 68 UmwG. Soweit eine Kapitalerhöhung zulässig ist, erleichtert § 125 i.V.m. § 69 UmwG die Durchführung. So sind die §§ 182 Abs. 4, 184 Abs. 1 S. 2, 185, 186, 187 Abs. 1, 188 Abs. 2 und 3 Nr. 1 AktG nicht anzuwenden. Erforderlich ist jedoch eine Prüfung der Sacheinlage gemäß § 183 Abs. 3 AktG (§ 142 UmwG). Zum Prüfer kann der Umwandlungsprüfer bestellt werden (§ 69 Abs. 1 S. 4 UmwG). Auf den Prüfungsbericht ist im Spaltungsbericht hinzuweisen (§ 142 Abs. 2 UmwG).   1586

Der Spaltungs- und Übernahmevertrag ist für eine AG **prüfungspflichtig** (§ 125 i.V.m. § 60 UmwG), es sei denn, die Gesellschafter verzichten (§ 125 i.V.m. § 9 Abs. 3 i.V.m. § 8 Abs. 3 UmwG).   1587

Für die KG und die AG ist in der Gesellschafter- bzw Hauptversammlung ein **Zustimmungsbeschluss** zu fassen. Dies gilt auch dann, wenn die AG eine Beteiligung von 90 % oder mehr an der KG hält, da § 62 Abs. 1 und Abs. 4 UmwG nur für die Beteiligung an Kapitalgesellschaften gilt[1]. Der Spaltungs- und Übernahmevertrag ist vor Einberufung der Hauptversammlung der AG, die über die Zustimmung beschließt, zum **Handelsregister** einzureichen und die Einreichung vom Register bekannt zu machen (§ 125 i.V.m. § 61 UmwG). Zur **Vorbereitung der Hauptversammlung** siehe § 125 i.V.m. §§ 62 Abs. 3, 63 UmwG; zur Durchführung § 125 i.V.m. § 64 UmwG; zur Beschlussfassung § 125 i.V.m. § 65 UmwG. Zur Gewährung der Aktien ist ein **Treuhänder** zu bestellen (§ 125 i.V.m. §§ 71, 72 UmwG).   1588

II. Steuerrecht

Siehe Tz. 1783–1784, 1786, 1789, 1791 *KG → GmbH*.   1589

D. Verschmelzung

I. Zivilrecht

Es gelten die Tz. 1792–1815, 1817–1819 *KG → GmbH* mit folgenden Besonderheiten: 1590

---

1 GRUNEWALD in Lutter, § 62 UmwG Rz. 3.

KG → AG

1591 Bei der Verschmelzung sind in den ersten zwei Jahren nach Eintragung der übernehmenden AG im Handelsregister die **Nachgründungsvorschriften** des § 52 Abs. 3, 4, 7–9 AktG zu beachten (§ 67 UmwG). Für die **Kapitalerhöhung** gilt § 68 UmwG. Soweit eine Kapitalerhöhung zulässig ist, erleichtert § 69 UmwG die Durchführung. So sind die §§ 182 Abs. 4, 184 Abs. 1 S. 2, 185, 186, 187 Abs. 1, 188 Abs. 2 und 3 Nr. 1 AktG nicht anzuwenden. Erforderlich ist jedoch eine Prüfung der Sacheinlage gemäß § 183 Abs. 3 AktG (§ 69 UmwG).

1592 Der Spaltungs- und Übernahmevertrag ist für eine AG **prüfungspflichtig** (§ 60 UmwG), es sei denn, die Gesellschafter verzichten (§ 9 Abs. 3 i.V.m. § 8 Abs. 3 UmwG) oder die Beteiligungen an der KG befinden sich in der Hand der AG (§ 9 Abs. 2 UmwG).

1593 Für die KG und die AG ist in der Gesellschafter- bzw Hauptversammlung ein **Zustimmungsbeschluss** zu fassen. Dies gilt auch dann, wenn die AG eine Beteiligung von 90 % oder mehr an der KG hält, da § 62 Abs. 1 und Abs. 4 UmwG nur für die Beteiligung an Kapitalgesellschaften gilt[1].

1593.1 Der Verschmelzungsvertrag ist vor Einberufung der Hauptversammlung der AG, die über die Zustimmung beschließt, zum Handelsregister einzureichen und die Einreichung vom Register bekannt zu machen (§ 61 UmwG). Zur **Vorbereitung der Hauptversammlung** siehe §§ 62 Abs. 3, 63 UmwG, zur Beschlussfassung § 65 UmwG. Bei der Durchführung gilt § 64 UmwG. Zur Gewährung der Aktien ist ein **Treuhänder** zu bestellen (§§ 71, 72 UmwG).

II. Steuerrecht

1594 Siehe Tz. 1816 *KG → GmbH*.

E. Einbringung

I. Zivilrecht

1. Sachgründung

1595 Gesellschaftsanteile einer KG sind **sacheinlagefähig**[2]. Durch Einbringung aller KG-Anteile erlischt die KG. Die AG wird Gesamtrechtsnachfolger.

---

1 GRUNEWALD in Lutter, § 62 UmwG Rz. 3.
2 ARNOLD in Kölner Kommentar zum AktG, § 27 Rz. 50; PENTZ in Münchener Kommentar zum AktG, § 27 Rz. 12. Zur Sachgründung einer AG siehe BINNEWIES in Formularbuch Recht und Steuern, S. 28 ff.; HÖLTERS/FAVOCCIA in Mün-

2. Nachgründung

Die **Einbringung** der KG kann **im Wege der Nachgründung** erfolgen[1]. 1596

3. Kapitalerhöhung

In eine **bestehende AG** kann die KG im Wege der Kapitalerhöhung[2] eingebracht werden. 1597

II. Steuerrecht

Es gelten die Tz. 1838–1841 *KG → GmbH*. 1598

F. Verkauf, unentgeltliche Übertragung

Es gelten die Tz. 1842–1848 *KG → GmbH* entsprechend. 1599

KG → Einzelunternehmen (EU)

Die Umwandlung einer KG in ein Einzelunternehmen ist **ausgeschlossen**. Denkbar ist, dass alle Gesellschafter bis auf einen ausscheiden und damit das Gesamthandsvermögen dem verbleibenden Gesellschafter zuwächst. Steuerlich ist das Ausscheiden Veräußerung der Beteiligung (§§ 16, 34 EStG). Ferner ist eine Realteilung der KG unter Übertragung einzelner Vermögensgegenstände auf die Gesellschafter denkbar (siehe Tz. 1928–1933 *KG → KG*). 1600

KG → Europäische Kapitalgesellschaft (EU-Kap)[3]

Eine direkte Umwandlung nach dem UmwG ist nicht möglich[4]. Die KG müsste zunächst in eine Kapitalgesellschaft umgewandelt werde (siehe 1600.1

---

chener Vertragshandbuch, Band 1, V. 10; HOFFMANN-BECKING in Münchener Handbuch des Gesellschaftsrechts, Band 4, § 4 Rz. 1 ff.

1 Zur Nachgründung vgl. HÖLTERS/FAVOCCIA in Münchener Vertragshandbuch, Band 1, V. 17; HOFFMANN-BECKING in Münchener Handbuch des Gesellschaftsrechts, Band 4, § 4 Rz. 41 ff.; NIRK/ZIEMONS/BINNEWIES, Handbuch der Aktiengesellschaft, Rz. I 2450 (Januar 2011).

2 Zur Kapitalerhöhung gegen Sacheinlage vgl. HÖLTERS/FAVOCCIA in Münchener Vertragshandbuch, Band 1, V. 115; KRIEGER in Münchener Handbuch des Gesellschaftsrechts, Band 4, § 56 Rz. 37 ff.

3 Zum Begriff siehe Einleitung S. 4.

4 Ob dies europarechtlich zulässig ist, erscheint zweifelhaft. Siehe KALLMEYER/KAPPES, AG 2006, 224.

KG → EWIV

Tz. 1622–1848 *KG → GmbH*). Diese könnte dann auf oder mit einer EU-Kap verschmolzen werden (siehe Tz. 54.1 *AG ↔ EU-Kap* u. Tz. 688.1–688.23 *GmbH → EU-Kap*).

KG → EWIV

1601 Auf eine EWIV ist OHG-Recht anwendbar. Es gilt Tz. 2034–2036 *KG → OHG*.

KG → GbR

1602 Eine echte Umwandlung ist **ausgeschlossen**.

1603 Aus der KG wird auch dann keine GbR, wenn ihre Tätigkeit nicht (mehr) auf ein Handelsgewerbe gerichtet ist (§ 105 Abs. 2 HGB). Dies kann nach außen unbemerkt geschehen, etwa wenn die KG ihr Unternehmen im Rahmen einer **Betriebsaufspaltung** (Tz. 1934–1937 *KG → KG*) auf eine Kapitalgesellschaft überträgt und damit kein Gewerbe i.S.d. HGB mehr betreibt.

1604 Zur GbR wird die KG erst, wenn sie kein Handelsgewerbe betreibt und die Löschung im Handelsregister bewirkt.

1605 Eine KG kann mit einer GbR im Wege der Einbringung der Beteiligungen **verschmolzen** werden[1]. Es gelten die Grundsätze wie zu Tz. 2017–2024 *KG ↔ KG*. Allerdings wird die GbR regelmäßig zur Handelsgesellschaft (OHG).

1606 Wird die KG gemäß Tz. 1604 zur GbR, so ist dies **steuerlich** ohne Belang, sofern weiterhin ein Gewerbebetrieb besteht. Allenfalls kommt eine Änderung der **Gewinnermittlungsart** (von § 4 Abs. 1 EStG zu § 4 Abs. 3 EStG) in Betracht.

1607 Wechselt die Gesellschaft hingegen ihre Tätigkeit endgültig vom Gewerbebetrieb zur Vermögensverwaltung, so erfolgt eine **Betriebsaufgabe** mit den Besteuerungsfolgen des § 16 EStG. Die Betriebsaufgabe wird nur dann vermieden, wenn die Voraussetzungen einer Betriebsaufspaltung (Tz. 1934–1937 *KG → KG*) oder einer Betriebsverpachtung[2] vorliegen.

---

1 BGH II ZR 42/89 vom 19.2.1990, DB 1990, 982.
2 WACKER in L. Schmidt, § 16 EStG Rz. 690 ff.

KG → Genossenschaft, Formwechsel, Spaltung, Verschmelzung

A. Übersicht 1608
B. Formwechsel
  I. Zivilrecht 1609
  II. Steuerrecht 1613
C. Spaltung
  I. Zivilrecht 1614
  II. Steuerrecht 1615

D. Verschmelzung
  I. Verschmelzung durch Aufnahme
    1. Zivilrecht 1616
    2. Steuerrecht 1619
  II. Verschmelzung durch Neugründung
    1. Zivilrecht 1620
    2. Steuerrecht 1621

A. Übersicht

Eine KG kann in eine Genossenschaft durch **Formwechsel** (§ 214 UmwG), **Spaltung** (§§ 147, 127 i.V.m. § 3 Abs. 1 UmwG) oder **Verschmelzung** (§§ 3 Abs. 1, 79 UmwG) umgewandelt werden. 1608

B. Formwechsel

I. Zivilrecht

Voraussetzung für den Formwechsel ist die Erstellung eines **Umwandlungsberichts** (§ 192 UmwG, Ausnahme § 192 Abs. 2 und § 215 UmwG) und die Fassung eines Umwandlungbeschlusses (§ 193 UmwG). Zum Inhalt des Umwandlungsberichts siehe Tz. 1647–1655 *KG → GmbH*. Zum Inhalt des Umwandlungsbeschlusses siehe §§ 194, 218 Abs. 2, 3 UmwG. § 4 GenG ist nicht anwendbar (§ 197 S. 2 UmwG), so dass der Formwechsel auch bei weniger als sieben Gesellschaftern möglich ist. Zur Vorbereitung der Beschlussfassung siehe Tz. 1677–1679 *KG → GmbH*, zu Mehrheiten, Form, Barabfindung und Anfechtung Tz. 1680–1685 *KG → GmbH*. 1609

Die **Gründungsvorschriften** der §§ 1–16 GenG – mit Ausnahme des § 4 GenG – sind zu beachten. 1610

Zur **Anmeldung** siehe §§ 198, 222 UmwG. 1611

Zu den **Rechtsfolgen** siehe Tz. 1700–1711 *KG → GmbH*. 1612

KG → Genossenschaft

II. Steuerrecht

1613 Der Formwechsel einer Personenhandelsgesellschaft in eine Genossenschaft ist von § 20 UmwStG erfasst. Es gelten die Tz. 515–519 *GbR → GmbH*.

C. Spaltung

I. Zivilrecht

1614 Es gelten die Tz. 1770–1782, 1785, 1787–1788, 1790 *KG → GmbH* entsprechend. Die **Satzungen** der Genossenschaft müssen bei der Spaltung angepasst werden (§ 147 UmwG). Zur Anmeldung siehe § 148 UmwG.

II. Steuerrecht

1615 Da die §§ 20 ff. UmwStG nicht anwendbar sind, führt die Spaltung zur **gewinnrealisierenden Entnahme** bei der KG.

D. Verschmelzung

I. Verschmelzung durch Aufnahme

1. Zivilrecht

1616 Es gelten grundsätzlich die Tz. 1792–1815 *KG → GmbH* entsprechend.

1617 Mit der Verschmelzung sind die notwendigen Änderungen der **Satzung** der Genossenschaft zu beschließen (§ 79 UmwG). Im Verschmelzungsvertrag ist für jeden Gesellschafter der Betrag und die Zahl der **Geschäftsanteile** anzugeben.

1618 Zur **Prüfung** siehe § 81 UmwG, zur **Beschlussfassung** durch die Generalversammlung der Genossenschaft §§ 82–84 UmwG. Zur **Anmeldung** siehe § 86 UmwG, zur **Eintragung** ins Genossenschaftsregister § 89 UmwG.

2. Steuerrecht

1619 Es gelten die §§ 20 ff. UmwStG, somit Tz. 1715–1770 *KG → GmbH*.

KG → GmbH

II. Verschmelzung durch Neugründung

1. Zivilrecht

Es gelten die Tz. 1817–1819 *KG → GmbH* entsprechend. Die **Besonderheiten** gemäß Tz. 1817–1818 sind zu berücksichtigen. Die Satzung der neuen Genossenschaft ist von den zur Geschäftsführung befugten Gesellschaften der KG aufzustellen und zu unterzeichnen. Ferner ist der erste Aufsichtsrat sowie der Vorstand zu bestellen (§ 97 UmwG). Die Gesellschafter der übertragenden Gesellschaften müssen zustimmen (§ 98 UmwG). 1620

2. Steuerrecht

Es gilt Tz. 1619. 1621

KG → GmbH, Formwechsel, Spaltung, Verschmelzung

A. Übersicht
I. Umwandlung............. 1622
II. Einbringung............. 1636
III. Verkauf................. 1643

B. Formwechsel
I. Zivilrecht
1. Voraussetzungen....... 1646
2. Umwandlungsbericht... 1647
3. Umwandlungsbeschluss...
   a) Inhalt............... 1656
   b) Vorbereitung der Beschlussfassung....... 1677
   c) Mehrheit, Form des Beschlusses......... 1680
   d) Barabfindungsangebot 1682
   e) Anfechtung......... 1685
4. Sachgründungsbericht.. 1686
5. Handelsregisteranmeldung............... 1690
6. Handelsregistereintragung................ 1697
7. Rechtsfolgen der Eintragung............... 1700
8. Kosten............... 1712
II. Steuerrecht............. 1715
1. Einbringung........... 1715
2. Gewährung neuer Anteile............... 1724

3. Einbringungszeitpunkt.. 1726
4. Bewertung
   a) Grundsätze.......... 1733
   b) Bewertungs-ABC.... 1735
   c) Ausgleich unter den Gesellschaftern...... 1756
   d) Änderung der Bewertung............... 1760
5. Steuerfolgen bei dem Gesellschafter.......... 1762
6. Steuerfolgen bei der GmbH................ 1764
7. Sonstige Steuern
   a) Umsatzsteuer........ 1765
   b) Grunderwerbsteuer.. 1768
   c) Erbschaft- und Schenkungsteuer.......... 1769

C. Spaltung
I. Aufspaltung zur Aufnahme...
1. Zivilrecht............. 1770
2. Steuerrecht........... 1783
II. Aufspaltung zur Neugründung
1. Zivilrecht
2. Steuerrecht........... 1786
III. Abspaltung
1. Zivilrecht
2. Steuerrecht........... 1789

351

KG → GmbH

IV. Ausgliederung	1. Zivilrecht............ 1817
1. Zivilrecht............ 1790	2. Steuerrecht........... 1820
2. Steuerrecht........... 1791	E. Einbringung
D. Verschmelzung	I. Zivilrecht
I. Verschmelzung durch	1. Sachgründung
Aufnahme	2. Kapitalerhöhung....... 1832
1. Zivilrecht............ 1792	II. Steuerrecht.............. 1838
2. Steuerrecht........... 1816	F. Verkauf
II. Verschmelzung durch	I. Zivilrecht............... 1842
Neugründung............ 1817	II. Steuerrecht.............. 1846

A. Übersicht

I. Umwandlung

1622 Eine KG kann durch **Formwechsel, Verschmelzung** oder **Spaltung** in eine GmbH umgewandelt werden.

1623 Der **Formwechsel** einer KG in eine GmbH beinhaltet die Änderung der Rechtsform des Unternehmens unter Wahrung seiner rechtlichen Identität. Aus der KG wird eine GmbH, ohne dass sich an den Beteiligungsverhältnissen oder dem Vermögen etwas ändert. Ein Vermögensübergang findet nicht statt[1].

1624 Bei der **Spaltung** ist zu differenzieren (§ 123 UmwG): Eine KG kann ihr Vermögen auf mindestens zwei andere Rechtsträger **aufspalten**. Als übernehmender Rechtsträger kommt auch eine GmbH in Betracht. Eine KG kann einen Teil ihres Vermögens auf eine GmbH **abspalten**. Die KG existiert mit dem verbleibenden Vermögen neben der GmbH fort. Eine KG kann einen Teil ihres Vermögens auf eine GmbH **ausgliedern**. Die KG besteht fort. An die Stelle des ausgegliederten Vermögens tritt die Beteiligung an der GmbH. Bei der Spaltung kann das Vermögen sowohl auf eine bestehende GmbH wie auch auf eine mit der Spaltung zu gründende GmbH übergehen.

1625 Eine KG kann – auch gleichzeitig mit anderen Personen- oder Kapitalgesellschaften – auf eine bestehende GmbH verschmolzen werden **(Verschmelzung durch Aufnahme)**. Mit anderen Rechtsträgern kann die KG zu einer neuen GmbH verschmolzen werden **(Verschmelzung durch Neugründung)**. Die Verschmelzung führt zur Übertragung des Vermögens der KG auf die GmbH im Wege der Gesamtrechtsnachfol-

---

1 BT-Drucks. 12/6699, 137, 140.

KG → GmbH

ge. Die KG geht unter. An die Stelle der KG-Beteiligung treten die GmbH-Anteile.

Soweit neben der KG **Rechtsträger anderer Rechtsformen** an der Umwandlung beteiligt sind, sind die für diese Rechtsform geltenden Vorschriften parallel anzuwenden. 1626

Voraussetzung für eine Umwandlung ist, dass die KG ihren Sitz im Inland hat (§ 1 Abs. 1 UmwG). Umwandlungsfähig ist damit jede KG, die in einem deutschen Handelsregister eingetragen ist. 1627

Auch eine bereits **aufgelöste KG** kann umgewandelt werden, wenn deren Fortsetzung beschlossen werden könnte und keine andere Art der Auseinandersetzung als die Abwicklung oder die Umwandlung vereinbart wurde (§§ 191 Abs. 3, 214 Abs. 2 UmwG zum Formwechsel, § 125 i.V.m. §§ 3 Abs. 3, 39 UmwG zur Spaltung, §§ 3 Abs. 3, 39 UmwG zur Verschmelzung)[1]. Erfolgt die Umwandlung durch Übertragung des Vermögens auf eine bestehende GmbH im Wege der Verschmelzung oder Spaltung, so hindert mE die Auflösung der GmbH die Umwandlung nicht, wenn vor dem Umwandlungsvorgang die Fortsetzung der GmbH beschlossen wird[2]. 1628

Zulässig ist die Umwandlung einer KG, die ihren **Betrieb verpachtet** oder einen **Unternehmensnießbrauch** bestellt hat. Bei einem Ertragsnießbrauch ist wegen §§ 1037 Abs. 1, 1041 Abs. 1, 1048 Abs. 1 BGB die Zustimmung des Nießbrauchers erforderlich. 1629

Keine Einschränkung besteht hinsichtlich der an der Umwandlung **beteiligten Personen**. Jeder, der als Gesellschafter einer KG und als Gründer einer GmbH in Betracht kommt (natürliche und juristische Personen, OHG, KG, GbR), kann sich an der Umwandlung beteiligen. 1630

ME hindert die Beteiligung von **Ausländern**, denen auf Grund ihrer Aufenthaltserlaubnis eine selbständige Tätigkeit untersagt ist, die Umwandlung nicht, solange keine echte Umgehung des Gewerbeverbots nachgewiesen ist. Dann wäre die Umwandlung nichtig (§ 134 BGB)[3]. 1631

---

1 Zu den Voraussetzungen eines Fortsetzungsbeschlusses siehe BAUMBACH/HOPT, § 131 HGB Rz. 31 ff. Zu anderen Arten der Auseinandersetzung LUTTER/DRYGALA in Lutter, § 3 UmwG Rz. 22.
2 Streitig, siehe LUTTER in Lutter, § 3 UmwG Rz. 23; OLG Naumburg 10 Wx 1/97 vom 12.2.1997, GmbHR 1997, 1152; BAYER, ZIP 1997, 1614; zur Zulässigkeit siehe CASPER in Ulmer/Habersack/Winter, § 60 GmbHG Rz. 134.
3 LG Krefeld 7 T 1/82 vom 30.6.1982, GmbHR 1983, 48.

KG → GmbH

1632 Werden Gesellschaftsanteile treuhänderisch gehalten, ist gesellschaftsrechtlich nur der **Treuhänder** Gesellschafter und als solcher an der Umwandlung beteiligt.

1633 Ausgeschlossen ist der Formwechsel, wenn das Vermögen nicht zur **Deckung des Stammkapitals** ausreicht (§ 220 Abs. 1 UmwG, siehe Tz. 1668).

1634 Die KG kann nur in eine **GmbH deutschen Rechts** umgewandelt werden. Die Umwandlung in eine ausländische Rechtsform ist ausgeschlossen.

1635 **Steuerlich** ist in allen Fällen der Umwandlung eine Buchwertfortführung sowie eine Rückbeziehung möglich, soweit die Voraussetzungen der §§ 20 ff. UmwStG vorliegen.

II. Einbringung

1636 Fallen sämtliche Gesellschaftsanteile einer KG in der Hand eines Gesellschafters zusammen, geht die KG unter. Der Gesellschafter tritt die Rechtsnachfolge an[1]. Damit besteht durch **Einbringung sämtlicher Gesellschaftsanteile** in eine GmbH die Möglichkeit, die KG auf eine GmbH „umzuwandeln".

1637 Die KG-Beteiligungen können sowohl in eine neu zu gründende GmbH **(Sachgründung)** als auch in eine bestehende GmbH eingebracht werden **(Kapitalerhöhung)**. Dabei kann es sich auch um eine GmbH handeln, die an der KG beteiligt ist. Notwendig ist allerdings jeweils die Einbringung aller Anteile, da ansonsten die KG (ggf. als OHG) fortbesteht[2].

1638 Ebenso wie bei der Umwandlung ist die **Buchwertfortführung** sowie eine steuerliche Rückbeziehung grundsätzlich möglich (§ 20 UmwStG).

1639 Von der Umwandlung und der Einbringung der Gesellschaftsanteile zu unterscheiden ist die **Gründung einer GmbH durch die KG** als alleinige Gründerin im Wege der Einbringung des Vermögens der KG. In die-

---

1 K. Schmidt, Gesellschaftsrecht, S. 1304 f.; OLG Düsseldorf 16 U 32/99 vom 25.2.2000, GmbHR 2000, 1205, zur Haftung für Handelsvertreterprovisionen.
2 Geht die Personengesellschaft nicht unter und übernimmt die GmbH die Mitunternehmerstellung, so wird das Bewertungswahlrecht nach § 20 Abs. 2 UmwStG nicht in der Bilanz der aufnehmenden Kapitalgesellschaft, sondern in der Steuerbilanz der fortbestehenden Personengesellschaft ausgeübt, BFH I R 102/01 vom 30.4.2003, BStBl. 2004 II, 804; dazu Kutt, BB 2004, 371.

KG → GmbH

sem Fall bleibt die KG als solche bestehen und hält die GmbH-Anteile. Gesellschaftsrechtlich entspricht der Sachverhalt der Einbringung eines Einzelunternehmens (vgl. Tz. 305–341 *EU → GmbH*).

Steuerrechtlich ist die Personengesellschaft selbst Einbringender[1], so dass allein auf ihre Besteuerungsmerkmale im Rahmen des § 20 UmwStG abzustellen ist[2]. Der Vorgang ist wie eine Einbringung eines Einzelunternehmens in eine GmbH zu behandeln (Tz. 342–346 *EU → GmbH*). 1640

Hinweis: Zu den Vorteilen der Einbringung gegenüber der Umwandlung siehe Tz. 1560 *GmbH & Co KG → GmbH*. 1641

Einstweilen frei. 1642

III. Verkauf

Der Verkauf des Unternehmens der KG an eine neu gegründete oder bestehende GmbH führt zwar zum Übergang der Vermögenswerte. Die KG bleibt aber als solche bestehen und muss ggf. gesondert liquidiert werden. Zudem besteht die Gefahr einer **verschleierten Sachgründung** (siehe Tz. 347 *EU → GmbH*). 1643

Wird nicht das Unternehmen, sondern werden alle **Gesellschaftsanteile** an die GmbH verkauft, geht zwar die KG unter. Doch auch hier kann eine verschleierte Sachgründung vorliegen. 1644

Der Verkauf des Unternehmens bzw. der Anteile führt zwangsläufig zur **Besteuerung** aller **stillen Reserven**. 1645

B. Formwechsel

I. Zivilrecht

1. Voraussetzungen

Notwendig sind für den Formwechsel 1646
- ein **Umwandlungsbericht** (§ 192 UmwG),
- ein **Umwandlungsbeschluss** (§ 193 UmwG),

---

[1] Ebenso VON WALLIS, StW 1970, Sp. 465, 470; KEUK, StuW 1974, 1, 16; PATT, DStR 1995, 1081; WIDMANN in Widmann/Mayer, § 20 UmwStG Rz. 45 (August 2007), Rz. 427 (Dezember 1986); ROGAL, DB 2005, 410.
[2] Tz. 20.03 UmwE 2011.

KG → GmbH

- ein **Sachgründungsbericht** (§ 197 UmwG i.V.m. § 5 Abs. 4 S. 2 GmbHG)
- und die **Anmeldung zum Handelsregister**[1].

2. Umwandlungsbericht

1647 Von den **Vertretungsorganen** des formwechselnden Unternehmens ist ein Umwandlungsbericht zu erstellen (§ 192 UmwG). Siehe hierzu Tz. 1219 *GmbH → KG*.

1648 Der Umwandlungsbericht muss einen **Entwurf** des **Umwandlungsbeschlusses** enthalten (§ 192 Abs. 1 UmwG).

1649 Schließlich ist dem Bericht eine **Vermögensaufstellung** beizufügen (siehe Tz. 1221–1222 *GmbH → KG*).

1650 Zur steuerlichen Notwendigkeit der Bilanzerstellung siehe Tz. 1726.

1651 **Hinweis**: Auch handelsrechtlich wird man ohne Bezugnahme auf eine Bilanz kaum auskommen[2]. Dies gilt jedenfalls dann, wenn das Vermögen nicht vollständig auf das Kapital (Stammkapital plus Rücklagen) angerechnet werden soll (siehe Tz. 1662).

1652 **Kein Umwandlungsbericht** ist erforderlich, wenn alle Gesellschafter zur Geschäftsführung berechtigt sind (§ 215 UmwG) oder die nicht zur Geschäftsführung berechtigten Gesellschafter in notarieller Form verzichten (§ 192 Abs. 2UmwG). ME kann der **Verzicht** auch **mit der Beurkundung** des **Umwandlungsvorgangs** erklärt werden (siehe auch Tz. 1225 *GmbH → KG*).

1653 Das Gesetz normiert **keine materiellen Bedingungen** für den Formwechsel (siehe Tz. 1226 *GmbH → KG*).

1654–1655 Einstweilen frei.

3. Umwandlungsbeschluss

a) Inhalt

1656 Der Formwechsel bedarf eines Umwandlungsbeschlusses (§ 193 Abs. 1 UmwG)[3]. In dem Umwandlungsbeschluss muss bestimmt werden,

---

1 Eingehend SCHULTES-SCHNITZLEIN/KAISER, NWB 2009, 2500.
2 SCHULTES-SCHNITZLEIN/KAISER, NWB 2009, 2500.
3 Vertragsmuster: FUHRMANN in GmbH-Handbuch, Teil V M 355 (Februar 2011); FRIEDL/KRÄMER in Formularbuch Recht und Steuern, S. 921 ff.

KG → GmbH

- dass die KG durch den Formwechsel die **Rechtsform** einer GmbH erhält (§ 194 Abs. 1 Nr. 1 UmwG);
- die **Firma** der GmbH (§ 194 Abs. 1 Nr. 2 UmwG, siehe Tz. 1659);
- das **Beteiligungsverhältnis** der Gesellschafter an der GmbH (§ 194 Abs. 1 Nr. 4 UmwG), das nicht dem bei der KG entsprechen muss;
- die Fortgeltung, Änderung oder Aufhebung etwaiger **Sonderrechte** (§ 194 Abs. 1 Nr. 5 UmwG);
- ein **Abfindungsangebot** nach § 207 UmwG (§ 194 Abs. 1 Nr. 6 UmwG);
- die **Folgen** des Formwechsels **für die Arbeitnehmer** und ihre Vertretungen sowie die insoweit vorgesehenen Maßnahmen (§ 194 Abs. 1 Nr. 7 UmwG, siehe dazu Tz. 787–803 *GmbH → GmbH*).

Ferner muss der Umwandlungsbeschluss die **Satzung** feststellen (§ 218 Abs. 1 UmwG). Es gelten die Gründungsvorschriften des GmbHG (§ 197 UmwG). Die Gesellschafter der KG gelten als Gründer (§ 219 UmwG). Der Gesellschaftsvertrag kann entweder in den Umwandlungsbeschluss aufgenommen oder – was die Regel ist – unter Bezugnahme in der Niederschrift als Anlage beigefügt werden. 1657

Der **Mindestinhalt** einer GmbH-Satzung ergibt sich aus § 3 GmbHG (Firma, Sitz, Unternehmensgegenstand, Stammkapital, Nennbetrag des Geschäftsanteils). 1658

Die **Firma** der bisherigen KG kann mit dem Zusatz „GmbH" fortgeführt werden[1]. Die Neubildung einer Firma unter Beachtung des § 4 Abs. 1 GmbHG ist zulässig (§ 200 Abs. 1 UmwG). 1659

Der **Sitz** der Gesellschaft kann frei gewählt werden. IdR wird dies der Sitz der bisherigen KG sein. 1660

Auch der **Gegenstand des Unternehmens** kann im Rahmen der Umwandlung gewechselt werden. UU ergeben sich jedoch Folgen für die Firmierung, wenn durch die Änderung eine Sachfirma unzutreffend wird. 1661

Das **Stammkapital** muss auf mindestens 25 000,– Euro festgesetzt werden (§ 318 Abs. 2 UmwG). Die Nennbeträge der Geschäftsanteile müssen in der Satzung erscheinen. 1662

Hinweis: IdR entspricht das Verhältnis der Geschäftsanteile bei der GmbH den Beteiligungsquoten in der KG. Zwingend ist dies nicht. 1662.1

---
1 Zur Fortführung des Zusatzes „und Partner" OLG Frankfurt/M. 20 W 72/99 vom 19.2.1999, DB 1999, 733.

KG → GmbH

Steuerlich kann die Änderung der Beteiligungsverhältnisse eine Schenkung (§ 7 Abs. 8 ErbStG[1]) oder Veräußerung beinhalten.

1663 Da die **Sachgründungsvorschriften** gelten, muss zudem der Gegenstand der Sacheinlage, der Nennbetrag des Geschäftsanteils, für den die Sacheinlage geleistet wird (Anrechnungsbetrag) sowie die Person, die den Geschäftsanteil übernimmt, genannt werden (§ 5 Abs. 4 GmbHG)[2]. Der Wert des Einlagegegenstands braucht hingegen nicht angegeben zu werden.

1664 Zur **Kennzeichnung der Sacheinlage** genügt bei der Umwandlung die Bezeichnung der KG (Firma, Handelsregisternummer).

1665 Der **Anrechnungsbetrag** muss nicht dem Nennbetrag des Geschäftsanteils entsprechen. Die Verbindung mit einer Bareinlage ist zulässig[3]. Der Gesellschaftsvertrag muss dann die entsprechenden Teilbeträge nennen.

1666 Soll nicht das ganze Reinvermögen auf das Stammkapital angerechnet werden, so muss der Gesellschaftsvertrag den Wertansatz und die **Verwendung des Mehrbetrags** regeln (Darlehen, Rücklagen, Auszahlung; siehe Tz. 317–320 *EU → GmbH*)[4]. Dabei brauchen keine Beträge festgelegt zu werden. Es genügt die Bezugnahme auf die Vermögensaufstellung[5].

1667 **Hinweis**: Für Kommanditisten besteht dabei die Gefahr der **Einlagenrückgewähr** (§ 172 Abs. 4 HGB, siehe Tz. 1706).

1668 Unterschreitet das Vermögen laut Vermögensaufstellung das Stammkapital, ist ein Formwechsel unzulässig (§ 220 Abs. 1 UmwG). Maßgebend ist der tatsächliche Wert – nicht der Buchwert – des Gesamtver-

---

1 IdF des BeitrRLUmsG vom 7.12.2011, BGBl. 2011 I, 2592; zur zeitlichen Anwendung § 37 Abs. 7 ErbStG; siehe auch die Nachweise bei Tz. 278 *EU – GmbH*.
2 Hueck/Fastrich in Baumbach/Hueck, § 5 GmbHG Rz. 44 ff. Ist die Satzung als Anlage dem Umwandlungsbeschluss beigefügt, genügt es nicht, dass der Beschluss diese Angaben enthält, vgl. Priester, DNotZ 1980, 515, 520; aA Sudhoff/Sudhoff, NJW 1982, 129, 131.
3 Priester, BB 1978, 1291.
4 H. Winter/H. P. Westermann in Scholz, § 5 GmbHG Rz. 83; Ulmer in Ulmer/Habersack/Winter, § 5 GmbHG Rz. 141; Joost in Lutter, § 218 UmwG Rz. 9; Dirksen in Kallmeyer, § 218 UmwG Rz. 8; aA Vossius in Widmann/Mayer, § 220 UmwG Rz. 38 (Januar 2010).
5 Streitig, wie hier H. Winter/H. P. Westermann in Scholz, § 5 GmbHG Rz. 83; LG Kiel 16 T 5/88 vom 8.11.1988, GmbHR 1989, 341; aA OLG Stuttgart 8 W 295/81 vom 19.1.1981, GmbHR 1982, 110.

KG → GmbH

mögens[1]. **Negative Kapitalkonten** einzelner Gesellschafter hindern den Formwechsel nicht. Die Einlage kann aus dem Kapital anderer Gesellschafter mit erbracht werden. Rechtsgrund kann eine Darlehensgewährung oder eine Schenkung sein.

Zum **Steuerrecht** siehe Tz. 1741. 1669

Eine Unterdeckung kann durch **Einlage** vor Umwandlung ausgeglichen werden. Gesellschafterdarlehen an die KG sind einlagefähig. Unzulässig ist hingegen die Kapitalaufbringung durch **Einbuchen von Forderungen** gegen einen Gesellschafter. Das bloße Leistungsversprechen stellt keine Einlage dar[2]. Selbst bestehende Forderungen der KG gegen den Gesellschafter sind mit dem Kapitalkonto zu saldieren[3], es sei denn, es besteht eine Rangrücktrittsvereinbarung[4]. 1670

Hinweis: Werden bei der Formulierung der Satzung Regelungen des bisherigen Gesellschaftsvertrags übernommen, ist sorgfältig darauf zu achten, dass den Unterschieden in der Rechtsform Rechnung getragen wird. Dies gilt etwa für die Übertragbarkeit und Vererblichkeit von Anteilen. Steuerlich entsteht mit der Umwandlung die Gefahr von verdeckten Gewinnausschüttungen. 1671

Regelungen über die Befreiung von § 181 BGB und über das Wettbewerbsverbot von Gesellschaftern sind hierauf abzustimmen. Regelungen über die Vergütung und die Rechtsstellung des Geschäftsführers gehören nicht in die Satzung, sondern in einen **Geschäftsführervertrag**. 1672

Soll die GmbH den **Umwandlungsaufwand** tragen, muss dies – wie auch sonst bei einer Gründung[5] – in der Satzung ausdrücklich bestimmt werden. Dabei sind die Kosten betragsmäßig festzuschreiben. Ansonsten haben die Gesellschafter die Kosten zu erstatten. Bei Nichtgeltendmachung dieses Anspruchs durch die GmbH droht eine verdeckte Gewinnausschüttung[6]. 1673

---

1 Dirksen in Kallmeyer, § 220 UmwG Rz. 8, mwN; Vossius in Widmann/Mayer, § 220 UmwG Rz. 16 (Januar 2010); Carlé/Bauschatz, GmbHR 2001, 1153.
2 Vossius in Widmann/Mayer, § 220 UmwG Rz. 29 ff. (Januar 2010); Dirksen in Kallmeyer, § 220 UmwG Rz. 8, mwN.
3 Priester, Deutscher Steuerberatertag 1982, S. 124 f.
4 Siehe OLG Naumburg 7 Wx 2/03 vom 1.8.2003, GmbHR 2003, 1432.
5 Vgl. BGH II ZB 10/88 vom 20.2.1989, DB 1989, 871 = GmbHR 1989, 250.
6 Vgl. BFH I R 12/87 vom 11.10.1989, BStBl. 1990 II, 89; BFH I R 42/96 vom 11.2.1997, DStRE 1997, 595.

KG → GmbH

1674 Weiter gehende Regelungen im Umwandlungsbeschluss sind nicht vorgeschrieben. Der Umwandlungsbeschluss muss sich insbesondere nicht mit dem Unternehmensvermögen befassen. Auf Grund der Identität des Rechtsträgers beim Formwechsel findet **keine Vermögensübertragung** statt[1].

1675 Ob es zweckmäßig ist, im Umwandlungsbeschluss den **steuerlichen Umwandlungsstichtag** und den **Wertansatz** (Buchwert, Zwischenwert, Teilwert) festzuschreiben, ist eine Frage des Einzelfalls. Steuerlich bindend sind solche Regelungen jedenfalls nicht. Maßgebend ist die im Rahmen der Antragstellung nach § 20 UmwStG eingereichte Bilanz (Tz. 1760).

1676 Für die GmbH muss ein **Geschäftsführer** bestellt werden. Dies kann im Umwandlungsbeschluss geschehen.

b) Vorbereitung der Beschlussfassung

1677 Der Umwandlungsbeschluss kann nur in einer **Versammlung der Anteilsinhaber** gefasst werden (§ 193 UmwG).

1678 Für die **Ladung** gelten die Bestimmungen des Gesellschaftsvertrags, ansonsten die allgemeinen Regeln des Gesellschaftsrechts[2]. Die geschäftsführenden Gesellschafter haben allen von der Geschäftsführung ausgeschlossenen Gesellschaftern spätestens zusammen mit der Einberufung der Gesellschafterversammlung den Formwechsel als Gegenstand der Beschlussfassung schriftlich anzukündigen und den Umwandlungsbericht sowie ggf. ein Abfindungsangebot nach § 207 UmwG zu übersenden.

1679 Der Entwurf des Umwandlungsbeschlusses ist spätestens einen Monat vor dem Tag der Versammlung der Anteilsinhaber, die den Formwechsel beschießen soll, dem zuständigen **Betriebsrat** zuzuleiten (§ 194 Abs. 2 UmwG, siehe Tz. 783–803 *GmbH → GmbH*).

c) Mehrheit, Form des Beschlusses

1680 Der Formwechsel einer KG bedarf grundsätzlich der **Zustimmung** aller Gesellschafter (§ 217 UmwG). Soweit Gesellschafter nicht zur Gesellschafterversammlung erscheinen, müssen sie gesondert zustimmen. Der Umwandlungsbeschluss und die erforderlichen Zustimmungserklä-

---

1 Gesetzesbegründung zu § 194 UmwG, BT-Drucks. 12/6699, 140.
2 Dazu BAUMBACH/HOPT, § 119 HGB Rz. 29.

KG → GmbH

rungen bedürfen notarieller Form (§ 193 Abs. 3 UmwG). Eine Vollmacht muss notariell errichtet oder beglaubigt sein (§ 197 UmwG i.V.m. § 2 Abs. 2 GmbHG). Mitgesellschafter sind im Fall der Bevollmächtigung von § 181 BGB zu befreien.

Eine Umwandlung durch **Mehrheitsbeschluss** ist möglich, wenn der Gesellschaftsvertrag dies vorsieht (§ 217 Abs. 1 S. 2 UmwG). Wirksam ist eine solche Vertragsregelung jedoch nur, wenn sie ein Mehrheitserfordernis von mindestens ¾ der abgegebenen Stimmen vorsieht (§ 217 Abs. 1 S. 3 UmwG, siehe Tz. 1969 *KG ↔ KG*). Im Fall einer Mehrheitsumwandlung sind die Gesellschafter, die dem Formwechsel zustimmen, in der Niederschrift über den Umwandlungsbeschluss namentlich anzuführen (§ 217 Abs. 2 UmwG). 1681

d) Barabfindungsangebot

Gesellschaftern, die dem Formwechsel nicht zustimmen, aber überstimmt werden, ist ein **Ausscheiden** aus der GmbH gegen eine angemessene Barabfindung anzubieten (§ 207 UmwG). Es gelten die Tz. 1242–1251 *GmbH → KG* entsprechend, wobei hier § 211 UmwG (Tz. 1251 *GmbH → KG*) Bedeutung zukommt. Die Abfindung wird von der GmbH gezahlt und führt ggf. zum Erwerb eigener Anteile, was in den Grenzen des § 33 Abs. 3 GmbHG zulässig ist[1]. 1682

Prüfungspflichtig ist das Abfindungsangebot nur, wenn einer der Gesellschafter dies verlangt (§ 225 UmwG). 1683

Zur **steuerlichen Behandlung** siehe Tz. 1473–1478, die analog gelten. 1684

e) Anfechtung

Die Wirksamkeit des Umwandlungsbeschlusses kann nur im **Klageweg** angefochten werden. Siehe hierzu Tz. 1252–1253 *GmbH → KG*. 1685

4. Sachgründungsbericht

Da für den Formwechsel die Sachgründungsvorschriften gelten (§ 197 UmwG), ist ein Sachgründungsbericht zu erstellen (§ 5 Abs. 4 S. 2 GmbHG). Darzulegen sind die für die **Werthaltigkeit** des Unternehmens wesentlichen Umstände. Hierzu gehören die Erörterung der Positionen der Vermögensaufstellung und ihre Bewertung. Die Erläuterung 1686

---

1 Dazu LUTTER in Lutter/Hommelhoff, § 33 GmbHG Rz. 30.

KG → GmbH

ist so abzufassen, dass dem Registergericht die Prüfung der Werthaltigkeit ermöglicht wird[1]. Anzugeben ist ferner das Ergebnis der letzten beiden Geschäftsjahre (Jahresüberschuss oder -fehlbetrag der Handelsbilanz i.S.d. § 275 HGB). Besteht das Unternehmen weniger als zwei Jahre, muss ein entsprechender Hinweis erfolgen[2]. Ferner sind Angaben über den **Geschäftsverlauf** und zur Lage der KG zu machen (§ 220 Abs. 2 UmwG).

1687 Der Sachgründungsbericht ist **schriftlich** zu erstellen und von allen Gesellschaftern **persönlich zu unterzeichnen**. Eine rechtsgeschäftliche Vertretung ist ausgeschlossen[3]. Damit ist es unzulässig, einen Steuerberater oder Rechtsanwalt mit der Erstellung des Sachgründungsberichts zu beauftragen. Zulässig dürfte es aber sein, einem Berater die Formulierung des Berichts zu überlassen, der durch die persönliche Unterzeichnung zur eigenen Erklärung wird.

1688 Eine **notarielle Beurkundung** des Sachgründungsberichts ist nicht erforderlich[4].

1689 Falsche Angaben im Sachgründungsbericht führen zur **Haftung** gegenüber der GmbH (§§ 9a, 9b GmbHG) und sind **strafbar** (§ 82 Abs. 1 Nr. 1 GmbHG).

5. Handelsregisteranmeldung

1690 Die neue Rechtsform der Gesellschaft ist durch die **Geschäftsführer** der GmbH zum Handelsregister der KG anzumelden (§§ 198, 222 Abs. 1 UmwG). Ist für die GmbH – etwa wegen Sitzverlegung – ein anderes Registergericht zuständig, so hat auch dort die Anmeldung zu erfolgen (§ 198 Abs. 2 UmwG).

1691 Die Anmeldung bedarf **öffentlich beglaubigter Form** (§ 12 Abs. 1 HGB). Eine Vorschrift zur Anmeldung innerhalb einer bestimmten Frist nach Beschlussfassung oder Erstellung der Vermögensübersicht gibt es handelsrechtlich nicht, wohl aber steuerrechtlich, siehe Tz. 1726.

---

1 Vgl. H. Winter/H. P. Westermann in Scholz, § 5 GmbHG Rz. 104; Formulierungsbeispiel: Friedl/Krämer in Formularbuch Recht und Steuern, S. 920 ff.
2 Im Einzelnen H. Winter/H. P. Westermann in Scholz, § 5 GmbHG Rz. 105.
3 Einhellige Meinung, vgl. Ulmer in Ulmer/Habersack/Winter, § 5 GmbHG Rz. 159; H. Winter/H. P. Westermann in Scholz, § 5 GmbHG Rz. 100; Hueck/Fastrich in Baumbach/Hueck, § 5 GmbHG Rz. 52.
4 Ulmer in Ulmer/Habersack/Winter, § 5 GmbHG Rz. 160; Dirksen in Kallmeyer, § 220 UmwG Rz. 12.

KG → GmbH

Der Anmeldung sind in Ausfertigung oder in öffentlich beglaubigter Abschrift oder, soweit sie nicht notariell zu beurkunden sind, in Urschrift oder Abschrift beizufügen (§ 199 UmwG): 1692
- die **Niederschrift** des **Umwandlungsbeschlusses** nebst Gesellschaftsvertrag,
- die erforderlichen **Zustimmungserklärungen** einzelner Gesellschafter,
- der **Umwandlungsbericht** oder die Erklärung über den Verzicht auf seine Erstellung,
- ein Nachweis über die rechtzeitige **Zuleitung** des Umwandlungsbeschlusses **an den Betriebsrat** gemäß § 194 Abs. 2 UmwG,
- Beschluss über die **Geschäftsführerbestellung** (§ 8 Abs. 1 Nr. 2 GmbHG),
- den **Sachgründungsbericht** (§ 8 Abs. 1 Nr. 4 GmbHG),
- eine **Gesellschafterliste** (§ 8 Abs. 1 Nr. 3 GmbHG).

Anzumelden sind die **Vertretungsverhältnisse** (§ 8 Abs. 4 GmbHG). 1693

Die Geschäftsführer haben in der Anmeldung zu erklären, dass keine Klage gegen den Umwandlungsbeschluss anhängig ist. Wird nach der Anmeldung eine Klage erhoben, haben die Geschäftsführer dies dem Registergericht mitzuteilen. Der **Erklärung der Geschäftsführer** steht ein rechtskräftiger Beschluss des mit der Anfechtungsklage befassten Gerichts, das die Anfechtung die Eintragung nicht hindert (§ 198 Abs. 2 i.V.m. § 16 Abs. 3 UmwG), oder eine notarielle Verzichtserklärung der Gesellschafter (§ 198 Abs. 3 i.V.m. § 16 Abs. 2 S. 2 UmwG) gleich (siehe Tz. 1064 *GmbH ↔ GmbH*). 1694

Die Geschäftsführer haben das Fehlen von **Inkompatibilitätsgründen** zu versichern (§ 8 Abs. 3 GmbHG). Der volle Gesetzeswortlaut ist wiederzugeben. 1695

Gesonderte **Angaben nach § 8 Abs. 2 GmbHG** sind mE nicht erforderlich, da sie in dem Umwandlungsbeschluss enthalten sind[1]. 1696

6. Handelsregistereintragung

Das Registergericht prüft, ob die formellen Voraussetzungen für den Formwechsel gegeben sind, insbesondere alle notwendigen Unterlagen 1697

---

1 Ebenso DECHER in Lutter, § 198 UmwG Rz. 15, mwN, der allerdings vorsorglich die Angaben empfiehlt.

KG → GmbH

vorliegen, sowie die Werthaltigkeit des eingebrachten Unternehmens[1]. Ein weiter gehendes materielles **Prüfungsrecht** besteht nicht.

1698 Erfolgt die Anmeldung zu **unterschiedlichen Gerichten** (Tz. 1690), so hat die Eintragung in dem Register der GmbH mit dem Vermerk zu erfolgen, dass die Umwandlung erst mit der Eintragung der GmbH wirksam wird.

1699 Das Registergericht hat die Eintragung der neuen Rechtsform **bekannt zu machen** (§ 201 UmwG).

7. Rechtsfolgen der Eintragung

1700 Die Eintragung ist für den Formwechsel konstitutiv. Mit der Eintragung wird aus der KG eine GmbH **(keine Rückwirkung)**. Die Gesellschafter sowie das Vermögen der Gesellschaft bleiben identisch (§ 202 Abs. 1 UmwG).

1701 **Hinweis**: Wirtschaftsgüter, die nicht Gesamthandsvermögen sind, sondern im Eigentum einzelner Gesellschafter stehen und der KG zur Nutzung überlassen sind (steuerlich Sonderbetriebsvermögen), werden nicht Eigentum der GmbH. Zum Steuerrecht siehe Tz. 1717–1722.

1702 Da die Gesellschaft als Rechtsträger fortbesteht, entfallen die bisher bei der formwechselnden Umwandlung aus der Beendigung der rechtlichen Existenz der KG resultierenden **Rechtsfolgen** (siehe Tz. 1262 *GmbH → KG*).

1703 **Rechte Dritter** (zB Pfandrechte, Nießbrauch) bleiben bestehen (§ 202 Abs. 1 Nr. 2 UmwG). Ebenso bleiben gesellschaftsrechtliche Verbindungen von dem Formwechsel unberührt. Allenfalls ergeben sich Kündigungsgründe (siehe Tz. 1264 *GmbH ↔ GmbH*).

1704 Gläubiger der Gesellschaft, die noch keinen Anspruch auf Befriedigung haben, können **Sicherheit** für ihre Forderungen verlangen (§ 204 i.V.m. § 22 UmwG). Voraussetzung ist, dass sie ihr Verlangen innerhalb von sechs Monaten nach Bekanntmachung des Formwechsels gegenüber der Gesellschaft geltend machen[2].

---

[1] LG München 17 HKT 11 633/95 vom 21.9.1995, GmbHR 1996, 128; TIMMERMANS, DB 1999, 948.
[2] BGH LwZR 15/09 vom 27.11.2009, AG 2010, 251 keine zur Kündigung berechtigende Überlassung der Pachtsache an Dritten durch Formwechsel; LEUERING/RUBNER, NJW-Spezial 2010, 111.

KG → GmbH

Der **Umfang der Haftung** für die bisherigen Komplementäre bestimmt sich nach § 128 HGB (unbeschränkte persönliche Haftung, § 224 UmwG)[1]. 1705

Für die Haftung der bisherigen **Kommanditisten** gelten die §§ 171 bis 176 HGB. Haben Kommanditisten ihre Einlage erbracht und nicht zurückerhalten, haften sie nicht. Die Umwandlung der KG in eine GmbH als solche stellt keine **Einlagerückgewähr** dar[2]. Zu einer Einlagenrückgewähr i.S.d. § 172 HGB kann es jedoch kommen, wenn der vom Kommanditisten übernommene Geschäftsanteil sein Kapitalkonto sowie seine bisherige Haftsumme unterschreitet und die Differenz zwischen Geschäftsanteil und Kapitalkonto an ihn ausgezahlt wird[3]. Die bloße Umbuchung der Differenz auf ein Gesellschafterdarlehen führt mE nicht zur Rückgewähr. 1706

Der **Komplementär** haftet nur für Forderungen, die vor Ablauf von fünf Jahren nach dem Formwechsel fällig und daraus Ansprüche gegen ihn gerichtlich geltend gemacht sind (§ 224 Abs. 2 UmwG)[4]. 1707

Wird der Gesellschafter für eine Verbindlichkeit der bisherigen KG in Anspruch genommen, so kann er von der GmbH die **Erstattung** verlangen[5]. 1708

Die **Geschäftsführer** und – falls vorhanden – die Mitglieder des Aufsichtsrats **haften** der Gesellschaft, den Gesellschaftern und Gläubigern der Gesellschaft für einen Schaden, den sie durch den Formwechsel erleiden (§ 205 Abs. 1 UmwG). Diese Ansprüche verjähren fünf Jahre nach der Bekanntgabe des Formwechsels (§ 205 Abs. 2 UmwG). 1709

Durch die Eintragung wird der **Mangel** der notariellen Beurkundung des Umwandlungsbeschlusses und ggf. erforderlicher Zustimmungs- oder Verzichtserklärungen einzelner Anteilseigner geheilt (vgl. § 202 Abs. 1 Nr. 3 UmwG). Sonstige **Mängel des Formwechsels** lassen Wirkungen der Eintragung unberührt (§ 202 Abs. 3 UmwG). Damit ist eine rückwirkende Beseitigung des Formwechsels ausgeschlossen. 1710

Einstweilen frei. 1711

---

1 Zur begrenzten Haftung für Kontokorrentkredite siehe OLG Köln 13 U 244/00 vom 18.7.2001, BB 2001, 2444.
2 H. Schmidt in Lutter, § 45 UmwG Rz. 12.
3 Siehe Joost in Lutter, § 224 UmwG Rz. 7; BGH II ZR 139/89 vom 2.7.1990, GmbHR 1990, 390 = DB 1990, 1707 = BB 1990, 1575.
4 Eingehend Joost in Lutter, § 224 UmwG Rz. 11 ff.
5 Joost in Lutter, § 224 UmwG Rz. 36.

KG → GmbH

8. Kosten

1712 Für die **Beurkundung des Umwandlungsbeschlusses** erhält der Notar eine ²⁰⁄₁₀-Gebühr gemäß §§ 141, 47 KostO. Geschäftswert ist das Aktivvermögen der Gesellschaft (§ 41c Abs. 2 KostO). Die Gebühr darf 5000,– Euro nicht übersteigen (§ 47 S. 2 KostO).

1713 Entwirft der Notar die **Anmeldung**, löst dies eine ⁵⁄₁₀-Gebühr aus (§ 145 Abs. 1 S. 1 i.V.m. § 38 Abs. 2 Nr. 7 KostO). Der Geschäftswert beträgt 50 000,– Euro (§ 41a Abs. 3 Nr. 3 KostO). Die erste Beglaubigung ist dann gebührenfrei (§ 145 Abs. 1 S. 4 KostO). Ansonsten fällt für die Beglaubigung eine ¼-Gebühr, höchstens 130,– Euro an (§ 45 Abs. 1 S. 1 KostO).

1714 Die Kosten der Registereintragung betragen 180,– Euro (Gebühr 1400, § 79 Abs. 1 KostO i.V.m. § 1 HRegGebV).

II. Steuerrecht

1. Einbringung

1715 Der Formwechsel einer Personenhandelsgesellschaft in eine Kapitalgesellschaft gilt steuerlich als Einbringung i.s.d. §§ 20 bis 23 UmwStG (§ 25 UmwStG)[1]. **Einbringender** ist der einzelne Gesellschafter. Eingebracht wird der jeweilige Mitunternehmeranteil[2]. Jeder Gesellschafter ist somit hinsichtlich der Voraussetzungen der Einbringung und der Bewertung seines Anteils gesondert zu betrachten.

1716 Zivilrechtlich geht mit der Umwandlung das Gesamthandsvermögen der KG auf die GmbH über, nicht aber Wirtschaftsgüter, die im Eigentum eines Gesellschafters stehen und der KG zur Nutzung überlassen werden **(Sonderbetriebsvermögen)**. Hinsichtlich der steuerlichen Beurteilung ist dabei zu differenzieren.

1717 Sollen einzelne **Wirtschaftsgüter** des Gesamthandsvermögens von der Einbringung **ausgenommen** werden, ist deren Entnahme vor der Umwandlung[3] erforderlich. Handelt es sich dabei um nicht wesentliche Betriebsgrundlagen, ist die Anwendung des § 20 UmwStG von der Ent-

---

1 BFH I B 15/11 vom 8.6.2011, BFH/NV 2011, 1748; PATT, EStB 2009, 354.
2 SCHMITT in Schmitt/Hörtnagl/Stratz, § 20 UmwStG Rz. 2; HERLINGHAUS in Rödder/Herlinghaus/von Lishaut, § 20 UmwStG Rz. 5; Tz. 20.02 UmwE 2011.
3 Maßgebend ist der Tag der Eintragung im Handelsregister. Entnahmen zwischen dem steuerlichen Übertragungsstichtag und Eintragung wirken auf den steuerlichen Übertragungsstichtag zurück, siehe Tz. 1726 ff.

KG → GmbH

nahme nicht tangiert. Gleiches gilt bei der Überführung nicht wesentlicher Betriebsgrundlagen in ein anderes Betriebsvermögen und für nicht wesentliche Betriebsgrundlagen im Sonderbetriebsvermögen, die nicht auf die GmbH übertragen werden.

Je nach Sachlage sind die **stillen Reserven** in den nicht wesentlichen Betriebsgrundlagen zu realisieren (Entnahme; Überführung in das Betriebsvermögen eines anderen, § 6 Abs. 4 EStG; verdeckte Einlage, § 6 Abs. 6 EStG) oder die Buchwerte fortzuführen (§ 6 Abs. 5 EStG). Im Fall der Realisierung der stillen Reserven kommt eine Tarifermäßigung nur unter den Voraussetzungen des § 20 Abs. 4 UmwStG in Betracht (siehe Tz. 1762). 1718

Werden funktional **wesentliche Betriebsgrundlagen**[1] des Gesamthands- oder Sonderbetriebsvermögens von der Einbringung ausgenommen, ist § 20 UmwStG nicht anzuwenden[2]. Die stillen Reserven sind insgesamt aufzudecken[3]. Der Gewinn ist bei natürlichen Personen tarifbegünstigt (§§ 16, 34 EStG). 1719

Hinweis: Entsteht durch das Zurückbehalten wesentlicher Betriebsgrundlagen eine Betriebsaufspaltung, so ist dennoch eine Buchwertfortführung nicht möglich (§ 6 Abs. 6 S. 2 EStG)[4]. 1720

Hinweis: Werden wesentliche Betriebsgrundlagen auf eine gewerblich tätige oder gewerblich geprägte Schwesterpersonengesellschaft (dh. zumindest teilweise personenidentisch) übertragen, sind sie ausschließlich deren Betriebsvermögen und nicht Sonderbetriebsvermögen der nutzenden Gesellschaft[5]. Die Übertragung erfolgt zu Buchwerten (§ 6 1721

---

1 Zur Frage, was funktional wesentliche Betriebsgrundlagen sind, WACKER in L. Schmidt, § 15 EStG Rz. 811 ff. u. Tz. 231 *EU → GmbH*; die Finanzverwaltung will offensichtlich auch hier, wie beim Teilbetrieb auch, „nach wirtschaftlichen Zusammenhängen zuordenbare Wirtschaftsgüter" wie wesentliche Betriebsgrundlagen behandeln, siehe Tz. 20.10, 20.06, 15.02 UmwE 2011; zur Kritik Tz. 846.1 *GmbH → GmbH*; zum maßgebenden Zeitpunkt für die Beurteilung, ob ein Wirtschaftsgut wesentliche Betriebsgrundlage ist, siehe Tz. 847 *GmbH → GmbH*.
2 BFH IV B 81/06 vom 13.4.2007, BFH/NV 2007, 1939; zur Kritik an dieser Rechtsfolge BOORBERG/BOORBERG, DB 2007, 1777.
3 BFH I R 183/94 vom 16.2.1996, BStBl. 1996 II, 342.
4 WACKER in L. Schmidt, § 15 EStG Rz. 877, auch zur zeitlichen Anwendung; zur Zwangsrealisierung eines originären Geschäftswerts BFH X R 34/03 vom 16.6.2004, GmbHR 2004, 1592.
5 BFH VIII R 61/97 vom 24.11.1998, BStBl. 1999 II, 483; BMF vom 28.4.1998, BStBl. 1998 I, 583.

KG → GmbH

Abs. 5 EStG)[1]. Die Anteile der nutzenden Gesellschaft können anschließend unter Anwendung des § 20 UmwStG in eine Kapitalgesellschaft eingebracht werden. Die sog. „Gesamtplanrechtsprechung" des BFH steht dem nicht entgegen[2], selbst wenn die Übertragung der wesentlichen Betriebsgrundlage in unmittelbarem zeitlichen und sachlichen Zusammenhang mit der Einbringung steht, sofern sie auf Dauer erfolgt[3].

1722 Soll **Sonderbetriebsvermögen** auf die GmbH übergehen, kann dies noch in die KG eingebracht werden, damit es unmittelbar von der Umwandlung erfasst wird (§ 6 Abs. 5 EStG). Es genügt aber auch, wenn der Gesellschafter das Wirtschaftsgut im Rahmen der Umwandlung in die GmbH – etwa in Form einer Sachkapitalerhöhung oder als Agio – einbringt[4]. Ausreichend ist die Übertragung des wirtschaftlichen Eigentums[5]. Steuerlich wird damit der Mitunternehmeranteil einschließlich Sonderbetriebsvermögen eingebracht[6]. Demzufolge kann das Antragsrecht (Tz. 1733) nur einheitlich ausgeübt werden[7]. Zur Grunderwerbsteuer siehe Tz. 1769.

1722.1 **Hinweis**: Die Einbringung kann zur nachträglichen Aufdeckung der stillen Reserven nach § 6 Abs. 3 S. 2 EStG[8], § 6 Abs. 5 S. 6 EStG oder § 16 Abs. 3 S. 3 EStG führen[9].

1723 Werden **Verbindlichkeiten** von den Gesellschaftern – etwa zur Vermeidung einer Unterdeckung – übernommen, hindert dies nicht die An-

---

1 Str., wie hier BFH IV B 105/09 vom 15.4.2010, BStBl. 2010 II, 971; SCHWEDHELM/WOLLWEBER, GmbH-StB 2011, 82; OLGEMÖLLER/ESTEVES GOMES, Stbg. 2010, 312; ablehnend BFH I R 72/08 vom 25.11.2009, BStBl. 2010 II, 471; BMF vom 29.10.2010, BStBl. 2010 I, 1206; Anm. WACKER, NWB 2010, 2382; BÜNNING, BB 2010, 2357; WISSBORN, NWB 2010, 4275; zur zeitlichen Anwendung § 52 Abs. 16a EStG.
2 So aber die Finanzverwaltung, Tz. 20.07 UmwE 2011.
3 BFH I R 72/08 vom 25.11.2009, BStBl. 2010 II, 471; STRAHL, KÖSDI 2011 (3), 17363; JEBENS, BB 2010, 1192.
4 BFH I R 55/09 vom 7.4.2010, BStBl. 2010 II, 1094; WACHTER, DB 2010, 2137; FG Baden-Württemberg 11 K 4386/08 vom 19.4.2011, EFG 2011, 1933, NZB I B 127/11.
5 Siehe Tz. 20.13 UmwE 2011 und Tz. 231.1 *EU → GmbH*.
6 PATT, EStB 2009, 354.
7 WIDMANN in Widmann/Mayer, § 20 UmwStG Rz. 444 (August 2007).
8 BMF vom 3.3.2005, BStBl. 2005 I, 458; OFD Rheinland vom 18.12.2007, DStR 2008, 775 zu den Bedingungen einer unschädlichen Veräußerung; CREZELIUS, FR 2011, 401.
9 Eingehend PATT, EStB 2005, 106.

KG → GmbH

wendung des § 20 UmwStG[1]. Die Verbindlichkeit bleibt Betriebsvermögen, es sei denn, die Verbindlichkeit hätte durch die Verwertung sonstiger zurückbehaltener Wirtschaftsgüter abgedeckt werden können und die GmbH-Anteile sind Privatvermögen[2]. Zinsen für die Verbindlichkeit sind entweder Betriebsausgaben oder Werbungskosten[3].

2. Gewährung neuer Anteile

Durch den Formwechsel treten an die Stelle der KG-Beteiligung GmbH-Anteile. Die Einbringung erfolgt damit **zwangsläufig** gegen Gewährung neuer Anteile i.S.d. § 20 UmwStG. 1724

Nicht erforderlich ist, dass die Einbringung ausschließlich gegen Gewährung neuer Anteile erfolgt. Neben Anteilen können **andere Wirtschaftsgüter** (zB Darlehen) gewährt werden (siehe Tz. 1666 und Tz. 237 EU → GmbH). 1725

3. Einbringungszeitpunkt

Der Formwechsel wird mit Eintragung im Handelsregister wirksam. Damit ist der Tag der Eintragung grundsätzlich der steuerliche Übertragungsstichtag, auf den die steuerliche[4] Übertragungsbilanz der KG und die steuerliche Eröffnungsbilanz der GmbH aufzustellen ist (§ 25 S. 2 i.V.m. § 9 S. 2 UmwStG). Davon abweichend können diese Bilanzen auf einen Stichtag aufgestellt werden, der maximal acht Monate vor der Anmeldung des Formwechsels zum Handelsregister liegen darf (§ 25 S. 2 i.V.m. § 9 S. 3 UmwStG). Jede Überschreitung der Frist führt zur Versagung der **Rückbeziehung**[5]. 1726

ME ist neben der Bilanzaufstellung kein gesonderter Antrag nach § 20 Abs. 5 UmwStG erforderlich. Das Wahlrecht zur Rückbeziehung wird durch die Wahl des Bilanzierungsstichtags ausgeübt. An diesen, ggf. durch Gesellschafterbeschluss gewählten, Stichtag sind die Gesellschafter und die Gesellschaft gebunden. 1727

---

1 TILLMANN, StbKongrRep. 1978, 255, 276; VON WALLIS, StuW 1970, 465, 471; WIDMANN in Widmann/Mayer, § 20 UmwStG Rz. 56 (Januar 1992).
2 Siehe zur Veräußerung eines überschuldeten Betriebs BFH VIII R 150/79 vom 19.1.1982, BStBl. 1982 II, 384.
3 BFH VIII R 5/96 vom 7.7.1998, BStBl. 1999 II, 209. Zum Forderungserlass BFH I R 121/88 vom 14.3.1990, BStBl. 1990 II, 806.
4 Handelsrechtlich erfolgt beimFormwechsel keine Bilanzierung.
5 Zur Haftung des Beraters BGH IX ZR 246/00 vom 19.7.2001, BB 2001, 1918.

KG → GmbH

1728 Die Rückbeziehung gilt für die Besteuerung des Einkommens[1] und des Vermögens, nicht für die **Grunderwerbsteuer** und die **Umsatzsteuer**. Zur ErbSt siehe Tz. 1344–1345 *GmbH → KG*.

1729 Die Rückbeziehung der Umwandlung erlaubt es nicht, **Verträge mit steuerlicher Rückwirkung** abzuschließen. Bestehende Verträge zwischen der KG und den Gesellschaftern sind hingegen steuerlich anzuerkennen[2].

1730 **Beispiel**: Zwischen der KG und ihrem Kommanditisten besteht ein Geschäftsführervertrag. Ab dem Umwandlungsstichtag sind die Vergütungen unter Berücksichtigung der allgemeinen steuerlichen Bedingungen (Angemessenheit, bei beherrschenden Gesellschaftern klare und im Voraus getroffene Vereinbarung und tatsächliche Durchführung) Betriebsausgaben.

1731 **Hinweis**: Im Fall der Rückbeziehung empfiehlt es sich, rechtzeitig, dh. spätestens zum Umwandlungsstichtag, die Leistungsbeziehungen zwischen Gesellschafter und Gesellschaft schriftlich zu regeln.

1732 Werden im Rückbeziehungszeitraum dem Gesellschafter oder einer nahe stehenden Person Vorteile zugewandt, die körperschaftsteuerrechtlich verdeckte Gewinnausschüttungen wären, sind dies **Entnahmen** (§ 20 Abs. 5 S. 2 UmwStG)[3]. Nur Zahlungen nach Eintragung der Ausgliederung im Handelsregister können verdeckte Gewinnausschüttungen sein[4].

4. Bewertung

a) Grundsätze

1733 Der Wertansatz des durch die Umwandlung auf die GmbH übergehenden Vermögens bestimmt den steuerpflichtigen Gewinn der Gesell-

---

1 Zur rückwirkenden Begründung einer Organschaft BFH I R 55/02 vom 17.9.2003, BStBl. 2004 II, 534; BFH I R 111/09 vom 28.7.2010, BFH/NV 2011, 67; BFH I R 89/09 vom 28.7.2010, BStBl. 2011 II, 528; FG Köln 13 K 416/10 vom 6.6.2010, EFG 2010, 2029; Tz. Org. 02 ff. UmwE 2011; OFD Frankfurt/M vom 18.8.2011, GmbHR 2012, 180; DÖTSCH, GmbHR 2012, 175; LIEBER, FR 2004, 38; SINEWE, GmbHR 2004, 62; FRANZ, GmbHR 2004, 63; SCHUMACHER, DStR 2006, 124; HEURUNG/ENGEL, BB 2011, 151; VOGEL, DB 2011, 1246; GEBERT, DStR 2011, 102.
2 Vgl. im Einzelnen STRECK/SCHWEDHELM, BB 1988, 1639; PATT/RASCHE, DStR 1995, 1529; BFH I R 192/82 vom 29.4.1987, BStBl. 1987 II, 797; Tz. 20.16 UmwE 2011.
3 Im Einzelnen STRECK/SCHWEDHELM, BB 1988, 1639.
4 FG Hamburg VII 314/04 vom 10.3.2006, EFG 2006, 1364.

KG → GmbH

schafter, die Anschaffungskosten der GmbH-Anteile und die Höhe des Abschreibungsvolumens bei der GmbH. Grundsätzlich hat die GmbH das Betriebsvermögen der umgewandelten KG mit dem gemeinen Wert anzusetzen (§ 20 Abs. 2 S. 1 UmwStG). Auf Antrag kann der **Buchwert** oder ein **Zwischenwert** angesetzt werden (§ 20 Abs. 2 S. 2 UmwStG). Zu den Voraussetzungen siehe Tz. 246–264 *EU → GmbH*, allerdings mit der Besonderheit, dass die Sacheinlage nicht in einem Betrieb, sondern in den einzelnen Mitunternehmeranteilen besteht[1]. Damit kann das Antragsrecht hinsichtlich des Wertansatzes für jeden Mitunternehmer gesondert ausgeübt werden[2].

Entsprechend ist für die Frage, ob ein **Zwang zur Aufstockung** der Buchwerte besteht, jeder Mitunternehmer gesondert zu betrachten. Eine Aufstockung hat somit zu erfolgen, soweit 1734

- das **Besteuerungsrecht der Bundesrepublik** hinsichtlich des Gewinns aus einer Veräußerung des eingebrachten Betriebsvermögens ausgeschlossen oder beschränkt wird (Tz. 247 u. 255 *EU → GmbH*);
- ein Mitunternehmer ein **negatives Kapitalkonto** hat (siehe Tz. 1741);
- ein Mitunternehmer neben den Anteilen **Wirtschaftsgüter** von der GmbH erhalten hat, die sein Kapitalkonto übersteigen (siehe Tz. 260–261 *EU → GmbH*);
- ein Gesellschafter in einem Drittstaat ansässig ist und die Bundesrepublik Deutschland nicht das Besteuereungsrecht für den Gewinn aus einer Veräußerung der Anteile hat (siehe Tz. 248 *EU → GmbH*).

b) Bewertungs-ABC

Wird **ausländisches Vermögen** in die Gesellschaft eingebracht, so ist zu prüfen, ob hierdurch das Besteuerungsrecht der Bundesrepublik hinsichtlich des Gewinns aus der Veräußerung dieses Vermögens nicht ausgeschlossen oder beschränkt wird (§ 20 Abs. 2 S. 2 UmwStG). Dies ist denkbar, wenn ein eingebrachtes Wirtschaftsgut, das bisher nicht zu einer ausländischen Betriebstätte gehörte, im Rahmen der GmbH einer solchen ausländischen Betriebstätte zugeordnet wird. 1735

Ergänzungsbilanz: Die in der Ergänzungsbilanz eines Mitunternehmers ausgewiesenen Werte gehen in den Buchwert des eingebrachten 1736

---

1 Tz. 20.03 UmwE 2011; zur mehrstöckigen Personengesellschaft Tz. 20.12 UmwE 2011.
2 Zur Umsetzung in der Steuerbilanz der Personengesellschaft Tz. 20.22 UmwE 2011.

KG → GmbH

Betriebsvermögens ein[1]. Durch die Berücksichtigung kann es zu Abweichungen zwischen Handels- und Steuerbilanz[2] sowie zu Vermögensverschiebungen zwischen den Gesellschaftern kommen, die zu einem Ausgleich zwingen (siehe Tz. 1756–1759).

1737 **Firmenwert**: Ein Firmenwert ist bei Aufstockung der Buchwerte anzusetzen[3]. Erfolgt nur für einzelne Mitunternehmer ein Ansatz über dem Buchwert, kann es zum anteiligen Ansatz des Firmenwerts kommen. Auch hier stellt sich die Frage des Ausgleichs unter den Gesellschaftern.

1738 **Forderungen**[4] und Verbindlichkeiten zwischen der KG und ihrem Gesellschafter sind steuerlich nicht anzuerkennen. Mit der Umwandlung werden diese jedoch steuerlich relevant. Sie sind in der Bilanz der GmbH auszuweisen. Ein Buchgewinn oder -verlust ist außerhalb der Bilanz auszugleichen[5]. Der spätere Ausgleich einer Verbindlichkeit an den Gesellschafter führt nicht zu einer Erhöhung seines Einkommens, wenn die Verbindlichkeit im Rahmen der KG dem Gesellschafter als Vorabgewinn bereits zugerechnet wurde. Auch ungewisse Verbindlichkeiten gehen über und bleiben Betriebsvermögen[6].

1739 **Inventar** ist zum Umwandlungsstichtag durch eine körperliche Bestandsaufnahme zu erfassen[7].

1740 **Kosten** der Umwandlung können entweder dem Einbringenden (Gesellschafter) oder der GmbH auferlegt werden. Sie mindern in beiden Fällen jeweils den laufenden Gewinn[8]. Zur Grunderwerbsteuer siehe Tz. 1768.

---

1 WIDMANN in Widmann/Mayer, § 20 UmwStG Rz. 492 (Juni 2008); FISCHER/OLKUS, DB 1998, 2191; STRAHL in Carlé/Korn/Stahl/Strahl, Umwandlungen, S. 95.
2 Mit Beispielen ROSER, EStB 2002, 252.
3 Auch bei der Wahl von Zwischenwerten, Tz. 20.18, 03.25 UmwE 2011.
4 Zu Forderungen, über deren Erlass zum Zeitpunkt der Einbringung verhandelt wird, vgl. BFH I R 121/88 vom 14.3.1990, BStBl. 1990 II, 806 = KFR Fach 12 UmwStG § 20 I/90, S. 337, mit Anm. JUNGBECKER; zum Ausgleichsanspruch eines Handelsvertreters WIDMANN in Widmann/Mayer, § 20 UmwStG Rz. 488 (Juni 2008).
5 WIDMANN in Widmann/Mayer, § 20 UmwStG Rz. 758 (November 1991).
6 BFH IV R 131/91 vom 28.1.1993, BStBl. 1993 II, 509.
7 WIDMANN in Widmann/Mayer, § 20 UmwStG Rz. 765 (November 1991).
8 Streitig, siehe WIDMANN in Widmann/Mayer, § 20 UmwStG Rz. 509 (August 2007); Tz. 23.01 UmwE 2011.

KG → GmbH

Negative Kapitalkonten[1] zwingen zur Aufstockung der Buchwerte (§ 20 Abs. 2 S. 2 Nr. 2 UmwStG). Da die Umwandlung als Einbringung von Mitunternehmeranteilen angesehen wird, ist jeder Gesellschafter gesondert zu betrachten. Unabhängig vom Gesamtkapital zwingt das negative Kapitalkonto eines Gesellschafters zur anteiligen Aufdeckung stiller Reserven[2]. Bei der Frage, ob ein negatives Kapitalkonto vorliegt, sind die Ergänzungsbilanzen und eingebrachtes Sonderbetriebsvermögen mit zu berücksichtigen. Durch Sonderbetriebsvermögen kann ein negatives Kapitalkonto also ausgeglichen werden. Im Übrigen genügt es, die anteiligen Aktiva nur bis zum Wert der anteiligen Passiva aufzustocken (Kapitalkonto 0). Die Aufstockung führt bei dem betreffenden Gesellschafter zu einem Einbringungsgewinn, bei der Gesellschaft ggf. zu einem höheren Abschreibungsvolumen. Zu § 15a EStG Tz. 1751. 1741

Hinweis: Wegen der nicht unerheblichen praktischen Schwierigkeiten negativer Kapitalkonten kann ein Ausgleich durch Bareinlage oder Übernahme von Verbindlichkeiten zweckmäßig sein. 1742

Pensionsverbindlichkeiten gehen im Wege der Gesamtrechtsnachfolge auf die GmbH über. Sie sind bei der GmbH mit dem versicherungsmathematischen Wert zu passivieren. Dies gilt auch für Pensionszusagen zugunsten des einbringenden Mitunternehmers[3]. Die Übernahme der in der Gesamthandelsbilanz der KG ausgewiesenen Pensionsverpflichtung stellt keine zusätzliche Gegenleistung i.S.d. § 20 Abs. 2 S. 4 und Abs. 3 S. 3 UmwStG dar[4]. Bei erstmaliger Pensionszusage an Gesellschafter sind die Bedingungen zur Vermeidung einer verdeckten Gewinnausschüttung zu beachten[5]. Der für einen pensionsberechtigten Mitunternehmer in der Sonderbilanz gebildete Aktivposten wird entnommen und führt zu einem entsprechenden Entnahmegewinn[6]. Nach Auffassung der Finanzverwaltung kann der einbringende Mitunterneh- 1743

---

1 Beim Kommanditisten auch, soweit er für sie nicht haftet, § 167 Abs. 3 HGB; siehe dazu BAUMBACH/HOPT, § 167 HGB Rz. 5.
2 WIDMANN in Widmann/Mayer, § 20 UmwStG Rz. 543 (August 2007); anders Sächsisches FG 2 K 322/10 vom 28.7.2010, EFG 2011, 2027, bei der Einbringung von zwei Einzelunternehmen durch den gleichen Gesellschafter.
3 Siehe Tz. 20.28–20.33 UmwE 2011, auch zu den Besonderheiten, wenn von der Übergangsregelung nach Tz. 20 des BMF vom 29.1.2008, BStBl. 2008 I, 317, Gebrauch gemacht wurde; ferner BENZ/ROSENBERG, DB 2012, Beilage Nr. 1, 38.
4 Tz. 20.29 UmwE 2011.
5 Vgl. SCHWEDHELM in Streck, Anh. § 8 KStG Rz. 897 ff.
6 FG Köln 11 K 3184/06 vom 12.11.2008, EFG 2009, 572; BULA, BB 2009, 491.

KG → GmbH

mer beantragen, die Forderung als Restbetriebsvermögen zu behandeln, um so die sofortige Besteuerung zu vermeiden. Die Besteuerung erfolgt dann erst bei Eintritt des Pensionsfalls in Höhe des auf die Zeit vor der Umwandlung entfallenden Anteils der laufenden Zahlung[1].

1744 **Privatkonten** (Kapitalkonto II) sind zivilrechtlich Schulden der Gesellschaft. Als solche sind sie bei der GmbH zu erfassen. Sie haben keinen Einfluss auf einen etwaigen Einbringungsgewinn. Ein Privatkonto kann (ganz oder teilweise) mit zur Deckung des Geschäftsanteils eingesetzt werden. Die Möglichkeit zur Buchwertfortführung bleibt hiervon mE unberührt[2].

1745 **Rückstellungen** sind fortzuführen.

1746 **Schulden** siehe Forderungen.

1747 **Sonderbetriebsvermögen** siehe Tz. 1717–1722.

1748 **Steuerfreie Rücklagen** können bei einem Buchwertansatz fortgeführt werden[3]. Bei einem Zwischenwertansatz sind stille Reserven anteilig[4] beim Ansatz mit dem gemeinen Wert ganz aufzulösen[5].

1749 **Steuerschulden** sind, soweit es sich um betriebliche Schulden handelt, in der Einbringungsbilanz anzusetzen. Werden Steuerschulden des Gesellschafters übernommen, bedarf es einer ausdrücklichen Regelung im Umwandlungsbeschluss (sonst verdeckte Gewinnausschüttungen). Steuerlich handelt es sich um die Gewährung anderer Wirtschaftsgüter i.S.d. § 20 Abs. 2 und 3 UmwStG[6].

1750 **Versorgungsrenten** sind Betriebsausgaben und damit zu passivieren, wenn sie von der KG (und nicht etwa von den Gesellschaftern) geschuldet werden[7].

1751 **Verlustvortrag** nach § 10d EStG wird von der Umwandlung nicht berührt, da der Verlustabzug bei der KG dem Gesellschafter zusteht[8]. Ein Verlustvortrag des Kommanditisten nach **§ 15a EStG** geht mit der Umwandlung unter. Er kann nur noch mit dem Einbringungsgewinn ver-

---

1 Tz. 20.32 UmwE 2011.
2 Ebenso WIDMANN in Widmann/Mayer, § 20 UmwStG Rz. 794 (November 1991).
3 Tz. 23.06 UmwE 2011.
4 Tz. 23.14 UmwE 2011.
5 Tz. 23.17 UmwE 2011.
6 WIDMANN in Widmann/Mayer, § 20 UmwStG Rz. 805 ff. (November 1991).
7 BFH I R 28/92 vom 29.7.1992, BStBl. 1993 II, 247.
8 Tz. 23.02 UmwE 2011.

rechnet werden[1]. Ein Zinsvortrag und ein EBITDA-Vortrag nach § 4h EStG gehen beim Formwechsel unter, da sie nicht auf die GmbH übergehen (§ 20 Abs. 9 UmwStG) und die KG nicht fortbesteht.

Hinweis: Bei einem Verlustvortrag nach § 15a EStG empfiehlt sich eine (ggf. teilweise) Realisierung stiller Reserven. 1752

Ein gewerbesteuerlicher Verlustvortrag nach § 10a GewStG geht verloren, da die Unternehmeridentität fehlt[2]. 1753

Warenbestand ist nach den allgemeinen steuerlichen Gewinnermittlungsvorschriften anzusetzen. Bei Wahl eines Zwischenwerts ist darauf zu achten, dass der Wertansatz den einheitlichen Aufstockungsprozentsatz nicht übersteigt. Ansonsten liegt teilweise nicht tarifbegünstigter Gewinn durch Hinaufschreibung nach § 6 Abs. 1 Nr. 2 EStG vor[3]. 1754

Werbeaufwand kann nicht aktiviert werden[4]. 1755

c) Ausgleich unter den Gesellschaftern

Werden Mitunternehmeranteile mit **unterschiedlichen Werten** angesetzt, kann sich die Notwendigkeit eines Ausgleichs unter den Gesellschaftern ergeben[5]. Unterbleibt ein Wertausgleich, liegt idR eine Schenkung vor[6]. 1756

Beispiel: Kommanditist A mit Wohnsitz in den USA ist beschränkt steuerpflichtig. Komplementär B und Kommanditist C sind unbeschränkt steuerpflichtig. Beteiligung je ein Drittel. Buchwert der Anteile je 100 000,– Euro; Teilwert je 200 000,– Euro. A ist zum Teilwertansatz gezwungen (Tz. 248 *EU → GmbH*). Bleiben B und C beim Buchwert, würde die volle Verrechnung der Einbringungswerte zu einer Verschiebung der Beteiligung führen (A 200 000,– Euro, B und C je 100 000,– Euro). Durch die Aufdeckung der anteiligen stillen Reserven des A wird Abschreibungsvolumen geschaffen, das allen Gesellschaftern zugute kommt. 1757

---

1 BFH I B 91/07 vom 20.12.2007, BFH/NV 2008, 619; WIDMANN in Widmann/Mayer, § 20 UmwStG Rz. 568 (August 2007); WACKER in L. Schmidt, § 15a EStG Rz. 236.
2 GLANEGGER/GÜROFF, § 10a GewStG Rz. 103; Tz. 23.02 UmwE 2011.
3 WIDMANN in Widmann/Mayer, § 20 UmwStG Rz. 533 (August 2007).
4 FG Düsseldorf I 81/69 vom 17.1.1974, EFG 1974, 368.
5 Eingehend KORN, KÖSDI 1987, 6843.
6 BFH II R 83/92 vom 19.6.1996, DStZ 1997, 165.

KG → GmbH

1758 Ein **Ausgleich** kann geschaffen werden, indem
- Vorzugsdividenden eingeräumt werden;
- für alle Beteiligten Anteile in Höhe der Teilwerte gewährt werden. Handelsrechtlich besteht dann der Zwang für alle zum Teilwertansatz. Steuerlich erfolgt bei denjenigen, die steuerlich nicht zur Vollaufdeckung verpflichtet sind, der Ansatz eines Ausgleichspostens (vgl. Tz. 249 *EU → GmbH*)[1];
- der Wert des Mitunternehmeranteils nur teilweise mit Anteilen der GmbH belegt wird und der überschießende Wert den Rücklagen zugeführt oder dem Gesellschafter (etwa als Darlehen) zurückgewährt wird (vgl. Tz. 1725).

1759 **Hinweis**: In der Praxis ist die Bemessung eines Wertausgleichs häufig sehr schwierig. IdR ist ein gleichmäßiger Wertansatz vorzuziehen.

d) Änderung der Bewertung

1760 Zum Antragsrecht hinsichtlich der Wertansätze siehe Tz. 263 *EU → GmbH*.

1761 Ändern sich die Buchwerte der eingebrachten Vermögen – etwa auf Grund einer **Betriebsprüfung** –, so löst dies eine **Folgeberichtigung** der steuerlichen Aufnahmebilanz aus (§ 175 Abs. 1 S. 1 Nr. 2 AO), wenn die GmbH das eingebrachte Vermögen zum Buchwert übernommen hat und der Buchwert nach Änderung über dem bisherigen Ansatz liegt[2]. Gleiches gilt, wenn die GmbH als Zwischen- oder gemeinen Wert einen Wert angesetzt hat, der unter dem geänderten Buchwert liegt, da der Wertansatz für das eingebrachte Vermögen nicht unter dem Buchwert liegen darf.

5. Steuerfolgen bei dem Gesellschafter

1762 Die Steuerfolgen für den **Mitunternehmer** entsprechen denen bei der Umwandlung eines Einzelunternehmens (vgl. Tz. 265–278 *EU → GmbH*).

1763 Zum **Verlustabzug nach § 15a EStG** Tz. 1751.

---

1 Siehe Tz. 20.20 UmwE 2011.
2 Widmann in Widmann/Mayer, § 20 UmwStG Rz. 470 (August 2007), Rz. 731 (November 1991).

KG → GmbH

6. Steuerfolgen bei der GmbH

Hier gelten die Ausführungen zur Umwandlung eines Einzelunternehmens entsprechend (Tz. 279–286 *EU → GmbH*)[1].   1764

7. Sonstige Steuern

a) Umsatzsteuer

Der **Formwechsel** unterliegt nach § 1 Abs. 1a UStG nicht der Umsatzsteuer.   1765

Die **steuerliche Rückbeziehung** nach § 20 Abs. 5 UmwStG gilt nicht für die Umsatzsteuer. Für die KG endet der Besteuerungszeitraum mit Eintragung des Formwechsels.   1766

Als Gesamtrechtsnachfolgerin muss die GmbH die **steuerlichen Pflichten der KG** erfüllen. Sie muss zwei Umsatzsteuererklärungen abgeben, und zwar für die KG bis zum Zeitpunkt der Eintragung der Umwandlung und für die GmbH nach der Eintragung der Umwandlung getätigten Umsätze. Als Rechtsnachfolgerin ist die GmbH berechtigt, für Lieferungen und sonstige Leistungen der untergegangenen KG Rechnungen auszustellen. Andererseits kann die GmbH den Vorsteuerabzug geltend machen, der durch Rechnungserteilung Dritter für die KG ihr nunmehr zusteht. Eventuell bestehende Vorsteuererstattungsansprüche der untergegangenen KG können von der GmbH geltend gemacht werden. Andererseits gehen Steuerschulden der untergegangenen KG auf die GmbH über (§ 45 AO).   1767

b) Grunderwerbsteuer

Gehören zum Vermögen der KG **Grundstücke**, fällt keine Grunderwerbsteuer an, da handelsrechtlich keine Vermögensübertragung stattfindet (siehe Tz. 1273[2]). Der Formwechsel kann die Steuerbefreiung nach § 5 Abs. 1 und 2 GrEStG gefährden (§ 5 Abs. 3 GrEStG)[3].   1768

---

1 Zur Behandlung außerorganschaftlicher Mehrabführungen LOHMANN/HEERDT, DB 2008, 1937.
2 AA beim „quotenverschiebenden" Formwechsel MACK, UVR 2009, 254.
3 Siehe GOTTWALD, DStR 2004, 341.

KG → GmbH

c) Erbschaft- und Schenkungsteuer

1769 Die Behaltensfristen der §§ 13a Abs. 5, 19a Abs. 5 ErbStG werden nicht verletzt, sondern setzen sich an den GmbH-Anteilen fort[1]. Zu § 7 Abs. 8 ErbStG siehe Tz. 1662.1.

C. Spaltung

I. Aufspaltung zur Aufnahme

1. Zivilrecht

1770 Eine KG kann Vermögen im Wege der Aufspaltung (Tz. 1624) auf eine bereits existierende **(Spaltung zur Aufnahme)** GmbH übertragen. **Voraussetzungen** sind:
- Abschluss eines Spaltungs- und Übernahmevertrags (§ 126 UmwG),
- ggf. Erstellung eines Spaltungsberichts (§ 127 UmwG),
- ggf. Spaltungsprüfung,
- ggf. Information des Betriebsrats (§ 126 Abs. 3 UmwG),
- Zustimmungsbeschluss der beteiligten Gesellschaften (§ 125 i.V.m. § 13 Abs. 1 UmwG), ggf. verbunden mit einem Kapitalerhöhungsbeschluss,
- Erstellung einer Schlussbilanz (§ 125 i.V.m. § 17 Abs. 2 UmwG),
- Anmeldung der Spaltung (§ 125 i.V.m. § 16 Abs. 1 UmwG).

1771 Grundlage der Spaltung ist ein **Spaltungs- und Übernahmevertrag** zwischen der zu spaltenden KG und der übernehmenden GmbH (§ 125 i.V.m. § 4 Abs. 1, 126 UmwG). Zum Inhalt siehe Tz. 746–763 *GmbH → GmbH*.

1772 Da die Spaltung zur Aufnahme durch einen Rechtsträger anderer Rechtsform führt, ist den Gesellschaftern, die der Spaltung widersprechen, ein **Abfindungsangebot** zu unterbreiten (§ 125 i.V.m. § 29 UmwG, siehe Tz. 1014–1017 *GmbH ↔ GmbH*).

1773 Zur **Aufteilung des Vermögens** siehe Tz. 764–777 *GmbH → GmbH*.

1774 Zu den **Rechtsfolgen für Arbeitnehmer** siehe Tz. 783–803 *GmbH → GmbH*.

---

1 WEINMANN in Moench/Weinmann, § 13a ErbStG Rz. 98 (Mai 2011); JÜLICHER in Troll/Gebel/Jülicher, § 13a ErbStG Rz. 326 (Juli 2011).

KG → GmbH

Zum **Umtauschverhältnis** gilt Tz. 778–786 *GmbH → GmbH* entsprechend. Bare Zuzahlungen sind nur bis zur Höhe von 10 % des Gesamtnennbetrags der gewährten Geschäftsanteile zulässig (§ 125 i.V.m. § 54 Abs. 4 UmwG). Damit ist das Handelsrecht strenger als das Steuerrecht, da nach § 20 UmwStG die Gewährung „anderer Wirtschaftsgüter" unschädlich ist (siehe Tz. 1725). Soweit das übergehende Vermögen den Nennwert der Anteile zuzüglich bare Zuzahlungen übersteigt, ist eine Einstellung in die Rücklagen zwingend. 1775

Für die GmbH ist ein **Spaltungsbericht** zu erstellen (§ 127 UmwG), es sei denn, alle Gesellschafter der an der Spaltung beteiligten GmbH verzichten einvernehmlich auf den Bericht (§ 125 i.V.m. § 8 Abs. 3 UmwG). Bei der Personengesellschaft ist der Bericht nicht erforderlich, wenn alle Gesellschafter dieser Gesellschaft zur Geschäftsführung berechtigt sind (§ 125 i.V.m. § 49 UmwG). 1776

Eine **Spaltungsprüfung** ist erforderlich, wenn einer der Gesellschafter der an der Spaltung beteiligten GmbH dies verlangt (§ 125 i.V.m. § 48 UmwG). Die Gesellschafter der Personengesellschaft haben dieses Recht nur, wenn bei dieser Gesellschaft der Spaltungsbeschluss durch Mehrheitsentscheidung gefasst werden kann (§ 125 i.V.m. § 44 UmwG). 1777

Soweit an der Personengesellschaft Gesellschafter beteiligt sind, die von der Geschäftsführung ausgeschlossen sind, ist der Spaltungs- und Übernahmevertrag und der Spaltungsbericht diesen Gesellschaftern spätestens mit der **Einberufung zur Gesellschafterversammlung**, die über die Zustimmung beschließt, zu übersenden (§ 125 i.V.m. § 42 UmwG). 1778

Der **Spaltungsbeschluss** bedarf bei der Personengesellschaft der Zustimmung aller Gesellschafter (§ 125 i.V.m. § 43 UmwG), es sei denn, der Gesellschaftsvertrag sieht eine geringere Mehrheit (mindestens jedoch ¾ der Stimmen) vor (§ 125 i.V.m. § 43 Abs. 2 S. 1 UmwG, siehe Tz. 1969 *KG ↔ KG*). 1779

Zur **Bilanzaufstellung** siehe Tz. 818–820 *GmbH → GmbH*; zur **Anmeldung** und **Eintragung** Tz. 821–824 *GmbH → GmbH*. 1780

Zu den **Rechtsfolgen** siehe Tz. 825–834 *GmbH → GmbH*. Die **Firmenfortführung** ist zulässig (§ 125 i.V.m. § 18 Abs. 2 UmwG). 1781

Zu den **Kosten** Tz. 835–840 *GmbH → GmbH*. 1782

KG → GmbH

2. Steuerrecht

1783 Für die Spaltung von Personengesellschaften gibt es keine ausdrücklichen steuerlichen Vorschriften. Der Gesetzgeber geht davon aus, dass die Spaltung einer Personengesellschaft auf eine Kapitalgesellschaft wie die Verschmelzung als **Einbringung** von Mitunternehmeranteilen gemäß §§ 20 ff. UmwStG zu qualifizieren ist (siehe § 21 Abs. 3 Nr. 1 UmwStG)[1].

1784 **Einbringender** ist der jeweilige Gesellschafter, der – analog zur Verschmelzung – einen Teil seines Mitunternehmeranteils einbringt. Auf die steuerliche Qualifizierung des auf die GmbH übergehenden Teilvermögens als Betrieb oder Teilbetrieb kommt es mE nicht an. Selbst wenn nur ein einzelnes Wirtschaftsgut im Wege der Spaltung übergeht, gilt § 20 UmwStG. Im Übrigen gelten die Tz. 1715–1769; jedoch mit der Besonderheit, dass eine Tarifermäßigung bei einem Ansatz mit dem gemeinen Wert (§ 20 Abs. 4 UmwStG) wegen § 16 Abs. 1 S. 1 Nr. 2 EStG zweifelhaft ist[2].

II. Aufspaltung zur Neugründung

1. Zivilrecht

1785 Es gelten die Tz. 1770–1782 entsprechend. An die Stelle des Spaltungs- und Übernahmevertrags tritt ein **Spaltungsplan**[3]. Zum Inhalt siehe Tz. 902 *GmbH → GmbH*.

2. Steuerrecht

1786 Es gelten die Tz. 1783–1784.

III. Abspaltung

1. Zivilrecht

1787 Eine KG kann einen Teil ihres Vermögens auf eine bestehende oder mit der Spaltung zu gründende GmbH abspalten (Tz. 1624). Es gelten die Tz. 1770–1786 entsprechend. Bei der fortexistierenden KG wird das ab-

---

[1] Tz. 01.43 UmwE 2011.
[2] PATT in Dötsch/Jost/Pung/Witt, § 20 UmwStG (vor SEStEG) Rz. 234 (Juni 2008).
[3] Vertragsmuster: LANGENFELD, GmbH-Vertragspraxis, Rz. 869.

KG → GmbH

gespaltene Vermögen anteilig mit den Kapitalkonten wie eine Entnahme verrechnet. Bei den Kommanditisten kann es hierdurch zu einem Wiederaufleben der **Haftung** gemäß § 172 Abs. 4 HGB kommen.

Bei der Abspaltung geht nur das im Spaltungs- und Übernahmevertrag bzw. Spaltungsplan aufgeführte Vermögen über. Die **Firma** der KG kann von der GmbH nicht mit übernommen werden (§ 125 UmwG schließt § 18 UmwG aus). 1788

2. Steuerrecht

Es gelten die §§ 20 ff. UmwStG (siehe Tz. 1783–1784). 1789

IV. Ausgliederung

1. Zivilrecht

Siehe Tz. 929–939 GmbH → GmbH. Für die **Beschlussfassung** gelten §§ 42, 43 UmwG. 1790

2. Steuerrecht

Steuerlich gelten die §§ 20–23 UmwStG. Einbringender ist die KG. Das ausgegliederte Teilvermögen muss aus einem **Betrieb, Teilbetrieb**, einem **Mitunternehmeranteil** oder **Anteilen** an einer **Kapitalgesellschaft** i.S.d. § 20 Abs. 1 S. 2 UmwStG bestehen. 1791

D. Verschmelzung

I. Verschmelzung durch Aufnahme

1. Zivilrecht

Eine KG kann durch Verschmelzung **auf eine bestehende** GmbH umgewandelt werden (§ 2 Nr. 1 UmwG; Tz. 1625). Notwendig sind folgende Schritte: 1792

– Abschluss eines **Verschmelzungsvertrags**[1] (§§ 4 ff. UmwG),
– ggf. Erstellung eines **Verschmelzungsberichts** (§ 8 UmwG),
– ggf. **Prüfung** der Verschmelzung (§ 9 UmwG),

---

1 Vertragsmuster: RIEGER in Widmann/Mayer, Anh. 4, M 48 (November 2010).

KG → GmbH

- **Zustimmungsbeschluss** der Gesellschafter (§ 13 UmwG), ggf. verbunden mit einem Kapitalerhöhungsbeschluss,
- **Anmeldung** der Verschmelzung (§ 16 UmwG).

1793 Grundlage der Verschmelzung ist ein Verschmelzungsvertrag zwischen der übertragenden KG und der übernehmenden GmbH (§ 4 Abs. 1 UmwG). Der Vertrag wird von den jeweils zur Vertretung der Gesellschaften befugten Personen (bei der GmbH idR die **Geschäftsführer**, bei der KG die nach dem Gesetz bzw. dem Gesellschaftsvertrag geschäftsführungsbefugten Gesellschafter) abgeschlossen.

1794 Sind mehrere Gesellschafter an der Verschmelzung beteiligt, ist ein **einheitlicher Vertrag** von allen Parteien abzuschließen. Er kann vor oder nach der Beschlussfassung durch die Gesellschafter abgeschlossen werden. Wird die Beschlussfassung vorgezogen, ist zunächst ein Vertragsentwurf zu erstellen (§ 4 Abs. 2 UmwG).

1795 Der Vertrag bedarf **notarieller Beurkundung** (§ 6 UmwG).

1796 Als Mindestinhalt muss der Vertrag die beteiligten Gesellschaften mit **Firma, Sitz** und **gesetzlichen Vertretern** bezeichnen (§ 5 Abs. 1 Nr. 1 UmwG). Ferner muss in der Erklärung enthalten sein, dass das Vermögen der übertragenden KG gegen Gewährung von Anteilen an der GmbH auf die GmbH übertragen wird (§ 5 Abs. 1 Nr. 2 UmwG).

1797 Diese Angaben entfallen, wenn sich alle Anteile der KG in der Hand der GmbH befinden (§ 5 Abs. 2 UmwG). Eine Kapitalerhöhung ist unzulässig (§ 54 Abs. 1 Nr. 1 UmwG). Maßgebend ist die zivilrechtliche Eigentümerstellung.

1798 In dem Verschmelzungsvertrag sind die jeweiligen Anteile, die den Gesellschaftern der KG gewährt werden, festzulegen (§ 5 Abs. 1 Nr. 3 und 4 UmwG). Ferner ist festzulegen

- der **Verschmelzungsstichtag** (§ 5 Abs. 1 Nr. 6 UmwG), der nicht mehr als acht Monate vor der Anmeldung der Verschmelzung zum Handelsregister liegen darf (§ 17 Abs. 2 S. 4 UmwG). Ab diesem Stichtag gelten die Handlungen der KG als für Rechnung der übernehmenden GmbH vorgenommen (Tz. 992 *GmbH ↔ GmbH*);
- der (idR mit dem Verschmelzungsstichtag identische) Tag, ab dem die Gesellschafter der KG am Gewinn der GmbH beteiligt sind, sowie die Höhe des **Gewinnanteils** (§ 5 Abs. 1 Nr. 5 UmwG);
- ob und in welchem Umfang Gesellschaftern **Sonderrechte** (Gewinnvorab, Geschäftsführungsrechte etc.) eingeräumt werden (§ 5 Abs. 1 Nr. 7 UmwG);

KG → GmbH

– **Vorteilsgewährungen** an Geschäftsführer, Aufsichtsräte oder Prüfer (§ 5 Abs. 1 Nr. 8 UmwG, siehe Tz. 991 *GmbH ↔ GmbH*);
– die **Folgen** der Verschmelzung **für die Arbeitnehmer** und ihre Vertretungsorgane sowie die insoweit vorgesehenen Maßnahmen (§ 5 Abs. 1 Nr. 9 UmwG).

Letztlich ist für den Fall, dass Gesellschafter der Verschmelzung widersprechen, im Verschmelzungsvertrag ein **Barabfindungsgebot** zu unterbreiten (§ 29 UmwG). 1799

Die GmbH kann die **Firma** der KG fortführen (§ 18 UmwG). Dies ist im Verschmelzungsvertrag zu regeln. 1800

Darüber hinaus empfehlen sich Regelungen zur **Kostenfrage** sowie die Festlegung etwaiger Änderungen des Gesellschaftsvertrags der GmbH. 1801

Zu einem **bedingten Abschluss** des Verschmelzungsvertrags siehe Tz. 1001–1002 *GmbH ↔ GmbH*, zum **Anteilsübergang** während des Verschmelzungsvorgangs Tz. 1004 *GmbH ↔ GmbH*. 1802

Hinsichtlich des **Umtauschverhältnisses** gelten die Tz. 1006–1013 *GmbH ↔ GmbH* entsprechend. Bei Verschmelzung einer KG auf ihre Tochterkapitalgesellschaft ist eine Kapitalerhöhung aus steuerlichen Gründen zu empfehlen (siehe Tz. 1816.2)[1]. **Bare Zuzahlungen** sind nur bis zur Höhe von 10 % des Gesamtnennbetrags der gewährten Geschäftsanteile zulässig (§ 54 Abs. 4 UmwG, siehe Tz. 1775). 1803

Für den **Verschmelzungsbericht** gilt Tz. 1018–1020 *GmbH ↔ GmbH* entsprechend. Für die KG ist kein Verschmelzungsbericht erforderlich, wenn alle Gesellschafter der KG zur Geschäftsführung berechtigt sind (§ 41 UmwG). 1804

Der Verschmelzungsvertrag ist prüfungspflichtig, wenn ein Gesellschafter der GmbH dies verlangt (§ 48 UmwG). Gesellschafter der KG können die **Prüfung** verlangen, wenn der Gesellschaftsvertrag der KG eine Mehrheitsentscheidung hinsichtlich der Zustimmung zur Verschmelzung vorsieht (§ 44 UmwG). 1805

Für die **Beschlussfassung** bei der GmbH gilt Tz. 1030–1051 *GmbH ↔ GmbH*. 1806

Auch bei der KG muss der Verschmelzungsbeschluss in der **Gesellschafterversammlung** gefasst werden (§ 13 Abs. 1 UmwG), obwohl das Han- 1807

---

1 Siehe auch MIDDENDORF/STEGMANN, DStR 2005, 1082.

KG → GmbH

delsrecht für Personengesellschaften grundsätzlich keine Notwendigkeit zur Beschlussfassung in einer Gesellschafterversammlung kennt.

1808 Für die **Einberufung** der Gesellschafterversammlung gelten, sofern vorhanden, die durch den Gesellschaftsvertrag vorgegebenen Formen und Fristen, ansonsten ist mit angemessener Frist (mE mindestens ein Monat analog § 123 AktG) schriftlich unter Angabe der Tagesordnung von den zur Geschäftsführung befugten Gesellschaftern zu laden[1]. Der Verschmelzungsvertrag und der Verschmelzungsbericht sind den Gesellschaftern, die von der Geschäftsführung ausgeschlossen sind, spätestens mit der Einberufung der Gesellschafterversammlung zu übersenden.

1809 Der Verschmelzungsbeschluss bedarf der **Zustimmung aller Gesellschafter** der KG. Gesellschafter, die nicht zur Gesellschafterversammlung erschienen sind, müssen ihre Zustimmung gesondert erklären.

1810 Eine **Mehrheitsentscheidung** ist nur zulässig, wenn der Gesellschaftsvertrag der KG dies für den Fall der Umwandlung vorsieht. Wirksam ist allerdings nur eine Vereinbarung, die eine Mehrheit von mindestens ¾ aller Stimmen (nicht etwa nur der abgegebenen Stimmen) vorsieht (§ 43 Abs. 2 UmwG). Dabei kommt es auf die Zahl der Stimmen, nicht auf die Zahl der Gesellschafter an.

1811 Der Beschluss und etwaige Zustimmungen außerhalb der Gesellschafterversammlung sind **notariell zu beurkunden**. Zur Beurkundung mehrerer Beschlüsse in einer Urkunde siehe Tz. 1098.

1812 Zur **Anfechtung** des Beschlusses siehe Tz. 1049–1051 *GmbH ↔ GmbH*.

1813 Zur **Bilanzierung** siehe Tz. 1052–1058 *GmbH ↔ GmbH*.

1814 Die Vertretungsorgane der GmbH (Geschäftsführer) und der KG (geschäftsführende Gesellschafter) haben die Verschmelzung zur Eintragung in das **Handelsregister** des jeweiligen Sitzes anzumelden (§ 16 Abs. 1 S. 1 UmwG). Für die KG können auch die Vertretungsorgane der GmbH die Anmeldung vornehmen (§ 16 Abs. 1 S. 2 UmwG). Im Übrigen gelten die Tz. 1059–1071 *GmbH ↔ GmbH*.

1815 Zu den **Rechtsfolgen** siehe Tz. 1072–1097 *GmbH ↔ GmbH*. Zu den **Kosten** siehe Tz. 1098–1101 *GmbH ↔ GmbH*.

---

1 ENZINGER in Münchener Kommentar zum HGB, § 119 Rz. 49.

KG → GmbH

2. Steuerrecht

Steuerlich gilt die Verschmelzung als Einbringung von Mitunternehmeranteilen gemäß § 20 UmwStG. Es gelten die Tz. 1715–1769, jedoch mit folgenden **Besonderheiten:** 1816

Für die **Rückwirkung** gilt § 20 Abs. 5 und 6 UmwStG. Die Einbringung kann nur auf den Verschmelzungsstichtag zurückbezogen werden (§ 20 Abs. 5 UmwStG). Der Antrag ist formlos an das für die KG zuständige Finanzamt zu richten. Ein konkludenter Antrag – etwa im Rahmen der Steuererklärungen – genügt[1]. Der Antrag kann bis zur Rechtskraft der den Vermögensübergang erfassenden Veranlagung gestellt und zurückgenommen werden. Der Antrag kann bei der Umwandlung nur für alle Mitunternehmer einheitlich gestellt werden[2]. 1816.1

Vorbehaltlich § 6a GrEStG[3] fällt Grunderwerbsteuer an, wenn zum übergehenden Vermögen Immobilien gehören. Die Grunderwerbsteuer gehört zu den aktivierungspflichtigen Anschaffungsnebenkosten[4]. 1816.2

Auf der Ebene der übernehmenden GmbH können sich nach Ansicht der Finanzverwaltung Auswirkungen auf Verlust-, Zins- oder EBITDA-Vorträge ergeben (§§ 8a, 8c KStG)[5]. 1816.3

Problematisch ist die steuerliche Behandlung, wenn die KG auf den **alleinigen Kommanditisten verschmolzen** wird und dieser die Rechtsform einer **Kapitalgesellschaft** hat. Bei der Kapitalgesellschaft ist eine Kapitalerhöhung ausgeschlossen (§ 68 Abs. 1 UmwG). Steuerlich fehlt damit die Gewährung von Gesellschaftsrechten als Gegenleistung für die Einbringung des Mitunternehmeranteils. § 20 Abs. 1 S. 1 UmwStG findet damit keine Anwendung[6]. ME liegt aber ein Fall des § 6 Abs. 5 EStG vor, so dass eine Buchwertfortführung zwingend ist. 1816.4

---

1 Hessisches FG 4 K 4202/87 vom 15.11.1994, EFG 1995, 413; Tz. 20.14 UmwE 2011.
2 WIDMANN in Widmann/Mayer, § 20 UmwStG Rz. 275 ff. (April 2007).
3 Siehe dazu Gleichlautende Erlasse der obersten Finanzbehörden der Länder zur Anwendung des § 6a GrEStG vom 1.12.2010, BStBl. 2010 I, 1321; dazu KLASS/MÖLLER, BB 2011, 407; ferner BEHRENS/BOCK, NWB 2011, 615; WAGNER/KÖHLER, BB 2011, 286; DETTMEIER/GEIBEL, NWB 2010, 582; SCHAFLITZL/STADLER, DB 2010, 185; RÖDDER/SCHÖNFELD, DStR 2010, 415; MENSCHING/TYARKS, BB 2010, 87; STADLER/SCHAFLITZL, DB 2009, 2621; VISKORF/HAAG, DStR Beihefter 2011 zu Heft 12, 3; BEHRENS, DStR Beihefter 2011 zu Heft 12, 10.
4 BFH I R 97/02 vom 17.9.2003, BStBl. 2004 II, 686.
5 Tz. 22.03 UmwE 2011.
6 Tz. E 20.10 UmwE 2011.

KG → GmbH

1816.5 Wird die KG auf eine Tochterkapitalgesellschaft verschmolzen (downstream merger), ist eine Kapitalerhöhung notwendig, um zur Anwendung des § 20 UmwStG zu kommen[1].

II. Verschmelzung durch Neugründung

1. Zivilrecht

1817 Mit anderen Rechtsträgern kann eine KG zu einer GmH verschmolzen werden (§ 2 Nr. 1 UmwG). Notwendig sind folgende Schritte:
- Abschluss eines **Verschmelzungsvertrags** (§ 36 i.V.m. §§ 4 ff. UmwG),
- ggf. Erstellung eines **Verschmelzungsberichts** (§ 36 i.V.m. § 8 UmwG)
- ggf. **Prüfung** der Verschmelzung (§ 36 i.V.m. § 9 UmwG),
- **Zustimmung der Gesellschafter** (§ 36 i.V.m. § 13 UmwG),
- **Anmeldung** der Verschmelzung (§ 36 i.V.m. § 16 UmwG).

1818 Es gelten die Tz. 1792–1815 entsprechend. Der Verschmelzungsvertrag[2] muss den **Gesellschaftsvertrag** der durch die Verschmelzung zu gründenden GmbH enthalten oder ihn feststellen (§ 37 UmwG). Seit dem 1.1.2002 besteht die Verpflichtung zur Umstellung des Kapitals auf Eurobeträge (§ 318 UmwG, § 1 EGGmbHG). Das Stammkapital muss mindestens 25 000,– Euro, der Nennbetrag des Geschäftsanteils mindestens 1,– Euro betragen.

1819 Die Verschmelzung ist zum Register der übertragenden Gesellschaften wie auch zum **Register** der neuen GmbH anzumelden (§ 38 UmwG). Im Übrigen gilt Tz. 1186–1190 *GmbH ↔ GmbH* entsprechend.

2. Steuerrecht

1820 Es gilt die Tz. 1816–1816.2 entsprechend.

E. Einbringung

I. Zivilrecht

1. Sachgründung

1821 Gesellschaftsanteile einer KG sind sacheinlagefähig[3]. Die **Einbringung aller Gesellschaftsanteile** einer KG in eine GmbH im Wege der Sach-

---
1 MIDDENDORF/STEGMANN, DStR 2005, 1082.
2 Vertragsmuster: LANGENFELD, GmbH-Vertragspraxis, Rz. 849.
3 H. WINTER/H. P. WESTERMANN in Scholz, § 5 GmbHG Rz. 50.

KG → GmbH

gründung führt zum Erlöschen der KG. Die GmbH wird Gesamtrechtsnachfolgerin[1].

Erforderlich ist der Abschluss eines notariellen **Gesellschaftsvertrags**, der die Verpflichtung zur Abtretung der KG-Anteile an die GmbH als Sacheinlage enthielt[2]. Gründer sind die bisherigen KG-Gesellschafter. **Dritte** können sich an der Gründung beteiligen, indem sie eigene Bar- oder Sacheinlagen erbringen. 1822

Für die Beteiligung **Minderjähriger** gilt Tz. 1038 *GmbH* ↔ *GmbH*. 1823

Zum Inhalt der **Satzung** vgl. Tz. 1658–1673. 1824

Es empfiehlt sich, in der Satzung den **Zeitpunkt der Sacheinlage** festzulegen. Zulässig ist es, die Einbringung auf einen vor der Anmeldung liegenden Stichtag zu beziehen. Das Unternehmen gilt dann schuldrechtlich ab diesem Tag für Rechnung der GmbH geführt. Zweifelhaft ist, bis zu welchem Zeitraum eine Rückbeziehung möglich ist[3]. Zum Steuerrecht siehe Tz. 1841. Auf den Stichtag ist eine Einbringungsbilanz zu erstellen[4]. 1825

Die Satzung begründet lediglich schuldrechtliche Verpflichtungen hinsichtlich des einzubringenden Vermögens. Der dingliche Vollzug erfordert die **Abtretung der KG-Beteiligungen** von dem Gesellschafter an die GmbH. Die Abtretung muss spätestens bis zur Anmeldung der Eintragung erfolgen[5]. Sie ist an keine Form gebunden. 1826

Zur **Kapitalaufbringung** und zur Frage der **Wertansätze** gelten die Tz. 1662–1670 entsprechend. 1827

Die **Sachgründungsvorschriften** sind zu beachten (§ 5 Abs. 4 GmbHG; zum Sachgründungsbericht Tz. 1686–1689)[6]. 1828

Der **Handelsregisteranmeldung** sind die nach § 8 GmbHG erforderlichen Unterlagen und Erklärungen beizufügen (vgl. Tz. 1692–1696). 1829

---

1 K. Schmidt, Gesellschaftsrecht, S. 1319.
2 Ansonsten ist die Gründung unwirksam, siehe OLG Dresden 2 U 546/96 vom 17.6.1996, GmbHR 1997, 746.
3 Siehe Ulmer in Ulmer/Habersack/Winter, § 5 GmbHG Rz. 88.
4 Priester, BB 1980, 21; Ulmer in Ulmer/Habersack/Winter, § 5 GmbHG Rz. 140.
5 H. Winter/Veil in Scholz, § 7 GmbHG Rz. 21; Ulmer in Ulmer/Habersack/Winter, § 7 GmbHG Rz. 49.
6 Unwirksam ist die Einbringung des KG-Anteils, wenn die GmbH hierdurch eine Forderung gegen ihren Gesellschafter erwirbt, siehe KG Berlin 1 W 319/03 vom 3.5.2005, ZIP 2005, 1639.

KG → GmbH

1830 Die bisherigen Gesellschafter **haften** neben der GmbH für die bis zur Eintragung entstandenen Verbindlichkeiten im bisherigen Umfang (§ 128 HGB, Komplementär; §§ 171 bis 176 HGB, Kommanditist). Die Ansprüche **verjähren** grundsätzlich fünf Jahre nach Eintragung (§§ 161 Abs. 2, 159, 160 HGB).

1831 Hinsichtlich der **Kosten** gelten die Tz. 327–331 *EU → GmbH* mit der Abweichung, dass für die Beurkundung der Satzung eine $^{20}/_{10}$-Gebühr anfällt (§ 36 Abs. 2 KostO).

2. Kapitalerhöhung

1832 Bei der Kapitalerhöhung kann die Einlage in **Sachleistungen** bestehen. Der Beschluss muss den Nennbetrag des Geschäftsanteils, der durch Leistung der Sacheinlage erbracht wird, nennen (§ 56 GmbHG).

1833 Durch den Erhöhungsbeschluss sind die zur Übernahme berechtigten Personen zu bestimmen. Als Übernehmer kommen die alten oder neuen Gesellschafter in Betracht. Damit ist die Einbringung der KG sowohl in eine GmbH möglich, an der die KG-Gesellschafter bisher nicht beteiligt waren, als auch in eine GmbH, an der bereits **Beteiligungen** bestanden.

1834 Die Kapitalerhöhung ist **Satzungsänderung**. Sie bedarf notarieller Beurkundung und einer Mehrheit von drei Viertel der abgegebenen Stimmen, sofern die Satzung keine größere Mehrheit vorschreibt (§ 53 GmbHG)[1].

1835 Die Erstellung einer **Bilanz** auf den Stichtag der Einbringung ist handelsrechtlich nicht vorgeschrieben[2], aber empfehlenswert.

1836 Im Übrigen gelten die Vorschriften für die **Sachgründung** entsprechend (§ 56 GmbHG).

1837 Umstritten ist, ob ein **Sachkapitalerhöhungsbericht** erstattet werden muss, da § 5 Abs. 4 S. 2 GmbHG in § 56 GmbHG nicht genannt wird[3]. Gleiches gilt für die **Wertnachweisunterlagen** gemäß § 8 Abs. 1 Nr. 5

---

1 Vgl. im Einzelnen zum Kapitalerhöhungsbeschluss STRECK/SCHWEDHELM in Formularbuch Recht und Steuern, S. 338 ff.
2 MAYER in Widmann/Mayer, Anh. 5 Rz. 112 (Mai 2010).
3 Verneinend: ULMER in Ulmer/Habersack/Winter, § 56 GmbHG Rz. 57; HAPP, BB 1985, 1927; bejahend: OLG Stuttgart 8 W 295/81 vom 19.1.1982, BB 1982, 397; LUTTER, DB 1980, 1319; PRIESTER, DNotZ 1980, 515; GESSLER, BB 1980, 1385; TIMM, GmbHR 1980, 286.

KG → GmbH

GmbHG (vgl. § 57 Abs. 3 GmbHG)[1]. Empfehlenswert ist eine Abstimmung mit dem Registergericht.

II. Steuerrecht

Die **Einbringung** der Mitunternehmeranteile – gleichgültig, ob im Wege der Sachgründung oder Kapitalerhöhung – unterfällt § 20 UmwStG. Es gelten somit die Tz. 1715–1769. 1838

Gehören zu dem Betriebsvermögen der KG Anteile der GmbH, in die die Mitunternehmeranteile eingebracht werden, kann die GmbH die **eigenen Anteile** in der steuerlichen Einbringungsbilanz ansetzen. Für die Bewertung gilt das allgemein ausgeübte Wahlrecht. Allerdings können sie nur als Agio mit eingebracht werden, da eigene Anteile nicht Gegenstand einer Sacheinlage sein können[2]. 1839

Zu den Möglichkeiten, Anteile von der Einbringung auszunehmen, siehe Tz. 1566–1566.3 *GmbH & Co KG → GmbH*. Um zur Anwendung des § 20 UmwStG zu kommen, darf auch bei Zurückbehaltung dieser Anteile nicht auf die Gewährung neuer Anteile verzichtet werden. 1840

Zur **steuerlichen Rückbeziehung** vgl. Tz. 345–346 *EU → GmbH*; Tz. 1816. 1841

F. Verkauf

I. Zivilrecht

Wird das Vermögen einer KG auf eine GmbH übertragen, indem die Gesellschafter der KG die Bargründung einer GmbH vornehmen und sodann die Anteile der KG an die GmbH verkaufen, kann eine **verschleierte Sachgründung** vorliegen (siehe Tz. 347 *EU → GmbH*). 1842

Gleiches gilt bei einer **Kapitalerhöhung** aus Barmitteln mit anschließendem Erwerb der Gesellschaftsanteile (§ 56 GmbHG). 1843

Entsprechendes gilt, wenn nicht Gesellschaftsanteile, sondern das **Unternehmen der KG** verkauft wird. In diesem Fall bleibt die KG auch nach dem Verkauf des Unternehmens bestehen. Sie kann wegen der Unwirksamkeit der schuldrechtlichen Verträge die Rückübertragung verlangen (§§ 812 ff. BGB). 1844

---

1 Vgl. PRIESTER in Scholz, § 57 GmbHG Rz. 22, mwN.
2 Siehe PRIESTER in Scholz, § 56 GmbHG Rz. 19 ff. Zumindest muss das Stammkapital durch das übrige Vermögen der KG gedeckt sein, § 33 Abs. 2 GmbHG.

KG → GmbH & Co KG

1845 Keine verschleierte Sachgründung, wohl aber eine verdeckte Einlage ist die **unentgeltliche Übertragung** der KG-Anteile auf die bar gegründete GmbH.

II. Steuerrecht

1846 Die Einbringung der KG-Anteile im Rahmen einer **verschleierten Sachgründung** unterfällt nicht § 20 UmwStG und führt daher zur Realisierung der stillen Reserven. Erfolgt die **Veräußerung unter dem Teilwert** (einschließlich Geschäftswert) des Mitunternehmeranteils, liegt insoweit eine verdeckte Einlage vor. Die Differenz zwischen Kaufpreis und Teilwert ist als Entnahme Bestandteil des ggf. nach §§ 16, 34 EStG begünstigten Veräußerungsgewinns. Die Anschaffungskosten der GmbH-Anteile sind entsprechend zu erhöhen (siehe Tz. 350 *EU → GmbH*).

1847 Erfolgt der Verkauf der KG-Anteile **über dem Teilwert**, liegt eine verdeckte Gewinnausschüttung vor.

1848 Auch die **unentgeltliche Übertragung** der Anteile auf die GmbH führt zur Betriebsaufgabe und damit zur Besteuerung nach §§ 16, 34 EStG (siehe Tz. 352 *EU → GmbH*).

KG → GmbH & Co KG, Formwechsel, Spaltung, Verschmelzung

1849 Der **Formwechsel** einer KG zur GmbH & Co KG ist nicht möglich, da auch die GmbH & Co KG eine Kommanditgesellschaft ist, so dass kein Wechsel der Rechtsform erfolgt.

1850 Die KG wird zur GmbH & Co. KG, wenn eine GmbH die **Komplementärstellung** übernimmt[1].

1851 **Steuerrechtlich** führt die Aufnahme eines Gesellschafters nur zur Anwendung des § 24 UmwStG, wenn er eine Einlage erbringt[2], was bei der Aufnahme einer GmbH als Komplementärin in der Regel nicht der

---

1 Generell zur GmbH & Co KG BINZ/SORG, Die GmbH & Co. KG; HESSELMANN/TILLMANN/MUELLER-THUNS, Handbuch GmbH & Co. KG; WAGNER/RUX, Die GmbH & Co. KG; SUDHOFF, GmbH & Co. KG. Zur Erbringung der Einlage in die GmbH aus dem Vermögen der KG OLG Koblenz 6 U 1236/87 vom 9.2.1989, DB 1989, 518.
2 BFH IV R 70/05 vom 20.9.2007, BStBl. 2008 II, 265; zu § 15a EStG beim Wechsel vom Komplementär zum Kommanditisten BFH IV R 10/07 vom 20.9.2007, BStBl. 2008 II, 118.

KG → KG

Fall ist, da die Komplementär-GmbH regelmäßig nicht am Vermögen der Gesellschaft beteiligt wird.

Die bisherigen Gesellschafter bringen ihre **Mitunternehmeranteile** in die neue, um die GmbH als Gesellschafterin erweiterte KG ein. Es gelten die Tz. 1977–2009 *KG ↔ KG*. 1852

Hinweis: Im Hinblick auf BFH VIII R 5/92[1] sollte bei der Formulierung der Vereinbarung über den Beitritt der GmbH klargestellt werden, dass eine Einbringung der bisherigen KG-Anteile in eine neue GmbH & Co KG erfolgt, wenn die Anwendung des § 24 UmwStG zur Aufdeckung stiller Reserven gewollt ist. 1853

Eine KG kann auf eine GmbH & Co KG **gespalten** werden. Es gelten die Tz. 1856–1937 *KG → KG*. 1854

Auch die **Verschmelzung** mit bzw. mit einem anderen Rechtsträger zu einer GmbH & Co KG ist möglich. Es gelten die Tz. 1938–2016 *KG ↔ KG*. 1855

KG → KG, Spaltung, Realteilung

A. Übersicht 1856
B. **Aufspaltung zur Aufnahme**
I. Zivilrecht
  1. Voraussetzungen 1861
  2. Spaltungs- und Übernahmevertrag 1862
  3. Aufteilung des Vermögens 1879
  4. Überleitung von Arbeitsverhältnissen und Mitbestimmung 1881
  5. Umtauschverhältnis 1882
  6. Spaltungsbericht und Prüfung 1885
  7. Zustimmungsbeschlüsse 1886
  8. Bilanzierung 1895
  9. Anmeldung und Eintragung 1898
  10. Rechtsfolgen der Spaltung 1900
  11. Kosten 1901
II. Steuerrecht
  1. Ertragsteuern
    a) Übertragung eines Betriebs, Teilbetriebs oder Mitunternehmeranteils 1902
    b) Übertragung einzelner Wirtschaftsgüter 1910
  2. Sonstige Steuern 1912
C. **Aufspaltung zur Neugründung** 1914
  I. Zivilrecht 1914
  II. Steuerrecht 1915
D. **Abspaltung** 1916
  I. Zivilrecht 1916
  II. Steuerrecht 1917
E. **Ausgliederung** 1918
  I. Zivilrecht 1918
  II. Steuerrecht 1927
F. **Realteilung** 1928
  I. Zivilrecht 1928
  II. Steuerrecht 1933
G. **Betriebsaufspaltung** 1934

---

1 BFH VIII R 5/92 vom 21.6.1994, BStBl. 1994 II, 856.

KG → KG

A. Übersicht

1856 Schon nach altem Recht war die Spaltung einer KG durch Naturalteilung des Gesellschaftsvermögens (sog. **Realteilung**) als besondere Form der Liquidation möglich. Anstelle der Liquidation (§§ 145 ff. HGB) wird das Gesellschaftsvermögen im Wege der Einzelrechtsnachfolge auf einzelne Gesellschafter oder Gesellschaftsgruppen, die ihrerseits eine Personengesellschaft bilden, aufgeteilt.

1857 Durch das UmwG wurde die Möglichkeit zur **Spaltung** im Wege der partiellen Gesamtrechtsnachfolge geschaffen. Zulässig sind die Aufspaltung, die Abspaltung und die Ausgliederung (siehe Tz. 726–738 *GmbH → GmbH*). Spaltungsfähig ist jede KG mit Sitz in der Bundesrepublik. Auch eine aufgelöste KG kann gespalten werden, sofern die Gesellschafter nicht eine andere Art der Auseinandersetzung als bei Abwicklung nach § 145 HGB vereinbart haben (§ 125 i.V.m. § 39 UmwG).

1858 **Steuerlich** besteht sowohl für die Spaltung wie für die Realteilung grundsätzlich die Möglichkeit (§ 24 UmwStG) bzw. ein Zwang zur Buchwertfortführung (§ 16 Abs. 3 S. 2 EStG).

1859 Keine Realteilung und damit gewinnrealisierend ist der **Tausch von Mitunternehmeranteilen**[1].

1860 Zur **Betriebsaufspaltung** siehe Tz. 1934–1937.

B. Aufspaltung zur Aufnahme

I. Zivilrecht

1. Voraussetzungen

1861 Zur Aufspaltung einer KG im Wege der Aufnahme durch bestehende KGs sind folgende **Schritte** notwendig:
- Abschluss eines **Spaltungs- und Übernahmevertrags** (§ 126 UmwG),
- ggf. Erstellung eines **Spaltungsberichts** (§ 127 UmwG),
- ggf. **Spaltungsprüfung** (§ 125 i.V.m. § 44 UmwG),
- ggf. **Information des Betriebsrats** (§ 126 Abs. 3 UmwG),
- **Zustimmungsbeschluss** der beteiligten Gesellschaften (§ 125 i.V.m. § 13 Abs. 1 UmwG),

---

1 Wacker in L. Schmidt, § 16 EStG Rz. 560.

KG → KG

- Erstellung einer **Schlussbilanz** (§ 125 i.V.m. § 17 Abs. 2 UmwG),
- **Anmeldung** der Spaltung (§ 125 i.V.m. § 16 Abs. 1 UmwG).

2. Spaltungs- und Übernahmevertrag

Grundlage der Spaltung ist ein Vertrag zwischen der zu **spaltenden** (übertragenden) **KG** und den **übernehmenden Gesellschaften** (§ 125 i.V.m. §§ 4 Abs. 1, 126 UmwG). Firma, Sitz und Vertreter der an der Spaltung beteiligten Gesellschaften sind im Vertrag zu nennen (§ 126 Abs. 1 Nr. 1 UmwG). 1862

Für die **Vertretungsbefugnis** gelten die jeweiligen gesellschaftsvertraglichen Regelungen, ansonsten die gesetzlichen (§ 164 HGB) Regelungen. 1863

An dem Vertrag sind bei Aufspaltung auf bestehende Gesellschaften notwendig mindestens **drei Parteien** beteiligt, die zu spaltende KG und mindestens zwei aufnehmende Gesellschaften. Unzulässig ist es, mit den aufnehmenden Gesellschaften jeweils getrennte Verträge abzuschließen. Der einheitliche Vertrag soll garantieren, dass alle Beteiligten den gesamten Vorgang kennen[1]. Wird gleichzeitig auf bestehende und neu zu gründende Gesellschaften aufgespalten, ist der Spaltungsplan (siehe Tz. 1914) in den Spaltungs- und Übernahmevertrag aufzunehmen. 1864

Der Spaltungs- und Übernahmevertrag bedarf **notarieller Beurkundung** (§ 125 i.V.m. § 6 UmwG). 1865

Der Vertrag kann **vor oder nach Beschlussfassung** durch die Gesellschaft (dazu Tz. 1886–1894) abgeschlossen werden (§ 125 i.V.m. § 4 Abs. 2 UmwG). 1866

Der Vertrag muss die Erklärung enthalten, dass das **Vermögen** der übertragenden KG **gegen Gewährung von Beteiligungen** auf die übernehmenden Gesellschaften übertragen wird (§ 126 Abs. 1 Nr. 2 UmwG). Die jeweiligen Gegenstände des Aktiv- und Passivvermögens sind genau zu bezeichnen (§ 126 Abs. 1 Nr. 9 UmwG; siehe Tz. 1880). 1867

Festzulegen ist, ob die Gesellschafter der zu spaltenden KG in den übernehmenden Gesellschaften die **Rechtsstellung** eines Komplementärs oder eines Kommanditisten erhalten sowie die Höhe der Einlage (§ 125 i.V.m. § 40 Abs. 1 UmwG) und der Umfang der Beteiligung eines 1868

---

1 Gesetzesbegründung zu § 126 UmwG, BT-Drucks. 12/6699.

KG → KG

jeden Gesellschafters (§ 126 Abs. 1 Nr. 3 und 10 UmwG). Die **Hafteinlage** eines jeden Kommanditisten kann frei bestimmt werden. Soweit bereits eine Beteiligung an der übernehmenden Gesellschaft besteht, ist eine Erhöhung der Hafteinlage nicht erforderlich.

1869 Die Einräumung und Erhaltung von **Vorzugsrechten** für einzelne Gesellschafter ist aufzunehmen (§ 126 Abs. 1 Nr. 7 UmwG). Gleiches gilt für besondere **Vorteilsgewährungen** an Geschäftsführer, Aufsichtsräte oder Prüfer (§ 126 Abs. 1 Nr. 8 UmwG)[1].

1870 Festzulegen ist der **Spaltungsstichtag** (siehe Tz. 1896) und der Tag, ab dem die neuen Gesellschaftsanteile gewinnbezugsberechtigt sind (§ 126 Abs. 1 Nr. 5, 6 UmwG).

1871 Gesellschaftern, die der Spaltung widersprechen, ist ein **Abfindungsangebot** nach § 125 i.V.m. § 29 Abs. 1 S. 2 UmwG zu unterbreiten (Tz. 1985 *KG ↔ KG*).

1872 § 126 UmwG enthält im Gegensatz zu § 5 Abs. 2 UmwG keine Erleichterung für den Mindestinhalt des Spaltungs- und Übernahmevertrags für den Fall, dass den übernehmenden Gesellschaften bzw. einer von ihr alle Beteiligungen an der übertragenden KG gehören. Die Angaben über die Aufteilung der Anteile und deren Umtausch sind also auch bei der **Spaltung von Tochterunternehmen** notwendig.

1873 Zwingend ist letztendlich, die individual- und kollektivarbeitsrechtlichen **Folgen der Spaltung für die Arbeitnehmer** und ihre Vertretungen sowie die insoweit vorgesehenen Maßnahmen im Vertrag darzustellen (§ 126 Abs. 1 Nr. 11 UmwG, siehe dazu Tz. 783–803 *GmbH ↔ GmbH*).

1874 Darüber hinaus ist es zweckmäßig, im Spaltungs- und Übernahmevertrag alle Fragen zu regeln, die über den zwingenden Inhalt hinaus für die Gesellschafter von Bedeutung sind. Dies gilt beispielsweise für Regelungen hinsichtlich der **Geschäftsführung**, der **Firma** (siehe § 125 i.V.m. § 18 UmwG), des **Unternehmensgegenstands** etc. Der Spaltungs- und Übernahmevertrag kann die übernehmenden Gesellschaften insoweit zu entsprechenden Änderungen des Gesellschaftsvertrags verpflichten.

1875 Der Vertrag sollte auch regeln, wer die **Kosten** der Spaltung (dazu Tz. 1901) zu tragen und wer die steuerlichen Pflichten der untergehenden KG zu erfüllen hat (siehe Tz. 757 *GmbH ↔ GmbH*).

---

1 Gemeint sind etwa Abfindungen für vorzeitige Vertragsaufhebungen.

KG → KG

Zum **bedingten Vertragsabschluss** siehe Tz. 760 *GmbH → GmbH*. 1876

Ein **Verkauf von Beteiligungen** zwischen Abschluss des Spaltungs- 1877
und Übernahmevertrags und dessen Wirksamwerden beeinträchtigt
die Spaltung nicht. Der Erwerber tritt an die Rechtsstellung des Verkäufers[1].

Bis zum Zustimmungsbeschluss der Gesellschafter kann der Vertrag in 1878
notarieller Form **geändert** oder formfrei **aufgehoben** werden[2].

3. Aufteilung des Vermögens

Hinsichtlich der Vermögensaufteilung sind die Beteiligten frei, da für 1879
die übernehmenden Gesellschaften keine Kapitalaufbringungsvorschriften gelten.

Selbst die Zuweisung nur von Verbindlichkeiten ist demnach möglich. 1880
Ggf. kann eine **Einlagerückzahlung** i.S.d. § 172 Abs. 4 HGB vorliegen
(siehe Tz. 1706 *KG → GmbH*). Siehe im Übrigen zur Vermögensaufteilung sowie zur Kennzeichnung Tz. 764–777 *GmbH → GmbH*.

4. Überleitung von Arbeitsverhältnissen und Mitbestimmung

Siehe Tz. 783–803 *GmbH → GmbH*. 1881

5. Umtauschverhältnis

Den Gesellschaftern der übertragenden KG ist für den Verlust ihrer Be- 1882
teiligungen eine entsprechende Beteiligung an den übernehmenden
KGs zu gewähren. Grundsätzlich ist dabei der **Gleichbehandlungsgrundsatz** zu wahren. Die Spaltung darf weder bei den Gesellschaftern
der übertragenden noch bei den Gesellschaftern der übernehmenden
KGs zu Einbußen an bestehenden Mitgliedschaftsrechten führen. Zum
Schutz der Inhaber von Sonderrechten siehe § 125 i.V.m. § 23 UmwG.

Das Gesetz geht davon aus, dass auch die bisherigen **Beteiligungsver-** 1883
hältnisse bei der Spaltung gewahrt bleiben, die Gesellschafter der
übertragenden KG untereinander also im gleichen Verhältnis an den
übernehmenden Gesellschaften beteiligt werden wie bei der untergehenden KG. Für die Beteiligungsquote im Verhältnis zu den bisherigen
Gesellschaftern der übernehmenden Gesellschaften ist der Anteil des

---

1 Siehe WINTER in Lutter, § 46 UmwG Rz. 7.
2 PRIESTER in Lutter, § 126 UmwG Rz. 96.

KG → KG

übergegangenen Vermögens am entstehenden Gesamtvermögen entscheidend (§ 128 S. 2 UmwG).

1884 Diese Regelung ist jedoch nicht zwingend. Stimmen alle Gesellschafter der übertragenden KG zu, so können abweichende Beteiligungsverhältnisse vereinbart werden (§ 128 UmwG). Damit wird die **Trennung von Gesellschaftern oder Gesellschaftergruppen** ermöglicht.

6. Spaltungsbericht und Prüfung

1885 Ein **Spaltungsbericht** ist für diejenigen Gesellschafter nicht erforderlich, bei denen alle Gesellschafter zur Geschäftsführung befugt sind (§ 125 i.V.m. § 41 UmwG). **Prüfungspflichtig** ist der Spaltungs- und Übernahmevertrag nur bei einer Mehrheitsumwandlung, wenn dies einer der Gesellschafter verlangt (§ 125 i.V.m. § 44 UmwG). Im Übrigen gelten die Tz. 804–806 *GmbH → GmbH*.

7. Zustimmungsbeschlüsse

1886 Der Spaltungs- und Übernahmevertrag bedarf der Zustimmung der Gesellschafter der beteiligten Gesellschaften. Der Beschluss kann nur in einer **Gesellschafterversammlung** gefasst werden, auch wenn die jeweilige Satzung Beschlussfassungen außerhalb der Gesellschafterversammlung zulässt (§ 125 i.V.m. § 13 Abs. 1 UmwG).

1887 Der **Spaltungs- und Übernahmevertrag** und der Spaltungsbericht sind den Gesellschaftern, die von der Geschäftsführung ausgeschlossen sind, spätestens mit der Einladung zu **übersenden** (§ 125 i.V.m. § 42 UmwG).

1888 Dem **Betriebsrat** ist der Spaltungs- und Übernahmevertrag einen Monat vor der Gesellschafterversammlung zuzuleiten (§ 126 Abs. 3 UmwG).

1889 Der Spaltungsbeschluss bedarf grundsätzlich der Zustimmung aller Gesellschafter (§ 125 i.V.m. § 43 Abs. 1 UmwG), es sei denn, der Gesellschaftsvertrag lässt eine Mehrheitsentscheidung zu. Voraussetzung für die Wirksamkeit einer solchen Vertragsregelung ist ein Mehrheitserfordernis von mindestens drei Viertel aller Stimmen (§ 125 i.V.m. § 43 UmwG).

1890 Ist eine Mehrheitsentscheidung zulässig, so müssen dennoch bei der übertragenden Gesellschaft **alle Gesellschafter** zustimmen, wenn die

Beteiligung an den übernehmenden Gesellschaften nicht den bisherigen Beteiligungsverhältnissen entspricht (§ 128 UmwG).

Ferner müssen Gesellschafter zustimmen, die bisher **Kommanditisten** waren und nunmehr eine Komplementärstellung übernehmen sollen (§ 125 i.V.m. § 40 Abs. 2 UmwG). 1891

Widerspricht ein **Komplementär** der Spaltung, ohne sie damit verhindern zu können, ist ihm eine Kommanditistenstellung zu gewähren (§ 125 i.V.m. § 43 Abs. 2 UmwG). 1892

Hinweis: Im Fall der Mehrheitsentscheidung haben widersprechende Gesellschafter die Möglichkeit zum Ausscheiden (siehe Tz. 1871). 1893

Siehe im Übrigen zur **Beschlussfassung** Tz. 807–817 *GmbH → GmbH*. 1894

8. Bilanzierung

Die Geschäftsführer der übertragenden KG haben für den Spaltungsstichtag eine (handelsrechtliche) **Schlussbilanz** aufzustellen (§ 125 i.V.m. § 17 Abs. 2 UmwG; siehe Tz. 1052 *GmbH ↔ GmbH*)[1]. 1895

Bei der Wahl des **Spaltungsstichtags** ist darauf zu achten, dass zwischen Bilanzstichtag und Anmeldung nicht mehr als acht Monate liegen dürfen (§ 125 i.V.m. § 17 Abs. 2 S. 4 UmwG). Wird die Frist überschritten, ist die Anmeldung abzulehnen. Eine Eintragung trotz Fristüberschreitung führt zur Heilung des Mangels (§ 125 i.V.m. § 20 Abs. 2 UmwG). 1896

Zur **Bilanzierung** bei den übernehmenden Gesellschaften siehe Tz. 1055–1058 *GmbH ↔ GmbH*. 1897

9. Anmeldung und Eintragung

Die Geschäftsführer der an der Spaltung beteiligten Gesellschaften haben die Spaltung bei dem Handelsregister des Sitzes ihrer Gesellschaft anzumelden (§ 125 i.V.m. § 16 Abs. 1 S. 1 UmwG). Für die übertragende Gesellschaft können auch die Geschäftsführer jeder der übernehmenden Gesellschaften die **Anmeldung** vornehmen (§ 129 UmwG). Zu den beizufügenden Unterlagen siehe § 125 i.V.m. § 17 UmwG. Die Anmeldung bedarf öffentlich beglaubigter Form (§ 12 Abs. 1 HGB). 1898

---

[1] ME genügt bei einer Abspaltung oder Ausgliederung die Erstellung einer Teilbilanz, ebenso KALLMEYER/SICKINGER in Kallmeyer, § 125 UmwG Rz. 23.

KG → KG

1899 Zur **Eintragung** siehe Tz. 824 *GmbH → GmbH*.

10. Rechtsfolgen der Spaltung

1900 Zu den Rechtsfolgen siehe Tz. 825–834 *GmbH → GmbH*[1].

11. Kosten

1901 Zu den Kosten siehe Tz. 835–840 *GmbH → GmbH*.

II. Steuerrecht

1. Ertragsteuern

a) Übertragung eines Betriebs, Teilbetriebs oder Mitunternehmeranteils

1902 Soweit auf die aufnehmende Gesellschaft ein Betrieb, eine Teilbetrieb (siehe dazu Tz. 846 *GmbH → GmbH*) oder ein Mitunternehmeranteil übergeht, gilt **§ 24 UmwStG** (§ 1 Abs. 3 UmwStG)[2]. Auch die 100 %ige Beteiligung an einer Kapitalgesellschaft, die zum Betriebsvermögen gehört, gilt nach Auffassung der Finanzverwaltung als Teilbetrieb[3]. Es gelten die Tz. 1977–2005 *KG ↔ KG* mit den nachfolgenden Besonderheiten.

1903 Bei der Aufspaltung einer KG bringt der Gesellschafter der KG nicht „seinen" Mitunternehmeranteil an der untergehenden KG ein, sondern – ggf. gemeinsam mit seinen Mitgesellschaftern – das Vermögen, das im Rahmen der Spaltung der übernehmenden Gesellschaft zugewiesen wird[4]. **Einbringender** ist derjenige, der an der zu spaltenden KG beteiligt war und Gesellschafter der übernehmenden KG wird.

1904 Für die Anwendung des § 24 UmwStG ist entscheidend, dass dieses Vermögen den Voraussetzungen eines Betriebs, Teilbetriebs, Mitunternehmeranteils oder einer 100 %igen Beteiligung an einer Kapitalgesellschaft genügt. ME ist es – anders als bei der Spaltung von Kapitalgesellschaften (siehe Tz. 845 ff. *GmbH → GmbH*) – nicht erforderlich,

---

1 Speziell zur Haftung von Kommanditisten bei der Spaltung NARASCHEWSKI, DB 1995, 1265.
2 Tz. 01.47 UmwE 2011; RASCHE in Rödder/Herlinghaus/von Lishaut, § 24 UmwStG Rz. 10.
3 Tz. 24.02 UmwE 2011; aA zu § 24 UmwStG 1995 BFH I R 77/06 vom 17.7.2008, BStBl. 2009 II, 464.
4 PATT in Dötsch/Jost/Pung/Witt, § 24 UmwStG Rz. 31 (November 2011).

KG → KG

dass jeweils Teilbetriebe übergehen. Im Gegensatz zu § 15 UmwStG, der in Satz 2 verlangt, dass „auf die Übernehmerinnen ein Teilbetrieb übertragen wird", stellt § 24 UmwStG auf die Gesellschaft ab, die das Vermögen übernimmt. Somit ist für jedes Vermögen, das auf eine der übernehmenden Gesellschaften übergeht, gesondert zu prüfen, ob die Voraussetzungen zur Anwendung des § 24 UmwStG vorliegen. **Beispiel:** Das Vermögen der zu spaltenden KG 1 besteht aus einem Betrieb und einer nicht betriebsnotwendigen 70 %igen Beteiligung an einer GmbH. Wird die KG 1 in der Form auf die KG 2 und KG 3 aufgespalten, dass auf KG 2 der Betrieb und auf KG 3 die Anteile an der GmbH übergehen, ist hinsichtlich des Vermögensübergangs auf die KG 2 § 24 UmwStG anwendbar, nicht für die KG 3 (dazu nachfolgend unter Tz. 1910). Ebensowenig ist es erforderlich, dass ausschließlich ein Betrieb, Teilbetrieb oder Mitunternehmeranteil übertragen wird. **Neutrales Vermögen** kann beliebig zugeordnet werden (siehe Tz. 848 ff. *GmbH → GmbH*)[1].

Bei der Beurteilung des Betriebs, Teilbetriebs, Mitunternehmeranteils oder 100 %igen Beteiligung an einer Kapitalgesellschaft ist mE nicht auf den steuerlichen Spaltungsstichtag[2] sondern auf den **Zeitpunkt** abzustellen, in dem das wirtschaftliche Eigentum übertragen wird. 1905

Werden **wesentliche Betriebsgrundlagen** vor der Spaltung aus dem Gesamthandsvermögen entnommen und in ein anderes Betriebsvermögen überführt oder veräußert, steht dies der Anwendung des § 24 UmwStG nicht entgegen, selbst wenn ein zeitlicher Zusammenhang mit der Spaltung besteht[3]. Die Rechtsfolgen hinsichtlich des entnommenen Wirtschaftsgutes richten sich nach den allgemeinen Regeln (§ 6 EStG). 1906

Sonderbetriebsvermögen des Gesellschafters der KG geht im Rahmen der Spaltung nicht automatisch auf die übernehmenden Gesellschaften über, da der zivilrechtliche Eigentumsübergang nur das Gesamthandsvermögen betrifft. Sie bleiben aber Sonderbetriebsvermögen, soweit der jeweilige Eigentümer des Vermögensgegenstandes Gesellschafter derjenigen Gesellschaft wird, die den Betrieb übernimmt, zu dessen Betriebsvermögen der Vermögensgegenstand gehört. **Beispiel:** A überlässt der KG 1, an der er mit 50 % beteiligt ist, ein Grundstück, das vom 1907

---

1 AA die Finanzverwaltung, die in Tz. 24.03 UmwE 2011 ihre Rechtsauffassung zu § 20 UmwStG für entsprechend anwendbar erklärt.
2 So die Finanzverwaltung, Tz. 24.03, 20.06, 15.03 UmwE 2011.
3 FG Münster 14 K 2938/06 E vom 30.10.2009, DStRE 2011, 20, Rev. X R 60/09; aA Tz. 24.03, 20.07 UmwE 2011; siehe zur gleichen Problematik bei § 20 UmwStG Tz. 1721 *KG → GmbH*.

KG → KG

Teilbetrieb X genutzt wird. Die KG 1 wird aufgespalten auf die KG 2 und KG 3. Der Teilbetrieb X wird im Rahmen der Spaltung der KG 2 zugewiesen. A erhält im Rahmen der Spaltung einen Anteil an der KG 2 und überlässt ihr weiterhin das Grundstück. Hier bleibt das Grundstück Sonderbetriebsvermögen.

1908 Der Anwendung des § 24 UmwStG steht mE nicht entgegen, wenn die Spaltung inkongruent erfolgt, also nicht alle Gesellschafter an allen übernehmenden Gesellschaften identisch beteiligt werde. Damit ist eine Spaltung zur **Trennung von Gesellschafterstämmen** möglich[1].

1909 Anders als § 15 UmwStG enthält § 24 UmwStG keine speziellen **Missbrauchsregeln** für die Spaltung von Personengesellschaften. ME kann § 15 Abs. 3 UmwStG auch nicht analog angewendet werden. Maßstab ist allein § 42 AO[2].

b) Übertragung einzelner Wirtschaftsgüter

1910 Wird im Rahmen der Aufspaltung auf eine der übernehmenden Gesellschaft ausschließlich Wirtschaftsgüter übertragen, die weder einen Betrieb, Teilbetrieb oder Mitunternehmeranteil darstellen, gelten mE die Rechtsgrundsätze der Realteilung (§ 16 Abs. 3 S. 2 EStG)[3]. Mit der Aufspaltung wird die übertragende Gesellschaft beendet (liquidiert), das Vermögen geht mittelbar durch die Beteiligung an der übernehmenden Gesellschaft auf die bisherigen Gesellschafter über. Somit gelten die Tz. 1933 ff.

1911 **Hinweis**: Hält man in dem hier vorliegenden Fall nicht § 16 Abs. S. 2 EStG sondern § 6 EStG für anwendbar, so ist umstritten, ob § 6 Abs. 3 EStG für den Übergang von Gesamthandsvermögen von der einen auf die andere Gesellschaft greifen würde[4]. In der Praxis ist somit eine Spaltung nach dem UmwG zu Buchwerten nur unter den Voraussetzungen des § 24 UmwStG gesichert.

---

1 Ebenso ROGALL, DStR 2005, 992.
2 Siehe auch Tz 24.07 UmwE 2011.
3 AA wohl PATT in Dötsch/Jost/Pung/Witt, § 24 UmwStG Rz. 45 (November 2011), der nur § 6 Abs. 5 EStG anwenden will, soweit § 24 UmwStG nicht greift.
4 PATT in Dötsch/Jost/Pung/Witt, § 24 UmwStG Rz. 48 (November 2011) mwN.

KG → KG

2. Sonstige Steuern

Umsatzsteuer fällt nur dann nicht an, wenn ein Betrieb, Teilbetrieb, eine 100 %ige Beteiligung an einer Kapitalgesellschaft (§ 1 Abs. 1a UStG) oder ein Mitunternehmeranteil (§ 4 Nr. 8 f UStG) übertragen wird[1]. 1912

Gehören zum übertragenen Vermögen Grundstücke, fällt **Grunderwerbsteuer** an (siehe Tz. 1168 *GmbH* ↔ *GmbH*), soweit der Anwendungsbereich der Konzernklausel gemäß § 6a GrEStG nicht greift. In Höhe der Beteiligung des übernehmenden Gesellschafters an der KG greift die Befreiung des § 6 Abs. 2 GrEStG. Bemessungsgrundlage ist der gemeine Wert. 1913

C. Aufspaltung zur Neugründung

I. Zivilrecht

Es gelten die Regelungen zur Spaltung durch Aufnahme entsprechend. An die Stelle des Spaltungs- und Übernahmevertrags tritt ein **Spaltungsplan** (§ 136 UmwG). Er bedarf notarieller Form (§ 125 i.V.m. § 6 UmwG). Zum notwendigen Inhalt gehört der Abschluss der Gesellschaftsverträge für die übernehmenden Gesellschaften, die in dem Spaltungsplan enthalten bzw. als Bestandteil beigefügt sein müssen (§ 125 i.V.m. § 37 UmwG). Wie beim Spaltungs- und Übernahmevertrag (siehe Tz. 1862–1879) ist das Vermögen aufzuteilen und die Zuordnung der Beteiligungen zu regeln. Anzugeben sind der Spaltungsstichtag und die Folgen für die Arbeitnehmer. Festzulegen ist die jeweilige Gesellschafterstellung. 1914

II. Steuerrecht

Es gelten die Tz. 1902–1913. 1915

D. Abspaltung

I. Zivilrecht

Eine KG kann einen Teil ihres Vermögens auf eine oder mehrere KGs abspalten (§ 123 Abs. 2 UmwG). Ist die das Vermögen übernehmende Gesellschaft eine **bestehende KG**, gelten die Tz. 1861–1901, bei Abspaltung **zur Gründung** die Tz. 1914 entsprechend. 1916

---

1 Schlösser in Haritz/Menner, § 24 UmwStG Rz. 99.

KG → KG

II. Steuerrecht

1917 Soweit ein Betrieb, Teilbetrieb[1] oder Mitunternehmeranteil abgespalten wird, gilt § 24 UmwStG (§ 1 Abs. 3 Nr. 1 UmwStG). Siehe hierzu Tz. 1902–1909. Werden einzelne Wirtschaftsgüter abgespalten, sind mE die Rechtsgrundsätze der Realteilung (§ 16 Abs. 3 S. 2 EStG) nicht anzuwenden, da es an der Liquidation der übertragenden Gesellschaft fehlt. Die Abspaltung würde zur Realisierung der stillen Reserven in dem abgespaltenen Vermögen führen, wenn man nicht die Buchwertfortführung nach § 6 Abs. 5 S. 3 EStG für zwingend hält, was mE richtig wäre[2].

E. Ausgliederung

I. Zivilrecht

1918 Die Ausgliederung entspricht der Abspaltung, jedoch mit der Besonderheit, dass die von der übernehmenden Gesellschaft zu gewährenden Beteiligungen in das Vermögen der übertragenden KG übergehen. Durch die Übertragung von Vermögen erwirbt also die zu spaltende KG eine **Beteiligung**.

1919 Auch außerhalb des UmwG kann eine KG durch Einlage von Vermögen eine Beteiligung an einer anderen Gesellschaft erwerben. Jedoch bietet nur das UmwG die Möglichkeit, das Vermögen im Wege der **Gesamtrechtsnachfolge** zu übertragen. Steuerlich werden beide Vorgänge identisch behandelt.

1920 Für den **Inhalt** des Ausgliederungsvertrags gelten die Tz. 1862–1879. Überflüssig sind jedoch die Angaben zum Umtauschverhältnis (§ 126 Abs. 1 Nr. 3, 4 und 10 UmwG)[3].

1921 Das auszugliedernde **Vermögen** ist genau zu bezeichnen. In der Zuordnung des Vermögens besteht Gestaltungsfreiheit.

---

1 Wozu nach Auffassung der Finanzverwaltung auch eine im Betriebsvermögen gehaltene 100 %ige Beteiligung an einer Kapitalgesellschaft gehört, Tz. 24.02 UmwE 2011.

2 Streitig, siehe die Nachweise bei Patt in Dötsch/Jost/Pung/Witt, § 24 UmwStG Rz. 45 (November 2011).

3 Missverständlich sind die Regelungen in § 126 Abs. 1 Nr. 7 und § 133 Abs. 2 UmwG, die den Eindruck erwecken, als seien auch bei der Ausgliederung den Inhabern von Sonderrechten entsprechende Rechte an der übernehmenden Gesellschaft einzuräumen, § 125 i.V.m. § 23 UmwG, siehe hierzu auch Feddersen/Kiem, Z.IP 1994, 1078.

KG → KG

Ausgeschlossen ist die Fortführung der **Firma** der übertragenden GmbH durch die aufnehmende Gesellschaft (§ 125 UmwG). 1922

Nicht anwendbar sind ferner die §§ 14 Abs. 2, 15 UmwG **(Verbesserung des Umtauschverhältnisses)**. 1923

Zum **Spaltungsbericht** und einer **Prüfung** Tz. 1885. 1924

Der Ausgliederung müssen die Gesellschafter entsprechend Tz. 1886–1894 **zustimmen**[1]. 1925

Zur **Bilanzierung, Anmeldung** und **Eintragung** sowie hinsichtlich der **Rechtsfolgen** gelten die Tz. 1895–1900 entsprechend. 1926

II. Steuerrecht

Wird ein **Betrieb, Teilbetrieb** oder **Mitunternehmeranteil** ausgegliedert, so gilt § 24 UmwStG (siehe Tz. 380–411 *EU → KG*). Werden nur **einzelne Wirtschaftsgüter** ausgegliedert, so besteht hier die Möglichkeit, die Buchwerte fortzuführen, da bei einer Ausgliederung Wirtschaftsgüter aus einem Betriebsvermögen des Mitunternehmers (dies ist die KG, aus deren Vermögen ausgegliedert wird) in das Gesamthandsvermögen einer Mitunternehmerschaft (dies ist die KG, auf die das Vermögen ausgegliedert wird und an der die übertragende KG dann als Mitunternehmer beteiligt ist) gegen Gewährung von Gesellschaftsrechten übertragen werden (§ 6 Abs. 5 EStG)[2]. 1927

F. Realteilung

I. Zivilrecht

Voraussetzung der Realteilung ist ein **Beschluss der Gesellschafter**[3], die KG aufzulösen und die Liquidation abweichend von §§ 145 ff. HGB bzw. §§ 730 ff. BGB durch Realteilung zu vollziehen[4]. 1928

---

1 Zum Vergleich mit einer „Ausgliederung" außerhalb des UmwG siehe FEDDERSEN/KIEM, ZIP 1994, 1078.
2 Eingehend GLANEGGER in L. Schmidt, § 6 EStG Rz. 688 ff.; zu Gestaltungsmöglichkeiten mit § 6b EStG siehe KORN/STRAHL, Stbg. 2002, 300; SCHIFFERS, GmbH-StB 2002, 133.
3 Vertragsmuster: ENGL in Engl, Formularbuch Umwandlungen, S. 647 ff.
4 Die Grundsätze zur Realteilung gelten mE auch dann, wenn Gesellschafter an mehreren der Nachfolgegesellschaften beteiligt sind, siehe FELIX/STRAHL, BB 1996, 2221; zur Notwendigkeit, die steuerliche Behandlung vertraglich zu regeln, BGH II ZR 41/93 vom 18.10.1993, DStR 1993, 1675, mit Anm. GOETTE.

KG → KG

1929 Die Realteilung führt nicht zur Gesamtrechtsnachfolge[1]. Erforderlich ist damit die **Einzelübertragung** sämtlicher Vermögensgegenstände. Dabei sind etwaige Formvorschriften (zB notarielle Beurkundung bei Grundstücken und GmbH-Anteilen) zu beachten. Verbindlichkeiten und Vertragsverhältnisse gehen nur mit Zustimmung des Gläubigers bzw. des Vertragspartners über[2]. Im Teilungsvertrag sollte für den Fall, dass keine Zustimmung erteilt wird, die interne Freistellung vereinbart werden.

1930 Für **Arbeitsverhältnisse** gilt mE § 613a BGB[3].

1931 Bis zur Vollbeendigung **haften** die Gesellschafter (beschränkt oder unbeschränkt) für die bis dahin begründeten Verbindlichkeiten. Die Ansprüche verjähren spätestens fünf Jahre nach Beendigung der KG (§ 159 HGB).

1932 Soweit das Vermögen nicht auf einzelne Gesellschafter (Einzelunternehmer), sondern auf eine Gesellschaft übertragen werden soll, ist der **Abschluss eines Gesellschaftsvertrages** (OHG, KG) erforderlich.

II. Steuerrecht

1933 Voraussetzung für eine **Buchwertfortführung** ist die Gewährleistung einer späteren Besteuerung der stillen Reserven (§ 16 Abs. 3 S. 2 EStG). Das ist bei Übertragung in ein inländisches Betriebsvermögen der Fall[4]. Dabei ist nicht erheblich, ob jeweils Betriebe, Teilbetriebe oder nur einzelne Wirtschaftsgüter auf die übernehmenden Gesellschaften übergehen[5]. Sonderbetriebsvermögen hindert die Realteilung nicht[6]. Unschädlich ist auch, wenn einzelne Wirtschaftsgüter anlässlich der Spaltung ins

---

1 Schulze-Osterloh, ZHR 149 (1985), 615.
2 Raupach ua., JbFSt. 1990/91, 319.
3 Siehe zum vergleichbaren Fall der Betriebsaufspaltung BAG 3 AZR 263/86 vom 19.1.1988, GmbHR 1988, 339; zu den betriebsverfassungsrechtlichen Folgen Vogelsang, DB 1990, 1329.
4 Das gilt auch für land- und forstwirtschaftliche oder freiberufliche Betriebe, Engl in Widmann/Mayer, Anh. 10 Rz. 51 (April 2000); Stephany, INF 2002, 718; Schwedhelm/Wollweber, GmbH-StB 2011, 82.
5 Wacker in L. Schmidt, § 16 EStG Rz. 544; zu ungewissen Verbindlichkeiten BFH IV R 131/91 vom 28.1.1993, BB 1993, 1118; FG München 13 K 460/05 vom 27.5.2008, DStRE 2009, 467, demgegenüber ist die Übertragung von Teilbetrieben gemäß § 16 Abs. 3 S. 2 EStG idF des StEntlG 1999/2000/2002 zur Buchwertfortführung zwingend erforderlich; Körner, DB 2010, 1317 bei sukzessiver Umstrukturierung.
6 BFH IV R 93/93 vom 23.3.1995, BStBl. 1995 II, 700.

KG → KG

Privatvermögen eines Gesellschafters überführt werden. Ein insoweit entstehender Entnahmegewinn ist als laufender Gewinn zu versteuern[1].

Ist die Besteuerung der stillen Reserven sichergestellt, so sind in der steuerlichen Schlussbilanz der zu spaltenden Gesellschaft die Wirtschaftsgüter grundsätzlich (Ausnahmen siehe Tz. 1933.4 und 1933.5) mit dem **Buchwert** anzusetzen. Die übernehmende Gesellschaft hat die Buchwerte fortzuführen (§ 16 Abs. 3 S. 2 2. HS EStG). Sie tritt in vollem Umfang in die Rechtsstellung der übertragenden KG ein[2]. 1933.1

Entspricht der Buchwert der neuen Beteiligung nach Zuordnung der einzelnen Wirtschaftsgüter nicht den bisherigen **Kapitalkonten**, so sind diese in der Eröffnungsbilanz der übernehmenden Gesellschaften anzupassen[3]. Ergänzungsbilanzen sind aufzulösen[4]. 1933.2

Werden unterschiedliche stille Reserven außerhalb der Gesellschaft durch Barzahlung oder Sachwerte ausgeglichen (sog. „**Spitzenausgleich**"), steht dies einer gewinnneutralen Realteilung nicht entgegen, führt aber hinsichtlich der Ausgleichszahlung zu einer Gewinnrealisierung[5]. Der Empfänger hat Betriebseinnahmen, der Zahlende Anschaffungskosten. 1933.3

Soweit bei der Spaltung keine Teilbetriebe oder Mitunternehmeranteile übertragen werden, sondern **einzelne Wirtschaftsgüter**, die wesentliche Betriebsgrundlagen der aufgelösten Gesellschaft waren, sind diese rückwirkend mit den gemeinen Wert anzusetzen, wenn sie innerhalb einer Sperrfrist von drei Jahren veräußert oder entnommen werden (§ 16 Abs. 3 S. 3 EStG)[6]. Die Sperrfrist endet drei Jahre nach Abgabe der Steuererklärung der Mitunternehmerschaft für den Veranlagungszeitraum der Realteilung[7]. 1933.4

---

1 WACKER in L. Schmidt, § 16 EStG Rz. 551.
2 WACKER in L. Schmidt, § 16 EStG Rz. 547.
3 BFH VIII R 69/86 vom 10.12.1991, BStBl. 1992 II, 385; BFH IV B 144/89 vom 31.1.1991, BFH/NV 1991, 536; ENGL in Widmann/Mayer, Anh. 10 Rz. 158 (April 2000); ENGL, DStR 2002, 119.
4 BFH IV R 20/94 vom 18.5.1995, BStBl. 1996 II, 70; WACKER in L. Schmidt, § 16 EStG Rz. 547.
5 BFH VIII R 57/90 vom 1.12.1992, BStBl. 1994 II, 607; REISS, DStR 1995, 1129; CARLÉ/BAUSCHATZ, KÖSDI 2002, 13143; WACKER in L. Schmidt, § 16 EStG Rz. 548 f., insbesondere zur Frage, wie der Gewinn zu ermitteln ist, ob der Gewinn gemäß §§ 16, 34 EStG begünstigt ist, und zu Ausgleichsgestaltungen.
6 Dazu PAUS, FR 2002, 866.
7 Eingehend zu dieser Regelung WACKER in L. Schmidt, § 16 EStG Rz. 553; ENGL, DStR 2002, 119; CARLÉ/BAUSCHATZ, KÖSDI 2002, 13133, auch mit Gestaltungen zur Vermeidung der Sperrfrist.

KG → KG

1933.5 Der gemeine Wert ist auch dann anzusetzen, wenn bei einer Realteilung, bei der einzelne Wirtschaftsgüter unmittelbar oder mittelbar auf eine **Körperschaft**, Personenvereinigung oder Vermögensmasse übertragen werden (§ 16 Abs. 3 S. 4 EStG). Maßgebend ist, ob sich die Beteiligungsquote der Kapitalgesellschaft an den Wirtschaftsgütern erhöht.

1933.6 **Beispiel**: An der KG-1 ist die X-GmbH mit 25 % beteiligt. Die KG-1 wird real geteilt und ihr Vermögen auf die KG-2 und die KG-3 übertragen. Die X-GmbH ist nur noch an der KG-2, hier aber mit 50 % beteiligt. Ein Viertel der stillen Reserven aus den auf die KG-2 übergehenden Wirtschaftsgüter sind zu realisieren. Das gilt allerdings nur, soweit einzelne Wirtschaftsgüter übergehen, nicht soweit ein Betrieb, Teilbetrieb, Mitunternehmeranteil oder 100 % Beteiligung an einer Kapitalgesellschaft übertragen wird[1].

1933.7 Wird im Rahmen der Realteilung ein Teilbetrieb, zu dem **Anteile an einer Kapitalgesellschaft** gehören, auf eine Kapitalgesellschaft als Gesellschafter übertragen und veräußert diese Kapitalgesellschaft die Anteile innerhalb von sieben Jahren nach der Realteilung, so erfolgt eine rückwirkende Besteuerung der – anteiligen – zum Zeitpunkt der Realteilung vorhandenen stillen Reserven, gemindert um $1/7$ pro abgelaufenem Jahr (§ 16 Abs. 5 EStG).

1933.8 Ist bei der oder den übernehmenden Gesellschaften die Besteuerung der stillen Reserven nicht sichergestellt oder hat diese Gesellschaft kein Betriebsvermögen (zB bei einer vermögensverwaltenden KG), so entsteht ein nach §§ 16, 34 EStG begünstigter, nicht gewerbesteuerpflichtiger (§ 7 S. 2 Nr. 1 GewStG) **Aufgabegewinn**[2].

1933.9 **Gewerbesteuerliche Verluste** der KG gehen grds. nicht auf die neuen Unternehmen über. Ausnahmen gelten ggf. bei Aufteilung nach Teilbetrieben[3].

1933.10 **Umsatzsteuer** fällt nur dann nicht an, wenn ein Betrieb oder Teilbetrieb (§ 1 Abs. 1a UStG) oder ein Mitunternehmeranteil (§ 4 Nr. 8f UStG) übertragen wird[4].

1933.11 Gehören zum übertragenen Vermögen Grundstücke, fällt **Grunderwerbsteuer** an (siehe Tz. 1168 *GmbH ↔ GmbH*), soweit der Anwen-

---

1 WACKER in L. Schmidt, § 16 EStG Rz. 555.
2 WACKER in L. Schmidt, § 16 EStG Rz. 551.
3 Siehe BFH X R 20/89 vom 5.9.1990, BStBl. 1991 II, 25; BORDEWIN, DStR 1995, 313; MAHLOW, DStR 1995, 1986; HERZIG/FÖRSTER/FÖRSTER, DStR 1996, 1025.
4 SCHLÖSSER in Haritz/Menner, § 24 UmwStG Rz. 100.

KG → KG

dungsbereich der Konzernklausel gemäß § 6a GrEStG nicht greift. In Höhe der Beteiligung des übernehmenden Gesellschafters an der KG greift die Befreiung des § 6 Abs. 2 GrEStG. Bemessungsgrundlage ist der gemeine Wert.

G. Betriebsaufspaltung

Bei der Betriebsaufspaltung wird das Unternehmen in einen aktiven Teil und einen passiven Teil geteilt. Der aktive Teil, idR eine GmbH oder eine GmbH & Co KG, führt das Unternehmen (**Betriebsgesellschaft**), der passive Teil (**Besitzunternehmen**) verwaltet die wesentlichen Betriebsgrundlagen, idR das Betriebsgrundstück und verpachtet es an die Betriebsgesellschaft. Betriebsgesellschaft und Besitzunternehmen werden von den gleichen Personen oder gleichen Personengruppen beherrscht. 1934

Während die Betriebsaufspaltung für die Betriebsgesellschaft keine besonderen Steuerfolgen hat, wird das Besitzunternehmen als **Gewerbebetrieb** qualifiziert, obwohl eine Tätigkeit vorliegt, die als Vermietung und Verpachtung zu werten wäre[1]. 1935

Die **Teilung des Unternehmens** kann vielfältig gestaltet werden. Typischerweise wird die Betriebskapitalgesellschaft im Wege der Bar- oder Sachgründung konstituiert. Die Übertragung des Betriebsvermögens mit Ausnahme der zu verpachtenden Anlagegüter (wesentliche Betriebsgrundlagen) erfolgt im Wege des Verkaufs oder der (offenen oder verdeckten) Einlage. Verkauf oder Einlage können seit dem 1.1.1999 nicht mehr zu Buchwerten erfolgen (§ 6 Abs. 6 S. 2 EStG)[2]. 1936

Denkbar ist, das zu verpachtende Anlagevermögen auf ein neu gegründetes Besitzunternehmen auszugliedern und die verbleibende Betriebsgesellschaft in eine GmbH umzuwandeln. Für die **Ausgliederung** besteht die Möglichkeit zur Buchwertfortführung (Tz. 1927). Für die Umwandlung gelten die Tz. 1646–1769 *KG → GmbH*. 1937

Zur **Beendigung einer Betriebsaufspaltung**[3] kann das Besitzunternehmen auf die Betriebskapitalgesellschaft verschmolzen oder in diese eingebracht werden. Soweit das Besitzunternehmen ein Einzelunterneh- 1937.1

---

1 Eingehend zur Betriebsaufspaltung: Kaligin, Die Betriebsaufspaltung; Söffing/Micker, Die Betriebsaufspaltung.
2 Wacker in L. Schmidt, § 15 EStG Rz. 877, mwN.
3 Zur Beendigung durch Verschmelzung der Betriebskapitalgesellschaft und Einbringung des Besitzunternehmens in eine Dritt-Kapitalgesellschaft siehe BFH VIII R 25/98 vom 24.10.2000, BStBl. 2001 II, 321; Dörner, INF 2001, 397.

KG ↔ KG

men ist, gilt Tz. 290–304 oder alternativ Tz. 332–341 *EU* → *GmbH*. Bei einer Personengesellschaft als Besitzunternehmen können die Mitunternehmeranteile gemäß Tz. 1561–1566 *GmbH & Co KG* → *GmbH* eingebracht werden.

1937.2 Soll bei der Beendigung eine **Personengesellschaft** entstehen, kann die Betriebskapitalgesellschaft durch Formwechsel in eine Personenhandelsgesellschaft (zB GmbH & Co KG) umgewandelt werden (siehe Tz. 1192–1198 *GmbH* → *GmbH & Co KG*). Das Besitzunternehmen wird entweder automatisch Sonderbetriebsvermögen oder kann gemäß Tz. 1949–2005 *KG* ↔ *KG* verschmolzen werden.

KG ↔ KG, Verschmelzung

A. Übersicht 1938
B. Verschmelzung durch Aufnahme
  I. Zivilrecht
    1. Voraussetzungen 1949
    2. Verschmelzungsvertrag
      a) Inhalt, Form 1951
      b) Umtauschverhältnis .. 1962
    3. Verschmelzungsbericht
      und Prüfung 1963
    4. Zustimmungsbeschlüsse 1965
    5. Bilanzierung........... 1973
    6. Anmeldung und Eintragung 1974
    7. Rechtsfolgen der Verschmelzung 1975
    8. Kosten 1976
  II. Steuerrecht 1977

C. Verschmelzung durch Neugründung
  I. Zivilrecht
    1. Voraussetzungen 2006
    2. Verschmelzungsvertrag . 2007
    3. Verschmelzungsbericht und Prüfung 2010
    4. Zustimmungsbeschlüsse. 2011
    5. Bilanzierung 2012
    6. Anmeldung und Eintragung 2013
    7. Rechtsfolgen.......... 2014
    8. Kosten 2015
  II. Steuerrecht 2016

D. Einbringung
  I. Zivilrecht 2017
  II. Steuerrecht 2024

A. Übersicht

1938 Eine KG kann – auch gleichzeitig mit anderen Personenhandels- oder Kapitalgesellschaften – auf eine bestehende KG verschmolzen werden (Verschmelzung durch Aufnahme, §§ 2 Nr. 1, 3 UmwG)[1]. Mit anderen Rechtsträgern kann die KG zu einer neuen KG verschmolzen werden (Verschmelzung durch Neugründung, §§ 2 Nr. 2, 3 UmwG). Die **Verschmelzung** führt zur Übertragung des Vermögens der KG im Wege

---

1 REMMERT/HORN, NWB 2008, Fach 18, 4597 (4.2.2008) zum Upstream Merger bei GmbH & Co KG.

KG ↔ KG

der Gesamtrechtsnachfolge. Die übertragende KG geht unter. An die Stelle der Beteiligung an der übertragenden Gesellschaft tritt die Beteiligung an der übernehmenden KG.

Neben der Verschmelzung nach dem UmwG lässt sich die Fusion von Personengesellschaften durch **Ein- und Austritt von Gesellschaftern** bzw. Übertragung der Beteiligungen erreichen. 1939

Weg 1: Die Gesellschafter der KG1 bringen ihre Gesellschaftsanteile/ Mitunternehmeranteile in die KG2 ein und erhalten hierfür einen Gesellschaftsanteil/Mitunternehmeranteil an der KG2. Die KG1 geht unter, da alle Anteile in der Hand eines Gesellschafters – der KG2 – zusammenfallen. 1940

Weg 2: Die Gesellschafter der KG1 und der KG2 übertragen ihre(n) Beteiligung/Mitunternehmeranteil gegen Gewährung von Gesellschaftsrechten auf eine neu zu gründende KG3. Hier gehen KG1 und KG2 unter. 1941

Weg 3: KG2 tritt der KG1 als Gesellschafterin bei. Anschließend scheiden die bisherigen Gesellschafter der KG1 aus, womit das Vermögen allein auf die KG2 übergeht und die KG1 erlischt. Die aus der KG1 ausscheidenden Gesellschafter werden an der KG2 beteiligt, indem sie ihren Abfindungsanspruch gegen die KG2 einbringen. 1942

Weg 4: Besteht das gesamte Vermögen einer KG1 in einem Betrieb, kann der **Betrieb** auf die KG2 gegen Gewährung von Beteiligungen an der KG2 **übertragen** werden. Werden die Beteiligungen an der KG2 nicht der KG1, sondern deren Gesellschaftern gewährt, soll die KG1 untergehen[1]. ME ist Weg 4 eine zivilrechtlich nicht ganz saubere Lösung. Auch ihre steuerliche Anerkennung erscheint nicht gesichert[2]. Diese **Gestaltung** ist daher **nicht zu empfehlen**. 1943

Alle Wege sind auch dann gangbar, wenn hinsichtlich der Gesellschaften KG1 und KG2 ganz oder teilweise **gleiche Personen** beteiligt sind. 1944

Für die dargestellten Gestaltungen wird allgemein vertreten, dass sie **steuerlich § 24 UmwStG** unterfallen[3]. Zweifelsfrei ist dies für die Verschmelzung nach dem UmwG sowie für die Wege 1 und 2[4]. 1945

---

1 WIDMANN in Widmann/Mayer, § 24 UmwStG Rz. 110 (August 2001).
2 WIDMANN in Widmann/Mayer, § 24 UmwStG Rz. 93 (August 2001).
3 WIDMANN in Widmann/Mayer, § 24 UmwStG Rz. 110 (August 2001), mwN; SCHULZE ZUR WIESCHE, DStR 1993, 381.
4 Tz. 01.47 UmwE 2011.

KG ↔ KG

1946 Die Behandlung als Einbringung nach § 24 UmwStG gestattet die **Buchwertfortführung** oder eine (ganz oder teilweise) Aufstockung der stillen Reserven bis zum **Teilwert** der Mitunternehmeranteile.

1947 Zur **steuerlichen Rückbeziehung** siehe Tz. 1978.

1948 **Hinweis**: In der Praxis wird die Einbringung von KG-Beteiligungen gemäß Tz. 1940 der Verschmelzung nach dem UmwG häufig vorzuziehen sein. Zwar bietet nur das UmwG die Vermögensübertragung durch Gesamtrechtsnachfolge. Bei der Einbringung beschränkt sich die Einzelrechtsnachfolge jedoch auf die Abtretung der KG-Beteiligung, die formfrei erfolgen kann. Durch das Zusammenfallen sämtlicher Beteiligungen in der Hand der übernehmenden KG wächst dieser das gesamte Vermögen der untergehenden Gesellschaft an, ohne dass hier eine Übertragung von Wirtschaftsgütern oder Vertragsverhältnissen erforderlich ist. Damit tritt praktisch hinsichtlich des Gesellschaftsvermögens Gesamtrechtsnachfolge ein. Zivilrechtlich hat die Einbringung somit keine Nachteile gegenüber der Umwandlung. Vermieden werden jedoch die Formalien des UmwG, insbesondere die Notwendigkeit der notariellen Beurkundung. Steuerlich bestehen lediglich hinsichtlich der Rückbeziehung Unterschiede (siehe Tz. 2024).

B. Verschmelzung durch Aufnahme

I. Zivilrecht

1. Voraussetzungen

1949 Eine KG kann durch Verschmelzung **auf eine bestehende** KG umgewandelt werden (§ 2 Nr. 1 UmwG). Nicht erforderlich ist, dass die übertragende KG oder ihre Gesellschafter an der übernehmenden KG beteiligt sind. Es können auch bisher nicht verbundene Unternehmen verschmolzen werden. Eine Überschuldung der übertragenden KG steht einer Verschmelzung nicht entgegen[1].

1950 Notwendig sind folgende Schritte:
- Abschluss eines **Verschmelzungsvertrags** (§§ 4 ff. UmwG),
- ggf. Erstellung eines **Verschmelzungsberichts** (§ 8 UmwG),
- ggf. **Prüfung** der Verschmelzung (§ 9 UmwG),
- **Zustimmungsbeschluss** der Gesellschafter (§ 13 UmwG),
- **Anmeldung** der Verschmelzung (§ 16 UmwG).

---

1 LG Leipzig 01 HK T 7414/04 vom 18.1.2006, DB 2006, 885; siehe auch WÄLZHOLZ, AG 2006, 469.

KG ↔ KG

2. Verschmelzungsvertrag

a) Inhalt, Form

Grundlage der Verschmelzung ist ein Verschmelzungsvertrag zwischen der übertragenden KG und der übernehmenden KG (§ 4 Abs. 1 UmwG). Der Vertrag wird von den jeweils zur **Vertretung** der Gesellschaften befugten Personen (idR die nach dem Gesetz bzw. dem Gesellschaftsvertrag geschäftsführungsbefugten Gesellschafter) abgeschlossen. 1951

Sind mehrere Gesellschafter an der Verschmelzung beteiligt, ist ein **einheitlicher Vertrag** von allen Parteien abzuschließen. Er kann vor oder nach der Beschlussfassung durch die Gesellschafter abgeschlossen werden. Wird die Beschlussfassung vorgezogen, ist zunächst ein Vertragsentwurf zu erstellen (§ 4 Abs. 2 UmwG). 1952

Der Vertrag bedarf **notarieller Beurkundung** (§ 6 UmwG). 1953

Als Mindestinhalt muss der Vertrag die beteiligten Gesellschaften mit **Firma, Sitz** und **gesetzlichen Vertretern** bezeichnen (§ 5 Abs. 1 Nr. 1 UmwG). Ferner muss in der Erklärung enthalten sein, dass das Vermögen der übertragenden KG gegen Gewährung einer Beteiligung an der übernehmenden KG übertragen wird (§ 5 Abs. 1 Nr. 2 UmwG). 1954

Der **Verzicht auf eine Beteiligungsgewährung** (§ 5 Abs. 2 UmwG) dürfte bei der Verschmelzung von Personenhandelsgesellschaften nicht in Betracht kommen, da Personengesellschaften notwendig mindestens zwei Gesellschafter haben. Folglich kann eine KG nicht alle Anteile der übertragenden Personenhandelsgesellschaft halten. Fälle, in denen die Gesellschafter der übernehmenden KG die Anteile halten (Schwestergesellschaften)[1] oder die übernehmende KG alleinige Gesellschafterin einer GmbH & Co KG ist, unterfallen nicht § 5 Abs. 2 UmwG[2]. Soweit die übernehmende Gesellschaft an der übertragenden beteiligt ist, entfällt allerdings die Gewährung von Gesellschaftsrechten. Zum Steuerrecht siehe Tz. 1977. Zur „Verschmelzung" durch Einbringung der Beteiligungen siehe Tz. 2017. 1955

In dem Verschmelzungsvertrag ist die jeweilige **Beteiligung**, die den Gesellschaftern der übernehmenden KG gewährt wird, festzulegen (§ 5 Abs. 1 Nr. 3, 4 UmwG). Hierzu gehört 1956

---

1 LUTTER/DRYGALA in Lutter, § 5 UmwG Rz. 102.
2 Selbst wenn sie dort Sonderbetriebsvermögen sind.

KG ↔ KG

- in welchem quotalen Verhältnis das Vermögen der übertragenden KG den **Kapitalkonten der Gesellschafter** bei der übernehmenden KG gutzuschreiben ist (hierbei ist zu berücksichtigen, dass handelsrechtlich ein Wahlrecht hinsichtlich der Bilanzierung besteht; § 24 UmwG);
- in welchem Verhältnis die Gesellschafter der übertragenden KG zukünftig am **Vermögen der übernehmenden KG** beteiligt sind (hierbei sind die Regeln des bestehenden Gesellschaftsvertrags der KG zu beachten, auf die ggf. Bezug genommen werden kann);
- ob die Gesellschafter der übertragenden KG im Rahmen der übernehmenden KG die Stellung eines **Komplementärs** oder eines **Kommanditisten** erhalten (§ 40 Abs. 1 UmwG; dabei ist darauf zu achten, dass Gesellschaftern, die bereits an der KG beteiligt sind, nur eine einheitliche Rechtsstellung eingeräumt wird; ein Komplementär kann nicht gleichzeitig Kommanditist und ein Kommanditist nicht gleichzeitig Komplementär sein);
- die **Höhe der Haftungssumme** der Kommanditisten (§ 40 Abs. 1 S. 2 UmwG; diese kann höher oder geringer als die Einlage sein).

1957 Ferner ist festzulegen
- der **Verschmelzungsstichtag** (§ 5 Abs. 1 Nr. 6 UmwG), der nicht mehr als acht Monate vor der Anmeldung der Verschmelzung zum Handelsregister liegen darf (§ 17 Abs. 2 S. 4 UmwG). Ab diesem Stichtag gelten die Handlungen der GmbH als für Rechnung der übernehmenden KG vorgenommen (Tz. 992 *GmbH ↔ GmbH*);
- der (idR mit dem Verschmelzungsstichtag identische) Tag, ab dem die Gesellschafter der GmbH am Gewinn der KG beteiligt sind, sowie die Höhe des **Gewinnanteils** (§ 5 Abs. 1 Nr. 5 UmwG);
- ob und in welchem Umfang Gesellschaftern **Sonderrechte** (Gewinnvorab, Geschäftsführungsrechte etc.) eingeräumt werden (§ 5 Abs. 1 Nr. 7 UmwG);
- **Vorteilsgewährungen** an Geschäftsführer, Aufsichtsräte oder Prüfer (§ 5 Abs. 1 Nr. 8 UmwG, bei Personenhandelsgesellschaften kaum von praktischer Relevanz);
- die **Folgen** der Verschmelzung **für die Arbeitnehmer** und ihre Vertretungsorgane sowie die insoweit vorgesehenen Maßnahmen (§ 5 Abs. 1 Nr. 9 UmwG).

1958 Anteilseignern, die der Verschmelzung widersprechen, ist im Verschmelzungsvertrag ein **Barabfindungsangebot** zu unterbreiten, weil

KG ↔ KG

KG-Beteiligungen schon nach dem Gesetz nicht frei veräußerbar sind (§ 29 Abs. 1 S. 2 UmwG)[1].

Die übernehmende KG kann die **Firma** der übertragenden KG fortführen (§ 18 UmwG). Dies ist im Verschmelzungsvertrag zu regeln. 1959

Darüber hinaus empfehlen sich Regelungen zur **Kostenfrage** sowie die Festlegung etwaiger Änderungen des Gesellschaftsvertrags der KG. 1960

Zu einem **bedingten Abschluss** des Verschmelzungsvertrags siehe Tz. 1001–1002 *GmbH ↔ GmbH*, zum **Anteilsübergang** während des Verschmelzungsvorgangs Tz. 1004 *GmbH ↔ GmbH*. 1961

b) Umtauschverhältnis

Hinsichtlich des **Umtauschverhältnisses** gelten die Tz. 1006–1013 *GmbH ↔ GmbH* entsprechend. **Bare Zuzahlungen** sind nicht zulässig. 1962

3. Verschmelzungsbericht und Prüfung

Für den **Verschmelzungsbericht** gelten die Tz. 1018–1029 *GmbH ↔ GmbH* entsprechend. Kein Verschmelzungsbericht ist erforderlich, wenn alle Gesellschafter der jeweiligen KG zur Geschäftsführung berechtigt sind (§ 41 UmwG). 1963

Gesellschafter der KG können die **Prüfung** verlangen, wenn der Gesellschaftsvertrag der KG eine Mehrheitsentscheidung hinsichtlich der Zustimmung zur Verschmelzung vorsieht (§ 44 UmwG)[2]. 1964

4. Zustimmungsbeschlüsse

Für die Vorbereitung der **Beschlussfassung** gelten die Tz. 1030–1033 *GmbH ↔ GmbH* entsprechend. 1965

Der Verschmelzungsbeschluss muss in der **Gesellschafterversammlung** gefasst werden (§ 13 Abs. 1 UmwG), obwohl das Handelsrecht für Personengesellschaften grundsätzlich keine Notwendigkeit zur Beschlussfassung in einer Gesellschafterversammlung kennt. 1966

Für die **Einberufung** der Gesellschafterversammlung gelten, sofern vorhanden, die durch den Gesellschaftsvertrag vorgegebenen Formen und 1967

---

1 MARSCH-BARNER in Kallmeyer, § 29 UmwG Rz. 5; GRUNEWALD in Lutter, § 29 UmwG Rz. 5.
2 Siehe hierzu – auch zur Frage, bis wann ein Prüfungsverlangen geltend gemacht werden kann – H. SCHMIDT in Lutter, § 44 UmwG Rz. 5 ff.

KG ↔ KG

Fristen, ansonsten ist mit angemessener Frist (mE mindestens ein Monat analog § 123 AktG) schriftlich unter Angabe der Tagesordnung von den zur Geschäftsführung befugten Gesellschaftern zu laden[1]. Der Verschmelzungsvertrag und der Verschmelzungsbericht sind den Gesellschaftern, die von der Geschäftsführung ausgeschlossen sind, spätestens mit der Einberufung der Gesellschafterversammlung zu übersenden.

1968   Der Verschmelzungsbeschluss bedarf der **Zustimmung aller Gesellschafter** der KG. Gesellschafter, die nicht zur Gesellschafterversammlung erschienen sind, müssen ihre Zustimmung gesondert erklären.

1969   Eine **Mehrheitsentscheidung** ist nur zulässig, wenn der Gesellschaftsvertrag der KG dies für den Fall der Umwandlung vorsieht. Wirksam ist eine Vereinbarung, die eine Mehrheit von mindestens drei Viertel der abgegebenen Stimmen vorsieht (§ 43 Abs. 2 UmwG)[2]. Dabei kommt es auf die Zahl der Stimmen, nicht auf die Zahl der Gesellschafter an.

1970   Der Beschluss und etwaige Zustimmungen außerhalb der Gesellschafterversammlung sind **notariell zu beurkunden**. Zur Beurkundung mehrerer Beschlüsse in einer Urkunde siehe Tz. 1098.

1971   Ist bei der KG eine Mehrheitsentscheidung möglich, haben die Komplementäre der übernehmenden KG ein besonderes **Widerspruchsrecht** (§ 43 Abs. 2 S. 2 UmwG). Sie können verlangen, in die Stellung eines Kommanditisten zu treten.

1972   Zur **Anfechtung** des Beschlusses siehe Tz. 1049–1051 *GmbH ↔ GmbH*.

5. Bilanzierung

1973   Es gelten die Tz. 1052–1058 *GmbH ↔ GmbH* entsprechend.

6. Anmeldung und Eintragung

1974   Die **Vertretungsorgane** der Gesellschaften haben die Verschmelzung zur Eintragung in das Handelsregister des jeweiligen Sitzes anzumelden (§ 16 Abs. 1 S. 1 UmwG). Für die übertragende KG können auch die Vertretungsorgane der übernehmenden KG die Anmeldung vor-

---

1 ENZINGER in Münchener Kommentar zum HGB, § 119 Rz. 49.
2 Klargestellt durch Gesetz zur Änderung des Umwandlungsgesetzes vom 22.7.1998, BGBl. 1998 I, 1878; siehe die Gesetzesbegründung BT-Drucks. 13/8808, 12; zur Frage einer materiellen Beschlusskontrolle BINNEWIES, GmbHR 1997, 727.

KG ↔ KG

nehmen (§ 16 Abs. 1 S. 2 UmwG). Im Übrigen gelten die Tz. 1059–1071 *GmbH* ↔ *GmbH*.

7. Rechtsfolgen der Verschmelzung

Es gelten die Tz. 1072–1097 *GmbH* ↔ *GmbH* entsprechend. 1975

8. Kosten

Siehe Tz. 1098–1101 *GmbH* ↔ *GmbH*. 1976

II. Steuerrecht

Die Verschmelzung von Personengesellschaften unterfällt § 24 1977 UmwStG (§ 1 Abs. 3 Nr. 1 UmwStG)[1]. Die Gesellschafter der übertragenden KG bringen steuerlich ihre Mitunternehmeranteile in die übernehmende KG ein. Als Gegenleistung für die **Einbringung** erhalten sie einen Mitunternehmeranteil an der übernehmenden KG. Soweit der einbringende Gesellschafter bereits an der übernehmenden KG beteiligt ist, ist seine Beteiligung zu erhöhen, wozu die Buchung des eingebrachten Vermögens auf einem Kapitalkonto ausreicht[2]. Zur Abgrenzung von Darlehenskonten siehe Tz. 385 *EU* → *KG*. ME ist § 24 UmwStG auch dann und insoweit anwendbar, wie die übernehmende KG an der übertragenden beteiligt ist (Tz. 1955). Dies gilt sowohl hinsichtlich des Antragsrechts (Tz. 1979) als auch bezüglich der Rückbeziehung (Tz. 1978). Zur Gewährung sonstiger Gegenleistungen siehe Tz. 385 *EU* → *KG*.

§ 24 UmwStG enthält für die Verschmelzung die Möglichkeit der steu- 1978 erlichen **Rückbeziehung** (§ 24 Abs. 4 UmwStG, siehe hierzu Tz. 1726–1732 *KG* → *GmbH*)[3].

Die aufnehmende KG hat die eingebrachten Beteiligungen grundsätz- 1979 lich mit dem **gemeinen Wert** anzusetzen; für die Bewertung von Pensionszusagen gilt § 6a EStG (§ 24 Abs. 2 S. 1 UmwStG). Auf Antrag kann die Beteiligung mit dem **Buchwert** oder einem **Zwischenwert** angesetzt werden, soweit das Besteuerungsrecht der Bundesrepublik Deutsch-

---

1 Einhellige Auffassung, siehe zB SCHMITT in Schmitt/Hörtnagl/Stratz, § 24 UmwStG Rz. 20.
2 Tz. 24.07 UmwE 2011.
3 Siehe OFD Frankfurt/M. vom 5.9.1996, GmbHR 1997, 96; eingehend auch PATT, FR 1996, 365.

KG ↔ KG

land hinsichtlich des eingebrachten Vermögens nicht ausgeschlossen oder beschränkt wird (§ 24 Abs. 2 S. 2 UmwStG).

1979.1 Der **Antrag** ist spätestens bis zur erstmaligen Abgabe der steuerlichen Schlussbilanz bei dem für die Besteuerung der übernehmenden Gesellschaft zuständigen Finanzamt zu stellen (§ 24 Abs. 2 S. 3 i.V.m. § 20 Abs. 2 S. 3 UmwStG, siehe auch Tz. 1348.3 *GmbH → KG*) und kann hinsichtlich jeden Mitunternehmeranteils unterschiedlich ausgeübt werden[1]. Dies gilt nicht nur für die Beteiligungen der Gesellschafter der untergehenden KG, sondern auch für die Gesellschafter der aufnehmenden KG. Rechtlich bringen beide Personengruppen ihre Mitunternehmeranteile in die neu geformte Personengesellschaft ein[2].

1980 **Buchwert** ist der Wert, mit dem der Mitunternehmeranteil nach den **steuerlichen Gewinnermittlungsvorschriften** bei dem Einbringenden auszuweisen ist (§ 6 EStG). Der Buchwert darf nicht unterschritten werden.

1981 Bei Ansatz eines **Zwischenwerts** sind alle Wirtschaftsgüter – einschließlich des Firmenwerts – gleichmäßig aufzustocken.

1982 Wertobergrenze ist der **gemeine Wert**. Der Ansatz mit dem gemeinen Wert führt grundsätzlich zur Realisierung aller stillen Reserven einschließlich Firmenwert.

1983 Anders als bei der Einbringung in Kapitalgesellschaften gibt es bei der Einbringung in eine Personengesellschaft keinen Zwang zur Aufstockung der Buchwerte bei einem **negativen Kapitalkonto** des Einbringenden[3].

1984 **Sonderbetriebsvermögen** eines seinen Mitunternehmeranteil einbringenden Gesellschafters behält seinen Status. Wird nicht zu den wesentlichen Betriebsgrundlagen gehörendes Sonderbetriebsvermögen anlässlich der Einbringung an Dritte veräußert oder in das Privatvermögen überführt, sind die enthaltenen stillen Reserven zu realisieren und ggf. Bestandteil des Veräußerungsgewinns nach § 24 Abs. 3 UmwStG (Tz. 1989).

---

1 SCHMITT in Schmitt/Hörtnagl/Stratz, § 24 UmwStG Rz. 156; SCHLÖSSER in Haritz/Menner, § 24 UmwStG Rz. 104; unklar die Formulierung in Tz. 24.03, 20.18 UmwE 2011.
2 BFH IV R 210/83 vom 23.5.1985, BStBl. 1985 II, 695.
3 Tz. 24.04 UmwE 2011.

Ein **Verlustabzug** nach § 10d EStG, der nicht durch einen Einbringungsgewinn ausgeglichen wird, bleibt von der Einbringung unberührt, da er an die Person des Mitunternehmers geknüpft ist[1].   1985

Ein Zinsvortrag und ein EBITDA-Vortrag nach § 4h EStG geht nicht auf die aufnehmde Gesellschaft über (§ 24 Abs. 6 i.V.m. § 20 Abs. 9 UmwStG).   1985.1

Nicht ausgleichsfähige **Verluste** nach § 15a EStG bleiben – sofern sie nicht durch einen Gewinn aus der Einbringung aufgezehrt werden – bestehen. Sie können mit zukünftigen Gewinnen aus der neuen Beteiligung verrechnet werden[2].   1986

Ein **Verlustvortrag** der untergehenden Gesellschaft gemäß § 10a **GewStG** wird durch einen Veräußerungsgewinn auf Grund Aufdeckung stiller Reserven nicht ausgeglichen, da der Veräußerungsgewinn nicht der Gewerbesteuer unterliegt (Tz. 1990). Der Verlustvortrag kann mit zukünftigen Gewinnen der aufnehmenden KG verrechnet werden, wenn **Unternehmensidentität** und **Unternehmeridentität** gegeben sind[3]. Hinsichtlich der Unternehmeridentität stellt der BFH dabei auf die Gesellschafter und nicht auf die Gesellschaft ab. Sind diese beiden Gesellschaften identisch, liegt Unternehmeridentität vor. Besteht nur teilweise Identität, so kann der Fehlbetrag nur von dem auf die Gesellschafter, die den Verlust erzielt haben, entfallenden Teil des Gewerbeertrags abgezogen werden. Unternehmensidentität ist gegeben, wenn die Aktivitäten des verschmolzenen Unternehmens im Wesentlichen unverändert fortgeführt werden[4].   1987

Im Übrigen gelten für die **Bewertung** der einzelnen Wirtschaftsgüter die gleichen Grundsätze wie bei der Einbringung in eine Kapitalgesellschaft (Tz. 1733–1755 *KG → GmbH*).   1988

Werden im Rahmen des § 24 UmwStG von einer natürlichen Person neu-einbringungsgeborene Anteile i.S.v. § 22 UmwStG (siehe Tz. 277.1–278 *EU → GmbH*) in die aufnehmende KG eingebracht und von dieser innerhalb der Siebenjahresfrist des § 22 UmwStG veräußert, so greift die Nachbesteuerung des § 22 Abs. 2 UmwStG, soweit der Ver-   1988.1

---

1 PATT in Dötsch/Jost/Pung/Witt, § 24 UmwStG Rz. 198 (November 2011).
2 PATT in Dötsch/Jost/Pung/Witt, § 24 UmwStG Rz. 199 (November 2011) mwN.
3 Eingehend PATT in Dötsch/Jost/Pung/Witt, § 24 UmwStG Rz. 202 ff. (November 2011) mwN.
4 PATT in Dötsch/Jost/Pung/Witt, § 24 UmwStG Rz. 208 ff. (November 2011). BFH IV R 137/91 vom 27.1.1994, BStBl. 1994 II, 477; BFH VIII R 84/90 vom 14.9.1993, BStBl. 1994 II, 764.

KG ↔ KG

äußerungsgewinn auf eine an der KG beteiligte Kapitalgesellschaft entfällt (§ 24 Abs. 5 UmwStG)[1]. Der Veräußerung stehen die Ersatztatbestände des § 22 Abs. 1 S. 6 UmwStG gleich.

1989 Der Ansatz in der Bilanz der aufnehmenden KG bestimmt den Veräußerungspreis des Mitunternehmeranteils. Ein **Veräußerungsgewinn** ist bei einer natürlichen Person tarifbegünstigt, wenn alle stillen Reserven (einschl. Firmenwert und Sonderbetriebsvermögen[2]) steuerlich erfasst werden (§ 24 Abs. 3 S. 2 UmwStG) und nur, soweit der Einbringende nicht selbst an der KG beteiligt ist (§ 24 Abs. 3 S. 3 UmwStG i.V.m. § 16 Abs. 2 S. 3 EStG)[3]. Siehe Tz. 1997.

1990 Der Veräußerungsgewinn nach § 24 UmwStG unterliegt bei natürlichen Personen grundsätzlich nicht der **Gewerbeertragsteuer**[4], soweit der Veräußerungsgewinn nach § 24 Abs. 3 S. 3 UmwStG i.V.m. § 16 Abs. 2 S. 3 EStG (Tz. 1989) nicht als laufender Gewinn gilt[5]. Für Kapitalgesellschaften ist der Gewinn Teil des Gewerbeertrages[6].

1991 Zulässig ist es, den über dem Buchwert liegenden Ansatz in der Bilanz der aufnehmenden Gesellschaft durch eine **Ergänzungsbilanz** ganz oder teilweise zu neutralisieren[7]. Ein Veräußerungsgewinn entsteht nur, wenn der Bilanzansatz einschließlich Ergänzungsbilanz den Buchwert übersteigt. ME ist es zulässig, den Ausgleich in der Ergänzungsbilanz auf den nicht begünstigten Gewinn zu beschränken[8].

1992 **Hinweis**: Da die aufnehmende Gesellschaft den Wertansatz und damit die steuerlichen Folgen für den Einbringenden bestimmt, empfiehlt es sich, zum Schutz des Einbringenden und zur Vermeidung von Streitigkeiten zwischen den Gesellschaftern die Bewertung in dem **Verschmelzungsvertrag** festzustellen.

1993 **Hinweis**: Für die Ausübung des Antragsrechts gibt es keine allgemeinen Regeln. Zu beachten ist, dass selbst bei einem Teilwertansatz ein Ver-

---

1 Eingehend Tz. 24.18 ff. UmwE 2011; PATT in Dötsch/Jost/Pung/Witt, § 24 UmwStG Rz. 224 ff. (November 2011).
2 BFH III R 39/91 vom 26.1.1994, BStBl. 1994 II, 458.
3 Tz. 24.16 UmwE 2011; PATT in Dötsch/Jost/Pung/Witt, § 24 UmwStG Rz. 147 ff. (November 2011); STRECK/SCHWEDHELM, BB 1993, 2420.
4 PATT in Dötsch/Jost/Pung/Witt, § 24 UmwStG Rz. 152 ff. (November 2011); SCHMITT in Schmitt/Hörtnagl/Stratz, § 24 UmwStG Rz. 253.
5 Tz. 24.17 UmwE 2011.
6 PATT in Dötsch/Jost/Pung/Witt, § 24 UmwStG Rz. 156 (November 2011).
7 Tz. 24.13 ff. UmwE 2011; LEY, KÖSDI 2001, 12 982; NIEHUS, StuW 2002, 116.
8 STRECK/SCHWEDHELM, BB 1993, 2420; zustimmend WACKER in L. Schmidt, § 16 EStG Rz. 562; BREIDENBACH, DB 1995, 296; aA PFALZGRAF/MEYER, DStR 1994, 1329.

KG ↔ KG

äußerungsgewinn nur teilweise begünstigt ist (§ 24 Abs. 3 UmwStG). Gleichzeitig bestimmt der Wertansatz das Abschreibungsvolumen der aufnehmenden Gesellschaft, womit ein Teilwertansatz attraktiv sein kann, wenn erhebliche stille Reserven in kurzfristig abzuschreibenden Wirtschaftsgütern enthalten sind. Eine Aufdeckung stiller Reserven ist ferner dann in Betracht zu ziehen, wenn Verlustabzüge (§ 10d EStG) oder – bei einem Kommanditisten – Verluste nach § 15a EStG bestehen. Letztendlich ist zu beachten, dass die Aufdeckung stiller Reserven den Ausweis eines höheren Kapitalkontos ermöglicht, was bei einem Kommanditisten dazu führt, dass höhere Verluste ausgleichsfähig sind.

Kernproblem der Verschmelzung von zwei Personengesellschaften ist die Festlegung der neuen **Beteiligungsverhältnisse** in der verschmolzenen Gesellschaft und die damit verbundene Notwendigkeit, einen Wertausgleich für unterschiedliche Mitunternehmeranteile zu schaffen[1]. 1994

Beispiel 1: A und B sind Gesellschafter der KG1. Buchwert ihrer Anteile je 10 000,– Euro; Teilwert 40 000,– Euro. C und D sind Gesellschafter der KG2. Buchwert der Anteile je 20 000,– Euro; Teilwert je 40 000,– Euro; KG1 soll mit KG2 verschmolzen werden, indem A und B ihre Beteiligung in KG2 einbringen. 1995

Lösung 1: Die **Einbringung erfolgt zum Teilwert** durch alle Gesellschafter. Die Bilanz nach Aufnahme würde für jeden Gesellschafter eine Beteiligung von 40 000,– Euro ausweisen. Unerheblich ist, ob dabei eine Aufteilung in feste und variable Kapitalkonten erfolgt. Denkbar ist etwa, die Haftsumme der Kommanditisten auf nur 10 000,– Euro festzulegen und entsprechend feste Kapitalkonten von je 10 000,– Euro zu bilden. 1996

Die Gesellschafter haben die aus der Aufdeckung der stillen Reserven resultierenden Veräußerungsgewinne zu 75 % gemäß §§ 16, 34 EStG, begünstigt im Übrigen als laufender Gewinn, zu versteuern[2]. Soll die sofortige Versteuerung vermieden werden, kann der Gesellschafter eine **Ergänzungsbilanz** mit einem entsprechenden Minderkapital aufstellen[3]. Dieser Weg erscheint aber zumindest dann wenig sinnvoll, wenn die aufgedeckten stillen Reserven auf **abschreibungsfähige Wirtschafts-** 1997

---

1 Siehe auch KORN, KÖSDI 1987, 6841.
2 AA Tz. 24.16 UmwE 2011, wonach es auf die gesamthänderisch verbundenen Gesellschafter ankommt, womit im Beispielsfall nur 50 % des Gewinns begünstigt wären.
3 Vgl. WIDMANN in Widmann/Mayer, § 24 UmwStG Rz. 167 (August 2001); Tz. 24.13 f. UmwE 2011; siehe ferner die Fn. zu Tz. 432 *EU → GmbH*.

KG ↔ KG

güter entfallen und die Tarifermäßigung gemäß § 34 Abs. 3 EStG greift. Zwar wird die sofortige Besteuerung vermieden. Damit entfällt aber auch die Tarifermäßigung, obwohl die stillen Reserven über den Abschreibungszeitraum realisiert werden.

1998 **Lösung 2**: Die **Einbringung** erfolgt **zu Buchwerten**. Zur Herstellung der Beteiligungsidentität werden die **Kapitalkonten angepasst** (A und B Erhöhung auf 15 000,– Euro; C und D Reduzierung auf 15 000,– Euro). Zum Ausgleich werden positive und negative Ergänzungsbilanzen gebildet[1]. Ein Veräußerungsgewinn entsteht nicht[2].

1999 **Lösung 3**: Die Einbringung erfolgt zum Buchwert. Zum Ausgleich der Wertdifferenzen **zahlen** C und D an A und B 13 333,– Euro **außerhalb der Gesellschaft**. Der BFH[3] und die Finanzverwaltung[4] sehen in der Zahlung den Verkauf von Mitunternehmeranteilen (A und B verkaufen je ein Drittel ihrer Beteiligung). Die Zahlung führt zu einem Veräußerungsgewinn von 10 000,– Euro (13 333 ./. 3300 [⅓ des Buchwerts der Beteiligung]). Es handelt sich um einen laufenden und idR gewerbesteuerpflichtigen Gewinn[5]. Eine Neutralisierung durch Ergänzungsbilanzen wird von der Finanzverwaltung und dem BFH nicht zugelassen werden.

2000 **Lösung 4**: Die Einbringung erfolgt zu Buchwerten. Die Gesellschafter vereinbaren, dass der jeweilige Buchwert bis zur Höhe von 10 000,– Euro auf ein **festes Kapitalkonto**, darüber hinaus auf einem variablen Kapitalkonto verbucht wird. Maßgeblich für die Beteiligung an Gewinn, Verlust und stillen Reserven ist allein das feste Kapitalkonto. Diese Lösung ist steuerneutral und gewährleistet eine den tatsächlichen Werten entsprechende Beteiligung an den zukünftigen Gewinnen, nicht jedoch hinsichtlich der unterschiedlichen stillen Reserven.

2001 **Lösung 5**: Die Einbringung erfolgt zu Buchwerten. Die Beteiligungsverhältnisse entsprechen den Buchwerten. A und B erhalten einen jährlichen **Vorabgewinn** von je 12,5 %. Gleiches soll für den Fall der Liquidation gelten. Auch diese Lösung ist steuerneutral und führt hinsichtlich der Erträge zu gleichen Anteilen. Sind die Vorabvergütungen hingegen betragsmäßig festgelegt, besteht die Gefahr, dass eine

---

1 Tz. 24.13 f. UmwE 2011.
2 Positive und negative Ergänzungsbilanzen sind kongurent aufzulösen, BFH IV R 57/94 vom 28.9.1995, BStBl. 1996 II, 68; Kellersmann, DB 1997, 2047.
3 BFH IV R 82/92 vom 8.12.1994; BFH IV B 73/95 vom 29.1.1996, BFH/NV 1996, 549.
4 Tz. 24.08 ff. UmwE 2011.
5 Wacker in L. Schmidt, § 16 EStG Rz. 563.

KG ↔ KG

Veräußerung gegen Ratenzahlung angenommen wird[1]. Wird kein Ausgleich vorgenommen, liegt uU eine Schenkung vor[2].

Sachverhaltsvarianten: Die Einbringung erfolgt von allen Gesellschaftern zum Teilwert. Die Aufdeckung stiller Reserven wird durch Ergänzungsbilanzen der Gesellschafter neutralisiert. Kurze Zeit nach der Verschmelzung **entnehmen** A und B zu Lasten ihrer Kapitalkonten 35 000,– Euro. Der Vorgang ist grundsätzlich steuerneutral. Nach Ansicht der Finanzverwaltung könnte jedoch eine verdeckte Veräußerung vorliegen, wenn für die Gewinnverteilung auf die verbleibenden Kapitalanteile abgestellt wird[3]. 2002

Die Verschmelzung unterliegt nicht der **Umsatzsteuer** (§ 1 Abs. 1a UStG). 2003

Gehört zum Vermögen der eingebrachten KG ein Grundstück, fällt **Grunderwerbsteuer** an, da sich der Rechtsträger (KG2 statt KG1) ändert[4]. Soweit die Beteiligung der Gesellschafter der eingebrachten KG1 an der aufnehmenden KG2 reicht, tritt Befreiung ein (§ 6 Abs. 3 und 1 GrEStG)[5]. Zur Bemessungsgrundlage und steuerlichen Behandlung siehe Tz. 1168 *GmbH* ↔ *GmbH*. 2004

Hinweis: Hat nur eine Gesellschaft Grundvermögen, wird vorbehaltlich § 1 Abs. 2a GrEStG Grunderwerbsteuer vermieden, wenn auf diese verschmolzen wird. 2005

C. Verschmelzung durch Neugründung

I. Zivilrecht

1. Voraussetzungen

Eine KG kann mit einem anderen Rechtsträger (in Betracht kommen Personenhandels- und Kapitalgesellschaften sowie Genossenschaften 2006

---

1 Vgl. FG München 16 K 10133/81 vom 30.11.1989, EFG 1990, 319, rkr.
2 Widmann in Widmann/Mayer, § 24 UmwStG Rz. 168 (August 2001); Schulze zur Wiesche, DStZ 2006, 406.
3 § 42 AO, siehe Tz. 24.07 UmwE 2011; Widmann in Widmann/Mayer, § 24 UmwStG Rz. 101.8 ff. (August 2001).
4 FG Niedersachsen III 504/87 vom 18.8.1988, NWB Fach 8, S. 972; aA Durchlaub, DB 1981, 1012.
5 Gefahr für eine Befreiung besteht bei anschließender Umwandlung in eine Kapitalgesellschaft, siehe FinMin. Baden-Württemberg vom 10.7.1998, DB 1998, 1491; zur Geltung des § 6 Abs. 3 GrEStG bei der Verschmelzung von Personengesellschaften durch Anwachsung siehe Korn, KÖSDI 2010, 16841.

KG ↔ KG

und Vereine, siehe Tz. 1484 *GmbH → KG*) zu einer neuen KG verschmolzen werden. Notwendig ist
- Abschluss eines **Verschmelzungsvertrags** (§ 36 i.V.m. §§ 4 ff. UmwG),
- ggf. Erstellung eines **Verschmelzungsberichts** (§ 36 i.V.m. § 8 UmwG),
- ggf. **Prüfung** der Verschmelzung (§ 36 i.V.m. § 9 UmwG),
- **Zustimmung der Gesellschafter** (§ 36 i.V.m. § 13 UmwG),
- **Anmeldung** der Verschmelzung (§ 36 i.V.m. § 16 UmwG).

2. Verschmelzungsvertrag

2007 Es gelten die Tz. 1951–1962 entsprechend.

2008 Der Verschmelzungsvertrag muss den **Gesellschaftsvertrag** der durch die Verschmelzung zu gründenden KG enthalten oder ihn feststellen (§ 37 UmwG). Damit ist der Gesellschaftsvertrag der KG, der nach allgemeinen Vorschriften idR nicht formgebunden ist[1], zwingend notariell zu beurkunden. Zukünftige Änderungen des Gesellschaftsvertrags sind hingegen wieder formfrei möglich[2].

2009 **Hinweis**: Der Verschmelzungsvertrag ist dem Betriebsrat vorzulegen (§ 5 Abs. 3 UmwG). Damit erlangt der Betriebsrat auch Kenntnis vom Inhalt des Gesellschaftsvertrags.

3. Verschmelzungsbericht und Prüfung

2010 Es gelten die Tz. 1963–1964.

4. Zustimmungsbeschlüsse

2011 Es gelten die Tz. 1965–1972.

5. Bilanzierung

2012 Siehe Tz. 1052–1058 *GmbH ↔ GmbH*.

---

1 BAUMBACH/HOPT, § 105 HGB Rz. 54.
2 Siehe SCHÄFER in Staub, § 105 HGB Rz. 188.

6. Anmeldung und Eintragung

Die Verschmelzung ist zum Register der übertragenden Gesellschaften wie auch zum **Register** der neuen KG anzumelden (§ 38 UmwG). Im Übrigen gilt Tz. 1974. 2013

7. Rechtsfolgen

Siehe Tz. 1975. 2014

8. Kosten

Siehe Tz. 1098–1101 *GmbH ↔ GmbH*. 2015

II. Steuerrecht

Es gelten die Tz. 1977–2005. 2016

D. Einbringung

I. Zivilrecht

Erfolgt die **Verschmelzung durch Einbringung** der KG-Beteiligung in eine bestehende oder neu zu gründende KG (siehe Tz. 1940–1941), so ist dies zivilrechtlich der Abschluss eines neuen bzw. die Änderung eines bestehenden Gesellschaftsvertrags. 2017

Der Vertrag ist **zwischen allen Beteiligten** abzuschließen, es sei denn, vertraglich sind einzelne Gesellschafter oder die Gesellschaft selbst zum Abschluss des Aufnahmevertrags ermächtigt[1]. 2018

Der Abschluss des Vertrages bedarf keiner besonderen **Form**, sofern der zu ändernde Gesellschaftsvertrag nichts anderes vorschreibt. 2019

Zum **Inhalt** des Vertrags gehört im Wesentlichen 2020
- welche Personen der Gesellschaft beitreten;
- die Höhe der Einlagen bzw. – bei Kommanditisten – der Haftsumme;
- in welchem Verhältnis die Gesellschafter beteiligt sind;
- dass die Einlage durch Einbringung der Beteiligungen erfolgt;
- mit welchem Wert die eingebrachte Beteiligung anzusetzen ist.

---

1 BGH II ZR 120/74 vom 17.11.1975, BB 1976, 154; BGH II ZR 95/76 (KG) vom 14.11.1977, NJW 1978, 1000.

KG → KGaA

Im Übrigen kann auf den bestehenden Gesellschaftsvertrag verwiesen werden, sofern eine Änderung nicht aus sonstigen Gründen notwendig oder zweckmäßig ist[1].

2021 Soweit die neuen Gesellschafter als **Kommanditisten** beitreten, ist die Einbringung der Beteiligung nur haftungsbefreiend, wenn der Wert der Beteiligung die Haftsumme deckt. Maßgebend ist der tatsächliche Wert, nicht der bilanzierte Ansatz (Buchwert, Zwischenwert, Teilwert). Soweit der tatsächliche Wert über dem Wert liegt, mit dem die Beteiligung in der Handels- oder Steuerbilanz angesetzt wird, führt dies nicht zu einer Haftungserweiterung des Eintretenden[2].

2022 Entsteht durch die Verschmelzung eine **GmbH & Co KG**, muss eine entsprechende Firmenänderung erfolgen. Die bloße Nachstellung „GmbH & Co" als Klammerzusatz genügt nicht[3].

2023 Der Beitritt ist von allen Gesellschaftern (alte und neue) zur **Eintragung in das Handelsregister** anzumelden (§§ 161 Abs. 2, 107, 108, 162 HGB). Ebenso ist die Auflösung der eingebrachten KG1 anzumelden (§§ 161 Abs. 2, 143, 31 HGB). Anmeldepflichtig sind die bisherigen Gesellschafter und die übernehmende KG[4].

II. Steuerrecht

2024 Es gelten die Tz. 1977–2005. ME gelten auch bei einem **Teilwertansatz** die Wirtschaftsgüter nicht als angeschafft i.S.d. §§ 24 Abs. 4, 23 Abs. 4 UmwStG, da sie durch Anwachsung und nicht durch Einzelrechtsnachfolge übergehen.

KG → KGaA, Formwechsel, Spaltung, Verschmelzung

I. Zivilrecht

2025 Eine KG kann durch Formwechsel[5], Spaltung und Verschmelzung in eine KGaA umgewandelt werden. Es gelten die Tz. 1581–1594 *KG → AG* mit folgenden **Besonderheiten**:

---

1 Zur Formulierung eines Aufnahmevertrags GÖTZE in Münchener Vertragshandbuch, Band 1, III. 16.
2 Vgl. FELIX, NJW 1973, 491; BAUMBACH/HOPT, § 171 HGB Rz. 6.
3 OLG Oldenburg 5 W 136/89 vom 1.12.1989, DB 1990, 519.
4 Vgl. BAUMBACH/HOPT, § 143 HGB Rz. 3.
5 Vertragsmuster: GREVE in Engl, Formularbuch Umwandlungen, S. 1028 ff.

KG → KöR

Beim Formwechsel muss der Beschluss vorsehen, dass sich mindestens ein Gesellschafter der KG als **persönlich haftender Gesellschafter** beteiligt (§ 218 Abs. 2 UmwG). Zulässig ist es auch, dass der Gesellschaft eine bisher nicht beteiligte Person als persönlich haftender Gesellschafter beitritt (§ 218 Abs. 2 UmwG). Die Gesellschafter, die in der KGaA die persönliche Haftung übernehmen, müssen der Umwandlung zustimmen (§ 217 Abs. 3 UmwG). Der **Beitritt** eines persönlich haftenden Gesellschafters im Rahmen des Formwechsels muss notariell beurkundet werden (§ 221 S. 1 UmwG). Die Satzung der KGaA ist von den beitretenden Gesellschaftern zu genehmigen (§ 221 S. 2 UmwG). 2026

Ferner ist es bei einer KGaA zulässig, dass ein Gesellschafter gleichzeitig **Komplementär und Kommanditaktionär** wird. 2027

Einstweilen frei. 2028

Auch eine **juristische Person** oder eine **Personengesellschaft**, insbesondere eine GmbH & Co KG, kann die Stellung des Komplementärs übernehmen[1]. 2029

Bei der **Verschmelzung** und Spaltung (§ 125 UmwG) auf eine KGaA sind die Besonderheiten des § 78 UmwG zu beachten. 2030

Neben der Umwandlung kommen die **Einbringung** und der **Verkauf** an eine zuvor bar gegründete KGaA in Betracht. Es gelten die Tz. 1595–1599 KG → AG. 2031

II. Steuerrecht

Es gelten die Tz. 1838–1841 KG → GmbH. 2032

KG → Körperschaft des öffentlichen Rechts (KöR)

Die Umwandlung einer KG in eine Körperschaft des öffentlichen Rechts ist weder durch **Formwechsel** (siehe § 214 UmwG) noch durch **Spaltung** (siehe §§ 124, 168 UmwG) oder **Verschmelzung** (§ 3 UmwG) möglich. Auch die **Vermögensübertragung** ist ausgeschlossen (§ 175 UmwG). Denkbar ist die Umwandlung der KG in eine AG mit anschließender Übertragung des Vermögens auf die öffentliche Hand (siehe Tz. 110–127 AG → KöR). 2033

---

1 BGH II ZB 11/96 vom 24.2.1997, GmbHR 1997, 595; HALASZ/KLOSTER/KÖSTER, GmbHR 2002, 310; KUSTERER, DB 2000, 250; siehe ferner die Nachweise zu Tz. 1517.

KG → OHG

KG → OHG, Spaltung, Verschmelzung

2034 Der **Formwechsel** einer KG in eine OHG ist ausgeschlossen (§ 214 UmwG). Allerdings wird die KG zur OHG, wenn die Kommanditisten ihre beschränkte Haftung aufgeben. Steuerlich hat der Vorgang nur Bedeutung für die Anwendung des § 15a EStG[1].

2035 Für die **Spaltung** einer KG auf eine OHG gelten die Tz. 1856–1937 *KG → KG*, für eine **Verschmelzung** die Tz. 1938–2016 *KG ↔ KG*.

2036 Zur Umwandlung einer KG durch **Einbringung** der Mitunternehmeranteile in eine (bestehende oder neu zu gründende) OHG wird auf Tz. 2017–2024 *KG ↔ KG* verwiesen.

KG → Partnerschaft, Spaltung, Verschmelzung

2037 Ein Formwechsel ist **ausgeschlossen**. Möglich ist die Spaltung und die Verschmelzung. Es gelten die Tz. 1856–1927 *KG → KG* bzw. 1938–2024 *KG ↔ KG*.

KG → Stiftung

2038 Eine Umwandlung kommt nicht in Betracht. Denkbar ist nur die Übertragung des Vermögens im Rahmen eines **Stiftungsgeschäfts** (siehe Tz. 454–469 *EU → Stiftung*).

KG → Stille Gesellschaft

2039 Siehe Tz. 536–538 *GbR → Stille Gesellschaft*.

KG → UG (haftungsbeschränkt)

2039.1 ME ist der **Formwechsel** einer KG in eine UG trotz der Notwendigkeit eines Sachgründungsberichtes (§ 220 Abs. 2 UmwG) zulässig, da der Formwechsel keine Sachgründung beinhaltet[2].

---

1 Siehe WACKER in L. Schmidt, § 15a EStG Rz. 60; FG Münster XII 8678/88 F vom 12.9.1989, EFG 1990, 112; OFD Kiel vom 21.6.1996, DStR 1996, 1689.

2 DECHER in Lutter, § 191 UmwG Rz. 2; STENGEL in Semler/Stengel, § 191 UmwG Rz. 4; wohl auch PETERSEN in Kölner Kommentar zum UmwG, § 191 Rz. 18; aA MEISTER/KLÖCKER in Kallmeyer, § 191 UmwG Rz. 8; HECKSCHEN in Widmann/Mayer, § 1 UmwG Rz. 48.6 (November 2010); HECKSCHEN in FS Spiegelberger, 2009, S. 683; BERNINGER, GmbHR 2010, 63.

KG → VVaG

Das wirtschaftliche Ergebnis eines Formwechsels kann mit Hilfe des Anwachsungsmodells erreicht werden. Bei dem einfachen Anwachsungsmodell tritt eine UG einer KG bei. Daraufhin treten die Gesellschafter der KG aus. Das Vermögen der KG wächst der UG gemäß § 738 Abs. 1 BGB an. Allerdings sind steuerlich alle stillen Reserven aufzudecken, Tz. 1554 *GmbH & Co KG → GmbH*.

Hinsichtlich **Verschmelzung** und **Spaltung** siehe Tz. 1537.3 *GmbH → UG*. 2039.2

Steuerlich gelten, soweit die Umwandlung zulässig ist, Tz. 1715–1769 *KG → GmbH*. 2039.3

KG → Verein

Eine Umwandung ist **ausgeschlossen**. 2040

KG → VVaG

Eine **Umwandlung** kommt nicht in Betracht. 2041

Da das VAG keine „Sachgründung" für einen VVaG zulässt (vgl. § 22 VAG), kommt auch keine **Einbringung** in Betracht. 2042

Kommanditgesellschaft auf Aktien (KGaA)

KGaA → AG, Formwechsel, Spaltung, Verschmelzung

I. Zivilrecht

2043 Es gelten die Tz. 100–108 *AG* → *KGaA* entsprechend mit folgenden **Besonderheiten**[1].

2044 Für den **Formwechsel** einer KGaA in eine AG kann die Satzung eine geringere **Mehrheit** als drei Viertel der abgebenen Stimmen vorsehen (§ 240 Abs. 1 UmwG). Notwendig ist jedoch in jedem Fall die **Zustimmung** der persönlich haftenden Gesellschafter zum Formwechsel (§ 240 Abs. 3 UmwG). Zu beachten sind die aktienrechtlichen **Gründungsvorschriften**, wobei die persönlich haftenden Gesellschafter als Gründer gelten (§§ 245 Abs. 3, 220 UmwG), obwohl sie zwangsläufig ausscheiden (§ 247 Abs. 2 UmwG). Für sie gelten jedoch nicht die umwandlungsrechtlichen Abfindungsregeln (§§ 227, 250 UmwG). Die **Abfindung** bestimmt sich in erster Linie nach der Satzung, ansonsten nach dem tatsächlichen Wert der Beteiligung (§ 278 Abs. 2 AktG i.V.m. §§ 161 Abs. 2, 105 Abs. 2 HGB)[2]. Für die **Haftung** der persönlich haftenden Gesellschafter gilt § 224 UmwG (§ 249 UmwG; Haftungsverjährung nach fünf Jahren).

2045 Für die **Spaltung** oder **Verschmelzung** ist die **Zustimmung** der persönlich haftenden Gesellschafter erforderlich. Die Satzung kann eine Mehrheitsentscheidung dieser Gesellschafter vorsehen (§ 125 i.V.m. § 78 S. 3 UmwG). Soweit gegenseitige Beteiligungen bestehen, ist ein Abfindungsanspruch gemäß § 29 UmwG ausgeschlossen (§ 78 S. 4 UmwG).

II. Steuerecht

2046 **Steuerliche Besonderheiten** gelten bezüglich eines ausscheidenden persönlich haftenden Gesellschafters. Da er Mitunternehmer ist, gelten insoweit die §§ 16, 34 EStG. Ein Veräußerungs- bzw. Aufgabegewinn ist steuerpflichtig. Dies gilt auch für Sonderbetriebsvermögen[3].

---

1 Siehe auch KRUG, AG 2000, 510.
2 Siehe BGH II ZR 142/76 vom 13.3.1978, BGHZ 71, 40; PERLITT in Münchener Kommentar zum AktG, § 289 Rz. 189 ff.
3 Zu Anteilen des persönlich haftenden Gesellschafters am Grundkapital BFH X R 14/88 vom 21.6.1989, BStBl. 1989 II, 881.

KGaA ↔ Einzelunternehmen (EU), Verschmelzung

Es gelten die Tz. 49–54 AG ↔ EU entsprechend. § 78 UmwG hat hier keine Bedeutung.   2047

KGaA → Europäische Kapitalgesellschaft (EU-Kap)[1], Verschmelzung

Es gelten die Tz. 688.1–688.23 GmbH → EU-Kap, mit der Besonderheit, dass der persönlich haftende Gesellschafter der KGaA in jedem Fall der Verschmelzung zustimmen muss (§ 122a Abs. 2 i.V.m. § 78 UmwG).   2047.1

KGaA → EWIV

Siehe Tz. 689 GmbH → EWIV.   2048

KGaA → GbR, Formwechsel, Spaltung, Verschmelzung

Eine KGaA kann nur durch **Formwechsel** in eine GbR umgewandelt werden (§ 226 UmwG). Es gelten die Tz. 2055–2056 KGaA → KG. Eine **Spaltung** oder **Verschmelzung** ist ausgeschlossen.   2049

KGaA → Genossenschaft, Formwechsel, Spaltung, Verschmelzung

Eine KGaA kann durch **Formwechsel** in eine Genossenschaft umgewandelt werden (§ 214 UmwG). Es gelten die Tz. 695–701 GmbH → Genossenschaft entsprechend mit den Besonderheiten gemäß §§ 251, 252 Abs. 3, 255 Abs. 3, 257 UmwG.   2050

Für die **Spaltung**, die zulässig ist (§ 124 UmwG), gelten die Tz. 702–714 GmbH → Genossenschaft mit den Besonderheiten gemäß §§ 141–146 UmwG. Erforderlich ist die Zustimmung des persönlich haftenden Gesellschafters (§ 125 i.V.m. § 78 UmwG).   2051

Zur **Verschmelzung** einer KGaA mit bzw. zu einer Genossenschaft wird auf Tz. 61–63 AG → Genossenschaft verwiesen. Zudem zu beachten ist § 78 UmwG.   2052

---

1 Zum Begriff siehe Einleitung S. 4.

KGaA → GmbH

KGaA → GmbH, Formwechsel, Spaltung, Verschmelzung

2053 Es gelten die Tz. 64–93 *AG* → *GmbH* entsprechend. Als **Besonderheit** ist zu beachten, dass der persönlich haftende Gesellschafter der KGaA der Umwandlung jeweils zustimmen muss (§ 240 Abs. 3; § 125 i.V.m. § 78 UmwG; § 78 UmwG).

KGaA → GmbH & Co KG, Formwechsel, Spaltung, Verschmelzung

2054 Es gelten die Tz. 2055–2058 *KGaA* → *KG*.

KGaA → KG, Formwechsel, Spaltung, Verschmelzung

2055 Es gelten die Tz. 95–99 *AG* → *KG* entsprechend mit folgenden Besonderheiten:

2056 Die persönlich haftenden Gesellschafter müssen dem Formwechsel zustimmen. Dabei kann die Satzung für den Formwechsel in eine KG eine Mehrheitsentscheidung der persönlich haftenden Gesellschafter vorsehen (§ 233 Abs. 3 S. 1, 2 UmwG). Jeder persönlich haftende Gesellschafter kann sein Ausscheiden erklären (§§ 233 Abs. 3 S. 3, 236 UmwG). Ihr Abfindungsanspruch richtet sich nicht nach dem UmwG (§ 227 UmwG), sondern nach allgemeinem Recht (Tz. 2044 *KGaA* → *AG*). Die Fortdauer der persönlichen Haftung ist auf fünf Jahre begrenzt (§ 237 i.V.m. § 224 UmwG).

2057 Für die **Spaltung** und **Verschmelzung** gelten die Besonderheiten des § 78 UmwG.

2058 Zum **Steuerrecht** siehe Tz. 2046 *KGaA* → *AG*.

KGaA → KGaA, Spaltung

2059 Es gelten die Tz. 1–29 *AG* → *AG* entsprechend, unter Beachtung der §§ 125, 78 UmwG.

KGaA ↔ KGaA, Verschmelzung

2060 Es gelten die Tz. 30–48 *AG* ↔ *AG* entsprechend, unter Beachtung des § 78 UmwG[1].

---

1 Zur „Umwandlung" einer atypischen KGaA in eine typische KGaA KUSTERER, FR 2001, 865.

KGaA → Körperschaft des öffentlichen Rechts (KöR), Vermögensübertragung

Es gelten die Tz. 110–127 AG → KöR entsprechend. 2061

KGaA → OHG, Formwechsel, Spaltung, Verschmelzung

Es gelten die Tz. 2055–2058 KGaA → KG entsprechend. 2062

KGaA → Partnerschaft

Es gilt Tz. 1521 GmbH → Partnerschaft entsprechend. 2063

KGaA → Stiftung

Siehe Tz. 1522–1528 GmbH → Stiftung, die entsprechend gelten. 2064

KGaA → Stille Gesellschaft

Tz. 1529–1537 GmbH → Stille Gesellschaft gelten entsprechend[1]. 2065

KGaA → UG (haftungsbeschränkt)

Es gelten die Tz. 131.1–131.2 AG → UG. 2065.1

KGaA → Verein

Eine Umwandlung ist **nicht möglich**. 2066

KGaA → VVaG, Vermögensübergang

Siehe Tz. 133–135 AG → VVaG, die entsprechend gelten. 2067

---

[1] BFH IV B 94/09 vom 16.4.2010, BFH/NV 2010, 1272 zur Umwandlung der Beteiligung eines Komplementärs einer KGaA in eine atypisch stille Beteiligung; HAGEBÖKE, DB 2010, 1610.

Körperschaft des öffentlichen Rechts (KöR)

Körperschaft des öffentlichen Rechts (KöR)
→ AG, Formwechsel, Ausgliederung

2068 Der **Formwechsel** einer KöR in eine AG ist zulässig, soweit das für die KöR geltende Bundes- oder Landesrecht dies zulässt (§ 301 UmwG). Es gelten die §§ 190–213 UmwG, mit den Besonderheiten der §§ 303, 304 UmwG, soweit das jeweilige Bundes- oder Landesrecht keine abweichenden Regelungen enthält (§ 302 UmwG). Steuerlich ist der Formwechsel ohne Belang, sofern die Körperschaft oder Anstalt des öffentlichen Rechts vor der Umwandlung gemäß § 1 Abs. 1 Nr. 6 KStG körperschaftsteuerpflichtig war[1]. Ansonsten übernimmt die AG das Vermögen zum gemeinen Wert, was gleichzeitig die Anschaffungskosten der Aktien darstellt.

2069 Eine **Spaltung** ist nur in Form einer Ausgliederung aus dem Vermögen von Gebietskörperschaften oder Zusammenschlüssen von Gebietskörperschaften möglich[2]. Es gelten die §§ 123–137 UmwG mit den Besonderheiten der §§ 168–173 UmwG. Steuerlich gilt ggf. § 20 UmwStG[3].

2070 Eine **Verschmelzung** ist nicht möglich (siehe § 3 UmwG).

2071 Öffentlich-rechtliche Versicherungsunternehmen können durch **Vermögensübertragung** auf eine Versicherungs-AG umgewandelt werden (§§ 188, 189 UmwG).

Körperschaft des öffentlichen Rechts (KöR)
→ EU, Umwandlung

2072 Die Umwandlung einer KöR in ein Einzelunternehmen ist **ausgeschlossen**.

---

1 Siehe BFH I R 3/06 vom 8.10.2008, BStBl. 2010 II, 186.
2 Hierzu STEUCK, NJW 1995, 2887; STRAHL, KÖSDI 2000, 12527; SCHINDHELM/STEIN, DB 1999, 1375; zur Ausgliederung hoheitlicher und wirtschaftlicher Tätigkeiten durch staatliche Hochschulen STRAHL, FR 2004, 72; zur Ausgliederung kirchlicher Unternehmen BORSCH, DNotZ 2005, 10.
3 BFH I R 6/01 vom 5.6.2002, GmbHR 2003, 50; eingehend ORTH, DB 2007, 419.

Körperschaft des öffentlichen Rechts (KöR) → Europäische Kapitalgesellschaft (EU-Kap)[1]

Eine unmittelbare Umwandlung ist **ausgeschlossen**. Möglich wäre die Umwandlung in eine Kapitalgesellschaft mit anschließender Verschmelzung.

2072.1

Körperschaft des öffentlichen Rechts (KöR) → EWIV

Die EWIV gilt als OHG (§ 1 EWIVG). Siehe Tz. 2083 *KöR → OHG*.

2073

Körperschaft des öffentlichen Rechts (KöR) → GbR, Umwandlung

Die Umwandlung einer KöR in eine GbR ist **ausgeschlossen** (siehe §§ 301 Abs. 1, 168 UmwG).

2074

Körperschaft des öffentlichen Rechts (KöR) → Genossenschaft, Ausgliederung

Der **Formwechsel** oder die **Verschmelzung** einer KöR auf eine Genossenschaft ist – sofern bundes- oder landesrechtlich nichts anderes bestimmt ist – nicht möglich (siehe §§ 301, 3 UmwG).

2075

Zulässig ist die **Ausgliederung** aus dem Vermögen von Gebietskörperschaften oder Zusammenschlüssen von Gebietskörperschaften auf eine Genossenschaft (§ 168 UmwG). Es gelten die §§ 123–137 UmwG mit den §§ 168–173 UmwG.

2076

Körperschaft des öffentlichen Rechts (KöR) → GmbH, Formwechsel, Ausgliederung

Siehe Tz. 2068–2071 *KöR → AG*, die entsprechend gelten[2].

2077

---

1 Zum Begriff siehe Einleitung S. 4.
2 Vertragsmuster zur Ausgliederung eines kommunalen Eigenbetriebs: HECKSCHEN in Widmann/Mayer, Anh. 4, M 120 ff. (Juli 2010); BFH I R 112/09 vom 12.1.2011, BFH/NV 2011, 1194: kein Übergang des Verlustabzugs bei Umwandlung eines Betriebs gewerblicher Art in eine KöR; OFD Hannover vom 27.11.2009, DStR 2010, 226.

KöR → GmbH & Co KG

Körperschaft des öffentlichen Rechts (KöR) → GmbH & Co KG, Ausgliederung

2078 Siehe Tz. 2079–2080 *KöR → KG*.

Körperschaft des öffentlichen Rechts (KöR) → KG, Ausgliederung

2079 Zulässig ist nur die **Ausgliederung** aus dem Vermögen von Gebietskörperschaften oder Zusammenschlüssen von Gebietskörperschaften auf eine bestehende KG (§ 168 UmwG). Es gelten die §§ 123–137 UmwG mit den Besonderheiten der §§ 168–173 UmwG.

2080 **Steuerlich** handelt es sich um eine Einbringung i.S.d. § 24 UmwStG.

Körperschaft des öffentlichen Rechts (KöR) → KGaA, Formwechsel, Ausgliederung

2081 Es gelten die Tz. 2068–2071 *KöR → AG* entsprechend.

Körperschaft des öffentlichen Rechts (KöR) → KöR, Spaltung, Verschmelzung

2082 Eine **Spaltung** oder **Verschmelzung** auf Körperschaften des öffentlichen Rechts nach dem UmwG ist nicht möglich[1].

Körperschaft des öffentlichen Rechts (KöR) → OHG, Ausgliederung

2083 Es gelten die Tz. 2079–2080 *KöR → KG* entsprechend.

Körperschaft des öffentlichen Rechts (KöR) → Partnerschaft

2084 Eine Umwandlung ist **ausgeschlossen**.

---

[1] Zur Verschmelzung von Sparkassen des öffentlichen Rechts siehe Schweyer/Tschesche, BB 2005, 183.

Körperschaft des öffentlichen Rechts (KöR) → Stiftung

Eine Umwandlung ist **ausgeschlossen**. 2085

Körperschaft des öffentlichen Rechts (KöR) → UG (haftungsbeschränkt)

Der **Formwechsel** einer KöR in eine Kapitalgesellschaft ist zulässig, sofern das für die KöR geltende Bundes- oder Landesrecht dies zulässt (§ 301 UmwG). Unter diesen Voraussetzungen ist auch der Formwechsel in eine UG zulässig (Tz. 131.1 AG → UG). 2085.1

Zur **Spaltung** siehe Tz. 2069 *KöR* → *AG*. Zulässig wäre nur eine Ausgliederung zur Aufnahme durch eine bestehende UG, wenn durch die Umwandlung das Mindeststammkapital iHv. 25 000 Euro erreicht wird[1]. 2085.2

Eine **Verschmelzung** ist ausgeschlossen (§ 3 UmwG). 2085.3

Körperschaft des öffentlichen Rechts (KöR) → Verein

Eine Umwandlung ist **ausgeschlossen**. 2086

Körperschaft des öffentlichen Rechts (KöR) → VVaG, Vermögensübertragung

Öffentlich-rechtliche Versicherungsunternehmen können durch Vermögensübertragung in eine VVaG **umgewandelt** werden (§§ 188, 189 UmwG). 2087

---

1 BGH II ZB 25/10 vom 19.4.2011, GmbHR 2011, 699; Anm. HECKSCHEN, BRAO 2011, 232; WACHTER, NJW 2011, 2620.

Offene Handelsgesellschaft (OHG)

OHG → AG, Formwechsel, Spaltung, Verschmelzung

2088 Es gelten die Tz. 1581–1599 *KG → AG* entsprechend.

OHG → Einzelunternehmen (EU)

2089 Es gilt Tz. 1600 *KG → EU* entsprechend.

OHG → Europäische Kapitalgesellschaft (EU-Kap)[1]

2089.1 Siehe Tz. 1601.1 *KG → EU-Kap.*

OHG → EWIV

2090 Ein EWIV mit Sitz in Deutschland gilt als OHG (§ 1 EWIVG). Es gelten die Tz. 2099–2100 *OHG → OHG*.

OHG → GbR

2091 Es gelten die Tz. 1602–1607 *KG → GbR* entsprechend.

OHG → Genossenschaft, Formwechsel, Spaltung, Verschmelzung

2092 Es gelten die Tz. 1608–1621 *KG → Genossenschaft* entsprechend.

OHG → GmbH, Formwechsel, Spaltung, Verschmelzung

2093 Es gelten die Tz. 1622–1848 *KG → GmbH* entsprechend[2].

---

1 Zum Begriff siehe Einleitung S. 4.
2 Vertragsmuster eines Formwechsels: Vossius in Widmann/Mayer, Anh. 4, M 155 ff. (Januar 2010).

OHG → Stiftung

OHG → GmbH & Co KG, Formwechsel, Spaltung, Verschmelzung

Ein Formwechsel ist ausgeschlossen (§ 214 UmwG). Allerdings kann eine OHG durch **Änderung des Gesellschaftsvertrags** zur GmbH & Co KG werden. Die bisherigen Gesellschafter werden Kommanditisten, eine GmbH übernimmt die Komplementärstellung. Gewechselt wird nur die Rechtsform, nicht die Rechtsträgerschaft. Mit Ausnahme der Haftungsverhältnisse gibt es zivilrechtlich keine Veränderungen. **Steuerlich** hat der Vorgang – abgesehen von § 15a EStG – keine Bedeutung. 2094

Im Übrigen gelten die Tz. 1849–1855 KG → GmbH & Co KG entsprechend. 2095

OHG → KG, Formwechsel, Spaltung, Verschmelzung

Es gelten die Tz. 2094–2095 OHG → GmbH & Co KG entsprechend. 2096

OHG → KGaA, Formwechsel, Spaltung, Verschmelzung

Es gelten die Tz. 2025–2032 KG → KGaA entsprechend. 2097

OHG → Körperschaft des öffentlichen Rechts (KöR)

Es gilt die Tz. 2033 KG → KöR entsprechend. 2098

OHG → OHG, Spaltung

Es gelten die Tz. 1856–1937 KG → KG entsprechend. 2099

OHG ↔ OHG, Verschmelzung

Es gelten die Tz. 1938–2024 KG ↔ KG entsprechend. 2100

OHG → Partnerschaft

Siehe Tz. 2037 KG → Partnerschaft. 2101

OHG → Stiftung

Es gilt Tz. 2038 KG → Stiftung entsprechend. 2102

OHG → Stille Gesellschaft

OHG → Stille Gesellschaft

2103 Siehe Tz. 536–538 *GbR → Stille Gesellschaft*.

OHG → UG (haftungsbeschränkt)

2103.1 Siehe Tz. 2039.1–2039.3 *KG → UG*.

OHG → Verein

2104 Eine Umwandlung ist **ausgeschlossen**.

OHG → VVaG

2105 Siehe Tz. 2041–2042 *KG → VVaG*.

Partnerschaft

Partnerschaft → AG, Formwechsel, Spaltung, Verschmelzung

Es gelten die Tz. 2105.6–2105.9 *Partnerschaft → GmbH*.   2105.1

Partnerschaft → Einzelunternehmen (EU)

Eine Umwandlung ist **ausgeschlossen**. Es gilt Tz. 1600 *KG → EU*. Das Ausscheiden eines Partners[1] sowie die Auflösung der Partnerschaft müssen gemäß § 9 Abs. 1 PartGG i.V.m. § 143 HGB in das Partnerschaftsregister eingetragen werden. Eine solche Eintragung hat jedoch nur deklaratorische Bedeutung, dh., auch ohne Eintragung kann ein Partner ausscheiden bzw. die Partnerschaft aufgelöst werden[2]. Auf die eingetretene Rechtsänderung können sich die Partner ohne Eintragung jedoch gegenüber Dritten nicht berufen (§ 5 PartGG i.V.m. § 15 Abs. 1 HGB). Steuerlich gilt Tz. 498 *GbR → EU*.   2105.2

Partnerschaft → Europäische Kapitalgesellschaft (EU-Kap)[3]

Siehe Tz. 2089.1 *OHG → EU-Kap*.   2105.2a

Partnerschaft → EWIV

Siehe Tz. 2105.11–2105.13 *Partnerschaft → KG*.   2105.3

Partnerschaft → GbR

Eine Umwandlung ist nicht möglich. Durch **Löschung im Partnerschaftsregister** kann die Gesellschaft jedoch ihre Stellung als Partnerschaft aufgeben und zur GbR werden. Ertragsteuerlich ist der Vorgang ohne Belang, solange sich die Tätigkeit nicht ändert.   2105.4

---

1 Zum Fortbestehen aufgrund Fortsetzungsklausel trotz Massenkündigung BGH II ZR 181/04 vom 7.4.2008, DStR 2008, 1340.
2 Vgl. dazu BAUMBACH/HOPT, § 143 HGB Rz. 6.
3 Zum Begriff siehe Einleitung S. 4.

Partnerschaft → Genossenschaft

Partnerschaft → Genossenschaft, Formwechsel, Spaltung, Verschmelzung

2105.5 Eine Partnerschaft kann durch **Formwechsel** (§§ 225a-c UmwG), **Spaltung** (§§ 125, 135, 147 f. UmwG) und **Verschmelzung** (§§ 45a-e, 79–98 UmwG) in eine Genossenschaft umgewandelt werden. Es gelten die Tz. 1608 ff. *KG → GmbH* entsprechend mit den Sonderregelungen gemäß Tz. 2105.6–2105.9 *Partnerschaft → GmbH*.

Partnerschaft → GmbH, Formwechsel, Spaltung, Verschmelzung

2105.6 Eine Partnerschaft steht einer Personenhandelsgesellschaft gleich (§§ 3 Abs. 1 Nr. 1, 191 Abs. 1 Nr. 1 UmwG). Damit ist der **Formwechsel** in, die **Verschmelzung** mit sowie die **Spaltung** auf eine bzw. mehrere GmbH möglich. Hierbei gelten grundsätzlich die Vorschriften für eine Umwandlung einer Personenhandelsgesellschaft in bzw. auf eine GmbH (§§ 45e und 225c UmwG; Tz. 1646–1820 *KG → GmbH*).

2105.7 Bei der **Verschmelzung** sind jedoch folgende **Besonderheiten** zu berücksichtigen: Nach § 45c UmwG ist ein Verschmelzungsbericht für eine an der Verschmelzung beteiligte Partnerschaft nur dann erforderlich, wenn ein Partner gemäß § 6 Abs. 2 PartGG von der Geschäftsführung ausgeschlossen ist. Von der Geschäftsführung ausgeschlossene Partner sind entsprechend § 42 UmwG zu unterrichten. Nach § 45d UmwG bedarf der Verschmelzungsbeschluss der Zustimmung aller anwesenden Partner; ihm müssen auch die nicht erschienenen Partner zustimmen. Der Partnerschaftsvertrag kann jedoch eine Mehrheitsentscheidung der Partner vorsehen. Die Mehrheit muss mindestens drei Viertel der abgegebenen Stimmen betragen. Über § 125 UmwG gelten diese Änderungen auch für die Spaltung.

2105.8 Beim **Formwechsel** ist die Sonderbestimmung des § 225b UmwG zu beachten. Danach ist ein **Umwandlungsbericht** nur erforderlich, wenn ein Partner der formwechselnden Partnerschaft gemäß § 6 Abs. 2 PartGG von der Geschäftsführung ausgeschlossen ist. Von der Geschäftsführung ausgeschlossene Partner sind entsprechend § 216 UmwG zu unterrichten.

2105.9 **Steuerlich** gelten die Tz. 1715 ff. *KG → GmbH*.

Partnerschaft ↔ Partnerschaft

Partnerschaft → GmbH & Co KG

Siehe Tz. 2105.11 *Partnerschaft → KG*. 2105.10

Partnerschaft → KG, Spaltung, Verschmelzung

Die Umwandlung einer Partnerschaft in eine Personengesellschaft durch **Formwechsel** ist nicht möglich (§ 225a UmwG). 2105.11

Zulässig ist die **Spaltung** in bzw. auf Personenhandelsgesellschaften (§§ 125, 135 UmwG). Es gelten die Tz. 1856–1937 *KG → KG*. 2105.12

Ebenso kann eine Partnerschaft zu einer KG **verschmolzen** werden. Es gelten die Tz. 1938–2016 *KG → KG* mit den **Besonderheiten** gemäß Tz. 2105.6 *Partnerschaft → GmbH* (§§ 45a-e UmwG). 2105.13

Partnerschaft → KGaA

Es gilt Tz. 2105.6 *Partnerschaft → GmbH* entsprechend. 2105.14

Partnerschaft → Körperschaft des öffentlichen Rechts (KöR)

Eine Umwandlung ist **ausgeschlossen**. 2105.15

Partnerschaft → OHG

Es gelten die Tz. 2105.11–2105.13 *Partnerschaft → KG*. 2105.16

Partnerschaft → Partnerschaft, Spaltung

Die Partnerschaft ist **spaltungsfähig** (§§ 125, 135, 3 Abs. 1 Nr. 1 UmwG). Es gelten die Tz. 1856–1927 *KG → KG*. 2105.17

Partnerschaft ↔ Partnerschaft, Verschmelzung

Es gelten die Tz. 1938–2024 *KG ↔ KG* mit den **Besonderheiten** gemäß §§ 45c, 45d UmwG. 2105.18

Partnerschaft → Stiftung

Partnerschaft → Stiftung

2105.19 Eine Umwandlung ist **ausgeschlossen**, siehe Tz. 2038 *KG → Stiftung*.

Partnerschaft → Stille Gesellschaft

2105.20 Siehe Tz. 536–538 *GbR → Stille Gesellschaft*.

Partnerschaft → UG (haftungsbeschränkt)

2105.20a Es gelten die Tz. 2039.1–2039.3 *KG → UG*.

Partnerschaft → Verein

2105.21 Eine Umwandlung ist **ausgeschlossen**.

Partnerschaft → VVaG

2105.22 Eine Umwandlung ist **ausgeschlossen**.

Societas Europaea (Europäische Gesellschaft – SE)

SE → AG, Formwechsel, Spaltung, Verschmelzung

Eine in Deutschland ansässige SE kann in eine AG umgewandelt werden, vorausgesetzt, die SE ist seit mindestens zwei Jahren im Handelsregister eingetragen (Art. 66 Abs. 1 SE-VO). Die **Umwandlung** entspricht einem Formwechsel (siehe Art. 66 Abs. 2 SE-VO). Vom Vorstand (dualistische SE) bzw. Verwaltungsrat (monistische SE) ist ein Umwandlungsplan sowie ein Umwandlungsbericht zu erstellen (Art. 66 Abs. 3 SE-VO). Im Übrigen gelten gemäß Art. 9 Abs. 1c ii SE-VO die §§ 190 ff. UmwG, so dass auf Tz. 68–77 *AG → GmbH* verwiesen werden kann. Steuerrechtlich ist der Vorgang ohne Relevanz. 2105.23

Die **Spaltung** einer im Inland ansässigen SE ist zulässig[1]. Es gelten die Tz. 1–29 *AG → AG*. 2105.24

Die **Verschmelzung** einer bestehenden inländischen SE mit einer AG ist zulässig[2]. Es gilt nationales Recht (Art. 9 Abs. 1c ii SE-VO) und damit Tz. 30–44 *AG ↔ AG*. Ist die SE in der Europäischen Union ansässig, gelten die Tz. 476.6–476.10 *EU-Kap → GmbH* entsprechend. 2105.25

SE ↔ Einzelunternehmen (EU), Verschmelzung

Inwieweit eine SE mit Sitz im Inland nach den Regeln des UmwG umgewandelt werden kann, ist streitig[3]. Wenn, dann wird die SE wie eine AG behandelt, so dass auf die Ausführungen zur AG verwiesen werden kann. 2105.26

SE → Europäische Kapitalgesellschaft (EU-Kap)[4]

Für die Verschmelzung einer im Inland ansässigen SE mit einer ausländischen Kapitalgesellschaft gelten die Tz. 688.1–688.23 *GmbH → EU-Kap* entsprechend. 2105.26a

---

1 Umstritten, wie hier Vossius, ZIP 2005, 741; Drinhausen in Semler/Stengel, Einleitung C Rz. 55 ff. mwN; aA Veil in Jannott/Frodermann, S. 334 ff.
2 Vossius, ZIP 2005, 741; Veil in Jannott/Frodermann, S. 337, mwN; Drinhausen in Semler/Stengel, Einleitung C Rz. 55 ff. mwN.
3 Siehe Drinhausen in Semler/Stengel, Einleitung C Rz. 55 ff. mwN.
4 Zum Begriff siehe Einleitung S. 4.

SE → EWIV

SE → EWIV
2105.27 Siehe Tz. 2105.26 *SE → EU-Kap.*

SE → GbR
2105.28 Siehe Tz. 2105.26 *SE → EU-Kap.*

SE → Genossenschaft
2105.29 Siehe Tz. 2105.26 *SE → EU-Kap.*

SE → GmbH
2105.30 Siehe Tz. 2105.26 *SE → EU-Kap.*

SE → GmbH & Co KG
2105.31 Siehe Tz. 2105.26 *SE → EU-Kap.*

SE → KG
2105.32 Siehe Tz. 2105.26 *SE → EU-Kap.*

SE → KGaA
2105.33 Siehe Tz. 2105.26 *SE → EU-Kap.*

SE → Körperschaft des öffentlichen Rechts (KöR)
2105.34 Siehe Tz. 2105.26 *SE → EU-Kap.*

SE → OHG
2105.35 Siehe Tz. 2105.26 *SE → EU-Kap.*

SE → Partnerschaft
2105.36 Siehe Tz. 2105.26 *SE → EU-Kap.*

SE → SE, Spaltung

Siehe Tz. 2105.26 *SE → EU-Kap*. 2105.37

SE ↔ SE, Verschmelzung

Die Verschmelzung zweier SE mit Sitz in Deutschland ist zulässig[1]. Es gilt nationales Recht (Art. 9 Abs. 1c ii SE-VO) und damit die Tz. 31–44 *AG ↔ AG*. 2105.38

SE → Stiftung

Siehe Tz. 2105.26 *SE → EU-Kap*. 2105.39

SE → Stille Gesellschaft

Siehe Tz. 2105.26 *SE → EU-Kap*. 2105.40

SE → UG (haftungsbeschränkt)

Siehe Tz. 2105.26 *SE → EU*. 2105.40a

SE → Verein

Siehe Tz. 2105.26 *SE → EU-Kap*. 2105.41

SE → VVaG

Siehe Tz. 2105.26 *SE → EU-Kap*. 2105.42

---

[1] BAYER in Lutter/Hommelhoff, Art. 3 SE-VO Rz. 3; VEIL in Jannott/Frodermann, S. 343; VOSSIUS, ZIP 2005, 741.

Stiftung

Stiftung → AG, Ausgliederung

2106 Siehe Tz. 2118–2120 *Stiftung → GmbH*.

Stiftung → Einzelunternehmen (EU)

2107 Die **rechtstechnische Umwandlung** einer Stiftung in ein Einzelunternehmen ist ausgeschlossen.

2108 Nur bei der **Auflösung** oder **Aufhebung** der Stiftung kann es zum Vermögensanfall bei einer Einzelperson als Anfallberechtigtem kommen. Mit Ausnahme des Fiskus als Anfallberechtigtem (§§ 88, 46 BGB) tritt jedoch keine Gesamtrechtsnachfolge ein. Vielmehr ist gemäß §§ 46–53 BGB die Liquidation durchzuführen (§ 88 BGB). Der Anfallberechtigte erwirbt einen schuldrechtlichen Anspruch gegen die Stiftung auf Auszahlung des nach Liquidation verbleibenden Überschusses[1].

2109 Grundsätzlich sind im Rahmen der **Liquidation** die laufenden Geschäfte abzuwickeln, die Gläubiger zu befriedigen, Forderungen einzuziehen und das Vermögen zur Auskehrung an den Anfallberechtigten in Geld umzusetzen (§§ 88, 49 BGB). Forderungseinziehung und Vermögensveräußerung stehen jedoch unter dem Vorbehalt, dass dies zur Liquidation erforderlich ist (§ 49 Abs. 1 S. 3 BGB). Können die Gläubiger aus vorhandenen Geldmitteln befriedigt werden, kann das Vermögen der Stiftung an den Anfallberechtigten – wenn er einverstanden ist – in Natur übertragen werden[2].

2110 **Steuerlich** unterfällt die Liquidation nicht § 11 KStG. Es gelten die allgemeinen Vorschriften über die Besteuerung des Gewinns bei der **Veräußerung** und **Aufgabe** eines Betriebs (§§ 14, 16 EStG). Gewinne aus der Veräußerung von Betriebsvermögen sind körperschaftsteuer- und gewerbesteuerpflichtig. Der Betriebsaufgabe- oder Veräußerungsgewinn ist gemäß § 16 Abs. 4 EStG begünstigt und gewerbeertragsteuerfrei[3].

---

1 HEINRICHS in Palandt, § 88 BGB Rz. 1; NEUHOFF in Soergel, § 88 BGB Rz. 3.
2 HADDING in Soergel, § 49 BGB Rz. 6; WEICK in Staudinger (1995), § 49 BGB Rz. 10.
3 PÖLLATH/RICHTER in Seifart/v. Campenhausen, Stiftungsrechts-Handbuch, S. 895.

Stiftung → EU-Kap

Bei einer **unentgeltlichen Übertragung** eines Betriebs, Teilbetriebs oder Mitunternehmeranteils auf den Anfallberechtigten realisiert die Stiftung keinen Gewinn (§ 6 Abs. 3 EStG)[1]. Denkbar ist dies, wo die Verwertung dieses Vermögens zur Befriedigung von Gläubigern im Rahmen der Liquidation nicht erforderlich ist. Die unentgeltliche Übertragung (verbleibender) einzelner Wirtschaftsgüter führt hingegen zur Gewinnrealisierung[2]. 2111

Soweit von der Stiftung **Privatvermögen** veräußert oder unentgeltlich übertragen wird, ist dies für die Stiftung steuerfrei, soweit nicht § 23 EStG (Spekulationsgeschäft) eingreift[3]. 2112

Bei Aufhebung einer **steuerbefreiten Stiftung** ist darauf zu achten, dass die **Vermögensbindung** nicht entfällt (§ 55 Abs. 1 Nr. 2, 4 AO). Bleibt die Vermögensbindung erhalten, hat die Aufhebung der Stiftung keine Folgen hinsichtlich der Steuerbefreiung[4]. 2113

Bei dem **Anfallberechtigten** entsteht regelmäßig keine Ertragsteuerpflicht. Soweit der Wert des übernommenen Vermögens steuerlich von Bedeutung ist, gelten die allgemeinen Regeln (Buchwert bei unentgeltlichem Erwerb, ansonsten Anschaffungskosten oder niedriger Teilwert). Der Erwerb bei Aufhebung einer Stiftung gilt als **Schenkung** (§ 7 Abs. 1 Nr. 9 ErbStG). Als Schenker gilt der Stifter. Es ist mindestens die Steuerklasse II zugrunde zu legen (§ 15 Abs. 2 S. 2 ErbStG). Fällt das Stiftungsvermögen an den Stifter selbst zurück, so fehlt es an einem steuerpflichtigen Erwerb[5]. 2114

Stiftung → Europäische Kapitalgesellschaft (EU-Kap)[6]

Eine Umwandlung ist **ausgeschlossen**. 2114.1

---

1 Schick, DB 1983, 1733; Pöllath/Richter in Seifart/v. Campenhausen, Stiftungsrechts-Handbuch, S. 900.
2 Pöllath/Richter in Seifart/v. Campenhausen, Stiftungsrechts-Handbuch, S. 900.
3 Zu den Folgen, wenn bei Aufhebung der Stiftung auch die Steuerbefreiung endet, Pöllath/Richter in Seifart/v. Campenhausen, Stiftungsrechts-Handbuch, S. 899.
4 Pöllath/Richter in Seifart/v. Campenhausen, Stitungsrechts-Handbuch, S. 896.
5 BFH III 211/52 S vom 23.4.1954, BStBl. 1954 III, 178; Jülicher in Troll/Gebel/Jülicher, § 15 ErbStG Rz. 121 (Februar 2010); zweifelnd Pöllath/Richter in Seifart/v. Campenhausen, Stiftungsrechts-Handbuch, S. 899.
6 Zum Begriff siehe Einleitung S. 4.

Stiftung → EWIV

Stiftung → EWIV

2115 Siehe Tz. 2129 *Stiftung* → *OHG* (§ 1 EWIVG).

Stiftung → GbR

2116 Eine Umwandlung ist **ausgeschlossen**. Denkbar ist ein Vermögensanfall. Siehe Tz. 2108–2114 *Stiftung* → *EU*.

Stiftung → Genossenschaft

2117 Eine Umwandlung ist **ausgeschlossen**. Denkbar wäre ein **Vermögensanfall** bei Auflösung der Stiftung. Dazu Tz. 2108–2114 *Stiftung* → *EU*.

Stiftung → GmbH, Ausgliederung

2118 Die Umwandlung einer Stiftung in eine GmbH ist nur in Form der Ausgliederung[1] von Betrieben oder Teilbetrieben auf eine bestehende oder mit der Ausgliederung zu gründende Kapitalgesellschaft möglich (§ 161 UmwG)[2]. Es gelten die **Besonderheiten** der §§ 162–167 UmwG.

2119 **Steuerlich** handelt es sich um eine Einbringung gemäß §§ 20 ff. UmwStG.

2120 Zum **Vermögensanfall** siehe Tz. 2108–2114 *Stiftung* → *EU*.

Stiftung → GmbH & Co KG, Ausgliederung

2121 Siehe Tz. 2122–2124 *Stiftung* → *KG*.

Stiftung → KG, Ausgliederung

2122 Die Umwandlung einer Stiftung in eine KG ist nur in Form der Ausgliederung[3] von Betrieben oder Teilbetrieben auf eine bestehende Personenhandelsgesellschaft möglich (§ 161 UmwG). Es gelten die **Besonderheiten** der §§ 162–167 UmwG:

2123 **Steuerlich** gilt § 24 UmwStG.

---

1 Zum Begriff siehe Tz. 730 *GmbH* → *GmbH*.
2 Siehe auch ORTH, FR 2010, 637.
3 Zum Begriff Tz. 730 *GmbH* → *GmbH*.

Stiftung → Stiftung

Zum **Vermögensanfall** siehe Tz. 2108–2114 *Stiftung → EU*. 2124

Stiftung → KGaA, Ausgliederung

Siehe Tz. 2118–2120 *Stiftung → GmbH*. 2125

Stiftung → Körperschaft des öffentlichen Rechts (KöR)

Mit der Neufassung des **Stiftungsgesetzes von Rheinland-Pfalz**[1] ist die bis dahin bestehende Möglichkeit der Umwandlung einer Stiftung des bürgerlichen Rechts in eine Stiftung des öffentlichen Rechts[2] entfallen. 2126

Bei Aufhebung einer Stiftung tritt der **Fiskus** mangels abweichender Bestimmung in der Verfassung die Gesamtrechtsnachfolge an (§§ 88, 46 BGB). 2127

Eine Körperschaft öffentlichen Rechts kann durch die Verfassung als **Anfallberechtigter** bestimmt werden. 2128

Stiftung → OHG, Ausgliederung

Siehe Tz. 2122–2124 *Stiftung → KG*. 2129

Stiftung → Partnerschaft

Eine Umwandlung ist **ausgeschlossen**. 2130

Stiftung → Stiftung

Die Spaltung einer Stiftung nach dem UmwG ist **ausgeschlossen**. 2131

Stiftung → Stiftung, Zweckumwandlung, Zusammenschluss

A. Verschmelzung 2132	C. Zusammenschluss/Zusammenlegung 2137
B. Zweckumwandlung 2133	

---

1 Landesstiftungsgesetz vom 19.7.2004.
2 Siehe PÖLLATH/RICHTER in Seifart/v. Campenhausen, Stiftungsrechts-Handbuch, S. 529.

Stiftung → Stiftung

A. Verschmelzung

2132 Eine Verschmelzung nach dem UmwG ist **ausgeschlossen** (§ 3 UmwG).

B. Zweckumwandlung

2133 Als „Umwandlung" wird im Stiftungsrecht die **Zweckänderung** verstanden[1]. Grundsätzlich besteht zwar eine Bindung an den vom Stifter vorgegebenen Zweck. Ist dieser Zweck jedoch obsolet geworden, ist eine Zweckumwandlung an Stelle einer Aufhebung zulässig, ggf. sogar geboten[2]. Dabei sind zunächst die Vorgaben der Stiftungssatzung zu berücksichtigen. Fehlen Satzungsregelungen, kann die Änderung durch staatlichen Eingriff erfolgen (§ 87 BGB).

2134 Umstritten sind die **steuerlichen Folgen** einer „Zweckumwandlung". Die Finanzverwaltung unterstellt die Aufhebung und Neugründung einer Stiftung mit der Folge doppelter Schenkungsteuerpflicht (§ 7 Abs. 1 Nr. 9, 8 ErbStG)[3]. Diese Ansicht ist abzulehnen[4]. Die Zweckumwandlung ist eine Satzungsänderung, die nicht in eine Auflösung und Neugründung umgedeutet werden kann. Für eine solche Umdeutung fehlen zivilrechtlich wie steuerrechtlich gesetzliche Grundlagen. Gerade § 87 Abs. 1 BGB zeigt, dass die Zweckumwandlung der Erhaltung der Stiftung dient. Die Zweckumwandlung ist somit weder schenkungsteuerlich noch ertragsteuerlich Auflösung und Neugründung.

2135 Bei „Umwandlung" einer **Familienstiftung** in eine gewöhnliche Stiftung entfällt die Erbschaftsteuer (§ 9 Abs. 1 Nr. 4 ErbStG)[5].

2136 Entfällt durch die „Zweckumwandlung" die **Steuerbegünstigung** (§ 5 Abs. 1 Nr. 9 KStG, § 3 Abs. 1 Nr. 12 VStG, § 13 Abs. 1 Nr. 16b ErbStG),

---

1 Siehe WACHTER, Stiftungen, S. 246 f.; PÖLLATH/RICHTER in Seifart/v. Campenhausen, Stiftungsrechts-Handbuch, S. 895; BRANDMÜLLER/LINDNER, Gewerbliche Stiftungen, S. 107; NEUHOFF in Soergel, § 87 BGB Rz. 6.
2 NEUHOFF in Soergel, § 87 BGB Rz. 6 ff.; REUTER in Münchener Kommentar zum BGB, § 87 Rz. 2; O. WERNER in Erman, § 87 BGB Rz. 1 ff.; zu den landesrechtlichen Regelungen RAWERT in Staudinger, § 87 BGB Rz. 2 ff.
3 FinMin. Niedersachsen vom 6.12.1983, BB 1984, 259; FinMin. Baden-Württemberg vom 28.10.1983, DStR 1983, 744.
4 Ebenso JÜLICHER in Troll/Gebel/Jülicher, § 15 ErbStG Rz. 125 ff. (Februar 2010); PÖLLATH/RICHTER in Seifart/v. Campenhausen, Stiftungsrechts-Handbuch, S. 895 ff.
5 FinMin. Niedersachsen vom 6.12.1983, BB 1984, 259; FinMin. Baden-Württemberg vom 28.10.1983, DStR 1983, 744; SORG, BB 1983, 1620.

tritt rückwirkende Steuerpflicht ein (§ 61 Abs. 3 AO). Zur Vermeidung empfiehlt sich die Abstimmung der Satzungsänderung mit der Finanzverwaltung[1].

C. Zusammenschluss/Zusammenlegung

Um die Auflösung einer Stiftung zu vermeiden, können Stiftungsorgane die Vereinigung mit einer anderen Stiftung beschließen **(Zusammenschluss)**. Voraussetzung sind gleiche oder sehr ähnliche Zwecksetzungen sowie die Zustimmung der Aufsichtsbehörden[2]. Im Rahmen des § 87 BGB kann auch die Aufsichtsbehörde die **Zusammenlegung** bewirken. Einzelheiten regeln die Stiftungsgesetze der Länder[3]. 2137

Rechtstechnisch ist zwischen Zusammenschluss bzw. Zusammenlegung und **Zulegung** zu unterscheiden. 2138

Bei einem Zusammenschluss (Beschluss der Stiftungsorgane) oder einer Zusammenlegung (Maßnahme der Aufsichtsbehörde) entsteht, ähnlich einer **Verschmelzung durch Neugründung**, eine neue Stiftung. Die Alt-Stiftungen erlöschen (§ 14 Stiftungsgesetz NRW; Art. 16 Abs. 1 S. 3 Stiftungsgesetz Bayern). Das Vermögen der zusammengelegten Stiftungen geht im Wege der Gesamtrechtsnachfolge auf die neue Stiftung über (siehe § 14 Abs. 2 S. 4 Stiftungsgesetz BaWürt.; § 5 Abs. 3 Stiftungsgesetz Berlin)[4]. 2139

Bei der **Zulegung** geht das Vermögen einer Stiftung auf eine andere bestehende Stiftung über. Die übertragende Stiftung erlischt (§ 14 Abs. 3 Stiftungsgesetz BaWürt.). ME tritt auch hier Gesamtrechtsnachfolge ein. 2140

Die **steuerlichen Folgen** sind weitgehend ungeklärt[5]. ME führt die Verschmelzung nicht zur **Schenkungsteuerpflicht**. Die Verschmelzung im Wege der Gesamtrechtsnachfolge ist weder Errichtung noch Auflösung 2141

---

1 FinMin. NRW vom 20.3.1987, StEK AO 1977 § 52 Nr. 46.
2 Hof in Seifart/v. Campenhausen, Stiftungsrechts-Handbuch, S. 383 f.
3 Siehe Neuhoff in Soergel, § 87 BGB Rz. 5; Rawert in Staudinger, § 87 BGB Rz. 10; Reuter in Münchener Kommentar zum BGB, § 87 Rz. 14.
4 So auch Neuhoff in Soergel, § 87 BGB Rz. 5; Wachter, Stiftungen, S. 245; Hof in Seifart/v. Campenhausen, Stiftungsrechts-Handbuch, S. 386.
5 Eingehend nur Pöllath/Richter in Seifart/v. Campenhausen, Stiftungsrechts-Handbuch, S. 894 ff.

Stiftung → Stille Gesellschaft

einer Stiftung i.S.d. § 7 Nr. 8 u. 9 ErbStG[1]. Ebenso ist der Verschmelzung mangels Entgeltlichkeit **ertragsteuerlich** unbeachtlich[2].

2142 Soweit Verbindlichkeiten auf die neue oder übernehmende Stiftung übergehen, kann **Umsatzsteuer** anfallen[3].

Stiftung → Stille Gesellschaft

2143 Die stille Beteiligung an einer Stiftung ist **ausgeschlossen**.

Stiftung → UG (haftungsbeschränkt)

2143.1 Es gelten die Tz. 2118–2120 *Stiftung → GmbH*. Wegen des Sacheinlageverbots des § 5a Abs. 2 S. 2 GmbHG kommt aber ausschließlich eine Ausgliederung zur Aufnahme in Betracht, wenn durch die Vermögensübertragung aus der UG eine GmbH wird, siehe Tz. 1537.3 *GmbH → UG*.

Stiftung → Verein

2144 Eine Umwandlung ist **ausgeschlossen**.

Stiftung → VVaG

2145 Eine Umwandlung ist **nicht möglich**.

---

[1] Ebenso Pöllath/Richter in Seifart/v. Campenhausen, Stiftungsrechts-Handbuch, S. 898.
[2] Pöllath/Richter in Seifart/v. Campenhausen, Stiftungsrechts-Handbuch, S. 899.
[3] FG Hamburg II 57/80 vom 22.9.1983, EFG 1984, 314, rkr.

Stille Gesellschaft (StG)

Stille Gesellschaft → AG

Siehe Tz. 2156–2158 *Stille Gesellschaft* → *GmbH*.   2146

Stille Gesellschaft → Einzelunternehmen (EU)

Eine stille Beteiligung ist nur am Handelsgewerbe eines anderen möglich (§ 230 HGB). Die **Umformung** kann sich also nur so vollziehen, dass entweder der stille Gesellschafter ausscheidet oder der bisherige stille Gesellschafter das Einzelunternehmen übernimmt. Dabei ist zu differenzieren, ob es sich um eine typische oder atypische (mitunternehmerische) stille Beteiligung handelt.   2147

Scheidet der **typische stille Gesellschafter** aus, so handelt es sich um die Auflösung der stillen Gesellschaft. Die **zivilrechtlichen** Rechtsfolgen bestimmen sich nach § 235 HGB.   2148

Steuerrechtlich ist die Rückgewähr der Einlage irrelevant, da Einkünfte nach § 20 EStG bezogen werden.   2149

Übernimmt der stille Gesellschafter das Einzelunternehmen, liegt zivilrechtlich ein **Unternehmenserwerb** vor.   2150

Steuerrechtlich ist der Vorgang für den Ausscheidenden Betriebsveräußerung (§§ 16, 34 EStG), für den Stillen ein Anschaffungsgeschäft. Die stille Beteiligung wird Eigenkapital.   2151

Für eine **atypische (mitunternehmerische) stille Gesellschaft** gelten die Tz. 2163–2171 *Stille Gesellschaft* → *OHG* entsprechend.   2152

Stille Gesellschaft → Europäische Kapitalgesellschaft (EU-Kap)[1]

Soweit eine stille Beteiligung an einer ausländischen Kapitalgesellschaft besteht, käme eine Einbringung in Betracht. Es gelten die Tz. 146.1–146.20 *EU* → *EU-Kap*.   2152.1

---

1 Zum Begriff siehe Einleitung S. 4.

Stille Gesellschaft → EWIV

2153 Siehe Tz. 2163–2171 *Stille Gesellschaft → OHG* (§ 1 EWIVG).

Stille Gesellschaft → GbR

2154 Siehe Tz. 2163–2171 *Stille Gesellschaft → OHG*.

Stille Gesellschaft → Genossenschaft

2155 Die Umformung ist praktisch **ausgeschlossen**; siehe Tz. 171–173 *EU → Genossenschaft*.

Stille Gesellschaft → GmbH

2156 Die „Umwandlung" einer stillen Gesellschaft in eine GmbH erfolgt **zivilrechtlich** durch **Einbringung** der stillen Beteiligung und des Handelsunternehmens in eine (bestehende oder neu gegründete) GmbH im Wege der Sachgründung oder Sachkapitalerhöhung[1].

2157 **Steuerrechtlich** handelt es sich bei einer atypischen stillen Gesellschaft um die **Einbringung von Mitunternehmeranteilen** gemäß § 20 UmwStG.

2158 Bei der **typischen stillen Gesellschaft** bringt der Inhaber des Handelsgeschäfts seinen Betrieb ein (§ 20 UmwStG), der stille Gesellschafter eine Forderung aus dem Privatvermögen.

Stille Gesellschaft → GmbH & Co KG

2159 Siehe Tz. 2163–2171 *Stille Gesellschaft → OHG*.

Stille Gesellschaft → KG

2160 Siehe Tz. 2163–2171 *Stille Gesellschaft → OHG*.

Stille Gesellschaft → KGaA

2161 Siehe Tz. 2156–2158 *Stille Gesellschaft → GmbH*.

---

1 BLAUROCK, Handbuch Stille Gesellschaft, S. 430 f.

Stille Gesellschaft → Körperschaft des öffentlichen Rechts (KöR)

Eine Umwandlung ist **ausgeschlossen**. Denkbar wäre *Stille Gesellschaft → AG* mit anschließender Übertragung des Vermögens auf die öffentliche Hand (siehe Tz. 110–127 *AG → KöR*). 2162

Stille Gesellschaft → OHG

Die „**Umwandlung**" einer stillen Gesellschaft in eine OHG ist zivilrechtlich die Auflösung der stillen Gesellschaft und die **Neugründung** einer OHG[1]. Allerdings findet keine Auseinandersetzung (§ 235 HGB) statt. Die Einlage des stillen Gesellschafters wird zu seinem Anteil am Betriebsvermögen der OHG. Intern erfolgt die Umbuchung seines Guthabens auf sein Kapitalkonto. Das Einlagekonto, das bisher den Charakter eines Gläubigerkontos hatte, wird Kapitalkonto[2]. 2163

Steuerrechtlich ist zwischen einer typischen und einer atypischen (mitunternehmerischen) stillen Gesellschaft zu differenzieren. 2164

Obwohl zivilrechtlich keine Identität zwischen einer atypischen stillen Gesellschaft und einer OHG besteht, ist der Vorgang **einkommensteuerrechtlich** einer formwechselnden Umwandlung gleichzustellen. Die Mitunternehmerschaft besteht als solche fort. Daher kommt es weder zur Betriebsveräußerung oder Betriebsaufgabe noch zur Betriebsgründung[3]. Damit ist der Vorgang auch nicht als Einbringung zu werten, so dass mE § 24 UmwStG keine Anwendung findet. Die Buchwerte sind fortzuführen[4]. 2165

Verfahrensrechtlich besteht hingegen keine Identität zwischen der stillen Gesellschaft und der OHG. Daher umfasst eine Prüfungsanordnung für die KG nicht die steuerlichen Verhältnisse der stillen Gesellschaft[5]. 2166

Bei der **Gewerbesteuer** tritt die OHG an die Stelle des Inhabers des Handelsunternehmens als Steuersubjekt. Ungeachtet dessen bleibt ein Verlustvortrag nach § 10a GewStG erhalten, wenn man der bisherigen 2167

---

1 BAUMBACH/HOPT, Einl. v. § 105 HGB Rz. 27; vgl. auch RG II 47/42 vom 29.10.1942, RGZ 170, 98, zum umgekehrten Fall der Umwandlung einer Kommanditbeteiligung in eine stille Beteiligung.
2 Sacheinlage, vgl. BLAUROCK, Handbuch Stille Gesellschaft, S. 429 f.
3 BFH VIII R 40/84 vom 28.11.1989, BStBl. 1990 II, 561, mwN.
4 So auch WACKER in L. Schmidt, § 15 EStG Rz. 174 und § 16 EStG Rz. 420.
5 BFH IV R 12/88 vom 11.5.1989, BFH/NV 1990, 545.

Stille Gesellschaft → Partnerschaft

Rechtsprechung des BFH zur Frage der Unternehmenseinheit folgt[1]. Unternehmer sind danach die Gesellschafter. Ohne Zweifel ist aber auch der atypische stille Gesellschafter (Mit-)Unternehmer.

2168 Unternehmer i.S.d. **Umsatzsteuerrechts** ist der Inhaber des Handelsgeschäfts. Die Übertragung des Geschäfts auf die OHG/KG ist ein nach § 1 Abs. 1a UStG nicht umsatzsteuerbarer Vorgang.

2169 Bei einer typischen stillen Gesellschaft handelt es sich hinsichtlich der **Einkommensteuer** um die Gründung einer Mitunternehmerschaft. Der Inhaber des Handelsgeschäfts bringt seinen Betrieb ein. Es gilt § 24 UmwStG. Der typische stille Gesellschafter bringt aus seinem Privatvermögen die Auseinandersetzungsforderung aus der Auflösung der stillen Gesellschaft ein[2].

2170 Bei der **Gewerbesteuer** gilt Tz. 2167, jedoch mit dem Unterschied, dass nur hinsichtlich des Inhabers des Handelsgeschäfts Unternehmeridentität gegeben ist.

2171 Zur **Umsatzsteuer** hinsichtlich der Einbringung des Betriebes siehe Tz. 2168.

Stille Gesellschaft → Partnerschaft

2172 Es gelten die Tz. 2163–2171 *Stille Gesellschaft → OHG.*

Stille Gesellschaft → Stiftung

2173 Siehe Tz. 2038 *KG → Stiftung.*

Stille Gesellschaft (typische) → Stille Gesellschaft (atypische)

2174 Der **Wechsel** von der typischen zur atypischen (mitunternehmerischen) stillen Gesellschaft vollzieht sich zivilrechtlich rein im Innenverhältnis durch Ausweitung der gesellschaftsvertraglichen Rechte des stillen Ge-

---

[1] Vgl. BFH IV R 117/88 vom 14.12.1989, BStBl. 1990 II, 436; BFH IV R 116/88 vom 14.12.1989, BFH/NV 1991, 112; BFH X R 20/89 vom 5.9.1990, HFR 1991, 161 = DB 1991, 25, mit Anm. STÖCKER, DStZ 1991, 61; zur Kritik SCHÜTZEBERG, DB 1991, 619.
[2] Zur Problematik der Einlage von Forderungen HEINICKE in L. Schmidt, § 4 EStG Rz. 217 ff.

Stille Gesellschaft → VVaG

sellschafters. Es handelt sich um die Änderung des Gesellschaftsvertrags[1].

Werden dem stillen Gesellschafter Rechte eingeräumt, die ihn zum **Unternehmer** machen[2], bezieht der stille Gesellschafter Einkünfte aus Gewerbebetrieb (§ 15 EStG). Es ist eine **einheitliche und gesonderte Gewinnfeststellung** durchzuführen. Im Übrigen ändert sich an der Besteuerung nichts. Es bleibt bei einer Steuerbilanz des Inhabers des Handelsunternehmens[3]. Die Buchwerte werden fortgeführt. 2175

Werden anlässlich der Umgestaltung weitere **Einlagen** erbracht, gelten die Tz. 470–474 EU → Stille Gesellschaft. 2176

Subjekt der **Gewerbesteuer** bleibt der Inhaber des Handelsgeschäfts. Die Besteuerung ändert sich nur insoweit, dass die Gewinnanteile und Vergütungen des atypischen stillen Gesellschafters zu den Einkünften des Gewerbebetriebs gehören[4]. 2177

Umsatz- und Grunderwerbsteuer fallen nicht an. 2178

Stille Gesellschaft → UG (haftungsbeschränkt)

Siehe Tz. 2156–2158 Stille Gesellschaft → GmbH. Voraussetzung ist, dass durch die Einbringung aus der UG eine GmbH wird, siehe Tz. 1537.3 GmbH → UG. 2178.1

Stille Gesellschaft → Verein

Eine Umwandlung ist **ausgeschlossen**. 2179

Stille Gesellschaft → VVaG

Eine stille Beteiligung an einer VVaG ist **nicht möglich**. 2180

---

1 Zur Abgrenzung typische-atypische stille Gesellschaft vgl. BLAUROCK, Handbuch Stille Gesellschaft, S. 64 ff.; SCHWEDHELM, Die GmbH & Still als Mitunternehmerschaft, 1987, S. 14 ff.
2 Dazu BLAUROCK, Handbuch Stille Gesellschaft, S. 505 ff.
3 DÖLLERER, DStR 1985, 295.
4 BFH VIII R 364/83 vom 12.11.1985, BStBl. 1986 II, 311.

Unternehmergesellschaft (haftungsbeschränkt)

UG → AG, Formwechsel, Spaltung, Verschmelzung

I. Zivilrecht

2180.1 Eine UG kann durch **Formwechsel, Spaltung und Verschmelzung** in eine AG umgewandelt werden. Als Unterform der GmbH handelt es sich bei der UG um einen umwandlungsfähigen Rechtsträger gemäß §§ 3, 124; 191 UmwG[1]. Es gelten die Tz. 603–664 *GmbH* → *AG*. Unter Berücksichtigung der Gründungsvorschriften der AG (§ 197 UmwG) bedarf es beim **Formwechsel** einer Kapitalerhöhung auf das Mindestgrundkapital von 50 000 Euro (§ 7 AktG)[2].

2180.2 Problematisch ist die **Abspaltung** oder **Ausgliederung** unter Beteiligung einer UG als übertragendem Rechtsträger. Für den Fall, dass eine Unterbilanz bei der UG entsteht, wäre gemäß § 139 UmwG aus Gläubigerschutzgründen eine Kapitalherabsetzung vorzunehmen. Die Vorschriften zur Herabsetzung des Stammkapitals gemäß §§ 58 ff. GmbHG sind bei der UG jedoch nicht anwendbar, da das Mindeststammkapital von 25 000 Euro noch nicht geleistet worden ist. Bei entstehender Unterbilanz kommt eine Umwandlung durch Abspaltung oder Ausgliederung folglich nicht in Betracht[3].

II. Steuerrecht

2180.3 Es gelten die Tz. 648, 657, 659, 664 *GmbH* → *AG*.

UG → Einzelunternehmen (EU), Verschmelzung

2180.4 Eine Kapitalgesellschaft kann auf eine natürliche Person **verschmolzen** werden, wenn die natürliche Person der alleinige Gesellschafter ist (§ 120 UmwG)[4]. Es gelten die Tz. 665–688 *GmbH*→ *EU*.

---

1 Lutter in Lutter, Einl. I Rz. 52; Fronhöfer in Widmann/Mayer, § 3 UmwG Rz. 16.1 ff. (November 2010); Stengel in Semler/Stengel, § 124 UmwG Rz. 8a und § 191 UmwG Rz. 4.
2 Lutter in Lutter/Hommelhoff, § 5a GmbHG Rz. 33; Simon in Kölner Kommentar zum UmwG, § 191 Rz. 5 sieht hierin zwei relevante Vorgänge durch Entstehen einer GmbH für eine logische Sekunde.
3 Heckschen in FS Spiegelberger, 2009, S. 683.
4 Heckschen in Widmann/Mayer, § 1 UmwG Rz. 48.13, 53 (November 2010).

UG → Europäische Kapitalgesellschaft (EU-Kap)[1]

Siehe Tz. 688.1–688.24 *GmbH → EU-Kap*. 2180.5

UG → EWIV

Für die EWIV mit Sitz in Deutschland gilt OHG-Recht und somit die Tz. 1519 *GmbH → OHG*. 2180.6

UG → GbR, Formwechsel

Eine UG kann durch **Formwechsel** in eine GbR umgewandelt werden. Es gelten die Tz. 690–693 *GmbH → GbR*. 2180.7

UG → Genossenschaft, Formwechsel, Spaltung, Verschmelzung

Formwechsel, Spaltung und Verschmelzung folgen den Regeln der Umwandlung einer GmbH in eine Genossenschaft. Es gelten die Tz. 694–725 *GmbH → Genossenschaft*. 2180.8

UG → GmbH

Ein Formwechsel der UG zur GmbH ist ausgeschlossen. Die UG wird zur GmbH, wenn das Stammkapital auf 25 000 Euro erhöht wird (§ 5a Abs. 5 GmbHG). Die Kapitalerhöhung kann entweder aus den gebildeten Rücklagen (§ 5a Abs. 3 S. 2 Nr. 1 i.V.m. § 57c GmbHG) oder durch ordentliche Barkapitalerhöhung (§§ 55 ff. GmbHG) vollzogen werden[2]. Bei der UG und der aus ihr hervorgegangenen GmbH handelt es sich um den identischen Rechtsträger. 2180.9

Eine **Aufspaltung** der UG ist zulässig[3]. Es gelten die Tz. 726–946 *GmbH → GmbH*. Zur Abspaltung und Ausgliederung siehe Tz. 2180.2 *UG → AG*. 2180.10

---

1 Zum Begriff siehe Einleitung S. 4.
2 HECKSCHEN in FS Spiegelberger, 2009, S. 683; LIEDER/HOFFMANN, GmbHR 2011, 561.
3 STENGEL in Semler/Stengel, § 124 UmwG Rz. 8a; TEICHMANN in Lutter, § 124 UmwG Rz. 2.

UG → GmbH & Co KG

2180.11 Die Verschmelzung einer UG auf oder zur GmbH ist zulässig[1]. Es gelten die Tz. 972–1191 *GmbH ↔ GmbH*.

UG → GmbH & Co KG, Formwechsel, Spaltung, Verschmelzung

2180.12 Siehe Tz. 1192–1198 *GmbH → GmbH & Co KG*.

UG → KG, Formwechsel, Spaltung, Verschmelzung

I. Zivilrecht

2180.13 Die UG stellt eine Unterform der GmbH dar und wird somit von § 191 Abs. 1 Nr. 2 UmwG erfasst[2]. In dieser Eigenschaft handelt es sich um eine umwandlungsfähige Rechtsträgerin[3]. Das ursprüngliche Ziel des Übergangs zur GmbH steht der Umwandlung in eine andere Gesellschaftsform nicht entgegen[4].

2180.14 Die UG kann folglich durch **Formwechsel**[5], **Spaltung** und **Verschmelzung**[6] umgewandelt werden. Es gelten die Tz. 1199–1499 *GmbH → KG* mit folgender Besonderheit:

2180.15 Problematisch ist die **Abspaltung** oder **Ausgliederung** unter Beteiligung einer UG als übertragendem Rechtsträger. Für den Fall, dass eine Unterbilanz bei der UG entsteht, wäre gemäß § 139 UmwG aus Gläubigerschutzgründen eine Kapitalherabsetzung vorzunehmen. Die Vorschriften zur Herabsetzung des Stammkapitals gemäß §§ 58 ff.

---

1 FRONHÖFER in Widmann/Mayer, § 3 UmwG Rz. 16.1 ff. (November 2010); STENGEL in Semler/Stengel, § 3 UmwG Rz. 20a; LUTTER/DRYGALA in Lutter, § 3 UmwG Rz. 8.

2 LUTTER in Lutter, Einl. I Rz. 52; FRONHÖFER in Widmann/Mayer, § 3 UmwG Rz. 16.1 f. (November 2010); MARSCH-BARNER in Kallmeyer, § 3 UmwG Rz. 9; SCHÄFFLER in Maulbetsch/Klumpp/Rose, § 3 UmwG Rz. 6; SIMON in Kölner Kommentar zum UmwG, § 3 Rz. 21; LUTTER/DRYGALA in Lutter, § 3 UmwG Rz. 8; HECKSCHEN in Widmann/Mayer, § 1 UmwG Rz. 48.11 (November 2010); PATT, GmbH-StB 2011, 20.

3 MIRAS in Michalski, § 5a GmbHG Rz. 12; FASTRICH in Baumbach/Hueck, § 5a GmbHG Rz. 19; VEIL, GmbHR 2007, 1080.

4 Zum Formwechsel HECKSCHEN in Widmann/Mayer, § 1 UmwG Rz. 48.12 (November 2010).

5 DECHER in Lutter, § 191 UmwG Rz. 2; MEISTER/KLÖCKER in Kallmeyer, § 191 UmwG Rz. 2; SIMON in Kölner Kommentar zum UmwG, § 191 Rz. 5.

6 LUTTER/DRYGALA in Lutter, § 3 UmwG Rz. 8; SCHÄFFLER in Maulbetsch/Klumpp/Rose, § 3 UmwG Rz. 6.

UG → Stiftung

GmbHG sind bei der UG jedoch nicht anwendbar, da das Mindeststammkapital von 25 000,– Euro noch nicht geleistet worden ist. Bei entstehender Unterbilanz kommt eine Umwandlung durch Abspaltung oder Ausgliederung folglich nicht in Betracht[1].

II. Steuerrecht

Es gelten die Tz. 1271–1273, 1288–1300, 1302, 1304, 1337–1480, 1497 *GmbH → KG*.   2180.16

UG → KGaA, Formwechsel, Spaltung, Verschmelzung

Als Unterform der GmbH kann die UG durch **Formwechsel, Verschmelzung** oder **Spaltung** umgewandelt werden (Tz. 2180.1 *UG → AG*). Es gilt daher Tz. 1517 *GmbH → KGaA*.   2180.17

UG → Körperschaft des öffentlichen Rechts (KöR)

Siehe Tz. 1518 *GmbH → KöR, Vermögensübertragung*.   2180.18

UG → OHG, Formwechsel, Spaltung, Verschmelzung

Eine UG kann durch **Formwechsel, Spaltung** oder **Verschmelzung** in eine OHG umgewandelt werden (siehe Tz 2180.13–16 *UG → KG*). Es gelten die Tz. 1519, 1520 *GmbH → OHG* mit der Besonderheit der Tz. der *UG → KG*.   2180.19

UG → Partnerschaft

Eine UG kann durch **Formwechsel, Verschmelzung** oder **Spaltung** in eine Partnerschaft umgewandelt werden[2]. Es gilt die Tz. 1521 *GmbH → Partnerschaft*.   2180.20

UG → Stiftung

Eine Umwandlung ist **nicht möglich**.   2180.21

---

1 Heckschen in Widmann/Mayer, § 1 UmwG Rz. 48.14 (November 2010); Heckschen in FS Spiegelberger, 2009, S. 683.
2 Heckschen in FS Spiegelberger, 2009, S. 683.

UG → Stille Gesellschaft

Zur Übertragung des Gesellschaftsvermögens oder der UG-Anteile im Rahmen eines Stiftungsgeschäfts siehe Tz. 1522–1528 *GmbH* → *Stiftung*.

UG → Stille Gesellschaft

2180.22 Siehe Tz. 1529–1537 *GmbH* → *Stille Gesellschaft*.

UG → UG, Spaltung, Verschmelzung

2180.23 Die UG als Unterform der GmbH ist grundsätzlich spaltungsfähig (Tz. 2180.1 *UG* → *AG*). Wegen des Sacheinlageverbotes des § 5a Abs. 2 S. 2 GmbHG ist nur eine Spaltung zur Aufnahme zulässig, durch die bei der aufnehmenden UG die Mindeststammkapitalgrenze des § 5 Abs. 1 GmbHG erreicht wird[1].

2180.24 Entsprechendes gilt für die Verschmelzung, die nur zulässig ist, wenn durch die Verschmelzung eine GmbH entsteht. Es gelten dann die Tz. 973–1191 *GmbH* ↔ *GmbH* entsprechend.

UG → Verein

2180.25 Eine Umwandlung ist **ausgeschlossen**.

UG → VVaG

2180.26 Eine Umwandlung ist **ausgeschlossen** (§§ 109, 291 UmwG).

---

1 BGH II ZB 25/10 vom 19.4.2011, GmbHR 2011, 699; Anm. Heckschen, BRAO 2011, 232; Wachter, NJW 2011, 2620; Lieder, GmbHR 2011, R 193; Miras, DStR 2011, 1379; Gasteyer, NZG 2009, 1364; Klose, GmbHR 2009, 294.

Verein

Verein → AG, Formwechsel, Spaltung, Verschmelzung

Es gelten die Tz. 2186–2202 *Verein* → *GmbH* entsprechend.   2181

Verein → Einzelunternehmen (EU)

Eine Umwandlung ist **ausgeschlossen**.   2182

Verein → Europäische Kapitalgesellschaft (EU-Kap)[1]

Eine Umwandlung ist **ausgeschlossen**.   2182.1

Verein → EWIV

Es gelten die Tz. 2209 *Verein* → *OHG* (§ 1 EWIV).   2183

Verein → GbR

Eine Umwandlung ist **ausgeschlossen**[2].   2184

Verein → Genossenschaft, Formwechsel, Spaltung, Verschmelzung

Es gelten die Tz. 2186–2202 *Verein* → *GmbH* entsprechend. Bei einem Formwechsel sind die **Besonderheiten** der §§ 283–290 UmwG zu beachten. Zur Verschmelzung eines genossenschaftlichen Prüfungsverbands in der Rechtsform eines rechtsfähigen Vereins auf einen genossenschaftlichen Prüfungsverband siehe § 105 UmwG.   2185

Verein → GmbH, Formwechsel, Spaltung, Verschmelzung

A. Übersicht	2186	II. Steuerrecht	2198
B. Formwechsel	2189	**C. Spaltung**	2199
I. Zivilrecht	2189	I. Zivilrecht	2199

---

1 Zum Begriff siehe Einleitung S. 4.
2 KINDLER, FR 2011, 411, differenzierend für den gemeinnützigen Verein.

Verein → GmbH

II. Steuerrecht 2200
D. Verschmelzung 2201
I. Zivilrecht 2201
II. Steuerrecht 2202

A. Übersicht

2186 Ein rechtsfähiger Verein, gleichgültig, ob nicht wirtschaftlicher (§ 21 BGB) oder wirtschaftlicher Verein (§ 22 BGB), kann durch **Formwechsel** in eine GmbH umgewandelt werden, sofern die Satzung oder Vorschriften des Landesrechts nicht entgegenstehen (§ 272 UmwG).

2187 Ebenso kann ein rechtsfähiger Verein – sofern Satzung oder Landesrecht nicht entgegenstehen – in GmbHs **auf-** oder **abgespalten** werden. Auch die **Ausgliederung**[1] von Vermögensteilen auf eine GmbH ist zulässig (§§ 149, 124 UmwG).

2188 Ferner kann ein rechtsfähiger Verein, ebenfalls vorbehaltlich Satzung oder Landesrecht, auf eine bestehende GmbH oder mit einem anderen Verein zu einer neuen GmbH **verschmolzen** werden (§ 99 UmwG).

B. Formwechsel

I. Zivilrecht

2189 Zum Formwechsel[2] eines rechtsfähigen Vereins in eine GmbH ist notwendig:
- ein **Umwandlungsbericht** (§ 192 UmwG),
- ein **Umwandlungsbeschluss** (§ 193 UmwG),
- ein **Sachgründungsbericht** (§ 197 UmwG),
- die **Anmeldung zum Handelsregister**.

2190 Zum **Umwandlungsbericht** siehe § 192 UmwG sowie Tz. 1647–1655 *KG → GmbH*. Auf den Bericht kann verzichtet werden (§ 274 Abs. 1 S. 2 i.V.m. § 192 Abs. 2 UmwG).

2191 Für den **Inhalt** des Umwandlungsbeschlusses gilt grundsätzlich § 194 UmwG. Ferner muss der Beschluss die Satzung der GmbH feststellen (§ 218 i.V.m. § 276 UmwG). Bei der Festlegung der Nennbeträge der Anteile sowie der Verteilung der Anteile sind §§ 243 Abs. 3, 244 Abs. 2, 273, 276 UmwG zu beachten. Der Gesellschaftsvertrag braucht von den

---

1 Eingehend HEERMANN, ZIP 1998, 1249; SCHIESSL, DStZ 2007, 494; speziell zu Fußballvereinen BALZER, ZIP 2001, 175.
2 Vertragsmuster: VOSSIUS in Widmann/Mayer, Anh. 4, M 182 ff. (Januar 2010).

Verein → GmbH

Gesellschaftern nicht unterzeichnet zu werden (§ 218 i.V.m. § 244 Abs. 2 UmwG).

Für die Vorbereitung und Durchführung der **Mitgliederversammlung** gelten die §§ 230 Abs. 2 S. 1 und 2, 231 S. 1, 239 Abs. 1 S. 1 und Abs. 2, 260 Abs. 1 UmwG entsprechend (§ 274 UmwG). 2192

Zu den **Mehrheitserfordernissen** siehe § 275 UmwG. 2193

Zum **Abfindungsangebot** siehe § 282 UmwG. 2194

Zum **Sachgründungsbericht** siehe Tz. 1686–1689 *KG → GmbH*. Allerdings sind nicht die Vereinsmitglieder, sondern der Vorstand zur Erstellung verpflichtet (§ 27 i.V.m. § 264 Abs. 2 UmwG). 2195

Zur **Anmeldung** siehe § 278 UmwG. 2196

Mit der **Eintragung** werden die Mitglieder Gesellschafter der GmbH. 2197

II. Steuerrecht

Der Formwechsel selbst hat **keine steuerlichen Folgen**, da sowohl der rechtsfähige Verein wie die GmbH Körperschaften sind (§ 1 KStG). Das Steuersubjekt wechselt also nicht[1], wohl die Art der Besteuerung. So hat die GmbH ausschließlich gewerbliche Einkünfte (§ 8 Abs. 2 KStG), während der Verein Einkünfte anderer Einkunftsarten (zB VuV) haben kann (§ 8 Abs. 1 KStG). Schenkungsteuer fällt nicht an[2]. 2198

C. Spaltung

I. Zivilrecht

Für die Spaltung von Vereinen gelten **keine Sondervorschriften** (siehe § 149 UmwG). Es gelten somit die §§ 123–137 UmwG i.V.m. den §§ 99–104a UmwG. 2199

II. Steuerrecht

Es gelten die Tz. 841–899 *GmbH → GmbH* entsprechend. 2200

---

1 Siehe Begründung zu § 14 UmwStG, BR-Drucks. 132/94.
2 BFH II R 66/05 vom 14.2.2007, BFH/NV 2007, 1587.

Verein → GmbH & Co KG

D. Verschmelzung

I. Zivilrecht

2201 Es gelten grundsätzlich die Tz. 983–1101 *GmbH* ↔ *GmbH* entsprechend mit den **Besonderheiten** gemäß §§ 100–104a UmwG.

II. Steuerrecht

2202 Es gelten die §§ 11–13 UmwStG und somit die Tz. 1102–1185 *GmbH* ↔ *GmbH* entsprechend. Ist der Verein **körperschaftsteuerfrei**, so sind die übergehenden Wirtschaftsgüter bei der GmbH mit dem Teilwert anzusetzen (§ 12 Abs. 1 S. 2 UmwStG).

Verein → GmbH & Co KG, Spaltung, Verschmelzung

2203 Siehe Tz. 2204–2206 *Verein → KG* sowie Tz. 1192–1198 *GmbH → GmbH & Co KG* zur Beteiligung der Komplementär-GmbH.

Verein → KG, Spaltung, Verschmelzung

2204 Der **Formwechsel** eines rechtsfähigen Vereins in eine Personenhandelsgesellschaft ist ausgeschlossen (§ 272 UmwG).

2205 Eine **Spaltung** ist zulässig (§ 149 UmwG). Es gelten die allgemeinen Vorschriften (siehe Tz. 1274–1287 *GmbH → KG*). Zum Steuerrecht gelten die Tz. 1288–1300 *GmbH → KG* entsprechend.

2206 Ein rechtsfähiger Verein kann zu oder auf eine KG **verschmolzen** werden (§ 99 UmwG). Es gelten die Tz. 1305–1336 *GmbH → KG* entsprechend, mit den Besonderheiten gemäß §§ 100–104a UmwG. Steuerlich gelten die Tz. 1337–1483 *GmbH → KG* entsprechend.

Verein → KGaA, Formwechsel, Spaltung, Verschmelzung

2207 Sieht Tz. 2186–2202 *Verein → GmbH*.

Verein → Körperschaft des öffentlichen Rechts (KöR)
Eine Umwandlung ist **nicht möglich**. 2208

Verein → OHG, Spaltung, Verschmelzung
Siehe Tz. 2204–2206 *Verein → KG*. 2209

Verein → Partnerschaft
Es gelten die Tz. 2204–2206 *Verein → KG* entsprechend mit den **Beson-** 2210
derheiten gemäß §§ 45a-e UmwG.

Verein → Stiftung
Eine Umwandlung ist **nicht möglich**. 2211

Verein → Stille Gesellschaft
Eine stille Beteiligung an einem Verein ist **nicht möglich**. 2212

Verein → UG (haftungsbeschränkt)
Siehe Tz. 1537.1–1537.4 *GmbH → UG*. 2212.1

Verein → Verein, Spaltung
Die Spaltung von Vereinen auf Vereine kommt nur bei **eingetragenen** 2213
Vereinen in Betracht (siehe §§ 124, 149 UmwG). Für die Spaltung gelten die Tz. 726–946 *GmbH → GmbH* entsprechend, unter Beachtung der §§ 99–104a UmwG[1].

---

1 Vertragsmuster: Mayer in Widmann/Mayer, Anh. 4, M 96 ff. (Januar 2011); Frenz in Limmer, Handbuch der Unternehmensumwandlung, S. 441 ff.

Verein ↔ Verein

Verein ↔ Verein, Verschmelzung

2214 Eine Verschmelzung zu oder auf Vereine kommt nur bei **eingetragenen Vereinen** in Betracht. Es gelten die Tz. 972–1191 *GmbH* ↔ *GmbH* mit den Besonderheiten gemäß §§ 99–104a UmwG[1].

Verein → VVaG

2215 Eine Umwandlung ist **ausgeschlossen**.

---

1 Vertragsmuster: HECKSCHEN in Widmann/Mayer, Anh. 4, M 79.1 ff. und M 79.6 ff. (September 2010); FRENZ in Limmer, Handbuch der Unternehmensumwandlung, S. 289 ff.

Versicherungsverein auf Gegenseitigkeit (VVaG)

VVaG → AG, Formwechsel, Spaltung, Verschmelzung, Vermögensübertragung

A. Formwechsel.............	2216	D. Vermögensübertragung...	2221
B. Spaltung.................	2218	I. Vollübertragung..........	2221
C. Verschmelzung...........	2220	II. Teilübertragung...........	2224

A. Formwechsel

Ein VVaG, der kein kleiner Verein i.S.d. § 53 VAG ist, kann durch Formwechsel in eine AG umgewandelt werden (§ 291 UmwG). Es gelten die **Besonderheiten** der §§ 292–300 UmwG.   2216

Steuerlich ist der Vorgang ohne Belang, da sowohl VVaG wie auch AG körperschaftsteuerpflichtig sind.   2217

B. Spaltung

Ein VVaG kann auf bestehende oder mit der Spaltung zu gründende Versicherungs-AG auf- oder abgespalten[1] werden (§ 151 UmwG). Es gelten die **allgemeinen Regeln** zur Spaltung (siehe Tz. 726–840 *GmbH → GmbH*).   2218

Steuerlich gelten die Tz. 841–946 *GmbH → GmbH* entsprechend.   2219

C. Verschmelzung

Ein VVaG kann auf eine bestehende Versicherungs-AG verschmolzen werden (§ 109 UmwG). Es gelten die **Besonderheiten** der §§ 110–113 UmwG. **Steuerlich** gelten die Tz. 1102–1185 *GmbH → GmbH*.   2220

D. Vermögensübertragung

I. Vollübertragung

Ein VVaG kann im Wege der Vollübertragung (§ 174 Abs. 1 UmwG) auf eine **bestehende Versicherungs-AG** umgewandelt werden (§ 175   2221

---

1 Zu den Begriffen Tz. 728–729 *GmbH → GmbH*.

VVaG → AG

Nr. 2b UmwG). Das gesamte Vermögen geht im Wege der Gesamtrechtsnachfolge auf die AG über. Der VVaG erlischt. Der Vorgang entspricht damit der Verschmelzung. Der Unterschied besteht darin, dass die Gegenleistung für die untergehenden Mitgliedschaftsrechte bei dem VVaG nicht in Aktien, sondern in einer sonstigen Leistung, idR in einer Geldzahlung, besteht (§ 174 Abs. 1 UmwG).

2222 Grundsätzlich sind auf die Vollübertragung die **Verschmelzungsvorschriften** anzuwenden (§ 180 Abs. 1 UmwG). Besonderheiten sind in den §§ 180–183 UmwG, für den kleinen VVaG in §§ 185–187 UmwG, geregelt[1].

2223 **Steuerlich** gelten die §§ 11–13, 19 UmwStG (§ 1 Abs. 1 Nr. 4 UmwStG). Da eine Gegenleistung erbracht wird, die nicht in Gesellschaftsrechten besteht, sind in der Schlussbilanz des VVaG die Wirtschaftsgüter insoweit mit dem gemeinen Wert anzusetzen (§ 11 Abs. 1 UmwStG).

II. Teilübertragung

2224 Die Teilübertragung entspricht der **Spaltung** (§§ 174 Abs. 2, 184 UmwG). Sie ist für den kleinen VVaG ausgeschlossen (§ 185 UmwG).

2225 Ein VVaG kann unter Auflösung ohne Abwicklung sein Vermögen **aufspalten**. Gleichzeitig überträgt er diese Vermögensteile jeweils als Gesamtheit auf bestehende Versicherungs-AGs (oder VVaGs). Die Mitglieder des VVaG erhalten die Gegenleistung.

2226 Ein VVaG kann von seinem Vermögen einen Teil oder mehrere Teile **abspalten**. Dieser Vermögensteil bzw. diese Vermögensteile werden jeweils als Gesamtheit auf einen oder mehrere bestehende Versicherungs-AGs (oder VVaGs) übertragen. Der VVaG bleibt mit dem Restvermögen bestehen. Die Mitglieder des VVaG erhalten die Gegenleistung.

2227 Ein VVaG gliedert einen Teil seines Vermögens auf eine **Versicherungs-AG** aus. Hier wird die Gegenleistung nicht den Mitgliedern übertragen, sondern dem VVaG selbst gewährt. Insoweit besteht auch eine Ähnlichkeit zum Unternehmensverkauf, der weiterhin neben der Teilübertragung zulässig ist. Vorteil der Teilübertrragung ist, dass die Vermögensgegenstände nicht einzeln übertragen werden müssen.

---

[1] FG Düsseldorf 6 K 3060/08 vom 22.2.2011, EFG 2011, 1298 zur Bildung einer Rückstellung für erfolgsabhängige Beitragsrückerstattung.

VVaG → UG

Steuerlich gilt für die **Teilübertragung** § 15 UmwStG (§ 15 Abs. 1 S. 1 UmwStG). Es gelten damit die Tz. 841–899 bzw. 923–928 *GmbH → GmbH*. Soweit eine Gegenleistung gewährt wird, die hier nicht in Gesellschaftsrechten besteht, ist der gemeine Wert des übergehenden Vermögens anzusetzen. (§ 15 Abs. 1 i.V.m. § 11 Abs. 1 UmwStG). 2228

Soweit die **übertragende Körperschaft selbst die Gegenleistung erhält**, ist das **UmwStG nicht anwendbar**. Diese Teilübertragung gilt als Ausgliederung (siehe § 184 UmwG), für die die §§ 3–19 UmwStG nicht gelten (§ 1 Abs. 1 S. 2 UmwStG). Die Voraussetzungen des § 20 UmwStG liegen ebenfalls nicht vor, da als Gegenleistung keine Gesellschaftsrechte gewährt werden. Steuerrechtlich liegt eine Veräußerung von einzelnen Wirtschaftsgütern bzw. Teilbetrieben vor, die der regulären Besteuerung unterliegen. 2229

VVaG → GmbH, Ausgliederung

Ein VVaG kann durch Ausgliederung[1] einen Vermögensteil auf eine bestehende oder neu zu gründende GmbH übertragen, sofern damit **keine Übertragung von Versicherungsverträgen** verbunden ist. Es gelten die Tz. 929–946 *GmbH → GmbH* entsprechend. 2230

VVaG → Öffentlich-rechtliches Versicherungsunternehmen

Zulässig ist nur eine **Vermögensübertragung**. Es gelten die Tz. 2221–2229 *VVaG → AG* entsprechend. 2231

VVaG → Partnerschaft

Eine Umwandlung ist **ausgeschlossen**. 2232

VVaG → UG (haftungsbeschränkt)

Siehe Tz. 2230 *VVaG → GmbH* mit der Besonderheit, dass eine Ausgliederung nur zur Aufnahme erfolgen kann (siehe Tz. 1537.3 *GmbH → UG*). 2233

---

1 Zum Begriff Tz. 730 *GmbH → GmbH*.

VVaG → VVaG

VVaG → VVaG, Spaltung

2234 Eine Spaltung ist in Form der **Aufspaltung** oder **Abspaltung** möglich (§ 151 UmwG). Es gelten die Tz. 2218–2219 *VVaG → AG* entsprechend.

VVaG ↔ VVaG, Verschmelzung

2235 VVaGs können im Wege der **Aufnahme** oder der **Neugründung** verschmolzen werden (§ 109 UmwG). Es gelten die Tz. 983–1191 *GmbH ↔ GmbH* entsprechend.

Anhang

Liste der Gesellschaften i.S.v. Art. 2 Nr. 1 der Richtlinie 2005/56/EG[1] (§ 122b Abs. 1 UmwG, § 1 Abs. 1 UmwStG)

1. Die gemäß der Verordnung (EG) Nr. 2157/2001 des Rates vom 8. Oktober 2001 über das Statut der Europäischen Gesellschaft (SE) und der Richtlinie 2001/86/EG des Rates vom 8. Oktober 2001 zur Ergänzung des Statuts der Europäischen Gesellschaft hinsichtlich der Beteiligung der Arbeitnehmer gegründeten Gesellschaften sowie die gemäß der Verordnung (EG) Nr. 1435/2003 des Rates vom 22. Juli 2003 über das Statut der Europäischen Genossenschaft (SCE) und gemäß der Richtlinie 2003/72/EG des Rates vom 22. Juli 2003 zur Ergänzung des Statuts der Europäischen Genossenschaft hinsichtlich der Beteiligung der Arbeitnehmer gegründeten Genossenschaften;

2. **Gesellschaften belgischen Rechts** mit der Bezeichnung „société anonyme"/„naamloze vennootschap", „société en commandite par actions"/„commanditaire vennootschap op aandelen", „société privée à responsabilité limitée"/„besloten vennootschap met beperkte aansprakelijkheid", „société coopérative à responsabilité limitée"/„coöperatieve vennootschap met beperkte aansprakelijkheid", „société coopérative à responsabilité illimitée"/„coöperatieve vennootschap met onbeperkte aansprakelijkheid", „société en nom collectif"/„vennootschap onder firma", „société en commandite simple"/„gewone commanditaire vennootschap", öffentliche Unternehmen, die eine der genannten Rechtsformen angenommen haben, und andere nach belgischem Recht gegründete Gesellschaften, die der belgischen Körperschaftsteuer unterliegen;

3. **Gesellschaften bulgarischen Rechts** mit der Bezeichnung „сьбирателното дружество", „командитното дружество", „дружеството с ограничена оттоворност", „акционерното дружество", „командитното дружество с акцин", „неперсонифицирано дружество", „кооперации", „кооперативни сьюзи", „държавни предприятия", die nach bulgarischem Recht gegründet wurden und gewerbliche Tätigkeiten ausüben;

4. **Gesellschaften tschechischen Rechts** mit der Bezeichnung „akciová společnost", „společnost s ručením omezeným";

---

[1] Zuletzt geändert durch Art. 4 ÄndRL 2009/109/EG, ABl. EU Nr. L 259, S. 14.

Anhang

5. **Gesellschaften dänischen Rechts** mit der Bezeichnung „aktieselskab" oder „anpartsselskab". Weitere nach dem Körperschaftsteuergesetz steuerpflichtige Gesellschaften, soweit ihr steuerbarer Gewinn nach den allgemeinen steuerrechtlichen Bestimmungen für die „aktieselskaber" ermittelt und besteuert wird;

6. **Gesellschaften deutschen Rechts** mit der Bezeichnung „Aktiengesellschaft", „Kommanditgesellschaft auf Aktien", „Gesellschaft mit beschränkter Haftung", „Versicherungsverein auf Gegenseitigkeit", „Erwerbs- und Wirtschaftsgenossenschaft", „Betrieb gewerblicher Art von juristischen Personen des öffentlichen Rechts", und andere nach deutschem Recht gegründete Gesellschaften, die der deutschen Körperschaftsteuer unterliegen;

7. **Gesellschaften estnischen Rechts** mit der Bezeichnung „täisühing", „usaldusühing", „osaühing", „aktsiaselts", „tulundusühistu";

8. **Gesellschaften griechischen Rechts** mit der Bezeichnung „ανώνυμη", „εταιρεία", „εταιρεία περιορισμένης ευθύνης" und andere nach griechischem Recht gegründete Gesellschaften, die der griechischem Körperschaftsteuer unterliegen;

9. **Gesellschaften spanischen Rechts** mit der Bezeichnung „sociedad anónima", „sociedad comanditaria por acciones", „sociedad de responsabilidad limitada", die öffentlich-rechtlichen Körperschaften, deren Tätigkeit unter das Privatrecht fällt. Andere nach spanischem Recht gegründete Körperschaften, die der spanischen Körperschaftsteuer („impuesto sobre sociedades") unterliegen;

10. **Gesellschaften französischen Rechts** mit der Bezeichnung „société anonyme", „société en commandite par actions", „société à responsabilité limitée", „sociétés par actions simplifiées", „sociétés d'assurances mutuelles", „caisses d'épargne et de prévoyance", „sociétés civiles", die automatisch der Körperschaftsteuer unterliegen, „coopératives", „unions de coopératives", die öffentlichen Industrie- und Handelsbetriebe und -unternehmen und andere nach französischem Recht gegründete Gesellschaften, die der französischen Körperschaftsteuer unterliegen;

11. **nach irischem Recht** gegründete oder eingetragene Gesellschaften, gemäß dem Industrial and Provident Societies Act eingetragene Körperschaften, gemäß dem Building Societies Act gegründete „building societies" und „trustee savings banks" im Sinne des Trustee Savings Banks Act von 1989;

Anhang

12. **Gesellschaften italienischen Rechts** mit der Bezeichnung „società per azioni", „società in accomandita per azioni", „società a responsibilità limitata", „società cooperative", „società di mutua assicurazione" sowie öffentliche und private Körperschaften, deren Tätigkeit ganz oder überwiegend handelsgewerblicher Art ist;

13. **Gesellschaften zyprischen Rechts** mit der Bezeichnung „εταιρείες" im Sinne der Einkommensteuergesetze;

14. **Gesellschaften lettischen Rechts** mit der Bezeichnung „akciju sabiedrība", „sabiedrība ar ierobežotu atbildību";

15. **Gesellschaften litauischen Rechts**;

16. **Gesellschaften luxemburgischen Rechts** mit der Bezeichnung „société anonyme", „société en commandite par actions", „société à responsabilité limitée", „société coopérative", „société coopérative organisée comme une société anonyme", „association d'assurances mutuelles", „association d'épargne-pension", „entreprise de nature commerciale, industrielle ou minière de l'Etat, des communes, des syndicats de communes, des établissements publics et des autres personnes morales de droit public" sowie andere nach luxemburgischem Recht gegründete Gesellschaften, die der luxemburgischen Körperschaftsteuer unterliegen;

17. **Gesellschaften ungarischen Rechts** mit der Bezeichnung „közkereseti társaság", „betéti társaság", „közös vállalat", „korlátolt felelősségű társaság", „részvénytársaság", „egyesülés", „szövetkezet";

18. **Gesellschaften maltesischen Rechts** mit der Bezeichnung „Kumpaniji ta' Responsabilita' Limitata", „Soċjetajiet en commandite li l-kapital tagħhom maqsum f'azzjonijiet";

19. **Gesellschaften niederländischen Rechts** mit der Bezeichnung „naamloze vennnootschap", „besloten vennootschap met beperkte aansprakelijkheid", „Open commanditaire vennootschap", „Coöperatie", „onderlinge waarborgmaatschappij", „Fonds voor gemene rekening", „vereniging op coöperatieve grondslag", „vereniging welke op onderlinge grondslag als verzekeraar of kredietinstelling optreedt" und andere nach niederländischem Recht gegründete Gesellschaften, die der niederländischen Körperschaftsteuer unterliegen;

20. **Gesellschaften österreichischen Rechts** mit der Bezeichnung „Aktiengesellschaft", „Gesellschaft mit beschränkter Haftung", „Versicherungsvereine auf Gegenseitigkeit", „Erwerbs- und Wirtschaftsgenossenschaften", „Betriebe gewerblicher Art von Körperschaften des öffentlichen Rechts", „Sparkassen" und andere nach österreichischem

Anhang

Recht gegründete Gesellschaften, die der österreichischen Körperschaftsteuer unterliegen;

21. **Gesellschaften polnischen Rechts** mit der Bezeichnung: „spółka akcyjna", „spółka z ograniczoną odpowiedzialnością";

22. die nach **portugiesischem Recht** gegründeten Handelsgesellschaften oder zivilrechtlichen Handelsgesellschaften, Genossenschaften und öffentlichen Unternehmen;

23. **Gesellschaften rumänischen Rechts** mit der Bezeichnung „societăți pe acțiuni", „societăți în comandită pe acțiuni", „societăți cu răspundere limitată ";

24. **Gesellschaften slowenischen Rechts** mit der Bezeichnung „delniška družba", „komanditna družba", „družba z omejeno odgovornostjo";

25. **Gesellschaften slowakischen Rechts** mit der Bezeichnung „akciová spoločnos'", „spoločnos' s ručením obmedzeným", „komanditná spoločnos'";

26. **Gesellschaften finnischen Rechts** mit der Bezeichnung „osakeyhtiö"/„aktiebolag", „osuuskunta"/„andelslag", „säästöpankki"/„sparbank" and „vakuutusyhtiö"/„försäkringsbolag";

27. **Gesellschaften schwedischen Rechts** mit der Bezeichnung „aktiebolag", „försäkringsaktiebolag", „ekonomiska föreningar", „sparbanker", „ömsesidiga försäkringsbolag";

28. nach dem **Recht des Vereinigten Königreichs** gegründete Gesellschaften; oder

29. eine Gesellschaft, die Rechtspersönlichkeit besitzt und über gesondertes Gesellschaftskapital verfügt, das allein für die Verbindlichkeiten der Gesellschaft haftet, und die nach dem für sie maßgebenden innerstaatlichen Recht Schutzbestimmungen im Sinne der Richtlinie 68/151/EWG im Interesse der Gesellschafter sowie Dritter einhalten muss.

Stichwortverzeichnis

Die Zahlen beziehen sich auf die Textziffern.

Abfindung ausscheidender Gesellschafter s. Barabfindung
Abgeltungsteuer 683
Abschlussprüfer 129.19
Abschreibung 1129, 1415
Abspaltung, nicht verhältniswahrende 729
Abspaltung zu Null 926.1
Addition des Eigenkapitals 1147 ff.
Änderung des Beteiligungsverhältnisses 1410
Änderung der Bewertung 1760
Änderung der Gewinnermittlung 366
Änderung der Schlussbilanz 1411
AG & Still 131
Agio 190, 357, 1722
Alleinaktionär 53
Anfechtung 74, 817, 1049 ff., 1252 ff., 1329, 1685, 1812, 1972
Angleichung von Nennkapital und Rücklagen 1151
Anlagen im Bau 1355
Anpassung, Nennkapital 877
Anrechnungsbetrag 313
Ansparrücklage 343
Anteilstausch 562, 947, 998, 1006
Anteilsveräußerung, mittelbare 867
Anteilsvereinigung 1169
Antrag auf Buchwertfortführung 263
Antragsbesteuerung 276.4
Anwachsung 1564
Anwachsungsmodell 1553 f.

Anzahlung 1356
Arbeitnehmer 72, 129.14, 758, 783 ff., 999, 1227, 1279, 1313, 1774, 1873, 1957
Arbeitsverhältnis 932, 1080, 1930, s.a. Arbeitnehmer
Atypisch stille Gesellschaft 2164
Aufgelöste GmbH 976
Aufsichtsrat 76, 129.17, 614
Aufsichtsratsvergütung 1342, 1357
Aufteilung der Anschaffungskosten 892
Aufteilung des Vermögens 764 ff., 1278
Aufteilung des Eigenkapitals 874 ff.
Ausgleichsanspruch 1358
Ausgleichsposten 251
Ausgliederung 730, 929 ff.
Ausgliederungsbericht 292
Ausgliederungserklärung 197 ff.
Ausgliederungsplan 931
Ausgliederungsverbot 180
Ausgliederungsvertrag 290, 931
Auskunft 809
Ausländer 1631
Ausländische Betriebstätte 146.14 ff., 688.14 ff.
Ausländisches Unternehmen 189
Auslandsvermögen 146.12 ff., 255, 688.14 ff., 1073, 1120, 1359, 1735
Ausscheiden von Gesellschaftern 1473 ff.
Ausstehende Einlagen 1360

Stichwortverzeichnis

Barabfindung 627, 755, 806, 894, 934, 995, 1014 ff., 1044, 1163, 1242 ff., 1352, 1408, 1682, 1871, 1958
Bareinlage 157
Bare Zuzahlung 727, 1010,1162, 1318, 1962
Bauten auf fremdem Grund und Boden 1361
Bedingte Spaltung 760
Bedingung 1001
Befreiung von § 181 BGB s. Selbstkontrahieren
Behaltensfrist 1169.2, 1769
Beherrschungs- und Gewinnabführungsverträge 1082
Bekanntmachung 24, 47
Beschränkte Steuerpflicht 1120
Besitzunternehmen 1934
Besitzzeit 1130
Besondere Mitgliedschaftsrechte 811
Bestandteile 766
Betrieb gewerblicher Art 122, 126
Betriebliche Mitbestimmung 797 ff.
Betriebsänderung 797, 801
Betriebsaufgabe 1607
Betriebsaufspaltung 232, 832, 1603, 1934 ff.
Betriebsausgaben, nachträgliche 267
Betriebsgesellschaft 1934
Betriebsgrundlage 232
Betriebsprüfung 1761
Betriebsrentengesetz 220, 830
Betriebstätte 146.13
Betriebsrat 199, 618, 786, 797, 800, 810, 1033, 1081, 1234, 1679, 1888
Betriebsstillegung 787

Betriebsübernahme 442
Betriebsvereinbarung 787, 797, 802
Betriebsverpachtung 1629
Bewertungswahlrecht 394
Bilanzierung 674, 818 ff., 906, 939, 1052 ff., 1285, 1330 ff.
Bodenschätze 1365
Börsenkurs 1009
Buchwertfortführung 845 ff.
Bürgschaft 767

Cooling-off-Periode 614

Darlehen 260
Datenschutz 1084
Dauernde Lasten 1165
Delisting 19
Differenzhaftung 33
Downgrading 1537.1
Downstream merger 1124
Durchschnittssatz-Gewinnermittlung 163

EBITDA-Vortrag 285, 404, 926.2, 1109.1, 1126, 1152, 1751, 1816.3, 1985.1
Eigenbetrieb 2077
Eigene Aktien 12
Eigene Anteile 344, 781, 1011, 1141, 1366
Einbringung 142, 149, 229 ff., 929, 1636 ff., 1715 ff., 1821 ff.
Einbringungsgeborene Anteile 275 ff., 683, 1430, 1477
Einbringungsvariante 1559 f., 1561 ff.
Einbringungszeitpunkt 241 ff., 386 ff., 1726 ff.
Einbuchen von Forderungen 1670
Einlagenkonto, steuerliches 237, 354, 875, 878, 1461.3

Stichwortverzeichnis

Einlagenrückgewähr 1667, 1706, 1880
Einpersonen-GmbH 1207
Eintragungshindernis 1210, 1253
Entnahme von Wirtschaftsgütern 381
Erben 181, 625, 1240
Erbschaftsteuer 1344, 1471
Ergänzungsbilanz 403, 432 ff., 1736, 1991
Erhöhungsbetrag 1438
Erlaubnisse, öffentlich-rechtliche 1262
Euro 72, 203, 334, 613, 752, 902, 1013, 1662, 1818

Fiktive Steueranrechnung 146.20
Firma 72, 202, 219, 421, 613, 667, 746, 759, 829, 933, 1000, 1089, 1232, 1286, 1310, 1315, 1659, 1796, 1800, 1922, 1959
Firmenfortführung 1286, 1335
Firmenwert 253, 397, 777, 1367, 1347.2, 1348.5, 1737
Fortsetzungsbeschluss 736
Freiberufler 154
Freiberufler-GmbH 355 ff., 686, 692, 1214
Freiberufliche Einzelpraxis 355 ff.
Freiberuflicher Betrieb 518
Freibetrag 266
Fristüberschreitung 946
Früchte 766
Fusionsrichtlinie 688.19 f., 886

Gebäudeabschreibung 1416
Gebietskörperschaft 2076, 2079
Gebrauchsmuster 772
Gegenseitige Beteiligungen 1037
Gegenstand des Unternehmens 203

Gemischte Bar- und Sachgründung 358
Gemischte Spaltung 734
Genossenschaftliche Prüfungs-Verbände 570, 574
Genossenschaftsregister 551
Genussrechte 1076
Genussschein 1370
Gesamtplanrechtsprechung 1721
Geschäftsausstattung 1371
Geschäftsbeziehung 231
Geschäftsführerbestellung 212
Geschäftswert s. Firmenwert
Geschmacksmuster 772
Gesellschafterliste 1066
Gestaltungsmissbrauch 869
Gewerbesteuer 235, 269, 285, 408, 686, 871, 895, 1103, 1125, 1164 ff.,1304, 1372, 1397, 1452 ff., 1461.6, 1990, 2167, 2170
Gewerbesteuervorauszahlung 1106
Gewinnausschüttung 1339
Gewinnbezugsrecht 993
Gläubigerschutz 830 ff.
Gleichbehandlungsgrundsatz 1006
Gliederung des verwendbaren Eigenkapitals 1400 ff.
GmbH, steuerbegünstigte 942
GmbH & Still 186, 1078, 1532
Grenzüberschreitende Spaltung 738
Gründerhaftung 646
Gründungsaufwand 72
Gründungsbericht 23, 46, 639, 658
Gründungsprüfung 23, 46, 639, 658
Gründungsvorschriften 699

479

Stichwortverzeichnis

Grunderwerbsteuer 288, 411, 467, 521, 898 f., 1111, 1168, 1273, 1343, 1374, 1460, 1558, 1728, 1768, 1913, 2004
Grundstück 1074
Gütergemeinschaft 181

Hafteinlage 1868
Haftung 220, 422 ff., 828, 832, 1705, 1931
Halbeinkünfteverfahren 276.1, 682.1, 683, 1476
Halbjahresfinanzbericht 38
Handelsregistereintragung, bedingte 1001
Handelsregistereintragung, befristete 1001
Hinausverschmelzung 129.38
Hineinverschmelzung 129.39
Holdinggesellschaft 730
Hypothek 767

Immaterielle Wirtschaftsgüter 253, 1362, 1376
Inkompatibilitätsgrund 1695
Interessenausgleich 797
Inventar 1739

Kapitalaufbringung 215, 777
Kapitalerhaltung 777
Kapitalerhöhung 10 ff., 33, 42, 190, 278, 332 ff., 348, 357, 651, 935, 1012, 1062, 1188, 1470, 1586, 1591, 1637, 1832 ff.
Kapitalerhöhung aus Gesellschaftsmitteln 335
Kapitalerhöhung nach Spaltung 866
Kapitalertragsteuer 1340
Kapitalherabsetzung 26, 87, 644, 915
Kapitalkonto 1312, 1956

Kleinbetrieb 676
Körperschaftsteuererhöhung 848.1, 874, 1401.1
Körperschaftsteuerguthaben 123, 848.1, 874, 1151.1, 1401.1
Körperschaftsteuervorauszahlung 1106
Konzernklausel 521, 1913
Konzession 1086
Kosten 223 ff., 328, 405, 835 ff., 1098 ff., 1268 ff., 1287, 1378, 1712 ff.

Ladung 617
Lagebericht 38
Land- oder forstwirtschaftlicher Betrieb 151, 154, 163, 518
Latente Steuern 1057, 1333
Liebhabereibetrieb 231
Liquidation 1917, 2109

Mängelheilung 834 ff., 1097
Markenrecht 231
Maßgeblichkeit der Handelsbilanz 249, 1118
Materielle Beschlusskontrolle 1049
Mehrfachstimmrecht 811
Mehrheitsentscheidung 619, 811, 1681, 1810, 1969
Minderjähriger 198, 339, 420, 624, 814, 1038, 1238, 1823
Missbrauch 845.1
Missbrauchskontrolle 96
Missbrauchsregeln 1909
Mitbestimmung 802
Mitbestimmungsbeibehaltung 803

Nachgründungsvorschriften 1,15, 32, 80, 137, 650, 1585, 1591
Nachschusspflicht 1035

Stichwortverzeichnis

Nachteilsausgleichspflicht 26
Nachversteuerung 401
Negatives Kapitalkonto 1668, 1741
Nennwertberichtigung 613
Neutrale Vermögensgegenstände 848.1
Nießbrauch 182, 767, 1264, 1703
Notargebühren s. Kosten
Nutzungen 766

Offene Rücklage 1383
Optionsrecht 767
Organhaftung 1095, 1266
Organschaft 1082
Outsourcing 930

Pächter 185
Partnerschaft s. Einleitung S. 32
Patente 772, 1380
Pensionsrückstellung 246, 684, 1341, 1381, 1406
Pensionssicherungsverein 775.1
Pensionsverbindlichkeit 1743
Pensionszusage 1979
Persönliche Dienstbarkeiten 767
Persönlich haftender Gesellschafter 2026
Pfandrecht 1264, 1703
Pflichtangebot 31
Pflichtteilsansprüche 459
Pflichtteilsergänzungsansprüche 459
Praxiswert 164
Privatkonto 1744
Privates Veräußerungsgeschäft 1160, 1478
Prüfung 4, 213, 292, 671, 937, 1016, 1246, 1964
Prüfungsbericht 38, 1028

Prüfungspflicht 4, 20, 34, 81, 91, 140, 652, 716, 1592, 1683
Prüfungsverband 547

Rangrücktrittsvereinbarung 1670
Realteilung 497, 501, 1600, 1856, 1910, 1917, 1928 ff.
Rechnungsabgrenzungsposten 1382
Rechtsanwalts-GmbH 355
Registerkosten siehe Kosten
Rente 1165
Rückdeckungsversicherung 1381
Rückdeckversicherung 1406
Rückkauf, eigener Aktien 33
Rücklagen 253
Rückstellung 1385, 1745
Rückwirkung 194, 945

Sacheinlageverbot 1537.3
Sachgesamtheit 247.1, 1347.1, 1348
Sachgründung 190, 204, 305 ff., 1637
Sachgründungsbericht 70, 213, 321, 904, 1686
Sachgründungsverbot 538.2
Sachkapitalerhöhung 512
Sachkapitalerhöhungsbericht 1837
Satzung 205
Schadensersatzansprüche 16, 833
Schenkung 926.1
Schenkungsteuer 278, 468, 1557
Schuldzinsen 1472
Schwesterfusion 1012.1
Selbstkontrahieren 244, 291, 666, 1037
Sicherheitsleistung 1094, 1704
Sitz 203, 975, 1205, 1310, 1660, 1796

Stichwortverzeichnis

Sonderabschreibung 280.1
Sonderausweis gemäß § 28 KStG 878
Sonderbetriebsvermögen 382, 1566, 1717 ff., 1907, 1984
Sonderrechte 72, 613, 1313, 1957
Sozialplan 797, 832
Sozietät 522, 692
Spaltung, nicht verhältniswahrende 729, 780
Spaltungsbericht 804 ff., 919, 937, 1281, 1776, 1885
Spaltungsbeschluss 1779
Spaltungsplan 901, 1276, 1785, 1914
Spaltungsprüfung 805, 1282, 1777
Spaltungsstichtag 210, 754, 1870
Spaltungs- und Übernahmevertrag 746 ff.
Spaltung von Tochterunternehmen 756, 1872
Sparkassen 2082
Spendenabzug 466
Sperrbetrag iSd. § 50c EStG 682.1, 1438
Sperrfrist 276.1 ff., 1933.4
Spitzenausgleich 1933.3
Spruchstellenverfahren 1047, 1050, 1250
Squeeze Out 6, 36.1
Staatliche Genehmigung 775
Steuerfreie Rücklage 1384, 1748
Steuerliche Rückwirkung 841 ff., 1102, 1288, 1337 ff.
Steuerlicher Übertragungsstichtag 841
Steuersatz, ermäßigter 266
Steuerschulden 920.1
Stiftungsgeschäft 455, 460 ff., 535, 1523
Stille Beteiligung 186
Stille Lasten 1348.8

Stimmrechtslose Anteile 1008
Tarifvertrag 787, 797
Teilbetrieb 517, 764, 846, 923, 1791
Teileinkünfteverfahren 682.1 f.
Teilübertragung 110 ff.
Teilung eigener Anteile 1013
Teilwertabschreibung 396
Teilwertansatz 343
Testamentsvollstreckung 183, 1093
Transparente Gesellschaft 146.20
Trennung von Gesellschafterstämmen 781, 860, 868, 1289, 1884, 1908
Treuhänder 12, 16, 43, 184, 656, 1217, 1588, 1593.1, 1632

Übernahmefolgegewinn 1447 ff.
Übernahmegewinn 873, 1127 ff., 1422, 1461 ff.
Übernahmeverlust 873, 1127 ff., 1422, 1438
Übernahmevertrag 1276
Überschuldung 1067, 1949
Übertragung an Mitgesellschafter 866
Übertragungsbilanz 1272
Übertragungsgewinn 871 ff., 1395 ff.
Übertragungsverlust 1395 ff.
Übertragungsvertrag 114, 116
Umsatzsteuer 287, 410, 467, 520, 897, 1103, 1113, 1167, 1343, 1459, 1557, 1728, 1912, 2003, 2168
Umtauschverhältnis 703, 752, 778 ff., 904, 990, 1006 ff., 1280, 1318, 1775, 1882, 1962
Umtausch von Geschäftsanteilen 645
Umwandlungsaufwand 206, 1673

Stichwortverzeichnis

Umwandlungsbericht 69, 129.11, 611, 695, 1219 ff., 1647 ff.
Umwandlungsbeschluss 71 ff., 613 ff., 695, 1227 ff., 1656
Umwandlungsplan 129.9
Umwandlungsprüfer 1586
Umwandlungsstichtag 1675
Unbedenklichkeitsverfahren 1064
Unfertige Bauten 1390
Unterbeteiligung 1077
Unternehmensgegenstand 759, 1000
Unternehmensidentität 1987
Unternehmensmitbestimmung 787
Unternehmensnießbrauch 1629
Unternehmeridentität 1987
Unterstützungskasse 1140
Up-Stream-Merger 1133

Veränderungsnachweis 751
Veräußerung von Anteilen 1251
Veräußerung an außenstehende Personen 860, 1289
Veräußerungsgeschäft, privates 1160
Verbesserung des Umtauschverhältnisses 934
Verbleibender Verlustabzug 1302
Verbleibfrist 286
Verbundene Unternehmen 1018
Verdeckte Einlage 196, 350, 444, 446, 511
Verdeckte Gewinnausschüttung 259, 351, 363, 882, 894, 1732
Verfügungsbeschränkung 995, 1048, 1251
Verjährung 191, 1709
Verlust, verrechenbarer 883.1, 944, 1152
Verlustabzug 284, 883, 1152 ff.,1302, 1421, 1985

Verlustvortrag 264, 404, 944, 1392, 1751, 1987
Verlustvortrag, gewerbesteuerlicher 883.1, 944, 1166, 1302
Vermögensanfall 2117, 2124
Vermögensaufstellung 1221, 1649
Vermögensauswahl 208
Vermögensübernahme 442
Vermögensverzeichnis 776
Verschleierte Sachgründung 196, 347, 356, 511, 1643, 1842
Verschmelzung durch Aufnahme 972, 983 ff., 1625
Verschmelzung durch Neugründung 972, 1186 ff., 1484 ff., 1625
Verschmelzungsbericht 38, 671, 688.5, 716, 1018, 1320, 1963
Verschmelzungsbescheinigung 688.10
Verschmelzungsbeschluss 1322
Verschmelzungsplan 688.4
Verschmelzungsprüfung 1018, 1320
Verschmelzungsstichtag 669, 992, 1313, 1798
Verschmelzungsvertrag 666, 715, 984 ff., 1307 ff.
Versicherung 1393
Versicherungs-AG 2227
Versorgungsrente 1750
Versorgungszusage 848.1
Verstrickung stiller Reserven 688.17
Vertreter 623
Vertretungsbefugnis 746
Vinkulierte Aktien 768
Vollübertragung 110 ff.
Vor-GmbH 608, 737, 977, 1209
Vorbesitzzeiten 868
Vorkaufsrecht 767

Stichwortverzeichnis

Vorstand 129.18
Vorteilsgewährung 753, 991, 1313, 1869, 1957
Vorweg-Veräußerung 1469
Vorzugsdividende 1758
Vorzugsrechte 753, 991, 1869

Warenbestand 1754
Warenzeichen 772
Wechsel 1394
Werbeaufwand 1755
Wertaufholungsgebot 1414
Wertausgleich 406, 1994 ff.
Wertermittlung 1009
Wertverschiebung 894, 1169.1
Wettbewerbsverbot 1035
Widerspruchsrecht 816, 1328, 1971
Widerspruchsrecht der Arbeitnehmer 795
Wirtschaftliches Eigentum 231.1, 1722
Wirtschaftsausschuss 797

Zebragesellschaft 1351
Zinsvortrag 285, 404, 926.2, 1109.1, 1126, 1152, 1751, 1816.3, 1985.1
Zubehör 766
Zugewinngemeinschaft 198, 624, 1239
Zulegung 2137 ff.
Zurückbehaltung einzelner Wirtschaftsgüter 231 ff., 267
Zusammenlegung 2137 ff.
Zusammenschluss 2137 ff.
Zustimmungsbeschluss 807 ff., 1030 ff.
Zuzahlung, bar 878
Zweckbetriebe 929
Zweckumwandlung 2133 ff.
Zweigniederlassung 188
„Zweistufige" Gesellschaftsgründung 436
Zwischenbilanz 36.3, 38
Zwischenwertansatz 146.15, 1117.2, 1348, 1348.3 ff., 1748, 1908, 1981